ÉTUDES HISTORIQUES ET STRATÉGIQUES

LA SOLUTION

DES

ÉNIGMES DE WATERLOO

ÉTUDES HISTORIQUES ET STRATÉGIQUES

LA SOLUTION

DES

ÉNIGMES DE WATERLOO

PAR

E. LENIENT

> Le passé éclaire l'avenir.
> Je présente ce livre tel qu'il a été
> remis à l'imprimerie le 3 juin 1914.
> E. L.

The Naval & Military Press Ltd

Published by

The Naval & Military Press Ltd
Unit 5 Riverside, Brambleside,
Bellbrook Industrial Estate,
Uckfield, East Sussex,
TN22 1QQ England

Tel: +44 (0) 1825 749494
Fax: +44 (0) 1825 765701

www.naval-military-press.com
www.nmarchive.com

In reprinting in facsimile from the original, any imperfections are inevitably reproduced and the quality may fall short of modern type and cartographic standards.

PRÉFACE

Résoudre un problème consiste à présenter une solution si claire, si précise, si fortement étayée de preuves que l'esprit du lecteur le plus indifférent s'illumine, et que la conscience du plus délicat se libère des doutes et inquiétudes.

Entre les grands problèmes historiques surgit celui de 1815. Il s'agit de commenter la défaite d'un grand capitaine, génie prodigieux entre tous, devant lequel s'inclinent les hommes de guerre, historiens et critiques, à quelque nation, à quelque parti qu'ils appartiennent. Et de plus — ce point fut trop souvent méconnu — il importe d'expliquer non seulement sa défaite, mais le caractère désastreux, irrémédiable de cette défaite. Comment se fait-il qu'une armée de 125 000 hommes conduite par Napoléon en personne se soit effondrée dans une dissolution totale (1)?

Il n'existe pas de problème plus controversé, plus approfondi en apparence et dans les moindres détails, plus intéressant au point de vue historique et stratégique, plus

---

(1) NAPOLÉON, *Mémoires*, t. IX, p. 142 à 148.
M. HOUSSAYE, p. 412 à 446. « Il (Napoléon) comprit qu'avec une armée en dissolution et n'obéissant plus qu'à la peur, le mieux était de faire la plus prompte retraite possible. » M. Houssaye cite le témoignage de Gourgaud.
Voir registre de Soult, p. 55-60. (Bibliothèque nationale. Manuscrits, fonds français. Nouvelles acquisitions, n° 4366.)

fécond en enseignements. Est-il résolu? Quel est le penseur, l'officier, le critique, qui ne reste pas soucieux en songeant à Ney aux Quatre-Bras, à d'Erlon et à Grouchy?

Était-ce le résoudre que de jeter en pâture à la foule avide de lumière le mot sonore, mais creux, de « fatalité »? Voilà pourtant la clef de l'énigme, d'après Thiers (1). Expliquer un fait humain, qui dérive forcément d'origines plus ou moins lointaines, par l'intervention du fatum antique, c'est — pour un Œdipe — avouer qu'il n'a pas pénétré le Sphinx.

En face de Thiers, s'est dressé Charras. Comme il n'a pas creusé la psychologie de l'Empereur, et que, de plus, il est animé contre lui d'une haine personnelle, Charras n'aperçoit pas les raisons déterminantes de ses actes, la cause profonde des erreurs, et conclut à la maladie (2). A quoi bon étaler les souffrances physiques de Napoléon, et surtout affecter une allure mystérieuse qui irrite et déconcerte? Les maladies sont connues, et il n'en est pas une qui soit de nature à influer sur une volonté aussi formidable, une intelligence aussi lucide, un cerveau aussi prodigieux que celui de l'Empereur. Je ne discute pas ici les questions multiples — stratégiques et tactiques — à travers lesquelles Charras bat fortement en brèche les bonnes intentions de Thiers, je ne poursuis dans cette préface que la formule définitive.

Les historiens étrangers ont pris part au débat. Citons les deux principaux : Jomini et Clausewitz. Jomini (3)

---

(1) THIERS, t. IV, p. 533, col. 1 (pour la fameuse manœuvre de d'Erlon), p. 536, col. 1, p. 572, col. 1 (pour Grouchy), p. 579, col. 2.

(2) CHARRAS, Waterloo, p. 119. Napoléon « vieux avant l'âge », « double maladie dont les crises se multipliaient », « corps alourdi », « décadence physique », « il avait perdu la fixité de la résolution », « caractère brisé », « plus de confiance en soi », « abattement d'esprit », p. 120, 121, 177, « souffrant, indécis, abattu », p. 219, 223, 264, « il avait failli », p. 278.

(3) JOMINI, chap. XXII.

débute par une admiration sans bornes. Il s'extasie sur tout, entrée en campagne, débouché de Charleroi, marche simultanée sur Sombreffe et les Quatre-Bras (1), sans approfondir les origines de la manœuvre ni les ordres initiaux ; puis, dès que l'insuccès se révèle, — dès le 16 juin, — il hésite, cesse d'admirer, insinue d'autres plans et puise des arguments dans la conséquence des faits (2), ce qui constitue le procédé le plus pitoyable de critique Une conception stratégique doit s'analyser et se discuter d'après les principes, les enseignements du passé, l'examen de la carte, les connaissances que le général en chef possède sur l'ennemi, les effectifs dont il dispose. Si un critique ne s'aperçoit des défauts que lorsqu'ils ont produit leur effet, sa tardive découverte prouve qu'il n'a pas scruté le problème. En réalité, Jomini est fort gêné par ses souvenirs personnels concernant le maréchal Ney, dont il fut longtemps le chef d'état-major. Il est surtout préoccupé de tenir la balance égale entre les deux parties (3). De là résulte pour sa discussion une allure de bon sens restreint, de justesse trop froide et trop mesurée. Sa critique est une des plus ternes qui soient tombées de sa plume. Elle ne porte pas (4).

Clausewitz, son vigoureux antagoniste, est autrement serré et profond, mais, pour 1815, il procède d'idées préconçues qui le dominent et l'entravent. Il ne rêve que de la bataille, poursuivie avec acharnement, quelles que soient

---

(1) JOMINI, chap. XXII, p. 142, 146, 148, 153.
(2) *Ibid.*, p. 157. V. notamment, p. 180, note 1.
(3) Toute sa discussion l'indique, et surtout la « notice importante » qui termine le volume, notice adressée au duc d'Elchingen, fils du maréchal Ney, p. 265 à 280. Jomini avoue que sa lettre est « peu concluante en réalité ».
(4) Jomini a raison d'excuser ses redites, car, sur un pareil sujet, les répétitions sont « indispensables » à la clarté (p. 280), mais le fait de ne pas conclure nettement est inexcusable, ou, alors, il faut avouer qu'on n'a pas compris le problème.

les circonstances et sur quelque terrain que se trouve l'ennemi (1). De plus, il est hanté par son idée favorite : l'éducation de ses camarades prussiens, leur dressage au choc violent. Bien qu'il s'efforce à l'impartialité, l'esprit de système l'emporte. Ajoutons qu'il est mal renseigné sur les effectifs, ne croit pas un mot des chiffres de l'Empereur (2). Aussi, malgré que sa critique s'éclaire parfois de lueurs éclatantes, il finit par déformer le concept de Napoléon et aboutit à une conclusion fausse. Il nous représente l'Empereur comme un joueur désespéré, qui ne calcule plus (3).

Nous voici déçus par les écoles historiques dérivées de Thiers et de Charras et par les deux grands spécialistes en matière de stratégie. De quel côté nous viendra la lumière?

Pour expliquer la journée décisive du 16 juin, le point culminant de cette courte campagne, la fameuse marche et contre-marche de d'Erlon, oserons-nous imaginer que Napoléon fut « déconcerté jusqu'au trouble », qu'il ne sut pas conserver « sa présence d'esprit », qu'il a « manqué de coup d'œil et de réflexion (4) ». Voilà pourtant le fond de l'explication que M. Houssaye nous sert pour éclairer la plus touffue, la plus obscure des énigmes de Waterloo. Conçoit-on le général de l'armée d'Italie, qui garde un sang-froid parfait en voyant Lusignan menacer ses positions en arrière du plateau de Rivoli; le Premier Consul impassible devant le désastre de quatre heures à Marengo,

---

(1) CLAUSEWITZ, *Campagne de 1815*, traduction Niessel, p. 39.
(2) ID., p. 2 à 8, « pompeuse exagération », « vérité factice ».
(3) ID., *Campagne de 1815*, p. 132, 162, 168.
(4) M. HOUSSAYE, p. 175, Napoléon « troublé »; p. 181, « déconcerté jusqu'au trouble »; p. 182, « Si sa présence d'esprit habituelle ne lui eût fait défaut »; p. 208, note 15, septième paragraphe, « avait manqué de coup d'œil et de réflexion », puis encore « déconcerté jusqu'au trouble ».

resaisissant la victoire par une énergie foudroyante à l'arrivée de Desaix; le glorieux triomphateur d'Austerlitz découvrant lui-même sa ligne de retraite pour attirer l'ennemi dans un piège; le Napoléon d'Eylau contemplant froidement les masses russes qui se ruent baïonnette basse à l'assaut du village; le lutteur imperturbable de Leipzig, dirigeant avec un calme absolu une des plus grandes batailles des nations et des siècles; conçoit-on le chef prestigieux qui pendant vingt ans a mené et contemplé sans frémir les tragédies les plus sanglantes, les coups de force les plus audacieux, les triomphes les plus superbes et les désastres les plus lugubres; le conçoit-on effaré et perdant le sang-froid, coup d'œil et réflexion — suivant M. Houssaye — parce qu'une colonne de 20 000 hommes — soi-disant appelée par lui deux heures avant — s'est trompée de chemin, et arrive par une autre direction que celle par laquelle il l'attend (1)? Le conçoit-on surtout laissant échapper ces 20 000 hommes si précieux pour le choc décisif?

Cette hypothèse nous représente un Napoléon de fantaisie, façonné sur mesure et sans l'ombre d'une preuve, suivant l'idée préconçue du critique. Mais l'histoire, le bon sens et la logique — j'ajouterai dans le cours de mon étude les documents et les textes — se refusent à admettre une pareille transfiguration.

Mais il y a pire. M. Ch. Malo (2) nous déclare que « beaucoup des événements » de 1815 resteront pour nous « incompréhensibles » si nous ne sommes pas convaincus que Napoléon ne possédait plus la « confiance en soi-même »

---

(1) M. Houssaye, p. 208, note 15, septième paragraphe : Napoléon « déconcerté jusqu'au trouble par la fausse direction du corps de d'Erlon, que lui-même venait d'appeler... »

(2) M. Ch. Malo, *Champs de bataille de l'armée française*, p. 38, 39, note 1.

et « la foi dans le succès ». Il se rallie de plus quelque peu à la thèse de Charras en alléguant qu'il n'est pas aussi « vieilli et affaibli » qu'on l'a prétendu, qu'il n'a pas complètement perdu son « activité » et son « énergie ». Ainsi activité amoindrie, énergie affaissée, plus de confiance, plus de foi ! Conséquences, d'après M. Ch. Malo : « insuffisance et mollesse relatives de ses préparatifs de guerre... » et, après l'entrée en campagne, « des hésitations, des retards, des arrêts, que rien ne justifierait, ni n'expliquerait même si l'on ne devait admettre qu'il est convaincu de l'inanité de ses plus belles combinaisons et de leur impuissance à le tirer d'embarras inextricables ».

Ainsi, d'après M. Ch. Malo, Napoléon est convaincu que la campagne aboutira au désastre, et froidement, délibérément, après une mûre réflexion de trois mois, il jette dans le gouffre béant une armée de 125 000 hommes, sa réputation, sa gloire, sa patrie ; il déchaîne sur la France la honte d'une seconde invasion plus atroce que celle de 1814. Voilà tout ce que M. Ch. Malo a trouvé comme explication, et il prétend que hors d'elle il n'est point de salut. Mais comment ne s'aperçoit-il pas qu'il prête à l'Empereur un rôle insoutenable ?

Si la thèse de M. Malo était exacte, si Napoléon fut vraiment convaincu de « l'inanité » de tous ses efforts, il ne lui restait qu'un moyen, loyal, grandiose et digne de son génie, pour éviter tout malheur et épargner à sa gloire et à la France les pires catastrophes, celles qui risquent de faire sombrer l'honneur (1). Il lui suffisait d'abdiquer à la

(1) Pour juger l'idée de M. Ch. Malo, je me place exactement à son point de vue. Il nous affirme que l'Empereur était certain de sa défaite finale. Dans ce cas, l'abdication au 12 juin constituait un devoir strict de loyauté. Mieux valait mille fois abdiquer que de jeter son armée et la France dans l'abîme.

Mais la vérité est que Napoléon se croyait certain de la victoire. V. *Mémoires*, t. IX, p. 134, 153, 166, 172, 174 ; t. VIII, p. 194, 195, 200, 201, 203 ; colonel Camon, *Batailles*, p. 519, 520.

date du 12 juin, au lieu de monter en voiture pour se rendre à l'armée du Nord. Étant loyal, il sauvait l'honneur ; s'épargnant une défaite, il évitait toute discussion de sa gloire.

Pourquoi M. Malo n'avoue-t-il pas qu'il n'a pu sonder l'énigme? Il prétend que M. Houssaye adopta sa thèse en partie (1). En effet, on trouve une page où M. Houssaye (2) nous parle de « l'instinct d'une issue malheureuse » et d'un Napoléon, « joueur audacieux », transformé en « joueur timide ».

De bonne foi, le grand public, qui raisonne et discute, acceptera-t-il jamais Napoléon perdant la tête, ou « joueur timide », ou « joueur désespéré » ?

Les documents, l'étude attentive de la correspondance, des mémoires, l'examen des faits indiscutables infligent un démenti formel à la thèse de la désespérance. Sur ce point — comme sur d'autres — M. Houssaye a pris soin de se réfuter. Le 18 juin, sur le champ de bataille de Waterloo, au début de l'action, il nous montre Soult esquissant un conseil de prudence et Napoléon lui répliquant que « Wellington est un mauvais général », que « les Anglais sont de mauvaises troupes » et que « ce sera l'affaire d'un déjeuner (3) ». Devons-nous prendre cette vive apostrophe pour le cri d'angoisse d'un désespéré? Cette phrase ne révèle-t-elle pas l'optimisme le plus absolu?

Non seulement Napoléon a quitté les Tuileries le 12 juin, avec la certitude du triomphe, mais il n'a pas désespéré le 18 à 7 heures du soir, quand le désastre était certain (4).

(1) *Champs de bataille*, p. 38, note 1.
(2) M. Houssaye, *1815*, p. 499, 500.
(3) M. Houssaye, p. 319.
(4) *Mémoires*, t. VIII, p. 203 ; *ibid.*, t. IX, p. 140, 141.

Il n'a même pas désespéré à son retour dans Paris (1).

De même que la thèse de Thiers avait été fortement combattue par Charras, de même celle de M. Houssaye est attaquée par M. Grouard (2). Les discussions stratégiques de ce dernier sont plus modernes et plus serrées que celles de Charras, dont il procède en partie. Le fond de son explication est en effet la raison de santé (3). Nous n'acceptons pas plus Napoléon vieilli et malade que Napoléon effaré et timide.

Puisque nous respectons l'intégrité du génie de l'Empereur, son activité, sa volonté, sa foi dans le succès, quelle explication devons-nous produire? Il s'en présente une si facile, si accommodante, que nous sommes tentés de nous y rallier. Le colonel Camon (4) nous y invite fortement. Toutes les fois qu'un insuccès se produit, — depuis 1796 jusqu'en 1815, même en Russie, 1813 et 1814, — il commence par mettre à l'écart la personnalité de l'Empereur, puis ramasse les noms de tous ses lieutenants mêlés à l'action, à quelque titre que ce soit, en chef ou en sous-ordres, les stigmatise et les voue aux gémonies. C'est la théorie des « boucs émissaires » appliquée avec une rigueur imperturbable — légèrement monotone. Le procédé est simple. Pour 1815, M. Camon n'hésite pas. Tous nos généraux semblent « avoir perdu la tête (5) ». Tous, c'est beaucoup. C'est vraiment trop. L'exagération du procédé affaiblit sa portée légendaire. Ney (6), Grouchy (7), Reille (8), Drouet d'Erlon (9),

(1) *Mémoires*, t. IX, p. 153 à 155.
(2) M. Grouard, *Critique de la campagne de 1815*.
(3) Id., p. 91, 111, 112, 207, 217, 218, 219, 221. « Ses facultés intellectuelles ont baissé sensiblement avec sa vigueur physique », p. 225, 226.
(4) *Précis de la guerre napoléonienne*, t. Ier et II; *Batailles*.
(5) *Batailles*, p. 519.
(6) *Ibid.*, p. 474, note 2; p. 432, 503, 507, 510, 516, 518, 519.
(7) *Ibid.*, p. 475, 477, 489, 500, 501, 515, 520.
(8) *Ibid.*, p. 447, 470, 510.
(9) *Ibid.*, p. 447, 462, 472, 474, 475, 484, 502, 503, 510, 517.

Vandamme (1), Gérard (2) et Lobau (3), pas un n'échappe au verdict. Notre conscience est-elle satisfaite? En définitive, quel était le général en chef? L'Empereur. Alors, le chef suprême est donc le seul qui ne soit jamais responsable. Si attrayante par sa simplicité qu'apparaisse cette théorie, le bon sens regimbe et la conscience se révolte. Dans une page d'une rare éloquence, Thiers a fait justice de cette solution (4).

Il nous faut pourtant une solution claire et logique. La poursuivrons-nous jusque dans les bas-fonds de l'histoire? Cette clef de l'énigme, la trouverons-nous dans la légende des trahisons? Que des soldats exténués, rebutés par une journée d'efforts désespérés et stériles, démoralisés par la défaite, affolés par la poursuite, aient crié à la trahison, que la politique s'en soit emparée et ait sciemment embrouillé les problèmes, nous l'admettons comme on doit admettre tout fait humain. Mais de là à solutionner 1815 par la trahison, il y a un abîme, et tous les historiens sérieux, depuis Thiers (5) jusqu'à MM. Ch. Malo (6) et Houssaye (7), se sont refusés à suivre la naïve légende sur ce terrain. Les documents, textes et faits la démentent (8). Donc, ce n'est pas encore de cette explication simpliste que jaillira la lumière.

Pour nous sortir d'embarras, il n'existe qu'un moyen : étudier à fond les origines du problème, ce qui fut jusqu'à ce jour méconnu ou négligé. Certains critiques ont été jus-

---

(1) *Batailles*, p. 447, 448, 457, 460.
(2) *Ibid.*, p. 448, 453, note 2.
(3) *Ibid.*, p. 499, 500, 510, 519.
(4) Thiers réfute ce système à propos de Leipzig (t. III, p. 574, col. 2).
(5) Thiers, t. IV, p. 515, col. 1.
(6) Ch. Malo, *Précis de la campagne de 1815*, p. 66.
(7) M. Houssaye, p. 115 : « L'ennemi n'avait pas besoin des renseignements du comte de Bourmont. »
(8) La démonstration en est faite dans le chapitre IV « De l'effet de surprise produit par la manœuvre de Charleroi ».

qu'à prétendre qu'il était parfaitement inutile de s'occuper de Waterloo avant la date du 14 juin, ou tout au plus avant la date des ordres de marche. Il serait bien étrange qu'un fait humain s'explique sans antécédents, comme un bolide tombé du ciel. Mais, dira-t-on, Thiers a étudié l'œuvre de Napoléon depuis ses origines. Oui. Mais Thiers, dont la compétence s'impose comme de premier ordre en diplomatie, politique, finances, reste très discutable en stratégie. Ses documents sont nombreux, excellents. Je ne lui reproche nullement de ne pas citer la source, attendu que ce n'était pas la mode de son temps, mais, en matière de science militaire, il ne suffit pas de citer un document. Encore faut-il l'interpréter. Thiers n'a pas aperçu les liens qui rattachent 1815 aux campagnes antérieures.

Après Thiers, on m'objectera l'œuvre de Jomini, qui, lui, est stratégiste. Mais Jomini, pas plus que Thiers, n'a pénétré les relations étroites entre 1815 et 1813. A qui la faute s'il a manqué de mémoire? Il a figuré dans les rangs ennemis à Leipzig, — ayant rapidement échangé pendant l'armistice son uniforme français contre un étranger (1), — il se vante d'avoir inspiré la manœuvre du 16 octobre 1813 qui sauve l'armée de Schwarzenberg (2), et s'attribue avec une complaisance vaniteuse le mérite des résolutions les plus désastreuses pour Napoléon — il partage dans une sage mesure l'allégresse triomphante des alliés dans la journée du 18 (3). Donc, ces événements capitaux, qu'il a longuement décrits, ont dû rester incrustés dans son cerveau. Or, quand il étudie la matinée du 16 juin — Ligny — et constate l'emploi de cette matinée par l'Empereur, il

---

(1) JOMINI, *Précis des campagnes de 1812 à 1814.* V. son long plaidoyer dans l'Appendice, p. 288 à 311.
(2) *Ibid.*, p. 155 à 161.
(3) *Ibid.*, p. 209.

s'écrie que son manque d'activité est unique et inexplicable (1). A-t-il donc oublié les vingt-quatre heures du 17 octobre 1813 (2)? La vérité est qu'à ces deux époques il a complètement méconnu la psychologie de Napoléon.

M. Houssaye a fortement étudié une part de l'organisation de l'armée de 1815, et, comme je ne veux m'appuyer que sur des données irréfutables, je discuterai souvent d'après ses chiffres. Mais il n'a pas approfondi la cause des retards et « insuffisances » que M. Ch. Malo qualifie de « mollesse » et attribue à la désespérance.

La correspondance de Napoléon, envisagée au point de vue de l'organisation des armées, a été complètement négligée pour 1815. Il semble, parce que la campagne n'a duré que quatre jours, que l'étude de ce laps de temps restreint suffit à l'expliquer. C'est là que réside l'erreur énorme des critiques antérieures. Je me propose de la réparer et d'en fournir la preuve aux lecteurs.

Les études magistrales du général Bonnal n'ont été mises à profit par personne (3). En méditant ses analyses concernant des manœuvres capitales de Napoléon et sa psychologie militaire (4), on reconnaît que ses discussions présentent le plus vif intérêt et constituent une mine précieuse de renseignements authentiques.

En définitive, il est impossible d'expliquer des faits de guerre sans avoir approfondi leur préparation — les

(1) Jomini, *1815*, chap. xxii, p. 157 : « L'emploi qu'il fit de cette matinée restera toujours un problème pour ceux qui le connaissent bien. » Jomini reproche à l'Empereur son inaction, qu'il ne comprend pas.

(2) Id. *(1812 à 1814)*, p. 183 à 188; Thiers, t. III, p. 575, col. 1, à 577, col. 2. (Inaction complète de Napoléon. Sans un ordre, depuis le soir du 16 jusque dans la nuit du 17 au 18 à 2 heures du matin.)

(3) J'en parle en toute indépendance, d'abord parce que je n'ai pas l'honneur de le connaître personnellement, et de plus parce que la très haute estime de son œuvre n'implique pas l'adhésion servile, et que je discuterai certaines de ses assertions.

(4) *De Rosbach à Ulm; Manœuvre d'Iéna; Manœuvre de Landshut; Manœuvre de Vilna; Grandes marches d'armées.*

manœuvres d'une armée sans connaître ses origines, sa constitution, sa valeur morale et physique, les actes d'un généralissime de quarante-six ans sans une étude de sa psychologie antérieure. Pour analyser, éclaircir les décisions de Napoléon en 1815, nous devons d'abord nous rendre compte, par un résumé aussi bref que possible, mais net et précis, des évolutions successives de son concept stratégique. Pour comprendre un homme, fût-il le génie le plus prodigieux, il importe de le pénétrer dans son essence, sa nature, les diverses manifestations de sa vie.

Il est bien entendu que la politique, sous quelque forme voilée ou sous-entendue qu'elle puisse se produire, n'effleurera pas mon œuvre. J'éviterai jusqu'à l'ombre d'une allusion, entendant rester sur le terrain historique et stratégique.

Pour juger avec impartialité un homme ou un événement, il faut encore que l'historien se place, par un effort de volonté et de réflexion, dans la situation de cet homme, à la date précise de cet événement. A mesure que les faits de 1815 se dérouleront, et qu'il conviendra de solutionner les problèmes, je n'invoquerai que les principes de guerre ou les enseignements du passé, la stratégie et l'histoire.

En ce qui concerne la stratégie, certains paradoxes ultra-modernes prennent une extension outrée. Fixons en quelques lignes l'importance essentielle des études de cet ordre. Dans les guerres futures que tout esprit clairvoyant envisage froidement, parce qu'elles sont inévitables, la victoire appartiendra au peuple dont les officiers et les troupes auront été préparés d'après les méthodes les plus sévères et les plus constantes. Quelle que soit l'immensité des armées modernes, elles devront obéir à la loi primordiale de la guerre : marcher et manœuvrer. Donc, elles se décomposeront en armées souples, largement articulées, de 100, 150 à 200 000 hommes au plus, — les armées napoléoniennes. Les inventions modernes accéléreront les transports (chemins de fer et automobiles), les renseignements (aviation), les ordres (télégraphe et téléphone). Mais elles ne changeront rien aux principes éternels, aussi vrais du temps d'Annibal que de nos jours. Il serait insensé ou puéril de croire que ces inventions, que ces efforts de la civilisation nous ramèneront aux époques barbares, au choc front contre front. Les idées stratégiques, les intuitions géniales, les décisions foudroyantes d'un César, d'un Turenne ou d'un Napoléon trouveront leur place — la première — sur les champs de bataille de l'avenir.

En conséquence, la préparation la plus efficace du commandement consiste dans l'étude et la discussion des faits dominants de l'histoire, des manœuvres effectuées par les grands capitaines. Les études stratégiques que les officiers allemands pratiquèrent dès le début du siècle dernier furent la cause profonde des victoires de l'Allemagne. Sadowa, Metz et Sedan en procèdent. Or il n'existe pas une manœuvre plus intéressante que celle de Charleroi, Ligny et Waterloo. Si courte qu'elle soit, elle renferme tous les enseignements.

L'étude d'une défaite est même plus profitable que celle d'une victoire, attendu que, si la manœuvre a réussi, les fautes sont atténuées et disparaissent dans l'éblouissement du succès final, — la critique risque de paraître trop sévère, — tandis que, si la manœuvre aboutit à un échec, il est permis de scruter les origines et les détails essentiels de l'action, de considérer que les erreurs s'ajoutent les unes aux autres, se multipliant à la façon d'une boule de neige, et déterminant par leur masse totale le déclanchement de la catastrophe.

Retraité pour blessure de guerre deux ans après ma sortie de Saint-Cyr, — il y aura bientôt trente ans — je n'ai jamais perdu de vue la science et le métier qui furent le rêve de ma vie, et je présente dans cette étude le résultat de longues et patientes méditations. Au lecteur de décider si des preuves fournies et de la discussion des faits jaillit la lumière définitive.

E. Lenient.

Beauregard, Veretz (Indre-et-Loire), 18 avril 1914.

LISTE DES SOURCES

AUXQUELLES L'AUTEUR A PUISÉ

Mémoires de Napoléon. 2ᵉ édition. Librairies BOSSANGE et DUFOUR (1830).

Correspondance de Napoléon. Librairies PLON et DUMAINE (1869).

Précis de la campagne de 1815. Chapitre XXII. — *Général Jomini.* Librairies ANSELIN et AMYOT (1839).

Précis de la campagne de 1812 à 1814. — *Général Jomini.* Tome II. Nouvelle Revue (1886).

La Campagne de 1815 en France. — *Clausewitz.* Traduction Niessel. Librairie CHAPELOT et Cⁱᵉ (1900).

Documents inédits sur la campagne de 1815. — *Duc d'Elchingen.* ANSELIN et LAGUIONIE (1840).

Histoire de l'Empire. — *Thiers.* Éditeurs : LHEUREUX et Cⁱᵉ (1865).

Histoire de la campagne de 1815. — *Waterloo.* — *Lieutenant-colonel Charras.* 6ᵉ édition. Éditeur : Armand LE CHEVALIER (1869).

Les Méthodes de guerre actuelles et vers la fin du dix-neuvième siècle. — *Colonel Pierron.* Librairie DUMAINE (1881).

Champs de bataille de l'armée française. — *Ch. Malo.* Éditeurs : HACHETTE et Cⁱᵉ (1901).

Précis de la campagne de 1815. — *Ch. Malo.* Librairie MUQUARDT. Bruxelles (1887).

Critique de la campagne de 1815. — *A. Grouard.* Librairie CHAPELOT et Cⁱᵉ (1904).

Critique de la campagne de 1815. Réponse à M. Houssaye. — *A. Grouard.* Librairie CHAPELOT et Cⁱᵉ (1907).

La Guerre napoléonienne. — *Les Batailles.* — *Colonel Camon.* Librairie CHAPELOT et Cⁱᵉ (1910).

XVI LA SOLUTION DES ÉNIGMES DE WATERLOO

La Guerre napoléonienne. — *Précis des campagnes.* — Colonel Camon. Librairie CHAPELOT et Cie (1911).

La Guerre napoléonienne. — *Les Systèmes d'opérations.* — Colonel Camon. Librairie CHAPELOT et Cie (1907).

1815. Henry Houssaye. — *Waterloo.* Libraire-éditeur : PERRIN et Cie (1913).

Waterloo avec carte au 1/20 000. Saint-Julien. Imprimerie veuve MOUGIN-RUSAND, Lyon (1898).

OEuvres du général Bonnal. (Bases des études sur la méthode de commandement et la psychologie militaire de l'Empereur.)

De Rosbach à Ulm. Général H. Bonnal. Librairie CHAPELOT et Cie (1903).

La Manœuvre d'Iéna. Général H. Bonnal. Librairie CHAPELOT et Cie (1904).

La Manœuvre de Landshut. Général H. Bonnal. Librairie CHAPELOT et Cie (1905).

La Manœuvre de Vilna. Général H. Bonnal. Librairie CHAPELOT et Cie (1905).

La Vie militaire du maréchal Ney. Général H. Bonnal. Librairie CHAPELOT et Cie (1911).

Les Grandes Marches d'armée. Général H. Bonnal. Librairie CHAPELOT et Cie (1911).

J'ai consulté également d'autres livres, que je citerai au fur et à mesure.

OEuvres de Clausewitz. 1796-1813-1814.

Clausewitz, par le colonel Camon.

Mémoires du maréchal Gouvion Saint-Cyr.

Mémoires du général de Ségur.

Histoire de V. Duruy.

Maximes de guerre de Napoléon, par M. Grouard.

De Cugnac. Campagne de 1800 (publié sous la direction de la Section historique de l'état-major de l'armée).

LA SOLUTION

DES

ÉNIGMES DE WATERLOO

LIVRE PREMIER

ORGANISATION DES ARMÉES. — LEUR RÉPARTITION
PSYCHOLOGIE DE NAPOLÉON. — LES GÉNÉRAUX
MANOEUVRE DE CHARLEROI

CHAPITRE PREMIER

LA QUESTION DU NOMBRE

Napoléon, dans ses *Mémoires* (1), expose en quelques phrases très sobres, auxquelles la maîtrise du génie imprime un singulier relief, les motifs qui le déterminent à l'offensive et lui inspirent de choisir comme objectif l'armée anglo-prussienne. Sa décision sur ce point — en ne considérant que l'idée de la manœuvre — est si parfaite, si conforme aux principes et aux circonstances, qu'il est inutile de la discuter. En épiloguant, je trainerais le lecteur dans les sentiers mille fois rebattus de la discussion de 1815, ce dont précisément je veux m'affranchir dès le début.

(1) T. IX, p. 47 à 52.

Après la détermination de l'offensive, le choix des moyens. Napoléon décide de concentrer les 1er, 2e, 3e, 4e, 6e corps, la Garde et quatre corps de cavalerie, soit 122 400 hommes et 350 canons (1).

Il est renseigné sur les forces de Wellington et Blücher, et indique comme chiffres pour l'armée anglaise 104 200 hommes et 250 pièces (2), pour l'armée prussienne 120 000 et 300 (3), soit au total 224 000 hommes et 550 canons.

Napoléon reconnaît son infériorité numérique qu'il évalue à 100 000 hommes. Il est d'abord évident qu'en choisissant Wellington et Blücher, Napoléon a déterminé la fraction essentielle des forces adverses qu'il importe de détruire, tant pour la valeur des généraux que pour la situation de leur armée. Puisqu'il veut porter son effort contre la masse ennemie qu'il juge avec raison la plus dangereuse, il doit naturellement, en ce qui le concerne, mettre toutes les chances de son côté et réunir le maximum de forces.

La logique, les principes qu'il a proclamés lui-même en maintes circonstances avec une justesse absolue, et appliqués avec une force irrésistible, les motifs les plus puissants du bon sens et de l'expérience, lui imposent le devoir de concentrer les éléments disponibles. Il sait que la partie qu'il joue est la partie suprême. Nous devons donc supposer qu'il réunit et qu'il garde en main ses atouts. Mais comme, en matière de critique, aucune hypothèse n'a de valeur que si un principe ou un fait la confirme, il reste à en établir la preuve.

S'il nous est démontré par les chiffres documentaires que Napoléon ne pouvait réunir plus de 122 000 hommes de troupes de première ligne, nous nous inclinerons devant la nécessité, et nous admettrons la justesse de ses dispositions concernant les détachements d'armée active placés sur les frontières autres que celle de Belgique.

(1) *Mémoires de Napoléon*, t. IX, p. 61.
(2) *Ibid.*, p. 66.
(3) *Ibid.*, p. 64.

Le premier problème de la campagne de 1815 consiste par suite à déterminer, par les documents, les chiffres et l'application des principes dominants et essentiels de la stratégie, si les frontières pouvaient être suffisamment protégées par les troupes de seconde ligne, ou si les détachements d'armée active devaient intervenir dans cette défense.

Napoléon nous dit (1) : « Les alliés ne pouvaient commencer les hostilités que le 15 juillet; il fallait donc entrer en campagne le 15 juin, battre l'armée anglo-hollandaise et l'armée prusso-saxonne qui étaient en Belgique, avant que les armées russe, autrichienne, bavaroise, wurtembergeoise, etc... fussent arrivées sur le Rhin. Au 15 juin, on pouvait réunir une armée de 140 000 hommes en Flandre, en laissant un rideau sur toutes les frontières et de bonnes garnisons dans toutes les places fortes. »

Le problème est donc très net. Napoléon ne redoute aucune invasion avant le 15 juillet. Les détachements qu'il laisse, qu'il ne concentre pas avec sa masse d'opérations, ne sont pas destinés, dans sa pensée, à manœuvrer l'ennemi, mais simplement à constituer « un rideau ».

Cette mission incombait-elle à des fractions de l'armée active, ou pouvait-elle être remplie par d'autres troupes? Toute la question est là.

Pour la résoudre, recherchons quelles étaient au 12 juin, date de l'entrée en campagne, les ressources totales de la France :

1° En troupes de première ligne, capables de marcher et manœuvrer, prêtes à exécuter les étapes de guerre, à constituer une armée d'opérations;

2° En forces de seconde ligne ou réserves, notamment en gardes nationales, pouvant assurer la garnison des places et la protection des frontières.

Napoléon indique comme chiffres (2) :

Total général au 1ᵉʳ juin : 559 500 hommes.

(1) *Mémoires de Napoléon*, t. IX, p. 50.
(2) *Ibid.*, t. IX, p. 26 et suiv. Tableau D. E. F., p. 525 et suiv.

Armée de première ligne : 363 500, dont 217 400 présents sous les armes, habillés, armés et instruits, disponibles pour entrer en campagne, et 146 100 dans les dépôts.

Armée de deuxième ligne ou extraordinaire : 196 000, dont 112 000 de gardes nationales d'élite, et 30 000 militaires en retraite et réformés mis dans les places.

Ne font pas partie de cet état 12 000 hommes de gendarmerie.

Napoléon constate le zèle et la valeur des anciens militaires rappelés et des gardes nationales (1).

Jomini ne donne que des chiffres d'ensemble très vagues et qui ne peuvent entrer en discussion (2).

Clausewitz (3) n'a pas confiance dans les chiffres connus de son temps. Ses réflexions seront analysées dans le chapitre II.

Thiers. Effectif général au 12 juin (4) :

Armée active : 288 000 hommes (y compris 66 000 hommes de dépôt et 32 000 de non-valeurs).

Conscription de 1815 : 112 000, dont 46 000 appelables sur-le-champ.

Armée de deuxième ligne : Gardes nationales mobilisées : 170 000, dont 50 000 formés en divisions actives composant la principale partie des corps de Rapp, Lecourbe et Suchet, et 88 000 tenant garnison dans les places. Thiers constate le zèle des gardes nationales.

Lieutenant-colonel Charras (5) :

Effectif de l'armée active : 276 982, dont 198 130 disponibles pour la guerre.

Détachements de l'armée active aux frontières : 44 250. De plus, Lamarque en Vendée avec 8 570 ; 11 000 hommes d'artillerie et du génie à Paris, Lyon et dans les places fortes.

---

(1) *Mémoires de Napoléon*, t. IX, p. 19.
(2) Jomini, chap. xxii, p. 139.
(3) Clausewitz, p. 1 à 8. Clausewitz parle de « pompeuse exagération », de « vérité factice ».
(4) Thiers, t. IV, p. 501 et 502.
(5) Charras, *Histoire de la campagne de 1815*, p. 64 à 69.

Les dépôts, d'après Charras, ne peuvent fournir que des cadres.

Armée extraordinaire : 210 000, dont 150 000 gardes nationaux mobilisés, 45 000 retraités, 5 ou 6 000 gardes-côtes, pareil nombre de chasseurs des Alpes et des Pyrénées.

M. Houssaye (1) :

Total de l'armée active : 291 249, dans lequel M. Houssaye comprend les dépôts, les soldats d'artillerie et du génie dans les places, les malades aux hôpitaux, les bataillons détachés à l'île d'Elbe et aux colonies.

Armée auxiliaire : total 222 266, y compris les gardes nationales aux armées et dans les places, les retraités, canonniers vétérans et sédentaires, gendarmes, douaniers, partisans et corps francs. Ne sont pas compris dans ce total les canonniers gardes-côtes, bataillons francs de Corse, milices corse et elboise, tirailleurs fédérés de Paris et Lyon (soit 25 000 hommes); les levées en masse et les gardes nationales sédentaires.

M. Houssaye constate à plusieurs reprises le zèle, l'enthousiasme et la valeur des hommes appelés sous les drapeaux, des gardes nationales mobilisées et des gardes nationales sédentaires (2).

M. A. Grouard (3) :

Armée active : 284 000 hommes, dont 180 000 seulement prêts et disponibles.

Armée auxiliaire : 220 000.

Il déclare adopter les chiffres de M. Houssaye (4).

Colonel Camon (5). Le colonel Camon accepte les chiffres de Napoléon et ne traite pas la question de l'armée extraordinaire ou de deuxième ligne.

Ces chiffres, tels qu'ils sont donnés par les différents historiens, ne permettent pas une discussion à fond. En ce qui

(1) M. Houssaye, *1815*, tableau des pages 36 et 37.
(2) Id., p. 9, 11, 13, 16.
(3) M. Grouard, p. 1.
(4) Id., p. 2, note.
(5) *Précis*, t. II, p. 161 à 165.

concerne l'armée active, les totaux indiqués présentent une telle différence avec le total de troupes que concentre Napoléon pour la campagne de Belgique, qu'il est nécessaire de fournir une explication lumineuse. De même pour l'armée auxiliaire, extraordinaire, ou de seconde ligne. Les historiens et critiques formulent des adjonctions ou au contraire des restrictions qui laissent le chiffre d'ensemble dans un vague, dont aucune conclusion ne peut sortir. Il importe de préciser ces renseignements et de les mettre au point. Comme base de discussion, choisissons l'historien qui fournit à nos commentaires les détails les plus minutieux et les plus authentiques : M. Houssaye.

Total de l'armée active : 291 249 (1).

Il y a lieu d'en déduire, comme non disponibles pour la masse d'opérations :

Dépôts (Garde et autres régiments)	65 118
Hommes en route pour rejoindre	13 934
Artillerie et génie dans les places	11 233
Hôpitaux	8 162
Bataillons détachés à l'île d'Elbe et colonies	4 700
Armée de l'Ouest ou de Vendée sous Lamarque (2)	10 000
	113 147

En retranchant 113 147 de 291 249, il reste 178 102.

Si Napoléon ne laisse aucun détachement, il peut concentrer cette masse contre Wellington et Blücher. S'il laisse les 5°, 6°, 7° corps et les corps d'observation (3), il y a lieu de déduire :

Rapp, 5° corps (Alsace)	19 992
Suchet, 6° corps (Alpes)	17 317
Clauzel, 7° corps (Pyrénées occidentales)	3 483
Decaen, 7° corps (Pyrénées orientales)	4 347
Brune (dans le Var)	5 944
Lecourbe (Jura)	2 920
	54 003

(1) M. Houssaye, p. 36 et 37.
(2) Id., p. 34.
(3) Id., p. 33 et 34. Pour obtenir le chiffre des hommes de l'armée active, je déduis les mobilisés du total de chaque corps.

Donc, si l'on déduit ces détachements, Napoléon ne dispose plus que de 124 099 (chiffre définitif de l'armée d'opérations, d'après les renseignements puisés dans le livre de M. Houssaye).

M. Houssaye donne plus loin un total presque identique : 124 139 hommes (1). Or, l'Empereur, dans son tableau (2) de l'armée concentrée le 14 au soir, indique 122 404 présents au drapeau. La différence n'atteint pas 2 000 hommes, est négligeable, et ne vaut pas la peine qu'on creuse davantage les chiffres de Napoléon et de M. Houssaye. Nous sommes arrivés à un total clair et précis. Inutile de nous perdre dans des détails fastidieux.

Armée auxiliaire, ou extraordinaire, ou de deuxième ligne.
— Portons en tête le premier total (3) : 222 266. Dans ce chiffre, les gardes nationaux seuls sont compris pour 135 545.

M. Houssaye avoue que ce chiffre ne comprend pas les gardes-côtes, gardes forestiers, bataillons francs de Corse, milices corse et elboise, chasseurs de la Vendée, non plus que les tirailleurs fédérés de Paris, Lyon, Toulouse, etc... Il évalue ce chiffre à 25 000. Mais, dans une page antérieure (4), il porte le nombre des tirailleurs fédérés parisiens, lyonnais et nancéens seuls à 25 000. La proportion concernant l'île d'Elbe et la Corse devant être très faible, nous maintenons ce chiffre, le premier à ajouter à 222 266.

Seconde adjonction : les levées en masse (pas de chiffres) et les gardes nationales sédentaires — nous trouvons pour celle de Paris 36 518 et Lyon 4 000 (au 12 juin, la date qui nous intéresse) (5).

Troisième adjonction : comme il s'agit d'énumérer les ressources dont Napoléon dispose pour la garde du territoire, des places et des frontières, nous devons présenter dans le

---

(1) M. Houssaye, p. 105.
(2) *Mémoires*, t. IX, p. 61.
(3) M. Houssaye, tableau, p. 37.
(4) Id., p. 14.
(5) Id., p. 13.

chiffre global tout ce que nous avons déduit de l'armée active comme non disponible (1), à savoir :

Services d'artillerie et génie dans les places...	11 233
Hommes en route pour rejoindre........	13 934
Dépôts.....................	65 118
Armée de l'Ouest sous Lamarque........	10 000
	100 285

Que tous les hommes des dépôts ne soient pas capables de constituer des cadres excellents pour la formation des bataillons ou régiments de conscrits, de gardes nationales, etc., nous l'admettons. Mais nous n'avons compris à aucun titre les 8 162 des hôpitaux. Donc, il n'y a pas de malades. Cadres excellents ou non, les dépôts représentent une force réelle dont on doit faire état. Ceux qui ne pourront servir aux bataillons en marche serviront à la garde du territoire et à la formation des réserves. D'ailleurs, l'étude de la correspondance de Napoléon nous permettra d'établir la valeur indiscutable des dépôts, des gardes nationales et des conscrits.

M. Houssaye porte comme réunis dans les chefs-lieux des départements, à la date du 11 juin (2), 46 419 conscrits de la classe 1815. Il n'a dépendu que d'un ordre lancé à une date plus hâtive que ces conscrits fussent réunis en bataillons et régiments, compris dans les garnisons des places, détachements des frontières ou même régiments de l'armée active. Nous citerons plus loin les lettres formelles de Napoléon à cet égard, et ces lettres nous permettront d'établir le motif réel du retard. Tels quels, ces conscrits existaient, prêts à servir (3). Il n'est pas question de spécifier, de mettre à part la sélection des hommes de premier ordre, habillés, armés

---

(1) M. Houssaye, p. 36.
(2) Id., p. 16.
(3) Lettre n° 21986, 29 mai, p. 240. Napoléon parle de 85 000 conscrits « ayant déjà servi ».
Je cite la *Correspondance de Napoléon*, t. XXVIII. (Voir indication des sources auxquelles j'ai puisé, p. xv et xvi.)

et instruits, dont Napoléon disposait pour la garde de la France, mais de dénombrer les unités réelles, abstraction faite des malades. Si les ordres de réunion et de marche ont été lancés trop tard, peu nous importe actuellement. Les études ultérieures nous apprendront à qui incombe la responsabilité. En ce moment nous n'établissons qu'un total.

En 1813 et 1814, quand on jeta dans les régiments les conscrits, les « Marie-Louise », dont tous les documents du temps tracent un navrant tableau, des adolescents, presque des enfants, qui dans les marches s'appuyaient sur leurs fusils comme sur des bâtons et ne savaient même pas déchirer la cartouche (1), on compta ces conscrits comme des unités réelles. Ils firent leurs preuves d'ailleurs, et figurèrent non seulement sur les états de situation, mais sur les champs de bataille. Donc, il n'existe aucun motif pour ne pas compter les 46 419 conscrits de 1815.

Récapitulons les chiffres de M. Houssaye :

Premier total (2) (gardes nationales aux armées ou dans les places, militaires retraités, vétérans, gendarmes, douaniers)	222 266
Tirailleurs fédérés parisiens, lyonnais, etc. (3)	25 000
Gardes nationales sédentaires. Paris (4)	36 518
— — Lyon	4 000
Soldats déduits de l'armée active (5) :	
Artillerie et génie dans les places	11 233
En route pour rejoindre	13 934
Dépôts (Garde et autres)	65 118
Armée de l'Ouest sous Lamarque (6)	10 000
Conscrits de 1815 réunis dans les chefs-lieux (7) .	46 419
	434 488

En chiffres ronds : 434 000.

(1) Général DE SÉGUR, *Du Rhin à Fontainebleau*, p. 277. GOUVION SAINT-CYR, *Mémoires*, t. IV, p. 53, 54, 65, 73.
(2) M. HOUSSAYE, p. 37.
(3) ID., *1815*, p. 37 et 14.
(4) *Ibid.*, p. 13.
(5) *Ibid.*, p. 36.
(6) *Ibid.*, p. 34.
(7) *Ibid.*, p. 16, 38 et note.

De plus, M. Houssaye expose dans une note (1) que tous les chiffres qu'il indique sont certainement inférieurs aux totaux réels. Il nous affirme que « la France est tout entière en recrutement ». Nous voici donc rassurés sur le danger d'exagération, qui est le pire en cette matière.

J'estime que ces chiffres, quoique fort intéressants et amorçant la solution du premier problème de Waterloo, ne suffisent pas. Un doute subsiste dans notre esprit. Au lieu d'exagérer, ne tomberions-nous pas dans l'excès contraire? Ce doute nous est inspiré par une phrase de Napoléon (2). « Au 1er octobre, écrit-il, la France aurait un état militaire de 800 à 900 000 hommes complètement organisés, armés et habillés. » Je sais bien que M. Houssaye nous prévient (3) qu'il ne s'arrêtera pas à discuter les chiffres cités par l'Empereur à Sainte-Hélène, parce qu'il les augmente ou diminue « dans l'intérêt de sa mémoire » et que ses tableaux sont en général « de purs trompe-l'œil ». Cependant j'ai prouvé qu'en ce qui concerne l'armée d'opérations, il aboutit à un résultat presque identique à celui de l'Empereur. En outre, quelles que puissent être les différences de détail dans l'intérieur des tableaux, les totaux parviennent à concorder, car M. Houssaye s'écrie, quelques pages plus loin (4) : « Quand Napoléon disait que, le 1er octobre, l'armée se serait élevée à 800 000 hommes, il ne se faisait pas tant d'illusions! »

N'oublions pas que derrière cette question du nombre, si banale en apparence, et que les historiens ont à peu près dédaignée jusqu'à ce jour, les uns parce qu'ils manquaient de documents, les autres parce qu'ils n'ont pas creusé la question — derrière ces chiffres froids et rebutants, se dissimule la question capitale du début, la plus féconde en conséquences, la question de la préparation à la guerre, de l'organisation et de la répartition des armées. C'est tout simple-

---

(1) M. Houssaye, p. 37 et 38.
(2) *Mémoires de Napoléon*, t. IX, p. 25.
(3) M. Houssaye, *1815*, p. 2, note.
(4) *Ibid.*, p. 30.

ment une des plus graves questions stratégiques. N'oublions pas non plus que, dans le cours des siècles, Napoléon fut un des grands maîtres de la guerre, et par conséquent que son opinion personnelle est de la plus haute importance, qu'elle est la première à analyser, à serrer de près, à discuter, si nous voulons voir clair dans le problème. J'admets que, dans ses proclamations, lancées en une heure de fièvre, à la veille des tempêtes, il ait traité les chiffres comme des serviteurs dociles et malléables. Mais ici, nous sommes sur le terrain stratégique. Il nous parle de 800 à 900 000 hommes au 1er octobre, par suite d'un écart de 300 000 hommes avec le total qu'il indique au 12 juin. Une question jaillit de force et s'impose à nous : Pourquoi n'a-t-il pas eu ces 800 ou 900 000 hommes le 12 juin?

ORGANISATION DES ARMÉES. — ÉTUDE DE LA CORRESPONDANCE

Thiers (1) nous répondra, en trois lignes, que nous méconnaissons la pratique des difficultés du gouvernement et que le résultat obtenu par Napoléon était « surprenant ». Il se peut que Thiers ait raison, mais comme il lance une affirmation tranchante sans l'étayer d'aucune discussion approfondie, nous avons le devoir de la vérifier. Si nos recherches nous forcent à aboutir à la conclusion de Thiers, nous n'aurons certes pas perdu notre temps. Nous saurons à quoi nous en tenir sur les bienfaits de la centralisation administrative. Il convient d'ailleurs de ne pas s'étonner outre mesure des boutades de Thiers. Dans le chapitre II (Historique de la question du nombre), j'en citerai une concernant une question fort importante, et sur laquelle Thiers s'est déjugé avec une complète désinvolture. Dans tous les cas, il nous

---

(1) T. IV, p. 501.

est impossible de nous prononcer dès à présent. L'étude attentive de la correspondance peut seule nous tirer d'embarras.

En somme, nous avons ramené le problème à la détermination des inconnues suivantes :

Napoléon a-t-il lancé en temps utile les ordres nécessaires pour assurer la réunion des forces militaires que la France tenait en réserve?

S'il ne les a pas lancés, la cause du retard lui est-elle imputable? Qui doit-on rendre responsable des lenteurs ou insuffisances d'organisation?

Étant donné qu'il a réuni au 12 juin 178 000 hommes de première ligne et 434 000 d'armée extraordinaire, la répartition de ses forces est-elle irréprochable?

La correspondance doit nous livrer la clef de ces trois énigmes.

D'abord le principe, l'idée directrice.

Dès le 27 mars, Napoléon écrit à Carnot (1), ministre de l'Intérieur : « Mon intention est d'organiser la garde nationale dans toutes les parties de l'Empire, mais surtout dans les bonnes provinces... Il faut qu'une partie soit armée et puisse servir et protéger le territoire. »

Le 30 mars, 11 heures soir, à Davout (2), ministre de la Guerre : « Mon cousin, faites partir le général Grouchy pour la 7ᵉ et la 19ᵉ division,... et investissez-le des pouvoirs nécessaires pour prendre les gardes nationales et les diriger sur les points du territoire de la 7ᵉ et la 19ᵉ division qu'elles doivent garder. »

On entrevoit le but des gardes nationales.

Le 2 avril, à Davout (3) : « Je ne me prépare qu'à la défensive... Il est donc convenable que, si l'ennemi voulait nous attaquer, tout fût disposé pour réunir nos munitions et notre artillerie sur Paris, pour faire venir tous les dépôts des places fortes entre Paris et la Loire. »

---

(1) *Correspondance de Napoléon*, t. XXVIII, n° 21728, p. 39.
(2) *Ibid.*, n° 21749, p. 59.
(3) *Ibid.*, n° 21754, p. 61.

L'idée de la défensive pour la protection du territoire est très nette. Aucun symptôme d'armées de manœuvre autres que celle de Belgique. On voit de plus quelle importance Napoléon attache aux dépôts.

Ce même jour, 3 avril, une simple phrase jetée dans une lettre à Caulaincourt, ministre des Affaires étrangères, nous inquiète vivement (1) :

« La multiplicité de mes affaires ne me permet point d'entrer dans tous ces détails... »

Napoléon revient sur cette idée et note la masse de ses occupations dans une lettre du 6 avril à Davout (2).

Nous devons en conclure que l'Empereur dirige personnellement tous les ministères et administrations. L'affaire capitale, qui décidera tout, étant la guerre, comment peut-il se laisser absorber, détourner du but essentiel par d'autres préoccupations?

Poursuivons. Aussi bien, nous sommes en présence de l'organisation pratique des gardes nationales. Le 3 avril au soir, il écrit au général Andréossy, président de la section de la guerre au Conseil d'État (3) : « Je vous envoie un rapport et un projet de décret sur les gardes nationales... Je voudrais obtenir trois buts :

« 1° Organiser toutes les populations des frontières sous leurs officiers, de manière qu'elles puissent défendre leurs propriétés. Nos départements de France sont, l'un portant l'autre, de 300 000 habitants. Je voudrais, dans un département de 300 000 habitants, avoir 30 000 gardes nationaux, ce qui ferait 42 bataillons de 720 hommes...

« 2° La formation une fois faite, il faudra s'occuper de l'armement.... Ceux qui seront appelés à concourir avec les troupes de ligne pour la défense des places fortes et des postes importants des frontières seraient armés de fusils de calibre. Les basses compagnies sédentaires s'armeraient de fusils de

---

(1) *Correspondance de Napoléon*, t. XXVIII, n° 21759, p. 65.
(2) *Ibid.*, n° 21773, p. 78.
(3) *Ibid.*, n° 21767, p. 72.

chasse. A cela il faut joindre un projet de décret qui autorise tous les citoyens à être armés, et qui rapporte les lois contraires à cette disposition.

« 3° L'équipement est le troisième objet : en adoptant que l'uniforme consistera en une blouse bleue, par-dessus laquelle on mettrait une giberne noire, chacun pourrait se procurer cette blouse... »

Le nombre est trouvé, — nombre énorme, — 42 bataillons de 720 hommes par département. Si nous rapprochons de cette lettre le n° 21898 à Carnot (12 mai) (1) : « J'ai levé en France 3 000 bataillons de gardes nationales... » on voit que les totaux concordent : plus de 2 millions de gardes nationaux, près de 2 millions et demi. En portant le premier total de l'armée de seconde ligne (222 266), le nombre de 135 545 pour les gardes nationaux (2), nous n'avons donc porté qu'un chiffre infime, 5 ou 6 pour 100 de ce qui pouvait être réuni.

Pour l'armement, c'était une question d'argent, et dans les circonstances extraordinaires, le chef suprême fait tout plier sous la loi de salut public, ou une question de liberté. Il suffisait de laisser les citoyens s'armer eux-mêmes. Pour l'habillement, quel ouvrier, quel paysan ne disposait pas d'une blouse?

Cet admirable plan et la vision des ressources formidables qu'il met en jeu nous imposent une remarque. Puisque l'Empereur peut puiser à pleines mains dans une masse de plus de 2 millions d'hommes, pourquoi faire intervenir l'armée de première ligne ou de manœuvre dans la défense du territoire? Notons que, dans un grand nombre de départements, la levée s'opéra très facilement, que l'enthousiasme rappelait les départs superbes de 1791, qu'une foule d'anciens officiers et soldats se trouvaient compris dans les bataillons de mobilisés ou de vétérans (3). Évidemment, l'enthousiasme ne suffit

---

(1) *Correspondance de Napoléon*, t. XXVIII, p. 179 et suiv.
(2) M. Houssaye, p. 37.
(3) Id., p. 0-11 (Lettre de Gérard à Vandamme), p. 13.

pas. Il convient d'organiser, d'armer les masses, mais la qualité première existait.

Pour la Corse, Napoléon dès le début avait pensé et agi carrément. Dès le 23 mars, il écrit au vice-amiral Decrès, ministre de la Marine (1) : « Je désire que vous donniez ordre que les navires de Corse et de l'île d'Elbe transportent en France les 3 000 hommes de troupes françaises qui sont en Corse, à l'exception d'un bataillon de 600 hommes qui se transportera à Porto-Ferrajo, mon intention étant d'abandonner la Corse à ses propres forces... »

Cet ordre est confirmé par un autre du 12 mai à Davout (2) : « Donnez ordre au duc de Padoue en Corse, de faire partir sur-le-champ, et sans aucun retard, sous quelque prétexte que ce soit, les régiments qui sont dans cette île... Que, sous aucun prétexte, il ne retienne rien, hormis la compagnie d'artillerie qui a été désignée ; que si même on peut former en Corse deux bataillons de volontaires, de 5 à 600 hommes, ayant des officiers qui aient déjà servi en France, il les expédie sur Toulon. »

Ainsi, pour la Corse, non seulement Napoléon laisse les milices locales seules la défendre, mais encore il essaie d'y puiser pour joindre aux régiments de France. Le raisonnement, excellent pour la Corse, eût été aussi parfait pour toutes les frontières autres que celle de Belgique, en raison des circonstances spéciales de 1815. Si l'on se reporte à la lettre du général Gérard, commandant du 4ᵉ corps d'armée, homme de guerre du plus rare mérite, dont on ne peut révoquer le témoignage (3) : « Les dix bataillons de gardes nationales de la région de Nancy sont superbes. Dans trois semaines, il n'y aura pas de différence avec la troupe de ligne », on voit quel parti Napoléon eût pu tirer de la garde nationale. La lettre de Gérard est du 5 juin. En lançant les ordres de convocations régionales à des dates plus hâtives

(1) N° 21698, p. 21.
(2) N° 21896, p. 177.
(3) M. Houssaye, p. 11.

que celles que nous constaterons plus tard (1), Napoléon eût non seulement évité de distraire un soldat de ligne de son armée de Belgique, mais encore eût disposé pour y joindre d'une ou deux divisions de l'armée extraordinaire. Lui-même, d'ailleurs, dans les évolutions successives de sa pensée, nous indique que les gardes nationales suffisent à la défense des places et des frontières.

Lettre du 10 avril à Davout (2) : « Je désire qu'il soit établi sur-le-champ trois comités de défense… Ils indiqueront les points et les débouchés des frontières qu'il faudrait faire occuper par les grenadiers et chasseurs de la garde nationale. »

Encore le 10 avril à Davout (3) :

« Le lieutenant général que vous avez à envoyer dans le Nord pour y organiser les gardes nationales de la 16ᵉ division pourrait être le général Sebastiani… Donnez-lui l'ordre de s'y rendre avec le nombre de maréchaux de camp nécessaires… Voilà plus de 200 chefs de bataillon, plus de 200 capitaines, un grand nombre de lieutenants généraux, de maréchaux de camp, de colonels et de majors, qui vont être employés dans cette organisation des gardes nationales… Désignez les places fortes de chaque division où doivent se réunir les bataillons de grenadiers et de chasseurs… Par ce moyen, avant le 1ᵉʳ mai, toutes nos places fortes du Nord, de la Meuse, de l'Alsace, de la Franche-Comté et des Alpes auront une grande quantité de troupes ; et un grand nombre de généraux et d'officiers se trouveront là, dans les sous-préfectures, pour réunir les basses compagnies de la garde nationale au moment d'une invasion, et les placer où il sera nécessaire. Ainsi nos troupes deviendront immédiatement disponibles. »

Cette lettre est capitale : 1° Les officiers ne manquent

---

(1) Voir lettre n° 21843 au général baron Dejean au sujet des retards (retards qui pouvaient être évités).
(2) N° 21787, p. 83.
(3) N° 21789, p. 87.

pas, ni les hommes. 2° Avant le 1ᵉʳ mai, tout est prêt pour la défense des places et frontières. 3° L'idée essentielle se dévoile : rendre les troupes de ligne disponibles.

Pourquoi Napoléon n'a-t-il pas persisté jusqu'au bout dans cet ordre d'idées?

DANGERS DE LA CENTRALISATION EXCESSIVE

Un critique ne doit évidemment rien avancer sans preuve, mais quand il s'agit d'un fait déjà prouvé, rebattu cent fois par tous les historiens et passé à l'état de lieu commun historique, on a le droit d'en parler et de s'en servir *a priori* pour éclairer la situation. Tout le monde sait que Napoléon médite seul les projets, qu'il juge et décide tout, même les plus modestes détails étrangers à la guerre. Quand nous exprimons le regret qu'il n'ait pas obtenu des effectifs plus considérables, quand nous posons la question de savoir pourquoi sa volonté ne poursuit pas l'achèvement de l'œuvre, nous ne jugeons ni son activité, ni sa volonté, et nous reconnaissons la puissance énorme de son travail. Nous marquons seulement à chaque pas, à mesure que les questions jaillissent forcément devant nous, et que nous accumulons les interrogations inquiètes, nous marquons les conséquences malheureuses, mais logiques, irréparables, d'un système de travail et d'organisation que Napoléon lui-même a voulu. Quand il s'agit de son œuvre, ce n'est pas rêver d'un danger imaginaire que d'entrevoir un péril dans la concentration excessive et absolue.

Pour 1815, notamment, nous constatons par un coup d'œil d'ensemble très rapide jeté sur sa correspondance que ses lettres et instructions sur la guerre sont entremêlées d'une foule d'occupations diverses, complètement en dehors de ce sujet capital : lettre à Fouché, ministre de la Police générale (1), sur les préfets et sous-préfets, et dont il suit les préoccupations jusqu'au 12 juin. L'ordre à Fouché précède immédiatement le premier ordre militaire à Davout. Citons rapidement. Indiquons en deux mots la destination et l' bjet de la missive : M. Collin, président de la Cour des comptes (2) : discussion concernant le ministère du Commerce ; M. de Montesquiou-Fezensac (3), surintendant des théâtres ; général Bertrand (4) : conflits des emplois de sa maison, maître d'hôtel, chef de cuisine, chef d'office ; comte de Montalivet (5) : nomination de directeurs de musées, médecins, chirurgiens, accoucheurs, pharmaciens ; le même : travaux des Tuileries et Versailles (6) ; M. Fontaine (7) : démolition des maisons du Carrousel ; Caulaincourt (8) : histoire du Congrès de Vienne, celle de tous les traités de son règne, articles à envoyer au *Moniteur ;* Fouché (9) : tableaux venant d'Espagne et appartenant au prince Joseph ; comte Defermon (10) : opérations de la caisse de l'extraordinaire, recettes des jeux, recettes éventuelles, journaux, etc. ; comte de Montalivet (11) : tableau de Vernet représentant la bataille de Marengo ; Cambacérès (12) : situation des émigrés ; Mollien (13) : rentes et apanages des princes ; le même (14) : maison de Carignan, roi de Piémont, etc. ; Gaudin (15) : notes sur Madame d'Orléans et Madame de Bourbon ; Cambacérès (16) : indi-

---

(1) N° 21691, 21 mars, p. 17 ; voir pour la suite n° 21889, 10 mai ; n° 21890, 11 mai ; n° 21979, 27 mai, et n° 22034, 8 juin.
(2) N° 21695, 23 mars, p. 20.
(3) N° 21711, 25 mars, p. 29.
(4) N° 21712, 25 mars, p. 29.
(5) N° 21713, 25 mars, p. 29.
(6) N° 21714, 25 mars, p. 30.
(7) N° 21724, 26 mars, p. 38.
(8) N° 21739, 28 mars, p. 48.
(9) N° 21742, 29 mars, p. 51.
(10) N° 21776, 6 avril, p. 80.
(11) N° 21780, 9 avril, p. 83.
(12) N° 21799, 14 avril, p. 94.
(13) N° 21801, 14 avril, p. 95.
(14) N° 21802, 14 avril, p. 95.
(15) N° 21805, 14 avril, p. 97.
(16) N° 21820, 18 avril, p. 107.

vidus qui refusent le serment et renseignements de police générale; général Bertrand (1) : budget des théâtres, location de loges, musiciens, chanteurs, gratifications aux acteurs; Fouché (2) : l'affaire Maubreuil; Savary, duc de Rovigo (3) : article non signé pour le *Journal de l'Empire;* Fouché (4) : nobles de Dijon; le même (5) : M. Lavalette et les émigrés; Caulaincourt (6) : rapports politiques et diplomatiques à faire écrire par Meneval; Carnot (7) : détail des dépenses de la Corse et réduction de la gendarmerie ; le même (8) : préfet de Laval. La « multiplicité des affaires » apparaît clairement.

SUITE DE L'ORGANISATION DE L'ARMÉE DE SECONDE LIGNE

Ce point bien établi, après tous les travaux historiques antérieurs, par ces quelques lignes, poursuivons l'examen attentif des ordres qui se rattachent à l'organisation de l'armée de seconde ligne. Cette organisation va être facilitée par une bonne nouvelle. Le 10 avril, Napoléon l'annonce à Carnot (9) : « Il paraît que toute la Provence arborera aujourd'hui ou demain la cocarde tricolore; ainsi on peut regarder l'insurrection du Midi comme terminée. »

Désormais la défense intérieure contre l'insurrection ne peut le préoccuper sérieusement qu'en Vendée : motif puissant pour que l'armée de première ligne devienne disponible partout ailleurs.

(1) N° 21876, 5 mai, p. 162.
(2) N° 21890, 11 mai, p. 172.
(3) N° 21899, 12 mai, p. 181.
(4) N° 21902, 13 mai, p. 184.
(5) N° 21923, 18 mai, p. 201.
(6) N° 21996, mai, p. 245.
(7) N° 22008, 3 juin, p. 254
(8) N° 22034, 8 juin, p. 267.
(9) N° 21793, 10 avril, p. 89.

Le 11 avril Napoléon est satisfait. Il écrit au général comte Grouchy, commandant le 7ᵉ corps à Pont-Saint-Esprit (1) : « Vous remercierez en mon nom les gardes nationales du patriotisme et du zèle qu'elles ont fait éclater et de l'attachement qu'elles m'ont montré dans ces circonstances importantes. »

Continuons la série des bonnes nouvelles et des mesures heureuses.

Lettre à Davout, 16 avril (2) : « Le drapeau tricolore flotte à Marseille. Donnez l'ordre qu'à midi il soit tiré cent coups de canon aux Invalides. »

A Davout, 18 avril (3) : « Le Midi est pacifié... Toutes les nouvelles d'Espagne sont telles qu'il n'y a absolument rien à craindre sur cette frontière... »

Alors, à quoi bon y laisser des régiments d'infanterie et de cavalerie, les détachements de Clauzel et de Decaen ?

Décret du 22 avril. — Napoléon organise les corps francs (4).

Lettre à Decrès, 22 avril (5) : « Mon projet est de lever 60 à 80 000 hommes sur mes côtes et d'y employer tous les officiers de marine et tous les officiers du génie maritime... »

Les côtes défendues, l'Espagne n'attaquant pas, la concentration absolue est facile.

PREMIERS RETARDS DANS L'ORGANISATION

Après la lumière, l'ombre. Aux bonnes nouvelles se mêlent les inquiétudes, l'angoisse. Dès le 15 avril, Napoléon écrit à Davout (6) : « Mon cousin, voilà quinze jours de perdus : les ateliers d'armes ne vont pas ; il faut faire tra-

---

(1) N° 21796, p. 91.
(2) N° 21813, p. 102.
(3) N° 21822, p. 108 et suiv.
(4) N° 21831, p. 116.
(5) N° 21836, p. 120.
(6) N° 21811, p. 100.

vailler à domicile... » Puis, quelques lignes plus loin : « Encore une fois on n'a rien fait. » Il ajoute bien dans cette lettre : « Ne m'écrivez plus ; prenez toutes les mesures qui sont nécessaires, et rendez-moi compte seulement deux fois par semaine de ce que vous aurez ainsi ordonné. » C'était là une pensée excellente et qui, suivie jusqu'au bout, eût donné les meilleurs résultats. En déléguant une part de son autorité, Napoléon se serait réservé la décision suprême sur les points essentiels, et le travail eût marché dix fois plus vite.

Mais, malheureusement, ce n'était qu'une phrase échappée en un moment de fatigue et d'angoisse. S'il existait en France un homme auquel Napoléon eût pu se confier, c'était Davout, celui qui, de 1809 à 1812, avait organisé l'immense armée d'Allemagne (1), le seul dont Napoléon estimait les jugements, sans toutefois les suivre (2). Pour se rendre compte de l'indépendance qu'il lui laisse, il convient de citer le passage où M. Houssaye analyse les rapports de Napoléon et de son illustre lieutenant.

M. Houssaye (3) expose que, « surchargé de travail, l'Empereur ratifiait souvent les propositions de Davout sans les examiner », mais qu'il « s'en prenait ensuite à ce ministre, peu aimé aux Tuileries à cause de sa raideur et de sa sévérité dans le service ». Ainsi, en ce qui concerne le personnel militaire, l'Empereur charge son aide de camp Flahaut de « reviser les propositions » de Davout. M. Houssaye nous montre le jeune Flahaut (il a trente ans), installé dans les bureaux de la guerre, « bouleversant les dossiers », et « donnant même directement des ordres opposés à ceux de Davout ». Imagine-t-on l'irréprochable soldat des armées de la République, Allemagne, Égypte, l'illustre général qui fut

---

(1) Thiers, t. III, p. 48, col. 2, à 50, col. 2 (Causes profondes de la défaveur de Davout malgré ses immenses services ; « il avait eu jusqu'à trois cent mille hommes sous sa main »).

(2) Général Bonnal, *Manœuvre de Landshut*, p. 185, 187, 193, 104, 195, « preuve éclatante de la justesse des prévisions » de Davout, que Napoléon « négligea pour suivre la réalisation chimérique d'une idée préconçue », p. 196.

(3) M. Houssaye, p. 69.

de toutes les grandes batailles de l'épopée, le vainqueur d'Auerstædt, de Tengen, prince d'Eckmühl, forcé de s'incliner devant un courtisan de trente ans et entravé dans ses ordres! Il déclare à Napoléon, rapporte M. Houssaye, que « si ce n'était une lâcheté d'abandonner son poste en de pareilles circonstances, il ne resterait pas une heure au ministère (1) ». Davout avait d'autant plus de motifs d'être profondément froissé, que c'est à la même date où l'Empereur lui laisse quelque initiative, que, par une contradiction inouïe, il laisse Flahaut s'installer au ministère de la Guerre (2).

Étonnons-nous que Napoléon soit mal secondé, puisqu'il veut tout faire et n'a confiance en personne. Étonnons-nous que ses lieutenants ou collaborateurs civils attendent l'ordre littéral signé de l'Empereur, et les mettant à couvert contre ses fantaisies et les accès de son humeur. Étonnons-nous que, sauf quelques caractères exceptionnels, comme Davout, qui s'acharnent dans leur devoir, les autres n'aient plus ni vigueur, ni énergie, ni ressort, ni la moindre initiative! Napoléon récolte ce qu'il a semé. Notons qu'en 1815 Napoléon possède encore, par un bonheur inouï, des collaborateurs de premier ordre. Le raisonnement que nous avons fait pour Davout à propos de la guerre s'applique à Decrès pour la marine, à Carnot à propos de l'intérieur, Caulaincourt en ce qui concerne les affaires étrangères, Mollien et Gaudin par rapport aux finances. Il suffisait de leur lancer l'idée directrice, puis de les laisser agir. Mais c'est précisément ce que Napoléon ne veut pas. Il garde pour lui la pensée définitive, le secret de toutes ses conceptions, et tient ses subordonnés en tutelle. Aussi, du haut en bas de l'échelle administrative, nous constatons une inertie lamentable, dont Napoléon se désole, sans en pénétrer le vrai et seul motif.

Le 18 avril (3), à propos de la remonte, des selles, de

(1) M. Houssaye, p. 70-71.
(2) La lettre n° 21811 est du 15 avril, et la mission de Flahaut datant du 13 (M. Houssaye, note 5, p. 69) est définitivement confirmée pour lui seul le 18 (M. Houssaye, p. 69).
(3) N° 21823, p. 110. Lettre à Davout.

l'effectif de cavalerie, il se plaint de tout et pour toutes les régions de la France.

Le 22 avril, à Decrès (1) : « Il ne s'agit pas de m'écrire, il s'agit de faire partir. Marchez de l'avant, tout cela devrait être fait. » Le travail, pour la marine, ne rend pas plus que pour la remonte et la cavalerie.

A Davout, 24 avril (2) : « Réitérez l'ordre... il faut accélérer le mouvement de ces troupes, réitérez les ordres... » Les mouvements de troupes sont aussi lents que ceux de la marine.

Au général baron Dejean, 24 avril (3) : « Rendez-vous à Beauvais. Vous y verrez le préfet et vous me ferez connaître la situation du département. A-t-on commencé à organiser la garde nationale?... Les dépôts de cavalerie se remontent-ils?... De là vous irez à Abbeville... à Amiens... Partout où vous trouverez des dépôts, vous me ferez connaître la situation des cadres des 3e, 4e et 5e bataillons, le nombre des vieux soldats qui ont rejoint et quand on espère pouvoir envoyer de nouveaux renforts à l'armée... » Ainsi, aux portes de Paris, à Beauvais, l'organisation si importante de la garde nationale est tellement peu avancée à la date du 24 avril — un mois après le retour de l'île d'Elbe — qu'un aide de camp de l'Empereur est envoyé aux renseignements!

ORDRES PRESSANTS CONCERNANT LA GARDE NATIONALE

Pour ne pas alourdir ni obscurcir la discussion en nous arrêtant à chaque instant pour méditer sur les retards, terminons à fond l'organisation de la garde nationale et l'appel des conscrits de 1815. Les lettres de l'Empereur nous éclaireront aussi sur l'importance qu'il attache au renforcement

(1) N° 21837, p. 121.
(2) N° 21841, p. 130.
(3) N° 21843, p. 131.

de son armée du Nord. Elles jetteront par suite une vive lueur sur l'énigme que nous poursuivons.

Lettre à Davout, 27 avril (1) : « Pressez l'organisation des gardes nationales de la 2ᵉ division qui doivent tenir garnison dans les places de la Meuse, afin que toutes les troupes deviennent sur-le-champ disponibles. »

Même idée dans la lettre n° 21849 (2).

A Davout, 30 avril (3) : « Vous aurez à Paris trente batteries de canons de huit pièces chacune. Votre troupe d'infanterie se composera de 30 000 gardes nationaux, de 20 000 hommes de levées en masse, de 20 000 hommes de troupes de marine et enfin de 20 000 hommes que donneront les dépôts des régiments qui doivent se grouper sur Paris, ce qui fera plus de 90 000 hommes. »

On voit qu'avec des ordres lancés à temps il eût été facile de concentrer des forces immenses. Dans le total de 434 000 hommes de l'armée de seconde ligne, nous n'avons pas fait entrer un seul homme des levées en masse.

A Davout, 1ᵉʳ mai (4) : « La garde nationale active se compose d'une division de réserve pour le Nord, d'une division pour l'armée de la Moselle, d'une division pour l'armée du Rhin, de deux divisions pour le corps d'observation du Jura, et de trois pour l'armée des Alpes. »

A Davout, 2 mai (5) : « Écrivez de nouveau pour que les gardes nationales se rendent en toute diligence dans les places fortes, afin que le 10 mai il n'y ait plus un bataillon de troupes de ligne dans nos places. »

A Davout, 9 mai (6) : « Je vous renvoie les états du général Rapp. Vous lui ferez connaître que mon intention est qu'il ne reste pas un seul homme de troupes de ligne dans nos places fortes... Mon intention est que la surveillance du

---

(1) N° 21845, p. 132, 134.
(2) P. 137.
(3) N° 21856, p. 144, 145.
(4) N° 21861, p. 149.
(5) N° 21866, p. 155.
(6) N° 21870, p. 160 et suiv.

Rhin, depuis Huningue jusqu'à Strasbourg et depuis Strasbourg jusqu'aux lignes de Wissembourg, soit donnée aux gardes nationales qui font partie des garnisons... »

Lettre à Davout, 9 mai (1) : « Donnez ordre aux généraux qui commandent la division de réserve de la Moselle qui se réunit à Nancy, et celle du Nord qui se réunit à Sainte-Menehould, de prendre tout de suite des mesures pour fortifier les passages des Vosges et de l'Argonne. »

Les divisions de réserve sont composées uniquement de gardes nationales. Leur titre officiel, déterminé par la lettre du 1ᵉʳ mai à Davout (2), est « division de réserve de grenadiers de gardes nationales ». Surveillance de fleuves, rivières, défense de défilés et de points stratégiques, ce sont là fonctions d'un « rideau », ce rideau auquel Napoléon voulait limiter sa puissance défensive (3). Pour constituer, avec les gardes nationales seules, des détachements capables de protéger les frontières, il manque cavalerie et artillerie. Mais, ici encore, la correspondance de Napoléon nous permet de répondre d'avance à toutes les objections.

Dans une lettre du 9 mai à Davout (4), lettre déjà citée, Napoléon écrit : « Vous donnerez ordre qu'on fasse atteler deux batteries de huit pièces de garde nationale par des chevaux et des charretiers du pays ; ces batteries seront attachées, l'une à la division de Colmar et l'autre à la division de réserve de la Moselle, qui se réunit à Nancy. »

Pour l'artillerie, le principe est trouvé. Il ne reste qu'à l'étendre et à le pousser jusqu'au bout. Même raisonnement pour la cavalerie.

Dès le 22 avril, Napoléon écrit au comte Carnot (5) : « Vous recevrez un décret par lequel j'ordonne la formation de deux régiments de lanciers de gardes nationales dans les départements du Haut-Rhin et du Bas-Rhin. Écrivez à Metz, Nancy,

(1) N° 21880, p. 167.
(2) N° 21860, p. 147.
(3) Voir cette étude, p. 3.
(4) N° 21879, p. 163, 164, 165.
(5) N° 21832, p. 118.

à Épinal, dans les 3ᵉ, 2ᵉ, 4ᵉ, 6ᵉ, 7ᵉ et 19ᵉ divisions, pour savoir s'il serait possible de former dans chacune un régiment de 600 lanciers... Écrivez aussi dans l'Aisne, dans la Somme, dans le Nord... Si cette mesure pouvait se généraliser, elle nous offrirait de grands avantages, puisqu'elle fournirait une masse de cavalerie suffisante pour mettre les départements à l'abri des troupes légères. »

En généralisant et poursuivant cette mesure, la garde nationale eût été amplement pourvue de cavalerie. Les chevaux existent, les cavaliers également. Nous ne sommes qu'au 22 avril. Donc, il était possible d'atteindre le but avant le 12 juin.

Lettre à Soult, 22 mai (1) : « Il faudra, le plus tôt possible, faire remplacer la cavalerie qui se trouve de Bouillon à Charlemont par des partisans et par des gardes nationales montées pour servir comme cavaliers en partisans. »

Ainsi, sur cette frontière fort exposée, nous voyons formuler par l'Empereur l'emploi de la cavalerie de la garde nationale en première ligne. Ce qui est vrai au Nord ne l'est-il plus à l'Est ? Et dans le Midi, aux Pyrénées, puisque Napoléon considère comme certain que l'Espagne n'attaquera pas, pourquoi annihiler des régiments de cavalerie, pourquoi ne pas leur lancer l'ordre de rejoindre à marches forcées l'armée de Belgique, celle dont tout dépend ?

Ces preuves sont tellement décisives qu'il est inutile de les multiplier. La correspondance de Napoléon en est pleine. Mentionnons pour mémoire le décret n° 21907, 15 mai (2), sur la formation des 24 bataillons de tirailleurs fédérés de Paris ; la lettre n° 21973, 27 mai (3), sur la défense de Paris, du territoire qui couvre Paris, la formation des compagnies d'artillerie de gardes nationales de Meaux, Nogent, Sens, Montereau, etc. ; la lettre n° 21980, 28 mai (4), sur l'excédent

(1) N° 21955, p. 221.
(2) P. 189.
(3) P. 231 et suiv.
(4) P. 237.

des bataillons de gardes nationales du Nord; la lettre n° 22037, du 9 juin (1), sur les partisans.

RÉFLEXIONS SUR LES ORDRES DÉFINITIFS

Il est indéniable que si l'Empereur veut se maintenir sur la défensive ailleurs qu'en Belgique, s'il ne rêve pas de manœuvrer l'ennemi sur les frontières autres que celles du Nord avec des armées secondaires, en un mot, s'il se conforme à l'idée qu'il émet lui-même dans ses Mémoires et sa correspondance, l'armée extraordinaire ou de seconde ligne suffit largement à sa mission.

En conséquence, on ne s'explique pas le décret n° 21855, 30 avril (2), dans lequel l'armée du Nord ne comprend que les 1er, 2e, 3e et 6e corps et trois divisions de réserve de cavalerie. L'armée de la Moselle, 4e corps (Gérard), n'est pas encore comprise dans l'armée du Nord, et les 5e et 7e corps et trois corps d'observation sont écartés définitivement de l'armée de Belgique.

La même impression déconcertante et pénible se reproduit quand on étudie la lettre n° 21861 à Davout, 1er mai (3), sur l'absorption des forces actives par des buts secondaires, d'autant plus que dans cette lettre Napoléon fait valoir l'utilité de la levée en masse, et déclare « lâche et traître envers la patrie toute ville qui ne se défendrait pas contre des troupes légères ». Cette impression s'accentue par l'observation attentive des lettres n°s 21896 et 21909. La première — n° 21896 — à Davout, 12 mai (4), dit : « Le plus grand malheur que nous ayons à craindre, c'est d'être trop faibles du côté du Nord et d'éprouver d'abord un échec. J'attends l'état que je vous ai demandé pour faire le travail de l'armée

(1) P. 268.
(2) P. 142.
(3) P. 149 et suiv.
(4) P. 177.

du Nord. Il paraît que les 16 régiments qui la composent sont bien faibles et ont bien peu de moyens de s'augmenter. C'est ce qui me porterait à réunir les seize dépôts sur la Somme et à faire, dans les meilleurs départements, un appel de 24 à 30 000 hommes de la conscription de 1815, pour renforcer ces régiments. »

La première phrase citée textuellement renferme une prévision terrible, une crainte prophétique dont la profondeur est inouïe. Malheureusement, elle n'a été qu'un éclair, éclair vite évanoui, en face de l'orgueil et du superbe optimisme de Napoléon. Pourquoi l'idée excellente du renfort — possible au 12 mai — n'est-elle pas suivie?

La lettre n° 21909 à Davout, 15 mai, concerne l'armée de Vendée (1) : « Mon cousin, faites connaître au général Delaborde... que le 43° doit rester tout entier à sa disposition dans la Vendée, qu'il doit employer aussi les gardes nationales et les confédérés, mais qu'il faut laisser partir les troupes de ligne, qu'elles sont nécessaires aux frontières, qu'une victoire dans le Nord fera plus pour le calme intérieur que les troupes qu'on laisserait dans l'Ouest; que j'ai besoin de réunir toutes mes troupes pour arriver à ce résultat; que je n'en excepte que le 43°. »

On conçoit qu'il reste un régiment de ligne en Vendée où la situation est dangereuse. Mais, puisque Napoléon ne redoute pas l'invasion de l'Est avant le 15 juillet, pourquoi ne pas appliquer aux 5° et 7° corps les principes de concentration dans le Nord qu'il proclame avec tant de justesse et de force?

LA CONSCRIPTION DE 1815. — DIVERSES CAUSES
DU RETARD. — LA PENSÉE DE NAPOLÉON

En ce qui concerne les conscrits, nous voyons qu'ils eussent pu constituer une force très considérable. Napoléon

(1) P. 100, 101.

y a pensé pour l'armée du Nord. Nous l'avons prouvé par la lettre n° 21896.

Dès le 3 mai, il écrit à Davout (1) : « Mon cousin, je pense qu'il est indispensable de lever 120 000 hommes de la conscription de 1815 ; mais qu'il serait utile de retarder encore quelques jours, jusqu'à ce que l'opération des anciens militaires soit plus avancée. Je pense aussi qu'il faudrait faire cette levée partiellement. Mais il est indispensable d'avoir une réserve pour nourrir la guerre. »

Ainsi les retards dans l'incorporation des anciens militaires entravent l'appel de la conscription.

Malgré son génie, malgré le prestige de son nom, malgré le dévouement loyal, l'énergie de Davout et de Carnot, l'Empereur suspend ses ordres. Il est évident qu'une cause d'ordre général, en dehors de toute désobéissance individuelle, pèse sur l'exécution et la ralentit. Nous déterminerons cette cause peu à peu, à mesure que les effets s'en feront sentir plus vivement.

Le retard dans la levée des conscrits de 1815 fut extrêmement grave. J'ai cité plus haut (2) la lettre n° 21896 qui est capitale à cet égard. Exposons comme preuve complémentaire la lettre n° 21929 à Davout, 20 mai (3) : « Mon cousin, j'ai reçu votre rapport du 18 mai sur la nécessité de faire l'appel de la conscription de 1815... Mon intention n'est pas de faire un appel général. Je n'appellerai d'abord que celle des 1re, 2e, 3e, 4e, 5e, 6e, 7e, 19e, 21e divisions, ensuite celle des 9e, 10e et 11e. La conscription de la 7e division sera employée à recruter les régiments du corps d'observation du Var et les régiments de l'armée des Alpes... Ceux de la première serviront au recrutement des régiments de l'armée du Nord... Chacune de ces conscriptions fournira un tiers de ses hommes pour la jeune Garde. » En fait, le retard fut tel qu'aucun conscrit de 1815 ne servit à quoi que ce soit. D'après la lettre

(1) N° 21874, p. 160.
(2) Voir cette étude, p. 27.
(3) P. 204.

n° 21929, on voit que Davout a insisté, mais que Napoléon résiste et ne lance pas l'ordre. Or nous pouvons juger par la correspondance quels immenses services cette conscription eût rendus. Lettre n° 21986 à Davout, 29 mai (1) : « Mon cousin, il résulte de l'avis du Conseil d'État que vous devez considérer les conscrits de 1815 comme en congé, et que vous devez les rappeler. D'après l'état que vous m'avez remis, 85 000 ont déjà servi et 37 000 sont des départements les meilleurs et les mieux disposés. Cela ne peut donc pas faire une affaire. Mais sur les 85 000 déjà appelés, il y en aura beaucoup à ôter, tels que ceux de la Vendée, de la Sarthe, et enfin de tous les départements où nous n'avons pas appelé les vieux militaires et qui, dans le moment actuel, ont une opinion douteuse. Remettez-m'en l'état. Il faudra les rappeler plus tard. Mais nous devons trouver tout de suite, sur la masse, une ressource de 80 à 90 000 hommes. Faites-moi le décret qui ordonne cet appel, et présentez-m'en la répartition entre les différents régiments, en partant du principe que donne le lieu où sont les dépôts. Il en faudra appeler 30 000 pour la jeune Garde. »

L'avis du Conseil d'État n'eût pas fait l'ombre d'un doute un mois plus tôt, quand Napoléon écrivait la lettre n° 21874, du 3 mai (2). Il en résulte que le versement de 80 000 hommes de renfort dans les régiments de l'armée du Nord et de la Garde n'a dépendu que de Napoléon, ou plutôt de son système de travail et des complications inextricables qu'entraîne à des heures tragiques comme en 1815 la mise en marche d'une administration centralisée à outrance.

CAUSES PROFONDES DES RETARDS

Une explication très simple et très facile des retards qui entravent l'Empereur s'offre à nous. En principe, dans les

(1) P. 240.
(2) P. 160.

problèmes compliqués, il faut se méfier des solutions trop simples. Toutefois, donnons-la, puisque aussi bien certains historiens n'ont pas hésité à la transporter sur le terrain militaire. Ici, nous restons sur le terrain administratif. Il suffit de proclamer que tous les préfets, les maires, les administrations locales, les lieutenants généraux et maréchaux de camp chargés d'organiser les gardes nationales, les aides de camp lancés par Napoléon à travers la France, les membres des commissions de défense, etc., sont en bloc des incapables ou des traîtres. C'est la théorie des « boucs émissaires » portée à ses dernières limites. Mais, en l'exagérant, on la rend grotesque. N'insistons pas. Pour réaliser une histoire sérieuse, impartiale, documentaire, traçons rapidement le tableau des retards depuis le 29 avril et les plaintes de Napoléon. Nous verrons qu'elles s'appliquent à tous les buts poursuivis et aux régions les plus diverses de la France.

Une lettre curieuse à Davout (1) nous renseigne sur le médiocre avancement du travail au 29 avril : « Mon cousin, il serait convenable d'envoyer le duc de Trévise (Mortier) en mission extraordinaire dans le Nord... Il parcourrait, depuis Calais, notre double ligne de places fortes jusqu'à Landau... Il prendrait toutes les mesures pour compléter le système de défense des places, assurer leurs approvisionnements, accélérer les travaux du génie et de l'artillerie... Il passerait la revue des gardes nationales ; il rallierait tout le monde au devoir ; il ferait même des proclamations... il stimulerait le zèle de ses concitoyens et leur patriotisme. Parlez-en au duc de Trévise et présentez-moi demain dimanche, au conseil, un projet de décret là-dessus. » On voit que le 29 avril, quarante jours après la rentrée à Paris, aucun travail n'est achevé de Calais à Landau. Notons que cette lettre ne précède que d'un jour le décret n° 21855, qui prescrit l'organisation de quatre armées et trois corps d'observation.

Le 2 mai, à Davout (2) : « Écrivez de nouveau pour que

(1) N° 21852, 29 avril, p. 138.
(2) N° 21866, p. 155.

les gardes nationales se rendent en toute diligence dans les places fortes. » Il ne s'agit pas d'une région. L'ordre est général.

Le même jour, au même (1), au sujet de la défense de Paris et de Ly n : « Portez la plus grande attention à faire organiser et à accélérer par tous les moyens possibles les défenses commencées. »

Le 3 mai, au vice-amiral Decrès (2) : « Voilà quinze jours de perdus bien malheureusement. Avec cette manière, il est impossible de réussir à rien... Je croyais que depuis longtemps c'était fait. » Il est question du recrutement des marins. Le retard est général, absolu.

A Davout, le 7 mai (3), à propos des chevaux que la gendarmerie doit remettre aux régiments de carabiniers, cuirassiers, dragons : « Je perds quinze jours. » L'ordre concerne Paris, Versailles, Laon, Blois, Tours, Chartres, Bourges.

Le 9 mai (4), à propos de la cavalerie, l'Empereur écrit à Davout : « Il y a, dans la 16e division, le 20e dragons qui a 300 chevaux et pas d'hommes, d'autres qui ont des hommes et pas de chevaux, d'autres qui ont des selles et pas d'habits, d'autres enfin qui ont des habits et pas de selles... » Suivent des ordres pour la 5e division, la 3e, la 4e, la 1re.

Le 9 mai, au même (5) : « Le 6 mai, il n'y avait encore que quatre bouches à feu à Château-Thierry... »

Le même jour, au même (6) : « Mon cousin, il me vient des plaintes de tous côtés, soit de la 8e division, soit de la 19e, enfin de partout, que les régiments n'ont pas d'argent et que les nombreux détachements qui arrivent aux corps ne peuvent pas être habillés. Prenez des mesures pour leur faire passer vos ordonnances. Le Trésor m'assure que toutes celles

---

(1) N° 21867, p. 156.
(2) N° 21875, p. 161.
(3) N° 21877, p. 162.
(4) N° 21881, p. 167.
(5) N° 21883, p. 169.
(6) N° 21885, p. 170.

qui seront dans la limite de la distribution de mai seront payées comptant. »

A Mollien, ministre du Trésor, le 9 mai (1) : « Il est du plus haut intérêt que tous les fonds que vous devez donner aux corps pour l'habillement leur soient soldés dans les huit jours. J'ai 100 000 hommes dont je ne puis tirer aucun parti, faute de fonds pour les habiller et les équiper. Les destins de la France sont là ; occupez-vous en jour et nuit, et prenez des mesures pour que ces fonds soient assurés sur-le-champ. »

Napoléon ne dit nullement que l'argent manque. M. Mollien, ministre du Trésor, assure, d'après la lettre précédente, qu'il aura les fonds nécessaires.

Pour les finances, comme pour les hommes et les chevaux, l'essentiel existe. Napoléon le proclame dans ses Mémoires (2). Le retard provient ou d'ordonnancements défectueux par les bureaux de la guerre, comme on pourrait le croire d'après la lettre à Davout, ou plutôt des lenteurs dans l'envoi des fonds, comme le fait présumer la lettre à Mollien qui est postérieure. Appliquerons-nous à tous les trésoriers, comptables et receveurs de France le système des « boucs émissaires » ? Incriminerons-nous leur capacité ou leur loyauté ? Ce serait vraiment trop absurde. Ces fonctionnaires sont tout simplement des hommes, ni meilleurs ni pires que le commun de l'humanité, mais ils ont subi la dépression naturelle qu'impose fatalement, sauf de très rares exceptions, une hiérarchie trop fortement centralisée.

Ce qui retarde tout, envoi de fonds, recrutement des hommes, réunion du matériel, c'est la torpeur administrative, la lenteur inouïe d'une lourde et immense machine mue par un mot d'ordre unique. Les innombrables organes de transmission et de réception attendent, pour agir, les ordres formels, précis, écrits, qui mettent à couvert leur responsabilité. La peur des responsabilités est le cauchemar des

(1) N° 21886, p. 170.
(2) *Mémoires*, t. IX, p. 24, 25.

administrations. Elle explique à la fois leur servilité et leur paralysie. Un homme qui tremble n'agit pas. Il attend qu'on lui force la main. Comment Napoléon, même avec des aides tels que Davout, Decrès, Mollien, Carnot, pourrait-il forcer la main à tous les fonctionnaires hiérarchisés?

A propos de la fabrication des fusils, l'Empereur écrit le 10 mai à Davout (1) : « Le travail languit, faute d'argent. Faites les fonds nécessaires. » Pour l'artillerie « le matériel est prêt, mais il manque des chevaux... il manque des cordages pour les équipages de ponts... ».

Le 10 mai (2), Napoléon donne ses ordres à Carnot au sujet de certains préfets « qui ne marchent pas », suivant son expression. Il n'hésite pas à briser toute résistance individuelle ou toute incapacité. Les retards ne proviennent donc pas de résistances ou de rébellions. L'Empereur ne les eût pas tolérées. S'il est impuissant, c'est qu'il se heurte à une cause générale, presque universelle.

Le 11 mai, à Caffarelli, aide de camp (3) : « Vous me parlez de quelques plaintes qui auraient été reçues pour des non-payements, il y a autant de plaintes que de corps. » Suit une observation sur le mauvais travail des ateliers d'habillement.

Le 16 mai, à Davout (4). Il s'agit du service des vivres dans le Nord : « Il paraît que ce service est très mal fait, surtout pour le pain. La guerre va avoir lieu et le soldat ne pourra pas entrer en campagne avec quatre jours de pain... Je ne conçois pas que l'armée du Nord puisse rester dans la position où elle est, ni pourquoi l'entrepreneur laisse ainsi dégarni un service aussi important. Je vous envoie aussi une lettre de Piré, qui crie misère de son côté. Il y a de l'absurdité ou de la malveillance... »

Ce n'était ni l'un ni l'autre. Mais la résurrection des éner-

---

(1) N° 21887, p. 170.
(2) N° 21889, p. 172.
(3) N° 21891, p. 173.
(4) N° 21915, p. 194.

gies vivaces et des initiatives intelligentes d'une nation de vingt millions d'hommes demandait un plus long délai que trois mois. Elle eût demandé surtout un changement complet dans la méthode du travail.

Le 20 mai, à Davout (1), à propos des chevaux de la Garde : « Nous sommes moins avancés que jamais. »

Au général comte Rapp, commandant l'armée du Rhin à Strasbourg (2) : « Poussez l'habillement, l'argent est en expédition et ne manquera pas. » Toujours le même système. L'argent ne manque pas, mais est en retard, et par suite les travaux languissent.

Le 22 mai, à Davout (3) : « On me mande qu'il y a des fusils à réparer à Dunkerque, mais qu'on ne travaille pas aux réparations. » Suivent des plaintes concernant Landrecies, Maubeuge, Charlemont, l'armement de la garde nationale de la Marne, les ouvriers non payés à Charleville, l'artillerie de l'arsenal de Mézières, etc...

Le 22 mai, à Carnot (4) : « La garde nationale de Lille n'est point encore organisée... »

Le 23 mai, à Davout (5) : « Il est de principe que jamais on ne dispose d'un officier général sans mon approbation. Je me vois obligé de recommencer tout le travail des divisions actives, où l'on a mis des généraux qui ne peuvent me convenir. » Telle est l'initiative qu'il laisse à son ministre de la Guerre ! Puis « Les bureaux de la guerre ont également oublié tous les principes en vous faisant délivrer des ordonnances pour des crédits qui n'étaient pas compris dans les distributions mensuelles. » Pour une fois que les bureaux ont voulu se hâter et s'affranchir du joug des circulaires antérieures, ils ont joué de malheur, et Napoléon n'hésite pas à les replacer durement sous l'implacable loi. On peut compter qu'ils ne s'aviseront plus d'une précipitation quelconque.

(1) N° 21933, p. 205.
(2) N° 21938, 20 mai, p. 208.
(3) N° 21950, p. 216.
(4) N° 21957, p. 222.
(5) N° 21960, p. 223.

Le même jour, au même (1) : « Les remontes n'avancent pas. Personne n'est à la tête de notre cavalerie, et je vois que, depuis le mois de mars, la cavalerie n'a fait d'autres progrès que ceux résultant des chevaux pris à la gendarmerie... » A qui la faute? Vu la lettre précédente, Davout eût été bien mal inspiré en plaçant un général à la tête de la cavalerie pour hâter le travail. Et pourtant les entraîneurs de haute allure, les cavaliers de premier ordre ne manquaient pas!

RÉPARTITION DES FORCES. — DISCUSSION

Malgré tous ces retards, nous avons démontré que Napoléon dispose, pour la défense du pays, d'une masse d'opérations de 178 000 hommes de première ligne, et de 434 000 hommes d'armée de seconde ligne, ou extraordinaire, ou auxiliaire.

Ces 434 000 hommes de l'armée auxiliaire existaient en chair et en os, et non sur le papier. Que la diversité des éléments ait fourni prétexte à de nombreuses critiques, que beaucoup fussent mal habillés ou même sans uniforme, sans grande instruction, mal armés, que la cavalerie et l'artillerie aient présenté un sérieux déficit, nous le reconnaissons, mais on en avait vu bien d'autres en 1814. Les gardes nationaux en chapeau rond et en blouse n'étaient pas une nouveauté (2). On ne peut nier d'ailleurs que dans le nombre se trouvaient des éléments excellents, une masse d'anciens soldats, et tous animés du meilleur esprit. Napoléon, Thiers, M. Houssaye leur rendent le même hommage. Ces 434 000 hommes étaient, comme nombre, infiniment supérieurs aux ressources de 1814, et, comme valeur, au moins égaux.

(1) N° 21961, 23 mai, p. 225.
(2) Lettre de Napoléon à Augereau (*Correspondance*, n° 21343), citée par le colonel CAMON, *Précis*, t. II, p. 135 : « conscrits n'ayant pas de gibernes, et étant mal habillés », gardes nationales « en chapeaux ronds, sans gibernes, avec des sabots »...

Le premier problème de 1815 peut donc être franchement abordé : Était-il nécessaire que Napoléon, disposant de 434 000 hommes pour la garde du territoire, places fortes et frontières, écartât 54 000 unités de la partie suprême qui devait se jouer, d'après ses ordres mêmes, en Belgique, pour les annihiler dans des postes secondaires, pour les disséminer de Strasbourg à Nice, de Perpignan à Bordeaux?

Je n'émets pas la prétention d'être le premier à poser cette question. Résolu à n'esquiver aucune difficulté, j'examinerai dans le chapitre II (Historique de la question du nombre) les diverses opinions émises dans un sens ou dans l'autre. Le critique consciencieux doit s'efforcer de tout lire, connaitre et discuter. Mais un fait indéniable dès maintenant, c'est que les historiens qui ont reproché à Napoléon sa décision concernant les détachements — notamment Charras (1) et M. Grouard (2) — n'ont fourni à l'appui de leur thèse aucun total documentaire de l'armée de seconde ligne, aucune preuve tirée de l'expérience des faits antérieurs, aucune discussion approfondie des principes statégiques. Par suite, le public, mis en présence d'une affirmation sans preuves, n'a pu se prononcer. La question du nombre reste donc entière.

Des calculs et des raisonnements accumulés pour élucider cette question, il n'y a pas lieu de conclure qu'elle doive, dans tous les temps et en toutes circonstances, être placée au-dessus de tout et que tout dépende d'elle. A ce compte, la plupart des guerres deviendraient impossibles, et, bien au contraire, les gros bataillons n'ont pas toujours décidé la victoire. Mais, lorsque des circonstances spéciales le commandent, à la veille de manœuvres et de batailles décisives, la loi de concentration s'appliquant aux éléments disponibles est une loi absolue. Un généralissime ne peut y contrevenir que sous le coup d'un ordre formel, d'une nécessité impérieuse. Napoléon étant non seulement généralissime, mais Empereur, la concentration complète dépendait de lui seul.

(1) Charras, p. 82, note D, p. 319.
(2) M. Grouard, p. 4 à 6.

Pour éclairer à fond un problème, il convient de susciter d'avance toutes les objections possibles, d'examiner toutes les hypothèses.

Les arguments qui suivent ne constituent pas une répétition superflue des opinions déjà amorcées, mais la discussion des différents points de vue auxquels Napoléon a pu se placer — défensive passive, protection provisoire ou intégrale des frontières, formation d'un simple rideau ou d'armées de manœuvre.

D'abord la question de logique, d'inflexible bon sens.

Il était pour le moins inutile de jouer la difficulté et de se contraindre à réaliser des prodiges de génie, alors qu'il suffisait, pour préparer la victoire, de concentrer les forces dont l'Empereur disposait, et par suite de se rapprocher de la proportion numérique qu'il avait établie lui-même, dans la période de ses éclatants triomphes, depuis 1805 jusqu'à 1809 inclus.

Les décisions humaines ne peuvent pas toujours être prises *a priori*, mais ici les arguments tirés de la situation et des effectifs au 12 juin 1815, et les enseignements du passé, que Napoléon connaissait mieux que personne, tous les arguments permettaient de conclure. Dans la circonstance actuelle, sa détermination, contraire au but qu'il poursuit — l'écrasement de Wellington et de Blücher, — est déconcertante. Il nous dit formellement — j'ai cité son texte (1) — qu'il ne croit pas à l'invasion avant le 15 juillet et qu'il veut laisser « un rideau » sur les frontières. Il ne parle nullement de constituer une ou plusieurs armées d'opération, mais simplement un rideau. Les ressources qu'il pouvait puiser à pleines mains dans les 434 000 hommes de l'armée auxiliaire lui permettaient de constituer ce rideau avec des unités moins précieuses que l'armée active, et, du moment qu'il ne craignait pas l'agression des ennemis immédiate et pensait tout terminer en peu de jours, il eût été bien plus certain d'atteindre son but avec des forces plus considérables.

(1) T. IX, p. 50, cité p. 3.

Admettons que Napoléon ait poursuivi un résultat plus complet que la protection provisoire des frontières, qu'il en ait voulu la protection intégrale. Dans cette seconde hypothèse, comme dans la première, le raisonnement aboutit à une conclusion analogue. La mission de Rapp (Rapp et les autres détachements) s'appliquant à la garde de certains points stratégiques était inutile, puisque l'armée de seconde ligne suffisait à cette tâche. S'appliquant à la défense intégrale des frontières, la mission de Rapp devenait illusoire. Pour en admettre l'efficacité, il eût fallu se bercer du rêve que Rapp, Suchet et Lecourbe, avec 46 173 hommes (1) dispersés depuis l'Alsace jusqu'au Var à travers le Jura et les Alpes, étaient capables d'arrêter les 550 000 alliés (2) dont disposaient Barclay de Tolly, Schwarzenberg et Frémont. Quant à Decaen et Clauzel répartis avec 7 830 soldats de ligne (3) en face des Pyrénées, un raisonnement identique s'applique à leur cas. La faute est même beaucoup plus grave en ce qui les concerne, attendu que Napoléon lui-même nous informe qu'il n'y avait absolument rien à craindre du côté des Pyrénées (4). Leur maintien de Bordeaux à Perpignan, au lieu d'un ordre de marche sur Lille, est donc inexplicable.

Mais, dira-t-on, Napoléon a pu prévoir une agression des alliés avant le 15 juillet, une bataille sur les frontières à la fin de juin. Cette objection n'est pas plus heureuse que les autres.

Étant donnés, d'une part, le développement des frontières et l'énormité des forces ennemies, de l'autre la faiblesse des effectifs des 5ᵉ et 6ᵉ corps, l'adjonction de ces forces minimes n'apportait, en cas de bataille, qu'un appoint dérisoire aux gardes nationales. Il était facile de prévoir *a priori* que, si l'ennemi se décidait à l'invasion, Rapp, Suchet et Lecourbe étaient hors d'état de lui en imposer, incapables d'exécuter

---

(1) M. Houssaye, p. 33 et 34. Je ne compte que les soldats d'armée active.
(2) Colonel Camon, *Précis*, t. II, p. 162.
(3) M. Houssaye, p. 34. Les mobilisés ne sont pas comptés.
(4) *Correspondance*, n° 21822, p. 108 et suiv. V. ma discussion, p. 20.

la moindre manœuvre, et qu'ils seraient balayés par les masses adverses comme des fétus de paille par l'ouragan.

De deux choses l'une : ou les alliés n'étaient prêts à envahir, comme le dit Napoléon, que le 15 juillet, — ou bien ils étaient en situation d'attaquer avant cette époque, et résolus à l'agression immédiate. Dans la première hypothèse, Rapp et ses collègues étaient inutiles; dans la seconde, impuissants. La logique et les chiffres sont inexorables.

Un fait bizarre à noter — d'après la correspondance de Napoléon — c'est la dispersion inouïe des gardes nationales le long des frontières. Les ordres se répètent d'une manière incessante du 10 avril au 6 juin. L'ordre-type à cet égard est celui du 10 avril (1). Napoléon parle d'abord de la frontière du Nord : « Faites-moi connaître, écrit-il, les positions importantes à garder sur cette frontière, soit passages de rivières, soit lignes de canaux, soit débouchés de forêts... » Et pour la frontière de la Meuse : « ...Quels sont les ponts, les passages de rivières et autres postes qu'il convient d'occuper? » Les Vosges : « ... prendre position dans les défilés des Vosges qu'on doit retrancher. » Le Jura : « Les seize bataillons de la 6ᵉ (division militaire) doivent fournir des garnisons aux places fortes, et le reste doit occuper les défilés du Jura. » Les Alpes : « Comment emploiera-t-on les quarante-deux bataillons de la 7ᵉ division qui doivent occuper les places des Alpes et les cols ou défilés des montagnes? »

Il est question de trois commissions de défense : « il est nécessaire qu'elles s'occupent, avec la plus grande activité, à reconnaître toutes les positions et prescrire toutes les fortifications de campagne qu'il est nécessaire d'élever. Il doit y avoir beaucoup de travaux de cette espèce à faire sur le Rhin; il doit y en avoir beaucoup à faire sur les Alpes, sur les Vosges et sur le Jura. »

Cet éparpillement des forces disponibles depuis Haguenau et Strasbourg jusqu'à Nice, puis Perpignan et Bayonne, rap-

---

(1) Nᵒ 21794 à Davout, p. 89.

pelle la dissémination en cordon chère aux stratégistes du dix-huitième siècle, les principes qui ont inspiré Beaulieu en 1796, que Napoléon avait tant raillés et qui le servirent si utilement, comme servent les fautes capitales d'un adversaire, dans sa merveilleuse campagne d'Italie.

La disproportion numérique que Napoléon se résignait à subir était d'autant plus regrettable que les enseignements du passé s'élevaient contre elle. Le rapport de ses forces à celles des Anglo-Prussiens était de 1 à 1,8. Jamais, sauf dans la seconde partie de la campagne de 1813 et en 1814, son infériorité numérique n'était descendue aussi bas, jamais la cause initiale de faiblesse n'avait été aussi marquante. L'exemple de ces deux campagnes, dont les terribles blessures n'étaient pas cicatrisées, était certes peu rassurant à citer, et l'on était fondé à croire que leur méditation inspirerait des réflexions salutaires. La première avait abouti à l'effroyable désastre de Leipzig, la seconde à l'abdication de Fontainebleau.

Il est inutile de fatiguer le lecteur par des répétitions de chiffres qui sont trop connus pour être contestés. Ils sont présents à toutes les mémoires et traînent dans tous les manuels. Même au début de 1796, la proportion n'avait été que de 1 à 1,5. Quant aux périodes de gloire ininterrompue, de 1805 à 1809 inclus, les effectifs avaient été ou sensiblement égaux ou même supérieurs à ceux de l'ennemi. Au début de la manœuvre d'Ulm (1), Napoléon, avec l'armée du camp de Boulogne, possède une supériorité numérique écrasante. Au début de la manœuvre d'Iéna, le fameux bataillon carré de 200 000 hommes dépasse l'effectif de l'armée prussienne. Napoléon parle de « son immense supériorité de forces (2) ». Même en juin 1812, la supériorité est également hors de doute et persiste jusqu'à la Moskowa (3).

Beaucoup de bons esprits ont été induits en erreur — en

(1) Colonel Camon, *Précis de la guerre napoléonienne*, t. Ier, p. 131.
(2) *Ibid.*, p. 163.
(3) Colonel Camon, *Batailles*, p. 336 et 360.

matière de chiffres — par les bulletins et proclamations de l'Empereur. Ces documents sont rédigés dans un sens tout particulier, de manière à produire un effet formidable. Il en résulte que la vérité littérale y est fortement malmenée. Dans ces circonstances l'Empereur n'est plus, comme dans sa correspondance, un organisateur réfléchi, qui cherche, prépare et décide les moyens pratiques, les ressorts réels de la guerre. C'est un orateur d'imagination ardente, d'éloquence fougueuse, qui veut frapper les esprits, agir par un coup d'éclat sur les volontés et les cœurs. Un des chefs-d'œuvre du genre, dont la citation appartient à notre sujet, est la proclamation du 14 juin 1815 (1). Dans cette proclamation, que Napoléon lance comme un jet de flamme sur l'armée, il dit textuellement : « Soldats, à Iéna, contre ces mêmes Prussiens aujourd'hui si arrogants, vous étiez un contre trois ; à Montmirail un contre six. » L'éloquence est de superbe allure, mais il est difficile d'accumuler plus d'erreurs en moins de mots.

Le colonel Camon, qui ne produit que des effectifs fort modestes pour les corps français sur le champ de bataille d'Iéna, reconnaît que, pendant les trois phases de la bataille, Napoléon s'arrangea de manière à avoir la supériorité numérique (2). Quant à Montmirail, le même auteur dit (3) « 15 000 contre 30 000 », soit 1 contre 2, ce qui est loin de 1 contre 6. Thiers, dont les chiffres sont fort sérieux, — le colonel Camon lui rend lui-même hommage (4), — indique pour Montmirail (5) 24 000 Français contre les 20 000 hommes de Sacken. L'Empereur disposait en effet de Ney, Mortier, la cavalerie de la Garde et Ricard.

---

(1) N° 22052, p. 281.
(2) *Batailles*, p. 182. L'Empereur cite seulement Iéna et nullement Auerstaedt.
(3) *Précis*, t. II, p. 127.
(4) *Batailles*, p. 270.
(5) T. III, p. 687 (Napoléon compte 24 000 hommes sous ses ordres), p. 685 (Sacken avec 20 000 Russes). Le 11 février (Montmirail), l'Empereur n'eut pas affaire à York. Les troupes de ce dernier restèrent en réserve.

Par l'étude des périodes heureuses des guerres napoléoniennes, on constate que la doctrine de la concentration des éléments disponibles fut toujours préconisée et appliquée le plus souvent la veille d'une manœuvre décisive ou d'une bataille. Quand Napoléon y manque — comme pour les dispositions générales de ses troupes avant Marengo — pour Lapoype et Desaix le matin de la bataille (1) — pour Ney avant Eylau (2), pour Gouvion Saint-Cyr avant Leipzig (3), les événements se chargent de lui rappeler, tantôt d'une manière atténuée et réparable, tantôt par un irréparable malheur, l'inflexibilité des principes. Il est profondément regrettable qu'en 1815 Napoléon ait méconnu ses propres enseignements.

Après les arguments du bon sens et de la logique, ceux que nous a fournis la correspondance, après les enseignements du passé, il reste à faire valoir les arguments suprêmes de la stratégie. Les principes élémentaires, quand il s'agit de la défense d'un territoire, enseignent, il est vrai, qu'on ne doit pas laisser les frontières entièrement dégarnies de troupes. C'est un axiome d'une telle évidence que le plus ignorant en est pénétré. Il est donc naturel que cet axiome ait été cité par des stratégistes de la plus haute valeur, mais qui n'étaient pas au courant des effectifs dont disposait Napoléon. Pour nous, qui savons par sa correspondance ce qu'il a fait — et surtout ce qu'il eût pu faire — nous devons nous placer à un autre point de vue. Quand il s'agit du salut d'un peuple — et la guerre de 1815 n'était pas une guerre ordinaire, semblable aux querelles dynastiques, à la guerre en dentelles du dix-huitième siècle — les principes élémentaires doivent céder le pas aux principes supérieurs, à ceux dont dépendent l'honneur du drapeau et le salut du pays. Dans sa correspondance, Napoléon nous a fait toucher du doigt — j'ai cité les

---

(1) DE CUGNAC, *Campagne de l'armée de réserve en 1800* (sous la direction de la Section historique de l'état-major de l'armée), p. 362 à 463.
(2) Colonel CAMON, *les Batailles*, p. 204, 222, 228. V. surtout p. 227. Général BONNAL, *Vie du maréchal Ney*, p. 395 à 406. V. surtout p. 399.
(3) Colonel CAMON, *Batailles*, p. 62, 63, note 1.

passages concluants à cet égard — l'importance capitale de l'action offensive dans le Nord. Tout, absolument tout dépend d'elle. Donc, tout doit lui être sacrifié. La campagne de 1815 présente un caractère spécial qui fut souvent méconnu. Elle porte l'empreinte d'une soudaineté tragique et brutale, qui ne permet pas de lui appliquer les raisonnements de vulgaire prudence. Il est des situations désespérées où la sagesse ordinaire n'est plus de mise, où la raison simple et correcte est emportée par la tempête, où il faut jouer le tout pour le tout.

Napoléon avait trop de clairvoyance pour ne pas sentir qu'il touchait à une de ces heures terribles. Le moindre soldat de l'armée le savait. Comment Napoléon ne l'eût-il pas su? Une sensation étrange de résolution implacable, de courage forcené, de fureur, d'ivresse de bataille et de mort envahit les moindres acteurs du drame (1). — Était-ce bien le moment de peser un cantonnement de 20 000 hommes à Haguenau et quelques lambeaux de corps d'armée sur le Jura et les Alpes? Était-ce bien le moment d'écarter plus de 50 000 hommes du vrai, du seul champ de bataille?

Qu'importe le but accessoire en face du principal, le secondaire devant l'essentiel? Qu'importait même l'invasion momentanée de l'Alsace, si l'on assurait d'une façon certaine la victoire en Belgique, l'écrasement de Wellington et de Blücher? Devant le coup de tonnerre d'un Austerlitz ou d'un Iéna, qui donc eût osé bouger, du Rhin jusqu'aux Alpes? Les principes les plus élevés de la stratégie s'accordaient avec les raisons de sentiment, avec l'impulsion du cœur. Le sacrifice absolu au but essentiel est le principe le plus haut, le plus puissant, le plus définitif de la stratégie.

Le 20 mars 1815, Napoléon n'avait pas hésité à se lancer dans une aventure inouïe : il s'était embarqué avec 800 hommes pour conquérir la France. Le triomphe couronna son audace. Pourquoi donc s'arrêter en si beau chemin,

(1) M. Houssaye, *1815*, p. 72 à 84.

s'attarder à des prudences vulgaires, et ne pas risquer pour le salut du pays autant qu'il avait risqué pour sa conquête?

CONCLUSION SUR L'ORGANISATION DES ARMÉES ET LA RÉPARTITION DES FORCES

Les preuves accumulées dans ce chapitre premier nous permettent de conclure sur la première énigme de 1815 (1). La clairvoyance géniale de Napoléon s'étant maintenue intacte, sa puissance de conception n'ayant nullement faibli, il a formé tous les projets utiles dès le début. Mais, s'il a rêvé juste, il n'a pas réalisé pratiquement. La conception fut parfaite, l'exécution lente et lourde. Les ordres indispensables furent suspendus ou entravés, les retards ininterrompus et de la plus grave importance.

Les ressources de la France permettaient à Napoléon de mettre sur pied, le 12 juin, une armée de première ligne de 300 000 hommes (217 000 qu'il avoue et 80 000 conscrits prêts à servir) et une armée extraordinaire de 600 000, en supposant que les levées en masse eussent simplement doublé les gardes nationales. Ce résultat n'a pas été atteint.

Le génie de Napoléon est hors de cause. La capacité, le dévouement et la loyauté de ses principaux collaborateurs, Davout, Decrès, Carnot, Mollien, Gaudin, Caulaincourt, sont au-dessus de tout soupçon. Le seul ministre suspect, Fouché, n'eut aucune action sur l'organisation des armées. Même en ce qui concerne les renseignements de police, Napoléon dispose d'autres hommes que de lui, et du 20 mars au 12 juin Fouché est impuissant.

Nous avons constaté, d'après Napoléon, Thiers et M. Houssaye, l'enthousiasme du peuple, des anciens militaires, des retraités, appelés, etc... Mais l'enthousiasme nerveux qui s'empare forcément d'une nation en un jour de tempête, prélude des batailles, ne suffit pas pour assurer le succès, car

(1) Voir cette étude, p. 11.

une armée ne peut vivre, marcher et manœuvrer que si elle est constituée, si elle représente un organisme sérieux. Les éléments existaient. Encore fallait-il les mettre en œuvre. Or ces admirables éléments, ces magnifiques ressources de la France ne sont pas mis en œuvre.

Puisque les coupables ne sont ni les chefs supérieurs, ni les humbles exécutants, il ne reste plus qu'une explication. A force de rétrécir le champ des hypothèses, nous sommes arrivés à déterminer l'inconnue. Les coupables sont forcément, par une inexorable logique, les organes de transmission et d'exécution, depuis les bureaux de la guerre jusqu'au plus modeste préfet ou maire. Nous avons démontré d'autre part qu'incriminer en bloc leur capacité ou leur loyauté serait une exagération absurde et intolérable du système « des boucs émissaires ». Si les rouages ne possèdent plus ni élasticité, ni souplesse, s'ils sont usés et impuissants, si les frottements et les heurts de la machine ne permettent plus de rendement sérieux, on ne doit pas en chercher la cause dans une désobéissance individuelle. Les interminables lenteurs se reproduisent à toutes les dates, dans les multiples services et les régions les plus diverses. Donc il existe une cause générale.

Nous avons déterminé les coupables. Mais les coupables apparents ne sont pas toujours les vrais responsables. Puisqu'on ne peut incriminer les individus, nous sommes forcés de nous en prendre au système. Par suite, de l'effet nous remontons à la cause. Ce système, qui l'a créé? En 1815, le régime administratif est resté tel que Napoléon l'a voulu. La déduction logique est que la responsabilité n'incombe ni à la volonté ni à l'activité de l'Empereur, mais à son système de travail, à l'organisation de son gouvernement. Politique intérieure et extérieure, diplomatie, administration, finances, police, guerre, marine, il veut tout voir, régler par lui-même. Génie de centralisation excessive et d'ordre méticuleux, il se laisse emporter par une fièvre de travail intense, mais ne peut toutefois outrepasser la limite des forces humaines. Il est donc obligé de sérier les questions et de suspendre des ordres importants (1). De plus, gardant pour lui seul la pensée définitive et secrète (2), il lance ses agents avec des instructions incomplètes et des pouvoirs limités, puis les désavoue, les heurte, sans aucun souci de leurs talents et de leurs services (3). Quelques natures exceptionnelles se donnent encore la peine de réfléchir et de décider, au risque d'un désaveu ou d'un accès de colère. La masse devient inerte. C'est le régime de l'obéissance passive et littérale, la plus navrante, la plus désastreuse, quand il s'agit d'organisation d'armées et de guerre. Mais cet absolutisme du pouvoir central, cette centralisation écrasante, qui pèse sur la France, l'enserre, l'épuise et l'étouffe, doit-on en rendre Napoléon seul responsable? Est-ce lui qui l'a inventée? L'historien impartial doit répondre non, car Napoléon en a trouvé le modèle tout tracé.

Sans entrer dans aucune considération politique absolument étrangère aux problèmes de Waterloo, — en nous plaçant uniquement sur le terrain administratif, car c'est là que nous trouvons la solution, — nous constatons que, depuis 1793, toutes les libertés provinciales, les initiatives régionales ont été détruites.

Depuis vingt-trois ans, depuis la Convention, un pouvoir central absolu, localisé dans une seule ville — Paris — a supprimé les contrepoids qui maintenaient autrefois la vie, l'activité et les qualités d'initiative de la race jusque dans les régions les plus reculées des provinces. Ce système s'est résumé à Paris dans une bureaucratie omnipotente et traduit partout ailleurs par une hiérarchie formidable, machine lourde, coûteuse, encombrante et stérile. D'innombrables organes de transmission et de réception — mais attendant, pour agir, les ordres formels et les exécutant mot à mot, sans inspiration et sans vigueur. Pendant vingt-trois ans, toutes les résistances locales ont été soigneusement brisées, les

(1) Voir cette étude, p. 29.
(2) *Ibid.*, p. 21.
(3) *Ibid.*, p. 21.

énergies individuelles abolies à tous les degrés de la hiérarchie. Un seul but : obéir au maître, qu'il s'agisse d'un comité ou d'un individu. D'abord la Convention, la Terreur, puis un moment de répit — très relatif — sous le Directoire — enfin le Consulat (1) et l'Empire.

Pour obéir au maître sans rien risquer, un procédé très simple, à portée de toutes les intelligences, mais destructeur de toute énergie : l'obéissance mot à mot. Plus d'interprétation, plus de pensée libre. Ce n'est pas dans un pays organisé de la sorte qu'il est facile d'opérer des levées en masse et de surexciter les volontés. Les hommes existaient en 1815. Napoléon nous a fait entrevoir le total : près de deux millions et demi d'appelables (2). Ce qui explique la différence entre les résultats de 1793 et ceux de 1815, — les 1 200 000 hommes que lève la Convention (3) et les 600 000 auxquels l'Empereur arrive péniblement, — c'est que la Convention avait rencontré un terrain singulièrement fertile, la vieille France provinciale, qui respirait et vivait de sa vie propre, pleine d'énergie intense, surabondante de sève et de réserves vitales. Les coutumes locales pouvaient être plus ou moins bonnes, mais elles s'adaptaient à la diversité des climats et des natures. Les intelligences n'étaient pas asservies et étiolées sous la pression écrasante d'un mot d'ordre unique. On me citera la courtisanerie de Versailles : son rayon était restreint, et sa détestable influence n'avait déprimé qu'une fraction de la noblesse. Le reste s'était maintenu intact, mais depuis, que de chemin parcouru sous une loi de fer! Depuis vingt-trois ans, l'absolutisme avait épuisé, éteint les instincts d'effort personnel, énervé et stupéfié les volontés. En brisant toutes les résistances, il avait brisé tous les ressorts. Comment s'étonner par suite que l'ordre lancé de Paris subisse le sort d'un trait lancé de trop loin, qu'il retombe à terre, impuis-

---

(1) V. Duruy, t. II, p. 557. Duruy emploie le terme de « centralisation excessive » et présage ses malheurs.
(2) Voir cette étude, p. 14.
(3) V. Duruy, t. II, p. 508.

sant! Comment s'étonner que Napoléon, même secondé par Davout, Decrès et Carnot, n'aboutisse qu'à un maigre résultat! Il eût fallu que les pouvoirs d'organisation suprême fussent délégués à des centres régionaux. Ces autorités provinciales auraient veillé sur place aux modifications et détails, stimulé les retardataires, achevé l'œuvre. Mais comment rêver une pareille transformation du système? C'eût été demander à Napolé n de renier son passé, son génie, sa nature.

Toutefois les résultats obtenus par l'Empereur lui permettaient d'engager la lutte sans infériorité trop marquée. Une masse de manœuvre de 178 000 hommes et 434 000 d'armée de seconde ligne représentaient des effectifs respectables. Les raisonnements et preuves accumulés d'après les principes de Napoléon lui-même et les leçons de l'histoire nous imposent la solution complète de l'énigme (1).

La répartition de 54 000 hommes d'armée de première ligne le long des frontières de l'Est, des Alpes et des Pyrénées constitue une faute initiale très grave. On pouvait prévoir *a priori*, vu la distance entre la masse principale conduite par Napoléon et la masse secondaire la plus rapprochée, celle du 5ᵉ corps, que cette faute serait irréparable.

Mais n'oublions pas qu'il s'agit de Napoléon; nous ne pouvons nous contenter de noter cette faute. S'il s'agissait d'un général ordinaire, nous laisserions au lecteur le soin de décider entre le motif d'ignorance et celui d'erreur. Le détail serait de peu d'importance. Mais Napoléon n'ignore et n'oublie rien. Pourquoi s'est-il trompé? Il n'a commis son erreur qu'en parfaite connaissance de cause et après mûre réflexion. Donc, c'est que dans son esprit une considération l'a emporté sur celles que nous avons fait valoir. S'il a concentré 124 000 hommes au lieu de 178 000, c'est qu'il a jugé le premier chiffre suffisant. Dans sa pensée, 124 000 hommes et lui représentent une armée de 200 000 hommes. Voilà sa première raison, — raison d'ordre psychologique.

(1) V. cette étude, p. 12.

Un optimisme superbe, qu'il puise dans la conscience de son génie, et le mépris absolu de l'ennemi — généraux et troupes — ont pesé dans la balance plus que les principes de guerre. S'il n'avait subi les chocs terribles d'Espagne, de Russie, de 1813 et 1814, nous resterions sans arguments en face d'une si majestueuse assurance. Les coups de tonnerre foudroyants qui ont précédé ces désastres nous imposeraient un silencieux respect. Mais, si l'on considère toutes les dates malheureuses qui se sont succédé depuis quatre ans, il en résulte que les explications de climat, les fantômes exagérés de trahisons et le système trop commode des « boucs émissaires » pratiqué à jet continu, nous paraissent des excuses apparentes, non des motifs concluants, ne tiennent pas debout et nous laissent trop sceptiques.

Il est surtout un nom, nom fatal, qui hante la mémoire : Leipzig. Il serait bien inutile et hors du sujet de discuter Leipzig, mais toutefois il est un détail de la manœuvre qui offre une similitude frappante avec l'énigme dont nous cherchons le mot, — et cette similitude doit jeter un flot de lumière. Pour quel motif à Leipzig s'est-il volontairement privé de Gouvion-Saint-Cyr et de deux corps d'armée (1)? Il était parfaitement libre de les amener sur le champ de bataille. En ce qui concerne les 150 000 hommes de garnisons qu'il a disséminés sur la Vistule, l'Oder et l'Elbe, on peut prétendre qu'ils étaient trop loin, ou peu faciles à concentrer (2). Mais Gouvion-Saint-Cyr était sous sa main. Pourquoi l'a-t-il écarté de la partie terrible qu'il allait jouer? Pourquoi lui donner l'ordre de rester à Dresde, quand la bataille des géants doit se livrer à Leipzig?

L'explication d'optimisme ne suffit plus. Il y a autre chose — et l'idée que Napoléon eut avant Leipzig va nous livrer son secret définitif du 12 juin 1815. Il laisse Gouvion-Saint-Cyr parce qu'il veut conserver Dresde (3). Il est convaincu

---

(1) Colonel Camon, *Batailles*, p. 62, 63, note 1.
(2) Thiers, t. III, p. 596, col. 2.
(3) Colonel Camon, *Précis*, t. II, p. 92.

qu'il battra les alliés, et médite, après la victoire qu'il escompte, une manœuvre ultérieure contre Schwarzenberg, manœuvre pour laquelle il a besoin de Dresde.

D'autres ne prévoient pas assez, Napoléon prévoit trop. Il voit de trop haut et de trop loin. La multiplicité exagérée des buts poursuivis lui est aussi funeste pour la manœuvre que la multiplicité de ses conceptions pour l'organisation des armées (1). En écartant Gouvion-Saint-Cyr et 30 000 hommes, il a jeté un atout superbe qu'il avait dans son jeu. Le motif pour lequel il a écarté Rapp, Suchet et Lecourbe est analogue à celui qui l'a déterminé en 1813. Convaincu qu'il sera rapidement débarrassé de Wellington et de Blücher, il voit bien au delà de la première bataille. Au lieu de se contenter de préparer et d'assurer cette bataille, il élargit outre mesure le champ de ses prévisions et rêve de manœuvres ultérieures contre les Russes et les Autrichiens. Comme, pour ces manœuvres hypothétiques, il a besoin des 5ᵉ et 7ᵉ corps, il les laisse afin d'amorcer et préparer les mouvements.

Pour que nous soyons tout à fait maîtres de conclure, il ne nous reste qu'une explication à donner. Pour quel motif, après la leçon effroyable de Leipzig, Napoléon, qui sait, prévoit et combine tout, peut-il persévérer dans cette vision agrandie des événements ultérieurs, et ne se contente-t-il pas de la stratégie positive? Cette stratégie nette, lucide, pratique, il la connaît mieux que personne et l'a merveilleusement appliquée. Pourquoi dès lors commet-il à nouveau la faute de Dresde, la répète-t-il au 12 juin 1815? C'est que chez lui l'idée préconçue possède une force invincible. Son imagination est d'une telle envergure, sa volonté affirme une puissance si entière, que l'idée *a priori* reste en tout temps l'idée définitive. Toutes les fois que les circonstances, les

---

(1) Général BONNAL, *De Rosbach à Ulm*, p. 154. A propos des manœuvres depuis le 27 mai 1800, le général Bonnal écrit : « Il a cru qu'il pouvait vendre la peau de l'ours avant de l'avoir tué. »

ID., *Manœuvre de Landshut*, p. 129. « Nous allons voir Napoléon renoncer aux avantages immédiats que lui procurait la réunion de ses forces... pour courir deux lièvres à la fois... »

dispositions ou les mouvements de l'ennemi ramènent une situation analogue aux situations antérieures, l'idée préconçue se reproduit avec une persistance invariable. Sur cette question des idées *a priori* de Napoléon — question qui fait partie intégrante de l'étude de son système de guerre — trois grands courants se partagent l'opinion : la pure tradition napoléonienne, qu'on peut considérer comme résumée par le colonel Camon; la critique de Clausewitz, que réprouvent les adeptes de la tradition et ceux de Jomini, enfin une troisième critique très serrée, très documentée, celle du général Bonnal. Sur les idées *a priori* de l'Empereur, ces trois opinions se heurtent, se contredisent et s'excluent de la manière la plus formelle. Laquelle choisir? Nous attendrons que les manœuvres de Charleroi, les Quatre-Bras, Ligny et Waterloo se déroulent devant nous pour prendre parti.

Dès maintenant, nous plaçant non seulement sur le terrain de l'étude historique et psychologique, mais sur celui de la stratégie positive, nous notons comme une faute capitale l'abandon de Rapp, Suchet, Lecourbe et de 54 000 hommes.

CHAPITRE II

HISTORIQUE DE LA QUESTION DU NOMBRE
OPINION DE NAPOLÉON

Pour expliquer, excuser son infériorité numérique, Napoléon fait valoir trois raisons :
1° Il établit une évaluation comparative de la solidité des troupes alliées et françaises (1) ;
2° Il allègue les résultats qu'il a obtenus en 1814 avec une poignée d'hommes (2) ;
3° Il fait intervenir dans sa deuxième observation le motif tiré « des secrets de l'art » (3).

Je cite en deux mots ce troisième argument, parce que le colonel Camon le présente comme une opinion *a priori* (4). Or, bien loin d'être un argument *a priori*, il n'est écrit par Napoléon que dans sa deuxième observation, à la fin de la campagne de 1815. Donc, en le discutant dès maintenant, j'anticiperais sur les événements, je semblerais puiser des arguments dans les conséquences des faits ultérieurs, — ce que je veux éviter par-dessus tout. En conséquence, je ne m'en occuperai qu'en temps et lieu. Je le mentionne pour mémoire, afin de prouver que je n'esquive pas la difficulté.

Examinons point par point les deux premières raisons. Comme valeur comparative, Napoléon écrit : « L'on ne devait pas évaluer la force de ces armées par le rapport des

---

(1) T. IX, p. 52.
(2) *Ibid.*, p. 53 et 54.
(3) *Ibid.*, p. 159.
(4) *Précis*, t. II, p. 167.

nombres de 224 000 à 140 000, parce que l'armée des alliés était composée de troupes plus ou moins bonnes, qu'un Anglais pouvait être compté pour un Français, deux Hollandais, Prussiens ou hommes de la Confédération pour un Français. Les armées ennemies étaient cantonnées sous le commandement de deux généraux différents, et formées de nations divisées d'intérêts et de sentiments. »

D'abord, Napoléon n'a pas 140 000 hommes. D'après l'état qu'il donne (1), il ne dispose que de 122 404. Quant à l'évaluation morale des troupes adverses, autres que les Anglais, elle ne procède pas de la psychologie scientifique, mais du rêve. C'est toujours la théorie du mépris absolu de l'ennemi, théorie qui lui a coûté si terriblement cher en Espagne, en Russie, en 1813 et en 1814, qui prédomine dans son imagination, trop puissante et trop exclusive. La leçon des faits ne l'effleure même pas. Si, à propos d'une réflexion, d'un incident, j'entreprenais les citations des innombrables documents qui s'y rapportent dans la suite des campagnes de l'Empire, il me faudrait cinquante volumes pour expliquer Waterloo. Le mépris de Napoléon pour les généraux et les troupes qu'il a en face de lui n'a pas besoin d'être développé et commenté (2). Il ressort avec une clarté aveuglante de toute sa correspondance. Pour les Prussiens, il en est resté à son opinion de 1806, à peine excusable après Iéna, car, si les généraux avaient mal manœuvré, les soldats avaient résisté sur le champ de bataille. Le travail énorme de reconstitution nationale accompli par l'armée prussienne, grâce à des procédés de décentralisation (3), lui a complètement échappé. Il a vu à Lützen Blücher avec 20 000 hommes suivant Clau-

---

(1) T. IX, p. 61.
(2) Un exemple entre mille. V. Général BONNAL, *Manœuvre de Landshut*, p. 163. Passage textuel d'une lettre de Napoléon : « 12 000 à 15 000 de cette canaille », — il s'agit des Autrichiens de l'archiduc Charles, des soldats d'Eckmühl, d'Essling et de Wagram. P. 171, le général Bonnal écrit : « Un tel mépris de l'adversaire confine à la démence. » Ce jugement est sévère, mais il est certain que le terme « canaille » dépasse toute mesure.
(3) CLAUSEWITZ, *1813*, p. 7 à 12. *Clausewitz*, par le colonel CAMON, p. 180 à 182, « décentralisation administrative ».

sewitz (1), — 25 000 suivant Thiers (2), — faire plier les 45 000 hommes de Ney (3), il a vu Bautzen. Ses lieutenants ont été battus à La Katzbach, Gross-Beeren, Dennewitz. Lui-même a vu sa puissance crouler à Leipzig. Rien n'y a fait. Il persiste, pour juger les Allemands, dans sa conception de 1806. Quel argument faire valoir pour la discuter? On ne peut que déplorer la persistance acharnée de l'idée préconçue, l'aveuglement inouï de l'orgueil.

Quant à la division d'intérêts et de sentiments des deux peuples et de leurs généraux, elle n'existe que dans l'imagination de Napoléon. Généraux et peuples n'ont qu'un intérêt, qu'un sentiment, qu'un but : la lutte acharnée contre l'ennemi commun que l'Europe ne veut plus tolérer. L'accord est parfait entre Anglais et Allemands, Wellington et Blücher. Je ne juge ni cet accord, ni ses motifs, attendu que cette étude ne comporte pas l'ombre d'une discussion politique ou diplomatique. Mais je constate que le parti que Napoléon espère tirer d'une divergence d'intérêts entre ses ennemis repose sur une simple illusion.

Deuxième argument : Napoléon fait valoir (4) les résultats qu'il a obtenus en 1814. S'il eût cité une campagne heureuse commencée avec une infériorité numérique considérable, mais terminée néanmoins par des victoires, comme sa campagne d'Italie de 1796, on comprendrait la portée de l'argument. Mais en 1814 il est vaincu, écrasé par les masses ennemies, et abdique. L'exemple n'était ni rassurant, ni décisif.

Creusons toutefois la discussion, afin de pénétrer à fond la pensée de l'Empereur. Il est évident que, s'il cite 1814, c'est qu'il est convaincu qu'il n'a commis aucune faute dans cette campagne, et que, si les résultats ont été défavorables, la responsabilité en retombe uniquement sur les autres. Il est

---

(1) Clausewitz, *1813*, p. 33.
(2) Thiers, t. III, p. 383, col. 2.
(3) Colonel Camon, *les Batailles*, p. 375, 377, 387.
(4) T. IX, p. 53.

malheureusement bien rare qu'un homme avoue ses fautes et en tire un enseignement personnel. Dans tous les cas, Napoléon n'en a jamais avoué une seule (1), pas même l'Espagne et la Russie.

Je ne discuterai pas 1814, car ce serait sortir de notre cadre. Je me place exactement au point de vue qu'exige Napoléon. J'admets qu'il n'ait commis aucune faute. Deux faits sont indiscutables : le premier, c'est que son infériorité numérique a été la lourde pierre d'achoppement de cette campagne, le boulet qui l'a entravé depuis le début jusqu'à la fin. Le second fait — que j'admets provisoirement, pour établir le point de vue de Napoléon, — c'est que ses lieutenants de 1814, qui étaient pourtant aussi capables que ceux choisis en 1815, qui même, par leurs services passés, les éclipsaient presque tous, mais qui en somme, n'étant que des hommes, se trouvaient par suite soumis aux faiblesses humaines et faillibles, ont commis des fautes, empêché le succès, et qu'en conséquence Napoléon a été vaincu. En vertu de quelles espérances, de quelles illusions, Napoléon peut-il conjecturer que ses lieutenants de 1815 agiront autrement? Puisque, malgré tout son génie et la perfection impeccable de ses manœuvres, — je me place toujours à son point de vue exclusif — il n'a pu s'opposer aux graves conséquences des

---

(1) Général BONNAL, *Manœuvre de Landshut*, p. 242.
Il faut s'entendre sur ce point afin qu'il n'y ait aucun malentendu. Dans sa correspondance et ses Mémoires, Napoléon révèle ses idées préconçues. Il ne les cache pas. Il les proclame parfois très hautement — mais comme des vérités. Alors même que ces idées préconçues ont provoqué un désastre, il ne les avoue pas comme des fautes. Voilà dans quel sens on doit comprendre qu'il n'a jamais avoué une faute, même pour un acte contraire aux principes stratégiques établis par lui.
Il importe de séparer nettement les problèmes divers. Ainsi, l'explication qui précède n'infirme en rien le Napoléon « tout secret et mystère » que nous révèle le général BONNAL. *(Manœuvre d'Iéna)*, p. 128, attendu que le secret et le mystère s'appliquent à la partie des ordres que Napoléon ne communiquait pas à ses lieutenants, mais que nous connaissons par sa correspondance et ses Mémoires. Le « tout secret et tout mystère » concerne la méthode de commandement, l'Empereur prescrivant à son major général de découper les ordres par tranches (*De Rosbach à Ulm*, p. 185. *Vie militaire du maréchal Ney*, p. 367, 370, lettres de Berthier à Ney).

erreurs de ses chefs de corps, gêné qu'il était par son infériorité numérique, en vertu de quel principe espère-t-il un meilleur résultat en 1815, puisqu'il se replace volontairement dans la même situation? Je ne puise aucun argument dans les conséquences des faits. J'expose une idée naturelle et juste *a priori*. Grouchy, Vandamme, Reille, Drouet d'Erlon sont, en principe, aussi susceptibles de se tromper que Macdonald, Oudinot, Mortier et Victor. Ney n'a pas subi une transformation capitale de 1814 à 1815. Donc des erreurs analogues peuvent se reproduire. Donc, si la cause première de faiblesse, la disproportion exagérée des forces, persiste, le génie de l'Empereur, même en le supposant parfait, risque d'être impuissant.

Les explications de l'Empereur sur la question de nombre sont des excuses, toujours éloquentes sous sa plume, mais non des arguments décisifs.

CRITIQUE DE JOMINI

Jomini (1) ne cite aucun chiffre de l'armée extraordinaire dont on puisse faire une base de discussion. Il raisonne comme si aucune autre troupe sérieuse que les troupes de ligne n'avait existé en France. En conséquence, il exprime sur la défense des frontières une opinion de bon sens, claire, précise, juste dans les circonstances ordinaires, mais sans profondeur et sans portée.

CRITIQUE DE CLAUSEWITZ

L'opinion de Clausewitz est bien autrement intéressante. Lui non plus ne connaît pas les chiffres exacts, mais il possède une manière de fouiller les questions et de retourner les

(1) Chap. xxii, p. 142.

énigmes qui lui permet de deviner une part considérable de
ce qu'il ne sait pas. Seulement, de même que Clausewitz
creuse un problème à fond pour l'élucider, de même il faut
étudier attentivement son œuvre pour la comprendre. Dans
son étude sur Clausewitz, le colonel Camon termine la citation tronquée (1) qu'il en présente par un passage dont les
dernières lignes semblent donner absolument raison à Napoléon pour les détachements de Rapp, Suchet, Lecourbe, etc...
C'est que, contrairement à ce qu'affirme M. Camon (2),
le stratégiste prussien ne se considère pas du tout comme
exactement renseigné. Il ne croit pas un mot des chiffres que
donne Napoléon, surtout en ce qui concerne l'armée extraordinaire. La preuve en est que, dans le chapitre II de son
œuvre intitulé : *Dépôts et armées extraordinaires* (3), il
écrit : « Nous voulons faire remarquer que, lorsqu'il [Napo-
léon] dit : « J'avais, le 1er juin, 560 000 hommes sous les
armes », on ne doit pas regarder cela comme une donnée
ferme. S'il les avait eus effectivement, c'aurait certainement
été une mauvaise économie des forces de n'amener le 16 juin
que 126 000 hommes pour le choc décisif capital. » On voit
que nous sommes loin de la citation découpée par tranches
du colonel Camon. Or Napoléon avait effectivement ces
560 000 hommes. Il est facile de conclure.

Dans le chapitre III, Clausewitz est encore plus explicite.
Le titre seul est d'un tel mauvais goût que je ne puis pas le
citer. Mais il ne sert à rien de s'appesantir sur les défauts
d'un ennemi. Un procédé beaucoup plus sage et profitable
consiste à surprendre le secret de sa force, à l'assimiler suivant le tempérament qui nous est propre et les circonstances. Dans ce chapitre III, Clausewitz écrit (4) : « Il [Napo-
léon] affirme encore qu'au 1er octobre il aurait porté ses
forces à 800 000 hommes. Mais si l'on doit déjà douter en

---

(1) *Clausewitz*, par le colonel Camon, p. 217.
(2) *Ibid.*, p. 214.
(3) Clausewitz, *la Campagne de 1815*. Traduction du capitaine Niessel,
p. 5.
(4) Id., *1815*. Traduction Niessel, p. 6.

partie des chiffres donnés plus haut, on le ferait encore bien plus pour ce chiffre de 800 000 hommes ; on ne peut méconnaitre que l'auteur des Mémoires tombe dans une pompeuse exagération de ses dispositions gigantesques... »

Et Clausewitz termine ce chapitre III en disant : « Le jugement sur les proportions stratégiques de cette campagne serait tout autre si l'on pouvait réellement croire que Bonaparte était assez sûr du peuple français et assez heureux dans ses préparations pour arriver à des résultats tels qu'il les établit lui-même. » Il conclut dans ce chapitre que la défensive appuyée sur les forces citées par Napoléon aurait eu beaucoup plus de chances de succès que l'offensive.

Donc, contrairement à l'opinion du colonel Camon, Clausewitz n'approuve pas du tout en principe le plan de Napoléon (1). Il ne s'y rallie que parce qu'il n'a aucune confiance dans ses chiffres. Autrement, il blâme la répartition de ses forces et préfère la défensive. Sur ce dernier point d'ailleurs, je ne partage nullement l'opinion de Clausewitz. En laissant se dérouler l'invasion formidable des masses alliées, qui pouvaient se renouveler d'une manière presque inépuisable, Napoléon aurait annihilé toutes ses chances de victoire. La seule solution pratique était l'offensive, mais décidée avec une masse suffisante, 178 000 et non 124 000. Quant aux chiffres de Napoléon émanant de sa correspondance et des documents authentiques, ils étaient, contrairement à l'opinion de Clausewitz, rigoureusement vrais et même fort au-dessous de la réalité possible. M. Houssaye écrit avec beaucoup de raison (2) : « Quand Napoléon disait que le 1er octobre l'armée se serait élevée à 800 000 hommes, il ne se faisait pas tant d'illusions. » Il aurait pu en avoir bien davantage, solides et armés.

De cette discussion nous retenons le fait que Clausewitz, étant donné la véracité des chiffres de l'Empereur, n'approuve nullement la répartition de ses forces, ni son plan

(1) *Clausewitz*, par le colonel CAMON, p. 216.
(2) M. HOUSSAYE, *1815*, p. 39.

offensif, ce qui est la contradiction absolue de la citation incomplète du colonel Camon.

CRITIQUE DE THIERS

Thiers (1) écrit : « Quelques juges sévères ont demandé pourquoi une quarantaine de mille hommes étaient répartis entre les corps de Rapp, de Lecourbe, de Suchet, où ils ne formaient pas des armées véritables, tandis que, joints à Napoléon, ils auraient décidé la victoire. Ces critiques sont dénuées de fondement... il [Napléon] ne pouvait faire moins pour le Rhin, le Jura, les Alpes ; mais, en faisant cela, il avait fait l'indispensable, et il s'était réservé en même temps des ressources suffisantes pour frapper au nord un coup décisif. Lui seul, parmi les généraux anciens et modernes, a entendu au même degré la distribution des forces, de manière à pourvoir à tout en ne faisant partout que l'indispensable et en se réservant au point essentiel des moyens décisifs. Nos malheurs de 1815 n'infirment en rien cette vérité. »

Lui seul ! Annibal, César, Turenne, Frédéric II ont commis des fautes ; seul Napoléon n'en a jamais commis. Voilà tranchée en dix lignes, sans preuves et sans appel, la question de l'infaillibilité, et quelle infaillibilité ! l'infaillibilité unique, absolue, éternelle. Heureusement pour les critiques d'esprit indépendant contre lesquels Thiers fulmine l'anathème, l'étude philosophique des contradictions humaines offre des ressources dont Thiers ne se doute pas.

Dans une page d'une extrême netteté et d'une rare vigueur sur le 16 octobre 1813, la première journée de Leipzig, Thiers s'est réfuté d'avance (2). Il anéantit la thèse de l'infaillibilité avec une éloquence décisive. « Quant à

(1) T. IV, p. 502.
(2) T. III, p. 574, note 1.

nous, écrit-il, nous ne cherchons que la vérité, et Napoléon, dans cette campagne, reste si grand homme de guerre, même après d'affreux malheurs, que nous ne comprenons pas comment on consent à faire passer nos généraux pour incapables ou pour traîtres, plutôt que de lui reconnaître une faute. Nous ne voyons pas ce que la France y peut gagner dans le monde, le monde sachant bien que Napoléon est mort et ne renaîtra point. Il y a quelque chose qui ne meurt pas et ne doit pas mourir : c'est la France. Sa gloire importe plus que celle même de Napoléon. Voilà ce que devraient se dire ceux qui cherchent à établir son infaillibilité, quand il n'y aurait pas pour eux comme pour nous une raison supérieure même à toutes les considérations patriotiques, celle de la vérité, qu'avant tout il faut chercher et produire au jour. »

Quant au principe de concentration méconnu à la veille d'une manœuvre décisive — Leipzig — Thiers parle un peu plus loin (1) des 170 000 hommes « laissés par une déplorable faute de Napoléon sur la Vistule, l'Oder et l'Elbe ». Il est vrai que, pour racheter cette juste vision stratégique, il imagine une manœuvre fantastique à l'usage de Gouvion-Saint-Cyr. Mais nous ne le suivrons pas dans ces détails. L'essentiel est d'avoir démontré qu'il s'est contredit lui-même, et qu'il a détruit d'avance la valeur de l'argument par lequel il donne raison à Napoléon pour la distribution de ses forces en 1815.

CRITIQUE DE CHARRAS

Le lieutenant-colonel Charras (2) a vu clair pour le corps de Rapp. Il considère son éloignement de l'armée du Nord comme une faute. Mais sa démonstration, n'étant pas fortifiée

(1) T. III, p. 597.
(2) P. 82, note D, p. 319.

par des preuves concordantes, n'a pu faire d'impression ni décider la solution du problème. Il s'est attaché, en effet, à accumuler tous les arguments propres à démolir sa thèse par avance. Emporté par sa haine personnelle contre Napoléon — défaut capital pour un historien — il nie les résultats évidents obtenus par l'Empereur dans la formation de l'armée extraordinaire (1). La violence de la haine étouffe le raisonnement. Il ne réfléchit pas que non seulement il infirme la valeur de sa thèse en ne recherchant pas avant tout, même avant ses idées personnelles, la vérité impartiale, mais encore qu'il plaide contre son intérêt. Si, en effet, l'armée extraordinaire est impuissante, il est évident que Napoléon doit laisser un corps de soldats robustes pour l'encadrer et la guider. La vérité est que l'armée extraordinaire dépassait le double du chiffre qu'indique Charras. Une idée préconçue produit des résultats aussi fâcheux que la passion politique en matière d'histoire comme en matière de stratégie.

La pensée réelle de Charras, sa pensée de derrière la tête — suivant le mot de Pascal — est double : d'une part Napoléon n'ose pas armer le peuple « en raison de ses continuelles frayeurs de la démocratie » (2), il « avait refroidi l'enthousiasme populaire par les équivoques, les perfidies de sa conduite politique ». D'autre part, Charras est convaincu que « Napoléon était vieux avant l'âge... Les efforts prolongés d'une ambition sans limites (3), les émotions, les angoisses de trois années de désastres inouïs, la chute soudaine de cet empire qu'il avait cru fondé à jamais, l'odieuse oisiveté de l'exil, une double maladie dont les crises se multipliaient en s'aggravant, avaient profondément altéré sa vigoureuse organisation ». Bref, Charras conclut à la décadence physique et intellectuelle. « Il avait perdu, dit-il, la persévérance de l'élaboration de la pensée, et, ce qui était pis, la

---

(1) P. 69 à 74.
(2) P. 52.
(3) P. 110.

promptitude, la fixité de la résolution... » « Son caractère s'était brisé. Il n'avait plus confiance en soi... affaiblissement physique, diminution morale (1). »

On voit la thèse : elle est extrêmement simple comme explication du problème de Waterloo. Malheureusement pour son auteur, et pour la facilité de l'énigme à résoudre, elle est aussi fausse que celle de l'infaillibilité absolue. Il n'existe pas un fait, pas un document, pas un ordre qui nous permettent de conclure à l'affaissement du génie de Napoléon. Bien au contraire, sa prodigieuse activité, sa clairvoyance lucide, sa netteté et sa profondeur de conception éclatent à chaque ligne de sa correspondance. Quant aux résultats obtenus, ils sont, quoi qu'en pense Charras, extraordinaires. Si Napoléon n'a pas fait plus, s'il n'a pas été jusqu'au bout de ses intentions et de son énorme tâche, c'est que sa méthode ordinaire de travail et son organisation systématique ne s'appliquaient pas aux circonstances spéciales de 1815. Une Convention, la Convention centralisatrice dont rêve Charras (2), n'eût pas obtenu, en trois mois, dans la France de 1815, un homme de plus que n'en a obtenu le génie centralisateur de Napoléon.

CRITIQUE DE M. GROUARD

Si nous émettons la réserve que la critique du lieutenant-colonel Grouard (3) est aussi courtoise et correcte que celle de Charras est haineuse, et que M. Grouard possède les qualités de Charras sans en subir les défauts, nous pouvons dire que notre discussion s'applique à l'un comme à l'autre.

(1) Charras, *Waterloo*, p. 119, 120, 121, 177, 219, 223, 264, 272, 275, 278.
(2) P. 73, 74.
(3) M. Grouard, p. 5 et 6 (pour Rapp et les autres détachements), p. 91, 118, 203, 204, 207, 217, 218, 219, 221, 225, 226 (pour la santé et les vraies causes de la défaite, d'après M. Grouard).

Leurs opinions sont analogues. Toutefois M. Grouard étend à la plus grande partie des détachements laissés par Napoléon le raisonnement formulé au sujet de Rapp. Mais il n'a pas établi le total documentaire de l'armée de seconde ligne, ni accumulé les preuves historiques et stratégiques nécessaires pour établir la solution sur des bases définitives.

MM. Houssaye (1) et Camon (2) se conforment aux idées de Thiers, que nous avons discutées.

Cette appréciation ne concerne pas la recherche minutieuse de tous les documents effectuée par M. Houssaye, que j'ai mentionnée et approuvée. Je ne parle que du problème de la répartition des forces.

(1) M. Houssaye, *1815*, p. 1 à 100.
(2) Colonel Camon, *Précis*, t. II, p. 161 à 165.

CHAPITRE III

PSYCHOLOGIE DE NAPOLÉON
DES MARÉCHAUX ET GÉNÉRAUX FRANÇAIS ET ENNEMIS
VALEUR MORALE ET PHYSIQUE DES ARMÉES

PSYCHOLOGIE DE NAPOLÉON (1)

La puissance et l'envergure du génie stratégique de l'Empereur, sa volonté, son activité se sont maintenues intactes : à ce point de vue, aucune altération, aucune faiblesse. Mais d'autres éléments intellectuels et moraux influent sur une décision à la guerre. Waterloo est le dernier acte du drame. Comment le comprendre, si l'on ne possède à fond la psychologie de Napoléon, si l'on n'a pas étudié les évolutions successives de son jugement? Une étude stratégique impose aux critiques qui la pratiquent en conscience l'obligation de sonder la plupart des connaissances humaines, y compris la philosophie. Quand dans ma préface j'ai parlé des causes profondes et lointaines, j'ai pensé non seulement à la préparation de la guerre, à la répartition des armées, mais encore aux modifications inouïes du concept de Napoléon depuis 1796 jusqu'à 1815. Qui jugerait le Napoléon de 1815 absolument identique au prodigieux Bonaparte de Rivoli, ou à l'impeccable stratégiste d'Iéna, sans avoir envisagé toutes les phases de la pensée impériale, serait contraint, pour expliquer Waterloo, d'esquiver les trois quarts du problème, ou de torturer la vérité, ou de se rabattre sur les éternels clichés usés à force d'avoir servi. Jetons donc un rapide coup d'œil,

(1) Je ne l'étudie naturellement qu'au point de vue de la guerre.

le plus rapide possible pour ne pas alourdir la discussion, sur les évolutions successives de ses concepts stratégiques, produites soit par des altérations du caractère, soit par des modifications de son jugement. Il est bien évident que, lorsqu'un homme avance en âge, sa mentalité se transforme. Napoléon n'a pas échappé à cette loi.

D'abord, 1796. Il n'existe qu'un terme pour résumer le sentiment qu'inspire cette campagne : perfection idéale. Les quelques ombres qu'on découvre en scrutant le tableau à la loupe ne doivent pas ressortir dans une courte analyse psychologique. Le général Bonaparte débute. Brûlant de génie, mais ne comptant encore aucune victoire réelle à son actif, il ne possède pas la pleine conscience de sa force. Donc, aucun nuage d'orgueil n'obscurcit la netteté de sa vision. Il réalise une stratégie positive, à la fois hardie et prudente, lumineuse et profonde. Il manœuvre avec un à-propos merveilleux ses masses secondaires, les détachant sur le point précis avec une justesse parfaite, les rappelant quand sonne l'heure du choc décisif. Il se garde bien d'imposer à sa manœuvre une forme absolue, systématisée à outrance, indépendante du temps et de l'espace. Il tient compte de tout, climat, terrain, ennemi, renseignements, dans la mesure qui convient (1). Il médite ses décisions, résiste aux sensations impulsives d'une importance secondaire, détermine ses ordres d'après le but capital qu'il poursuit, ne s'enferme pas dans une réserve de mystère et d'orgueil, explique nettement à ses divisionnaires ce qu'il veut, le concept général de la manœuvre. Le général Bonaparte a pleine confiance dans ses lieutenants. En retour, ceux-ci n'hésitent jamais devant une résolution à prendre, ne reculent devant aucune initiative. Ajoutez l'héroïsme du soldat, et vous obtenez l'armée idéale, la liaison parfaite entre tous les éléments. Le

---

(1) Général BONNAL, *De Rosbach à Ulm*, p. 97 (Caractère particulier de la guerre de montagnes), p. 99 (Économie des forces), p. 101 (On ne manœuvre que contre un ennemi préalablement fixé), p. 105 (Principe de la manœuvre en Italie pendant l'hiver), p. 109, 130.

caractère psychologique le plus étonnant de cette campagne est la souplesse du génie de Bonaparte, la facilité prodigieuse avec laquelle son génie évolue et s'adapte à toutes les formes de manœuvre. Comment s'étonner de l'éblouissant triomphe?

En 1800, changement de tableau complet. Nous n'avons plus devant nous un jeune général qui débute, mais le Premier Consul, chargé des lauriers d'Italie et d'Égypte, investi d'un pouvoir suprême. La foule s'est prosternée devant lui. Il a des courtisans, des flatteurs intéressés et serviles. L'habitude des ordres absolus, inspirés par une volonté inflexible qui ne relève que d'elle-même, est facile à prendre. A peine a-t-il pénétré en Italie, que le Premier Consul ne tient plus aucun compte ni des renseignements, ni de l'ennemi (1). Dès la fin de mai, une occasion superbe se présente d'écraser Mélas et le gros des forces adverses — ce qui est le but essentiel de la guerre — le résultat suprême auquel on doit tout sacrifier. Le Premier Consul rejette l'occasion et la sacrifie à une entrée triomphale dans Milan (2). L'orgueil et des arrière-pensées politiques l'emportent sur la stratégie. Son imagination exaltée ne s'arrête pas en si beau chemin. Sans que l'ennemi soit fixé sur aucun point, en aucune manière (3), il rêve de le manœuvrer et de l'envelopper. Les idées préconçues, qui ne reposent sur aucune base positive, se succèdent, — d'abord l'idée que Mélas l'attaquera (4) — puis, deux jours avant Marengo, il est hanté par la conviction que Mélas ne songe qu'à fuir et qu'il ne se battra pas (5). Persuadé qu'il se dérobera par une marche de flanc, soit au nord, soit au sud, Bonaparte écarte de son armée le 14 juin à neuf heures du matin, au moment même où les Autrichiens attaquent ses avant-postes, la division Lapoype sur

(1) Général BONNAL, *De Rosbach à Ulm*, p. 141 à 148 (Superbe occasion de bataille manquée le 27 mai).
(2) *Ibid.*, p. 142.
(3) *Ibid.*, p. 101 : « On ne manœuvre que contre un ennemi préalablement fixé. »
(4) *Ibid.*, p. 149, 150.
(5) *Ibid.*, p. 152, 153 (Novi, une semblable manœuvre frise la démence).

Valenza et la division Boudet, sous les ordres de Desaix, vers Novi (1).

Son armée est dispersée de telle sorte qu'il ne peut opposer à l'ennemi que 20 000 hommes environ sur 58 000 (2). A quatre heures, la manœuvre s'écroule dans un désastre. Et même après l'arrivée de Desaix, la victoire est si peu décisive, qu'à la fin de la journée le Premier Consul s'efforce de réparer une partie de ses fautes en rappelant à lui Duhesme et Loison (3). Heureusement la faiblesse mentale et l'ineptie de Mélas le sauvent au delà de ses espérances (4). Ravi d'une telle fortune, il offre à l'armée autrichienne un pont d'or (5).

Nous constatons donc en 1800 une modification de l'admirable stratégie de 1796, produite par des effets d'imagination excessive, des rêves d'orgueil et l'absolutisme des idées, conséquence de l'absolutisme du pouvoir. Sous l'influence de ces éléments intellectuels et moraux, le Premier Consul cesse de développer et de perfectionner les principes féconds de la Révolution — de Carnot et des généraux de la République — et il revient au système rétrograde du dix-huitième siècle (6).

Le général Bonnal est un des premiers professeurs de l'École de Guerre qui ait remis en honneur les études straté-

(1) *Campagne de l'armée de réserve en 1800* (publiée sous la direction de la Section historique de l'état-major de l'armée), DE CUGNAC, p. 363, 364, 393 à 401 et notes.
(2) Général BONNAL, *De Rosbach à Ulm*, p. 144. D'après les tableaux officiels du capitaine de Cugnac (*Campagne de 1800*, sous la direction de la Section historique de l'état-major de l'armée), les chiffres réels sont, avant l'arrivée de Desaix, 20 022 sur 58 021, p. 372, 373, 374.
(3) DE CUGNAC, p. 468, 470, 472, 474.
(4) Général BONNAL, *De Rosbach à Ulm*, p. 154.
(5) DE CUGNAC, p. 479.
(6) Général BONNAL, *De Rosbach à Ulm*, p. 109, 129 (Idée géniale de Carnot), p. 142 à 150. Il caractérise la méthode à partir du 27 mai 1800 « guerre de démonstrations, de détachements, de blocus, de rideaux; c'est à n'y pas croire », dit-il.
Le général Bonnal note le retour du Premier Consul aux principes rétrogrades du dix-huitième siècle, à la page 142 et à la page 150.
Quant à la théorie de l'absolutisme des idées, elle m'est personnelle, mais découle nécessairement des situations et des faits.

giques les plus hautes et les plus fécondes, et notamment celles de l'époque napoléonienne. Nul plus que lui ne proclame et ne respecte le génie de l'Empereur. On ne peut donc l'accuser de partialité. Mais il admire son héros et son modèle comme une intelligence libre doit admirer, suivant la parole d'un grand psychologue du dix-septième siècle :

> Quand sur une personne on prétend se régler,
> C'est par les beaux côtés qu'il lui faut ressembler.

Aussi n'hésite-t-il pas, en parlant de l'ordre qui écarte Desaix du champ de bataille, à prononcer le mot de « démence (1) ».

Je serai moins sévère. Ma conviction est que la première sensation du pouvoir absolu et sans limite a jeté un trouble profond dans la mentalité du Premier Consul. Heureusement, il se ressaisit.

1805-1806-1807, la période triomphale. Les coups de foudre de l'épopée se succèdent pendant trois ans. L'Empereur marche dans sa gloire, à la tête de la plus superbe armée qu'il ait jamais tenue en main : l'armée du camp de Boulogne. Il impose sa volonté à l'ennemi, soit par la puissance écrasante de sa masse d'opérations, Ulm, soit par les manœuvres les plus admirablement combinées qu'on puisse étudier, Austerlitz, Iéna, Friedland. Mais derrière cette façade de splendeurs, qui n'appartient pas au cadre de notre étude, l'historien a le devoir de scruter les ressorts profonds de la pensée impériale. La caractéristique de cette période, c'est qu'une évolution très grave s'opère dans la mentalité de Napoléon. En ce qui concerne le but réel qu'il poursuit, la conception générale de la manœuvre, l'Empereur prend peu à peu l'habitude de se renfermer dans une impénétrable réserve, faite de mystère voulu, machiavélique, de méfiance (2).

(1) Général BONNAL, *De Rosbach à Ulm*, p. 153.
(2) *Ibid.*, p. 183 : « Un seul homme réfléchit, prévoit, ordonne, c'est Napoléon. » P. 184 : « Situation monstrueuse, anomalie. » P. 185 : « A la Grande Armée, sauf peut-être la veille d'une bataille, un ordre de l'Empereur n'était pas transmis intégralement aux maréchaux... il était découpé en tranches, et le

Ses lettres sont innombrables, mais, hors certains cas exceptionnels, quand la manœuvre s'achève, que le voile est déchiré, la veille d'une bataille, ou dans le cours d'une proclamation étincelante jetée aux troupes, ou par un brusque mouvement de colère, aucune instruction précise ne renseigne ses maréchaux et commandants de corps d'armée sur le concept général, pas même d'une façon suivie sur les manœuvres des corps adjacents (1). Lui seul sait ce qu'il veut. Il est lui-même son vrai chef d'état-major et son directeur d'étapes (2). Berthier n'est que le premier des organes de transmission, un simple secrétaire, un exécutant passif (3). En raison d'instructions formelles, le major général découpe par tranches les ordres que lance l'Empereur, et en adresse des copies séparées, sans lien, sans rapport entre elles, aux commandants de corps d'armée (4).

Les preuves écrasantes d'une telle mentalité sont fournies à maintes reprises par le général Bonnal. Dans son étude documentaire sur la vie du maréchal Ney, notamment, il résume d'une façon saisissante les ordres formels de l'Empereur transmis par Berthier (5) :

---

intéressés recevaient seulement copie de la partie de l'ordre qui les concernait spécialement. » P. 186, 187 : « Si une lettre particulière ne vient pas orienter tel commandant de corps d'armée sur la situation des corps collatéraux, il ne pourra lier ses opérations avec celles de ses voisins », et plus loin « le secret... combinaisons machiavéliques ». P. 193 : « Napoléon, en centralisant tous les pouvoirs à l'extrême..., avait tué dans l'œuf l'esprit d'initiative, les qualités de réflexion et de jugement si nécessaires aux chefs des grandes unités... » P. 195. Napoléon écrit à Berthier le 14 février 1806 : « Tenez-vous-en strictement aux ordres que je vous donne... Moi seul je sais ce que je dois faire. »

Général BONNAL, *Manœuvre d'Iéna*. P. 67 (Secret et mystère). P. 128 (L'Empereur « tout secret et mystère »). P. 165 (Méfiance). P. 209 (Méfiance).

ID., *Vie du maréchal Ney*, p. 91, 92 (Napoléon ne dévoilait à qui que ce fût ses projets d'opérations et se bornait à diriger les corps de la Grande Armée au moyen d'ordres fournis au jour le jour, ordres découpés par tranches. Plaintes de Murat lui-même le 30 septembre 1805).

(1) ID., *Manœuvre d'Iéna*, p. 78, 143, 337, 343, 416.
(2) ID., *De Rosbach à Ulm*, p. 184, 187 (Ordres découpés par tranches).
(3) *Ibid.*, p. 183 ; *Iéna*, p. 68.
(4) *Ibid.*, p. 184, 185, 186, 187, 193, 194, 195 ; *Manœuvre d'Iéna*, p. 60 ; *Manœuvre de Vilna*, p. 59.
(5) ID., *Vie militaire du maréchal Ney*, p. 367, 370.

« Vous ne devez faire aucun mouvement sans son ordre (de l'Empereur). »

« Tout tient à des combinaisons générales ; par conséquent aucun corps d'armée ne doit agir isolément... »

« Personne ne connait sa pensée (de l'Empereur), et votre devoir est d'obéir... »

« L'Empereur est immuable dans ses plans... »

Personne ne connait sa pensée ! Après des ordres si déprimants, il fallait vraiment que les lieutenants de Napoléon fussent doués d'une volonté acharnée, d'une énergie hors ligne pour conserver la moindre lueur d'initiative (1). Mais combien de temps ces efforts de volonté pourront-ils se maintenir? Comment demander à des hommes de rester éternellement en dehors et au-dessus des conditions humaines? Impossible d'épiloguer, d'alléguer que Berthier ne comprend pas l'Empereur. Quand celui-ci est absent, il se peut que Berthier saisisse plus ou moins clairement ses intentions stratégiques. Mais ici il s'agit de discipline. Les ordres sont stricts, d'une clarté aveuglante. C'est Napoléon seul qui les impose.

On juge les effets lamentables qu'une telle méthode doit produire à la longue : disparition progressive de tout effort personnel, passivité absolue des lieutenants, sans compter les malentendus et les incohérences que produit l'obscurité d'ordres restreints. Les renseignements les plus essentiels n'étant donnés par l'Empereur qu'au fur et à mesure, comme à regret, sous la pression des événements, avec une parcimonie méfiante (2), il est évident qu'à l'exception des hommes de premier ordre, Davout, Lannes, Masséna, Ney, tous finiront par attendre l'ordre formel et s'en tiendront à la lettre.

Un phénomène psychologique, dont les effets sont inces-

---

(1) Général BONNAL, *Manœuvre d'Iéna*, p. 289, 325 (Ordres déprimants de l'Empereur). *Vie du maréchal Ney*, p. 370 (« Il commandait directement à chaque maréchal et ne lui laissait aucune initiative »).

(2) ID., *De Rosbach à Ulm*, p. 184 ; *Manœuvre d'Iéna*, p. 138, 165, 337.

sants, s'ajoute au mystère étrange dont s'enveloppe Napoléon. L'optimisme et l'orgueil se développent outre mesure (1).

Ulm répète Marengo. Peu s'en faut que la manœuvre n'échoue à fond. En 1800, l'imagination du Premier Consul lui suggère que l'ennemi veut fuir. Comme il reconnaît — en lui-même, sans jamais l'avouer — qu'il s'est trompé à Marengo, il s'abandonne en 1805 à une idée préconçue en sens inverse (2). Sa conviction est que Mack se battra. En conséquence, ordre est lancé à Murat de concentrer Lannes et Ney (5ᵉ et 6ᵉ corps) (3). Comme Ney est à cheval sur le Danube, Murat, pressé par l'Empereur, veut l'attirer sur la rive droite (4). Ney, doué d'un sens très fin et très juste de la guerre, voit la faute et résiste (5). Murat réitère ses instructions et les aggrave (6). Fort heureusement, Ney a maintenu jusqu'à la dernière minute Dupont sur la rive gauche, et

---

(1) Général BONNAL, *De Rosbach à Ulm*, p. 143, « l'optimisme atteignait parfois les limites de l'invraisemblable » ; *Manœuvre d'Iéna*, p. 348.

(2) ID., *Vie du maréchal Ney*, p. 119, 120, 185, 186; Colonel CAMON, *Précis*, t. Iᵉʳ, p. 126; *Batailles*, p. 137.

(3) *Ibid.*, p. 128; Colonel CAMON, *Batailles*, p. 137, 139.

(4) Colonel CAMON, *Batailles*, p. 137.

(5) Général BONNAL, *Vie du maréchal Ney*, p. 134.

(6) *Ibid.*, p. 134. Ordre formel de Murat, en conformité de la volonté impériale, rappelant même Dupont sur la rive droite. Le général Bonnal semble douter (par le point d'interrogation qu'il intercale) que Murat se conforme à la pensée exacte de Napoléon. Mais l'ordre textuel de l'Empereur du 11 (Colonel CAMON, *Batailles*, p. 137) précise d'une façon irréfutable l'intention de l'Empereur. L'ordre du 11 est très net. Il prévoit une bataille immédiate sur la rive droite, et prescrit à Murat, en vue de cette bataille, la concentration du 5ᵉ corps (Lannes) et du 6ᵉ (Ney). Donc, Murat est fondé, en ce qui le concerne, à ordonner la concentration absolue. Le colonel Camon cite, avant cet ordre du 11, une lettre de Napoléon concernant des communications à établir, un pont à jeter entre la rive droite et la rive gauche. On pourrait croire, d'après cette lettre, que Napoléon a tout prévu. Mais il n'en est rien, attendu que cette lettre est du 12, et qu'elle est déterminée par un rapport pessimiste de Ney (Général BONNAL, p. 135). Le colonel Camon aurait dû citer la lettre du 12 après l'ordre du 11, et non avant. D'ailleurs, quand bien même Napoléon eût pensé au pont d'Albeck avant l'ordre du 11, celui-ci conserverait toute sa force. En opérant par la méthode des recoupements, en comparant les critiques du général Bonnal et du colonel Camon, on arrive à la conclusion lumineuse que Ney a été irréprochable, et que l'erreur de Murat lui a été imposée par l'Empereur. — V. encore *De Rosbach à Ulm*, p. 264.

quand, forcé d'obéir, il se conforme aux ordres malencontreux de Murat, le combat d'Haslach est engagé. Dupont, par son audace héroïque, sauve la manœuvre d'Ulm (1).

Quel est le vrai et seul responsable? Le colonel Camon, gardien de la tradition napoléonienne absolue, dit : Ney (2). Thiers dit : Murat (3). Le général Bonnal s'en prend d'abord à Murat (4). Mais, après une critique serrée à fond, il laisse clairement entrevoir qu'il a discerné le seul responsable : Napoléon (5).

La puissance de l'imagination s'affirme si entière chez l'Empereur qu'elle lui suggère une impulsion irrésistible toutes les fois qu'un but secondaire le sollicite. Il ne surmonte pas cette sensation, même dans les circonstances les plus dangereuses et à la veille d'une bataille. Nous avons vu Desaix lancé sur Novi. Un fait nullement identique, mais déterminé par une impulsion analogue, se reproduit à Dürrenstein. L'armée marche d'Ulm à Vienne par la rive droite du Danube. Sous prétexte d'éclairer la rive gauche, Napoléon prescrit à Mortier, auquel il confie trois divisions d'infanterie, de suivre cette rive gauche (6). La liaison avec l'armée doit être assurée par une flottille, mais aucun droit de commandement sur elle n'est accordé à Mortier, et personne ne veille à la liaison. D'abord, quel renseignement utile Mortier, qui a l'ordre de longer le fleuve et ne dispose pas d'une masse de cavalerie, pourrait-il bien donner à l'armée? Le résultat de ces ordres, lancés dans un moment irréfléchi, par suite d'une impulsion imaginative, ne se fait pas attendre. Les trois divisions fran-

---

(1) Général BONNAL, *Vie du maréchal Ney*, p. 135. Le combat de Haslach et la prévision très juste du maréchal Ney (rapport écrit avant qu'il connaisse ce combat) y sont mentionnés. — V. aussi p. 141.
(2) Colonel CAMON, *Précis*, t. Ier, p. 129.
(3) THIERS, t. Ier, p. 160, 161.
(4) Général BONNAL, *Vie du maréchal Ney*, t. II, p. 134.
(5) *Ibid.*, p. 185, 186.
(6) Colonel CAMON, *Précis*, t. Ier, p. 134; THIERS, t. Ier, p. 200. Le colonel Camon parle d'une division de dragons (Klein). Il n'en est pas question dans la marche de Mortier (p. 135). Il n'est nullement prouvé que Klein fût sous les ordres directs de Mortier.

çaises se sont allongées et espacées sur la route. Il ne faudrait pas connaître les habitudes des marches forcées de la Grande Armée pour en être surpris. Les Russes foncent sur la division de tête. Sans l'énergie indomptable de Mortier et de Dupont — ce dernier commandant la division en arrière — les Russes écrasaient un corps d'armée et faisaient prisonnier un maréchal d'Empire (1). On essaie cette fois de choisir comme bouc émissaire Murat. Quel ordre Murat eût-il pu donner à la flottille et à Mortier isolé sur la rive gauche? Et comment eût-il pu suivre les Russes, qui avaient brûlé le pont de Krems?

Nouvelle impulsion produite encore par des effets excessifs d'imagination, deux jours avant Eylau. Comme il lui est arrivé si souvent, l'Empereur poursuit des buts multiples. Tous les événements lui font prévoir une bataille décisive contre les Russes. C'est le but essentiel, qui domine tout. Donc une concentration générale s'impose. Mais il rêve de capturer une colonne prussienne en retraite : Lestocq. En conséquence, le 6 février, il lance à Ney (2) deux ordres formels, absolus. Le premier est daté du 6, quatre heures du matin :

« Il est nécessaire, avant tout, d'avoir le reste du corps prussien... Vous devez donc manœuvrer de manière à achever de défaire et de prendre cette armée prussienne... »

Le deuxième est daté du 6, dix heures du matin :

« Il est ordonné au maréchal Ney de se diriger avec son corps sur Kreuzburg... » Or, Kreuzburg (3) est sur une direction divergente, à six lieues d'Eylau (4). Il s'agit donc d'un but secondaire qui l'emporte sur le principal. Dans ces aventures regrettables, le résultat est invariable. Malgré l'ac-

---

(1) Colonel CAMON, *Précis*, t. Ier, p. 135; THIERS, t. Ier, p. 200 à 204.
(2) Général BONNAL, *Vie du maréchal Ney*, p. 395. Dans cette page, je cite cet ouvrage à propos des deux documents du 6 février, mais pour la discussion, je ne m'abrite nullement derrière l'autorité du général Bonnal. Je la déduis moi-même des principes.
(3) Carte, p. 16, *ibid*.
(4) Colonel CAMON, *Dutailles*, p. 220, note 2.

tivité et l'énergie de Ney, Lestocq lui échappe et arrive sur le champ de bataille d'Eylau (1). Quant à Ney, c'est par miracle qu'à la nuit tombante il prolonge la gauche de l'armée (2). Un ordre de rejoindre a été lancé au maréchal Ney. Mais il ne le touche qu'à deux heures de l'après-midi. Or, à trois heures, la bataille d'Eylau tourne si mal que Napoléon songe à la retraite (3).

Le colonel Camon, qui n'est certes pas suspect de partialité contre Napoléon, avoue que « ce qui domine tous les accidents de la journée, fautes et négligences, c'est l'erreur d'estimation que commit Napoléon sur le moral des Russes (4). » Euphémisme bienveillant pour signaler l'incroyable mépris de l'Empereur pour tous les généraux et toutes les armées ennemies — donc faute énorme d'orgueil.

Novi, Dürrenstein et Kreuzburg ne procèdent nullement de la même intention stratégique. Mais, dans les trois cas, nous constatons un caractère semblable : l'envoi de gros détachements beaucoup trop forts pour une reconnaissance, — la cavalerie, appuyée d'artillerie à cheval, eût suffi, — beaucoup trop faibles pour une action décisive, bataille, enveloppement ou destruction de l'ennemi.

A partir de 1809, la pensée de l'Empereur s'enveloppe encore plus de réserve et de mystère. L'historien qui dispose de ses ordres entiers, de son innombrable correspondance, des registres d'état-major, des archives, pénètre facilement sa conception réelle, et s'étonne de malentendus inouïs, incohérences désastreuses. Mais la question est de savoir quelle partie infime des ordres ses lieutenants ont reçue. Il ne s'agit pas seulement de l'organisation défectueuse du grand quartier général, à laquelle nous ferons une brève

---

(1) Colonel CAMON, *Batailles*, p. 222.
(2) *Ibid.*, citation de Jomini, p. 227.
Le général Bonnal dit qu'à la nuit tombante Ney se trouvait encore à Althof, et ne se rendait pas compte de la bataille d'Eylau (*Vie du maréchal Ney*, p. 399).
(3) *Ibid.*, p. 225.
(4) *Ibid.*, p. 238.

allusion quand nous parlerons du major général de 1815. Si Berthier découpe les ordres par tranches, c'est que Napoléon le veut, et, s'il le veut, c'est qu'il entend garder pour lui seul le secret du concept, la conduite générale de la manœuvre. La conséquence naturelle est qu'à de rares exceptions près, les généraux subordonnés attendent des ordres spéciaux et précis (1).

L'organisation défectueuse du service est déterminée par des motifs psychologiques : incommensurable orgueil (2), méfiance machiavélique (3). La multiplicité des buts le sollicite outre mesure et l'égare (4). Il n'accepte plus aucun avis différent de son idée personnelle, pas même l'avis de Davout, le seul qu'il estime encore — nous sommes en 1809. Quand Davout perce à jour la manœuvre autrichienne, quand il voit clair dans la conception de l'archiduc Charles, Napoléon, subjugué par une idée préconçue, rejette son opinion (5). Le résultat est que la manœuvre de Landshut — en tant que destruction totale des forces adverses, ce qui est le but capital — échoue de la manière la plus complète (6) et que tout est à recommencer par le chemin d'Essling et de Wagram. Le général Bonnal n'hésite pas à parler de « perversion du sens militaire », de « décadence ». Il admire la préparation de la campagne, mais critique avec une juste sévérité les fautes capitales (7).

A Wagram, un problème encore plus mystérieux concer-

---

(1) Général Bonnal, *Manœuvre de Landshut*, p. 233 (les deux derniers paragraphes), p. 315, 316.

(2) *Ibid.*, p. 164 : « Un nuage d'orgueil s'est interposé entre son œil et les objets », p. 165, 170, 171, 185, 194, 203, 226, 235 (Commentaires), p. 238, 239, 251, 350 (dernier paragraphe).

(3) *Ibid.*, p. 321, 332.

(4) *Ibid.*, p. 129 (dernier paragraphe). « Courir deux lièvres à la fois. »

(5) *Ibid.*, p. 193, 225, 236, 237, 332, 340.

(6) *Ibid.*, p. 321 (avant-dernier paragraphe), p. 341 (calculs entachés d'erreur), p. 350, 351.

Pour l'explication complète de l'erreur de Napoléon dans la manœuvre de Landshut, consulter l'ouvrage du général Bonnal, p. 185, 193 à 207, 225, 226, 231, 242. La démonstration est étayée par des preuves irréfutables.

(7) *Ibid.*, p. 129, 230, 341, 343, 346, 348, 349, 350, 351.

nant la mentalité de l'Empereur nous sollicite. Voilà une bataille qu'il médite et prépare depuis de longues semaines. C'est le coup de massue qui doit écraser l'Autriche. Et quand il tient sa bataille, mieux encore, quand il tient la victoire, à 3 heures et demie du soir (1), au début de juillet, alors que la nuit ne commence qu'à 9 heures, — il cesse de donner des ordres, s'enferme dans sa tente et s'étonne d'entendre vers 5 heures de l'après-midi un « feu soutenu (2) » ! Que penser d'un généralissime qui ne termine pas une bataille et ne s'occupe pas de poursuite? Mais que croire, à quelle explication s'arrêter quand ce généralissime s'appelle Napoléon? A 5 heures du soir, en juillet, l'armée bivouaque. Et Napoléon envoie demander à Macdonald, celui qui a mené la grande attaque du centre, pour quel motif résonnent encore des coups de fusil. Est-ce un rêve ou un cauchemar?

Certains historiens (3) ont essayé d'inventer un nouveau système de guerre, d'après lequel les maréchaux commandant les corps placés sur le front de bataille seraient désormais destinés par Napoléon à diriger la poursuite, chacun en ce qui le concerne. Après s'être substitués au généralissime sur ce point, on ne voit pas pourquoi ils s'arrêteraient en si bon chemin et ne dirigeraient pas la manœuvre des jours suivants. Vraiment, cette théorie donne une piètre idée de l'activité de l'Empereur, et le transforme en satrape asiatique, commandant à la manière de Xerxès. Cette nouveauté prodigieuse, imaginée par le colonel Camon, n'est malheureusement pas appuyée sur l'ombre d'un texte ou d'un document, ou d'une apparence de vérité. Elle est contredite par l'absolutisme de tous les ordres impériaux. Son auteur oublie le fameux « Personne ne connaît sa pensée (4)... ». Pour répondre à ce semblant d'explication, — ou plutôt

(1) Colonel CAMON, *Batailles*, p. 321, 322 (« après trois heures son action n'apparaît plus »).
(2) *Ibid.*, p. 324, note 1.
(3) *Ibid.*, p. 322, 323, 324.
(4) Général BONNAL, *Vie du maréchal Ney*, p. 370.

d'excuse, — il suffit d'un mot, d'une date unique : 1806.

Les documents militaires compulsés et retournés dans tous les sens sont impuissants à éclairer le soir de Wagram. L'explication de maladie ne tient pas debout. Napoléon a été vu par toute l'armée, et n'était pas malade. Il a dormi, à midi, en pleine bataille (1), mais ce n'était pas la première fois et ce ne fut pas la dernière. Ce court sommeil était nécessité par plusieurs nuits de veille, et, auparavant, Napoléon avait donné tous les ordres utiles. Alors, quelle explication fournir? Peut-être les documents autres que ceux de la guerre livreront-ils le mot de l'énigme. Comme je ne veux m'occuper que des études de guerre, je renonce à le trouver. Si j'en ai parlé, c'est qu'il était impossible de passer ce fait sous silence en traitant la psychologie de Napoléon. Le mystère de Wagram est un des plus angoissants. Mais, comme il ne constitue pas une énigme stratégique, ni un fait de psychologie militaire, il ne nous appartient pas de le scruter davantage.

Depuis 1809 jusqu'en 1813, les défauts psychologiques s'accentuent outre mesure. Peu à peu, Napoléon devient inaccessible. Sur le champ de bataille de Leipzig, dans la lugubre promenade du second jour, Berthier dira qu'on ne suggère pas un avis à l'Empereur (2). L'absolutisme de la volonté, l'intransigeance de l'idée préconçue, la violence de l'orgueil atteignent les dernières limites (3). A ces hauteurs démesurées, le vertige saisit les plus forts. A la fin de 1809, un des hommes qui lui sont le plus sincèrement dévoués, mais homme d'action, d'esprit indépendant et ne pesant guère ses mots, l'amiral Decrès s'écrie, dans une boutade terrible que rapporte le général Bonnal (4) : « L'Empereur est fou, tout à fait fou, et nous jettera tous tant que nous sommes... par-dessus tête, et tout cela finira par une épou-

---

(1) Colonel Camon, *Précis*, t. Ier, p. 271.
(2) Thiers, t. III, p. 580. La discussion de Thiers sur ce point est décisive.
(3) Général Bonnal, *Manœuvre de Vilna*, p. 47, 77, 78.
(4) *Ibid.*, p. 80.

vantable catastrophe (1). » La phrase de Decrès n'a que la portée d'une boutade. Murat et Ney surtout en ont crié bien d'autres sur le champ de bataille de la Moskowa (2). Et les soldats aussi et ses vieux grognards, que les fabricants de légendes grotesques prétendent transformer en saints agenouillés, en anges muets affligés de gâtisme. Non. Napoléon n'est pas fou. Sa puissance cérébrale est si prodigieuse qu'il conserve à toute heure de sa vie la conscience parfaite de ses actes. Mais il est évident que la tension exagérée de ses efforts intellectuels et leur multiplicité altèrent peu à peu la vision nette des choses (3). Des hauteurs qu'il atteint, les hommes et les faits lui apparaissent si petits qu'il les confond. Il ne distingue plus entre un Davout et Eugène Beauharnais. En 1813, il confie son armée au prince Eugène. Aussi dans quelle situation, à quelle place la retrouve-t-il (4)?

Certes, les conseils n'ont pas manqué au jeune prince, car si l'Empereur est avare de renseignements et d'avis pour ses maréchaux, il les prodigue à ses proches (5), Jérôme (6), Eugène (7). Malheureusement, ceux-ci ne sont guère de taille à les comprendre, encore moins à les pratiquer. La passion dynastique étouffe chez l'Empereur la passion du secret et du mystère, et toute clairvoyance du mérite intellectuel. Le général Bonnal parle de « l'esprit familial poussé jusqu'à la démence (8) ». Après avoir abandonné une armée à son beau-fils, il confine Davout dans les humbles fonctions de major de garnison, sorte d'intendant chargé de veiller au ravitaillement par l'Elbe. Disposer d'un Davout pour com-

(1) J'ai remplacé un mot par des points. Le général Bonnal n'écrit ses œuvres stratégiques que pour les soldats qu'un mot n'effarouche pas. Écrivant à la fois histoire et stratégie, soit pour le grand public, j'ai préféré des points qui n'altèrent pas le sens de la phrase.
(2) Général DE SÉGUR, *Histoire de Napoléon, 1812*, t. Ier, p. 368, 369.
(3) Général BONNAL, *Manœuvre d'Iéna*, p. 325, 326.
(4) Colonel CAMON, *Précis*, t. II, p. 46, 47.
(5) Général BONNAL, *Manœuvre de Vilna*, p. 37, 50, 51, 54, 9, 64, 74, 75, 76.
(6) *Ibid.*, p. 37, 87.
(7) *Ibid.*
(8) *Ibid.*, p. 37.

mander sur un champ de bataille, et le reléguer commandant de place à Hambourg !

Les principes ne pèsent pas plus que les hommes. Pour les manœuvres sur Berlin — objectif géographique — il prescrit, en ce qui concerne Oudinot, une concentration d'armée sous le canon de l'ennemi (1) et, en ce qui concerne Ney, une marche de flanc très dangereuse — sans masse de cavalerie exploratrice qui le couvre — et, pour but, un rendez-vous auquel il manque (2) ! Lui, le grand stratège, un des maîtres de la guerre ! Des symptômes très graves s'accentuent. Les sautes d'idée, les volte-faces imprévues, les contre-ordres se multiplient, se croisent et s'enchevêtrent. « Ordre, contre-ordre, désordre », disent les soldats (3). Cette incohérence — en matière de guerre, on ne doit pas reculer devant le vrai mot — explique nettement le désastre de Kulm. Elle explique aussi la première journée de Leipzig.

Pour Marmont et pour Ney (4), nous y voyons le terrible danger qui menace un généralissime quand il impose à ses lieutenants l'obligation de jouer double jeu. Un jour de bataille, lorsque l'ennemi est face à face, il est moralement et matériellement impossible de lancer un corps d'armée en contact avec l'ennemi, avec l'arrière-pensée de l'en retirer à l'heure qui vous conviendra, pour le faire servir à un but tout différent. A moins que l'ennemi ne soit inepte, ou inerte, — ce qui n'était pas le cas avec Blücher, — on doit s'attendre à ce que le corps d'armée engagé soit serré à la

---

(1) Colonel Camon, *les Systèmes d'opérations*, p. 240.
(2) Jomini, *Précis des campagnes de 1812-1814*, t. II, p. 106 à 119.
(3) Général Bonnal, *Manœuvre d'Iéna*, p. 135. Le dicton s'applique pour la manœuvre d'Iéna à Murat. Mais il est vrai pour tous les temps, en particulier pour les marches et contremarches de la campagne d'automne de 1813 (Jomini, *Campagne de 1812 à 1814*, p. 152).
(4) Thiers, t. III, liv. XXXII, p. 565 à 567, 568 à 570, 572 à 574. V. la note 1 de la page 574.

Sans m'écarter du cadre de 1815, je discuterai plus à fond ce point, quand les circonstances l'exigeront.

1813 éclaire 1815. Qui n'a compris Leipzig ne peut comprendre Waterloo. Voir chapitre VI de cette étude.

gorge par l'adversaire et mis dans l'impossibilité absolue de se dégager pour courir sur un autre point du champ de bataille. Napoléon le savait mieux que personne, et pourtant il commet la faute. Pourquoi? C'est que dans le monde il ne voit plus que sa pensée à lui. Lui seul existe. Les considérations de temps et d'espace, la mesure de l'ennemi, de la limite des forces humaines, toutes les contingences, réflexions et sagesse ont sombré, disparu dans l'absorption de la pensée fixe et l'abîme d'un orgueil insondable. Il n'évite même pas l'écueil suprême, l'encerclement qui broie et jette à terre le vaincu, comme une loque.

Le matin de Leipzig, après avoir, gardant sur des points de détail sa prudence coutumière (1), prescrit pour Marmont l'usage de trois ponts sur la Partha (2), il se contente pour lui-même du pont de Lindenau, interminable défilé. Le champ de bataille de Leipzig a été choisi par lui seul. C'est celui qu'il a rêvé et médité, et lorsqu'il s'y trouve, acculé avec 170 000 hommes à de larges rivières et à des marécages, il se laisse envelopper par 350 000 alliés, sans donner un seul ordre pour assurer, dégager sa retraite (3).

Voulant rester, dans ce chapitre, sur le terrain psychologique, je ne discute pas Leipzig. Je note seulement que, pour l'historien qui pose en dogme l'infaillibilité de Napoléon, les deuxième et troisième journées de Leipzig sont inexplicables. On doit, pour les comprendre, faire intervenir les facteurs intellectuels et moraux. Napoléon ne peut pas admettre qu'on ose l'attaquer à fond en personne, et qu'il soit possible de le battre. L'orgueil, poussé jusqu'au paroxysme, peut seul éclaircir ce désastre.

Les événements de 1814 ne nous apportent, au point de vue qui nous intéresse, qu'un seul enseignement, mais d'une valeur capitale : l'activité et le génie de Napoléon n'ont subi

(1) De plus, il s'agit d'un autre, et son génie redevient parfait, tant qu'il ne s'agit que de mouvements particuliers à un lieutenant, et qu'ils ne sont pas liés à sa conception personnelle.
(2) Colonel CAMON, *Batailles*, p. 40, 43.
(3) THIERS, t. III, liv. XXXII, p. 574 à 577.

aucune atteinte. Les éclairs de Champaubert et de Montmirail illuminent cette triste époque.

En 1815, du 20 mars au 12 juin, nouvelle et fantastique évolution : l'Empereur s'est assagi et renouvelé. Quoi qu'en pense Charras (1), la sincérité de Napoléon est évidente. Il cause, discute, accepte les avis, séduit ses adversaires. Son admirable organisation intellectuelle se retrouve aussi fraîche, aussi jeune qu'à la veille de Rivoli. Le problème est donc le suivant : en face de quel homme nous retrouvons-nous à partir du 12 juin? Reverrons-nous le général actif, souple, alerte de Montenotte et de Lodi, le stratégiste idéal d'Iéna et de Friedland, ou le mystérieux de Wagram, l'illusionniste de Vilna et de Moscou, l'optimiste inouï de 1813, ou le lutteur acharné de Montmirail? Toutes les hypothèses sont permises, mais nous sommes désormais armés pour les résoudre, et, dès que les faits se dérouleront, nous pourrons prendre parti.

LE GRAND QUARTIER GÉNÉRAL. — SOULT

M. H. Houssaye déplore la disparition de Berthier. Il s'extasie sur les capacités du major général légendaire de la Grande Armée et semble croire que, si le terrible événement du 1ᵉʳ juin ne se fût produit (2), la présence de Berthier à la place de Soult eût imprimé un cours différent aux événements de 1815 (3). Il se peut que, dirigé par Napoléon dans un tout autre sens que celui où il fut orienté, Berthier eût acquis les qualités qui lui sont généreusement prêtées par M. Houssaye. Mais, comme l'hypothèse est purement gratuite, je n'insisterai pas. Le passé ne nous fournit qu'un renseignement certain : les ordres étaient rédigés de telle sorte

---

(1) Lieutenant-colonel Charras, p. 52, 53, 73.
(2) Mort de Berthier. Les motifs réels en sont restés mystérieux. V. M. Houssaye, p. 58, 59 et notes.
(3) *1815*, p. 56 à 58.

par Berthier que ceux qui les recevaient conçurent trop souvent les doutes les plus graves et les hésitations les plus regrettables, ce qui est absolument contraire à l'opinion de M. Houssaye. La critique documentaire du général Bonnal est irréfutable à cet égard (1). Les événements du début de la manœuvre de Landshut suffiraient à eux seuls pour élucider la question (2). Fut-ce incapacité, esprit de jalousie à l'égard des autres maréchaux, notamment de Davout, ou passivité lamentable produite par la méthode de l'Empereur, peu importe. 1815 seul nous intéresse, et les motifs de la défaite. L'absence de Berthier n'y est pour rien. Il est bien entendu que je n'élève aucun doute sur la manière dont il traduisait les ordres de Napoléon, quand celui-ci était présent et commandait en personne. Mais, étant donné ce que Berthier dit de lui-même, il est certain que son existence en 1815 n'eût pas eu la moindre influence sur la campagne. Le général Bonnal cite une lettre de Berthier à Soult (du 1ᵉʳ mars 1807) (3) qui ne peut laisser aucun doute sur l'importance du rôle de Berthier dans la conduite des opérations :

« Je ne suis rien dans l'armée : Je reçois, au nom de l'Empereur, le rapport de MM. les maréchaux et je signe des ordres pour lui, ainsi je suis nul pour ce qui m'est personnel. »

Quant à la transmission des ordres, contrairement encore à l'opinion de M. Houssaye, elle fut aussi défectueuse que possible pendant toute la durée des campagnes de l'Empire, même dans la période triomphale de 1805 à 1809 (4). Sui-

---

(1) Voir toutes les citations de la *Psychologie de Napoléon*.
Voir, de plus, *Manœuvre d'Iéna*, p. 56 à 60, 67, 143, 205, 416, 417; *Manœuvre de Landshut*, p. 45 à 87.
Les citations sont indiquées dans cette étude, p. 65 et suivantes.
(2) Général BONNAL, *Manœuvre de Landshut*, p. 45 à 87.
(3) *Ibid.*, p. 184.
(4) ID., *De Rosbach à Ulm*, p. 190 (Pénurie d'officiers d'état-major), p. 196 (Général de Fézensac. Ignorance absolue de la situation des troupes, des ordres de mouvement, des rapports, manque de cartes).
V. Colonel CAMON, *Batailles*, p. 226.
Général BONNAL, *Manœuvre de Vilna*, p. 36; *Vie du maréchal Ney*, t. II, p. 358.

vant la conclusion du général Bonnal, « Le fameux « Débrouillez-vous » savait de qui tenir ».

Le choix de Soult doit être considéré comme défectueux, en ce sens que Soult était surtout un homme d'action. Évidemment il eût été bien mieux à sa place à la tête d'un corps d'armée. La situation, envisagée sous ce jour, révèle une faute de l'Empereur. Mais rien dans le passé ne nous autorise à conclure qu'Andréossy, Drouet, Belliard ou d'autres fussent capables d'accomplir meilleure besogne que Soult. Nous verrons toutefois s'il y eut faute personnelle du duc de Dalmatie, et nous n'hésiterons pas à la noter. Quant à la manière de traduire les ordres de Napoléon et de les transmettre, Soult recueillit pieusement, et par force, l'héritage de Berthier.

Il me semble inutile de discuter le cas de Davout appelé aux fonctions de major général, attendu qu'il s'agit encore d'une hypothèse inadmissible. Davout était le seul dont Napoléon, à de rares moments et sans en tenir compte, estimait l'avis (1). Nous dirons tout à l'heure quelques mots de Davout, qui nous sont inspirés par les circonstances. Mais, précisément en raison de cette estime, et surtout de la manière dont Davout en était digne, il n'y a pas lieu de concevoir que Napoléon eût jamais pensé sérieusement à le choisir comme major général. L'obéissance passive, inerte, muette et aveugle (2), que l'Empereur exigeait, eût révolté Davout, et la séparation se fût vite accomplie.

Soult possédait certes des talents distingués, mais qui ne pouvaient entrer en comparaison avec ceux du prince d'Eckmühl. De plus, son tempérament d'arriviste le portait à endurer ce que jamais Davout n'eût subi. La conclusion est donc que Napoléon a fait un mauvais choix, mais que sa compréhension des fonctions de major général ne lui permettait pas d'en faire un meilleur.

(1) Général Bonnal, *Manœuvre de Landshut*, p. 193, 195, 196, 202 à 204, 236, 310, 321, 332; *Manœuvre de Vilna*, p. 5, 12, 13, 50, 59.
(2) Napoléon ne supportait même pas l'idée que son major général pût comprendre d'instinct sa manœuvre. V. sa conversation édifiante avec Jomini.
Général Bonnal, *Vie du maréchal Ney*, p. 258, 259.

LES LIEUTENANTS DE NAPOLÉON

Un généralissime, qui dépend de pouvoirs politiques, peut être gêné dans le choix de ses commandants d'armée ou de corps d'armée, et certains peuvent lui être imposés qui ne répondent pas à son opinion personnelle. Napoléon était à cet égard maître absolu. Son premier devoir était donc de peser les hommes et de les affecter suivant leurs capacités particulières. Examinons donc ceux auxquels il confia les destins de la France et ceux qu'il a écartés.

NEY

La légende simpliste a absorbé Ney et l'a transformé uniquement en « brave des braves ». A l'en croire, dans le cycle de l'épopée, il remplirait la place d'un Roland ou d'un Bayard. Ney mérite plus et mieux. Il fut un véritable homme de guerre. Les exemples de la justesse de son coup d'œil, de la vigueur et de la netteté de ses décisions, abondent dans sa carrière (1). Seulement — l'explication va sembler bizarre à ceux qui ne l'ont pas étudié à fond — Ney était un nerveux, d'une nervosité aiguë, d'une vive sensibilité (2). Oui, le brave des braves! Et ce sentiment s'allie fort bien à la vigueur physique la plus martiale, à la plus superbe énergie. Chez lui, les nerfs comme les muscles étaient tendus, surexcités à l'excès. Il en résulte — je n'étudie sa psychologie

---

(1) Général BONNAL, *Vie militaire du maréchal Ney. Elchingen, Ulm, Guttstadt.* « A cette affaire, le maréchal Ney se montra supérieur, si c'est possible, à ce qu'il avait été au combat d'Elchingen et à l'attaque d'Ulm », p. 468, 469.
Il faudrait citer toute l'épopée.
(2) Général BONNAL, p. 109, « le sensitif qu'était le maréchal Ney », p. 370, 371.

qu'au point de vue de la guerre — que Ney était l'homme des situations nettes, des ordres clairs. Par ordres clairs, je n'entends pas les ordres superficiels et inférieurs. Sa très haute intelligence des choses de la guerre, son bon sens fin et droit, lui permettaient d'aborder les grands problèmes stratégiques, mais à condition qu'il n'y sentît aucune arrière-pensée ténébreuse. Avec des chefs de corps qu'il connaît, des soldats robustes dont il est sûr, bien ferme sur sa base, Ney est parfait. C'est l'homme d'Elchingen, de Guttstadt, de Krasnoë. Mais si des nuages voilent les ordres, si les divisionnaires ne lui inspirent pas confiance, s'il ne tient pas en main de solides régiments, alors le nerveux prend le dessus. Ney hésite et tâtonne. C'est l'homme des guerres d'Espagne, de Bautzen et de Dennewitz. En 1814, Ney est triste. Son héroïsme ne faiblit jamais, mais il connaît trop son métier pour ne pas prévoir la catastrophe. La belle confiance n'y est plus, ni par conséquent l'audace. Peut-on l'en blâmer?

Quoi qu'il en soit, la situation trouble de 1815 le plaçait en fâcheuse posture. Sa réconciliation avec l'Empereur avait été bizarre et incomplète (1). Ney était mal à l'aise. L'ordre de rejoindre l'armée est tardif (2). Nous verrons à quelle date et dans quelles conditions Napoléon lui donne un commandement. Ces quelques lignes suffisent à expliquer la mentalité de Ney à la date du 12 juin.

Rien à dire de particulier sur Grouchy, Reille, Drouet d'Erlon et Lobau, divisionnaires de mérite, ayant rempli en conscience des fonctions relativement modestes, mais n'ayant jamais révélé la lueur vive et rare, l'éclair qui place un homme au premier rang. Après Ney, le seul général hors pair que Napoléon eût choisi était Gérard. Celui-ci s'était révélé d'une manière éclatante pendant la campagne de France. Le choix était excellent.

(1) M. Houssaye, *1815*, p. 51 à 54.
(2) *Correspondance de Napoléon*, n° 22042, 11 juin.

DES HOMMES DE GUERRE ÉCARTÉS PAR NAPOLÉON

Le lecteur s'imaginerait à tort que ce chapitre constitue un hors-d'œuvre. Quand un joueur de la taille de Napoléon joue la partie suprême, la partie où sont engagés l'honneur du drapeau, la gloire de l'armée et l'intégrité de la patrie, c'est un devoir pour l'historien d'examiner quels atouts il a gardés en main, quels atouts il a rejetés, et de scruter ses motifs, attendu que ces motifs déterminent la psychologie du généralissime, et qu'on ne peut nier l'importance de toutes les causes, lointaines ou occasionnelles. Dans certains milieux d'allure scientifique, on affecte de dédaigner la question des individualités. L'étude attentive de l'histoire et des actions décisives impose un avis contraire. Tous les éléments d'une action doivent être pesés. L'influence des chefs, commandants d'armée ou de corps d'armée, est énorme. A égalité de valeur entre les armées adverses, la victoire sera décidée, non par des axiomes mathématiques, des comités irresponsables, des états-majors anonymes, mais par les chefs dont la puissance intellectuelle et la volonté domineront les événements.

L'exemple de Waterloo semble, en apparence, infirmer cette thèse. Reste à savoir si l'analyse approfondie des événements qui vont se dérouler devant nous n'en démontrera pas l'éclatante vérité. Il ne suffit pas que le génie existe à l'état virtuel et latent. Encore faut-il qu'il daigne se manifester et agir.

Comme première manifestation, étudions la décision impériale concernant les choix de généraux.

LE MARÉCHAL DAVOUT

Au 12 juin 1815, l'armée française comptait dans ses rangs un homme que son jugement droit et ferme, son imperturbable sang-froid, son audace réfléchie, sa décision à la fois hardie et savante, sa volonté inflexible qui s'était montrée à hauteur de toutes les épreuves, mettaient en pleine lumière : Davout.

Fait curieux et qui inspire une méditation mélancolique : à l'exception de Thiers (1) et du général Bonnal (2), la plupart des historiens se sont efforcés de rabaisser sa gloire. L'explication est la suivante : Davout n'avait certes pas l'étoffe d'un courtisan. Le duc d'Auerstædt ne possédait aucune souplesse d'échine, et quand les circonstances le commandèrent, comme à la veille de la Moskowa (3), il n'hésita jamais à parler suivant sa conscience, à dire la vérité à Napoléon. De là les haines inextinguibles de tous les adeptes de la légende. Mais, d'autre part, Davout n'était pas plus politicien que courtisan. Il refusa de se prêter aux compromissions louches des révolutions, aux maquignonnages des restaurations. Aussi les ennemis politiques de Napoléon le poursuivent-ils de la même haine que ses amis. Le haineux Charras, qui exècre Napoléon, exècre Davout (4). Cette double animosité constitue un titre d'honneur. Elle démontre que le prince d'Eckmühl fut un vrai soldat, ne connaissant que son devoir et son drapeau.

Je ne discuterai pas un seul fait de sa carrière. Ce serait sortir du cadre de notre étude. Ce qui nous intéresse, une fois la personnalité de Davout nettement posée, c'est de connaître les motifs pour lesquels Napoléon, disposant d'un

---

(1) THIERS, t. III, p. 48, col. 2, à 50, col. 2. Je ne cite que l'épisode capital.
(2) Général BONNAL, *Manœuvre de Landshut*, p. 193 à 196, 202 à 204, 236, 310 (Davout « homme de guerre complet »), 321, 332.
(3) THIERS, t. III, p. 146; Colonel CAMON, *Précis*, t. II, p. 35.
(4) CHARRAS, t. Ier, notes p. 409; t. II, p. 260 à 298.

homme de guerre de premier ordre, le relègue dans les bureaux du ministère. M. H. Houssaye affirme qu'en raison des travaux d'organisation militaire, d'une guerre probable sur les Alpes et les Pyrénées, et pour parer à toute crise politique, il était nécessaire de laisser Davout à Paris. Le maréchal, dit-il, insista inutilement pour servir à l'armée. Napoléon répondit : « Je ne puis confier Paris qu'à vous (1). »

A quoi Davout pouvait-il être utile dans la capitale? La garder? Contre qui? Contre les ennemis du dedans? Il ne connaissait pas le premier mot de politique et n'avait jamais voulu s'en occuper. Il était donc à prévoir qu'il ne brillerait pas sur ce terrain. Contre les ennemis du dehors? Dans cette hypothèse il fallait prévoir la défaite de Napoléon, et Napoléon vaincu, comment Davout, malgré tous ses talents, eût-il pu réparer un pareil désastre? Parfaire l'organisation de l'armée? Carnot était présent et eût suffi. La guerre sur les Alpes et les Pyrénées? Il fallait encore prévoir la défaite de l'Empereur, et nous retournons dans le même cercle vicieux.

Toutes ces raisons ne sont que des prétextes, à peine des excuses. Napoléon n'a pas voulu emmener Davout parce qu'il a pensé qu'il n'en avait pas besoin. Il a raisonné comme en 1813. Nous ne nous abandonnerons à aucune hypothèse trop facile à concevoir, la froide énergie de Davout maitrisant celle de Wellington. Notons seulement une faute capitale de l'Empereur.

SUCHET, CLAUZEL, LECOURBE

Le maréchal Suchet, dans toute sa carrière, fit preuve des plus brillantes qualités. Il fut un des rares généraux de l'Empire qui réussirent en Espagne. D'autres y remportèrent également des victoires, mais Suchet réussit pleinement (2)

(1) M. Houssaye, p. 62 et note 2.
(2) Thiers, t. II, liv. XXIV, *Tarragone*, p. 631 à 673.

non seulement comme manœuvrier, mais comme administrateur et organisateur de la conquête. A ces deux points de vue, il fut le seul dont les succès méritent un hommage sans réserve. C'était donc une intelligence d'élite.

Clauzel (1) comptait dans son passé une page grandiose. Investi du commandement en chef en pleine tourmente de bataille, pire encore, dans la crise d'une rude défaite, ayant en face de lui Wellington victorieux, il avait manœuvré avec une décison si nette et si ferme, une intrépidité si rare, qu'il avait sauvé l'armée. On lui reprochait une certaine insouciance, une sorte de paresse. Qui n'a ses défauts? L'homme qui sait les effacer par un éclair de volonté, comme celui de Salamanque, était un homme hors pair.

Parmi les vétérans des guerres de la République, un des plus justement honorés était Lecourbe (2), grand caractère et très haute intelligence militaire. Pendant la période des splendeurs, Lecourbe s'était volontairement effacé. A l'heure du péril, il avait, comme Carnot, offert son épée pour la défense du pays.

Si l'on excepte Ney et Gérard, aucun des généraux que Napoléon avait choisis n'eût pu citer dans son passé une journée comparable à Tarragone, Salamanque et Zurich. Nous sommes donc en droit de conclure que, pour jouer sa partie suprême, l'Empereur jette ses meilleurs atouts et ne garde en main que les médiocres.

VALEUR MORALE ET PHYSIQUE DE L'ARMÉE FRANÇAISE
SA DISCIPLINE

L'héroïsme ne manquait pas à l'armée de Waterloo; elle en était pétrie, transportée au-dessus d'elle-même. Les his-

(1) Thiers, t. III, liv. XXVIII, *Salamanque*, p. 274 à 280. V. notamment p. 278.
(2) Id., *Histoire de la Révolution. Campagnes d'Allemagne et de Suisse. Manœuvre de Zurich*.
Ch. Malo, *Champs-de bataille*, p. 270.

toriens qui l'ont étudiée sont tous d'accord pour constater un enthousiasme farouche (1). Mais tous aussi déplorent le manque de cohésion, de fusion, d'unité parfaite. Les divers éléments, chefs, états-majors et troupes, ne sont pas liés intimement, soudés entre eux. Quand on examine une armée ainsi composée, on ne peut s'empêcher de réfléchir au principe éternellement vrai, inscrit autrefois au fronton de nos vieilles théories : « La discipline faisant la force principale des armées... » Oui, la discipline manquait, et avec elle la confiance mutuelle, l'équilibre.

L'armée idéale est celle qui marche à l'ennemi bien d'aplomb, tous d'accord, se sentant les coudes, ayant consenti le sacrifice de leur vie, non dans un élan de rage désespérée, comme par un instinct de fatalité et de suicide, mais par un consentement libre, unanime et joyeux, le cœur plein de confiance, la foi solide, imperturbable, les yeux clairs rivés sur le drapeau ou sur l'épée des chefs qui mènent la charge.

Certaines paroles étranges font sentir dans l'armée de Waterloo une furie de désespoir (2). En tout cas, trop de haines et de méfiances y éclatent (3). La politique, la néfaste politique — je ne me place qu'au point de vue de la guerre — s'était glissée dans ses rangs. Fâcheux symptôme ! car de la méfiance et du manque d'équilibre dérivent les résistances, les lenteurs, les contradictions, les incohérences qui entravent, ou les efforts démesurés qui épuisent.

Au point de vue physique, l'armée de 1815 était bien supérieure à celles de 1813 et de 1814. On n'y voyait pas les pauvres petits conscrits auxquels j'ai fait allusion (4), les effectifs lamentables qui fondaient comme neige au soleil. Les hommes étaient suffisamment robustes, de taille à se battre. Évidemment, ils ne valaient pas les légionnaires

(1) M. Houssaye, *1815*, p. 72 à 84.
(2) Id., p. 74, 75, 76 à 83.
(3) Id.
(4) V. cette étude, p. 9.

d'Austerlitz ou d'Iéna, mais ceux-là étaient morts. Le fameux bataillon carré de 200 000 hommes, qui avait exécuté les manœuvres de la Saale, n'était pas facile à remplacer. Toutefois, on pouvait, au point de vue physique, compter sur un rendement sérieux. Là n'était pas l'écueil.

Le danger unique, en n'envisageant que l'armée, consistait non dans la faiblesse du corps, mais dans le manque d'équilibre moral, dans le désaccord des éléments.

Cette question de la discipline vaut qu'on s'y arrête. Avait-elle jamais été bien remarquable pendant toutes les guerres de l'Empire ! Ne nous payons pas de mots, ni de périodes sonores, ni de légendes qui frisent la caricature, et ne sont plus de l'histoire. Voyons les textes, les documents, les faits sincères, irréfutables, et, pour ne pas encombrer la discussion par de multiples textes, examinons la critique la plus documentaire, celle du général Bonnal.

Dès 1805 (1), à partir du 6 octobre, c'est-à-dire avant Ulm, nous voyons apparaître « la misère extrême » et la maraude. Une lettre de l'Empereur (2) avoue ses angoisses : « Nous avons beaucoup souffert », écrit-il à M. Petiet, intendant général de l'armée. Le 7 octobre (3), au 6ᵉ corps, des actes d'indiscipline et de maraude résultent de la « longueur des marches, des bivouacs sous la pluie et de l'absence presque complète des distributions de vivres ». Ces marches interminables se succèdent jusqu'au 22 octobre. Les pluies glaciales, la privation presque absolue de nourriture (4) occasionnent dès cette époque — entre Ulm et Austerlitz — des fatigues qui dépassent la limite des forces humaines. Et il s'agit des légions du camp de Boulogne ! Le général Bonnal

---

(1) Général BONNAL, *De Rosbach à Ulm*, p. 285.
(2) *Ibid.*, p. 289.
(3) Id., *Vie du maréchal Ney*, t. II, p. 117.
(4) Id., p. 112 (La division Malher fait 60 kilomètres en vingt et une heures et reste vingt-quatre heures sans pain, officiers et soldats); p. 171, après Elchingen, la division Loison est sans pain pendant trois jours; p. 182, lettre de Ney à Berthier disant que la détresse du soldat ne peut être supportée plus longtemps.

n'hésite pas à affirmer — et il en multiplie les preuves dans la suite — que ces faits, attestés par tous les rapports officiels du temps, « eurent pour résultat de ruiner, pour jusqu'à la fin de l'Empire, l'admirable discipline qui était l'honneur de la Grande Armée... ».

Après le 5 novembre de la même année 1805, les actes de pillage et d'indiscipline se multiplient, « conséquence, dit le général Bonnal, des efforts surhumains demandés par Napoléon aux troupes de la Grande Armée ». Il ajoute : « le goût du pillage et l'indiscipline régnèrent dès lors à l'état endémique dans les armées de Napoléon (1) ».

En 1806 — Iéna — même misère, même indiscipline (2). Notons que, suivant la parole du général Bonnal, « il s'agit d'un des corps les plus vigoureusement commandés de la Grande Armée, le 6ᵉ (Ney) » (3). Le général Bonnal cite ces deux lignes de Ney à Berthier : « Le relâchement de la discipline est porté au point que la vie des officiers n'est plus en sûreté (4). » Le 29 mars 1807, Ney rend compte au major général que « le soldat se refuse au travail, quoi qu'il soit bien payé; mais l'argent ne peut stimuler son zèle dans un pays où il ne peut rien se procurer au delà de la demi-ration de pain qu'il reçoit chaque jour... » (5). Une demi-ration de pain! Entre Eylau et Friedland — fin mai 1807 — la désertion commence (6).

Il est bien inutile de poursuivre plus loin. Si j'abordais les guerres d'Espagne, de Russie, 1813, je ramasserais les preuves par poignées. La preuve est faite — et je n'ai cité que la période des triomphes — qu'à l'exception des jours de bataille, l'indiscipline était un des côtés faibles — un des vices cachés — de l'armée napoléonienne.

(1) *Vie du maréchal Ney*, t. II, p. 205.
(2) *Ibid.*, p. 296.
(3) *Ibid.*, p. 299.
(4) *Ibid.*, p. 299.
(5) *Ibid.*, p. 442.
Pour la misère des troupes, v. p. 437, 438, 439, 440 (manque absolu de viande de boucherie et de fourrage), p. 443, 444; *De Rosbach à Ulm*, p. 205, 283, 284, 285; *Manœuvre d'Iéna*, p. 9, 76, 77.
(6) *Vie du maréchal Ney*, p. 450.

On m'objectera la multiplicité incommensurable des ordres de l'Empereur concernant les subsistances, farine, biscuits, pain, et concernant aussi l'équipement. Qu'importe cette multiplicité, si les ordres sont restés sans effet, et si la famine fut la situation ordinaire de l'armée! Les ordres furent-ils toujours lancés à temps, transmis à propos, surveillés avec soin? Je n'insiste pas. Cette discussion nous entraînerait hors de notre sujet. Restons sur le terrain de la discipline, qui est de premier ordre pour l'étude de 1815.

Il est une question qui ne peut pas rester sans solution : Pourquoi l'Empereur, maître absolu, a-t-il toléré que ses armées meurent de faim en permanence, et par suite que le pillage, la maraude, la désertion y sévissent? La réponse à cette question est nette, limpide, irréfutable. Elle est fournie par une phrase de Napoléon : « La misère est l'école du bon soldat (1). » Même dans les camps — les camps de l'Ouest de 1804 et 1805 — « les régiments, dit le général Bonnal, ne connurent guère que la misère et l'oisiveté ». La misère dans les camps! — à plus forte raison au cours des marches et manœuvres. Dans la conclusion — Enseignements à tirer de cette étude — j'examinerai le sens complet de la phrase impériale. Dès maintenant nous déduisons de ces faits que les traditions de pillage et de maraude avaient dû se transmettre fidèlement à l'armée de 1815. Elle comptait beaucoup de vieux soldats revenus d'Allemagne et d'Espagne. Donc, à tous les points de vue — et non seulement au point de vue politique — la discipline y était fort relâchée. Quant à la manière dont l'armée fut soignée, nourrie et reposée, nous en jugerons par les événements.

WELLINGTON. — BLÜCHER. — LES ARMÉES ENNEMIES

N'en déplaise aux amateurs de légendes simplistes qui considèrent Waterloo comme un illogique, incompréhensible

---

(1) Général BONNAL, *De Rosbach à Ulm*, p. 205.

accident, comme un coup imprévu de la fatalité, et dédaignent Wellington comme un général de troisième ordre, la personnalité du général anglais est de celles qui s'imposent. Pendant les longues et dures guerres d'Espagne, il avait largement prouvé qu'il possédait les qualités essentielles d'un homme de guerre. Il avait manœuvré sur tous les terrains, montagnes et plaines, en toutes circonstances, avec des effectifs variables, contre des adversaires de tempérament divers — parmi eux, Jourdan, Victor, Soult, Ney, Masséna — et, quelle que fût la difficulté, il en était sorti à son honneur. Il étudiait d'une façon méticuleuse le théâtre de la guerre, la situation et la force de l'ennemi, jugeait sainement, se décidait avec netteté. Son bon sens était parfait, solidement équilibré. Évidemment, son caractère flegmatique, sa prudence ne le portaient pas aux offensives foudroyantes. Là était son seul défaut. Mais si la réflexion était lente, par contre elle était juste. Impeccable dans la défensive, il ne s'y endormait pas. Quand il se sentait de taille à changer sa manœuvre, quand, après avoir soigneusement pesé le pour et le contre, il jugeait pouvoir aller de l'avant, il y marchait carrément, sans forfanterie, mais sans faiblesse. D'ailleurs il ne faudrait pas s'exagérer sa lenteur sur le champ de bataille. Il y voyait clair très vite. Une qualité lui est particulière — qualité bien rare à toute époque — il soigne son armée. Il veille à son bien-être, à sa nourriture, à l'entretien de la précieuse machine humaine. Il ne gaspille pas ce capital irremplaçable.

Son armée est à l'image du général, un peu lourde, mais ferme. Bien repu, l'Anglais se bat bien. En somme, c'est l'armée anglaise telle que tous les siècles d'histoire la montrent, à peu près identique à elle-même, conservant ses qualités et ses défauts. Les éléments étrangers mêlés aux Anglais étaient de fort bonne qualité.

BLÜCHER

Blücher est très différent de Wellington. Son caractère est trop connu pour qu'il soit utile de pousser le portrait. Mais là encore la légende exagère. Il était bien autre chose qu' « un hussard follement brave ». Admettons que toutes ses idées de 1813 et de 1814 ne soient pas venues de lui, qu'elles lui aient été inspirées par Gneisenau et Müffling. Le seul fait d'écouter et de comprendre les avis d'un autre indique un grand bon sens. Mais il y a plus. Blücher avait prouvé qu'il possédait par lui-même deux très hautes qualités, d'abord l'instinct de la bataille qu'il traduisait par un énergique « taper dans le tas », ensuite une fermeté d'âme peu commune. Il avait su rompre le combat, éviter l'enveloppement, ne pas se laisser démoraliser par la manœuvre favorite de Napoléon, la manœuvre sur les derrières. C'était un chef. Son armée était robuste, aguerrie, acharnée, pleine de vigueur, enfiévrée de haine.

Napoléon avait donc en face de lui deux rudes adversaires et deux solides armées, dont chacune était comme chiffre à peu près égale à la sienne.

CHAPITRE IV

LA MANŒUVRE DE CHARLEROI. — PASSAGE DE LA SAMBRE
OFFENSIVE CONTRE L'ARMÉE PRUSSIENNE
PENDANT LA JOURNÉE DU 15

RÉFLEXIONS SUR LE TERRAIN
FACILITÉ DES COMMUNICATIONS

Les marches des corps d'armées depuis le 6 juin (1) représentent des étapes de route et non des étapes de guerre. Elles sont connues dans les moindres détails et ont été exposées par tous les historiens. Il en est de même pour l'ordre du jour daté d'Avesnes 13 juin (2). Cet ordre a été commenté à outrance et les conclusions des critiques sont à peu près identiques. Il serait donc absolument inutile de nous appesantir sur les événements acquis, et qui ne peuvent fournir matière à une discussion intéressante. Nous n'y reviendrons que si un événement ultérieur nous y force, ce que rien ne nous autorise encore à prévoir.

Nous commencerons l'étude de la manœuvre à l'ordre daté de Beaumont le 14 (3).

La première condition pour comprendre, apprécier et juger une manœuvre est d'étudier le terrain, l'ennemi et ses dispositions. Cette étude a été également poussée fort loin par la majorité des critiques. Il est donc inutile de la recommencer en détail, sauf pour les points essentiels qui ont été omis. Je ne cite aucune carte, parce que toutes peuvent servir. Elles sont à peu près également bonnes.

(1) *Mémoires*, t. IX, p. 58.
(2) *Ibid.*, n° 22049, p. 277 (*Correspondance de Napoléon*, t. XXVIII).
(3) *Ibid.*, n° 22053, p. 281. *(Ibid.)*

Sans tomber dans l'exagération des stratégistes du dix-huitième siècle qui attribuaient au terrain des propriétés spéciales indépendantes de l'armée (1), je considère comme essentiel de faire ressortir un caractère particulier qui a été méconnu. Il s'agit de la question des communications et routes. En raison de l'ordre du mouvement du 14, il serait superflu d'examiner la région qui se trouve à l'est de la Sambre. Les troupes ne font que traverser une fraction infime de ce territoire. Quant à l'ennemi, il ne possède, sur les directions suivies par l'armée française, que des avant-postes. Le IIIᵉ corps prussien — (Thielman) à Ciney — ne pouvait être atteint par cette offensive. La zone de manœuvres consiste donc uniquement dans la région à l'ouest de la Sambre, région de plaines, qui s'abaisse progressivement vers la mer du Nord. Une fois la Sambre franchie, plus de rivières difficiles. A peine de minces cours d'eau, presque des ruisseaux, avec de nombreux ponts et, de plus, très souvent guéables. Les communications sont extrêmement aisées, les routes multiples.

A lire certains historiens (2) on pourrait croire qu'il n'existe que trois routes : celles de Charleroi à Namur, de Charleroi à Bruxelles, Nivelles à Namur — et la voie romaine coupant les deux dernières. Évidemment, ces grandes routes étaient les plus faciles à pratiquer. Mais de nombreux chemins existaient où pouvaient circuler infanterie, cavalerie, artillerie. Or partout où passent les trois armes, peut passer la fortune des batailles. Les reliefs du sol étaient peu saillants — des faibles collines — plutôt des glacis en pente douce qui se prêtaient à la défensive. Vu la nature du terrain, il est besoin d'une imagination exaltée pour découvrir des défilés dans le sens exact du terme — par conséquent aucun obstacle physique ne s'opposait aux évolutions des masses adverses dans un sens ou dans l'autre. Aucune grande ville entre la

---

(1) Général BONNAL, *De Rosbach à Ulm*, p. 79.
(2) THIERS, t. IV, p. 506. L'exemple de Thiers a été suivi par la majorité des historiens, qui ne mentionnent que les grandes directions, comme si toute manœuvre eût été impossible en dehors. (Colonel CAMON, *Précis*, t. II, p. 167; *les Batailles*, p. 446; M. HOUSSAYE, *1815*, p. 100.)

Sambre et Bruxelles, mais des villages solides, bien construits, des fermes aux murs épais, bâtiments énormes. De la méditation de ces éléments physiques, il ressort que la défense possédait de réels avantages et en particulier les plus grandes facilités de manœuvre. Tel est le caractère qu'il importait de faire ressortir et qui a été trop négligé.

Mais le terrain n'a aucune valeur si l'armée qui l'occupe ne sait l'utiliser. Là encore, nous ne traînerons pas le lecteur dans les sentiers rebattus, mais nous rechercherons si la plupart des historiens qui ont traité ces matières ont conclu d'après des principes acquis, des faits positifs, ou s'ils n'ont pas pris leurs désirs — illusions ou apparences — pour des réalités.

CANTONNEMENTS DE WELLINGTON ET BLÜCHER. — DISCUSSION

Les cantonnements larges de Wellington et Blücher, assurant le bien-être et la facilité de ravitaillement de leurs troupes, s'étendaient sous la forme de deux ellipses, orientées : pour les Anglais de l'ouest à l'est, pour les Prussiens du sud-ouest au nord-est. Les parties est de l'armée anglaise et sud-ouest de l'armée prussienne se joignaient étroitement, pouvant communiquer par des patrouilles, soudées entre elles vers Binche (1). Si l'on envisage la zone entière occupée par les deux armées, on voit qu'elle comprenait 35 lieues de large sur 12 lieues de profondeur moyenne (2).

Les critiques ont généralement jugé, avec une grande sévérité, l'allongement de ces armées. En somme, ils n'ont fait que répéter les observations de Napoléon (3) : « Blücher eût dû, dit-il, dès le 15 mai, porter son quartier général à Fleurus, concentrer les cantonnements de son armée dans un

---

(1) Général Pierron, *Méthodes de guerre*, t. III, première partie, p. 82.
(2) M. Houssaye, p. 106.
(3) *Mémoires*, t. IX, p. 167, 169.

rayon de 8 lieues... Le général prussien a violé les trois grandes règles de la guerre : tenir ses cantonnements rapprochés... » Quant à Wellington « il eût dû, le 15 mai, les concentrer à 8 lieues autour de Bruxelles... (1) » .

Pourquoi cette date fatidique du 15 mai? Les deux généraux alliés étaient résolus à ne pas prendre l'offensive avant le 15 juillet — je parle d'après les données que nous fournit Napoléon lui-même, nous plaçant exactement à son point de vue (2) — afin de ne pas discuter d'après ce que nous savons, mais d'après ce que lui-même a déclaré connaître. Rien, pas un mouvement de troupes, pas un renseignement ne les met en garde contre les préparatifs de l'Empereur. Lui-même se vante du secret absolu (3). En vertu de quel principe Wellington et Blücher auraient-ils renoncé — deux mois avant qu'il n'en fût besoin — aux immenses avantages de larges cantonnements, pour se concentrer, fatiguer, épuiser inutilement leurs troupes? On ne peut exiger d'un général qu'il soit prophète. Il est bien naturel, prescrit par toutes les règles du bon sens et de la guerre, qu'il maintienne son armée au repos et en bon état tant qu'il n'est pas contraint par les circonstances à des opérations de sûreté. Alors pourquoi cette date du 15 mai?

En jugeant avec une sévérité si rude les dispositions prises par Wellington et Blücher, Napoléon oubliait que lui-même, dans deux circonstances capitales, à la veille d'Iéna et à la veille d'Eckmühl, avait donné l'exemple de cantonnements bien autrement étendus. A la date du 19 septembre 1806 (4), alors que la guerre avec la Prusse ne fait pas l'ombre d'un doute, les corps de la Grande Armée occupent une zone de 200 kilomètres de long sur 100 de large, soit un carré de 50 lieues sur 25. Si Brunswick et Hohenlohe eussent été manœuvriers et alertes, que se serait-il passé? A la

---

(1) *Mémoires*, t. IX, p. 169.
(2) *Ibid.*, p. 50.
(3) *Ibid.*, p. 65.
(4) Général BONNAL, *Manœuvre d'Iéna*, carte n° 1.

fin de mars 1809, quand la situation avec l'Autriche présage une guerre aussi rapprochée que pouvaient la faire prévoir les temps troublés de 1815, les cantonnements des corps français sont encore plus étendus qu'en 1806 (1), — plus de 200 kilomètres en long et en large, — soit un carré de 50 lieues de côté. Fort heureusement, Davout n'avait pas encore été écarté des champs de bataille, ni Masséna usé par l'Espagne.

Mais, dira-t-on, après le 19 septembre 1806 et le 30 mars 1809, l'Empereur concentra ses armées. Le fait est indéniable, mais s'explique naturellement. Dans le premier cas, il avait résolu de prendre lui-même l'offensive. Dans le second, les renseignements précis sur la marche de l'archiduc Charles ne lui permettaient plus de perdre du temps.

En 1815, puisque — d'après Napoléon lui-même, et c'est un des résultats pour lesquels on lui a prodigué les plus grands éloges — le secret avait été parfaitement gardé, et puisque Wellington et Blücher ignoraient tout, pour quel motif incompréhensible se seraient-ils concentrés étroitement dès le 15 mai?

Des deux généraux ennemis, Wellington est le plus vivement critiqué. Tous les historiens, y compris Clausewitz (2), se sont emportés à la suite de Napoléon, et n'ont pas ménagé Wellington. Ces reproches nous paraissent non seulement exagérés, mais faux, attendu qu'ils s'appuient sur les conséquences des faits ultérieurs. Qu'on reproche à un général de n'avoir pas prévu toutes les hypothèses d'attaque, de n'avoir pris aucune mesure pour y parer, et de mal se garder, je l'admets. Mais Wellington est irréprochable sur tous ces points. Il avait prévu ce que la prudence humaine permet de prévoir. Il avait même poussé au delà de la sagesse vulgaire, car il était préoccupé, et sur ce point les historiens n'ont pas compris la raison d'une de ses manœuvres (3), de l'atta-

---

(1) Général Bonnal, *Manœuvre de Landshut*, carte n° 2.
(2) Clausewitz, p. 27 à 31, 44, 51, 52.
(3) Clausewitz la soupçonne, p. 29, 31, 33, 51 (« Wellington croyait plutôt

que d'une masse secondaire qu'il prévoyait dans une direction où elle ne s'est pas produite. Pour le moment, tenons-nous-en à la discussion des cantonnements.

La prudence de Blücher avait égalé celle de Wellington. Comme nous sommes maintenant en pleine discussion stratégique et que nous traitons des points fort controversés ou méconnus, nous nous permettrons de citer quelques documents. Dans les *Méthodes de guerre* du général Pierron (1), nous trouvons la description détaillée du système d'avant-postes de Blücher. Prenons-en l'essentiel. Chaque corps d'armée (1er, 2e et 3e corps) a ses avant-postes particuliers. Toutes les grandes directions sont surveillées, le terrain entre les routes éclairé par des détachements de cavalerie (général von Griesheim).

Le sous-chef d'état-major de Blücher, général von Grolmann, expose d'abord qu'en raison de la difficulté de vivre, il est impossible de concentrer l'armée dans des camps ou des bivouacs.

L'armée prussienne est disposée de manière à pouvoir se concentrer, selon les circonstances, sur la rive droite ou la rive gauche de la Meuse.

Les avant-postes du 1er corps (celui qui nous intéresse le plus) sont chargés de surveiller le terrain sur la rive droite et la rive gauche de la Sambre. Le gros du corps garde les passages. Les avant-postes de la première brigade du 1er corps éclairent le terrain depuis la voie romaine jusqu'à la Sambre. Le point de concentration est Fontaine-l'Évêque. En cas d'attaque des Français, elle doit se replier par Gosselies, entre Gilly et Fleurus, point de concentration du 1er corps. Un soutien est posté à Gosselies pour la recueillir.

à la marche en avant de Bonaparte sur la route de Mons »). Clausewitz exagère, car, si Wellington avait cru à l'attaque principale par Mons, il n'aurait pas choisi comme point de concentration les Quatre-Bras, et étudié à l'avance les Quatre-Bras et Mont-Saint-Jean. Mais le général anglais ne pensait pas que l'attaque par Charleroi pût être unique, et il envisagea l'offensive d'une masse secondaire par Mons, ce qui est bien différent. Clausewitz n'a pas discerné cette nuance.

(1) T. III, première partie, p. 81 à 89.

La deuxième brigade occupe avec ses avant-postes l'espace compris entre Thuin et Gerpinnes. Les points de concentration sont les trois passages de la Sambre, à Marchiennes-au-Pont, Charleroi et Châtelet. Un régiment de cavalerie sert aux avant-postes. Les 3e et 4e brigades cantonnent le long de la Sambre.

Des dispositions analogues sont prises pour les 2e et 3e corps. En résumé, tous les passages de la Sambre et de la Meuse sont occupés, et toutes les routes par où les Français pouvaient déboucher sont parfaitement observées.

Le 4e corps forme la réserve de l'armée.

Tout est prévu, d'après la direction des attaques, pour une concentration, ou derrière l'aile droite à Sombreffe, ou sur le centre à Namur, ou derrière l'aile gauche à Ciney.

Les corps d'armée sont distribués dans leurs cantonnements de telle manière que les brigades les plus éloignées aient six lieues au plus à faire afin d'arriver au point de rassemblement du corps d'armée. Donc, en douze heures, chaque corps d'armée peut être concentré.

Le général von Grolmann fait sagement observer qu'il n'est pas nécessaire que chaque corps se concentre en particulier préalablement à sa mise en marche vers le point de rassemblement de toute l'armée. Une telle opération n'est indispensable que pour le corps attaqué par l'ennemi. Dans les autres, les troupes se dirigent par le chemin le plus court.

Il en déduit, après des calculs fort intéressants, que toute l'armée peut être concentrée en vingt-quatre heures sur le point de rassemblement le plus éloigné, celui de Sombreffe.

Il termine par ces lignes textuelles : « Après avoir ainsi examiné les dispositions prises pour concentrer l'armée, il n'y a aucun doute qu'une attaque de Napoléon ne pouvait surprendre l'armée prussienne. De plus, on voulait, au quartier général prussien, n'agir qu'en connaissance de cause, et laisser Napoléon développer son plan avant d'opérer. »

Le général von Zieten, commandant le 1ᵉʳ corps, avait prescrit à ses troupes, par un ordre du 2 mai 1815 (1), toutes les dispositions de détail concernant les mesures à prendre en cas d'attaque.

Il avait prévu : 1° le cas où l'armée française déboucherait par la route de Binche ou de Maubeuge, 2° le cas où elle déboucherait par la rive droite de la Sambre, de Beaumont ou de Philippeville.

Tout était préparé dans les moindres détails. Il s'agit là d'un document irréfutable, ordre de Zieten en date du 2 mai — six semaines avant l'attaque.

Le 3 mai (2), au cours de l'entrevue de Tirlemont, Wellington et Blücher s'étaient concertés sur toutes les mesures utiles. Ils avaient étudié l'offensive et la défensive. Qu'ils aient prescrit ou non les détails d'une concentration commune, peu importe. L'essentiel est de constater qu'ils n'étaient nullement aveugles, et qu'ils étaient résolus, ayant examiné toutes les hypothèses, à se prêter un mutuel appui. Dès le 5 mai, Blücher prescrit un mouvement général vers la droite, pour se rapprocher des Anglais (3). Le corps de Zieten sert de trait d'union — union étroite — entre les deux armées. Wellington lui-même échelonne ses forces en conformité de ses accords avec Blücher (4). Les deux généraux alliés ne sont pas plus sourds qu'aveugles. Wellington reste froid et attend. Mais Blücher s'inquiète plus tôt. Dès le 9 juin, puis le 12, le 13, par Zieten et Dornberg, enfin le 14 par Pirch, il est informé de grands mouvements de troupes, d'attaques imminentes. Dès la soirée du 14, les avant-postes prussiens sont parfaitement au courant (5).

On a fait grand bruit d'une lettre de Wellington au tsar, datée du 15, dans laquelle il ne prévoit son offensive personnelle que pour la fin de juin, et d'une missive du 3 juin écrite

(1) *Méthodes de guerre*, p. 87.
(2) M. Houssaye, p. 116.
(3) Id., p. 117.
(4) Id., p. 118.
(5) Id., p. 115, 116.

par Blücher dans laquelle il ne compte pas que Napoléon soit en état d'attaquer (1). J'ai dit que Wellington était resté très froid — ses raisons étaient plus fortes qu'on ne pense — et je les exposerai en temps et lieu. Mais ici, la question est tout autre. Il n'existe aucun principe de guerre qui défende à un général d'avoir son opinion personnelle. On lui demande compte de ses mesures stratégiques, de son dispositif de sûreté, mais s'il est en règle de ce côté, par contre il n'est nullement coupable si, à tort ou à raison, il juge ces précautions superflues. L'important est qu'il les ait prises. Napoléon lui-même dit que le secret absolu fut gardé (2). Il n'y avait donc aucune raison pour que Wellington et Blücher fussent sur le qui-vive, pas plus qu'il n'en existait pour concentrer un mois plus tôt leurs armées.

OFFENSIVE CONTRE LES ARMÉES ANGLAISE ET PRUSSIENNE
DISCUSSION DES DIFFÉRENTES HYPOTHÈSES
ET DIRECTIONS D'ATTAQUE

Nous avons exposé la situation des armées alliées dans la nuit du 14 au 15, date à laquelle commence la manœuvre de Charleroi. Avant de nous occuper d'aucun historien, critique, et de discuter ce que les commentateurs ont ajouté à la manœuvre, nous devons examiner par-dessus tout la pensée de Napoléon. D'abord, que savait-il? Nous n'avons le droit de raisonner qu'en raison de ce qu'il savait. Lui-même nous le dit clairement (3). Hors quelques points de détail, il était admirablement renseigné : forces des adversaires, emplacements des corps d'armée, points de concentration de chaque corps, quartiers généraux, points de rassemblement des armées, il connaissait tout. « Dans la nuit du 14 au 15, écrit-il, des affidés, de retour au quartier général français à

(1) M. Houssaye, p. 108, 109.
(2) *Mémoires*, t. IX, p. 68.
(3) *Ibid.*, p. 64, 69.

Beaumont, annoncèrent que tout était tranquille à Namur, Bruxelles et Charleroi... C'était déjà avoir obtenu un grand succès que d'être parvenu à dérober à l'ennemi les mouvements que faisait l'armée française depuis deux jours (1). » Napoléon ne pouvait évidemment savoir à la lettre ce qui s'était passé depuis que ses affidés ou espions avaient quitté les cantonnements prussiens et anglais. Mais sa connaissance des emplacements et projets concertés de l'ennemi lui permettait de prévoir *a priori* les diverses hypothèses, et de se décider en conséquence. Sa décision était prise. « Toutes les mesures, dit-il, avaient pour but d'attaquer d'abord les Prussiens (2). » Il pense avec raison que les Prussiens mettraient « plus d'activité et d'empressement à courir au secours de l'armée anglo-hollandaise, que celle-ci n'en mettrait à secourir le maréchal Blücher ».

Mais pourquoi attaque-t-il les Prussiens à Charleroi plutôt qu'à Dinant, Ciney et Namur? Sa deuxième observation (3), qui nous renseigne sur le concept général de la manœuvre, répond également à cette question : « Pour attaquer les deux armées ennemies, les Français pouvaient déborder leur droite, leur gauche, et percer leur centre. Dans le premier cas, ils déboucheraient par Lille et rencontreraient l'armée anglo-hollandaise; dans le second, ils déboucheraient par Givet et Charlemont et rencontreraient l'armée prusso-saxonne. Ces deux armées restaient réunies, puisqu'elles seraient pressées l'une sur l'autre, la droite sur la gauche et de la gauche sur la droite. L'Empereur adopta le parti de couvrir ses mouvements par la Sambre, et de percer la ligne des deux armées à Charleroi, point de leur jonction, manœuvrant avec rapidité et habileté. Il trouva ainsi, dans les secrets de l'art, des moyens supplémentaires qui lui tinrent lieu de 100 000 hommes qui lui manquaient; ce plan fut conçu et exécuté avec audace et sagesse. »

(1) *Mémoires*, t. IX, p. 68.
(2) *Ibid.*, p. 69.
(3) *Ibid.*, p. 158.

L'exécution fera l'objet d'un examen particulier. Occupons-nous d'abord de la conception, et non seulement de celle à laquelle Napoléon s'arrête, mais des deux premières hypothèses : l'attaque par la droite sur les Anglais, et par la gauche sur les Prussiens. Comme il s'agit ici d'une discussion stratégique, nous devons la conduire avec une logique impitoyable, pas à pas, en creusant hypothèses, causes, motifs et raisons. Puisque Napoléon affirme qu'il a obtenu le secret absolu (1), qu'il blâme avec la plus extrême sévérité l'allongement des cantonnements ennemis et la longue durée de leur concentration (2), qu'il juge Blücher incapable de se concentrer en moins de deux jours (3), et Wellington encore plus lent (4), nous pouvons en conclure qu'il a devant lui deux jours pleins pour les manœuvrer, peut-être trois. Alors, comment déduit-il de ses méditations *a priori* que, s'il attaque les masses ennemies par la droite ou par la gauche, il lui sera impossible d'obtenir d'autres résultats que de presser les deux armées adverses l'une sur l'autre et d'aider par suite leur concentration (5).

D'abord, éclaircissons ce que Napoléon entend par ces mots : attaque par « la droite » ou « la gauche ». Suivons l'ordre de sa pensée et examinons l'armée anglaise. Napoléon parle de déboucher par Lille, et de déborder la droite. Si l'on s'en tient à l'expression littérale, il s'agit d'une offensive sur Tournai, c'est-à-dire sur l'extrémité de la ligne ennemie. Une telle attaque ne pouvait avoir d'autres résultats que de refouler les avant-postes, et, même en les bousculant vivement, elle n'eût abouti qu'à presser les Anglais sur leur centre. Mais rien ne nous force à une compréhension terre à terre. On peut supposer que l'Empereur n'a voulu indiquer que la direction générale par le Nord. Aucune raison stratégique ne déterminait l'armée française à se jeter tellement

---

(1) *Mémoires*, t. IX, p. 68.
(2) *Ibid.*, t. IX, p. 167 à 171.
(3) *Ibid.*, p. 167.
(4) *Ibid.*, p. 169.
(5) *Ibid.*, p. 158.

vers la Flandre qu'elle n'eût rencontré que l'extrême pointe ouest des cantonnements adverses.

ATTAQUE PAR MAUBEUGE SUR BRAINE-LE-COMTE

Le choix et le maintien d'une seule ligne d'opérations n'imposent pas à un généralissime l'obligation de partir d'un point unique, de faire défiler tous ses corps sur une seule route pour obtenir un interminable encombrement, et d'aboutir à un seul point. Au cours de l'immortelle manœuvre de 1806, le « bataillon carré » de 200 000 hommes débouche à travers le Frankenwald en trois colonnes, par trois directions : Hof-Plauen, Kronach-Schleiz et Cobourg-Saalfeld. Le front de marche varie de 30 à 40 kilomètres (1). Le matin d'Iéna, la ligne qu'occupe l'armée Iéna-Dornburg-Camburg-Kosen mesure 7 lieues (2). En s'inspirant de ces principes, on pouvait, au lieu de réunir l'armée depuis Solre-sur-Sambre jusqu'à Beaumont et Philippeville, en prescrire le rassemblement de Valenciennes à Maubeuge par Bavay. Les distances étaient analogues. Les trois directions Valenciennes-Lens (division Clinton, II⁰ corps anglais), Bavay-Soignies (division Alten, I⁰ʳ corps), Maubeuge-Braine-le-Comte (quartier général du I⁰ʳ corps) (3), eussent conduit l'armée dans la région centrale des cantonnements anglais, qui s'étendaient depuis Tournai jusqu'à Genappe. Le front Lens-Soignies-Braine-le-Comte mesure environ 5 lieues.

Je ne cite brièvement les noms de Valenciennes-Bavay-Maubeuge que pour la clarté de l'explication et pour montrer que l'on pouvait observer rigoureusement le principe du rassemblement loin des vues de l'ennemi. Mais une fois l'ar-

---

(1) Général BONNAL, *Manœuvre d'Iéna.* Cartes jointes. V. surtout carte n° 1.
(2) Colonel CAMON, *Précis*, t. I⁰ʳ, p. 181.
(3) Ch. MALO, *Précis de la campagne de 1815*, p. 45 (pour la désignation des cantonnements).

mée réunie et d'aplomb, les points de départ des étapes de guerre — j'évite d'employer des termes trop modernes pour ne pas créer d'anachronisme — eussent été choisis le plus près possible de la frontière. Wellington s'étant étendu sur un large espace, et étant supposé fort lent, l'irruption d'une masse de 125 000 hommes, violemment projetée en plein centre de ses positions, devait être envisagée comme le prélude d'un complet désastre. Deux avantages énormes pouvaient en résulter. D'après les renseignements qu'il nous donne lui-même, Napoléon était certain — pour la première bataille tout au moins — de n'avoir affaire qu'à une seule armée (1). De plus, l'Empereur nous dit qu'il connaissait les préparatifs arrêtés d'avance par Wellington pour sa concentration aux Quatre-Bras (2). En heurtant son centre sur la ligne Lens-Soignies-Braine-le-Comte, Napoléon contrecarrait les dispositions de l'ennemi, détruisait par avance son système défensif, ruinait ses projets, ce qui est de la plus haute importance au début d'une guerre.

On ne peut m'objecter que l'attaque se serait produite sur un trop large espace, et que Napoléon prit une résolution infiniment plus forte en ne visant qu'un point. L'exemple d'Iéna-Kösen répond d'avance à cette critique. L'espace n'était pas démesuré, hors de proportion avec l'attaque d'une armée composée de six corps (y compris la Garde). De plus, en n'atteignant dès le début qu'un point, on risque fort un encombrement de colonnes, donc retard et désordre infructueux.

On ne peut objecter non plus que Wellington se serait facilement dérobé à une attaque violente atteignant en même temps ses Ier et IIe corps, et menaçant de plus la direction de Hal et de Bruxelles (réserve anglaise). La volonté de Napoléon eût imposé le choc décisif, dans des conditions telles que Wellington n'eût pas été en mesure de l'éviter, ni Blücher d'accourir à temps.

(1) *Mémoires*, t. IX, p. 64 à 69.
(2) *Ibid.*, p. 67.

Dans la discussion très superficielle que Jomini (1) consacre à cette hypothèse, il fait observer qu' « en tombant sur Braine ou Ath, au centre des cantonnements anglais, on n'eût pas empêché le corps du prince d'Orange de se rallier à Blücher avec tout ce qui se trouvait à la gauche ». Si le prince d'Orange eût été abordé à Braine comme Hohenlohe le fut à Iéna, et Brunswick à Auerstædt, il ne se serait pas plus dérobé que les deux généraux prussiens ci-dessus désignés. Puisant toujours ses inspirations dans le résultat des événements, Jomini termine sa critique en disant : « Le plan d'opération adopté était si bien le plus convenable, que, sans le temps perdu le 16 et le 17 juin au matin, il eût complètement réussi, et que même cette perte de temps eût été réparée le 18, si l'aile droite avait pris la direction de Moustier. » Nous verrons par l'analyse approfondie des opérations ultérieures combien d'inexactitudes et d'erreurs renferme l'affirmation tranchante de Jomini (2). De plus, l'examen d'un plan de campagne doit se faire d'après l'étude de la carte, du terrain, des positions de l'ennemi, des forces en présence et des renseignements dont le généralissime dispose. Juger une conception stratégique d'après les conséquences des faits représente la plus pitoyable méthode de critique.

Donc, nous ne devons pas faire état des événements qui suivront, mais uniquement des éléments du problème que nous avons en face de nous. Retenons seulement l'aveu capital de Jomini, que l'attaque par Braine frappait le « centre des cantonnements anglais (3) ». Je ne discute pas la direction de Ath, qui est excentrique et eût entraîné l'armée trop à l'ouest. Tenons-nous-en à la marche en trois échelons aboutissant sur le front Lens-Soignies-Braine-le-Comte. La faible

---

(1) JOMINI, chap. XXII, p. 145 et p. 260.
Il est complètement inutile de parler de Ath, qui est trop à l'ouest. Je ne discute pas non plus l'avant-garde générale d'armée. Mais il est certain que l'effort principal eût dû se porter de Maubeuge sur Braine-le-Comte.
(2) Voir mes discussions, chapitres IV, V, et conclusion générale.
(3) JOMINI, chap. XXII, p. 260. Il suppose même que Ath est au centre, ce qui est forcé. Le vrai centre était Soignies-Braine-le-Comte.

distance de ce dernier point à Seneffe et Nivelles permettait d'accrocher — en style militaire — de fixer le corps du prince d'Orange.

Quant à connaître ce que Napoléon eût pu faire après avoir brisé la résistance du centre ennemi, il est assez délicat, en matière d'hypothèse — comme dans la guerre pratique — de prévoir d'une manière absolue au delà de la première bataille. Mais il n'est pas interdit de penser que, suivant la résistance ou les mouvements de Wellington, Napoléon eût continué la destruction du centre par celle de la réserve anglaise sur Hal et Bruxelles, ou se fût rabattu sur Nivelles et Genappe pour l'anéantissement de cette réserve, au cas où elle eût essayé de se joindre aux Prussiens. L'essentiel était de n'avoir affaire qu'à une armée pour la première bataille. Dans l'hypothèse de cette offensive, Napoléon n'était même pas obligé de faire état de l'armée prussienne, et de distraire un seul corps de sa masse pour parer à une attaque de flanc. Il était matériellement impossible que Blücher prît part à la lutte avant quarante-huit heures — juste la durée suffisante pour disloquer l'armée anglaise.

Examinons la seconde hypothèse : attaque de l'armée prussienne par la gauche (1). La situation du III⁰ corps prussien à Dinant et Ciney se prêtait à l'action d'une offensive foudroyante. En manœuvrant avec rapidité par les deux rives de la Meuse, on pouvait espérer l'envelopper et le détruire. L'opération eût pu être confiée à une masse secondaire, appuyée d'un corps très important de cavalerie. La grande supériorité numérique de la cavalerie française sur la cavalerie prussienne le permettait. Quant au gros de l'armée allemande disséminée de Charleroi jusqu'à Liège, la difficulté du problème consistait à fixer Blücher, et à franchir la ligne de défense derrière laquelle il s'abritait, de manière à l'attaquer de front et de flanc, et dans des conditions telles qu'il ne pût se dérober à une action décisive entamée

---

(1) *Mémoires*, t. IX, p. 158.

et poursuivie avant l'arrivée de Wellington. L'opération était beaucoup plus délicate, plus longue et plus aléatoire que celle de droite contre les Anglais. Toutefois la chance méritait d'être courue, et le début de la manœuvre promettait d'être fort brillant.

Il est évident que, si Napoléon eût été certain — dans l'une ou l'autre de ces combinaisons — de fixer, d'accrocher Wellington ou Blücher, de manœuvrer l'un de ses deux adversaires dans un délai de deux ou trois jours, pour l'acculer à une bataille décisive avant l'arrivée de son partenaire, il n'aurait pas conclu à l'impossibilité d'une attaque par la droite ou par la gauche. Et puisque la manœuvre par Maubeuge présentait le maximum de rapidité, et désorganisait tous les projets de l'ennemi, il faut qu'il ait eu des raisons très graves pour ne pas s'y décider.

LE DÉBOUCHÉ PAR CHARLEROI. — EXAMEN D'UNE MAXIME CAPITALE DE NAPOLÉON FAISANT PRÉVOIR SES GRAVES DANGERS.

L'Empereur a longuement réfléchi à toutes les hypothèses (1), et il rejette les deux premières. Nous devons en conclure qu'il n'eut suffisamment confiance ni dans le secret des marches, ni dans leur rapidité, qu'il n'a pas jugé le dispositif des cantonnements ennemis et de leurs mesures de sûreté aussi défectueux qu'on l'a prétendu, et qu'en définitive il n'a pas cru possible, avec la masse dont il disposait, d'imposer la première bataille dans les conditions et sur le terrain choisis par lui.

Ceci posé, en vertu de quel principe et pour quels motifs espère-t-il un meilleur résultat de l'attaque sur Charleroi, sur le point de soudure des cantonnements anglais et prus-

---

(1) *Mémoires*, t. IX, p. 52.

siens ? Ce point de Charleroi ne représente pas du tout le centre réel des armées adverses — et l'affirmation séculaire rebattue à cet égard est complètement erronée — mais l'endroit où les deux ellipses se joignent, donc l'extrémité droite de l'armée prussienne — et, du côté des Anglais, une fraction de leur gauche. D'ailleurs, Napoléon nous déclarant qu'il n'agit que contre les Prussiens (1), il est évident qu'il n'atteint à Charleroi qu'une extrémité de leur ligne. Toutes les objections précédemment faites à l'efficacité de son offensive se reproduisent d'elles-mêmes. Du moment qu'il aborde une extrémité, il ne peut obtenir d'autre résultat que de refouler l'ennemi sur son centre.

En étudiant le terrain, nous avons constaté la facilité extrême des mouvements de troupes dans les plaines de Belgique. Maintenant que nous connaissons les positions des armées, nous pouvons en faire état pour la discussion des opérations. Nous nous trouvons forcément en face d'un dilemme auquel il faut tout subordonner. De deux choses l'une : ou bien Wellington et Blücher ne sauront pas utiliser cette facilité, ou ils en useront. On pouvait donc supposer d'abord qu'ils resteraient passifs et inertes, empêtrés dans leurs cantonnements, gênés par les questions de temps et d'espace, incapables de se concentrer à propos, et de se réunir, étroitement attachés à des lignes de communication divergentes comme à des chaines de fer rigides, que par suite ils seraient surpris en flagrant délit de manœuvre suivant l'expression favorite de l'Empereur, enfin que Napoléon avec sa masse totale, bien tenue en main, en aurait facilement raison par des batailles successives, par des chocs imprévus et foudroyants. Cette hypothèse était fort plausible. Toutefois, même en admettant les circonstances les plus heureuses et la concentration absolue de l'armée française, elle offrait deux dangers. On spéculait trop sur l'incapacité des ennemis et leur impuissance. De plus, si passifs, si inertes qu'on les

---

(1) *Mémoires*, t. IX, p. 69.

supposât, il était évident — par le fait seul qu'on venait les relancer jusque dans leurs cantonnements, — qu'on devait s'attendre à une bataille, et que, si on ne les attaquait pas en plein centre pour les contrecarrer et les gêner, mais sur une extrémité de droite ou de gauche, cette bataille se produirait sur des terrains connus et repérés par eux.

D'ailleurs, la réflexion inverse et contradictoire était également plausible. On pouvait supposer, toujours en raison de la prodigieuse facilité des communications, étant donné qu'il s'agissait de routes et de terrains connus et pratiqués depuis plusieurs mois, que Wellington et Blücher se remettraient vite du premier mouvement de surprise que cause un choc violent, même quand on y a pensé par avance et qu'on l'a prévu, et que par suite ils sauraient s'arracher à l'étreinte de Napoléon et éviter l'enveloppement. Il était si facile à l'un comme à l'autre de se concerter avec son collègue par le moyen des avant-postes qui se touchaient, ou même de se porter vers lui en un temps de galop (1).

On pouvait donc imaginer que les alliés sauraient résoudre une concentration suffisamment rapide, soit chacun sur ses positions, soit en se portant, par un mouvement général de retraite, sur une position commune en arrière, qu'ils rompraient un combat défavorable, attendraient l'occasion et l'heure, s'affranchiraient aisément des préoccupations vulgaires qu'impose une ligne de communication rigide, et qu'en fin de compte le choc décisif se produirait où, comme et quand ils le voudraient. Pour concevoir cette seconde face du dilemme, il suffisait de ne pas avoir un mépris exagéré des généraux ennemis. Malheureusement Napoléon considérait Wellington comme « un mauvais général (2) » et Blücher comme un simple hussard très brave, — rien de plus (3).

J'ai indiqué plus haut que, même dans le cas le plus

(1) M. Houssaye, p. 156.
(2) Id., p. 319.
(3) *Mémoires*, t. IX, p. 68.

favorable à Napoléon, il existait un danger très grave : celui de lutter sur un terrain choisi par l'ennemi. Cette réflexion nous est inspirée par l'étude des maximes de guerre dictées par l'Empereur lui-même.

Un des principes dominants de Napoléon, un de ceux qu'il a le plus souvent formulés, est le suivant (1) : « Ne faites pas ce que veut l'ennemi, par la seule raison qu'il le désire ; évitez le champ de bataille qu'il a reconnu, étudié, et encore avec plus de soin celui qu'il a fortifié, où il s'est retranché. » Cette maxime est très profonde et rigoureusement juste. Mais elle demande à être développée et commentée.

Avant d'aboutir à la bataille, au choc physique, la première lutte entre deux adversaires est une lutte de volonté. L'idée dominante d'un généralissime doit être d'imposer sa volonté à l'ennemi. La manœuvre stratégique constitue précisément la forme pratique que revêt cet antagonisme. C'est par l'heureuse combinaison des mouvements stratégiques que se traduit la domination de l'énergie supérieure. Le but est d'amener les troupes au choc décisif dans les meilleures conditions. Mais ce qui paraît simple en théorie est prodigieusement compliqué dans la pratique, et ici la partie apparaît, dès le début, comme fort difficile à jouer.

Pour imposer sa volonté, pour manœuvrer l'ennemi, il faut évidemment que cet ennemi soit fixé, et fixé dans le sens que l'on désire, non dans celui que l'adversaire a choisi lui-même. Étant donné la facilité des mouvements dans les plaines de Belgique, le résultat n'était pas commode à atteindre. A ne considérer que le terrain, le caractère physique de la région et du sol, et en s'inspirant du principe essentiel posé par Napoléon, il était évident que le grand écueil à éviter, le danger terrible à craindre, c'était de se laisser entraîner par un adversaire manœuvrier et souple, nullement gêné dans ses mouvements, et par suite à peu près impossible à fixer, sur un terrain de bataille choisi,

---

(1) NAPOLÉON, *Mémoires*, t. VII. *Précis des guerres du maréchal de Turenne*, chap. x, 18ᵉ observation, p. 97.

reconnu et voulu par lui. Ainsi donc, dès le début, nous constatons que, quoi qu'il arrive d'heureux et d'imprévu, quoique fasse l'Empereur, il devra logiquement subordonner sa pensée à celle de l'ennemi pour le choix du terrain de bataille, et, par conséquent, agir contrairement à ses propres maximes.

Les termes de cette conclusion ne dénouent pas une controverse sans base, mais dérivent naturellement des renseignements que l'Empereur nous fournit et des principes qu'il a posés. En nous expliquant la conception générale de la manœuvre, il dit clairement : « Toutes les mesures avaient donc pour but d'attaquer d'abord les Prussiens (1). » Il connaît exactement leurs cantonnements (2). Donc, il sait que les troupes postées à Charleroi représentent l'extrême droite prussienne. Il est renseigné sur le point de concentration (3). D'autre part, il nous a prévenus que, s'il attaquait l'extrême droite anglaise, il n'aboutirait à autre chose qu'à refouler Wellington sur Blücher (4). Il est clair que ce refoulement se serait produit de la droite anglaise sur le centre. En conformité de tous ces renseignements, il ne nous reste plus qu'à tirer les conséquences des prémisses. L'attaque sur Charleroi ne pourra aboutir qu'à refouler les Prussiens sur leur centre. Comme, d'autre part, les 2e, 3e et 4e corps allemands ne sont nullement fixés, que Blücher est parfaitement libre de ses mouvements, il en résulte qu'il se concentrera à Sombreffe. Donc, Napoléon doit s'attendre à une bataille à Sombreffe sur le terrain de Blücher.

Jomini a, d'un coup d'œil très juste, indiqué la manœuvre de Maubeuge sur Mons (5), mais il n'a pas creusé la question. Il n'a pas distingué la supériorité de l'attaque du centre anglais sur l'attaque débordante de l'aile droite prussienne.

Clausewitz approche beaucoup plus de la vérité. Là,

(1) *Mémoires*, t. IX, p. 69.
(2) *Ibid.*, p. 64, 65.
(3) *Ibid.*, p. 65.
(4) *Ibid.*, p. 158.
(5) Jomini, chap. xvii, p. 145.

comme toujours, ce qui le préoccupe le plus, c'est la recherche de la bataille, mais il n'a pas discuté dans quelles conditions cette recherche pouvait être favorable ou défavorable. Il écrit (1) : « Nous croyons donc que les deux généraux en chef (Wellington et Blücher) pouvaient réunir en un point toutes leurs troupes et être sûrs que, quel que fût ce point, Bonaparte viendrait les y chercher. » Il part d'une base de discussion très différente de celle que j'ai exposée. Son idée préconçue est que Napoléon veut avant tout et par-dessus tout la bataille. Comme je m'en tiens strictement à 1815, je ne le suivrai pas sur ce terrain. Cette question de haute stratégie, qui touche à la discussion complète du système de guerre de Napoléon, exigerait à elle seule un volume entier, peut-être plusieurs.

Examinons la question essentielle. Clausewitz ne fait pas état des renseignements que donne l'Empereur, et pourtant il les connaissait (2). L'important n'est pas de savoir si Napoléon voulait ou ne voulait pas la bataille — aucun fait irréfutable ne nous prouve encore qu'il la voulait — mais de connaître dans quelle position, juste ou fausse, il se plaçait pour lutter de volonté contre l'ennemi. En affirmant que Napoléon eût été chercher Wellington ou Blücher sur n'importe quel point, Clausewitz ne lui adresse certes pas un magnifique éloge de sa clairvoyance. C'est d'ailleurs contredire la maxime capitale que l'Empereur a posée lui-même (3), et qui fait l'objet de ma discussion.

Conclusion : il est certain que Napoléon, en attaquant l'extrême droite des cantonnements prussiens, sans que Blücher fût fixé, a manqué à son principe. Donc, sa situation, dès le début de la manœuvre de Charleroi, est extrêmement dangereuse.

Cependant, il ne faut rien exagérer, car, à la guerre, une faute de principe peut être aisément réparée par les événe-

---

(1) *Campagne de 1815.* Traduction Niessel, chap. xiv, p. 36, 39.
(2) *Clausewitz,* par le colonel Camon, p. 214.
(3) *Mémoires,* t. VII, p. 97.

ments ultérieurs : perfection de l'exécution, fautes de l'ennemi, — et bien souvent Napoléon avait été merveilleusement servi par l'ineptie de ses adversaires, — enfin la bataille.

Avant d'étudier l'exécution de la manœuvre de Charleroi, il convient de passer en revue toutes les réflexions que suggère la situation du début.

DE L'EFFET DE SURPRISE PRODUIT PAR LA MANŒUVRE DE CHARLEROI

M. H. Houssaye ne peut être suspecté par personne de partialité ou d'hostilité à l'égard de Napoléon. Son historique de la manœuvre de Charleroi est — au point de vue des faits — rigoureusement exact, et je ne me permettrai de lui reprocher sur cet événement que les erreurs d'analyse stratégique. Mais, en ce qui concerne l'effet de surprise produit ou non produit par la manœuvre, il est inutile d'y mêler aucune discussion stratégique. C'est purement une question de fait.

Oui ou non, Wellington et Blücher furent-ils surpris, et dans quelle mesure? Comme, d'après Napoléon lui-même (1), l'offensive ne fut dirigée tout d'abord que contre les Prussiens, occupons-nous de Blücher. D'ailleurs l'impassibilité, le calme glacial de Wellington furent tels qu'on ne peut prétendre que la surprise — en tant qu'on doive l'admettre — lui ait inspiré l'ombre d'émotion (2). Mais étudions Blücher. M. H. Houssaye (3) nous apprend que, prévenu le 9 juin, le 12, le 13 et le 14, Blücher « commença à prendre, dès le 14 juin avant midi (4), des dispositions pour une concentration de toute son armée à Fleurus ». Wellington et Blücher s'étaient entendus dès le 3 mai sur la

---

(1) *Mémoires*, t. IX, p. 69.
(2) M. Houssaye, p. 108, 109, 145 à 155.
(3) Id., p. 115, 116, 117, 118 et notes.
(4) Jomini dit le 14 à minuit. Chap. xxii, p. 152.

défensive. Le 5, Zieten avait reçu des ordres formels : « En cas d'attaque, lui écrit Blücher, vous attendrez à Fleurus le développement des manœuvres de l'ennemi, et vous donnerez au duc de Wellington, ainsi qu'à moi, des nouvelles au plus vite. » Les documents cités par le général Pierron (1), et dont j'ai exposé les traits essentiels (2), ne laissent pas le plus léger doute sur la question.

Toutes les mesures, tous les ordres de concentration étaient préparés en cas d'attaque de Napoléon. Évidemment, Blücher n'étant pas un prophète, mais un homme, n'avait pu, par intuition, déterminer la minute précise de l'offensive adverse, mais il l'avait envisagée et pris ses dispositions en conséquence. Si l'attaque de Charleroi avait produit sur lui l'effet d'un coup de foudre — le mot a été prononcé (3) — s'il avait égaré le bon sens et le sang-froid du général prussien, paralysé son énergie, désorganisé sa concentration, alors évidemment nous constaterions une surprise terrible. Mais rien de tout cela ne s'est produit. Blücher ne s'est pas enfermé dans le manteau de glace de Wellington ; il a agi dès le 14 avant midi, et les événements se sont imperturbablement déroulés (4) suivant ses ordres du 5 mai, six semaines avant l'attaque.

Alors, quelle sorte de surprise pouvons-nous constater ? Tout simplement la surprise qui se produit au début de chaque campagne, quand les premiers coups de fusil éclatent aux avant-postes. Il ne s'est produit à Charleroi rien de comparable à ce qui s'est passé, par exemple, à Ulm, quand Mack s'aperçoit avec stupeur que la position de son armée et celle de Napoléon sont exactement à l'inverse de ce qu'il croit. Voilà ce qui peut s'appeler une surprise, la vraie surprise stratégique, autrement rare, grandiose et féconde que la surprise tactique, qui est des plus communes. A Ulm,

(1) *Méthodes de guerre*, t. III, première partie, p. 81 à 89.
(2) Voir cette étude, p. 102 et suivantes.
(3) Colonel CAMON, *Précis*, t. II, p. 166.
(4) Comme j'étudie le fait de surprise, je dois m'appuyer sur les faits et événements.

Napoléon impose sa volonté à l'ennemi. Rien de semblable à Charleroi. Blücher ne croit certainement pas que Napoléon puisse l'attaquer, mais il l'a imaginé par hypothèse, prévu, il y a paré, donc il est surpris par le combat, mais non par la manœuvre. Par suite, aucun effet moral dangereux, aucune action désorganisatrice.

Cette constatation nous permet de faire justice — après M. H. Houssaye et bien d'autres — d'une légende tenace, qui s'est incrustée dans la manœuvre de Charleroi avec tant de force qu'elle semble faire partie des événements essentiels, alors qu'elle ne représente qu'un fait insignifiant et qui n'eut pas l'ombre d'influence, — je veux parler de la désertion de Bourmont.

Comme je désire affirmer l'histoire vraie et les principes stratégiques autant que faire se pourra, je ne reculerai jamais devant la stratégie ou l'histoire, mais il n'en est pas de même pour la politique, dont je ne veux m'occuper à aucun titre. Or personne, même parmi les plus acharnés contre Bourmont, n'ayant prétendu qu'il s'était vendu à Blücher, son acte est un acte politique. Je ne juge donc pas ses motifs. Je m'en tiens uniquement à discerner l'influence que cet acte exerça sur les événements. Elle est absolument nulle. M. Houssaye dit nettement : « L'ennemi n'avait pas besoin des renseignements du comte de Bourmont (1). » Blücher, déclare M. Houssaye, « daigna à peine lui parler ». Alors, avec qui s'entretint-il? Avec un colonel d'avant-postes (2)? Qu'est-ce qu'il put bien lui apprendre? Que l'armée française arrivait? Tous les Prussiens le savaient à cette heure. Les ordres de concentration dataient du 14, et Bourmont a déserté le 15 après cinq heures du matin (3).

De plus, pour fournir un renseignement important, il eût fallu que Bourmont le connût. Qu'est-ce qu'un divisionnaire en sous-ordre pouvait savoir dans l'armée de Napoléon?

---

(1) M. Houssaye, p. 115.
(2) Id., p. 114, 115.
(3) Id., p. 119.

J'ai expliqué longuement, d'après le général Bonnal (1), que l'Empereur était « tout secret et mystère ». Les maréchaux et commandants de corps d'armée connaissaient tout juste la route à suivre, mais, quant à connaître le concept général de la manœuvre, personne ne pouvait en avoir la moindre idée le 15 à 5 heures du matin. Bourmont en savait tout juste autant que le dernier tambour de sa division. Qu'il ait eu tort, la question n'est pas là. Ce qui est certain, c'est qu'en attribuant — je suis obligé, dans une question de faits, d'anticiper sur les événements — l'échec relatif de la manœuvre à une divulgation capitale de Bourmont, on transporte l'histoire vraie sur le terrain de la légende fantaisiste, ou plutôt on cède à l'inextinguible besoin d'appliquer la fameuse théorie des « boucs émissaires ».

Il n'est pas une guerre, pas une manœuvre importante, exécutée avec des effectifs considérables, où il ne se produise des désertions. Et pourtant il en est qui réussissent et d'autres qui échouent. La manœuvre qui dépendrait d'une indiscrétion — fût-elle la plus coupable du monde — qui serait à la merci d'une circonstance aussi fragile et aussi vulgaire, serait une piètre manœuvre et qui ne reposerait guère sur des bases solides. Je ne parle pas naturellement de la trahison d'un chef documenté, d'un dépositaire de secrets, je parle de la désertion d'un sous-ordre. Une manœuvre bien conçue et bien exécutée ne dépend pas d'aussi misérables détails. Nous espérons que désormais l'histoire repoussera du pied la légende de Bourmont faisant échouer Charleroi.

L'ASSIMILATION ENTRE LE DÉBUT DE 1815 ET CELUI DE 1796 EST ERRONÉE A TOUS LES POINTS DE VUE

Le colonel Camon (2) affirme une assimilation complète entre les débuts de ces deux campagnes. Comme cette

---

(1) Général BONNAL, *Manœuvre d'Iéna*, p. 128.
(2) *Précis*, t. Ier, p. 166.

légende fait partie des traditions, nous devons l'examiner et serrer la discussion. Cette discussion nous fera saisir au vif les dangers terribles de la manœuvre de Charleroi. Le premier coup d'œil permet d'entrevoir l'origine de la comparaison, l'apparence de vérité. Dans les deux cas, Napoléon a devant lui deux adversaires, et il les manœuvre successivement. Mais de quelle manière les manœuvre-t-il dans l'un ou l'autre cas? Toute la question est là. En bien d'autres circonstances, il eut deux ennemis, et parfois plus. Ce n'est pas le nombre des ennemis qu'il convient de rapprocher, mais la nature des opérations. Il est vrai que, pour 1796, les idées fausses ne manquent pas, expliquant et motivant le rapprochement.

Dans une traduction de 1796 de Clausewitz, le capitaine Colin (1), prétendant que le stratégiste prussien ne comprend pas la manœuvre du général Bonaparte (2), expose dans une note : « Bonaparte n'attaque pas le centre des Autrichiens ; il se porte dans le vide laissé entre les Sardes et les Impériaux. Il ne sépare pas les deux ailes de Beaulieu, mais déborde et écrase sa droite aventurée à Montenotte en la prenant en flanc. »

L'explication du capitaine Colin est très claire. Malheureusement pour l'auteur, elle est en contradiction absolue avec ce que Bonaparte nous dit lui-même, avec l'historique très documenté du colonel Camon, avec la critique du général Bonnal, avec les faits eux-mêmes.

AUCUN RAPPORT AVEC 1796

D'abord, cette conception d'un général qui porte son armée dans le vide et qui ne s'occupe même pas de fixer l'ennemi sur un point quelconque avant de le manœuvrer,

---

(1) CLAUSEWITZ, *Campagne de 1796 en Italie*. Traduction du capitaine Colin.
(2) *Ibid.*, p. 22, note 2. V. p. 22 et suiv.

apparait pour le moins bizarre. Généralement on se bat pour détruire l'ennemi. En portant son armée dans le vide, un général semble être très prudent, puisque dans ce vide prodigieux il ne rencontrera personne. Mais, comme il s'avance entre deux adversaires qu'on n'a pas le droit de supposer pétrifiés et paralytiques, la question est de savoir si cet étrange général manœuvre à la façon d'un levier qui va soulever deux forces adverses, ou s'il ne place pas bénévolement sa tête entre l'enclume et le marteau. L'opération dans le vide, qui semble de tout repos au début, risque de mal finir.

Qu'un général, manœuvrant une première armée ennemie et pressentant qu'une deuxième s'approche, se réserve une zone de manœuvre stratégique, dont la profondeur dépend de la puissance des armées et des conditions de temps et d'espace, rien de mieux. Il y a là un fait évident, une nécessité inéluctable, devant laquelle tout le monde s'incline. Il n'est nullement question de manœuvrer dans le vide, mais de se ménager l'aisance des mouvements, afin de pouvoir fondre avec la masse principale d'attaque sur l'armée ennemie la plus rapprochée ou la plus dangereuse. Mais, au début de 1796, la vérité est que jamais, pas une seconde, Bonaparte n'a marché dans le vide. C'est pourquoi Clausewitz comprend Bonaparte, et pourquoi le capitaine Colin ne comprend pas Clausewitz.

La citation de Bonaparte que donne le général Bonnal [1] éclaire admirablement sa manœuvre : « Dans la guerre de montagne, a-t-il écrit, celui qui attaque a des désavantages. Même dans la guerre offensive, l'art consiste à n'avoir que des combats défensifs et à obliger l'ennemi à attaquer. » Le colonel Camon [2] a nettement vu ce point quand il écrit : « Puisque les Autrichiens paraissent disposés à agir du côté de Gênes, Bonaparte n'a qu'à les y retenir. La brigade Pijon, que commande maintenant Cervoni, va servir d'appât :

[1] *De Rosbach à Ulm*, p. 97.
[2] *Précis*, t. Ier, p. 12.

Bonaparte la renforce d'une demi-brigade. » Cette expression d' « appât » est parfaite.

La discussion du général Bonnal est également concluante à cet égard (1). Il fait ressortir avec une clarté absolue, par une citation de Bonaparte, que Beaulieu divise ses forces, que toute communication est improbable entre son centre et sa gauche, autrement que par derrière les montagnes...

Je ne veux pas me laisser entraîner à discuter 1796. Mais il était nécessaire d'élucider ce point pour faire comprendre 1815. Dans la campagne d'Italie, Bonaparte ne débute ni par une marche dans le vide, ni par une pénétration entre les deux armées. Il manœuvre la première (Beaulieu), l'attire dans un piège, Voltri (2), l'entraîne à l'offensive sur un point que lui-même a choisi (Montelegino) (3), tandis que la deuxième armée (Colli) est fixée par une masse secondaire (4) (Serrurier, puis Augereau), et ne prend en flanc la droite des Autrichiens avec Masséna qu'après les avoir fixés (Montenotte) (5). La séparation accomplie à la suite des désastres de Beaulieu, il manœuvre Colli. Mais jamais il ne manœuvre un ennemi avant de l'avoir fixé (6). Inutile de poursuivre plus loin. La preuve est faite.

Quelle comparaison peut-on établir entre la suprême habileté de 1796 et le périlleux début de 1815, entre le piège de Voltri, la défensive stratégique (7) sur l'Apennin, la manœuvre de flanc après que l'ennemi est fixé (Montenotte), et, d'autre part, la marche aléatoire sur Charleroi, sur l'extrême droite de Blücher, qui reste absolument libre de ses mouvements? J'avoue que je ne m'explique pas comment le colonel Camon, qui a si justement discerné le coup de

---

(1) *De Rosbach à Ulm*, p. 95 et suiv. V. surtout p. 98.
(2) Colonel Camon, *Précis*, t. Ier, p. 12.
(3) *Ibid.*, t. Ier, p. 12.
(4) *Ibid.*, t. Ier, p. 10 et 11.
(5) Général Bonnal, *De Rosbach à Ulm*, p. 101; colonel Camon, *Précis*, t. Ier, p. 13.
(6) Id., p. 101.
(7) Voir p. 97.

Voltri et le jeu admirable des masses secondaires en 1796, tente une assimilation avec Charleroi. Il se laisse évidemment entraîner par les apparences et aussi par le désir de systématisation à outrance. Un dernier mot pour achever : dans l'Apennin, il est facile à une masse secondaire de barrer la route à l'une des armées adverses. Dans les plaines de Belgique, où trouver la vallée, le défilé, la gorge qui permettra de barrer une route à Wellington ou à Blücher? A aucun point de vue, concept, manœuvre et terrain, il n'est possible d'établir le moindre rapprochement entre 1796 et Charleroi.

THÉORIE DE LA RUPTURE STRATÉGIQUE. — DISCUSSION DE SON EFFICACITÉ PRATIQUE DANS LES CIRCONSTANCES DE 1815. — LA ZONE DE MANŒUVRE STRATÉGIQUE.

Parmi les théories abstraites que provoque le commentaire des débuts de 1815, il en est une fort intéressante et qui mérite discussion. Le lieutenant-colonel Grouard (1), dès le chapitre Ier de son livre, juge parfaites les dispositions de Napoléon, très défectueuses celles de ses adversaires, attribue le désastre à cette cause unique : « Il est certain qu'ils (Wellington et Blücher) auraient payé cher leur erreur fondamentale, si, pendant l'exécution des opérations, l'Empereur eût encore possédé l'activité physique et la sagacité dont il avait fait preuve au temps d'Austerlitz et d'Iéna. » C'est la thèse de Charras, reprise avec beaucoup plus de méthode et de force. Je ne discuterai pas un mot de l'exécution avant que nous l'ayons vue se dérouler sous nos yeux. Mais le mot « erreur fondamentale » appliqué à Wellington et Blücher, et non à Napoléon, exige la discussion immédiate *a priori*.

L'idée principale de M. Grouard, qu'il ne suppose même pas discutable, qu'il émet comme un axiome, est l'idée de la

(1) *Critique de la campagne de 1815*, p. 11 à 23.

rupture stratégique (1). Par son offensive sur Charleroi, l'Empereur détermine cette rupture, dont les effets foudroyants doivent disjoindre les deux armées ennemies. Si Blücher et Wellington persistent dans leurs concentrations sur les points de Sombreffe et des Quatre-Bras — qui sont, parait-il, fort mal choisis, très défectueux — s'ils ne se retirent pas — l'un à Wavre et l'autre à Mont-Saint-Jean — leur désorganisation et leur défaite, en raison des principes de la pure logique, s'ensuivront nécessairement de leurs fautes.

Il semble, à lire M. Grouard, que ces deux mots : « rupture stratégique » représentent une formule magique, un talisman, un fétiche, qui va pulvériser les ennemis. Mais à la guerre — comme partout ailleurs — les mots n'ont aucune puissance par eux-mêmes. Ils représentent des idées — c'est vrai — mais encore faut-il que ces idées se manifestent en conformité avec le terrain, les circonstances et l'ennemi. C'est un grand écueil des études stratégiques — envisagées au point de vue de la théorie seule — que de nous porter à adopter les abstractions comme des entités réelles et les déductions géométriques comme des faits positifs. L'étude exclusive de Jomini — que M. Grouard exalte par-dessus tout — prédispose fortement à ce danger. Il importe de réagir, en mettant incessamment en regard de ces abstractions les faits et les hommes.

D'abord, les critiques qui admirent outre mesure le choix de Charleroi répètent que Napoléon dirige son offensive sur le centre des armées ennemies. Charleroi représentait le centre apparent, géographique des lignes adverses, mais nullement le centre de leurs forces réelles. C'est là qu'est l'erreur capitale de la plupart des historiens. En attaquant ce point, l'Empereur ne heurtait que l'extrémité droite des Prussiens, et effleurait à peine, ou plutôt menaçait une frac-

---

(1) Dans ce chapitre, je ne discute que le principe. La discussion complète sera établie au cours de l'examen approfondi concernant les Quatre-Bras. V. cette étude, chap. v.

tion de la gauche anglaise. Donc, pourquoi la rupture stratégique, écrasante, définitive, devait-elle fatalement se produire?

En admettant que les armées alliées, dont les antennes étaient touchées par le choc, se replient sur elles-mêmes et se concentrent, l'une à Sombreffe et l'autre aux Quatre-Bras, pouvait-on déduire de ce reploiement momentané qu'elles ne tenteraient jamais de se réunir? Était-il bien prudent de raisonner avec Wellington et Blücher comme avec des généraux inertes et pusillanimes, des Mélas ou des Mack? Rien dans leur passé n'autorisait cette hypothèse injurieuse. Tout ce qu'il était permis de prévoir à coup sûr, c'est qu'on devait s'attendre à une bataille, et, puisque l'offensive visait surtout les Prussiens (1), à une bataille sur Sombreffe.

Mais, nous dit M. Grouard, ce point de Sombreffe était fort mal choisi par les Prussiens, comme les Quatre-Bras par les Anglais. Voilà encore une affirmation des plus contestables et dont la discussion va nous faire toucher du doigt le fond de la question. M. Grouard nous dit lui-même que (2) « S'il eût existé un intervalle vide entre les deux armées alliées, il eût été rationnel de commencer par s'y jeter, car c'eût été la meilleure manière de les empêcher de se réunir; mais, comme cet intervalle vide n'existait pas, il convenait, comme à Montenotte et à Champaubert, d'essayer d'en créer un par un premier succès, de manière à pouvoir combattre successivement les deux armées ennemies. Voilà ce que Clausewitz n'a pas compris... »

Pour le moment, il ne s'agit ni de Clausewitz, ni de Jomini. Il s'agit de l'efficacité de l'offensive sur Charleroi. Laissons encore de côté la fameuse question de la marche dans le vide (3). Admettons que M. Grouard ait voulu exposer qu'il importait pour Napoléon de se ménager une zone de manœuvres stratégiques. Nous sommes ici sur le

(1) *Mémoires*, t. IX, p. 69.
(2) M. Grouard, p. 19.
(3) V. cette étude, p. 122 et suivantes.

terrain de la stratégie positive. Mais alors nous ne pouvons pas négliger la question de l'espace. Son importance est primordiale, absolue. Des Quatre-Bras à Sombreffe il y a trois lieues (1). Napoléon commande à six corps d'armée (les 1ᵉʳ, 2ᵉ, 3ᵉ, 4ᵉ, 6ᵉ et la Garde). Quelle zone stratégique pouvait-il se ménager dans un intervalle de 12 kilomètres, ayant à sa droite et à sa gauche des armées dont chacune était égale en nombre à la sienne? Ces armées n'étaient pas concentrées, soit; mais s'il fallait prévoir deux jours, peut-être trois, pour leur concentration totale — en nous plaçant au point de vue des renseignements que possédait Napoléon — il eût été abusif et d'un optimisme exagéré de compter sur plus de quelques heures, une demi-journée au maximum, avant de rencontrer une force susceptible de livrer bataille, une, deux ou trois divisions ennemies. Donc, M. Grouard impose à Napoléon un problème insoluble. Pour aboutir à une véritable rupture stratégique, il eût fallu que l'intervalle fût au moins triple, presque quadruple, 40 ou 45 kilomètres, au lieu de 12 (2). Je cite le chiffre minimum déterminé, fixé par Napoléon lui-même. Il n'est pas à prévoir que M. Grouard essaie de réformer les principes de l'Empereur. En conséquence, impossible de prévoir une manœuvre. Tout ce qu'il est permis de prévoir, c'est une bataille, rien qu'une bataille.

Comme les événements ultérieurs en dépendront, nous n'avons plus le droit de jouer au prophète, et nous devons nous arrêter net dans les prévisions *a priori*. Mais nous avons encore le droit de commenter. Ce qu'on peut déduire de la discussion, c'est que les points de concentration de Sombreffe et des Quatre-Bras étaient fort bien choisis, puisqu'ils rétrécissaient la zone de manœuvre de façon à rendre la bataille obligatoire. C'est tout ce que voulait Blücher : forcer Napoléon à dévoiler ses intentions et lutter (3). Le vieux feld-maréchal

(1) Colonel Camon, *Précis*, t. II, p. 172.
(2) Général Bonnal, *De Rosbach à Ulm*, p. 260 et suivantes. V. schéma de la page 261 (distance de deux marches, choisie par Napoléon pour s'assurer une zone de manœuvres stratégiques).
(3) Général Pierron, *Méthodes de guerre*, p. 87.

aimait trop la bataille pour tourner les talons jusqu'à Wavre, sans coup férir.

Nous n'aurions le droit d'envisager Sombreffe et les Quatre-Bras comme des points mal choisis que si Blücher et Wellington avaient voulu manœuvrer. Mais ils voulaient se battre, ce qui est bien différent. Donc, ils n'avaient pas besoin d'une zone de manœuvre, et leur intérêt était d'empêcher Napoléon de s'en créer une (1).

N'essayons pas de nous masquer la vérité. Si nos ennemis ont agi sagement, et s'il y eut des fautes de notre côté, ne craignons pas de le dire hardiment. Des enseignements du passé et de la cruelle leçon des défaites jaillit la seule vérité utile et féconde — celle qui prépare les moissons de l'avenir. On m'objectera qu'aucune vérité n'est masquée, et que Napoléon, après avoir vaincu Blücher, était le maître absolu de se ménager une zone de manœuvres stratégiques. Mais, encore une fois, les principes éternels de la raison ne permettent pas à qui que ce soit, fût-ce au général le plus prodigieux, d'escompter le gain d'une bataille et d'élargir le champ des prévisions humaines jusqu'à spéculer sur ses conséquences. Rien, pas un renseignement, pas un indice, pas un fait, ne permettait à l'Empereur d'augurer si Blücher, après cette défaite, — je me place au point de vue de la tradition napoléonienne et de M. Grouard — se dirigerait sur Liège ou sur une route divergente. Les souvenirs de 1813 n'eussent pas dû inspirer à Napoléon un optimisme exagéré. Rien ne lui permettait d'espérer qu'il disposerait de l'espace suffisant pour créer la zone de manœuvres qui lui était nécessaire.

M. Grouard, qui néglige si complètement ce côté de la question en commentant l'offensive de l'Empereur, est par contre très rigoureux en matière de distance pour Blücher. Le choix de Sombreffe est surtout défectueux, d'après lui, par le motif que Ligny (Sombreffe ou Ligny, peu importe) était très rapproché de l'armée française et que l'attaque de

(1) Général Piennon, *Méthodes de guerre*, t. III, première partie, p. 81 à 89. M. Houssaye, p. 144, 145, 146, note 3, p. 145.

Napoléon pouvait se produire avant que Blücher n'eût concentré toutes ses forces (1). Ici, nous ne sommes plus sur le terrain des commentaires *a priori*, mais nous touchons à l'exécution de la manœuvre. Nous sommes donc contraints de réserver notre opinion jusqu'à ce que nous l'ayons vue se dérouler.

M. Grouard rappelle à propos de Charleroi les souvenirs de 1796, 1809 et 1814. J'ai démontré qu'aucune assimilation n'est possible avec 1796 (2). Pour 1809, le résultat de la manœuvre de Landshut offre si peu d'avantages que tout est à recommencer par la pénible route d'Essling et de Wagram (3). En 1814, Napoléon, par un éclair d'intuition géniale, entrevoit la possibilité de couper en tronçons et d'écraser en détail l'armée de Blücher beaucoup trop disséminée, et fonce sur son flanc gauche. Aucun rapport avec 1815. La seule manœuvre qu'on puisse rapprocher de 1815 est Leipzig. M. Grouard ne voit qu'une cause au désastre de 1813 : c'est qu' « une partie de ses corps était plus loin de Leipzig que les deux armées adverses ». Les motifs d'une défaite sont rarement simples. A Leipzig, la faute capitale consista non dans une erreur de calcul, mais dans un égarement moral. Subjugué par un incommensurable orgueil, Napoléon, dans toute la campagne d'automne de 1813, se joua des principes (4).

En citant Jomini à propos de 1815, M. Grouard n'hésite pas à rappeler le dicton légendaire qui présente Jomini comme « le prophète de Napoléon dieu de la guerre (5) ». Le commentaire *a priori* de M. Grouard traitant aussi la question de 1813, ce rapprochement suggère une réflexion psychologique qui éclaire l'austère et implacable stratégie. La vérité — éducatrice d'avenir — doit passer par-dessus les tristesses et les amertumes. Il est impossible de citer Leipzig sans se

---

(1) M. Grouard, p. 15.
(2) Voir ma discussion, p. 122.
(3) Général Bonnal, *Manœuvre de Landshut*, p. 193 à 203, 235 à 242, 259, 260, 349 à 351.
(4) Voir ma discussion, p. 79 à 81, et chapitre VI.
(5) M. Grouard, p. 19 et 20, note.

souvenir que Jomini y compte dans l'état-major ennemi. C'est dans nos rangs qu'il avait appris la guerre et conquis sa réputation. A la première occasion — affaire de vanité jalouse, punition banale de Berthier — c'est dans les rangs des ennemis acharnés qui poursuivent notre ruine, qu'il porte ses grades et son talent.

L'orgueil, les flatteries et les offres d'un souverain allié — d'une part — et d'autre part la prévision que les affaires de France se trouvaient en fort mauvaise posture — c'est-à-dire les motifs les plus vils — déterminèrent son acte répugnant. D'ailleurs on ne peut nier qu'il se servit adroitement de l'instruction acquise, et que le prophète contribua fortement à la défaite de son dieu (1). J'avoue que ces mots superbes, ces expressions grandiloquentes me paraissent exagérés et faux en de telles matières. La stratégie ne comporte ni dieu ni prophète. La remarque philosophique qu'on doit en dégager, c'est que le danger le plus terrible qui puisse menacer un homme est de s'imaginer qu'il passe Dieu et que d'autres le croient. L'admirable génie de Napoléon n'a pas besoin — pour être reconnu, proclamé et étudié — d'exagérations aussi fantastiques.

CONCLUSION DU COMMENTAIRE DE LA MANOEUVRE DE CHARLEROI

Le temps et l'espace sont deux facteurs essentiels de toute opération humaine, et leur importance ne s'amoindrit certes pas quand on l'envisage sur le théâtre de la guerre. Le 15 juin, à trois heures du matin, Napoléon dispose encore du temps. En nous plaçant au point de vue de ses renseignements, nous constatons qu'il a devant lui deux ou trois jours. C'était encore une

---

(1) JOMINI, *Précis des campagnes de 1812 à 1814*, p. 158 à 210. Voir l'explosion de la vanité satisfaite, p. 159 à 161. (Voir le plaidoyer de la vanité blessée, p. 288 à 312.) (Appendice.)

superbe chance que d'avoir ce laps de temps libre. Maître de l'heure pendant deux jours, un tel bonheur n'est pas commun au début d'une offensive capitale. Les événements nous apprendront si ce calcul était juste, et dans quelle mesure Napoléon usa de cet avantage. Quant à l'espace, Napoléon, par le seul fait qu'il avait choisi Charleroi, n'en était plus le maître. La pénétration entre les deux armées, qui a été tant admirée, créait deux terribles dangers : d'abord de subordonner sa volonté à celle de l'adversaire pour le choix du terrain de bataille, et ensuite, ce qui était encore plus grave, d'être resserré, entravé par une largeur de déploiement si minime, qu'à moins de maîtriser l'ennemi par la bataille, il était impossible de créer une zone de manœuvres stratégiques.

Donc, tout était ramené à la bataille, mais à la bataille telle que la voulait Blücher. Comme Blücher avait largement prouvé en 1813 qu'il savait rompre un combat défavorable, et qu'il s'entendait fort bien à secouer le joug d'une ligne d'opérations, cette bataille ne s'engageait pas *a priori* dans des conditions rassurantes. Les armées ennemies étaient fort étendues, nous l'admettons. Le caractère de Wellington n'offrait pas l'apparence d'une activité dévorante et impétueuse, c'est encore vrai. Mais ces avantages relatifs étaient fort aléatoires. Il est toujours dangereux d'être obligé de tabler sur les fautes de l'ennemi. Reste à savoir comment on en profite. La suite des événements nous l'expliquera. Concluons : les avantages de l'offensive sur Charleroi ont été fort exagérés, et ses dangers ont été complètement méconnus. L'inertie de l'ennemi et une victoire écrasante pouvaient seuls remédier aux défectuosités de cette offensive (1).

---

(1) Comme je l'ai expliqué dans la note 1 de la page 126, je ne discute dans ce chapitre que le principe de la rupture stratégique. L'exécution et la pratique sont analysées dans le chapitre v.

L'ORDRE DU MOUVEMENT DU 14. — SA DISCUSSION

La première condition pour discuter un ordre est de le connaitre en entier. Je reproduis donc textuellement celui du 14.

22053 (1). — ORDRE DU MOUVEMENT

« Beaumont, 14 juin 1815.

« Demain 15, à 2 heures et demie du matin, la division de cavalerie légère du général Vandamme montera à cheval et se portera sur la route de Charleroi. Elle enverra des partis dans toutes les directions pour éclairer le pays et enlever les postes ennemis; mais chacun de ces partis sera au moins de 50 hommes. Avant de mettre en marche la division, le général Vandamme s'assurera qu'elle est pourvue de cartouches.

« A la même heure, le lieutenant général Pajol réunira le 1er corps de cavalerie et suivra le mouvement de la division du général Domon, qui sera sous les ordres du général Pajol. Les divisions du 1er corps de cavalerie ne fourniront point de détachements; ils seront pris dans la 3e division. Le général Domon laissera sa batterie d'artillerie pour marcher après le 1er bataillon du 3e corps d'infanterie; le lieutenant général Vandamme lui donnera des ordres en conséquence.

« Le lieutenant général Vandamme fera battre la diane à 2 heures et demie du matin; à 3 heures, il mettra en marche son corps d'armée et le dirigera sur Charleroi. La totalité de ses bagages et embarras seront parqués en arrière, et ne

---

(1) *Correspondance de Napoléon*, t. XXVIII, p. 281 à 286.

se mettront en marche qu'après que le 6ᵉ corps et la Garde impériale auront passé. Ils seront sous les ordres du vaguemestre général qui les réunira à ceux du 6ᵉ corps, de la Garde impériale et du quartier général, et leur donnera des ordres du mouvement.

« Chaque division du 3ᵉ corps d'armée aura avec elle sa batterie et ses ambulances ; toute autre voiture qui sera dans les rangs sera brûlée.

« M. le comte de Lobau fera battre la diane à 3 heures et demie, et il mettra en marche le 6ᵉ corps d'armée à 4 heures pour suivre le mouvement du général Vandamme et l'appuyer. Il fera observer, pour les troupes, l'artillerie, les ambulances et les bagages, le même ordre de marche qui est prescrit au 3ᵉ corps.

« Les bagages du 6ᵉ corps seront réunis à ceux du 3ᵉ, sous les ordres du vaguemestre général, ainsi qu'il est dit.

« La jeune Garde battra la diane à 4 heures et demie, et se mettra en marche à 5 heures ; elle suivra le mouvement du 6ᵉ corps sur la route de Charleroi.

« Les chasseurs à pied de la Garde battront la diane à 4 heures, et se mettront en marche à 5 heures et demie pour suivre le mouvement de la jeune Garde.

« Les grenadiers à pied de la Garde battront la diane à 5 heures et demie, et partiront à 6 heures pour suivre le mouvement des chasseurs à pied.

« Le même ordre de marche pour l'artillerie, les ambulances et les bagages, prescrit pour le 3ᵉ corps d'infanterie, sera observé dans la Garde impériale.

« Les bagages de la Garde seront réunis à ceux des 3ᵉ et 6ᵉ corps d'armée, sous les ordres du vaguemestre général, qui les fera mettre en mouvement.

« M. le maréchal Grouchy fera monter à cheval, à 5 heures et demie du matin, celui des trois corps de cavalerie qui sera le plus près de la route, et il lui fera suivre le mouvement sur Charleroi ; les deux autres corps partiront successivement à une heure d'intervalle l'un de l'autre. Mais

M. le maréchal Grouchy aura soin de faire marcher la cavalerie sur les chemins latéraux de la route principale que la colonne d'infanterie suivra, afin d'éviter l'encombrement et aussi pour que sa cavalerie observe un meilleur ordre.

« Il prescrira que la totalité des bagages restent en arrière parqués et réunis, jusqu'au moment où le vaguemestre général leur donnera l'ordre d'avancer.

« M. le comte Reille fera battre la diane à 2 heures et demie du matin, et il mettra en marche le 2ᵉ corps à 3 heures ; il le dirigera sur Marchienne-au-Pont, où il fera en sorte d'être rendu avant 9 heures du matin. Il fera garder tous les ponts de la Sambre, afin que personne ne passe ; les postes qu'il laissera seront successivement relevés par le 1ᵉʳ corps ; mais il doit tâcher de prévenir l'ennemi à ces ponts pour qu'ils ne soient pas détruits, surtout celui de Marchienne, par lequel il sera probablement dans le cas de déboucher, et qu'il faudrait aussitôt réparer s'il avait été endommagé.

« A Thuin et à Marchienne, ainsi que dans tous les villages sur sa route, M. le comte Reille interrogera les habitants, afin d'avoir des nouvelles des positions et forces des armées ennemies. Il fera aussi prendre les lettres dans les bureaux de poste et les dépouillera pour faire aussitôt parvenir à l'Empereur les renseignements qu'il aura obtenus.

« M. le comte d'Erlon mettra en marche le 1ᵉʳ corps à 3 heures du matin, et le dirigera aussi sur Charleroi, en suivant le mouvement du 2ᵉ corps, duquel il gagnera la gauche le plus tôt possible, pour le soutenir et l'appuyer au besoin. Il tiendra une brigade de cavalerie en arrière, pour se couvrir et pour maintenir par de petits détachements ses communications avec Maubeuge. Il enverra des partis en avant de cette place, dans les directions de Mons et de Binche, jusqu'à la frontière, pour avoir des nouvelles des ennemis et en rendre compte aussitôt ; ces partis auront soin de ne pas se compromettre et de ne pas dépasser la frontière.

« M. le comte d'Erlon fera occuper Thuin par une division ; et, si le pont de cette ville était détruit, il le ferait aussitôt réparer, en même temps qu'il fera tracer et exécuter immédiatement une tête de pont sur la rive gauche. La division qui sera à Thuin gardera aussi le pont de l'abbaye d'Aulne, où M. le comte d'Erlon fera également construire une tête de pont sur la rive gauche.

« Le même ordre de marche, prescrit au 3º corps pour l'artillerie, les ambulances et les bagages, sera observé aux 2º et 1ᵉʳ corps, qui feront réunir et marcher leurs bagages à la gauche du 1ᵉʳ corps sous les ordres du vaguemestre le plus ancien.

« Le 4º corps (armée de la Moselle) a reçu l'ordre de prendre aujourd'hui position en avant de Philippeville. Si son mouvement est opéré et si les divisions qui composent ce corps d'armée sont réunies, M. le lieutenant général Gérard les mettra en marche demain, à 3 heures du matin, et les dirigera sur Charleroi. Il aura soin de se tenir à hauteur du 3º corps, avec lequel il communiquera, afin d'arriver à peu près en même temps devant Charleroi ; mais le général Gérard fera éclairer sa droite et tous les débouchés qui vont sur Namur. Il marchera serré en ordre de bataille, et fera laisser à Philippeville tous ses bagages et embarras, afin que son corps d'armée, se trouvant plus léger, se trouve à même de manœuvrer.

« Le général Gérard donnera ordre à la 14º division de cavalerie, qui a dû aussi arriver aujourd'hui à Philippeville, de suivre le mouvement de son corps d'armée sur Charleroi, où cette division joindra le 4º corps de cavalerie.

« Les lieutenants généraux Reille, Vandamme, Gérard et Pajol se mettront en communication par de fréquents partis, et ils régleront leur marche de manière à arriver en masse et ensemble devant Charleroi. Ils mettront, autant que possible, à l'avant-garde des officiers qui parlent flamand, pour interroger les habitants et en prendre des renseignements ; mais ces officiers s'annonceront comme commandant des partis, sans dire que l'armée est en arrière.

« Les lieutenants généraux Reille, Vandamme et Gérard feront marcher tous les sapeurs de leurs corps d'armée (ayant avec eux des moyens pour réparer les ponts) après le 1ᵉʳ régiment d'infanterie légère, et ils donneront ordre aux officiers du génie de faire réparer les mauvais passages, ouvrir des communications latérales et placer des ponts sur les courants d'eau où l'infanterie devrait se mouiller pour les franchir.

« Les marins, les sapeurs de la Garde et les sapeurs de la réserve marcheront après le 1ᵉʳ régiment du 3ᵉ corps. Les lieutenants généraux Rogniat et Haxo seront à leur tête ; ils n'emmèneront avec eux que deux ou trois voitures ; le surplus du parc du génie marchera à la gauche du 3ᵉ corps. Si on rencontre l'ennemi, ces troupes ne seront point engagées, mais les généraux Rogniat et Haxo les emploieront aux travaux de passages de rivière, de tête de pont, de réparation de chemins et d'ouverture de communications, etc.

« La cavalerie de la Garde suivra le mouvement sur Charleroi et partira à 8 heures.

« L'Empereur sera à l'avant-garde, sur la route de Charleroi. MM. les lieutenants généraux auront soin d'envoyer à Sa Majesté de fréquents rapports sur leurs mouvements et les renseignements qu'ils auront recueillis. Ils sont prévenus que l'intention de Sa Majesté est d'avoir passé la Sambre avant midi, et de porter l'armée à la rive gauche de cette rivière.

« L'équipage de ponts sera divisé en deux sections : la première section se subdivisera en trois parties, chacune de cinq pontons et cinq bateaux d'avant-garde, pour jeter trois ponts sur la Sambre. Il y aura à chacune de ces subdivisions une compagnie de pontonniers.

« La première section marchera à la suite du parc du génie après le 3ᵉ corps.

« La deuxième section restera avec le parc de réserve d'artillerie à la colonne des bagages ; elle aura avec elle la 4ᵉ compagnie de pontonniers.

« Les équipages de l'Empereur et les bagages du grand quartier général seront réunis et se mettront en marche à 10 heures. Aussitôt qu'ils seront passés, le vaguemestre général fera partir les équipages de la Garde impériale, du 3ᵉ corps et du 6ᵉ corps, en même temps, il enverra l'ordre à la colonne d'équipages de la réserve de cavalerie, de se mettre en marche et de suivre la direction que la cavalerie aura prise.

« Les ambulances de l'armée suivront le quartier général et marcheront en tête des bagages ; mais, dans aucun cas, ces bagages, ainsi que les parcs de réserve de l'artillerie et la seconde section de l'équipage de ponts, ne s'approcheront à plus de 3 lieues de l'armée, à moins d'ordres du major général, et ils ne passeront la Sambre aussi que par ordre.

« Le vaguemestre général formera des divisions de ces bagages, et il y mettra des officiers pour les commander, afin de pouvoir en détacher ce qui sera ensuite appelé au quartier général ou pour le service des officiers.

« L'intendant général fera réunir à cette colonne d'équipages la totalité des bagages et transports de l'administration, auxquels il sera assigné un rang dans la colonne.

« Les voitures qui seront en retard prendront la gauche, et ne pourront sortir du rang qui leur sera donné que par ordre du vaguemestre général.

« L'Empereur ordonne que toutes les voitures d'équipages qui seront trouvées dans les colonnes d'infanterie, de cavalerie ou d'artillerie, soient brûlées, ainsi que les voitures de la colonne des équipages qui quitteront leur rang et intervertiront l'ordre de marche sans la permission expresse du vaguemestre général.

« A cet effet, il sera mis un détachement de 50 gendarmes à la disposition du vaguemestre général, qui est responsable, ainsi que tous les officiers de la gendarmerie et les gendarmes, de l'exécution de ces dispositions, desquelles le succès de la campagne peut dépendre.

« *Par ordre de l'Empereur :*
« *Le maréchal de l'Empire, major général,*

« Duc de Dalmatie. »

D'après l'original. Dépôt de la guerre.

DISCUSSION DE L'ORDRE DU 14

La première réflexion que cet ordre inspire est qu'il est fort long. M. Houssaye le regarde « comme un modèle » et admire dans l'Empereur « son application au détail (1) ». C'est précisément ce qu'il y a de moins admirable et de plus défectueux (2). A moins que Napoléon n'ait considéré ses généraux commandants de corps d'armée comme des êtres inertes et incapables, que dans son for intérieur il ne leur ait prodigué le mépris qu'il avait pour les généraux ennemis, il est impossible de s'expliquer les détails fastidieux dont cet ordre fourmille. A la guerre, tout ce qui est inutile est dangereux. Un généralissime ne doit pas s'encombrer de pensées vulgaires et banales que tout chef de corps un peu intelligent et expérimenté connaît à fond. Vandamme et ses collègues connaissaient toutes les questions que Napoléon leur ressasse. A l'école des armées d'Allemagne, — avant même 1805, — les généraux avaient appris à comprendre, à suivre, à appliquer un ordre de marche. Les calculs de stationnement, d'échelonnement des colonnes en profondeur en vue de la marche du lendemain, et des marches elles-mêmes, leur étaient familiers (3).

Conçoit-on l'Empereur généralissime prescrivant à Vandamme de s'assurer que les soldats ont « des cartouches » ! Ce n'était même pas l'affaire d'un colonel, mais d'un officier subalterne de compagnie. Que signifient les indications répétées de « faire battre la diane » suivies de celles concernant la mise « en marche », alors qu'il suffisait de fixer une heure en trois mots ? Et ce détail infinitésimal pour « une

---

(1) M. Houssaye, p. 111-112.
(2) Général Bonnal, *Manœuvre d'Iéna*, p. 84, 289, 325, « ingérence fâcheuse de l'Empereur dans des détails au-dessous de lui ».
(3) Id., *Grandes Marches d'armée*, p. 11.

batterie d'artillerie » de Domon, absolument comme si Vandamme n'aurait pas su où la mettre, ces ordres dix fois réitérés pour « les bagages » des corps d'armée, l'indication donnée à Grouchy de se servir de « chemins latéraux » pour « éviter l'encombrement », — on s'imaginerait que Grouchy n'a jamais exécuté une marche de sa vie, — le soin prescrit à Reille de faire « garder tous les ponts de la Sambre afin que personne ne passe » et aussi d'interroger « les habitants afin d'avoir des nouvelles » de l'ennemi, et de faire « prendre les lettres dans les bureaux de poste ». Reille remplissait-il les fonctions de sous-lieutenant de cavalerie en pointe d'avant-garde? Et cette minutie étrange qui recommande aux officiers parlant flamand de ne pas annoncer que l'armée est derrière eux, et ces prescriptions concernant les officiers du génie qui devront « placer des ponts sur les courants d'eau où l'infanterie devait se mouiller pour les franchir ». Le grand personnage dont il est le plus question est « le vaguemestre général » ! Par contre, pas l'ombre d'indication sur le but de la manœuvre. On trouve tout dans cet ordre, tout sauf l'essentiel.

Napoléon nous dit dans ses *Mémoires :* « Toutes les mesures avaient pour but d'attaquer d'abord les Prussiens (1). » Il connaît le plan de Blücher : « l'armée devait se réunir en arrière de Fleurus (2) ». L'ordre du 13, daté d'Avesnes (3), porte : « Dans le mouvement sur Charleroi, on sera disposé à profiter de tous les passages pour écraser les corps ennemis qui voudraient attaquer l'armée ou qui manœuvreraient contre elle. » Qu'il ne connût pas exactement à quel corps prussien il avait affaire, c'est possible, mais il savait qu'en face de lui se trouvait une fraction de l'armée de Blücher et nous sommes en droit de faire état de cette connaissance pour nommer Zieten. Un nom précis donne plus de clarté à l'explication. Il résulte des données

(1) *Mémoires,* t. IX, p. 69.
(2) *Ibid.*, p. 65.
(3) *Correspondance,* n° 22040, p. 277 à 270.

de Napoléon et de son ordre du 13 que le résultat capital à atteindre consistait dans l'enveloppement et la destruction de la force ennemie qui occupait Charleroi (dans l'espèce Zieten et le Ier corps). Or, dans l'ordre du 14, il n'est pas dit un seul mot d'enveloppement. L'armée touche les avant-postes prussiens, et toutes les mesures ne visent qu'une attaque directe, sur un front rétréci, sur un point, un seul de l'extrême droite ennemie ! Que la pensée suprême fût de s'interposer entre les masses adverses, je l'admets, sans même la discuter, puisque je ne me place qu'au point de vue de Napoléon. Mais le premier moyen pour la réaliser était d'écraser ce qu'on avait en face de soi. La supériorité numérique était le 15 au matin formidable. Donc, il fallait s'en servir pour encercler Zieten.

Bien souvent déjà, Napoléon s'est malheureusement trop appliqué au détail. Le général Bonnal a relevé ce défaut dès la manœuvre d'Iéna (1). Il note « l'ingérence fâcheuse de l'Empereur dans des détails au-dessous de lui (2) ». Mais jamais encore, sauf à partir de 1813, quand il se répand en longues explications et en monologues (3), il n'avait négligé aussi complètement le but capital pour l'accessoire.

Le procédé le plus naturel pour éviter tout malentendu et accroître le rendement de l'offensive — la masse multipliée par la vitesse, suivant une expression de Napoléon — eût consisté dans une réunion le 14 au soir, au grand quartier général, des commandants de corps. Les distances de Solre et même de Philippeville le permettaient. De vive voix, Napoléon eût expliqué à ses lieutenants le but secret et profond, écrasement du Ier corps prussien, offensive foudroyante. Malheureusement, en cette circonstance comme toujours, Napoléon garde sa pensée pour lui.

Le colonel Camon semble admirer que le front d'arrivée

---

(1) Général Bonnal, *Manœuvre d'Iéna*, p. 84, 176, 177.
(2) *Ibid.*, p. 325.
(3) Colonel Camon, *Précis*, t. II, p. 71 à 74, 79, 80, 81, 85 à 88. Le colonel Camon admire très vivement ces réflexions, dont je tire une conclusion diamétralement opposée à la sienne.

prescrit par l'ordre de mouvement — ligne de Marchiennes à Charleroi — soit rétréci à 5 kilomètres (1). Ce fut au contraire une grande faute, attendu que par ce moyen, il était impossible d'envelopper Zieten. On pouvait le battre, le refouler, mais non le détruire. De plus, un des éléments essentiels de la victoire était la rapidité. Quelle manœuvre rapide Napoléon espérait-il réaliser en encombrant sur le défilé de Charleroi quatre corps d'armée (3ᵉ, 6ᵉ, la Garde et 4ᵉ), deux divisions de cavalerie jointes à Vandamme et Gérard, deux divisions de cavalerie de la Garde, quatre corps de cavalerie (soit huit divisions composant les troupes à cheval sous les ordres de Grouchy) (2)?

Laissons de côté les colonnes de bagages et le grand parc. L'armée qui devait aboutir à un étroit débouché comptait 80 000 hommes, dont 18 000 cavaliers et 250 canons. A quelle heure Napoléon en eût-il disposé pour une manœuvre enveloppante? Vandamme marche le premier, d'après l'ordre. Admettons qu'il n'ait pas subi une minute de retard, — nous mentionnerons son retard dans l'exécution — sa tête de colonne ne devait normalement arriver qu'à 10 heures (3). A quelle heure tardive fussent donc parvenus les autres éléments? Napoléon indique bien midi (4). « L'intention de Sa Majesté, dit-il, est d'avoir passé la Sambre avant midi, et de porter l'armée à la rive gauche de cette rivière », mais il ne s'agit évidemment que de l'avant-garde et de sa personne. On ne peut vraiment pas lui imputer l'erreur grossière d'avoir songé que 80 000 hommes défileraient à Charleroi entre 10 heures et midi.

En étudiant l'ordre de mouvement du 14, nous sommes malheureusement certains *a priori* de n'avoir plus en face de nous le stratégiste merveilleux d'Iéna. Napoléon avait agi autrement en 1806, quand il avait saisi tous les débouchés de la

---

(1) Colonel Camon, *Précis*, t. II, p. 170.
(2) Ordre n° 22053.
(3) *Mémoires de Napoléon*, t. IX, p. 159 (3ᵉ observation); Colonel Camon, *Précis*, t. II, p. 171.
(4) Ordre n° 22053, p. 285.

Saale. En 1815, il se limite et s'entrave lui-même pour l'enveloppement de Zieten. Il rend complètement impossible l'exécution de son but en s'acharnant à un problème dont la solution n'existe pas : détruire un ennemi manœuvrier qui n'est fixé nulle part. Ce ne sont pas Reille et Drouet d'Erlon jetés sur Marchiennes qui pouvaient lui couper la retraite.

Le corps le plus utile pour atteindre ce but, celui qui eût dû être mis en marche avant les autres, et sur un autre point que Charleroi, est précisément celui dont l'arrivée sur la ligne Beaumont-Philippeville fut la plus tardive, et qui occupe le dernier rang dans l'ordre du 14. Il s'agit du 4ᵉ corps (Gérard). Napoléon n'est même pas certain qu'il puisse partir le 15 à 3 heures (1). La forme dubitative qu'emploie l'Empereur en parlant du rassemblement de ses divisions suggère une réflexion : le retard du 4ᵉ corps n'est pas imputable à Gérard. Donc, il est une conséquence des ordres qu'il a reçus. Il existait un procédé bien naturel pour le faire arriver à temps en avant de Philippeville : c'était de le faire partir plus tôt de Thionville et de Metz.

Au début de la manœuvre de Charleroi 2) j'ai jugé inutile d'étudier les étapes de route en elles-mêmes. Mais ici, dès que nous touchons aux opérations stratégiques, la date de ces marches nous intéresse et exige qu'on insiste. Il est évident qu'en faisant partir Gérard de Metz avant le 6 (3) on était certain de le voir arriver à l'étape qui précède Philippeville à une date et dans des conditions qui eussent permis de sa part une action très efficace le 14 et le 15. Si par exemple il était parti le 4 juin, deux jours plus tôt, son corps aurait disposé d'une journée libre de repos à l'avant-dernière étape, celle du 13, complètement abrité contre les vues de l'ennemi, et le 14, il eût été facilement cantonné en avant de Philippeville.

Ce raisonnement pour Gérard nous invite à poursuivre la

---

(1) N° 22053, *Correspondance*, p. 284.
(2) Voir mes discussions, p. 97.
(3) *Mémoires*, t. IX, p. 58.

même idée pour les autres corps. Évidemment, c'est au début d'une guerre qu'on peut et qu'on doit demander aux troupes le plus grand effort de marche. Mais encore faut-il qu'elles n'arrivent pas fourbues et harassées pour la première étape de guerre. Or le colonel Camon nous parle de marches énormes (1). M. Houssaye insiste avec raison sur une faute très grave de Soult, qui omit de transmettre à Grouchy et aux quatre corps de cavalerie les instructions de l'Empereur, en sorte que huit divisions de troupes à cheval arrivèrent à Avesnes ayant fait « vingt lieues sans débrider (2) ».

Pour Grouchy, j'admets la faute de Soult. Mais, pour les autres corps, le retard est imputable à Napoléon seul, attendu que le major général transmit ses ordres exactement tels que l'Empereur les mentionne. Nous en verrons les conséquences. Dès maintenant, il en existe une capitale : l'action offensive du 4ᵉ corps (Gérard) dans toute la journée du 15 risque d'être nulle. Cette faute est compliquée d'une autre : comment Napoléon peut-il ajouter à l'encombrement de Charleroi par l'adjonction du 4ᵉ corps (3)? D'ailleurs, il s'en aperçoit, et en cours de marche, Gérard reçoit contre-ordre. Il est dirigé sur le pont du Châtelet (4).

Cette idée du Châtelet était excellente, mais trop tardive. Elle aurait dû être amorcée plus tôt, et poussée encore plus loin. En admettant qu'il n'existât que des moyens de passage défectueux pour la traversée de la Sambre à l'est du Châtelet, à la distance de une ou deux lieues en aval, on peut s'appuyer sur une donnée certaine : l'existence de deux sections d'équipage de pont. L'Empereur en garde une, subdivisée en trois parties, pour améliorer les moyens de passage à Charleroi. La 2ᵉ section est reléguée avec la 4ᵉ compagnie de pontonniers dans la colonne des bagages (5). Il eût été plus utile de la confier à Gérard, qui, au lieu de marcher sur le

---

(1) Colonel CAMON, *Précis*, t. II, p. 168.
(2) M. HOUSSAYE, p. 101 et 102.
(3) Ordre n° 22053, p. 284.
(4) M. GROUARD, p. 28.
(5) Ordre n° 22053, p. 285.

Châtelet, se fût ouvert un passage dans la direction de Lambusart (1). Lobau, les quatre corps de cavalerie de Grouchy et les masses d'artillerie eussent filé par le Châtelet. Par suite, aucun encombrement à Charleroi, dont le passage restait destiné à Vandamme et à la Garde. Le front de l'armée, en comptant à partir de Marchiennes, eût mesuré environ quatre, au plus cinq lieues, ce qui était normal. Lobau et la cavalerie pouvaient, du Châtelet à Gilly, prendre en flanc une fraction importante de Zieten. Quant à Gérard, il lui eût coupé la retraite, et son œuvre eût pu être encore plus décisive, car par Lambusart, il touchait à Fleurus.

L'hypothèse ne peut être poussée au delà, mais un fait reste évident : pour envelopper et détruire le corps de Zieten, le débouché de 125 000 hommes sur un front de 5 kilomètres était contraire à tous les principes. Le but était manqué d'avance.

Pour obtenir un résultat décisif, il fallait une attaque brusquée et enveloppante. La supériorité numérique écrasante sur Zieten le permettait. Donc, pour conclure, il y avait lieu de convoquer tous les commandants de corps d'armée le 14 au soir, — on évitait les malentendus qu'un ordre prolixe ne peut que créer, — ensuite, il importait de supprimer l'encombrement de Charleroi (2), d'attaquer rapidement le front par ce débouché, de prendre Zieten en flanc par le Châtelet, en queue par Lambusart. La destruction de Zieten eût été un beau trophée pour le premier jour, et l'arrivée sur Fleurus le 15 au soir, avant que les Anglais ne fussent en mesure de courir au secours de Blücher, permettait de concevoir l'espérance qu'on gênerait sa concentration, son plan de bataille préparé, et qu'on disloquerait son armée en un choc décisif. Il n'y avait pas à craindre que Blücher se dérobât de suite. Le feld-maréchal prussien voulait se battre, et n'eût pas cédé le terrain sans lutte. Son plan arrêté dès le 3 mai (3) et les

---

(1) Voir notamment la carte de Jomini XXVII et XXVIII. Les directions des chemins indiquent au moins des gués.
(2) V. M. Houssaye, p. 119, 124, 125 ; Colonel Camon, *Précis*, t. II, p. 171.
(3) Id., p. 116 et note 4.

ordres de concentration du 14 (1) le prouvent nettement. Blücher ne se serait pas enfui avant d'user de ses baïonnettes et de ses canons (2).

Il eût dépendu de manœuvres ultérieures qu'on l'empêchât de rompre un combat défavorable.

Quoi qu'il en soit, il résulte de cette discussion que les ordres de rassemblement sur le front Solre-Beaumont-Philippeville furent trop tardifs, d'un jour au moins, et que l'ordre de mouvement du 14 présente les défectuosités les plus regrettables à tous les points de vue, dans la forme et dans le fond. Le reproche concernant la forme ne s'applique qu'à la prolixité, non au style.

L'EXÉCUTION DE LA MANŒUVRE

Les ouvrages des historiens les plus attachés à la tradition napoléonienne fourmillent de reproches en ce qui concerne l'exécution. Rappelons les faits brièvement; il est inutile d'insister sur ce qui est acquis et hors de doute. D'abord le passage de la Sambre. A Marchiennes, l'attaque prend deux heures (3). M. Houssaye nous dit qu'elle fut « trop longuement préparée ». Que l'on discute à fond une manœuvre stratégique pour laquelle nous disposons de tous les éléments — principes, histoire, faits du passé, données de Napoléon, ordres et documents, — rien de mieux. Mais quant à juger un fait tactique, à moins qu'il ne s'agisse d'une faute énorme et qui éclate aux yeux, je considère qu'il est fort aventureux de s'y risquer. Nous ne possédons que rarement le plan détaillé du terrain, la place exacte des unités. Il y a là une

---

(1) M. Houssaye, p. 118.
(2) A méditer, pour se rendre compte de sa confiance et de son aplomb, la citation d'une lettre de Blücher à sa femme (M. Houssaye, p. 144 : « Avec mes 120 000 Prussiens, je me chargerais de prendre Tripoli, Tunis et Alger, s'il n'y avait pas à passer l'eau. ») La lettre est du 3 juin.
(3) Colonel Camon, *Batailles*, p. 447 ; M. Houssaye, p. 118, 119.

question imprécise de détails sur laquelle il vaut mieux ne pas insister.

Le fait grave, c'est que Reille n'achève son mouvement que fort tard, — le colonel Camon et M. Houssaye disent au milieu de l'après-midi, — Drouet d'Erlon avec le 1ᵉʳ corps ne commence son passage qu'à 4 heures et demie. Il s'était mis en retard dès le matin (1).

Je cite ces heures parce qu'elles sont admises d'un consentement unanime. Quand il y aura discussion, le lecteur peut être certain que je ne lui infligerai aucun des commentaires ressassés depuis cent ans. La raison en est naturelle : chaque historien a sa montre qui marche à son goût et à son gré. Les adversaires, en matière d'heures et de chronomètres, couchent sur leurs positions depuis un siècle. Ils ne se sont jamais convaincus mutuellement, et il n'est pas à espérer qu'ils se convainquent jamais. Donc, je m'en tiendrai à l'étude stratégique et aux discussions de principes et de faits. Je ne ferai intervenir la question d'heures que lorsqu'il se produira un consentement unanime — ou une preuve irréfutable.

Au centre, pour Vandamme, le retard est encore plus grave. Il lève ses bivouacs vers 7 heures au lieu de 3 heures (2). L'officier porteur de l'ordre s'était cassé la jambe en tombant de cheval (3). J'ai noté plus haut (4) les défauts habituels dans la transmission des ordres du major général. Soult agit conformément aux traditions de Berthier. C'est la théorie du « débrouillez-vous » qui continue à fonctionner (5).

Il est bien certain — et je crois devoir insister par une nouvelle répétition — que si Napoléon n'eût pas persévéré dans sa méthode de « secret et mystère » (6), s'il avait expliqué lui-même la veille, comme les circonstances l'exigeaient, son but réel à ses lieutenants, aucun de ces inci-

---

(1) M. Houssaye, p. 112.
(2) Id., p. 119.
(3) Id., p. 112.
(4) V. mes discussions, p. 82 et suiv.
(5) Général Bonnal, *De Rosbach à Ulm*, p. 197.
(6) Id., *Manœuvre d'Iéna*, p. 128.

dents ne se fût produit. Reille, Drouet d'Erlon et Vandamme n'étaient ni des incapables, ni des traîtres. Reille eût brusqué l'attaque coûte que coûte, Drouet serait parti à l'heure, et Vandamme n'eût pas attendu l'aide de camp de Soult.

Le retard de Vandamme se répercute sur toute la colonne du centre. Quant à Gérard, il est également en retard sur le Châtelet. Mais pour lui, le fait était à prévoir (1).

Le colonel Camon dit : « En fait, le débouché a réussi (2). » Non. En tant qu'opération stratégique poursuivant la destruction de l'ennemi, le débouché a complètement échoué. Il n'était pas difficile à 125 000 hommes conduits par Napoléon de forcer le passage de la Sambre contre un corps d'armée. La difficulté ne consistait pas à se trouver sur la rive gauche au lieu de rester sur la rive droite. Elle consistait à infliger à l'ennemi le plus de mal possible et à parvenir à temps sur les positions que Napoléon visait. A ces deux points de vue, l'échec est complet.

Un fait incompréhensible, ou du moins très délicat à éclaircir, se produit d'ailleurs dès le début. Un peu après midi, l'Empereur, qui vient de traverser Charleroi, s'arrête avant d'arriver à l'intersection des routes de Bruxelles et de Fleurus, descend de cheval, se fait apporter une chaise et s'endort pendant que les troupes défilent devant lui et l'acclament (3). M. Houssaye trouve ce sommeil très naturel, par le motif, dit-il, que « l'Empereur était resté sept à huit heures à cheval, qu'il dormait à sa volonté et même sur le champ de bataille ». Nous l'avons vu dormir sur le terrain de Wagram à midi (4). Mais auparavant, il avait donné les ordres utiles. Quant à sa rentrée sous la tente à 3 heures et demie, avant d'avoir songé au moindre mouvement de poursuite, j'ai signalé un inexplicable mystère. Nous trouvons-nous ici en présence d'un fait du même genre ?

(1) Ordre n° 22053. *Correspondance*, p. 284.
(2) Colonel Camon, *Précis*, t. II, p. 171.
(3) M. Houssaye, p. 120 et 121.
(4) Voir cette étude, p. 78.

Le 15 juin à midi, si l'on en croit M. Houssaye, — je cite cet historien parce qu'il n'est pas suspect de la moindre partialité contre Napoléon, et que de plus il est généralement fort bien documenté, — les seules troupes qui ont traversé comprennent les sapeurs et marins de la Garde, la cavalerie de Pajol et la tête de colonne de la jeune Garde (1). A 2 heures, la jeune Garde défile encore sur le pont de Charleroi (2). Les dragons d'Exelmans suivent la jeune Garde, et le 3ᵉ corps (Vandamme) n'entre à Charleroi qu'à 3 heures (3). On peut juger l'effroyable retard produit par un défilé et les conséquences lamentables de l'ordre de mouvement du 14. Mais ce fait est acquis. Passons. La question importante est celle-ci : Comment, dans une circonstance aussi grave, Napoléon peut-il songer au sommeil? Il n'est même pas question de l'équipage de ponts, d'un essai quelconque, d'une tentative, d'un effort, d'un ordre immédiat à la colonne de gauche, à Reille! Pourquoi a-t-il attendu jusqu'à 11 heures pour arriver lui-même à Charleroi (4)? Il constate à ce moment que pas un soldat n'a franchi la Sambre, et son unique occupation consiste à traverser le pont, galoper quelques centaines de mètres, s'asseoir et dormir!

Pajol seul est lancé en avant, mais étant données les faibles ressources dont il dispose, il ne peut qu'amorcer la poursuite. Après l'ordre à Pajol, plus rien.

On ne constate pas le moindre acte de volonté de Napoléon avant 2 heures, toujours d'après M. Houssaye. Le colonel Grouard, qui note aussi ce fait inouï, en tire une conclusion opposée à celle de M. Houssaye. Il considère que ce sommeil prouve que « la santé de l'Empereur n'était pas parfaite, et que sa résistance à la fatigue était fort limitée (5) ».

(1) M. Houssaye, p. 119, 120, 121, 124.
(2) Id., p. 124 (une heure avant que Grouchy ne rejoigne Napoléon. Or il le rejoint à 3 heures).
(3) Id., p. 124. Colonel Camon, *Précis*, t. II, p. 171.
(4) Id., p. 119.
(5) M. Grouard, p. 27.

Ce qui me frappe, ce n'est pas que Napoléon ait dormi, mais, puisqu'il pouvait se reposer à volonté, qu'il ait aussi mal choisi son moment. Une impression de fatigue ne prouve rien et reste fort acceptable. Mais les ordres à donner étaient d'une urgence si grave qu'on n'en conçoit pas le retard. D'autre part, je ne me résous pas à accepter l'explication de M. Grouard. Les preuves éclatantes d'intuition profonde, c'est-à-dire de génie — compris dans le sens le plus élevé du mot — abondent depuis le 20 mars jusqu'au 12 juin. En étudiant la correspondance de Napoléon, nous les avons constatées d'une manière irréfutable. Donc, s'il a jugé inutile de donner des ordres de midi à 2 heures, ce n'est pas dans un affaiblissement de sa volonté qu'il convient d'en chercher la raison. En cette circonstance, comme dans toutes celles où il s'est gravement trompé, l'analyse psychologique seule nous révélera le motif réel. Napoléon considère la partie comme engagée d'une manière si heureuse qu'il la juge à peu près gagnée. L'invraisemblable optimisme, le mépris de l'ennemi que les historiens impartiaux ont relevés dans toute sa carrière (1), l'égarent encore au 15 juin. S'il n'était aveuglé par l'idée préconçue et la fâcheuse persistance dans un jugement erroné, qui lui ont déjà coûté si cher, nous serions forcés d'admettre que sa puissance d'intuition a faibli. Or ses actes antérieurs et l'admirable lucidité qu'il révélera dans la suite ne nous en donnent pas le droit. Donc si le génie, la volonté, l'activité sont demeurés intacts, — et si néanmoins il se trompe, — c'est qu'une nouvelle idée préconçue, aussi déplorable que celle du 16 octobre 1813 (2) et

---

(1) Général BONNAL, *De Rosbach à Ulm*, p. 143, 172 « Mépris pour les hommes en général » ; *Manœuvre de Landshut*, p. 170 « douze à quinze mille de cette canaille », expression de Napoléon parlant des soldats autrichiens, p. 171 « un tel mépris de l'adversaire confine à la démence », p. 185 « orgueil renforcé d'un mépris profond pour l'adversaire », p. 194 « emporté par son imagination qui rêve l'impossible », p. 203 « illusion », p. 226 « son orgueil ne lui permettait déjà plus de voir les objets sous leur aspect réel », p. 235, 239 ; *Manœuvre de Vilna*, p. 47 « l'orgueil fut le plus fort... folie qui emportait l'Empereur vers sa ruine », p. 51 « optimisme passionnel ».

(2) Voir mes discussions, chap. III.

que bien d'autres (1), emporte son imagination et obscurcit sa vision nette des réalités.

Ce fait incontestable d'une idée préconçue, qui reste à déterminer par la suite du récit, nous permet d'éviter les mystérieuses angoisses de la soirée de Wagram (2). Le cas de Wagram reste unique. En 1815, tous les problèmes peuvent et doivent être solutionnés d'une manière naturelle et logique.

Le 15 juin, à 2 heures, nous ne possédons pas encore les documents qui nous permettent de déterminer l'arrière-pensée de Napoléon. Mais la déduction logique nous la révèle. Il est évident qu'elle existe, et que sa correspondance ou les événements la mettront tôt ou tard en pleine lumière.

SUITE DE LA JOURNÉE DU 15. — OFFENSIVE CONTRE LES PRUSSIENS

Il importe de ne pas mélanger et obscurcir les problèmes. Par suite, il est indispensable de choisir une opération et de la pousser à fond, sans s'occuper d'aucune autre action simultanée. Étudions d'abord l'offensive contre le corps de Zieten. J'emploie à dessein ce mot et non celui de manœuvre, parce qu'il n'y eut aucune manœuvre combinée, mais simplement une offensive poursuivie face à l'ennemi. Pajol, en sortant de Charleroi, pousse un régiment de cavalerie sur la route de Bruxelles (3), mais il arrive trop tard à Gosselies pour couper la retraite de la division Steinmetz (4). Il est soutenu beaucoup trop tardivement par l'avant-garde de

---

(1) Général BONNAL, *De Rosbach à Ulm*, p. 150, 153; *Vie militaire du maréchal Ney*, p. 185, 186; *Manœuvre de Landshut*, p. 164, 165, 193 à 196, 225 « illusion de l'Empereur le soir de Landshut », p. 236 à 242, 349, 350. V. les *Guerres d'Espagne*, la *Campagne de 1812*.
(2) Voir mes discussions, chap. III.
(3) M. HOUSSAYE, p. 119.
(4) ID., p. 128, 129.

Reille (lanciers de Piré), l'infanterie et l'artillerie du 2ᵉ corps. Steinmetz se fait jour facilement, et continue sa retraite normale, prévue à l'avance par Blücher (1). Les événements ultérieurs sur la route de Bruxelles seront examinés quand nous aurons terminé l'action contre l'armée prussienne jusqu'à la soirée du 15.

Rappelons brièvement ce qui se passe dans la direction de Fleurus. A 3 heures, l'Empereur monte à cheval, et se dirige accompagné de Grouchy vers Gilly (2). Les mouvements tactiques nécessités par la position de la division prussienne Pirch II sont ordonnés par Napoléon lui-même. Mais ici encore se produit un fait anormal que M. Houssaye relève. Sous prétexte de presser la marche du corps de Vandamme, l'Empereur, dit-il, retourne à Charleroi (3). M. Houssaye croit au motif et le blâme. J'avoue qu'il me paraît difficile d'ajouter foi à ce prétexte. Pour hâter les colonnes sur route, un simple aide de camp eût suffi : il n'en manquait pas dans l'état-major impérial. Le rôle d'un chef d'armée n'est pas celui de « sergent de bataille ». Pendant deux heures, Grouchy et Vandamme tâtonnent. C'est encore Napoléon, revenu de Charleroi, qui ordonne décidément l'attaque. M. Houssaye a relevé le départ. Il ne note pas avec la même rigueur le retour. Ces allées et venues sont pourtant extraordinaires à égal titre, le retour aussi bien que l'aller. Si l'Empereur juge inutile de rester avec l'avant-garde, c'est évidemment qu'un motif des plus graves le sollicite. Il est impossible que ce soit pour courir sur les flancs du 3ᵉ corps. Aucun document ne nous fixe à cet égard, mais je préfère douter que d'imputer à Napoléon un acte incompréhensible. D'autre part, s'il a été rappelé sur Charleroi par un puissant motif, pourquoi repart-il sur Gilly? La nécessité de ce retour ne nous apparaît pas clairement. Vandamme n'était pas pusillanime. Il avait éprouvé un terrible malheur

(1) Général PIERRON, *Méthodes de guerre*, t. III, première partie, p. 81 à 89.
(2) M. HOUSSAYE, p. 124, 125 à 128.
(3) Id., p. 125.

dans sa carrière, — Kulm, — mais il en était complètement innocent, et l'on ne voit pas que ce malheur ait jamais influé sur son énergie en aucune circonstance.

Il aurait suffi que Napoléon lui lance un ordre net d'attaque immédiate. Cet ordre eût évité une perte de temps. La véritable raison du retard est ailleurs. Napoléon — c'est M. Houssaye qui l'affirme (1) — avait oublié de prévenir Vandamme qu'il le plaçait sous les ordres de Grouchy. On conçoit tout de suite les tiraillements et l'incohérence. L'habitude de changer les divisions de leur affectation spéciale, de les mettre tantôt sous les ordres d'un chef, tantôt sous celui d'un autre, et même le placement momentané d'un ou deux corps d'armée sous une direction supérieure, constituent des phénomènes incessants, qui apparaissent dans les armées napoléoniennes depuis leur origine, depuis 1796. Il est inutile de produire une citation. Toute l'histoire de l'Empire en est pleine. Ce fut parfois l'origine de rudes et terribles disputes et malentendus (2). Ce résultat regrettable ne manque pas à la journée du 15 juin.

La lutte tactique avec Pirch II n'offre aucun intérêt. Toutes les opérations de détail sont tellement connues qu'il est inutile de les rapporter. Les Prussiens rompent le combat et se retirent sur la position où il leur plaît de se concentrer. Mais ce qui est très important, digne de remarque et de discussion originale, c'est la fin de l'offensive française. Grouchy veut emporter Fleurus et pousser jusqu'à Sombreffe (3), Vandamme s'y refuse. L'ordre de l'Empereur est formel. Mais à qui cet ordre a-t-il été donné et dans quelles conditions? Voilà le problème. Pour l'élucider, contemplons les faits en eux-mêmes : d'après M. Houssaye, Vandamme refuse pour deux motifs,

(1) M. Houssaye, note 4, p. 127.
(2) Général Bonnal, *Vie militaire du maréchal Ney* (Ney et Lannes sous les ordres de Murat), p. 133 à 160; *1812* (Jérôme sous les ordres de Davoust); Thiers, t. III, p. 77 à 92; Général Bonnal, *Manœuvre de Vilna*, p. 74 à 76. — Je ne cite que deux exemples capitaux. Toute l'histoire de l'Empire serait à citer.
(3) M. Houssaye, p. 127, 128.

d'abord en raison de la fatigue de ses troupes et, de plus, « parce qu'il n'avait point d'ordres à recevoir du commandant de la cavalerie (1) ». M. Houssaye semble n'envisager cette fin d'offensive que comme un simple incident, sorte de frottement dans la machine de guerre. Évidemment il ne creuse pas la question, car il s'agit de bien autre chose.

D'abord que devons-nous penser de la fatigue des troupes? Le 3ᵉ corps n'a fait le 15 que 7 à 8 lieues, ce qui n'a rien d'excessif pour une première étape de guerre. Si vraiment les soldats de Vandamme sont tellement exténués qu'ils ne puissent plus aller de l'avant, nous devons en conclure, comme je l'ai noté (2), qu'ils étaient arrivés fourbus sur le front de rassemblement de l'armée. Il en résulte que la critique que j'ai formulée au sujet de la date fixée par Napoléon pour le départ des garnisons de l'Est est absolument fondée. Vandamme n'est pas suspect de faiblesse de cœur, ni de tendresse exagérée. C'était un des plus rudes divisionnaires de l'armée, énergique, inflexible sur la discipline (3). On ne peut donc pas traiter son opinion en telle matière comme négligeable.

Le second motif qu'il allègue nous démontre clairement que Napoléon, après avoir oublié une première fois de prévenir Vandamme qu'il le mettait sous les ordres de Grouchy, l'a encore oublié une seconde, et que, de plus, il n'a investi Grouchy que d'un commandement verbal (4). Dans ces conditions, il n'existe en effet aucun motif pour que Vandamme obéisse à Grouchy. Le commandant du 3ᵉ corps était un des plus anciens divisionnaires et, sans le désastre de Kulm, — qui, encore une fois, ne lui est pas imputable, — il eût obtenu le bâton de maréchal depuis 1813. D'ailleurs, comme beaucoup de vieux soldats, Vandamme n'avait pas un caractère commode. On s'explique donc, sans l'excuser, sa mauvaise humeur et sa désobéissance. Mais, ce qu'on ne s'explique pas,

---

(1) M. Houssaye, p. 127.
(2) Voir mes discussions, p. 143 et suiv.
(3) Général Bonnal, *Manœuvre de Landshut*, p. 354; Thiers, t. III, p. 507 à 513, col. 1.
(4) Jomini, chap. xxii, p. 153.

c'est le second oubli de l'Empereur. D'ailleurs, on doit conclure de tout ce qui se passe qu'après avoir donné l'ordre formel d'attaque, il est reparti au galop sur Charleroi.

Mais nous devons constater dans cet événement un fait encore plus grave. Si Vandamme eût été mis au courant du but profond de la manœuvre, de la marche sur Fleurus et Sombreffe, il n'eût certes pas attendu une injonction de Grouchy. Il était trop brave et trop vigoureux pour éprouver une telle faiblesse. Quand bien même ses soldats eussent été harassés de fatigue, il eût marché de l'avant, ne fût-ce qu'avec une poignée d'hommes. S'il s'est arrêté, c'est qu'il ne savait rien. Nous saisissons donc sur le vif le danger terrible de la méthode de commandement de Napoléon « tout secret et mystère » (1).

Creusons encore la discussion jusqu'au bout. Comme je n'ai pas voulu embrouiller les problèmes, j'ai remis à un autre chapitre l'étude de ce qui se passe sur la route de Bruxelles. Mais nous savons que Napoléon a donné tous ses ordres de ce côté, et qu'il n'y a pas paru. Donc, il pouvait se consacrer entièrement à l'offensive contre les Prussiens, puisque c'était d'après lui le but essentiel de la manœuvre de Charleroi (2). La journée s'achevait, le jour déclinait, mais il ne faut pas oublier que nous sommes au 15 juin — dans les plus longs jours de l'année. L'Empereur disposait au moins de la jeune Garde, de deux corps de cavalerie : le 1er (Pajol, à 2 divisions, hussards et chasseurs) ; le 2e (Exelmans, 2 divisions de dragons), et du 3e corps d'armée, soit au total environ 30 000 hommes et 80 canons. Il eût donc été naturel qu'il se mit à la tête de ces forces représentant un effectif imposant, pour marcher lui-même vers Fleurus et s'efforcer, dès le 15 au soir, de désorganiser la concentration prussienne. La marche de Vandamme et Grouchy devait être suivie par le gros de l'armée. Lobau, Gérard, la vieille Garde, la cavalerie de la Garde et les 3e et 4e corps de cavalerie de

(1) Général BONNAL, *Manœuvre d'Iéna*, p. 128.
(2) *Mémoires*, t. IX, p. 69.

Grouchy, soit 50 000 hommes, pouvaient rejoindre dans la soirée. Dès le 16 au matin, la question eût été vidée par un choc décisif de 80 000 hommes contre Blücher. Napoléon avait prévu lui-même (1) qu'il y aurait bataille ou retraite de l'ennemi. L'ennemi s'arrêtant à Sombreffe et faisant front, la bataille s'en déduisait logiquement.

M. Houssaye fait état (2) d'une note de Napoléon qui dicta les lignes suivantes à Sainte-Hélène : « Si l'on avait occupé Sombreffe (le 15 au soir) cela aurait fait manquer toutes les manœuvres, car la bataille de Ligny n'eût pas eu lieu. » M. Houssaye se voit obligé de répondre que l'allégation de l'Empereur est inexacte, que la bataille dont il parle « était absolument hors de ses prévisions le soir du 15 et même le matin du 16 », et il ajoute qu'il « le démontrera plus loin par les lettres mêmes de l'Empereur (3) ». J'admets que cette démonstration soit précieuse pour la suite des événements, et qu'elle puisse être étayée par des preuves formelles et décisives. Dans tous les cas, elle est inutile pour le 15, et je juge préférable d'ajouter foi à la parole de Napoléon, car son intérêt primordial était de vouloir la bataille. Le lecteur le plus neuf en matière de stratégie ne croira jamais que Napoléon ait passé la Sambre avec 125 000 hommes, et prescrit le départ de ses troupes à 3 heures du matin, uniquement pour le plaisir de passer un fleuve et de s'arrêter à deux lieues au delà. S'il a franchi la ligne de défense derrière laquelle s'abrite l'ennemi, ce ne peut être que pour manœuvrer, donc pour marcher contre cet ennemi.

Quant à la crainte de voir Blücher décamper dans la nuit, se sauver sans tâter la bataille, elle n'était pas fondée. Jamais le feld-maréchal n'eût livré sans lutte les communications avec Wellington, jamais il n'eût subi, sans y être contraint, la honte d'une retraite prématurée. Lutzen et Bautzen répondaient de sa conduite. Il avait dans son armée une

---

(1) N° 22050, *Correspondance*, p. 280.
(2) M. Houssaye, p. 124.
(3) Id., p. 136 à 139 et notes.

confiance inouïe (1), et ses ordres du 14 et du 15 et ses lettres révèlent son intention arrêtée de livrer bataille (2).

Évidemment, Napoléon ne pouvait prévoir d'une manière absolue la volonté de Blücher. Mais puisque lui-même s'attendait au choc (3), — ou tout au moins en avait envisagé l'hypothèse dans sa lettre du 14 au prince Joseph, — le meilleur parti à prendre était de préparer ce choc dans les conditions les meilleures et les plus rapides, par conséquent de concentrer son armée vers Fleurus. Peut-être se fût-il produit, dès le 15 au soir, un essai de lutte vers Sombreffe, comme il s'en était produit la veille d'Eylau et la veille de Wagram. Mais Blücher n'eût pas plus décampé que Benningsen et l'archiduc Charles. Malheureusement, comme l'Empereur est reparti sur Charleroi, et qu'en raison de son oubli Grouchy et Vandamme ne s'entendent pas, le résultat de l'offensive est des plus médiocres.

Au cours de la première étape de guerre, qui est en même temps la première journée d'offensive, à la fin d'une manœuvre qui doit être rapide, décisive, foudroyante, l'armée française a réussi à gagner deux lieues de terrain du côté de Blücher, et — comme trophée de bataille — elle a diminué la masse des combattants prussiens d'un chiffre fort minime : 2 000 hommes au plus (4). Elle n'a pas gêné un instant la manœuvre prévue par l'ennemi dès le 3 mai (5). Quand nous aurons étudié les événements du côté de Bruxelles, nous discuterons l'opinion de Napoléon et des différents historiens sur la journée du 15.

(1) M. Houssaye, p. 144. « Avec mes 120 000 Prussiens, avait-il écrit à sa femme, je me chargerais de prendre Tripoli, Tunis et Alger, s'il n'y avait pas à passer l'eau. »
(2) Id., p. 145, note 3.
(3) N° 22050, *Correspondance*, p. 280. « Demain 15, je me porterai sur Charleroi, où est l'armée prussienne ; ce qui donnera lieu à une bataille ou à la retraite de l'ennemi..... »
(4) Clausewitz avoue ce chiffre. *1815*, p. 59.
(5) Nous pouvons maintenant faire état des faits. Il ne s'agit plus que d'une constatation. Le plan des généraux prussiens (*Méthodes de guerre*, t. III, première partie, p. 81 à 89) s'est déroulé d'une manière imperturbable.

CHAPITRE V

LA QUESTION DES QUATRE-BRAS
COMMENTAIRE GÉNÉRAL

La première opinion qui nous intéresse — et la seule dont nous tiendrons compte pour le commentaire général — est l'opinion de Napoléon (1). J'accepterai dans la lettre et dans l'esprit ses seuls renseignements, ses documents et ses ordres. J'ai promis au lecteur que, dans l'étude de tous les problèmes de Waterloo, je ne me guiderai que d'après les principes stratégiques, les enseignements du passé et les faits acquis, en dehors de toute chicane de détail, au-dessus de toute controverse mainte fois rebattue. Je pense avoir rempli ma promesse jusqu'à ce moment. Mais s'il est une question capitale pour laquelle je doive tenir parole, c'est bien pour l'énigme encore non résolue des Quatre-Bras.

Après avoir mentionné l'occupation de Gosselies par le général Reille, Napoléon nous dit : « Le maréchal Ney venait d'arriver sur le champ de bataille. L'Empereur lui donna aussitôt l'ordre de se rendre à Gosselies, d'y prendre le commandement de toute la gauche composée des 2e et 1er corps, de la division de la cavalerie Lefebvre-Desnouettes, et du corps de grosse cavalerie du général Kellermann, formant en tout 47 800 hommes ; de donner tête baissée sur tout ce qu'il rencontrerait sur la route de Gosselies à Bruxelles ; de prendre position à cheval sur cette route au delà des Quatre-Bras, et de s'y tenir militairement en tenant de fortes avant-gardes sur les routes de Bruxelles, de Namur et de Nivelles. La divi-

---

(1) *Mémoires*, t. IX, p. 71.

sion du corps du général Zwietten, qui avait défendu Gosselies, se retira par un à gauche sur Fleurus ; le comte Reille la fit suivre par la 3ᵉ division que commandait le général Girard, et, avec sa cavalerie et ses trois autres divisions, marcha sur les Quatre-Bras. Le prince Bernard de Saxe commandait une brigade de 4 000 hommes de troupes, de Nassau (c'était la 2ᵉ de la 3ᵉ division belge) ; dès qu'il entendit le canon du côté de Charleroi, et qu'il fut instruit de la retraite du général Zwietten, il se porta sur Frasne et s'y établit à 1 000 toises en avant des Quatre-Bras, à cheval sur la route de Bruxelles. Le général Lefebvre-Desnouettes, après une légère canonnade, l'ayant menacé de le tourner et de le couper des Quatre-Bras, l'obligea de faire sa retraite ; il prit position entre les Quatre-Bras et Genappes. Le comte Reille marchait sans obstacle avec son infanterie pour camper en avant des Quatre-Bras, lorsqu'il fut rejoint par le maréchal Ney, lequel ayant entendu la canonnade sur Fleurus et reçu le rapport du général Girard, qu'il y avait des forces considérables dans cette direction, crut prudent de prendre position, son avant-garde à Frasne, ayant des vedettes sur les Quatre-Bras. »

Nous savons que Napoléon disposait de tous les renseignements utiles. Il connaissait exactement — lui-même nous le dit — les forces de Wellington, leur répartition, le point de concentration choisi longtemps à l'avance : les Quatre-Bras (1). Or, c'est exactement sur ce point qu'il lance le maréchal Ney. Nous avons vu, par la discussion concernant l'offensive contre Blücher, que la marche du gros de l'armée est amorcée contre Sombreffe, |lieu repéré depuis le 3 mai pour la concentration prussienne. Donc, avant de nous livrer à aucune considération stratégique, avant de scruter les questions de temps, d'espace, de position respective des armées adverses, de nombre et de chiffres des combattants, nous constatons que Napoléon poursuit, le même jour et à la

(1) *Mémoires*, t. IX, p. 67.

même heure, deux buts à la fois. Il tranche dans le vif sur deux points essentiels, vise en même temps deux centres vitaux de l'ennemi.

Il se peut que la situation spéciale de 1815 l'exige, et nous ne sommes pas encore en mesure de rien affirmer. Toutefois, comme dans le cours de sa carrière il a déjà tenté plusieurs fois la poursuite de buts simultanés, et que jamais cette opération ne lui a réussi, nous devons mentionner la première impression d'inquiétude que nous suggèrent ses décisions du 15 juin. Nous ne citerons que deux dates capitales : 1809 et 1813.

En 1809, la manœuvre de Landshut échoue parce que, suivant l'expression pittoresque du général Bonnal, l'Empereur « poursuit deux lièvres à la fois (1) ».

En 1813, il s'efforce de réaliser en même temps une occupation de Berlin, — objectif géographique, — une attaque contre l'armée de Silésie, et des manœuvres contre celle de Bohême (2). L'insuccès est complet sur tous les points.

Le nœud de la question est celui-ci : au lieu d'agir avec une masse puissante contre une fraction des armées ennemies divisées, il se divise lui-même, et attaque les troupes adverses avec des forces inférieures. Si nous jetons un coup d'œil d'ensemble, si nous laissons de côté les chiffres de troupes concentrées, — et en somme les durées de concentration de Wellington et de Blücher ne constituaient que des hypothèses, — nous arrivons à cette conclusion : sur Sombreffe, le plus que Napoléon puisse réunir, c'est 80 000 hommes contre 120 000 Prussiens. Sur les Quatre-Bras, il lance Ney avec 45 000 ou 47 000 hommes contre 95 000 Anglais. Donc, dans un délai qu'aucune prévision

---

(1) *Manœuvre de Landshut,* p. 129.
(2) La défaite d'Oudinot à Gross-Beeren (marche sur Berlin) est du 21 août. La défaite de Macdonald à la Katzbach (manœuvre contre l'armée de Silésie) est du 27 août, et le désastre de Kulm (écrasement de Vandamme par l'armée de Bohême) est du 30 août.
Voir Thiers, t. III, liv. XXXI et XXXII, p. 419 à 604; Colonel Camon, *Précis,* t. II, p. 83, 84.

humaine ne peut fixer, il est certain d'avoir l'infériorité du nombre sur tous les points.

Je ne fais valoir ici que les arguments de bon sens et de logique. Nous discuterons plus tard les questions techniques de rupture stratégique et de création de zones de manœuvres. Mais un fait est évident dès le premier moment, et Napoléon lui-même l'établit et le confirme : il est convaincu que la concentration de Wellington durera au moins deux jours, que le caractère du duc est « circonspect » et « ses marches lentes (1) ». Peu importe s'il a raison ou tort dans ses convictions. Nous devons, pour le juger, nous placer exactement au point de vue de ce qu'il sait et de ce qu'il croit. Étant donnés ses renseignements et sa croyance, on ne s'explique pas qu'il ait négligé de concentrer toute son armée contre Blücher, puisqu'il avait devant lui deux jours pleins pour l'écraser.

Dès le début aussi, nous constatons la faute énorme de suivre l'ennemi sur le terrain qu'il a choisi, aux Quatre-Bras comme à Sombreffe. Contrairement à ses principes (2), Napoléon subordonne sa volonté à celle de l'adversaire, au lieu de lui imposer la sienne, comme il l'eût fait notamment en effectuant son attaque par Maubeuge sur Braine-le-Comte.

LE TEMPS ET L'ESPACE. — RUPTURE STRATÉGIQUE
ET ZONE DE MANOEUVRES

Les considérations de temps et d'espace ne peuvent qu'affermir cette conclusion provisoire. L'Empereur estime qu'il a deux jours libres à sa disposition, et nous en avons déduit naturellement que la concentration contre Blücher était logique. On nous objectera de suite qu'il ne pouvait négliger

(1) *Mémoires*, t. IX, p. 67, 68, 69.
(2) *Ibid.*, t. VII; *Précis des guerres de Turenne*, p. 97. V. la citation, p. 115.

complètement Wellington, quelque lenteur qu'il lui supposât. Certes. Mais dans quelle mesure et sous quelle forme devait-il tenir compte de l'armée anglaise? Agissons comme en matière de problème et faisons varier la durée. Si nous l'étendons au delà de deux jours, il est évident que nous faisons la partie trop belle, et qu'il peut négliger toute attaque de flanc venant des Anglais. Si, au contraire, nous réduisons cette dernière à moins de deux jours, la difficulté se complique. Plus le temps se resserre, et plus la situation s'assombrit. Si la concentration de Wellington eût été possible dans le délai de vingt-quatre heures, la partie de Waterloo — en débouchant par Charleroi — devenait injouable, puisqu'au cours de la première étape de guerre Napoléon eût compté plus de 120 000 hommes en face de lui et près de 100 000 dans son flanc gauche. Nous n'avons le droit, ni d'exagérer la lenteur et l'inertie de l'ennemi, ni de lui supposer une activité dévorante. Donc nous sommes ramenés à la durée normale d'environ deux jours.

Napoléon, d'après ses renseignements et sa conviction, était en droit de se considérer comme le maître de l'heure jusque dans l'après-midi du 16. Par suite, si l'on envisage uniquement la durée, il ne s'agissait que de parer à l'irruption d'une faible avant-garde ou de quelques détachements provenant de l'armée anglaise. Donc, en attaquant Blücher le 16 au matin, comme Napoléon en était le maître absolu, il était bien inutile de compliquer le problème en lançant 45 000 hommes sur les Quatre-Bras, et de se priver du tiers de l'armée. Une flanc-garde, constituée par un corps d'armée tout au plus et une division de cavalerie, eût largement suffi.

Faisons intervenir la question d'espace. Le principal argument des auteurs et des critiques qui admirent le débouché par Charleroi (1) se résume sous cette forme : Napoléon pénètre par un coup de force — coup de force et coup de

---

(1) JOMINI, chap. XXII, p. 145, 146, 153; THIERS, t. IV, p. 503; Colonel CAMON, Précis, t. II, p. 166, « coup de foudre »; Henri HOUSSAYE, 1815, p. 100; Colonel GROUARD, p. 7.

foudre — entre les deux masses adverses, est certain d'effectuer la rupture stratégique, et la seule difficulté consiste à s'assurer une zone de manœuvre par un choc décisif. D'après eux, en lançant Ney sur les Quatre-Bras, l'Empereur a trouvé la solution définitive. Il se réserve l'espace indispensable à son opération stratégique et paralyse l'armée anglaise.

Discutons le problème — d'abord en ce qui concerne l'étendue nécessaire à la manœuvre. Il s'agit d'un problème stratégique fort intéressant, que nous avons seulement amorcé en réfutant les jugements de M. Grouard, si défavorables et sévères à l'égard des généraux alliés (1). Comme nous abordons la question capitale du 15 juin, une solution en quelques lignes est insuffisante, et la discussion complète s'impose. Reproduisons, pour qu'il n'y ait aucun malentendu, la donnée essentielle du débat :

La distance des Quatre-Bras à Sombreffe est de 12 kilomètres (2). L'armée française compte 6 corps d'armée et 4 corps de cavalerie. Exposons d'abord strictement le principe théorique dans toute sa rigueur, tel que Napoléon l'a formulé : il est indispensable qu'une armée composée de 5 à 6 corps dispose d'une étendue de deux marches, soit 40 à 45 kilomètres, dans chaque direction dangereuse (3). Donc, pour se créer une zone de manœuvres stratégiques entre les deux armées alliées, il eût fallu que l'Empereur disposât d'une étendue sept fois plus considérable que celle des Quatre-Bras à Sombreffe, soit 80 ou 90 kilomètres au lieu de 12 — un rayon de deux marches dans chaque direction.

Mais, dira-t-on, cette étendue ne doit être admise que si l'Empereur est incertain en ce qui concerne l'armée qu'il veut attaquer la première. Son dispositif en deux ailes et une réserve n'étant connu que par un ordre du 16 (4), je recon-

(1) Voir mes discussions, p. 125 et suiv.
(2) Colonel CAMON, *Précis*, t. II, p. 172.
(3) Général BONNAL, *De Rosbach à Ulm*, p. 260 à 263. « La distance de deux marches choisie par Napoléon (en 1805)... est la même que celle qu'il indiquait avant l'ouverture de la campagne de 1800 au général Masséna. »
(4) N° 22058, *Correspondance*, p. 290.

nais que cet élément ne doit pas intervenir dans le commentaire général *a priori*, et je ne le mentionne que pour éclairer la question. Admettons, comme le fait est exact, que Napoléon soit fixé en ce qui concerne le premier choc, et qu'il ait projeté de heurter Blücher. Par suite, il n'a plus besoin d'un espace de 90 kilomètres, mais de 40 ou 45, l'équivalent de deux journées de marche, dans une seule direction, du côté de Wellington. La discussion du général Bonnal, dans son étude *De Rosbach à Ulm*, est décisive à cet égard. Il établit, d'après Napoléon lui-même (Instruction à Masséna en 1800 et création de zone de manœuvre en 1805), les nécessités inéluctables de temps et d'espace (1).

On m'objectera encore que cet espace de 45 kilomètres est inutile, puisque Napoléon dispose de deux jours, et que le dispositif de couverture stratégique à 45 kilomètres n'a d'autre but que d'assurer pendant quarante-huit heures la sécurité absolue relativement à l'une des armées ennemies — juste le temps nécessaire pour écraser l'autre.

Un dilemme implacable, qui s'impose naturellement par la logique des déductions, nous dispense de tourner plus longtemps dans un cercle vicieux, et nous permet de conclure. De deux choses l'une : ou bien Napoléon est assuré de quarante-huit heures libres pour écraser Blücher, et dans ce cas la décision qu'il prend d'écarter et de compromettre Ney avec 2 corps d'armée aux Quatre-Bras est exagérée, fausse et dangereuse, ou bien il n'est pas sûr du temps, et par suite, comme il ne dispose que de 12 kilomètres au lieu de 45, et que l'espace lui manque aussi bien que la durée, la création d'une zone de manœuvres — en débouchant par Charleroi — est impraticable. La logique et le bon sens ne permettent aucune autre hypothèse, aucune autre conclusion.

Une armée composée de 6 corps, et qui est forcée de prévoir la lutte dans deux directions, doit disposer ou du temps ou de l'espace. Il importe que l'un ou l'autre de ces éléments

(1) Général BONNAL, *De Rosbach à Ulm*, p. 262. Voir le schéma des emplacements de la Grande Armée le 11 octobre, p. 261.

lui réserve deux jours libres. Si l'élément de durée est certain, — ce qui est le cas pour le 15 juin 1815, d'après la conviction de Napoléon (1), — le but immédiat à poursuivre consiste dans la destruction d'un des adversaires — Blücher — et il est parfaitement inutile, et par conséquent dangereux, de se contraindre à créer une zone de manœuvre par une seconde bataille simultanée contre Wellington. Or, la marche sur son point de concentration ne pouvait que provoquer une lutte. Si, par contre, Napoléon n'est pas certain de la durée, il est indispensable que la distance entre le premier terrain de combat — Sombreffe — et le second — les Quatre-Bras — soit au moins de deux jours de marche. Or, cette distance n'est que de 12 kilomètres. Donc, le problème est insoluble et la partie n'est plus jouable.

Au point de vue de l'espace et du temps, Napoléon était forcé de jouer le tout pour le tout, de concentrer son armée contre Blücher, et de ne réserver contre les détachements anglais qu'une flanc-garde d'un corps d'armée, qu'il était bien inutile de lancer jusqu'aux Quatre-Bras. Le soin de prudence vulgaire qui semble — car son vrai motif était tout autre — l'avoir déterminé à lancer Ney tête baissée (suivant sa propre expression), constitue l'imprudence la plus terrible. L'Empereur suppose Wellington lent et circonspect, et lui-même prend soin de l'avertir et de surexciter son énergie. On voit par cette discussion — dans laquelle je ne m'appuie que sur les principes de Napoléon et sur ses expressions textuelles — que le débouché par Charleroi n'était rien moins qu'heureux et admirable, et que Napoléon ne pouvait être tiré d'embarras que par les fautes de ses adversaires ou une victoire foudroyante. On voit aussi que l'ordre de marcher « tête baissée » sur les Quatre-Bras constituait une erreur capitale.

Il faudrait bien se garder de croire que l'argumentation du général Bonnal (2) en ce qui concerne les couvertures

(1) *Mémoires*, t. IX, p. 65 à 69; p. 166 à 171.
(2) *De Rosbach à Ulm*, p. 260 à 263.

stratégiques ne s'applique qu'à un cas momentané, à la manœuvre d'Ulm. La portée de ses conclusions embrasse les opérations militaires de même nature, et les données formelles en ce qui concerne la distance de deux marches s'appliquent à toute éventualité. Aussi, n'est-ce pas sans un étonnement naturel qu'à la fin de sa discussion, quand le sujet est épuisé, on lit une réflexion de quatre lignes sur 1814 — réflexion fort discutable, nullement étayée de preuves, mais qui n'appartient pas à notre sujet — et une courte phrase de trois lignes sur 1815 : « En 1815 également, écrit le général Bonnal, Napoléon a employé le même procédé, et, s'il a échoué, la faute n'en est pas à la méthode, mais à ceux qui furent chargés de l'appliquer (1). »

A moins que M. Bonnal ne range Napoléon parmi les coupables, cette phrase ne s'explique pas. Comme l'Empereur ordonna, mais n'exécuta pas en personne, nous sommes en face d'une énigme insoluble, ou d'une antinomie complète avec les principes et les théories du même auteur, qui se contredit lui-même de point en point. En effet, il nous a dit textuellement (2) : « La distance de deux marches choisie par Napoléon, le 10 octobre (1805), pour s'assurer une zone de manœuvres stratégiques est la même que celle qu'il indiquait avant l'ouverture de la campagne de 1800 au général Masséna... »

Et plus loin « la coïncidence, bien qu'elle ait été peut-être le résultat d'inspirations inconscientes, n'est pas fortuite ; elle répond aux nécessités de temps et d'espace qu'impose la zone de manœuvre d'une armée de cinq ou six corps qui s'attend à être attaquée de plusieurs côtés ». Voilà qui est parfaitement net.

Si le général Bonnal ne nous prouve pas qu'il dépendait du maréchal Ney de bouleverser la carte de Belgique, d'allonger les distances et de transformer les conditions de l'espace, — et cette preuve à faire rentrer dans la catégorie

---

(1) Général Bonnal, *De Rosbach à Ulm*, p. 264.
(2) *Ibid.*, p. 262.

des utopies, — il est impossible de faire peser sur les épaules du maréchal la plus légère responsabilité en ce qui concerne le principe défectueux de la marche vers les Quatre-Bras. Napoléon seul est responsable d'avoir encore une fois méconnu les principes qu'il avait posés lui-même. Que Ney ait bien ou mal exécuté, peu importe actuellement, puisque nous ne discutons que le principe de l'ordre, sa justesse ou sa fausseté (1). Quant à considérer la distance des Quatre-Bras à Charleroi ou Gilly, au lieu de prendre celle de Sombreffe, ce serait une puérilité — 4 kilomètres de plus ou de moins ne signifient rien. La conclusion est d'ailleurs fort naturelle et conforme à ce que nous avons prévu dès le début, en examinant le débouché par Charleroi (2). L'espace manque.

Mais, nous dira-t-on, quel est le motif de l'erreur de Napoléon ? Je n'admets aucune cause de maladie, attendu que les maladies dont souffrait l'Empereur n'étaient pas de nature à influer sur sa prodigieuse intelligence et sa toute-puissante volonté. Dès lors, comment s'expliquer qu'un grand capitaine, en pleine possession de son génie, se soit trompé sur des questions stratégiques dont lui-même avait établi la formule invariable. Je répondrai aux lecteurs — que je suppose manifester une impatience fort naturelle, mais trop vive — que nous ne sommes qu'au 15, vers 3 heures de l'après-midi. Napoléon n'a encore lancé que l'ordre écrit du 14 et quelques ordres verbaux. Il nous faut attendre avant de nous prononcer. Certes, l'erreur est inspirée par un puissant motif : ce motif se révélera avant peu. Puisque la lumière ne peut être encore projetée sur l'origine, éclaircissons à fond, d'après l'ordre de Napoléon à Ney (3), le problème des Quatre-Bras, en tant qu'opération stratégique. La psychologie de l'erreur s'établira dans un chapitre suivant.

(1) La discussion de la marche de Ney, des conditions pratiques de sa lutte contre les Anglais, et de toutes les hypothèses concernant le refoulement de Wellington, se trouve exposée plus loin, p. 170 et suiv.
(2) Voir p. 125 et suiv.
(3) *Mémoires*, t. IX, p. 71, 72.

POINT DE VUE INEXACT AUQUEL SE PLACE
LA CRITIQUE LÉGENDAIRE

Cette question des Quatre-Bras a été controversée avec tant de passion qu'il est nécessaire, dès le début, avant d'examiner les hypothèses les plus variées, d'établir nettement les données du problème. La grande erreur des historiens et critiques qui, depuis cent ans, s'acharnent après le maréchal Ney, c'est de juger les opérations du 15 et du 16 comme si la volonté de Ney eût pu s'imposer seule dans la partie à jouer. Ces critiques n'envisagent qu'un côté de la question, et font abstraction de la personnalité de Wellington. Ils affirment la plus piètre opinion de son intelligence, et de son énergie. A lire leurs diatribes contre Ney, on s'imaginerait que le général anglais était incapable de faire avancer un soldat de plus, pour joindre aux régiments qu'il lança successivement sur les Quatre-Bras, et de les jeter une heure plus tôt (1). Ces détracteurs méconnaissent de la manière la plus complète le principe de l'économie des forces, que Wellington appliqua avec une froide prudence. Ses guerres d'Espagne et sa conduite en 1815 devraient pourtant les éclairer. Mais, en cette circonstance comme en tant d'autres, ils se laissent emporter par les illusions, éblouir par les mirages de la légende.

Si Ney avait été plus rapide, ou s'il eût jeté plus de forces sur les Quatre-Bras, Wellington eût riposté tranquillement, à sa manière habituelle, sans à-coups, mais sans faiblesse. Une parole de Reille éclaire la question (2) : « Ça pourrait bien être une bataille d'Espagne où les Anglais se montre-

---

(1) Colonel CAMON, p. 466, 468 (conduite de Ney « incompréhensible ») et suivantes, p. 482 « incompréhension stratégique et tactique » de Ney). M. HOUSSAYE, p. 129, 133, 190, 218, 490, 491.
(2) ID., p. 198.

ront seulement quand il sera temps. » Reille connaissait l'économie des forces à la façon anglaise.

Imaginer que Wellington n'aurait jamais adopté un autre dispositif de concentration, de marche et d'attaque que celui qu'il décida en raison de l'offensive de Ney, supposer qu'il serait resté inerte à l'annonce d'un danger réel, d'une irruption violente de 45 000 hommes dès le 15 au soir, uniquement parce qu'il ne se troubla guère d'une chevauchée de Lefebvre-Desnouettes, c'est puiser des arguments dans les conséquences des faits. Des preuves aussi faibles n'ont jamais convaincu personne ni déterminé la solution d'aucune énigme. C'est pourquoi la question des Quatre-Bras reste encore si profondément obscure.

Le problème des distances et des hypothèses de concentration et de marche sera élucidé (1). Mais, dès maintenant, il importe de remettre les choses au point, et de placer en pleine lumière l'énigme capitale — celle dont tout dépend. — Dès maintenant il apparait avec netteté que tout l'intérêt du problème se concentre sur l'utilité ou le désavantage de la manœuvre des Quatre-Bras, et non sur les modifications que Ney pouvait lui faire subir.

En résumé, il importe d'approfondir si les principes stratégiques imposaient l'offensive « tête baissée » sur les Quatre-Bras ou si, bien au contraire, les règles de la guerre et les leçons du passé n'imposaient pas vis-à-vis des Anglais une attitude de prudence et de réserve au lieu d'un choc violent, en attendant que la bataille décisive eût été livrée à Blücher.

DE L'IMMOBILISATION DES ANGLAIS
LE PROBLÈME DES DISTANCES

En rappelant les commentaires de la plupart des historiens sur la manœuvre des Quatre-Bras, j'ai mentionné deux

(1) Voir mes discussions, p. 173.

idées (1) : la question de l'espace qui est résolue, et celle de l'immobilisation des Anglais. En écoutant le concert de récriminations plus ou moins violentes contre Ney, il semblerait que l'installation aux Quatre-Bras dans la soirée du 15 résolvait toute difficulté. Le nom de ce village provoque depuis un siècle les échos retentissants de la légende. Il apparaît comme le fameux « Sésame, ouvre-toi » des contes orientaux, et pourtant ce n'est qu'un nom, rien de plus, un point géographique, stratégique, si l'on veut. Mais derrière le mot, il faut creuser l'idée. Admettons Ney installé le 15 au soir, comme Napoléon le lui ordonne (2), dans cette position, en avant même, avec de fortes avant-gardes sur les routes de Bruxelles, Namur et Nivelles. Pense-t-on que Wellington serait resté tranquille à le contempler ?

Renseignés comme nous le sommes par les leçons du passé, les rudes guerres d'Espagne, sur ce véritable homme de guerre, son jugement si droit et si ferme, peut-on concevoir une seconde l'illusion qu'il s'en laissera imposer par Ney, qu'il restera impuissant, sans une lueur d'énergie et de volonté, que sa concentration partielle ou totale sera rendue inextricable, ou que pris de panique et de vertige, à la première apparition des lanciers de Piré, il se sauvera au delà de Bruxelles, chercher un refuge à bord des vaisseaux d'Ostende? Peut-on se bercer du rêve qu'il se laissera bénévolement couper de ses communications si faciles et continuelles avec Blücher, et qu'il les abandonnera sans foncer sur Ney ou tenter la moindre manœuvre? Franchement, le système qui consiste à mépriser l'ennemi au delà de toute sagesse peut s'excuser de la part de Napoléon, le vainqueur d'Austerlitz, d'Iéna et de Friedland ! Mais il est inadmissible de la part d'un historien ou d'un critique.

Que Napoléon se soit laissé égarer par une illusion quelconque (3) et qu'il ait vu aux Quatre-Bras ce qui n'y était

---

(1) Voir mes discussions, p. 158 et suiv.
(2) *Mémoires*, t. IX, p. 71 et 72.
(3) Cette illusion reste à déterminer nettement, voir p. 190 et suiv.

pas, ce qui ne pouvait pas y être, c'est un fait très regrettable, très malheureux, mais qui s'explique. La superbe assurance du génie provoque l'immensité de l'orgueil — et de l'erreur. Mais il n'existe aucun motif pour que les historiens se laissent éblouir, et s'emportent à la suite de l'Empereur. Wellington, appuyé sur 100 000 baïonnettes, n'était pas homme à rester pétrifié, paralytique ou à s'enfuir comme un poltron affligé de gâtisme. Donc, *a priori*, il fallait prévoir qu'il agirait. Dans quel sens? L'hypothèse la plus plausible était celle de la résistance sur le point des Quatre-Bras. Elle était conforme à ses conventions du 3 mai avec Blücher (1) que Napoléon connaissait (2).

Il n'était pas concentré, soit. On supposait, — avec raison ou à tort, mais pour juger les actes de l'Empereur, nous sommes forcés d'admettre sa conviction sans débat, — on supposait que sa concentration totale durerait deux jours (3). Mais à défaut de concentration totale, ne pouvait-on prévoir une concentration partielle?

Si, en raison d'un péril très grave qui dérange ses combinaisons méthodiques, Wellington se résout à une marche partielle, soit vers les Quatre-Bras, soit — dans le cas d'occupation de ce point par une masse ennemie — sur Nivelles et Gennape, soit uniquement sur Nivelles, il est évident qu'il adoptera les procédés les plus courts pour se concentrer. Il serait vraiment puéril d'imaginer que le général anglais, sous le coup d'un immédiat et terrible danger, va s'entraver lui-même par des lenteurs voulues. Il serait exagéré de croire qu'il forcera tous les éléments d'un corps d'armée à se réunir sur d'autres emplacements que le plus rapproché du point de concentration. Sans manquer en quoi que ce soit aux principes, sans tomber dans le piège d'une concentration sous le canon de l'ennemi, il est le maître de

---

(1) M. Houssaye (entrevue de Tirlemont), p. 116.
(2) *Mémoires*, t. IX, p. 64 à 67 inclus.
(3) *Ibid.*, t. IX, p. 68.

hâter ses rassemblements, et de ne pas se résoudre à d'interminables réunions préparatoires.

Du moment que, pour se rendre de leurs cantonnements au point de réunion, les divers détachements de l'armée étaient complètement à l'abri d'une irruption de l'adversaire, il n'existait aucun motif valable pour maintenir les ordres d'une réunion par division. Nous n'avons pas le droit de juger que Wellington fût resté inerte en face d'un péril démontré et certain. Il n'eût pas hésité à réserver le formalisme outré et les règlements rigides pour des heures plus paisibles. N'oublions pas d'ailleurs que la position de la division Perponcher à Nivelles constituait un rempart, une couverture susceptible d'abriter le rassemblement partiel.

Les idées qui avaient cours en 1815 dans les armées alliées étaient beaucoup plus larges, lucides et fortes que les critiques ne l'imaginent. Le général von Grolmann, sous-chef d'état-major de Blücher, nous parle de réunions « par brigades » et non par divisions pour un rassemblement de corps d'armée. Il nous dit aussi (1) : « Il n'était pas nécessaire que chaque corps se concentrât en particulier préalablement à sa mise en marche vers le point de rassemblement de toute l'armée; ce n'était nécessaire que pour le corps qui serait attaqué par l'ennemi; dans les autres, les troupes pouvaient se diriger de suite, par le chemin le plus court, sur le point assigné à toute l'armée. »

L'état-major anglais était-il incapable de raisonner aussi juste que l'état-major prussien? A lire les partisans de la légende, on le croirait. En définitive, nous sommes toujours en présence de la même équivoque, qu'il importe de dissiper nettement. Les procédés de Wellington ont été méconnus ou incompris, parce que la majorité des historiens s'est contentée de raisonner d'après les faits visibles, sans apercevoir les raisons profondes et les modifications susceptibles d'être opérées. Clausewitz, qui pourtant est fort sévère pour Wel-

---

(1) Général PIERRON, *Méthodes de guerre*, p. 86. Voir également p. 83 à 85 et p. 88.

lington, formule lui-même cet aveu (1) : « On ne porte aucun jugement sur la concentration de l'armée de Wellington, parce qu'on ne connait pas ses intentions détaillées... » D'ailleurs, malgré cet élan de sagesse, il s'abandonne à une hypothèse invraisemblable que le calcul des distances va nous permettre de réfuter.

M. Houssaye suppose Wellington « halluciné et paralysé par la vision de Napoléon attaquant en personne sur tous les points à la fois (2) ». Toutefois il reconnait plus loin qu'il est « aussi indécis que calme (3) » pendant toute cette journée du 15 et « toute cette nuit du 16 ». Voilà une singulière mentalité : un paralysé, frappé d'hallucination, indécis, mais restant calme! Le psychologue le plus raffiné y perdrait son latin! La vérité est que Wellington n'envisage pas l'attaque de Charleroi comme une lutte unique, mais songe à l'action d'une masse secondaire vers Mons (4). Les coups de feu de tirailleurs sur Frasnes et la reconnaissance de Lefebvre-Desnouettes vers les Quatre-Bras (5) ne constituaient pas des événements capables de l'éclairer. Mettez n'importe qui à la place de Wellington, l'indécision eût été identique.

Mais qu'on fasse varier les données du problème pour lui comme on les fait varier pour Ney, tout change. Supposons le maréchal installé le 15 aux Quatre-Bras avec ses deux corps d'armée. Il est évident que les ordres de froide prudence dictés par Wellington le 15 entre 6 et 7 heures du soir (6) vont se transformer. A la place de calmes missives prescrivant les rassemblements par division, afin que les troupes fussent prêtes à marcher le 16 au matin, nous

---

(1) CLAUSEWITZ, *Campagne de 1815*, p. 44 (chap. XVII). Il parle ensuite de « trente-six heures » pour la concentration, mais il n'a pas approfondi cette question. Il mesure les distances pour un courrier galopant à toute vitesse comme pour une division d'infanterie marchant groupée sur une seule route.
(2) M. HOUSSAYE, p. 148.
(3) ID., p. 152, note 1.
(4) CLAUSEWITZ, p. 51. Clausewitz devine une part de la vérité, mais exagère et déforme le concept. (Voir mes discussions, p. 99 et suiv.)
(5) M. HOUSSAYE, p. 128 à 132.
(6) ID., p. 148 et note 1.

sommes certains que des ordres hâtifs de résistance et des ordres nets d'attaque eussent été lancés sur-le-champ. Napoléon est excusable — je dis excusable sans lui donner raison — quand il parle de Wellington comme d' « un mauvais général (1) ». Mais une telle prétention serait insoutenable pour un critique quelconque.

Les fractions de l'armée anglaise qui se trouvaient les plus rapprochées des Quatre-Bras étaient constituées par le Ier corps (prince d'Orange) et la réserve. Le Ier corps comptait 30 000 hommes (2) et la réserve 25 000 (3). Cette réserve, cantonnée à Bruxelles et aux environs, se trouvait, d'après l'indication des distances de Napoléon lui-même (4), à huit lieues des Quatre-Bras. Le cantonnement du Ier corps le plus éloigné des Quatre-Bras était Enghien, à treize lieues, d'après Napoléon (5). Donc l'étape maximum qu'aurait eu à effectuer un détachement quelconque du Ier corps consistait dans une marche de 52 kilomètres.

Il suffit de consulter l'interminable liste des marches forcées exécutées pendant la durée des guerres de l'Empire, non seulement par les armées françaises, mais par les armées étrangères, pour se convaincre que cette distance de 52 kilomètres ne présentait aucun obstacle sérieux. Je ne citerai qu'une marche qui suffit à elle seule pour emporter le problème : la division Friant (corps de Davout) fit 144 kilomètres en deux jours, et le troisième, comme repos, soutint une lutte furieuse à Austerlitz (6). La division Cooke (gardes anglaises de Maitland et Byng) n'aurait-elle pu parcourir 52 kilomètres en quinze heures? Cet effort unique, non répété, à raison de 4 kilomètres en cin-

---

(1) M. Houssaye, p. 319.
(2) Id., p. 107. Ier corps (30 218 hommes).
(3) Id. Réserve (25 597).
(4) *Mémoires*, t. IX, p. 67.
(5) *Ibid.*, p. 67 et 68.
(6) Thiers, t. I, p. 214, col. 1 (trente-six lieues en quarante-huit heures), la division Friant arrive « le 1er décembre au soir... à Gross-Raigern à une lieue et demie du champ de bataille ».

quante minutes et deux heures de grand'halte — soit quinze heures au total, dépassait-il l'énergie d'une troupe solide et entraînée?

Le Ier corps est commandé, en l'absence du prince d'Orange, par son chef d'état-major Constant Rebecque. Dans cette fraction de l'armée figurent le général Perponcher et le prince Bernard de Saxe. L'opinion inouïe que M. Houssaye a conçue d'eux est quelque peu exagérée. Toutefois nous avons le droit de faire état de plusieurs renseignements : leur activité et leur énergie sont indéniables. Le 15, dès 4 heures du soir, Perponcher prescrit au prince de Saxe de marcher à l'ennemi (1). Mais celui-ci l'a prévenu, et couru aux Quatre-Bras avec deux bataillons (2). Constant Rebecque a pris sur lui de transformer un ordre de concentration sur Nivelles en ordre de marche sur les Quatre-Bras (3). Donc, en ce qui concerne la marche accélérée du Ier corps, nous sommes certains qu'elle se serait produite. Tous les mouvements et réunions préparatoires eussent été affectués dès le soir du 15.

Supposons l'offensive « tête baissée » du maréchal Ney prononcée à outrance le 15 avec 45 000 hommes. Supposons les Anglais de Frasnes bousculés par cette masse. Puisque, devant la modeste attaque de Lefebvre-Desnouettes, Perponcher a lancé un ordre de marche dès 4 heures, il est bien certain qu'en présence d'une offensive foudroyante, il ne serait pas resté aveugle et inerte. Il n'aurait plus été question de marcher à l'ennemi, mais de défendre le terrain pied à pied, et surtout de prévenir le général en chef par un courrier lancé à toute vitesse.

Prévenu à 6 heures, — comme le permettaient les distances, — Wellington ne conservait plus aucun motif d'indécision. Les renseignements très graves de Perponcher, Bernard de Saxe et Rebecque s'ajoutant à ceux de Zieten et de

---

(1) M. Houssaye, p. 131, note 3.
(2) Id., p. 131, notes 2, 3, 4.
(3) Id., p. 153, 154, 155.

Müffling (1), le général anglais eût pris son parti immédiatement. Par suite, les ordres pouvaient être lancés dans le plus bref délai — dès 6 heures et demie. — Ordres de concentration sur Nivelles pour le Ier corps et pour la réserve sur Nivelles ou Genappe. Quant à une fraction du IIe corps (Colville) et la cavalerie de lord Uxbridge, nous en parlerons après la démonstration des distances.

En écartant les nuages opaques qu'une légende séculaire a entassés sur Wellington, son indécision, sa torpeur et sa soi-disant paralysie hallucinée (2), je n'use que des procédés de la logique, je ne m'appuie que sur les faits connus et acquis. Les distances du Ier corps et de la réserve au point des Quatre-Bras ne sont pas des nouveautés impossibles à vérifier. Ce sont des réalités concrètes, et non des inventions romantiques.

L'imagination est une belle chose, mais les adeptes de la légende en abusent. Déduire de la marche simultanée sur Sombreffe et les Quatre-Bras la conséquence que Blücher et Wellington « se seraient repliés vers leurs bases d'opération » et que « cette retraite divergente eût éloigné de dix ou douze lieues, à vol d'oiseau, les Anglais des Prussiens (3) », c'est affecter pour une masse de 225 000 ennemis et deux hommes de guerre éprouvés un incommensurable mépris qui dépasse les bornes de la logique.

D'ailleurs, les preuves les plus formelles à l'appui de ma thèse me sont fournies par M. Houssaye lui-même. Il nous affirme que, par un ordre lancé le 15, à 10 heures du soir, Wellington prescrit à la division Alten de « se porter à Nivelles, la division Cooke à Braine-le-Comte, les divisions Clinton et Colville et la cavalerie d'Uxbridge à Enghien (4) ». De plus, « vers minuit et demi » il prescrit « à la division Picton et au corps de Brunswick de se porter à 2 heures

---

(1) M. Houssaye, p. 147.
(2) Id., p. 148.
(3) Id., p. 485.
(4) Id., p. 140, note 2.

du matin à Waterloo (1) ». Enfin, le 16, vers « 6 heures du matin », le général en chef de l'armée anglaise « prescrivit une marche partielle vers les Quatre-Bras (2) ».

Pour les ordres donnés à tous les corps autres que Picton et Brunswick, M. Houssaye nous explique qu'ils « ne pouvaient avoir un commencement d'exécution avant le point du jour (3) ». Nous fixons en conséquence pour le départ : 3 heures du matin.

Examinons les heures d'arrivée. En exécution de ces ordres, les troupes suivantes se trouvent le 16, à 4 heures du soir, sur le champ de bataille des Quatre-Bras : division Perponcher, cavalerie de Van Merlen, corps de Brunswick et division Picton, soit 22500 hommes (4). La division Perponcher occupait Nivelles, Genappe et Frasne. Elle figurait donc sur le champ de bataille depuis le matin. Van Merlen commandait une brigade de la division de cavalerie Collaert, cantonnée entre Mons et Roeulx (5). Nous voyons tout de suite qu'il n'y eut pas de réunion par division, tout au moins en ce qui concerne Collaert, mais simplement par brigade.

Les indications que je donne à cet égard, d'après le général von Grolmann (6), confirment la thèse d'une concentration rapide, à l'exception naturellement des troupes cantonnées vers Gand et Audenarde (7).

Quant à Picton, il n'arrive à 4 heures du soir que parce que Wellington, « en passant à Waterloo vers 8 heures du matin », l'arrête « jusqu'à nouvel ordre » (8). Étant donnée la distance de Waterloo aux Quatre-Bras, Picton, s'il n'eût été arrêté, eût pu arriver facilement entre 11 heures et

---

(1) M. Houssaye, p. 149, note 3.
(2) Id., p. 152, note 1.
(3) Id., p. 149.
(4) Id., p. 490.
(5) M. Ch. Malo, *Précis de 1815*, p. 45.
(6) Général Piennon, *Méthodes de guerre*, p. 86.
(7) Ch. Malo, p. 45 et 297.
(8) M. Houssaye, p. 149, note 3. Picton fut rappelé par un ordre lancé le 16 à 10 heures. (M. Houssaye, p. 155.)

midi. Notons pour lui dix heures de marche. Pour une troupe solide, 32 kilomètres en dix heures ne représentent qu'une étape fort ordinaire.

La division Alten arrive sur le champ de bataille à 5 heures et demie (1). Comme elle vient de Soignies (2), elle a parcouru onze lieues (3) en quatorze heures et demie. La division Cooke arrive d'Enghien (4), c'est-à-dire d'une distance de treize lieues (5), à 7 heures du soir (6), donc en seize heures de marche. Il est évident qu'il ne s'agit pas de marches forcées, que l'allure aurait pu être soutenue à 4 kilomètres par heure, et la grand'halte réduite de trois heures à deux. Donc, nous pouvons tabler sur quinze heures de marche au maximum pour la troupe la plus éloignée.

Notons que ces étapes, vu l'époque de l'année, en plein mois de juin, pouvaient facilement être effectuées la nuit. Mais il y a plus. M. Houssaye indique l'arrivée de Kruse sur le champ de bataille à 7 heures du soir (7). Or, Kruse commandait une brigade du contingent de Nassau qui faisait partie de la division Cole (réserve anglaise) (8). Donc il était cantonné autour de Bruxelles (9). Il n'a certes pas marché vite, n'ayant que huit lieues à parcourir (10). On voit encore qu'il n'y a pas lieu de tenir compte d'une demi-journée à perdre pour le rassemblement par division (11), puisque Kruse (infanterie) marche seul, absolument comme Van Merlen (cavalerie). Donc Napoléon a fait état pour Wellington d'une difficulté de rassemblement que celui-ci était maître d'éviter. Les routes suivies par les troupes se rendant

---

(1) M. Houssaye, p. 490.
(2) M. Ch. Malo, p. 45.
(3) *Mémoires*, t. IX, p. 67.
(4) M. Ch. Malo, p. 45.
(5) *Mémoires*, t. IX, p. 67.
(6) M. Houssaye, p. 490.
(7) Id., p. 490.
(8) M. Ch. Malo, p. 298.
(9) Id., p. 45.
(10) *Mémoires*, t. IX, p. 67.
(11) *Ibid.*, p. 67.

soit aux Quatre-Bras, soit à Nivelles, soit à Genappe, n'étaient nullement menacées. Par suite, tous les détachements pouvaient s'y rendre par le chemin le plus court, et sans perdre une demi-journée en réunion préparatoire.

En conséquence, si l'on n'envisage que la question des distances, Wellington était libre de concentrer en face de Ney, dans un délai de 12 à 15 heures, à partir du 15 juin au soir, les deux tiers de son armée. Du moment que les troupes d'Enghien sont arrivées dans ce délai, il est évident que celles de Mons, de Lens, d'Ath et de Grammont pouvaient suivre à une ou deux heures près.

La cavalerie de lord Uxbridge pouvait, sans fatigue et obstacles, parcourir 8 kilomètres à l'heure, surtout quand il s'agissait de marcher au canon. Or Napoléon fixe sa distance (de Grammont aux Quatre-Bras) (1) à seize lieues. En admettant neuf heures de marche, je ne fixe qu'une donnée largement pratique. Le raisonnement est analogue pour la division Colville (2º corps) à Ath (2). Treize lieues (3) pour l'infanterie exigeaient quinze heures.

Nous voici donc, pour le 1ᵉʳ corps, la réserve, la cavalerie de lord Uxbridge et la division Colville du 2ᵉ corps, certains d'une concentration pour les premières heures du 16.

Prévenu le 15 au soir à 6 heures (4), Wellington pouvait lancer ses ordres. En prescrivant le départ immédiat, réunion des éléments en cours de route, ou quelques kilomètres avant l'arrivée, marche forcée, marche de nuit, le général en chef eût disposé au petit jour des deux tiers du 1ᵉʳ corps (5) et de la réserve tout entière (6). Les divisions Alten et Cooke pouvaient être prévenues dès le soir du 15 par Constant Rebecque, chef d'état-major du 1ᵉʳ corps. Parties à 9 ou 10 heures du

---

(1) *Mémoires*, t. IX, p. 67 et 68. Pour l'emplacement de lord Uxbridge, voir Ch. MALO, p. 45.
(2) Ch. MALO, p. 45.
(3) *Mémoires de Napoléon*, t. IX, p. 68.
(4) Voir ma discussion, p. 168 et suiv.
(5) *Ibid.*
(6) *Ibid.*

soir, elles eussent débouché le 16 vers midi. Même raisonnement et résultat encore plus rapide, en raison de la plus grande vitesse de marche, pour la cavalerie de lord Uxbridge.

Donc, avant que la bataille de Ligny ne fût engagée, Wellington eût disposé de 65 000 hommes [1er corps, 30 000 (1). Réserve, 25 000 (2). Lord Uxbridge, 10 000 (3)] et, après l'arrivée de Colville, de 70 à 72 000 (4).

Dans quelle situation pénible se fût trouvé le maréchal Ney, surtout s'il se fût affaibli d'un corps d'armée pour le détacher sur les derrières de Blücher ! Quel triste résultat de l'offensive « tête baissée » !

Mais eût-il seulement été maitre de détacher un homme au secours de Napoléon? Le 16, dès 8 heures du matin, Wellington eût disposé des deux tiers du 1er corps, soit 20 000 hommes, de la réserve (25 000) et de la cavalerie de lord Uxbridge, soit 55 000 hommes au total. Les ordres lancés le 15 au soir à 6 heures (5) ne pouvaient toucher les troupes les plus lointaines qu'à 11 heures, mais une grande part du 1er corps et la réserve eussent été prévenus bien auparavant. Plus le maréchal Ney eût été menaçant et rapide, plus le danger eût été grave. C'est une singulière façon de raisonner que de ne pas tenir compte de l'ennemi ou de le juger incapable, « paralysé et halluciné » (6).

Peut-on m'objecter d'avoir fixé les points précis de Nivelles et Genappe pour la concentration anglaise? En mentionnant ces localités, je n'ai indiqué que des directions. Si le maréchal Ney eût occupé des positions trop proches, il est évident que la réunion se fût opérée à l'abri de ses feux.

(1) Chiffres de M. Houssaye, p. 107 (30 218 hommes).
(2) Id. (25 597).
(3) Id. (9 913 cavaliers).
(4) Colville comptait 7 000 hommes. M. Ch. Malo, p. 297 (7 212).
(5) Voir mes discussions, p. 168 et suiv.
(6) M. Houssaye, p. 148. V. la parole de Wellington parlant d'une concentration en vingt-deux heures de toute son armée (M. Houssaye, p. 145-146) « après le premier coup de canon ». En fixant la concentration partielle du 15 4 heures soir au 16 à midi, je n'exagère rien. Pour le 1er corps et la réserve, je reste même en deçà de la vérité.

Mais, une fois Wellington à la tête de 70 000 hommes, que serait devenue la fameuse offensive « tête baissée » des Quatre-Bras?

Cette démonstration nous impose une conclusion capitale. Il était certain — et Napoléon le savait — qu'en jetant Ney tête baissée sur les Quatre-Bras, on le jetait à la bataille et non à la manœuvre.

Or le général Bonnal nous apprend, dans un commentaire général concernant la manœuvre d'Iéna, que « le commandant en chef, pour si fort qu'il soit, n'est plus le maître absolu des événements à partir de l'heure où les troupes arrivent au contact tactique » (1). Donc, si Napoléon voulait que Ney manœuvre et reste libre de ses mouvements, soit pour le 15, soit pour une date ultérieure, il a commis une grande faute en lui donnant l'ordre de marcher sur les Quatre-Bras. Les admirateurs exagérés de Napoléon, qui d'ailleurs n'ont pas discerné son vrai motif, comme nous en jugerons plus tard, insistent avec violence sur la nature formelle et textuelle de l'indication précise des Quatre-Bras. Loin d'aggraver les fautes que Ney a pu commettre, cette insistance ne fait que dégager sa responsabilité de la manière la plus complète, attendu qu'elle établit non son erreur, mais celle de Napoléon.

Que Wellington fût concentré ou non, la marche lointaine sur la route de Bruxelles était également répréhensible. En face d'un ennemi réuni, c'était la lutte désavantageuse : Ney et 45 000 hommes ne pouvaient prétendre triompher des Anglais, et se trouvaient acculés dans une impasse. Si, au contraire, on supposait l'armée adverse en état de dispersion, il était dangereux de lancer Ney tête baissée dans un nid de guêpes, de hâter la concentration de Wellington. Le parti le plus naturel et le plus sage consistait à poster un seul corps d'armée à mi-chemin, vers Frasnes, un corps de cavalerie en avant et vers la droite, pour surveiller la route de Namur, de manière à contrecarrer toute

---

(1) Général Bonnal, *Manœuvre d'Iéna*, p. 431.

attaque de flanc et l'envoi d'un soutien quelconque à Blücher. En livrant bataille le 16 au matin, sur Sombreffe, aucune liaison efficace des deux armées ennemies n'était à craindre. C'était en réalité le seul moyen de tirer parti du secret relatif obtenu dans les marches de concentration et de la manœuvre de Charleroi.

A la guerre, comme dans toutes les luttes du monde, luttes d'affaires, de politique ou de volonté sur un terrain quelconque, il est nécessaire, pour comprendre à fond le jeu des deux parties, de se placer successivement à leur point de vue différent. Si l'on envisage uniquement le jeu de Napoléon, il est bien certain qu'il apparaît tout d'abord fort avantageux pour lui de repousser les Anglais vers Bruxelles ou Hal, et par suite le semblant de vérité, l'illusion du désir poursuivi conduisent à accepter en principe l'offensive commandée au maréchal Ney (1). Mais si l'on essaie, comme c'est le devoir d'un critique, de se substituer par la pensée à Wellington, on voit clairement que jamais le général anglais n'eût enduré Ney aux Quatre-Bras, comme une épine dans son flanc. C'eût été de sa part une véritable aberration, la négation de toute énergie et de toute intelligence. Comme nous n'en sommes pas à la période d'exécution, il n'y a pas lieu de tirer un argument quelconque de ce que le maréchal Ney a accompli ou manqué... Les événements se dérouleront à l'heure convenable. La logique et les principes nous suffisent pour juger les ordres.

DÉTERMINATION DE L'OFFENSIVE PRINCIPALE CONTRE BLÜCHER. — LE PRINCIPE DE L'ÉCONOMIE DES FORCES. — DANGERS DE L'OFFENSIVE VIOLENTE CONTRE LES ANGLAIS.

L'offensive brutale contre les Anglais était d'autant plus dangereuse que, si on les poussait à bout — j'admets la

(1) C'est dans cette erreur très grave qu'est tombé Jomini, qui n'a vu clair

réussite improbable de Ney — il restait à Wellington de multiples moyens pour sortir d'embarras. Supposons que le maréchal, installé le 15 au soir en avant des Quatre-Bras avec ses 45 000 hommes, en impose aux ennemis, les annihile et les refoule. Si brillante qu'on suppose sa victoire, il est des limites que l'imagination la plus exaltée ne franchit pas impunément. On ne conçoit pas que Ney enveloppe et détruise les 100 000 Anglais. En raison de la prodigieuse facilité des communications, Wellington doit être supposé libre de sa retraite. J'admets qu'il n'ait pas voulu puiser dans ses réserves jusqu'au dernier grenadier, et qu'il ne s'en serve que pour couvrir la rupture du combat. Toujours est-il qu'il se retirera évidemment dans la direction qui lui convient, par suite sur une position qu'il a reconnue et étudiée depuis de longs mois, en cas de grande bataille défensive : Mont-Saint-Jean (1).

Prétendra-t-on que les deux armées alliées sont irrémédiablement disjointes, que la vraie rupture stratégique est accomplie? Ce serait une erreur complète. La vraie rupture consiste à disposer d'une masse centrale suffisamment forte pour écraser successivement les deux adversaires (2). Or, Ney absorbé par l'offensive sur Bruxelles, il ne reste à Napoléon que 80 000 hommes au plus contre 120 000 Prussiens. La conséquence de cette proportion numérique est qu'on ne peut répondre de l'écrasement total de Blücher et de sa mise hors jeu. Blücher voulait certainement se battre, comme il l'a voulu à Lutzen et à Bautzen. Mais, s'il rompt le combat, il se trouve, lui aussi, maître de sa ligne de retraite.

qu'après la bataille de Ligny. Il n'a pas su discerner les principes et se servir de la méthode déductive. Il a simplement tiré des conclusions faciles après le demi-succès. (V. cette étude, préface p. II et 110.)

(1) M. HOUSSAYE, p. 260, « forte position défensive qu'il avait reconnue l'année précédente, lors de son passage à Bruxelles ».

(2) Il est nécessaire que la masse centrale, jointe aux corps qui constituent la couverture, assure au généralissime « des forces supérieures » à celles de l'ennemi et par suite une victoire certaine. V. Général BONNAL, *De Rosbach à Ulm*, p. 263.

En raison des conventions du 3 mai, que nous connaissons par des faits antérieurs, dont nous avons le droit de faire état, nous sommes amenés à des déductions naturelles, que Napoléon, s'il n'eût été abusé par le mépris de l'ennemi et probablement par une idée préconçue, pouvait facilement imaginer. Il est certain que Blücher dirigera ses corps d'armée dans une direction concordante avec celle des troupes anglaises. Aucun obstacle ne s'oppose à lui. Nous sommes dans les plaines de Belgique et non dans les Apennins. On ne peut lui barrer le chemin dans une gorge. Les rivières, comme la Dyle, ne sont que des ruisseaux guéables. Donc, si Blücher rompt le combat, tout est à recommencer. Et qui pouvait répondre qu'il ne le romprait pas?

Nous voici donc ramenés au même point capital, à celui qui domine tout, qui devait être la préoccupation essentielle de l'Empereur : écraser Blücher. C'est de là, et uniquement de là, que tout dépend, et les Quatre-Bras n'ont rien à voir dans la solution définitive du problème.

L'erreur de la plupart des historiens est de considérer que la question à résoudre se décompose en deux parties d'égale importance, alors que l'une est cent fois plus grave que l'autre. C'est à Fleurus, Sombreffe ou Ligny, que devaient se jouer les destins de la France. Par suite, il importait de tout subordonner au résultat essentiel, de concentrer vers Sombreffe toutes les forces qu'il était humainement possible de ramasser, et, si Napoléon confiait une mission secondaire au maréchal Ney, il convenait par-dessus tout de lui expliquer nettement qu'il devait jouer le jeu accessoire, non le principal, éviter de s'engager à fond, garder uniquement le flanc gauche de l'armée. Mais, alors, il ne fallait pas le lancer « tête baissée » sur les Quatre-Bras. Ce fameux « tête baissée » constitue peut-être la plus formidable erreur de la campagne de Waterloo.

Comprise dans ce sens, la manœuvre de Ney eût présenté un autre avantage, qui n'était pas à dédaigner. Il suffisait de ne pas tomber dans le piège contre lequel Napoléon a voulu prévenir tous les généraux futurs (1) et ne pas marcher sur les Quatre-Bras. En se postant vers Frasnes et, dès que la bataille de Sombreffe eût été engagée, en barrant de Frasnes à Marbais les routes de Charleroi et de Namur, le maréchal Ney eût attiré les quelques détachements anglais prêts à marcher le 16 au matin, sur le terrain de combat choisi par lui. Donc, il ne subordonnait pas sa pensée à celle de Wellington, mais il forçait celui-ci à subir l'ascendant de sa volonté. Précisément en ce qui concerne les Anglais, les enseignements de l'histoire sont formels : ils nous apprennent de quelle puissante énergie ils sont susceptibles dans la défensive, et de quelle importance est vis-à-vis d'eux la manœuvre, au lieu de l'action directe, front contre front. Sans remonter dans le cours des siècles, les batailles de la guerre d'Espagne constituaient une leçon suffisante.

D'autres raisons capitales doivent intervenir. Le principe de l'économie des forces — idée géniale de Carnot (2) — s'applique aux opérations stratégiques aussi bien qu'aux mouvements tactiques. Pour remplir sa mission secondaire, le maréchal Ney n'avait pas besoin de 47 000 hommes. La moitié eût suffi. De cette manière, l'Empereur eût disposé de 100 000 hommes contre Blücher et eût été dès lors certain de sa destruction. Il a donc manqué à la loi de concentration la veille d'une bataille. Il a cru pouvoir se diviser impunément. Il a poursuivi deux buts à la fois, comme dans la fatale campagne de 1813. Ce double effort imprime à la manœuvre de Charleroi et à la préparation de la bataille contre Blücher un caractère étrange d'indécision et de lenteur.

Nous savons maintenant quels défauts et quels dangers présente « le beau plan stratégique conçu à Paris par Napoléon » (3). Le motif de l'erreur ne nous étant pas encore absolument révélé, nous devons nous contenter de noter les

---

(1) Maxime d'ordre général et absolu. (*Mémoires*, t. VII, p. 97.)
(2) Général BONNAL, *De Rosbach à Ulm*, p. 91, 99, 109.
(3) M. HOUSSAYE, p. 123.

principes et les faits. Nous avons vu l'exécution si médiocre et si regrettable du côté de Fleurus. Examinons les actes du côté de Bruxelles.

EXÉCUTION DE LA MANŒUVRE DES QUATRE-BRAS DANS LA JOURNÉE DU 15

Le 15, vers 3 heures de l'après-midi (1), Ney fait son apparition à l'armée. Il rejoint l'Empereur près de Charleroi. Napoléon lui donne les instructions (2) que nous avons textuellement rapportées (3) et que nous admettons sans discuter l'authenticité d'un seul mot. Ney n'a été prévenu de se rendre en Belgique que par un ordre en trois lignes du 11 juin (4). On constatera que dans les instructions qui lui sont données le 15 (3-4), dans celles qui sont rapportées par Thiers (5), le colonel Camon (6), M. Houssaye (7) et tous les adeptes de la tradition, il n'est pas dit un mot du concept général de la manœuvre. Ney, maréchal d'empire, duc d'Elchingen, prince de la Moskowa, commandant en chef de l'aile gauche, est aussi mal renseigné à cet égard que le premier voltigeur de Reille. « Donner tête baissée sur tout ce qu'il rencontrerait sur la route de Gosselies à Bruxelles et prendre position au delà des Quatre-Bras... » voilà tout ce qu'il emporte comme bagages en galopant vers le corps de Reille.

Il semblerait naturel que l'Empereur lui cause en tête à tête quelques minutes et lui dévoile le fond de sa pensée. Si le commandant du tiers de l'armée ne connait pas les inten-

---

(1) M. Houssaye, p. 121 : « il était un peu plus de 3 heures », dit M. Houssaye.
(2) *Mémoires*, t. IX, p. 71 et 72.
(3) Voir cette étude, p. 158.
(4) N° 22042. *Correspondance*, p. 273.
(5) Thiers, t. IV, p. 510, col. 1 et 2.
(6) Colonel Camon, *Précis*, t. II, p. 171.
(7) M. Houssaye, *1815*, p. 121, 122, 123.

tions secrètes de Napoléon, qui donc les connaitra et qui donc sera en mesure de les remplir? Jamais le terrible « Personne ne c nnait sa pensée » (1) n'a été plus implacable qu'en 1815. La position exacte de l'aile droite, la direction de sa marche, son but, l'emplacement du centre, l'appui que Napoléon prêtera à l'une ou à l'autre des ailes, les forces et les projets de l'ennemi, toutes ces données indispensables à la conduite d'une opération de quelque envergure font défaut au maréchal. Aucun document, favorable à sa thèse ou hostile, ne prouve qu'il en connaissait une syllabe.

Nous saisissons ici sur le vif le système fatal de « l'ordre découpé par tranches » (2), qui fonctionna pour le plus grand malheur de l'Empereur et des armées pendant les guerres napoléoniennes. Ce système était, comme je l'ai démontré d'après les documents irréfutables du général Bonnal, la conséquence du caractère personnel de Napoléon « tout secret et mystère » (3).

Au début de la campagne de 1815, quatre heures après la traversée de la Sambre, les destinées s'accomplissent. La volonté absolue de l'Empereur maintient son système. Certes, il suffirait largement de cette preuve pour réfuter toutes les hypothèses de maladie et d'affaiblissement (4). L'homme qui, dans des circonstances aussi tragiques, maintient froidement sa méthode ordinaire, sans varier ni faiblir une seconde, est doué d'une puissance intellectuelle et d'une énergie que des maladies vulgaires n'atteignent pas.

Les problèmes de Waterloo, dont la solution exacte présente tant d'avantages pour l'enseignement de l'histoire et de la stratégie, ne doivent pas être circonscrits dans les étroites limites d'un procès entre Napoléon et Ney. L'étude

---

(1) Général BONNAL, *Vie militaire du maréchal Ney*, p. 367 et 370.
(2) ID., *De Rosbach à Ulm*, p. 185, 197. Le général Bonnal parle des « procédés de commandement » de Napoléon et dit : « Ceux-ci se sont transmis jusqu'à nos jours, et en 1870 ils ont eu les conséquences les plus funestes. »
(3) Général BONNAL, *Manœuvre d'Iéna*, p. 128; *Manœuvre de Vilna*, p. 59.
(4) Cette seule preuve suffirait pour anéantir l'hypothèse du colonel Charras reproduite par le colonel Grouard. Voir mes citations, p. 62 à 64.

attentive des événements nous contraindra à prendre parti dans un sens ou dans l'autre, mais sans que jamais une question si haute soit rabaissée au niveau de polémiques étroites et de personnalités offensantes. Le génie de Napoléon et la réputation du maréchal ne sont pas à la merci d'une erreur commise par l'un ou par l'autre.

Citons d'abord les faits. Comme à l'habitude, je n'admets que la version considérée comme la plus authentique. En conséquence, je ne m'abandonnerai à aucune controverse d'heures et de montres opposées, réservant ma liberté d'appréciation pour ce qui concerne les principes de stratégie ou de tactique. La tactique s'étant modifiée d'une manière inouïe depuis 1815, je ne relate que les incidents strictement utiles, ceux qui se prêtent à l'éclaircissement d'un problème historique ou peuvent servir aux enseignements de l'avenir.

Ney, après avoir quitté l'Empereur, établit trois divisions de Reille autour de Gosselies, détache la quatrième en avant, près de la voie romaine, et ne lance dans la direction des Quatre-Bras que la cavalerie de la Garde (1). Les avant-postes de l'ennemi (troupes de Nassau) opposent une certaine résistance à Frasnes. Cette résistance est brisée par une menace de mouvement tournant effectué par Lefebvre-Desnouettes. Les troupes de Nassau se retirent vers les Quatre-Bras, où les rejoint le prince Bernard de Saxe-Weimar avec deux bataillons de renfort. Ney se porte à l'avant-garde, tâte l'ennemi et se replie sur Frasnes, où il établit la division Lefebvre-Desnouettes, puis sur Gosselies.

Tels sont les faits brièvement rapportés d'après la narration de M. H. Houssaye (2). La narration complète présente une contradiction et un oubli, tous les deux fort graves. D'abord, la contradiction. M. Houssaye nous prévient que la division prussienne Steinmetz se retire vers Heppignies, et il ajoute immédiatement après que « la route de Bruxelles

(1) H. Houssaye, p. 129.
(2) Id., p. 120 à 133.

était libre » (1). Or Heppignies se trouve à peu près à moitié chemin entre la route de Bruxelles et celle de Charleroi à Sombreffe. En conséquence, cette position constituait un danger sérieux pour le flanc droit de Ney. On ne peut pas dire que l'armée prussienne avait disparu de son horizon. La preuve formelle de ce fait réside dans la marche de la division Girard, lancée sur Vangenies à 8 heures du soir par ordre de l'Empereur, et qui, à cette heure tardive, échange des coups de feu avec les Prussiens d'Heppignies (2).

Quant à l'oubli, il n'est pas négligeable, car il s'agit de la canonnade de Gilly, que, vu les distances, Ney entendait parfaitement (3). Le combat du côté de l'aile droite ne finit qu'à la nuit (4). Quelle conjecture Ney pouvait-il en tirer?

Pour juger Ney, essayons de nous substituer à lui. Il a reçu l'ordre de marcher « tête baissée ». Une telle mission s'applique-t-elle sérieusement à un homme de son caractère et revêtu d'un grand commandement? Qu'un généralissime, harcelé par l'ennemi, veuille obtenir un résultat décisif, coûte que coûte, sur un point restreint et lance une modeste unité tactique avec ordre absolu de se sacrifier pour le salut de l'armée, le fait est admissible, explicable, parfois nécessaire. Était-ce le cas? Au point de vue stratégique, la question est jugée, et je n'y reviendrai pas. Mais, au point de vue de l'obéissance militaire, la dignité du maréchal et l'importance de son détachement exigeaient-elles une servitude littérale, passive, sans réflexion?

L'écrivain qui n'a pas médité sur la véritable discipline est enclin à prendre les paroles dans le sens le plus strict. Mais cette discipline ne doit s'exercer que « pour le bien du service et l'exécution des règlements ». En matière de stratégie, règlement signifie principe. La marche « tête baissée »

---

(1) M. Houssaye, p. 129.
(2) Id., p. 129, note 1, deuxième paragraphe.
(3) Jomini, t. XXII, p. 155.
(4) M. Houssaye, p. 127, note 4, « il faisait nuit noire ».

est celle d'un aveugle ou d'un fou. Or le premier devoir d'un chef est de voir clair.

Pour ne citer que 1813, l'exécution littérale d'ordres analogues avait coûté trop cher aux généraux français pour qu'ils ne fussent pas avertis et sur leurs gardes. Vandamme l'avait essayée, cette fameuse marche « tête baissée », et il avait abouti à Kulm, un des plus complets désastres qu'un commandant de corps d'armée puisse essuyer. Ney l'avait exécutée en marchant sur Dennewitz. Encore pour Dennewitz, peut-on prétendre que la direction de la bataille fut défectueuse. Mais il existait un souvenir auquel personne n'a encore songé et qui certes était de nature à influer sur l'imagination de Ney. Dans les marches qui suivirent Bautzen, un des meilleurs divisionnaires du prince de la Moskowa, Maison, avait éprouvé le terrible effet d'une surprise (1). Maison était un véritable chef de grand bon sens, de très haute intelligence, prudent, ferme, hardi, énergique. La route qu'il suivait semblait n'offrir aucun danger. Comme toutefois, par une sorte de pressentiment, il exprimait certaines appréhensions, Ney l'avait raillé de ses craintes et, stimulé par Napoléon, l'avait poussé en avant. Les craintes n'étaient que trop fondées. Une irruption foudroyante de la cavalerie prussienne sur le flanc droit des troupes avait converti l'étape en déroute.

Pense-t-on que Ney avait perdu la mémoire? Les amateurs d'opérations dans le vide, ceux qui préconisent la marche dans l'espace dégagé d'ennemis, tireront argument de ce qu'en face de lui Ney rencontra peu d'obstacles. M. Houssaye nous dira lui-même que « l'ennemi paraissait en désarroi. De toute la journée (journée du 15) on n'avait pas aperçu un uniforme anglais » (2). Il est des silences qui ne sont pas rassurants. Maison, le jour d'Haynau, cinq minutes avant la surprise, n'avait pas aperçu d'ennemis.

---

(1) THIERS, t. III, p. 414, col. 2; CLAUSEWITZ, *Campagne de 1813* (traduction du commandant Thomann), p. 53 à 55.
(2) M. HOUSSAYE, p. 135.

Il est vrai que l'armée de 1815 disposait d'une cavalerie fort supérieure en qualité et en nombre à celle de 1813. Mais devait-on exiger que Ney se flanquât sur la droite, fût inquiet (canonnade de Gilly) sur ses derrières, et que, malgré tout, il courût vers l'inconnu, avec un aplomb infernal et « tête baissée » ? Le premier acte à accomplir, dans la situation où il se trouvait, vu les renseignements dont il disposait (1), était de tâter l'ennemi et de reconnaître à qui il avait affaire. C'est ce qu'il fit.

Il est certain que, si Napoléon l'avait assuré d'une sécurité complète dans les directions autres que la route de Bruxelles, et notamment vers Fleurus, ma conclusion serait différente. Mais Napoléon, suivant son habitude, garda ses confidences pour lui seul. Il était donc naturel que Ney fût prudent. M. Houssaye nous dit à propos de la prise de commandement de Ney : « Grouchy arriva comme l'Empereur achevait de donner ses instructions au maréchal Ney, qui partit sur-le-champ (2). » Y eut-il conversation entre Napoléon, Ney et Grouchy ? Personne au monde n'a jamais été et ne sera jamais en mesure de l'affirmer. Et quand même Ney aurait su que Grouchy se trouvait à Gilly vers 3 heures de l'après-midi, quelle déduction pouvait-il en tirer, quand il entendit la canonnade de 7 heures du soir ? S'agissait-il de succès ou de défaite ? La liaison entre Napoléon et l'aile gauche fut déplorable dès le 15.

Le meilleur parti à prendre, puisque l'armée était divisée en deux ailes et un centre — nous ne le savons pas encore officiellement, mais les faits nous le démontrent — eût consisté à tenir chaque détachement au courant, heure par heure, des progrès accomplis dans un sens ou dans l'autre. De cette manière Napoléon, Grouchy et Ney auraient connu l'échiquier de la manœuvre et su exactement sur quoi compter. Mais ces relations étroites de confiance mutuelle n'étaient pas dans les habitudes de l'armée napoléonienne,

(1) Voir cette étude, p. 168 et suiv.
(2) M. Houssaye, p. 124.

ou bien, si l'Empereur jugeait utile qu'on l'informât par de fréquentes missives, en retour lui-même ne fournissait aucune donnée à un commandant de corps sur les mouvements de ses voisins (1).

Accomplissons en conscience notre devoir de critique et scrutons à la loupe les instructions données par l'Empereur au maréchal. Si l'on relit attentivement la page des *Mémoires* (2), on voit que rien, absolument rien n'est prévu en ce qui concerne la résistance de l'armée anglaise. Nous ne sommes pas en mesure d'affirmer que, dès cette minute, Napoléon la considérait comme négligeable et envisageait l'occupation des Quatre-Bras comme une opération de tout repos, mais toutefois les termes de son ordre nous y invitent fortement. S'il ne prévoyait pas la bataille, pourquoi confiat-il à Ney le tiers de son armée? S'il en prévit une, pourquoi prit-il le parti de l'enfoncer dans cette impasse?

En somme, la critique de principe que l'examen minutieux — phrase par phrase — de l'ordre de Napoléon suggère contre le détachement de Ney, reproduit la critique irréfutable qu'on peut opposer à toute divergence d'efforts la veille d'une action décisive, action qui en 1815 ne devait concerner que Blücher. Ney avait beaucoup trop de troupes pour une reconnaissance ou l'occupation d'un point stratégique, trop peu pour une bataille. Le nombre, qui n'est pas négligeable à la guerre, était excessif ou insuffisant. La note juste manquait. Donc, erreur de principe.

En l'absence de texte, de documents, les raisons de l'erreur nous échappent encore. Toutefois, à force de rétrécir le champ des hypothèses, nous pouvons déterminer, sinon la vérité positive, du moins la vérité intuitive. Les commentateurs ont cru juste d'insister sur la grande théorie des ruptures stratégiques. Napoléon connaissait mieux que le stratégiste le plus raffiné de ses admirateurs les conditions de temps et d'espace nécessaires à la création d'une zone de

---

(1) Voir *Psychologie de Napoléon*, p. 69 et suiv.
(2) *Mémoires*, t. IX, p. 71 à 72.

manœuvres. Il savait que la manœuvre controversée était inutile si l'on n'envisageait que la notion de durée, impraticable si l'on mesurait l'espace.

La méditation de son ordre à Ney nous impose des réflexions bien différentes de celles des commentateurs. Cette manœuvre pour laquelle il se borne à des renseignements si vagues, si imprécis, sans prévoir d'obstacles sérieux, dont il ne s'occupe plus tout le reste de la journée, pour laquelle il ne demande même pas un rapport immédiat, cette marche sur les Quatre-Bras lui semblait-elle réellement indispensable, lui tenait-elle vraiment au cœur ? Il est permis d'en douter, et le doute projette une lueur singulière. Peut-être Napoléon ne voulait-il produire qu'un effet provisoire, momentané, ou simplement jeter l'amorce d'une manœuvre ultérieure. Dans ce cas, la marche de Ney n'aurait été que le prélude d'une action plus importante dirigée par l'Empereur en personne.

S'il avait songé à une lutte sérieuse contre les Anglais dans le délai de deux jours, il eût certainement adopté un dispositif différent, moins vague et moins dangereux. L'offensive du maréchal ne doit produire, d'après lui, qu'un refoulement normal et progressif d'avant-postes, non susceptible d'occasionner une catastrophe, de mettre l'armée en péril. La logique se refuse à admettre qu'il ait consenti, de propos délibéré, à se priver d'un tiers de ses forces pour une entreprise aléatoire. En un mot, ce qu'il a voulu, dans le fond de sa pensée — autant que nous pouvons la déterminer dès le 15 — c'est une démonstration contre les Anglais, une simple démonstration, qu'il suppose devoir être imposante et décisive, et qui — d'après lui — ne le privera ni de ses facilités de manœuvre, ni des réserves dans lesquelles il entend puiser à sa guise. On voit qu'il s'agit de tout autre chose que d'une rupture stratégique.

Un détail, qui n'a jamais été commenté, ajoute son reflet à la lueur de vérité qui commence à poindre. Il se produisit au cours de cette manœuvre des Quatre-Bras un incident piquant, incident qui par lui-même semble n'avoir aucune importance et a été négligé de la plupart des historiens, mais qui, analysé à fond, nous éclaire sur la psychologie de l'Empereur et nous laisse entrevoir le fond de sa pensée, étude capitale pour l'historique de 1815. M. Houssaye rapporte ces mots de Napoléon, au moment de la prise de commandement de Ney : « Je vous donne la cavalerie légère de ma Garde, mais ne vous en servez pas (1). » Il s'agit de la division Lefebvre-Desnouettes (chasseurs et lanciers). Or Ney s'en servit, et M. Houssaye, indigné, écrit : « On remarquera que, au mépris des ordres de l'Empereur de ne pas employer la cavalerie de la Garde, Ney envoya précisément ce corps d'élite à l'avant-garde, alors qu'il avait Piré sous la main (2). »

Que peut bien signifier, en style militaire et dans une manœuvre d'armée, ce corps de cavalerie prêté par le généralissime avec défense de s'en servir? C'était donc un simple épouvantail que Ney aurait eu le droit de montrer aux Anglais, mais qui ne devait pas jouer dans l'action! Quel mépris Napoléon concevait-il donc de l'ennemi? Comment pouvait-il supposer qu'un homme comme Wellington s'en laisserait imposer par l'uniforme de la Garde?

S'il ne s'agissait que d'un fait isolé, je n'insisterais pas, mais c'était chez l'Empereur une lointaine et malheureuse habitude que de spéculer sur des effets d'imagination qui n'ont rien à voir avec un véritable effet moral. Depuis de longues années, il prenait ses rêves pour des réalités concrètes. J'ai déjà suffisamment cité 1813, où les exemples d'illusions tenaces et fausses éclatent à chaque pas, surtout dans la campagne d'automne. La manœuvre de Vilna constituera un enseignement du passé plus original et aussi probant. Dès le 28 mai 1812, le général Bonnal note cette recherche de l'effet illusoire (3). Il la juge sévèrement et

---

(1) M. Houssaye, p. 122.
(2) Id., p. 130, note. Deuxième paragraphe.
(3) *Manœuvre de Vilna*, p. 41.

écrit : « Employé à l'égard d'un adversaire faible ou pusillanime, le moyen peut réussir; mais il échouera lorsque le commandement opposé disposera d'un bon service de renseignements et qu'il basera ses résolutions non sur des mots, mais sur des faits. » En 1812, Napoléon s'acharne à cette erreur capitale (1).

Si l'on rapproche, toutes proportions gardées, ces procédés étranges de mirage et d'illusionnisme essayés en Russie et en Allemagne du bizarre incident concernant Lefebvre-Desnouettes, on voit qu'en somme il s'agit de la même intention : présenter à l'ennemi un épouvantail, dont l'apparence suffira pour obtenir un résultat pratique. C'est, comme l'a très bien démontré le général Bonnal pour 1812, tenter l'impossible. On avouera qu'il n'existait aucun motif sérieux, émané du véritable esprit de la discipline militaire, pour que Ney s'encombrât de cette imaginaire puérilité et ne se servît pas de la cavalerie de la Garde. Si Napoléon ne voulait pas qu'il en use, il existait un moyen bien simple : ne pas la lui confier.

L'avantage incontestable de cette remarque est d'affirmer la conviction que Napoléon n'a songé qu'à une marche sans péril du côté des Quatre-Bras, et que cette manœuvre tant discutée ne fut en réalité, dans sa conception du 15 juin, que l'amorce d'une opération ultérieure. Peu importait dès lors que, le soir du 15, Ney s'arrête à Gosselies, à Frasnes ou pousse au delà. Comme je l'ai expliqué dans l'étude psychologique du prince de la Moskowa, étayée par les renseignements du général Bonnal (2), Ney possédait un sens très fin et très juste de la guerre. Pour lui, cette manœuvre ne présageait rien de bon. La brusquerie de son entrée en campagne, l'ignorance complète où il se trouvait, en prenant, au

---

(1) *Manœuvre de Vilna*, p. 42, 43. « Les moyens qu'emploie Napoléon, dit le général Bonnal, pour retenir Bagration au sud de Brzesc sont insuffisants, car ils reposent presque uniquement sur la pusillanimité de ce général. » Voir p. 45, 47, 48, 87.

(2) *Vie du maréchal Ney*. « La bataille de Guttstadt fait le plus grand honneur au 6ᵉ corps et à son chef », p. 450, 469. Je ne cite qu'un seul épisode.

débotté, sans même respirer une heure, le commandement de deux corps d'armée et de deux divisions de cavalerie, son lancement immédiat en terrain inconnu, la présence des Prussiens vers Heppignies, les coups de canon de Gilly, toutes les données incertaines du problème et les incidents de la soirée l'incitaient à une prudente défensive.

CONCLUSION SUR L'OPÉRATION DES QUATRE-BRAS DANS LA JOURNÉE DU 15

Au point de vue stratégique, le maréchal n'a commis aucune faute. Bien au contraire, son bon sens naturel et un mouvement de sagesse réfléchie lui inspirèrent une résolution qui, maintenue le 16, eût permis à Napoléon de disposer de toutes les forces nécessaires à l'écrasement de Blücher. Pour décider d'une opération militaire quelconque, il importe que le généralissime distingue nettement l'essentiel de l'accessoire, et qu'il écarte impitoyablement ce qui n'est pas indispensable. Il est fort rare qu'à la guerre les situations soient simples. La complexité des éléments en jeu invite à s'égarer sur plusieurs directions. Il convient que la volonté réagisse contre ces tentations funestes. Personne au monde n'a jamais disposé d'une volonté plus puissante que Napoléon. Malheureusement l'orgueil (1) obscurcissait la netteté de sa vision. Il avait fini par se persuader qu'il pouvait impunément commettre les fautes qu'il eût vivement reprochées à l'un de ses lieutenants.

Multiplicité des buts poursuivis, division de ses forces en face de l'ennemi, concentration imparfaite la veille d'une bataille, tout ce qui l'eût frappé chez un autre comme une erreur énorme, lui apparaissait chez lui comme un jeu natu-

---

(1) Général BONNAL, *Manœuvre de Landshut*, p. 164, 165, 185, 226, 235, 239, « l'orgueil a été pour l'astre napoléonien ce qu'est la pesanteur pour les corps en mouvement, une force amenant fatalement la chute. Iéna marque le zénith ».

rel de ses forces, une résultante facile de sa puissance géniale. Il se trompait parce qu'il était convaincu qu'il ne pouvait pas se tromper.

Notre conclusion pour les Quatre-Bras sera donc exactement contraire à celle que nous avons présentée pour Sombreffe. La différence des situations explique celle des solutions. Sombreffe représentait le but essentiel. Donc il fallait y porter tous les corps, sauf un, soit Vandamme, Gérard, la Garde, Grouchy, Lobau et d'Erlon, dès le 15 au soir, afin de frapper le coup décisif le 16 au matin. Les Quatre-Bras ne constituaient qu'un but secondaire. Si aucune attaque violente ne lui donnait l'éveil, une fraction des troupes de Wellington — une fraction seulement — pouvait être dangereuse dans la journée du 16, au plus tôt vers midi ou 2 heures. Par suite, le corps de Reille et une division de cavalerie suffisaient pour cette mission de flanc-garde. Posté le soir du 15 vers Frasnes, étendu le 16 au matin, après le départ des Prussiens d'Heppignies, vers la chaussée de Namur, ce détachement eût largement suffi à sa mission, assuré Napoléon d'une sécurité complète pour son flanc gauche. Une fois Blücher écrasé et hors jeu, la partie contre les Anglais devenait si facile qu'il n'y a pas lieu de pousser plus loin les hypothèses. On voit qu'il est parfaitement inutile de faire intervenir les grands mots de rupture stratégique et de création de zone de manœuvre (1), mots fort justes quand le terrain le permet, fantastiques quand l'espace manque, et qu'il n'y a pas lieu non plus d'admirer comme M. Houssaye le développement du « beau plan stratégique conçu à Paris (2) ».

Cette admiration est d'autant plus inutile qu'aucun document ne nous prouve que Napoléon ait rêvé une seconde le plan que ses commentateurs lui prêtent. Au contraire, j'ai déjà démontré en partie — en attendant les preuves ultérieures — que Napoléon n'a pensé à rien de ce qu'on lui suppose, et que sa conception personnelle fut toute diffé-

(1) Colonel Grouard, p. 17 et 18.
(2) M. Houssaye, p. 123.

rente. Quand l'Empereur se trompe, il importe — avant d'imaginer une manœuvre plus ou moins juste et des innovations stratégiques des plus suspectes — de rechercher dans sa psychologie quel peut être le motif de l'erreur. C'est là et uniquement là qu'on le trouvera. D'ailleurs, en parlant de psychologie je ne parle pas de maladie, et je me refuse à accepter sur ce point un seul mot de la thèse de Charras, reprise par M. Grouard (1). Le génie de l'Empereur et sa volonté sont intacts. Les maladies dont parle Charras — elles sont fort connues, nullement mystérieuses — n'ont aucune prise sur un cerveau d'une puissance prodigieuse comme celui de Napoléon. L'Empereur s'est trompé sciemment et volontairement, parce qu'il ne pouvait considérer une pensée personnelle et méditée comme une erreur. L'avenir nous en dévoilera la raison.

HISTORIQUE DE LA QUESTION DES QUATRE-BRAS LE 15
OPINIONS DE NAPOLÉON ET DE DIVERS HISTORIENS

Napoléon a prononcé trois jugements sur la journée du 15. Examinons-les successivement (2). « Les deux armées ennemies étaient surprises, leurs communications déjà fort gênées. Toutes les manœuvres de l'Empereur avaient réussi à souhait; il était désormais le maître d'attaquer en détail les armées ennemies; il ne leur restait, pour éviter ce malheur, le plus grand de tous, que le parti de céder le terrain et de se réunir sur Bruxelles ou au delà. » Ce premier jugement donne complètement raison à ma thèse en ce qui concerne les Quatre-Bras. L'Empereur n'attache aucune importance au retard de Ney. Je ne m'occupe pas de ce que les commentateurs et certains enthousiastes trop zélés ont

---

(1) Il est question de la thèse de la maladie, pour laquelle j'ai fourni toutes les citations nécessaires. Voir p. 62 à 64.
(2) Premier jugement. *Mémoires*, t. IX, p. 77.

ajouté à ses *Mémoires*. L'impression qui ressort avec évidence de ce passage, est une impression de contentement. Napoléon considère son but comme atteint. Il ne prévoit pas de résistance. Les ennemis sont surpris en flagrant délit de dispersion. Ils doivent — d'après lui — être démoralisés, peut-être frappés de terreur. Il ne leur reste plus qu'à s'enfuir. C'est l'optimisme le plus complet, l'illusionnisme le plus décevant. Comme trophée de victoire, il a fait perdre 1 500 hommes à Zieten, et il s'imagine que Wellington, Blücher et 220 000 hommes vont s'évanouir dans l'espace. Tout commentaire serait superflu.

Le second jugement ne concerne plus les Quatre-Bras pour la journée du 15. Dans sa troisième observation (1), il ne reparle de Ney qu'à propos des opérations du 16. Donc, le maréchal est actuellement hors de la question. Toutefois, une ligne est fort intéressante, car Napoléon dit : « Dans les autres campagnes, ce général eût occupé à 6 heures du matin la position en avant des Quatre-Bras... »

Six heures du matin ! Ces mots indiquent qu'il ne s'agit que du 16, puisque Ney arriva le 15 vers 3 heures de l'après-midi (2). Donc l'Empereur ne reproche nullement à Ney de ne pas avoir occupé cette position la veille. Il n'exprime pas le moindre regret, ne formule pas la plus légère allusion au soi-disant retard terrible et désastreux, à propos duquel des fleuves d'encre ont coulé depuis un siècle.

Mais, dira-t-on, Napoléon n'avait pas pour habitude de récriminer sur le passé. Quand les récriminations étaient sans portée, il les taisait en effet. Mais quand elles le touchaient au vif, il y revenait — et fort souvent. L'objection qu'on pourrait me faire au sujet des Quatre-Bras tomberait d'ailleurs à faux, car précisément dans cette troisième observation, Napoléon revient sur la question du retard de Vandamme et sur la marche vers Fleurus. Il écrit textuellement (3) :

---

(1) *Mémoires*, t. IX, p. 159 à 161.
(2) M. Houssaye, p. 121, 122.
(3) *Mémoires*, t. IX, p. 159.

« 1° Le 15 juin, le 3ᵉ corps devait prendre les armes à 3 heures du matin, et arriver devant Charleroi à 10 heures; il n'arriva qu'à 3 heures après-midi;

« 2° Le même jour, l'attaque des bois en avant de Fleurus, qui avait été ordonnée pour 4 heures après-midi, n'eut lieu qu'à 7 heures. La nuit survint avant qu'on pût entrer à Fleurus, où le projet du chef avait été de placer son quartier général ce même jour. Cette perte de sept heures était bien fâcheuse au début d'une campagne. »

La seule étude du terrain et des positions de l'ennemi, la méditation des principes stratégiques m'ont amené par la méthode déductive et rationnelle à conclure pour Sombreffe et pour les Quatre-Bras. Il était impossible que je rêve à l'appui de ma thèse une preuve plus formidable que les paroles de Napoléon. Pas un reproche pour Ney à propos du 15. La plus profonde amertume au sujet du retard de Vandamme et de la lenteur vers Blücher. Certes, il y a contradiction sur ce point entre le premier jugement et le second. Mais la perfection n'est pas de ce monde, et les détails importent peu. Le récit du début — premier jugement — a été dicté dans le feu de l'improvisation. C'est le premier jet brûlant de la pensée impériale. Mais la troisième observation constitue le jugement définitif. Par un coup d'œil génial — et d'une mélancolie grandiose — Napoléon se reporte vers le passé. Il revoit cette route de Fleurus au bout de laquelle était la victoire — où s'est joué le destin de l'Empire et de la France — et les deux vraies causes du désastre lui arrachent un cri de regret dont la profondeur et la portée sont incomparables. L'encombrement de Charleroi, — ce défilé qui entrave ses colonnes, qui brise la rapidité de la marche, — et la lenteur des attaques, le rendez-vous de Fleurus manqué, la concentration compromise! On devine ce qu'il ne dit pas : la bataille décisive retardée. Au jeu terrible de la guerre, il sait mieux que personne ce que pèsent les données éternelles du temps et de l'espace.

Ces deux premiers jugements de Napoléon solutionnent

définitivement la question des Quatre-Bras dans la journée du 15. La marche de Ney n'était qu'un mouvement secondaire, l'amorce d'une opération au sujet de laquelle l'Empereur ne veut pas encore s'expliquer, mais l'occupation ou la non-occupation des Quatre-Bras, le 15, ne furent dans sa pensée qu'un accessoire peu important. L'objectif capital, c'était Fleurus. J'ai expliqué les causes de l'encombrement de Charleroi (1). Il est inutile d'y revenir.

A titre historique et documentaire, je citerai un troisième jugement de Napoléon se rapportant à la journée du 15. Mais il ne s'agit plus d'une observation calme et mesurée. Napoléon, sous le coup d'un mouvement de colère, lutte contre un adversaire qui l'irrite. Je discuterai toutefois ses réflexions, mais, comme le lecteur en pourra juger, elles ne participent plus de la valeur des deux premiers jugements.

Les problèmes de Waterloo sont tellement enchevêtrés qu'il est toujours difficile, parfois impossible, de les séparer nettement, de les sérier dans un ordre impeccable. A propos de ce troisième jugement, je suis contraint de faire allusion à des faits ultérieurs.

Répondant aux *Considérations sur l'art de la guerre* du général Rogniat, ouvrage partial dans lequel on rencontre quelques aperçus justes noyés dans une foule d'erreurs, Napoléon écrit (2) : « Le 15 au soir, son armée ne resta pas à Charleroi ; les corps du général Vandamme et du maréchal Grouchy bivouaquèrent dans les bois à un quart de lieue de Fleurus. Le prince de la Moskowa, après s'être battu toute la journée, coucha à Frasne, ayant des vedettes sur les Quatre-Bras. Il était impossible d'occuper Sombreffe, puisque déjà, indépendamment du corps du général Ziethen, le IIe corps prussien, celui du général Thielman, y étaient arrivés de Namur. L'armée fit 10 lieues dans cette première journée, par des chemins de traverse dans un pays coupé. L'intention de Napoléon était que son avant-garde occupât

---

(1) Voir cette étude, p. 139 et suiv.
(2) *Mémoires de Sainte-Hélène*, t. VIII, p. 195, 196.

Fleurus en cachant ses troupes derrière les bois près de cette ville ; il se fût bien gardé de laisser voir son armée et surtout d'occuper Sombreffe. Cela seul eût fait manquer toutes ses manœuvres ; car alors le maréchal Blücher eût été obligé de donner Wawre pour point de rassemblement à ses troupes : la bataille de Ligny n'eût pas eu lieu, l'armée prussienne n'eût pas été obligée de livrer bataille, sans être rassemblée, et sans être soutenue par l'armée anglaise. »

Le texte de Napoléon est si clair qu'on devine les critiques de Rogniat sans qu'il soit besoin de les citer. Rogniat lui reproche de n'avoir pas gagné suffisamment de terrain dès le 15, et de n'avoir pas porté son avant-garde jusqu'à Sombreffe.

Les documents authentiques émanés de Napoléon, ou constatés par les adeptes les plus fervents de la tradition, démontrent que pour une fois Rogniat a vu juste et que la réfutation des *Mémoires* ne porte pas.

Il est évident que l'armée n'est pas restée à Charleroi, mais c'est vraiment prendre la critique de Rogniat trop à la lettre que de citer le nom de la ville. Le terrain gagné, soit du côté de Sombreffe, soit du côté des Quatre-Bras — je me place pour les Quatre-Bras au point de vue de la tradition — n'est en rapport ni avec l'importance de l'opération, ni avec les projets de l'Empereur. Dans sa lettre du 14 juin au prince Joseph (1), il écrit : « Demain 15, je me porterai sur Charleroi, où est l'armée prussienne ; ce qui donnera lieu à une bataille ou à la retraite de l'ennemi. » Donc, il ne regarde pas la retraite de Blücher comme une catastrophe qui ferait échouer tous ses plans, puisqu'il l'envisage froidement comme une des deux conséquences naturelles du débouché par Charleroi. Ou il y aura bataille, ou les Prussiens battront en retraite. Comme Napoléon sait que Blücher a préparé sa concentration à Sombreffe, son intérêt évident dans les deux cas est de pousser le plus loin possible dans cette direction.

---

(1) N° 22050. *Correspondance*, p. 280.

HISTORIQUE DE LA QUESTION DES QUATRE-BRAS

En cas de retraite, il accentue le mouvement. En cas de lutte, il rompt le système de bataille de l'ennemi, comme il l'a tenté la veille de Wagram (1).

De plus, Napoléon nous cite comme motif de son arrêt le 15, loin de Sombreffe, une concentration de deux corps prussiens dont il ne croyait pas la réalité possible à cette date, attendu que le 16, à 2 heures, soit une heure avant la bataille de Ligny, il n'estimait la force de Blücher qu'à un seul corps (2). La preuve authentique de ce fait se trouve dans l'ordre de Soult à Ney en avant de Fleurus, 16 juin à 2 heures (registre du major général) (3)... « L'ennemi a réuni un corps de troupes entre Sombreffe et Bry. » Soult, par ordre de l'Empereur, ordonne à Ney de « concourir à envelopper le corps » et insiste : « Si ce corps était enfoncé auparavant... » M. Houssaye dit : « L'Empereur estima justement qu'il n'avait en face de lui qu'un corps d'armée. » Toutes ces preuves détruisent la réfutation de Rogniat par Napoléon sur ce point spécial.

Quant au projet de dissimuler les troupes pour ne pas faire peur à Blücher, et l'empêcher de tourner les talons, c'était vraiment une crainte superflue, et qui, encore une fois, ne s'accordait ni avec l'intention de bataille, ni avec la version de retraite (lettre au prince Joseph). Napoléon nous laisse entendre qu'il a prévu la bataille de Ligny, alors qu'il n'y a pensé que le 16 fort tard, à 2 heures, et sous la pression de la nécessité, en raison de l'acharnement de Blücher à faire front (4). Il était d'ailleurs facile de prévoir cet entêtement d'après ce que Napoléon nous a déclaré savoir des projets de l'ennemi (5).

(1) Colonel CAMON, *Batailles*, p. 317.
(2) M. HOUSSAYE, p. 160.
(3) ID., p. 160, note 2.
(4) M. Houssaye écrit : « Le matin du 16 juin, il croyait Blücher en retraite et la route de Bruxelles libre » (p. 140). Donc, la lenteur de l'attaque dans la soirée du 15 et l'arrêt avant Fleurus ne proviennent nullement de la crainte de voir fuir Blücher.
(5) *Mémoires*, t. IX, p. 64 à 69. J'ai prouvé qu'il n'y avait pas lieu de concevoir la moindre crainte au sujet de la fermeté de Blücher et de son intention de

Remarquons en passant que Napoléon ne fait pas le moindre reproche à Ney, et qu'au contraire il approuve sa conduite du 15.

Parmi les commentateurs, il nous a paru judicieux d'exposer surtout ceux qui présentent les thèses les plus contraires : MM. Camon, Houssaye et Grouard. En discutant les deux premiers, nous examinons la tradition napoléonienne — ainsi nommée par habitude — bien qu'elle ne soit pas toujours d'accord avec Napoléon lui-même. En mentionnant M. Grouard, nous disposons de la thèse opposée, — je ne dis pas hostile, — car les jugements de M. Grouard sont toujours empreints d'une courtoisie irréprochable, et fortement documentés. Je ne fais d'ailleurs allusion qu'à des séparations arbitraires et conventionnelles. Les controverses pour l'éclaircissement des énigmes touffues de 1815 sont tellement entremêlées que les auteurs qui semblent tenir d'un camp se transportent parfois dans le parti adverse.

CRITIQUE DU COLONEL CAMON

Le colonel Camon (1) ne porte sur la journée du 15 qu'un jugement très bref. « Les ordres de Napoléon, dit-il, ne sont exécutés ni par Grouchy, ni par Ney », et plus loin : « Quoi qu'il en soit, l'armée est réunie au delà de la Sambre. » Sa théorie est fort simple : elle consiste à affirmer l'infaillibilité et la perfection absolue du plan de l'Empereur. Comme ce plan n'aboutit pas, il en résulte naturellement que tous les noms mêlés à l'affaire, Grouchy, Ney et Vandamme (2), sont les noms des coupables désignés d'avance et logiquement comme « boucs émissaires ». Ce point de vue a l'avantage de

---

livrer bataille. V. cette étude, p. 139 à 146. Mais cette crainte n'a nullement hanté l'Empereur, puisque le 16, à 2 heures, il ne croyait qu'à la présence d'un seul corps prussien.
(1) *Précis*, t. II, p. 172, et *Batailles*, p. 448.
(2) *Ibid.*, p. 172.

dispenser le lecteur de toute discussion approfondie, mais il laisse malheureusement les choses en l'état, attendu qu'un insuccès — et la manœuvre de Charleroi est un insuccès — ne s'explique pas par la perfection, et qu'après avoir lu le colonel Camon, l'esprit le moins curieux se demande avec angoisse pourquoi les troupes de Vandamme étaient fatiguées, pourquoi ce général n'a pas obéi à Grouchy, pourquoi Grouchy fut lent, et pourquoi Ney — le vigoureux et impétueux maréchal — s'est montré en apparence si mou et à peu près inerte. En définitive, le colonel Camon ne résout pas une seule inconnue du problème. Il les met imperturbablement sur le dos des exécutants. Tous ces points ont été élucidés par ma discussion, et je n'y reviendrai pas.

CRITIQUE DE M. HOUSSAYE

M. Houssaye se donne infiniment plus de peine que le colonel Camon. Il cherche bien davantage, et s'il méconnait la solution stratégique, ce n'est certes pas faute d'efforts. Au point de vue historique, il est documenté de la manière la plus intéressante. Nous exprimons le regret que, pour juger les opérations stratégiques, il n'ait pas fait intervenir les questions de principes, et ne se soit pas affranchi du joug pesant de la légende (1).

J'ai discuté ses assertions point par point (2). Mentionnons simplement sa dernière (3) : « Des stratégistes ont déclaré que Ney agit selon les vrais principes de l'art de la guerre. C'est bien possible. Mais si le prince Bernard de Saxe-Weimar avait entendu ces principes-là, il n'aurait pas obéi à l'inspiration de marcher aux Quatre-Bras avec deux batail-

---

(1) Notamment pour la question du « beau plan stratégique ». V. M. Houssaye, p. 123, et ma discussion, p. 196.
(2) Voir cette étude, p. 168 et suiv.
(3) M. Houssaye, p. 133.

lons, au risque d'y être écrasé par toute l'armée française? »

L'erreur de M. Houssaye sur ce point provient qu'il manque au principe directeur de toute critique. Il ne se substitue pas aux personnages dont il juge les actes. Le prince de Saxe-Weimar agit contrairement à Ney, parce que sa position est absolument inverse. Le maréchal Ney arrive à 3 heures de l'après-midi, commande des troupes dont il n'a pas pris le contact, sur un terrain qu'il n'a jamais vu, sait qu'une force prussienne indéterminée agit sur son flanc droit (Heppignies), entend le canon sur ses derrières (Gilly). Enfin — et dans cette remarque réside la principale cause de sa conduite — l'ordre dont il est chargé est aléatoire, erroné, dangereux. Tout au contraire, Bernard de Saxe-Weimar étudie le pays depuis deux mois, connait à fond ses troupes, le point de concentration, exécute la manœuvre banale d'un commandant d'avant-postes qui doit, en toute circonstance et sans attendre un seul ordre du général en chef, résister sur la zone de sûreté constituant la protection de l'armée, jusqu'à la dernière limite de ses forces, ou jusqu'à ce qu'il ait atteint le but que des instructions répétées lui ont prescrit depuis le 3 mai (1). Il est parfaitement tranquille et rassuré sur son flanc et ses derrières. Donc, il n'y a pas plus lieu de s'émerveiller de sa conduite, correcte et prévue, que de s'étonner des hésitations et des tâtonnements du maréchal Ney.

CRITIQUES DE M. GROUARD

J'ai discuté l'opinion de M. Grouard sur la rupture stratégique et la création de zone de manœuvres (2). J'ai donc

---

(1) Je cite la date de la convention de Tirlemont (M. Houssaye, p. 116), mais les Alliés étaient prêts bien avant. Ils se préparaient depuis le commencement d'avril. (M. Houssaye, p. 90.)

(2) Voir M. Grouard, p. 17 à 23, et ma discussion, p. 125 à 131, 161 à 167.

en même temps — autant que le lecteur jugera à propos de l'admettre — réfuté Jomini (1). Sur les opérations du début, l'opinion de M. Grouard ne diffère pas notablement de l'opinion traditionnelle. Mais il s'en écarte fortement dans le jugement qu'il porte sur Ney. Admettant la version de Charras, M. Grouard s'efforce de prouver que jamais Napoléon n'a donné dès le 15 au maréchal un ordre formel de pousser jusqu'aux Quatre-Bras (2). J'ai indiqué combien cette critique de détail — controverse purement personnelle — est peu importante en ce qui concerne le fond du débat (3). L'intérêt du lecteur, la passion invétérée de l'opinion publique, l'énigme angoissante, sont fixés, suspendus à une question unique : l'ordre de marcher sur les Quatre-Bras est-il juste ou faux? Peu importe qu'il ait été donné à 3 heures de l'après-midi, ou pendant la nuit, ou le lendemain matin. Était-il conforme aux données du temps et de l'espace, à la position des ennemis, aux forces dont l'Empereur disposait, oui ou non? Était-il bon ou mauvais? Tout le problème est là. Je pense l'avoir résolu (4).

M. Grouard, après Charras, ne blâme l'ordre à Ney que pour un motif secondaire : la manœuvre des Quatre-Bras et celle de Sombreffe devaient, d'après ces deux auteurs, être simultanées. Du moment que Sombreffe n'était pas atteint, il était dangereux de lancer Ney sur les Quatre-Bras, et le maréchal agit sagement en restant à moitié chemin (5).

En réalité (6) la manœuvre exécutée simultanément eût constitué de toute manière un mouvement faux et néfaste, en ce qui concerne les Quatre-Bras. Elle ne pouvait être juste que du côté de Fleurus. Offensive du côté des Prussiens, défensive du côté des Anglais, telle devait être la formule pratique, conforme aux lois du bon sens, de la

---

(1) V. Jomini, chap. xxii, p. 146 et 153.
(2) M. Grouard, p. 32.
(3) Voir mes discussions, p. 158 et suiv.
(4) Voir cette étude, p. 196 et suiv.
(5) V. Charras, p. 154 et note 1, p. 325 à 342; M. Grouard, p. 34 à 37.
(6) Voir ma discussion, p. 196.

stratégie, la seule réalisable avec les forces dont l'Empereur disposait. Il est bien entendu que, s'il eût possédé 200 000 hommes, le raisonnement serait tout autre. Mais les abstractions géométriques sont déplorables à la guerre. Nous ne devons envisager que les réalités concrètes, et par suite nous ne pouvons négliger la question du nombre. Donc, sur ce point, les critiques de Charras et de M. Grouard ne portent pas.

Il importait de ne pas considérer la question des Quatre-Bras par le petit côté d'une heure de plus ou de moins, d'un ordre verbal ou écrit, discutable ou formel. Il fallait prendre le problème corps à corps, car si l'ordre concernant la route de Bruxelles eût été juste, Ney serait blâmable de ne pas l'avoir pressenti et deviné, quand bien même il ne l'aurait pas reçu. Il serait coupable de ne pas avoir poussé ses troupes jusqu'au point extrême de la marche. Mais l'ordre était faux, et c'est la puissante raison qui dégage la responsabilité du maréchal. Les autres sont en principe inutiles, ne pouvant intervenir que par surcroît.

Le motif que ces deux auteurs assignent à l'action peu efficace de Napoléon dans la journée du 15 me paraît également faux. Charras (1) et M. Grouard (2) insistent sur la mauvaise santé de Napoléon. J'ai répondu sur ce point (3). La maladie la plus grave dont l'Empereur était atteint — celle qui causa sa mort — n'influait ni sur la vigueur de sa pensée ni sur l'énergie volontaire.

Je dois noter que M. Grouard se sépare de Charras dans la conclusion définitive. Il estime que ce fut un événement très heureux pour Napoléon que les Quatre-Bras et Sombreffe n'aient pas été atteints le soir du 15 (4). Il a cent fois raison pour les Quatre-Bras, tort pour Sombreffe (5). Il se trompe en affirmant que « les discussions concernant l'em-

(1) Charras, p. 339.
(2) M. Grouard, p. 27.
(3) Voir cette étude, p. 187.
(4) M. Grouard, p. 41 à 44. Voir note 1, p. 44.
(5) Voir ma discussion, p. 196.

ploi de la journée du 15 sont assez oiseuses, parce qu'on ne sait pas ce qu'auraient fait le lendemain les Prussiens si Ney eût occupé les Quatre-Bras ». Il suppose que Blücher se serait retiré sur Gembloux. Naturellement il était préférable, à tous les points de vue, que Ney restât à Frasnes. Mais quand bien même il eût poussé plus loin, Blücher aurait accepté la bataille. La preuve est faite (1). Il suffisait, pour en être certain, de raisonner d'après les enseignements du passé et le choix de son point de concentration. Quant à savoir s'il n'eût pas essayé de rompre en cas de lutte défavorable, comme à Lutzen et à Bautzen, c'est une tout autre question. Il dépendait de Napoléon de l'entraver.

M. Grouard a réfuté très nettement la théorie de M. Houssaye au sujet du prince Bernard de Saxe-Weimar (2).

Telles sont les conclusions que nous pouvons formuler à la date du 15 sur les Quatre-Bras. Il nous reste à déterminer le motif de l'erreur de Napoléon. Mais nous sommes déjà certains qu'il s'agit d'une erreur psychologique, ce qui est fort important. En somme, c'est ce que nous avons démontré dans l'étude de ses évolutions successives (3).

(1) Voir ma discussion, p. 145. M. Houssaye, p. 145, note 3. « Les documents originaux témoignent que, bien avant son entrevue avec Wellington, Blücher était résolu à tenir dans la position de Sombreffe. » M. Houssaye, p. 144 (confiance inouïe de Blücher dans son armée).
(2) M. Grouard, p. 37.
(3) Voir l'étude de sa *Psychologie*, p. 73 à 82.

LIVRE II

PREMIERS ORDRES A NEY
ET A GROUCHY POUR LA JOURNÉE DU 16
LIGNY. — RELATION OFFICIELLE DE LA BATAILLE
L'ÉNIGME CAPITALE DE D'ERLON
DISCUSSION ET CONCLUSION. — LES QUATRE-BRAS
LA JOURNÉE DU 17

CHAPITRE VI

LES ORDRES DE NAPOLÉON
DÉTERMINATION DE SON CONCEPT GÉNÉRAL
BATAILLE DE LIGNY. — COMBAT DES QUATRE-BRAS
L'ÉNIGME DE D'ERLON

La détermination de la pensée exacte, définitive de Napoléon, nous importe au-dessus de tout autre élément du problème. C'est la donnée essentielle. Quand nous en serons maitres, la manœuvre s'illuminera. Mais cette pensée, nous ne devons la chercher chez aucun commentateur. Les plus consciencieux y ont mêlé leurs idées préconçues et leurs passions. En conséquence, il importe de puiser à la source vive, sa correspondance. La méditation approfondie de ses ordres du 16 doit nous livrer son secret.

Je cite les deux ordres capitaux, suivant la correspondance.

22058 (1). — *Au Maréchal Ney, prince de la Moskowa, commandant l'aile gauche de l'armée du Nord.*

« Charleroi, 16 juin 1815.

« Mon cousin, je vous envoie mon aide de camp, le général Flahault, qui vous porte la présente lettre. Le major général a dû vous donner des ordres, mais vous recevrez les miens plus tôt, parce que mes officiers vont plus vite que les siens. Vous recevrez l'ordre de mouvement du jour, mais je veux vous en écrire en détail, parce que c'est de la plus haute importance.

« Je porte le maréchal Grouchy avec les 3e et 4e corps d'infanterie sur Sombreffe; je porte ma Garde à Fleurus, et j'y serai de ma personne avant midi. J'y attaquerai l'ennemi si je le rencontre, et j'éclairerai la route jusqu'à Gembloux. Là, d'après ce qui se passera, je prendrai mon parti : peut-être à 3 heures après midi, peut-être ce soir. Mon intention est que, immédiatement après que j'aurai pris mon parti, vous soyez prêt à marcher sur Bruxelles. Je vous appuierai avec la Garde, qui sera à Fleurus ou à Sombreffe, et je désirerais arriver à Bruxelles demain matin. Vous vous mettriez en marche ce soir même, si je prends mon parti d'assez bonne heure pour que vous puissiez en être informé de jour et faire ce soir trois ou quatre lieues et être demain à 7 heures du matin à Bruxelles.

« Vous pouvez donc disposer vos troupes de la manière suivante :

« Première division, à deux lieues en avant des Quatre-Chemins (2), s'il n'y a pas d'inconvénient; six divisions d'infanterie autour des Quatre-Chemins, et une division à Marbais, afin que je puisse l'attirer à moi à Sombreffe, si j'en

---

(1) *Correspondance*, t. XXVIII, p. 289, 291.
(2) Les Quatre-Bras.

avais besoin ; elle ne retarderait d'ailleurs pas votre marche.

« Le corps du comte de Valmy, qui a 3 000 cuirassiers d'élite, à l'intersection du chemin des Romains et de celui de Bruxelles, afin que je puisse l'attirer à moi si j'en avais besoin. Aussitôt que mon parti sera pris, vous lui enverrez l'ordre de venir vous rejoindre.

« Je désirerais avoir avec moi la division de la Garde que commande le général Lefebvre-Desnoëttes, et je vous envoie les deux divisions du corps du comte de Valmy pour la remplacer. Mais, dans mon projet actuel, je préfère placer le comte de Valmy de manière à le rappeler si j'en avais besoin, et ne point faire faire de fausses marches au général Lefebvre-Desnoëttes, puisqu'il est probable que je me déciderai ce soir à marcher sur Bruxelles avec la Garde. Cependant couvrez la division Lefebvre par les divisions de cavalerie d'Erlon et de Reille, afin de ménager la Garde : s'il y avait quelque échauffourée avec les Anglais, il est préférable que ce soit sur la ligne que sur la Garde.

« J'ai adopté comme principe général, pendant cette campagne, de diviser mon armée en deux ailes et une réserve. Votre aile sera composée des quatre divisions du 1er corps, des quatre divisions du 2e corps, de deux divisions de cavalerie légère et de deux divisions du corps du comte Valmy. Cela ne doit pas être loin de 45 à 50 000 hommes.

« Le maréchal Grouchy aura à peu près la même force et commandera l'aile droite.

« La Garde formera la réserve, et je me porterai sur l'une ou l'autre aile, selon les circonstances.

« Le major général donne les ordres les plus précis pour qu'il n'y ait aucune difficulté sur l'obéissance à vos ordres lorsque vous serez détaché, les commandants de corps devant prendre mes ordres directement quand je me trouve présent.

« Selon les circonstances, j'affaiblirai l'une ou l'autre aile, en augmentant ma réserve.

« Vous sentez assez l'importance attachée à la prise de

Bruxelles. Cela pourra d'ailleurs donner lieu à des incidents, car un mouvement aussi prompt et aussi brusque isolera l'armée anglaise de Mons, Ostende, etc...

« Je désire que vos dispositions soient bien faites, pour qu'au premier ordre vos huit divisions puissent marcher rapidement et sans obstacles sur Bruxelles.

« NAPOLÉON. »

D'après la copie. Dépôt de la guerre.

LE PREMIER ORDRE A NEY. — DISCUSSION

Discutons dans l'ordre de la correspondance.

D'abord, l'ordre à Ney. Suivons-le pas à pas.

D'après les premières lignes, Ney a déjà dû recevoir un ordre émané de Soult, ou le recevra. Donc, il a deux motifs de marcher. Cette fois, comme l'orage commence à gronder, Napoléon renseigne Ney sur Grouchy. On prévoit que la marche de l'aile droite sera certainement très lente. Nous sommes à la date du 16 juin. Le jour commence vers 3 heures. Et Napoléon ne parle d'être à Fleurus qu'avant midi. Il aurait pu faire marcher la Garde de manière qu'elle arrivât à Fleurus vers 6 heures au plus tard. Mais est-ce bien utile? Je ne me place — que le lecteur veuille bien s'en souvenir — qu'au point de vue personnel de Napoléon. Donc, en demandant si ce mouvement était utile, je ne fais que suivre les impulsions cérébrales de l'Empereur, d'après l'esprit de ses instructions. Dans sa pensée, il est inutile de se hâter puisqu'il n'est pas sûr de trouver l'ennemi en position. « J'y attaquerai l'ennemi si je le rencontre. » Par suite, il doute de rencontrer les Prussiens vers Fleurus. La résistance, s'il y en a, ne peut être longue, car Napoléon parle de Gembloux. Il ne prévoit pas que son parti définitif soit pris avant 3 heures de l'après-midi, — retenons cette heure précieuse et indiscutable, — et même il se peut qu'il ne prenne pas son parti avant le 16 au soir.

Son retard, qu'on lui a tant reproché, que Jomini et la plupart des historiens, qui n'ont pas sondé sa correspondance, déclarent incompréhensible (1), ce retard est voulu, prémédité. Évidemment, il n'est pas fixé sur la route qu'il suivra lui-même. Un nom apparait : Bruxelles. Ce nom est répété quatre fois dans l'ordre, et rapproché d'une marche probable de la Garde. Avec ce nom apparait la première lueur. Avant de nous prononcer, reprenons notre lecture et notre méditation. Il fixe la position de Ney. On trouve — mais nous n'en avons plus besoin — la preuve écrasante qu'il s'est fort peu soucié de voir Ney aux Quatre-Bras le 15 au soir. Il lui indique le placement d'une seule division à deux lieues en avant des Quatre-Bras, « s'il n'y a pas d'inconvénient ». Donc, si Ney en trouve, il est le maître de ne pas obéir.

Une ligne très inquiétante provoque de suite notre attention : l'Empereur donne l'ordre à Ney de détacher une division à Marbais, afin de pouvoir l'attirer à Sombreffe s'il en a besoin. Toujours le même système de confier à un lieutenant des troupes qui ne lui sont que momentanément prêtées, avec défense provisoire de s'en servir, et éventualité de leur retrait.

Comme Napoléon prévoit l'hypothèse d'une « échauffourée » avec les Anglais, on ne peut soutenir qu'il n'a pas songé au contact de Ney avec l'ennemi. Par conséquent, il se place volontairement dans une situation fausse. Suivant la formule décisive du général Bonnal, que j'ai déjà citée, mais qui est tellement importante que je dois la reproduire : « Le commandant en chef, pour si fort qu'il soit, n'est plus le maître absolu des événements à partir de l'heure où les troupes

---

(1) JOMINI, chap. XXII, p. 157 ; M. GROUARD, p. 53. M. Grouard parle encore de « son état de santé »... « son assoupissement de la veille »... « son besoin de repos ». L'Empereur était-il malade en 1809 à Wagram? Et en 1813, à Leipzig? Voir ma discussion, p. 187.

arrivent au contact tactique (1) ». Cette vérité ne s'applique pas seulement à la matinée d'Iéna. Elle est juste pour tous les temps. Elle est dans tous les cas, si on la méconnait, le prélude obligatoire de graves malentendus et, pour trancher le vrai mot, de déplorables incohérences.

Quand les coups de feu éclatent, un chef n'est plus le maitre d'empêcher la bataille. Il est évident que, s'il s'agit de lutte sur un terrain séparé, il n'est pas davantage le maitre de disposer d'une fraction des troupes engagées. Par le fait seul que l'on heurte l'ennemi et qu'une volonté étrangère intervient dans l'action, les conditions ordinaires et les dispositifs les mieux prévus en apparence risquent d'être bouleversés. Pour agir dans une autre direction, il faut que le général en chef dispose d'autres réserves. Si Ney, investi d'un commandement en chef, entre en contact avec les Anglais, il est à prévoir qu'à moins d'un concours prodigieux de phénomènes, jamais Napoléon ne reverra la division de Marbais.

Il est sans exemple qu'un général ait trouvé sur un champ de bataille, et en pleine action de guerre, qu'il comptait trop de monde sous ses ordres et qu'il en ait cédé de bonne volonté. Si le chef suprême est présent, dirige la bataille et donne à son lieutenant l'ordre précis de distraire telle ou telle fraction de ses troupes, le fait devient admissible. Nous rentrons dans le cadre ordinaire des manœuvres tactiques. Mais n'oublions pas qu'ici Ney est formellement investi d'un commandement séparé.

Si l'habitude des divisions interchangeables — j'emploie un terme un peu trop moderne, mais qui rend exactement la pensée — si le passage incessant d'une division d'un corps dans un autre ne constituaient pas une part — et certes non la meilleure — du système de Napoléon, il est évident qu'il eût pu adopter, pour atteindre son but, un dispositif infiniment plus commode et plus sûr. L'Empereur connaissait par

(1) Général BONNAL, *Manœuvre d'Iéna*, p. 431.

les états transmis au grand quartier général la position exacte des corps de Ney. Il suffisait d'en retirer la division la plus rapprochée de lui, d'en prévenir nettement le maréchal, et de placer de suite cette troupe détachée sous les ordres directs de Soult. Si, comme général en chef, possédant seul les données complètes du problème, il jugeait utile de lui retirer deux, trois ou quatre divisions, il suffisait d'imposer cet ordre avec précision dès le 15 au soir.

Nous pouvons encore considérer la question à un point de vue plus naturel. Puisque Napoléon songe à retirer une division à Ney, c'est qu'il juge que le maréchal n'en a pas besoin. Par conséquent, si Ney dispose de forces trop considérables, n'est-il pas mille fois plus simple de lui retirer de suite la troupe en excédent, quel que soit son chiffre?

En poursuivant l'étude de l'ordre, nous constatons que l'erreur s'aggrave. L'idée fausse et dangereuse de la division de Marbais est appliquée aux cuirassiers de Kellermann. Deux expressions contradictoires se heurtent. Que le lecteur veuille bien se reporter au cinquième paragraphe : Napoléon laisse entrevoir l'hypothèse qu'il aura besoin des 3 000 cuirassiers d'élite, puis, immédiatement après, il ajoute que, lorsque son parti sera pris, Ney aura le droit de les ramener sous ses ordres. Comment doit-on entendre le membre de phrase « aussitôt que mon parti sera pris »? D'après le premier paragraphe, ce parti ne peut être pris que vers 3 heures de l'après-midi ou dans la soirée. Si Ney est attaqué, ou forcé d'attaquer en raison de sa marche sur les Quatre-Bras, qu'est-ce qu'il fera de ses 3 000 cuirassiers?

La forme dubitative qu'emploie l'Empereur doit être expliquée et déterminée. Suivra-t-il les Prussiens, ou se retournera-t-il sur les Anglais? D'après le second paragraphe, on devine que l'idée préconçue est fortement amorcée, et que son concept réel — l'idée de derrière la tête — consiste dans l'arrivée à Bruxelles le soir du 16 ou le matin du 17. Mais, pour que la phrase « quand mon parti sera pris » ne constitue pas, au point de vue pratique des opérations, une énigme insoluble, on ne peut l'entendre que d'une manière : en attendant la notification de la décision impériale, la cavalerie de Kellermann risque fort de rester indisponible et inutile à tout le monde.

Ney n'aura pas le droit de se servir de cette cavalerie avant que Napoléon l'ait informé de sa résolution à cet égard. Mais alors, à quoi bon créer un imbroglio pareil? N'est-il pas plus naturel de lui retirer carrément, de suite, le commandement du corps de Kellermann, aussi bien que de la division d'infanterie de Marbais? Que signifie ce commandement suspendu à l'arrivée problématique d'un ordre?

D'ailleurs une nouvelle contradiction, encore plus prodigieuse, suit ce bizarre paragraphe. Napoléon déclare qu'il désire avoir sous ses ordres directs la division de cavalerie de la Garde (Lefebvre-Desnouettes) et qu'il enverra le comte de Valmy pour la remplacer. Le comte de Valmy doit être placé de manière que l'Empereur puisse le rappeler. Mais il convient d'éviter une fausse manœuvre à la Garde (Lefebvre) parce que la marche sur Bruxelles — retenons cette idée persistante — est à prévoir — et de plus il importe de ne pas engager la division Lefebvre dans une « échauffourée » contre les Anglais. Cette cavalerie ne doit marcher ni en arrière, ni en avant. Quelle complication! Quel enchevêtrement inutile!

Ainsi, pour résumer ce passage, les cuirassiers de Kellermann, prêtés à Ney avec défense de s'en servir avant que le parti de l'Empereur ne soit pris (vers 3 heures de l'après-midi ou dans la soirée du 16), lui sont envoyés pour remplacer la cavalerie légère de la Garde, qui ne doit pas être ramenée en arrière, afin de ne pas la fatiguer, ni lancée en avant, afin de ne pas l'exposer, mais soigneusement protégée par d'autres troupes.

Le lecteur trouvera peut-être que je note avec une précision trop impitoyable les pensées de l'Empereur. Mais cette rigueur est nécessaire pour faire comprendre à fond les problèmes de 1815, qu'il n'y subsiste plus une seule inconnue qui ne soit dégagée, et que l'énigmatique campagne s'illumine d'une clarté définitive. Terminons l'examen de l'ordre, car nous y trouverons de nouvelles surprises, et — dans la conclusion — le coup de lumière.

Napoléon explique la formation de son armée en deux ailes, comptant chacune 45 à 50 000 hommes, et une réserve. La Garde seule formera la réserve. Lobau n'est pas nommé. La réserve parait de suite numériquement très faible. La Garde (infanterie, cavalerie et artillerie) représente 20 000 hommes.

Nous arrivons à la question décisive des ordres. Il ne doit y avoir aucune difficulté sur l'obéissance aux ordres de Ney lorsqu'il sera détaché. Les commandants de corps ne doivent prendre les ordres de l'Empereur que lorsqu'il sera présent. Alors, pour Kellermann, Lefebvre et la division de Marbais, que peut-il bien se passer? Si l'Empereur n'est pas à Marbais, près de la voie romaine ou sur la route de Bruxelles, à qui doivent obéir ces troupes? Ney est détaché. Il est investi d'un commandement séparé. Napoléon, dans le septième paragraphe, lui confie formellement quatre divisions du 1er corps (d'Erlon), quatre divisions du 2e corps (Reille), deux divisions de cavalerie légère (Jacquinot et Piré) et deux divisions du corps du comte de Valmy (tout le 3e corps de cavalerie). La seule troupe exceptée de son commandement direct et absolu est la division Lefebvre-Desnouettes. Pour le comte de Valmy, la contradiction se reproduit. De même pour la division de Marbais. Il en résulte que, si Napoléon n'apparait pas en personne auprès des troupes dont il aura besoin, Ney est absolument maître de les garder sous sa loi.

Toutefois, dans le onzième paragraphe, il est prévu que l'Empereur affaiblira à son gré l'une ou l'autre aile. Il est évident que les nuages dont s'enveloppe la pensée impériale peuvent et doivent être dissipés. La première réflexion que nous suggèrent les contradictions — apparentes — dont cette instruction fourmille, est que nous ne sommes pas en présence d'un ordre de bataille. La seconde, que je formule *a priori*, puisque nous sommes avertis par l'étude psychologique de Napoléon (1), c'est que, si par hasard il se trompe, l'erreur n'est pas dans une faiblesse du génie stratégique, mais dans la formation d'une idée préconçue — la déplorable idée préconçue.

Élucidons le premier point : l'ordre n° 22058 ne prévoit pas de bataille.

Il suffit d'évoquer les souvenirs triomphants d'Austerlitz, d'Iéna, de Friedland, les ordres si brefs, clairs, précis, décisifs, qui subjuguent les volontés, entraînent les cœurs et maîtrisent la fortune, pour refuser à cet ordre le caractère d'une instruction de bataille. Comme le respect nous interdit de le considérer comme un logogriphe ou une charade, nous sommes forcés de l'envisager comme un monologue personnel — dans le genre de ceux dont Napoléon fut coutumier en 1813 (2). Il se parle à lui-même et fait part de ses tergiversations au maréchal Ney. Toutefois il est absolument nécessaire que nous dégagions la pensée de l'Empereur.

D'où peut nous venir la lumière? De l'ordre lui-même. Par une suprême et heureuse contradiction, la prolixité et l'incohérence apparente de l'instruction datée de Charleroi renferment le talisman magique qui doit éclairer 1815. Ce talisman est renfermé dans un seul mot : Bruxelles. Cette missive de Charleroi n'est pas un ordre de combat. Dans la pensée de Napoléon, elle est tout simplement destinée à renseigner Ney sur les meilleures dispositions à prendre en vue de la marche facile sur Bruxelles. « Quelque échauffourée avec les Anglais » — voilà tout ce que l'Empereur prévoit.

Quand Napoléon commence par nous dire qu'il attaquera les Prussiens s'il les rencontre, qu'il s'éclairera jusqu'à Gembloux, qu'il prendra son parti vers 3 heures du soir ou plus tard, et qu'il ajoute de suite qu'il désire arriver à Bruxelles le lendemain matin, il n'y a plus lieu de concevoir le moindre doute : l'idée préconçue, l'indestructible idée préconçue,

---

(1) Voir mes discussions, p. 73 à 82.
(2) Voir ma citation, p. 141 et note 3.

est dès maintenant enracinée dans son esprit. L'avant-dernier paragraphe dissipe de suite tous les doutes : « Vous sentez assez l'importance attachée à la prise de Bruxelles. »

L'entrée à Bruxelles de 1815, c'est l'entrée à Milan de 1800 (1), l'entrée à Vienne de 1809 (2), à Berlin en 1813 (3). L'ennemi est négligé. Sa position et ses forces comptent pour rien. Quelques renseignements que l'Empereur reçoive à cet égard, il n'y croira pas. A moins que l'acharnement formidable d'une bataille ne l'éclaire forcément, il ne s'occupera même plus des masses prussiennes et anglaises. Il ne prévoit que des « incidents » (4), il ne suppose pas que Wellington résiste, puisqu'il le considère *a priori* comme isolé et rejeté de Mons et d'Ostende (douzième paragraphe). Enfin les derniers mots projettent sur le concept général une lumière éclatante : « Je désire, écrit-il, que vos dispositions soient bien faites, pour qu'au premier ordre vos huit divisions puissent marcher rapidement et sans obstacles sur Bruxelles. »

Huit divisions! Donc tout le corps de Drouet d'Erlon et tout le corps de Reille! Sans obstacles! Donc, en apercevant l'infanterie de Ney sur la route, Wellington disparaîtra.

Examinons si l'ordre à Grouchy est susceptible de modifier nos conclusions.

22059 (5). — *Au Maréchal, comte Grouchy, commandant l'aile droite de l'armée du Nord.*

« Charleroi, 16 juin 1815.

« Mon cousin, je vous envoie Labédoyère, mon aide de camp, pour vous porter la présente lettre. Le major général

(1) Général BONNAL, *De Rosbach à Ulm*, p. 141, 142.
(2) ID., *Manœuvre de Landshut*, p. 164, 165.
(3) Berlin, objectif géographique. Les marches sur Berlin. Voir JOMINI, *Campagne de 1812 à 1814*, p. 94 et 107. (Difficulté des opérations simultanées.)
(4) Voir l'ordre (avant-dernier paragraphe).
(5) *Correspondance*, p. 291, 292.

a dû vous faire connaître mes intentions; mais, comme il a des officiers mal montés, mon aide de camp arrivera peut-être avant.

« Mon intention est que, comme commandant l'aile droite, vous preniez le commandement du 3ᵉ corps que commande le général Vandamme, du 4ᵉ corps que commande le général Gérard, des corps de cavalerie que commandent les généraux Pajol, Milhaud et Exelmans; ce qui ne doit pas faire loin de 50 000 hommes. Rendez-vous avec cette aile droite à Sombreffe. Faites partir en conséquence, de suite, les corps des généraux Pajol, Milhaud, Exelmans et Vandamme, et, sans vous arrêter, continuez votre mouvement sur Sombreffe. Le 4ᵉ corps, qui est à Châtelet, reçoit directement l'ordre de se rendre à Sombreffe sans passer par Fleurus. Cette observation est importante, parce que je porte mon quartier général à Fleurus et qu'il faut éviter les encombrements. Envoyez de suite un officier au général Gérard pour lui faire connaître votre mouvement, et qu'il exécute le sien de suite.

« Mon intention est que tous les généraux prennent directement vos ordres; ils ne prendront les miens que lorsque je serai présent. Je serai entre dix et onze heures à Fleurus; je me rendrai à Sombreffe, laissant ma garde, infanterie et cavalerie, à Fleurus; je ne la conduirais à Sombreffe qu'en cas qu'elle fût nécessaire. Si l'ennemi est à Sombreffe, je veux l'attaquer; je veux même l'attaquer à Gembloux et m'emparer aussi de cette position, mon intention étant, après avoir connu ces deux positions, de partir cette nuit et d'opérer avec mon aile gauche, que commande le maréchal Ney, sur les Anglais. Ne perdez donc point un moment, parce que plus vite je prendrai mon parti, mieux cela vaudra pour la suite de mes opérations. Je suppose que vous êtes à Fleurus. Communiquez constamment avec le général Gérard, afin qu'il puisse vous aider pour attaquer Sombreffe, s'il était nécessaire.

« La division Girard est à portée de Fleurus; n'en disposez point à moins de nécessité absolue, parce qu'elle doit marcher toute la nuit. Laissez aussi ma jeune Garde et toute son artillerie à Fleurus.

« Le comte de Valmy, avec ses deux divisions de cuirassiers, marche sur la route de Bruxelles; il se lie avec le maréchal Ney, pour contribuer à l'opération de ce soir, à l'aile gauche.

« Comme je vous l'ai dit, je serai de dix à onze heures à Fleurus. Envoyez-moi des rapports sur tout ce que vous apprendrez. Veillez à ce que la route de Fleurus soit libre. Toutes les données que j'ai sont que les Prussiens ne peuvent point nous opposer plus de 40 000 hommes.

« NAPOLÉON. »

L'analyse de cet ordre n'exige pas la même rigueur implacable que celle de l'instruction précédente. L'ordre est plus court, plus net. La pensée impériale s'accentue de telle sorte que nous ne pouvons conserver aucun doute. Napoléon exprime nettement sa hâte d'en avoir fini avec les Prussiens, pour se tourner vers Bruxelles, son objectif bien déterminé. Malheureusement pour le plan de campagne, c'est un objectif géographique. Il semble que nous assistions à un début de guerre du dix-huitième siècle. Au lieu que la masse ennemie — cet ennemi qu'il importe de détruire — soit le but vers lequel tendent tous les efforts, la préoccupation essentielle passe au deuxième plan. Elle apparaît comme un obstacle inférieur, une gêne, dont l'Empereur va se débarrasser au plus vite pour se diriger vers le centre faux d'attraction : Bruxelles. Nous sommes loin de la superbe conception stratégique notée au début du premier chapitre (1).

Dans la manœuvre de Charleroi, j'ai démontré qu'il n'est nullement question d'envelopper et de détruire Zieten et le 1er corps prussien (2). Au cours de l'instruction concernant Grouchy, il n'est pas davantage question d'envelopper et de

(1) Voir cette étude, p. 1 à 3.
(2) *Ibid.*, p. 145.

détruire Blücher. Les opérations de l'armée ne sont ni sériées ni subdivisées en opérations principale et accessoire : d'abord destruction des Prussiens avec la masse concentrée des forces, puis, quand ils seront hors jeu, retour offensif contre les Anglais. Il semble que Blücher va être annihilé par la reconnaissance de Sombreffe et de Gembloux. La préoccupation dominante de Napoléon est de se décider au plus vite pour l'heure de la mise en marche vers Bruxelles. En somme, il ne songe qu'à profiter de la victoire avant de l'avoir assurée. Il tombe dans l'erreur, si grave à la guerre, de vouloir moissonner avant d'avoir semé.

Certes, il parle d'attaquer, mais « si l'ennemi est à Sombreffe ». On voit qu'il n'en est pas sûr. Il parle aussi d'«attaquer à Gembloux », mais l'occupation de ce point stratégique ne provoque aucun doute dans son esprit, et son intention formelle, « après avoir connu ces deux positions », est de partir de suite du côté de Ney.

Comment peut-il lancer un pareil ordre, étant donné ce que lui-même déclare savoir sur les forces dont dispose Blücher, étant donné surtout sa connaissance du point de concentration : Sombreffe (1). En admettant qu'il ne fût pas informé de la rapidité des ordres lancés par Blücher, il lui était facile de conjecturer, d'après l'attaque de Charleroi, que les Prussiens étaient prévenus au plus tard depuis le 15, trois heures du matin. Donc, comme l'Empereur ne devait arriver à Fleurus que le 16, à onze heures ou midi, Blücher disposait de trente heures pour se préparer, trente heures au bas mot.

Quelle illusion formidable, quel rêve inouï devaient hanter Napoléon, pour lui inspirer cette phrase : « Toutes les données que j'ai sont que les Prussiens ne peuvent point nous opposer plus de 40 000 hommes (2). » Il sait que Blücher commande une armée de 120 000 hommes, et il le suppose tellement inepte ou affolé de peur que, sur ces 120 000, il le

---

(1) Sombreffe, ou en arrière de Fleurus, peu importe. *Mémoires*, t. IX, p. 65.
(2) Voir cette étude, p. 223.

croit incapable d'en réunir plus du tiers en trente heures. Pourquoi? Tout simplement parce qu'il veut le croire, et que, lorsqu'une idée préconçue s'est incrustée en lui, elle est indéracinable. Or, par une déplorable habitude d'illusion et d'orgueil, l'idée maîtresse le subjugue. Donc, il n'est plus lui-même. Inutile de se perdre dans des considérations de santé, de fatigue, ou de s'abîmer devant un soi-disant mystère. Que le lecteur se reporte à l'étude psychologique (1) que j'ai faite d'après les documents irréfutables du général Bonnal, et il comprendra 1815. Tous les malentendus, les incohérences, les hypothèses s'évanouiront comme par enchantement, et la vérité lumineuse apparaîtra.

1813 EXPLIQUE 1815

Si je ne craignais de paraître me perdre dans une digression, j'évoquerais Leipzig. Qui n'a pas compris Leipzig ne peut comprendre Waterloo. Mais, à la réflexion, il apparaît naturel de faire intervenir 1813. Les enseignements du passé sont nécessaires pour éclaircir la situation du 16 juin 1815. Il a d'ailleurs été convenu que les faits antérieurs serviront à établir les bases de toute discussion (2).

L'inconnue essentielle, la plus intéressante à éclaircir, est la mentalité de Napoléon. Du 16 octobre 1813 jusqu'au 18 dans la soirée (3), c'est-à-dire pendant trois jours et deux

---

(1) Voir cette étude, p. 65 et suiv.
(2) *Ibid.*, préface, p. IX et suiv.
(3) Thiers, t. III, l. XXXII, p. 517 à 604; voir surtout p. 565, 567 à 569, 570, 572 à 574, note 1 de la page 574, 575 à 577, 580, note 1 de la page 580; Jomini, *Campagne de 1812 à 1814*, p. 152 à 210; voir surtout p. 158, 163, 164, 173, 174 « approche de l'armée de Blücher le 15. Marmont en prévint deux fois l'Empereur », 175 à 182, 183 (corps de Reynier), 187; Clausewitz, *Réflexions philosophiques (1813-1814)*, p. 50 à 66, voir p. 64. Le colonel Camon, *Batailles*, p. 60 à 103. Le colonel Camon n'a étudié que la bataille du 16. Il ne s'occupe ni du 17, ni du 18, et ne consacre pas une seule ligne à la catastrophe finale. (Une demi-page dans le *Précis*, t. II, p. 100.)

nuits, l'Empereur ne peut admettre que des généraux qu'il méprise (Schwarzenberg, Blücher et Bernadotte), commandant des armées qu'il méprise encore plus, s'il est possible (1), osent l'envelopper, l'encercler, l'attaquer face à face et le vaincre. Il dédaigne cette idée comme une impossibilité morale et matérielle. Ses défauts psychologiques, accentués depuis 1809, persistance invariable de l'idée préconçue, illusionnisme et orgueil, sont poussés au paroxysme, jusqu'à l'extrême limite de résistance du cerveau humain. Il ne croit pas aux renseignements. Personne n'ose approcher de lui pour lui suggérer un avis (2). Ce serait, d'ailleurs, parfaitement inutile. Il n'écoute personne et ne tient compte de rien, ni de la résistance de ses troupes qu'il a épuisées par d'incessantes contremarches (3), ni de la vigueur et de l'acharnement des ennemis. Dès son entrée en campagne, il s'est laissé absorber par deux noms : Leipzig et Berlin. C'est sur Leipzig qu'il est revenu, à la fin de la campagne d'automne, volontairement, comme attiré par le vertige du gouffre.

Ses admirateurs exagérés vantent la fameuse manœuvre sur position centrale. C'est un mot qui n'a pas plus de valeur ni de puissance par lui-même que le mot de rupture stratégique en 1815. En 1813, à Leipzig, comme après le débouché par Charleroi du 15 juin, il manque d'espace. Le jeu des lignes intérieures et des navettes (position centrale) exige une liberté de mouvements comparable à la création de zone de manœuvre (rupture stratégique). Or la place lui est tellement mesurée dans un cas comme dans l'autre, qu'il est acculé à la bataille. Voilà ce dont il faut se convaincre pour que la situation soit claire. La manœuvre est impraticable, et la solution dépend du choc décisif.

A Leipzig, comme après Charleroi, la seule issue, l'unique

---

(1) JOMINI, *Campagne de 1812 à 1814*, p. 109.
(2) THIERS, p. 575, 580 et note 1. (A rapprocher du passage de M. Houssaye, p. 319 et 320, note 1.)
(3) JOMINI, *Campagne de 1812 à 1814*, p. 152.

moyen de salut résident dans la victoire, et il faut que la
première victoire remportée sur la première masse ennemie
soit foudroyante, afin d'écarter les autres. Un demi-succès
ne servirait de rien. Or quelle situation a-t-il choisie en 1813
pour la suprême bataille? Il est adossé à de larges rivières, à
des marécages, et comme ligne de retraite — car un généralissime doit tout prévoir — il ne dispose que d'un seul pont,
interminable défilé (1). Lui, le grand capitaine ! Il accumule
fautes sur fautes, stratégiques et tactiques. Pourquoi? Son
génie a-t-il faibli? Nullement, pas plus en 1813 qu'en 1815.
Mais sa confiance en lui est tellement immense qu'elle ne
peut être dépassée que par son mépris de l'adversaire. Toute
l'explication est là. Dès lors, 'ce qui est faute pour un autre
ne l'est pas pour lui. Et ses ressources d'imagination sont si
prodigieuses, qu'il soutiendra jusqu'au bout qu'il n'a fait
qu'obéir aux principes, absolument comme pour 1815. Toutefois il en est un qu'il ne note pas, parce que là il serait
désarmé : c'est le principe du bon sens naturel et de la saine
logique. La science abstraite la plus compliquée se trouve
parfois en désaccord avec la raison. Ce jour-là, elle est
vaincue d'avance.

En 1813 il lui suffisait de comparer ses effectifs avec ceux
de l'ennemi, à la date du 12 octobre, quatre jours avant
Leipzig, pour se convaincre que le seul parti à prendre était
une retraite prudente vers le Rhin. En 1815, il lui eût suffi
de jeter les yeux sur les états de situation de son armée
et sur les renseignements de ses affidés et espions (2),
pour être certain que Blücher disposait au moins des deux
tiers de son armée et non d'un tiers, c'est-à-dire d'environ
80 000 hommes, que Wellington pouvait être fort dangereux
dans la défensive, que par suite il convenait de se concentrer
entièrement, dans le plus bref délai, vers Blücher, et qu'en
attendant l'écrasement de celui-ci, la marche sur Bruxelles

---

(1) Voir les cartes des auteurs cités plus haut : Thiers, Jomini, Clausewitz, Camon.
(2) *Mémoires*, t. IX, p. 68.

ne représentait qu'une utopie. En faisant le raisonnement inverse, en prévoyant l'entrée brillante dans la capitale belge avant d'assurer le désastre des Prussiens, Napoléon rêvait la moisson avant les semailles (1).

Leipzig nous fournit un autre enseignement tout aussi grave. Plusieurs fois déjà, j'ai indiqué la difficulté de retirer des troupes lancées en vue de l'ennemi en contact tactique, pour les affecter à un autre usage, dans une direction différente (2). Comment, après l'effroyable leçon de Leipzig, aussi précise sur ce point que sur tant d'autres, Napoléon a-t-il persévéré dans sa fâcheuse méthode?

Précisons d'abord pour 1813. Le lecteur jugera plus tard, à mesure que les événements de Waterloo se dérouleront devant nous, qu'il n'est pas une ligne de ma discussion de 1813 qui n'éclaire un fait analogue de 1815, et que, par suite, elle est rigoureusement indispensable à la compréhension de cette dernière campagne. L'étude des faits antérieurs est de première utilité. Marmont est informé par quatre ordres successifs, le 13 à 10 heures du matin (3), le 13 à 7 heures du soir (4), le 14 de Reudnitz (5), enfin le 15 à 11 heures du soir (6), qu'il a pour mission de défendre la position de Breitenfeld au nord de Leipzig contre Blücher et l'armée de Silésie. Les ordres sont répétés, nets, formels. Si Blücher débouche en face de lui, il a l'ordre de se battre et doit être soutenu par le maréchal Ney. Pas l'ombre d'un doute. Marmont prend toutes ses dispositions en conséquence. Brusquement, le 16 à 7 heures du matin (7), comme Napoléon s'aperçoit qu'il n'aura pas assez de monde contre les Autrichiens au sud de Leipzig, et que dès lors le

---

(1) Général BONNAL, *De Rosbach à Ulm* (à propos du rêve d'entrée à Milan dès le 27 mai, le général Bonnal écrit : « Bonaparte a cru qu'il pouvait « vendre « la peau de l'ours avant de l'avoir tué » , p. 154.
(2) Voir mes discussions, p. 215 et suiv.
(3) Colonel CAMON, *Batailles*, p. 77.
(4) *Ibid.*, p. 78.
(5) *Ibid.*, p. 78.
(6) *Ibid.*, p. 76.
(7) *Ibid.*, p. 76, 77.

doute sur l'arrivée de Blücher rentre dans ses plans et conceptions, Marmont reçoit contre-ordre, doit abandonner son dispositif de défense (1), se retirer sur Leipzig et venir former la « réserve » de l'armée.

Remarquons que, dès le 15 au soir, il a prévenu l'Empereur (2) qu'il voyait en face de lui les feux de l'armée ennemie, que « l'horizon en était embrasé ». Napoléon n'en croit rien, parce que son parti est pris de ne croire que ce qui rentre dans son plan (3).

Marmont doit battre en retraite.

Il ne résiste pas plus à l'injonction de retraite qu'il n'a discuté l'installation à Breitenfeld. Mais à peine ses colonnes sont-elles en marche que Blücher l'attaque. Marmont ne dispose que de 18 000 hommes contre 60 000. Fort heureusement, Ney le soutient et lui évite un désastre. Le maréchal Ney, qui est investi du commandement en chef du secteur Nord (4), doit soutenir Marmont et de plus protéger le retour des troupes qui reviennent de Düben et d'Eilenburg (division Delmas du 3e corps, les grands parcs, Reynier et le 7e corps) (Reynier ne rentrera que le 17) (5). La bataille de Möckern contre Blücher est acharnée. Les Prussiens attaquent avec furie. Marmont manœuvre avec intrépidité, une entente parfaite du terrain, un héroïsme indomptable. Il ne se retire qu'à la nuit, blessé, avec le 6e corps décimé. Sans l'appui de Ney, c'était l'écrasement. Le maréchal Ney, comme général en chef du secteur Nord, prend des décisions qui ne cadrent pas avec celles de l'Empereur. Napoléon a besoin de toutes ses forces contre les Autrichiens. Ney, que sa mission particulière préoccupe — ce qui est fort humain et naturel — use des deux divisions Souham et Ricard pour garder les parcs (6). Ces divisions sont réclamées tantôt par

(1) Colonel Camon, *Batailles*, p. 76, 77, 78, 79 et 80.
(2) *Ibid.*, p. 79 ; *Mémoires de Marmont*.
(3) *Ibid.*, p. 80 ; *ibid.*
(4) *Ibid.*, p. 81.
(5) *Ibid.*, p. 82 et 103.
(6) *Ibid.*, p. 82.

l'Empereur, tantôt par Marmont. Le maréchal Ney les considère comme indispensables à Schönfeld.

On peut discuter Ney, mais, en somme, il était bien facile de ne lui laisser au début de la bataille, avant de le nommer général en chef, que les forces strictement indispensables et de lui retirer Souham ou Ricard, ou les deux. Quant à Marmont, il n'a fait qu'obéir.

Imagine-t-on comment sa conduite est jugée par le colonel Camon, partisan inflexible de la légende? Il est englobé avec Ney dans les jugements suivants, dont la bienveillance égale la justesse :

« Marmont n'a pas compris les intentions de Napoléon (1). »

« Sous-ordres ne sachant pas faire abstraction de l'intérêt particulier au profit de l'intérêt général... » (ceci pour les deux maréchaux) (2).

« Ne se sont pas sacrifiés pour rendre la victoire décisive (3) », « il eût fallu des généraux plus clairvoyants et plus capables d'abnégation... » (encore pour les deux) (4).

Enfin, pour Marmont seul — ce qui comble la mesure — il est question à la fin de « la désobéissance de Marmont (5) ».

Remarquons que, pour tous les ordres, je ne me suis appuyé que sur les renseignements du colonel Camon. Je ne cite pas un seul autre auteur.

Eh bien, je veux lui faire la part belle, superbe. Je m'incline devant la théorie « des boucs émissaires » qu'il manœuvre avec la sécheresse froide d'une guillotine. J'admets que les deux maréchaux Ney et Marmont, les lutteurs héroïques qui ont tenu toute une journée contre les assauts furieux de Blücher, ne furent que des sous-ordres inintelligents et égoïstes. J'admets tout ce que le colonel Camon voudra. Mais, par cela même que sa démonstration

---

(1) Colonel CAMON, *Batailles*, p. 80.
(2) *Ibid.*, p. 82.
(3) *Ibid.*, p. 82.
(4) *Ibid.*, p. 82.
(5) *Ibid.*, p. 101.

est péremptoire et écrasante, on se demande par quelle aberration Napoléon se replace exactement dans le même cas en 1815.

Voilà un argument auquel le colonel Camon n'a certes pas songé. De deux choses l'une : ou il a raison pour 1813, ou il a tort. S'il a tort, si l'on doit approuver la résistance de Ney en 1813, il s'ensuit évidemment qu'on doit l'approuver en 1815. Comme je n'espère pas que le colonel Camon adopte cette conclusion qui ruinerait tous ses jugements, j'admets que Ney ait fort mal agi à Leipzig et que M. Camon ait pleinement raison. Mais alors, comment Napoléon peut-il retomber dans la même erreur? M. Camon nous dira-t-il qu'il eut plus de confiance dans l'intelligence et l'abnégation de Ney par le fait seul que deux années avaient passé sur sa tête? Ce serait un enfantillage. Puisque l'inintelligence et l'égoïsme de Ney ont été prouvés en 1813, Napoléon — à moins que M. Camon ne le suppose aveugle — ne doit pas s'exposer au même risque. Or, c'est encore au maréchal Ney qu'il confie par un ordre direct, formel, absolu, deux corps d'armée entiers (Reille et Drouet d'Erlon), deux divisions de cavalerie et le corps de Kellermann (1). C'est encore à lui qu'il indique des buts multiples à poursuivre : manœuvre contre les Anglais, soins concernant la division de Marbais et les cuirassiers de Kellermann que Ney doit tenir à la disposition de l'Empereur jusqu'à l'envoi d'un nouvel ordre (2).

Pour quel motif Napoléon espère-t-il, le 16 juin 1815, un meilleur résultat que celui qu'il a obtenu le 16 octobre 1813? Les circonstances analogues ramènent forcément les mêmes actes. Napoléon manque-t-il de mémoire? Ney s'est-il transformé?

Mais la personnalité de Ney a-t-elle quelque chose à voir dans le débat? N'est-ce pas uniquement une question de principe? Toute la discussion que nous avons déjà esquis-

---

(1) Voir n° 22058, paragraphe 6.
(2) *Ibid.*, paragraphes 3, 4, 5. Voir ma discussion, p. 217 et suiv.

sée (1) n'est que le corollaire évident du théorème démontré par le général Bonnal (2). Quand les troupes entrent en contact avec l'ennemi, le généralissime n'est plus maitre d'éviter le choc. Tel est le théorème, mais le corollaire est aussi certain : lorsqu'un lieutenant délégué dans les fonctions de général en chef sur un secteur distinct d'opération, hors des vues du généralissime, se trouve en présence de masses adverses, il est impossible de compter que les troupes dont dispose ce lieutenant pourront être distraites de son autorité et affectées à un autre usage. Si le généralissime veut imposer sa volonté absolue sur ce point, par l'envoi d'ordres écrits ou verbaux et d'aides de camp, un conflit est à prévoir — conflit de volonté, d'autorité et d'intérêts. — Qui a raison ? Qui a tort ? Peu importe. La question capitale n'est pas là. Elle ne consiste pas dans une question de personnes. L'important est d'éviter le conflit possible. Celui que nous prévoyons est un fait humain et naturel, et l'on ne doit pas raisonner avec des hommes comme avec des saints et des anges.

C'est l'affaire du généralissime, qui dispose de tous les éléments nécessaires à la solution du problème, de prendre lui-même, et lui seul, les décisions utiles sur tous les secteurs de la manœuvre. C'est à lui de restreindre dans la mesure strictement nécessaire le nombre des troupes confiées à son lieutenant, de pratiquer le principe de l'économie des forces, de se garder les réserves indispensables.

En 1813, il est exagéré et faux de demander à Marmont, qui voit Blücher en face de lui, de songer à Wachau qu'il ne connait pas, aux Autrichiens dont il n'a pas aperçu un uniforme, au concept général de Napoléon qui lui est inconnu. Même raisonnement pour Ney, qui doit veiller sur trois directions : Marmont, Lindenau et Düben.

En 1815, si Ney, pour un motif ou pour un autre — défensive ou offensive, — se trouve en contact avec Wellington,

(1) Voir cette étude, p. 215 et suiv.
(2) Général BONNAL, *Manœuvre d'Iéna*, p. 431.

il est évident *a priori* — nous raisonnons d'après Leipzig — qu'il éprouvera la tentation insurmontable d'user de toutes les troupes qu'il a sous la main, et qu'il ne songera pas à Napoléon, dont il ignore le concept.

Ney ne dispose que d'un élément du problème : le contact avec Wellington. Napoléon seul dispose de toutes les données : Wellington, Blücher et la position exacte des troupes. Donc, le maréchal ne peut se substituer à l'Empereur. Il appartient à l'Empereur seul de décider d'une manière nette et précise quelles troupes doivent être confiées à Ney, quelles troupes doivent lui être retirées. De cette manière, aucun conflit à craindre, ni malentendus, ni incohérences. Autrement nous retombons sous le coup du terrible axiome : « ordre, contre-ordre, désordre (1) ».

Le lecteur peut juger maintenant que la discussion sur Leipzig et la matinée du 16 octobre 1813 projette une vive lueur sur celle du 16 juin 1815, surtout si on la rapproche de l'examen approfondi des ordres à Ney et à Grouchy. Nous sommes maintenant en possession des principales données du problème, de la pensée exacte de Napoléon et des intentions secrètes qui l'inspirent quand il écrit à ses lieutenants. Nous sommes donc en mesure de dégager toutes les inconnues.

LA JOURNÉE DU 16. — LES PROBLÈMES

Éclaircir toutes les énigmes de 1815 et faire ressortir de la discussion les leçons essentielles pour l'avenir, tels sont nos principaux buts. Donc, je suppose que le lecteur n'attend pas de moi une narration romantique des batailles. D'abord, les conditions de la tactique ont tellement changé que le détail des actions de guerre n'offrirait qu'un enseignement restreint. A moins que des fautes énormes ne me contraignent à l'examen du choc en lui-même, et que ces erreurs

---

(1) Général Bonnal, *Manœuvre d'Iéna*, p. 135.

n'aient pas été relevées par les auteurs qui m'ont précédé, je considère que le récit des combats est suffisamment épuisé. Les historiens, littérateurs et poètes se sont chargés de la besogne. Elle est accomplie sous les formes les plus variées. Les descriptions enthousiastes et pathétiques ont provoqué dans les cœurs les plus vives émotions. Les imaginations se sont rassasiées d'héroïsme.

La froide raison, lumineuse et définitive, est la seule fée qui manque au tableau. Les événements les plus récents me permettent d'écrire ces lignes, puisque les deux auteurs qui viennent à peine de signer leurs dernières pages, MM. Houssaye et Grouard, sont encore dressés l'un en face de l'autre. La thèse et l'antithèse ne se sont ni convaincues, ni pénétrées. La synthèse réussira-t-elle mieux? Je l'espère. D'ailleurs, je ne me servirai pas de la synthèse seule. La méthode déductive nous a permis de juger le plan et les ordres généraux. Nous aurons le droit, à l'abri de ces déductions rationnelles, de pratiquer à fond l'analyse.

Pour que le lecteur soit à même de juger nettement, le procédé le plus naturel me paraît être d'exposer les différents points de vue, en commençant toujours par celui de Napoléon, et d'expliquer, grâce aux données fermes dont nous disposons, la vérité et l'erreur. Si quelques répétitions se produisent, que le lecteur n'en soit pas surpris. Pour que l'évidence apparaisse et soit fixée solidement, il n'est pas superflu d'insister.

Les historiens et critiques qui détaillent les batailles ont exposé successivement Ligny, puis les Quatre-Bras et enfin la question du 1er corps (d'Erlon). Nous supposons les combats suffisamment connus, et, de plus, l'examen des diverses relations permet de les approfondir. Il est donc inutile de suivre le plan ordinaire. Ce que veut le lecteur, c'est la lumière absolue sur les points suivants :

Pourquoi Napoléon a-t-il retardé jusqu'à trois heures la bataille de Ligny?

Cette bataille a-t-elle été décisive ou seulement un demi-succès? Si elle ne fut qu'un demi-succès, quelles en sont les causes?

Pourquoi Ney a-t-il retardé le combat des Quatre-Bras? A-t-il bien ou mal manœuvré? A-t-il raison ou tort dans le procès entre Napoléon et lui?

Pourquoi d'Erlon n'a-t-il figuré ni sur le champ de bataille de Ligny, ni sur celui des Quatre-Bras?

Comme ces problèmes sont enchevêtrés les uns dans les autres, je ne les examinerai pas successivement dans l'ordre ordinairement suivi. D'après la relation officielle de Napoléon, je discuterai et solutionnerai les énigmes telles qu'elles se présenteront à nous. Le lecteur peut être certain que je n'en esquiverai aucune.

RELATION DE NAPOLÉON. — BATAILLE DE LIGNY
COMBAT DES QUATRE-BRAS. — LE PROBLÈME DE D'ERLON

Nous lisons dans les *Mémoires* (1) :

« Le maréchal Ney reçut l'ordre, dans la nuit, de se porter le 16, à la pointe du jour, en avant des Quatre-Bras, d'occuper une position à cheval sur la route de Bruxelles, en gardant les chaussées de Nivelle et de Namur, par ses flanqueurs de gauche et de droite. Le comte de Flahaut, aide de camp général, porta ces ordres et demeura toute la journée avec ce maréchal. La division du général Girard, la 3e du 2e corps, qui était en observation vis-à-vis Fleurus, reçut l'ordre de rester dans sa position, devant opérer sous les ordres immédiats de l'Empereur, qui, avec le centre et la droite de l'armée, marcha pour combattre l'armée prussienne, avant que son 4e corps, commandé par le général Bülow, l'eût jointe, et que l'armée anglo-hollandaise fût rassemblée sur sa droite.

« Les tirailleurs se rencontrèrent au village de Fleurus.

(1) *Mémoires*, t. IX, p. 78 et suivantes jusqu'à la page 93.

Après quelques coups de canon, ceux de l'ennemi se replièrent sur leur armée qu'on aperçut alors en bataille, la gauche au village de Sombreffe, à cheval sur la chaussée de Namur; le centre au village de Ligny, la droite au village de Saint-Amand, les réserves sur les hauteurs du moulin à vent de Bry, occupant une ligne de trois mille toises. L'armée française fit halte et se forma; il était dix heures du matin. Le 3ᵉ corps en avant de Fleurus, ayant à douze cents toises sur sa gauche la division Girard, le 4ᵉ corps au centre, le maréchal Grouchy avec les corps de cavalerie de Pajol et d'Excelmans formant la droite. La garde, cavalerie, infanterie, artillerie, et le corps des cuirassiers de Milhaud se formèrent en deuxième ligne, sur le rideau qui domine la plaine derrière Fleurus.

« L'Empereur, peu accompagné, parcourut la chaîne des vedettes, monta sur des hauteurs et des moulins à vent, et reconnut parfaitement la position de l'armée ennemie; elle présentait une force certainement supérieure à 80 000 hommes. Son front était couvert par un ravin profond, sa droite était en l'air. La ligne de bataille était perpendiculaire à la chaussée de Namur, aux Quatre-Bras et dans la direction du village de Sombreffe à celui de Gosselies; le point des Quatre-Bras était perpendiculaire derrière le milieu de la ligne. Il est évident que le maréchal Blücher ne s'attendait pas à être attaqué ce jour même; il croyait avoir le temps de compléter le rassemblement de son armée et d'être appuyé sur sa droite par l'armée anglo-hollandaise qui devait déboucher sur les Quatre-Bras, par les chaussées de Bruxelles et de Nivelle, dans la journée du 17.

« Un officier d'état-major de la gauche fit le rapport que le maréchal Ney, au moment où il prenait les armes pour marcher à la position en avant des Quatre-Bras, avait été arrêté par la canonnade qui s'était fait entendre sur son flanc droit, et par les rapports qu'il avait reçus, que les deux armées anglo-hollandaise et prusso-saxonne avaient déjà opéré leur réunion aux environs de Fleurus; que dans cet état de choses, s'il continuait son mouvement, il serait tourné; que, du reste, il était prêt à exécuter les ordres que l'Empereur lui enverrait aussitôt qu'il connaîtrait ce nouvel incident. L'Empereur le blâma d'avoir déjà perdu huit heures; ce qu'il prétendait être un nouvel incident existait depuis la veille; il lui réitéra l'ordre de se porter en avant des Quatre-Bras, et qu'aussitôt qu'il aurait pris position, il eût à détacher une colonne de 8 000 hommes d'infanterie avec la division de cavalerie de Lefebvre-Desnouettes et vingt-huit pièces de canon, par la chaussée des Quatre-Bras à Namur; qu'elle quitterait cette chaussée au village de Marchais pour attaquer les hauteurs de Bry, sur les derrières de l'armée ennemie; ce détachement parti, il lui resterait encore dans sa position des Quatre-Bras 30 000 hommes et quatre-vingts pièces de canon, ce qui était suffisant pour tenir en échec les cantonnements de l'armée anglaise, qui pourraient arriver dans la journée du 16. Le maréchal Ney reçut cet ordre à onze heures et demie; il était avec son avant-garde près de Frasnes; il devait avoir pris à midi sa position en avant des Quatre-Bras; or, des Quatre-Bras aux hauteurs de Bry, il y a quatre mille toises, la colonne qu'il détacherait sur les derrières du maréchal Blücher devait donc arriver avant 2 heures au village de Marchais. La ligne qu'occupait l'armée près de Fleurus n'était pas offensive. Une partie était masquée; l'armée prussienne dut être sans inquiétude.

« Mais à 2 heures l'Empereur ordonna un changement de front sur Fleurus, la droite en avant. Cette manœuvre porta le 3ᵉ corps à deux portées de canon de Saint-Amand, le 4ᵉ à deux portées de canon de Ligny, la droite à deux portées de canon de Sombreffe. Le général Girard avec la 3ᵉ division du 2ᵉ corps se trouva être en potence sur l'extrémité de la droite de l'armée prussienne. Le ravin qui couvrait le front de la position de l'ennemi prenait naissance entre le 3ᵉ corps, et la division Girard, de sorte que cette division était sur la rive gauche de ce ravin. La garde et la cavalerie de Milhaud firent la même manœuvre et se trouvèrent en deuxième ligne à six cents toises derrière le 3ᵉ et le 4ᵉ corps. Le 6ᵉ corps qui était en route de Charleroi, reçut l'ordre d'accélérer sa marche, et de prendre position en avant de Fleurus, en réserve générale. Tout annonçait la perte de l'armée prussienne. Le comte Gérard s'étant approché de l'Empereur pour demander quelques instructions pour l'attaque du village de Ligny, ce prince lui dit : « Il se peut que dans trois « heures le sort de la guerre soit décidé. Si Ney exécute bien « ses ordres, il ne s'échappera pas un canon de l'armée prus- « sienne ; elle est prise en flagrant délit. »

« A 3 heures après midi, le 3ᵉ corps aborda le village de Saint-Amand. Un quart d'heure après, le 4ᵉ corps aborda le village de Ligny, et le maréchal Grouchy replia la gauche de l'armée prussienne. Toutes les positions et maisons situées sur la droite du ravin furent emportées, et l'armée ennemie rejetée sur la rive gauche. Le reste du 3ᵉ corps de l'armée prussienne arriva pendant la bataille par le village de Sombreffe, ce qui porta la force de l'armée ennemie à 90 000 hommes. L'armée française, y compris le 6ᵉ corps qui resta constamment en réserve, était de 70 000 hommes, moins de 60 000 donnèrent. Le village de Ligny fut pris et repris quatre fois. Le comte Gérard s'y couvrit de gloire et y montra autant d'intrépidité que de talent. L'attaque fut faible au village de Saint-Amand qui fut pris et repris, mais il fut emporté par le général Girard, qui, ayant reçu l'ordre d'avancer par la gauche du ravin avec sa division, la 3ᵉ du 2ᵉ corps, y déploya cette intrépidité dont il a donné tant d'exemples dans sa carrière militaire. Il culbuta à la baïonnette tout ce qui voulait s'opposer à sa marche, et s'empara de la moitié du village ; mais il tomba blessé à mort. Le 3ᵉ corps (1) se maintint dans l'autre partie de ce village. Il était 5 heures et demie, l'Empereur faisait exécuter plusieurs manœuvres à l'infanterie de sa Garde pour la porter sur Ligny, lorsque le général Vandamme donna avis qu'une colonne de 30 000 hommes, infan-

(1) Une erreur d'impression dans les *Mémoires* porte le 5ᵉ corps, mais le 5ᵉ était en Alsace. Voir *Mémoires*, t. IX, p. 84.

terie, cavalerie, artillerie, s'avançait sur Fleurus, qu'on l'avait d'abord prise pour la colonne détachée de la gauche, mais, outre qu'elle était beaucoup plus forte, elle venait par une route différente; que les troupes du général Girard, l'ayant reconnue pour ennemie, avaient en conséquence abandonné l'extrémité du village, et avaient pris position au bois pour couvrir Fleurus; que son 3ᵉ corps lui-même en était ébranlé, et que, si la réserve n'arrivait pas pour arrêter cette colonne, il serait obligé d'évacuer Saint-Amand et de battre en retraite. La manœuvre de cette colonne parut inexplicable. Elle avait donc passé entre le maréchal Ney et le maréchal Blücher, ou bien entre les Quatre-Bras et Charleroi. Toutefois, l'avis s'en réitérant, l'Empereur arrêta la marche de la Garde et envoya en toute diligence son aide de camp le général Dejean, officier de confiance, pour reconnaître le nombre, la force et les intentions de cette colonne. Une heure après, on sut que cette colonne prétendue anglaise était le 1ᵉʳ corps commandé par le comte d'Erlon, qui, ayant été laissé en réserve à deux lieues et demie des Quatre-Bras, accourait pour soutenir l'attaque de Saint-Amand, que la division Girard, détrompée, avait repris sa position, et le 3ᵉ corps sa contenance. La Garde continua alors son mouvement sur Ligny. Le général Pecheux, à la tête de sa division, passa le ravin; le comte Gérard, toute la Garde, infanterie, cavalerie, artillerie, les cuirassiers de Milhaud, appuyèrent son mouvement. Toutes les réserves de l'ennemi furent culbutées à la baïonnette; le centre de sa ligne fut percé. Quarante pièces de canon, huit drapeaux ou étendards, bon nombre de prisonniers, sont les trophées de cette journée. Le maréchal Grouchy, les généraux Excelmans et Pajol se sont fait remarquer par leur intrépidité. Le lieutenant général Monthion fut dans la nuit chargé de poursuivre la gauche prussienne. L'ennemi, dans ses rapports officiels, fait porter sa perte à 25 000 hommes tués, blessés ou prisonniers; sans compter 20 000 hommes qui se débandèrent et ravagèrent les rives de la Meuse jusqu'à Liège. La Garde et le 6ᵉ corps ne firent aucune perte; elle fut considérable au 4ᵉ corps et aux corps de cavalerie d'Excelmans et de Pajol, et beaucoup moins considérable au 3ᵉ corps. La division Girard, du 2ᵉ corps, fut celle qui perdit davantage. La perte totale fut de près de 6 950 hommes tués ou blessés. Plusieurs généraux ennemis furent tués ou blessés. Le maréchal Blücher fut culbuté par une charge de cuirassiers et foulé aux pieds des chevaux; mais les cuirassiers français continuèrent leur charge sans le voir; il faisait déjà nuit. Ce maréchal parvint à se sauver, froissé et à moitié estropié. La disproportion qu'on remarque entre les pertes des armées prussienne et française provient de ce que les réserves de l'armée française furent tenues pendant toute la bataille hors de la portée du canon, de ce que les 3ᵉ et 4ᵉ corps, qui étaient en première ligne, étaient masqués par des plis du terrain, tandis que l'armée prussienne était toute massée sur l'amphithéâtre qui va de Saint-Amand et Ligny aux hauteurs de Bry. Tous les boulets de l'armée française qui manquaient les premières lignes, frappaient dans les réserves, pas un coup n'était perdu. Le général Girard s'était distingué au passage du Tésin en 1800; il avait beaucoup contribué au gain de la bataille de Lutzen en 1813; c'était un des plus intrépides soldats de l'armée française; il avait éminemment le feu sacré. L'Empereur, satisfait du comte Gérard, commandant le 4ᵉ corps, lui destinait le bâton de maréchal de l'empire; il le considérait comme une des espérances de la France. »

COMBAT DES QUATRE-BRAS (1)

« Le prince d'Orange, dont le quartier général était à Braine-le-Comte, ne reçut qu'à la pointe du jour, le 16, l'ordre du duc de Wellington de réunir ses troupes. Il se porta avec la 2ᵉ brigade de la 3ᵉ division belge aux Quatre-

(1) Voir *Mémoires*, t. IX, p. 88 à 93.

Bras pour soutenir une de ses brigades que commandait le prince Bernard de Saxe, qui, dès le 15, après avoir défendu Frasnes, avait pris position entre les Quatre-Bras et Gennapes. Le prince d'Orange resta toute la matinée avec 8 ou 9 000 Belges ou troupes de Nassau, infanterie, cavalerie, artillerie, sur cette position importante. Il savait que tous les cantonnements de l'armée anglo-hollandaise étaient levés et se dirigeaient par les routes de Bruxelles et de Nivelle sur les Quatre-Bras. Il sentait toute l'importance de cette position, puisque, si les alliés la perdaient, tous leurs cantonnements venant par la chaussée de Nivelle ne pourraient faire leur jonction que par la traverse et derrière Gennapes. Si donc le maréchal Ney eût exécuté ses ordres, et se fût porté avec ses 43 000 hommes, à la pointe du jour du 16, sur les Quatre-Bras, il se fût emparé de cette position, et, avec sa nombreuse cavalerie et artillerie légère, il eût mis en déroute et éparpillé cette division ; bien plus, il pouvait attaquer les divisions de l'armée anglaise en marche, isolées sur les chaussées de Nivelle et de Bruxelles. A midi, ce maréchal, ayant reçu les nouveaux ordres que l'Empereur lui envoya de Fleurus, marcha avec trois divisions d'infanterie du 2ᵉ corps, une division de cavalerie légère et une division des cuirassiers de Kellermann, en tout 16 000 hommes d'infanterie, 3 000 hommes de cavalerie et 44 pièces de canon (21 ou 22 000 hommes). Il laissa en réserve en avant de Gosselies, pour observer Fleurus et assurer sa retraite, le 1ᵉʳ corps fort de 16 000 hommes d'infanterie, la division de cavalerie légère de la Garde du général Lefebvre-Desnouettes, et une division des cuirassiers de Kellermann, formant un total de 16 000 hommes d'infanterie, 4 500 hommes de cavalerie et 64 bouches à feu. Ses tirailleurs engagèrent le combat à 2 heures, mais ce ne fut qu'à 3 heures, lorsque la canonnade de la bataille de Ligny se fit entendre dans toute sa force, qu'il aborda franchement l'ennemi. Le prince d'Orange et sa division furent bientôt culbutés ; mais elle fut soutenue par la division du prince de Brunswick et la 5ᵉ division anglaise qui arrivaient en toute hâte et mal en ordre. Ces deux divisions étaient parties de Bruxelles à 10 heures du matin et avaient fait 8 lieues ; elles n'avaient ni artillerie ni cavalerie. Le combat se renouvela avec chaleur ; l'ennemi avait la supériorité du nombre, puisque la 2e ligne du maréchal Ney était à trois lieues en arrière, mais l'artillerie et la cavalerie françaises étaient beaucoup plus nombreuses. Les troupes de Brunswick, repoussées comme celles de Nassau, laissèrent beaucoup de morts, parmi lesquels le prince régnant de Brunswick. Le 42e régiment écossais de la division Picton, s'étant mis en carré pour soutenir une charge de cuirassiers, fut enfoncé et taillé en pièces ; son colonel fut tué, son drapeau fut pris. Les tirailleurs français arrivaient déjà à la ferme des Quatre-Bras, lorsque la division des gardes anglaises n° 1 et la division Alten n° 3 arrivèrent au pas de course sur la chaussée de Nivelle ; elles étaient également sans artillerie et sans cavalerie. Alors le maréchal Ney sentit le besoin de sa seconde ligne. Il l'envoya chercher, mais il était trop tard, il était 6 heures ; elle ne pouvait arriver sur le champ de bataille que vers 8 heures. Le maréchal se battit cependant avec son intrépidité ordinaire ; les troupes françaises se couvrirent de gloire ; et l'ennemi, quoique double en infanterie, continuant à être fort inférieur en artillerie et en cavalerie, ne put faire aucun progrès ; mais il profita du bois qui flanquait cette position et la conserva jusqu'à la nuit. Le maréchal Ney prit son quartier général à Frasnes, à mille toises des Quatre-Bras, et sa ligne de bataille à deux portées de canon de l'armée ennemie. Il fut joint par le 1er corps que commandait le comte d'Erlon, dont le mouvement par Saint-Amand ne retarda l'arrivée que d'une demi-heure. La perte de l'armée anglo-hollandaise est portée à 9 000 dans les récits officiels. La perte de l'armée française a été de 3 400 hommes. On sent facilement la cause de cette disproportion de pertes, lorsque l'on réfléchit que l'armée anglo-hollandaise, privée d'artillerie et de cavalerie, dut rester en masse sous la mitraille de cinquante pièces de canon, qui ne cessèrent pas de tirer depuis 3 heures après midi jusqu'à 8 heures du soir. »

EXTRAIT DE LA TROISIÈME OBSERVATION DE NAPOLÉON (1)

« 3° Ney reçut l'ordre de se porter, le 16, avec 43 000 hommes qui composaient la gauche qu'il commandait, en avant des Quatre-Bras, d'y prendre position à la pointe du jour, et même de s'y retrancher; il hésita, perdit huit heures; le prince d'Orange, avec 9 000 hommes seulement, conserva, le 16, jusqu'à 3 heures après midi cette importante position. Lorsque enfin le maréchal reçut, à midi, l'ordre daté de Fleurus, et qu'il vit que l'Empereur allait en venir aux mains avec les Prussiens, il se porta sur les Quatre-Bras, mais seulement avec la moitié de son monde; il laissa l'autre moitié pour appuyer sa retraite à deux lieues derrière; il l'oublia jusqu'à 6 heures du soir, où il en sentit le besoin pour sa propre défense. Dans les autres campagnes, ce général eût occupé à 6 heures du matin la position en avant des Quatre-Bras, eût défait et pris toute la division belge, et eût ou tourné l'armée prussienne, en faisant, par la chaussée de Namur, un détachement qui fût tombé sur les derrières de la ligne de bataille, ou, en se portant avec rapidité sur la chaussée de Gennapes, il eût surpris en marche et détruit la division de Brunswick et la 5ᵉ division anglaise qui venaient de Bruxelles, et de là marché à la rencontre des 1ʳᵉ et 3ᵉ divisions anglaises, qui arrivaient par la chaussée de Nivelle, l'une et l'autre sans cavalerie ni artillerie, et harassées de fatigue : toujours le premier dans le feu, Ney oubliait les troupes qui n'étaient pas sous ses yeux. La bravoure que doit montrer un général en chef est différente de celle que doit avoir un général de division, comme celle-ci ne doit pas être celle d'un capitaine de grenadiers. »

(1) *Mémoires*, t. IX, p. 160, 161.

COMMENTAIRE GÉNÉRAL DE LA RELATION DU 16 JUIN PAR NAPOLÉON. — L'ÉNIGME CAPITALE DE D'ERLON

L'accumulation de toutes les épithètes propres à exprimer la surprise ne pourrait rendre que faiblement — très faiblement — l'impression de stupeur intense que provoque le récit de Napoléon. C'est la relation textuelle, officielle. Aucun critique n'a jamais osé s'élever contre l'authenticité d'un seul mot de ce document. Or l'Empereur ne parle pas plus du fameux ordre à d'Erlon, — ordre écrit, ordre verbal, note au crayon, n'importe quoi, — que si cet ordre n'avait jamais existé. Je vise de suite cette énigme, parce qu'elle est capitale. Tous les auteurs s'accordent à reconnaître que, si Napoléon avait disposé du 1er corps sur le champ de bataille de Ligny, il eût remporté une victoire décisive (1). Nous ne discutons pas la manière dont il pouvait l'appeler, mais simplement le fait. Après les retards de Ney, le grief le plus terrible que les partisans de la tradition affirment contre le maréchal, c'est d'avoir rappelé d'Erlon malgré les ordres de l'Empereur (2).

Comment se fait-il que Napoléon ne fasse pas la plus légère allusion à cet ordre essentiel, qui, d'après ses admirateurs enthousiastes, fut une inspiration de génie et devait le sauver, et qui, de plus, excuse les défectuosités de la bataille de Ligny? En rappelant à lui le 1er corps, il fixait la victoire sous ses drapeaux. En prouvant qu'il ordonna cet appel, — ou tout au moins en le mentionnant, — il établit devant l'histoire et la postérité la justesse de ses prévisions, la profondeur de ses combinaisons stratégiques. Phénomène inouï, stupéfiant, inex-

(1) Colonel Camon, *Précis*, t. II, p. 179, 182; *Batailles*, p. 456, 460, 473, 474, 475.
(2) M. Houssaye, p. 206, 207, 208, 209, 210, 211, 212, 218, 219, 220, 221, 222. Je ne cite avec intention que les auteurs partisans déclarés de la tradition et non suspects de la moindre animosité contre l'Empereur.

plicable! Il n'en ouvre pas la bouche. On conviendra que l'énigme est de taille à faire réfléchir tous les OEdipes.

Ne nous occupons pas de savoir dans quelles conditions cet ordre fut donné, s'il était exécutable ou non, si Ney a bien ou mal agi. Ma discussion sur les Quatre-Bras (1) fait suffisamment ressortir que l'Empereur n'eût jamais dû confier le 1ᵉʳ corps à Ney, mais le garder avec lui. Toutefois il n'est plus question de cette hypothèse, mais de l'appel du 1ᵉʳ corps en lui-même — opportun ou inopportun. Parmi toutes les inconnues que nous visons, nous en rencontrons une formidable dès le début. Il importe de s'y attacher. Je n'ai pas pris l'engagement de les résoudre dans l'ordre vulgaire, mais de les éclaircir à fond.

Pourquoi Napoléon se refuse-t-il à avouer qu'il a lui-même appelé le 1ᵉʳ corps? Bien plus, s'il ne parle pas de l'ordre, il parle de cette force, mais avec un dédain prodigieux, — il n'y attache pas la moindre importance, — il traite son arrivée sur le champ de bataille comme une quantité négligeable. Girard et Vandamme, qui ne sont pas prévenus de l'apparition de ce corps fantôme, s'en effrayent, et Vandamme menace de lâcher pied, se croyant pris par derrière (2). Au lieu de le rassurer, Napoléon nous explique que lui-même ne comprend rien à cette marche. La phrase est limpide : « La manœuvre de cette colonne parut inexplicable (3). » Il envoie un de ses aides de camp — Dejean ou un autre, peu importe — reconnaître le nombre, la force et les intentions de cette colonne. Les intentions d'un corps d'armée qu'il a soi-disant convoqué lui-même!

Bien plus, nous courons d'énigme en énigme. Ce 1ᵉʳ corps qu'il a réclamé, que son aide de camp a reconnu, dont il connait le titre et le chef une heure après, — soit d'après ses données précises vers 6 heures et demie (4), — il ne lui donne

---

(1) Voir mes discussions, p. 214 et suiv.
(2) M. Houssaye, p. 175.
(3) *Mémoires*, t. IX, p. 85.
(4) *Ibid.*, p. 84 et 85, « il était cinq heures et demie » pour l'arrivée de la colonne du 1ᵉʳ corps, puis « une heure après » pour la reconnaissance achevée de cette colonne.

pas l'ombre d'un ordre, il ne s'en sert pas, ne songe à le pousser dans aucune direction. La division Girard, Vandamme et la Garde reprennent leurs positions et leur mouvement. Le corps fantôme s'éloigne et disparaît. Il s'évanouit loin du champ de bataille, — aussi bien que de la relation, — sans que l'Empereur ait tenté le moindre effort pour le retenir.

Remarquons que nous sommes dans les plus longs jours de l'année. Avec d'Erlon sous la main, à 6 heures et demie du soir, l'Empereur était maître d'exercer une pesée énergique sur la droite de Blücher. Inutile de nous inquiéter s'il pouvait le faire agir de face ou de flanc, ces détails ne signifient rien pour le problème. L'Empereur était libre en tout cas de le jeter sur l'ennemi le plus rapproché. S'il avait donné lui-même le fameux ordre si controversé à d'Erlon, n'eût-il pas essayé, au moins, de le lancer sur Wagnelée et Bry?

Prétendra-t-on que Napoléon n'a pas reconnu la colonne en question pour l'unique motif qu'elle s'est présentée par la route de Villers-Perwin, alors qu'il l'attendait par la route de Marbais? Cette explication ne tient pas debout. Suppose-t-on que Napoléon, dont l'imagination était prodigieuse, ne possédait pas assez de ressources et de souplesse d'esprit pour concevoir une erreur de chemin? Admettons que, sur le premier moment, il ait été surpris d'une direction erronée. Après la reconnaissance de Dejean, quand il fut fixé sur la nature des troupes, ne pouvait-il lancer l'ordre d'attaque? A qui fera-t-on croire que, le jour de Ligny, Napoléon fut frappé de vertige, d'une amnésie foudroyante? Cette amnésie bizarre ne se serait pas prolongée pendant des années, jusqu'à Sainte-Hélène. Or sa relation est dictée à Sainte-Hélène.

Sans aller jusqu'à des hypothèses trop faciles à réfuter, soutiendra-t-on que sa mémoire a pu faiblir? Elle était aussi puissante que son imagination. Tous ceux qui l'ont approché au cours de vingt ans de guerre ont attesté l'étendue et la solidité de sa mémoire (1). Gourgaud dit textuellement, dans

---

(1) Général DE SÉGUR, *1814. Du Rhin à Fontainebleau*, p. 154, 155.

une lettre au maréchal Jourdan (1) : « L'Empereur, comme vous le savez vous-même, avait la mémoire très sûre... » Il en est de l'infidélité de ses souvenirs comme de l'hypothèse d'amnésie subite. Ce sont des prétextes à rejeter.

M. Houssaye (2) émet l'hypothèse que Napoléon ne se servit pas de d'Erlon parce qu'il fut « déconcerté jusqu'au trouble par la direction menaçante de cette colonne ». M. Houssaye insiste et ajoute : « Si sa présence d'esprit habituelle ne lui eût fait défaut, le mouvement manqué était encore exécutable. »

Franchement, c'est faire trop bon marché de l'intelligence et de l'énergie de Napoléon. Le besoin d'expliquer coûte que coûte la non-exécution d'un ordre qu'on impose à sa mémoire et à sa responsabilité, pousse trop loin ses commentateurs. Conçoit-on le Bonaparte de Rivoli (3) qui garde un sang-froid parfait en voyant Lusignan sur ses derrières, le Premier Consul de Marengo qui reste impassible devant le désastre de 4 heures, l'Empereur de 1807 qui contemple froidement les masses russes fonçant à l'assaut du cimetière d'Eylau, le Napoléon imperturbable de 1813 qui s'est vu encerclé à Leipzig par 350 000 baïonnettes, — le conçoit-on, après les drames grandioses et terrifiants accumulés de 1796 à 1815, perdant la tête devant une colonne égarée !

M. Houssaye se donne d'ailleurs à lui-même un démenti qui ne tarde pas. Seize lignes plus loin (4), il nous dit : « L'Empereur au reste ne se trouble pas en apprenant que son beau plan tactique avait avorté. Il prit vite son parti. »

Ainsi, voilà un général qui reste froid devant l'écroulement de son plan, mais s'effare devant l'arrivée d'une colonne... qu'il a, nous soutient-on, appelée lui-même! Quel étrange général! Nous n'acceptons pas que, sous prétexte de servir la mémoire de Napoléon, on le rende simplement grotesque.

(1) *Mémoires*, t. IX, p. 348 (pièces historiques).
(2) *Ibid.*, p. 181, 182.
(3) En raison de l'importance énorme de l'incident, je reproduis l'argumentation de ma préface, p. IV et V.
(4) M. HOUSSAYE, p. 182.

Nous n'acceptons pas que les passionnés de légende ravalent cette grande figure au-dessous de tout, pour l'unique besoin de maintenir cette légende, malgré lui! J'aime mieux croire encore Napoléon et Gourgaud que les commentateurs.

D'ailleurs, il n'est pas question de préférence, ni de ce que nous aimons, mais de textes et de documents. Nous avons le droit d'être impitoyables pour celui-là et nous n'y manquerons pas. Mais il n'est pas interdit, en matière de critique, d'user des arguments psychologiques. Nous avons établi des preuves incessantes de l'acharnement de l'idée préconçue, de l'inflexibilité des résolutions chez l'Empereur. Dans les circonstances les plus graves, il ne se départ jamais du calme le plus persistant, et l'un des défauts qu'on peut précisément lui reprocher consiste dans cette fixité de la volonté et de la mémoire.

Or, on nous affirme que, vers 3 heures et demie (1), il a lui-même appelé le 1er corps. Et l'on prétend nous faire accepter qu'à 5 heures et demie il ne s'en souvient plus et ne songe pas à s'en servir. On nous montre sa mémoire défaillante, son trouble, son effarement, son énergie paralysée, quitte, une minute après, à nous le représenter fort tranquille (2). Au point de vue psychologique et mental, cette explication ressort du roman, mais non de l'histoire.

Plaçons-nous un instant au point de vue de l'intérêt de

---

(1) M. Houssaye dit, à propos de l'ordre à d'Erlon (note au crayon) : « Celui qui la portait était parti de Fleurus un quart d'heure après l'officier chargé du dernier ordre de Soult » (p. 205 et 206) et note 1, « l'ordre daté de trois heures un quart ». V. p. 165, note 2. M. Houssaye se trompe d'ailleurs. Le registre de Soult (Bibliothèque nationale, f. fr. 4366, nouvelles acquisitions) porte pour heure de l'ordre de Soult : 3 heures un quart et 3 heures et demie, registre, p. 42. — Peut-être M. Houssaye veut-il expliquer un duplicata? Mais ce n'est qu'un détail. L'essentiel consiste en ceci : M. Houssaye prétend que l'ordre à d'Erlon (1er corps), ou note au crayon, fut envoyé par Napoléon à 3 heures et demie et que deux heures après, à 5 heures et demie, quand d'Erlon arrive, Napoléon ne le reconnaît pas!!!

(2) *Ibid.*, p. 181, 182. Les contradictions de M. Houssaye sont à seize lignes de distance.

A remarquer que l'ordre authentique de 3 heures et quart et 3 heures et demie ne dit pas un mot de d'Erlon, et que M. Houssaye fixe l'heure de 3 heures et demie pour l'envoi de l'énigmatique note au crayon.

Napoléon. M. Houssaye nous dit (1), au début de son livre, que Napoléon n'hésite pas à augmenter ou diminuer les effectifs dans l'intérêt de sa mémoire. En somme, M. Houssaye nous affirme — ce dont tout le monde est convaincu — que Napoléon dans ses *Mémoires* plaide sa cause devant la postérité. Nous pouvons donc admettre ce motif très juste et très humain parmi les causes déterminantes de ses opinions. Ceci posé, revenons à d'Erlon. Nous constatons que, si l'on doit admettre que l'Empereur donna en personne l'ordre de l'appeler, il fut de son intérêt évident et indiscutable, quand il l'eut sous la main, arrivant par Villers-Perwin, de s'en servir contre la droite prussienne. Enfin, dans ses *Mémoires*, il est encore de son intérêt manifeste d'exposer toutes les pièces du procès devant les siècles à venir et de nous dire en substance : « Je me suis conformé aux principes de guerre : j'ai concentré toutes les troupes disponibles. Si l'ordre à d'Erlon ne fut pas exécuté et me priva de forces indispensables, la responsabilité en retombe sur le maréchal Ney qui le rappela vers les Quatre-Bras, au moment où j'allais m'en servir contre Wagnelée. »

Or, bien au contraire, l'Empereur nous expose une mentalité diamétralement opposée. La netteté limpide de ses *Mémoires* ne prête pas à la plus légère discussion. « La manœuvre de cette colonne parut inexplicable. » L'Empereur envoie Dejean la reconnaître. Donc, s'il eût lancé lui-même en personne l'ordre à d'Erlon, il eût chargé Dejean d'un ordre éventuel d'attaque sur un point ou sur un autre. Rien. Plus un mot sur le 1er corps.

Qu'on nous objecte toutes les pièces ou documents accessoires, commentaires généraux ou particuliers, annotations, mémoires d'autres généraux, enquêtes, souvenirs, anecdotes, ces textes de second ordre seront analysés, discutés, remis au point s'il y a lieu ; mais *a priori* il est certain que, lorsqu'il s'agit de la pensée, de la volonté et de l'intérêt de Napo-

---

(1) P. 2, note. Voir cette étude, p. 10.

léon, ces pièces secondaires du procès ne peuvent entrer en comparaison avec la source authentique et irréfutable : les *Mémoires* de l'Empereur écrits à Sainte-Hélène sous sa dictée. Qu'on discute ces précieux *Mémoires* — documents de premier ordre — quand il plaide pour son intérêt contre la vérité du bon sens et les principes de guerre, nous l'admettons; c'est ce que nous avons fait et ce que nous continuerons à faire si les circonstances nous y forcent. Mais quant à nous faire accroire que ce grand capitaine, génie prodigieux entre tous, absolument maître de sa volonté, de sa raison et de sa mémoire, ait pensé et agi contre son intérêt, qu'il ait plaidé coupable devant la postérité, nous nous y refusons. D'ailleurs, il ne faut pas exagérer ce qu'il invente pour son intérêt, alors même qu'il s'égare dans ses rêves. L'optimisme et l'orgueil — un orgueil bien légitime — l'ont entraîné, mais il est convaincu de ce qu'il nous dit, et se trompe de bonne foi. Il se trompe parce qu'il a trop de confiance dans son génie et dans sa force. Ce n'est pas une faute, c'est une erreur.

NOMENCLATURE DES ORDRES, LETTRES ET DÉPÊCHES LANCÉS LE 16 JUIN AU DÉTACHEMENT DE NEY

En ce qui concerne le secours que Napoléon attendait du maréchal Ney, les renseignements qu'il est permis d'admettre comme certains sont les suivants : l'Empereur, ne croyant pas que le maréchal rencontre grande résistance de la part des Anglais, espère d'abord qu'il pourra « manœuvrer sur-le-champ de manière à envelopper la droite de l'ennemi (Blücher), et à tomber à bras raccourcis sur ses derrières (1) ». Puis, quand Lobau l'éclaire sur les difficultés de Ney et les forces anglaises (2), il compte que, dans tous les cas, Ney sera largement en mesure de détacher « une colonne de 8 000 hommes d'infanterie avec la division de cavalerie de

---

(1) Colonel CAMON, *Précis*, t. II, p. 178.
(2) *Ibid.*, p. 178, paragraphe 6.

Lefebvre-Desnouettes et 28 pièces de canon… par Marbais pour attaquer les hauteurs de Bry, sur les derrières de l'armée ennemie (1)… ».

Quant au fameux ordre à d'Erlon, rien de certain ne peut être affirmé. Il est contredit de la façon la plus formelle par les *Mémoires* de l'Empereur, c'est-à-dire par l'Empereur lui-même. Devons-nous être plus napoléoniens que Napoléon? Les commentateurs zélés qui croient servir sa mémoire ne vont-ils pas directement à l'encontre de leur but? Pourquoi forcer les textes et s'acharner à prouver une chose improuvable et contre laquelle Napoléon s'élève?

D'abord, en quoi consiste cet ordre à d'Erlon, ou plutôt cette mystérieuse note au crayon, qui soulève depuis cent ans de si furieuses controverses? Pour que le lecteur soit à même de voir clair dans ce procès, il est nécessaire de lui en exposer toutes les pièces, et par conséquent de mentionner depuis le premier jusqu'au dernier les ordres essentiels donnés par Napoléon au maréchal Ney dans la journée du 16 juin. Je ne me servirai que des renseignements produits par les adeptes de la tradition, M. Camon et M. Houssaye.

M. Houssaye (2) cite neuf dépêches au maréchal Ney : « 1° Lettre de Soult, 5 heures; 2° du même, 7 ou 8 heures; 3° de Napoléon, 8 heures et demie; 4° de Soult, 10 heures; 5° du même, 2 heures ; 6° du même, 3 heures et quart; 7° duplicata de cette dernière lettre, 3 heures et demie; 8° ordre porté à d'Erlon (et à communiquer à Ney), 3 heures et demie ; 9° ordre verbal (confirmatif de l'ordre concernant d'Erlon) porté par le commandant Baudus, 5 heures. »

Il est superflu de compliquer la question en pure perte par des citations de notes émanées du grand quartier général, précédant le grand ordre n° 22058 (3). Ces notes ne font que préparer la marche ou éclaircir les détails d'une instruc-

---

(1) *Mémoires*, t. IX, p. 81.
(2) P. 190, note 1.
(3) *Correspondance*, n° 22058, p. 289. D'après M. Houssaye, document n° 3 : 8 heures et demie.

tion inattaquable au point de vue documentaire. Je ne les relaterai pas, non plus que les duplicata d'ordres authentiques. La lettre de Soult — 10 heures — réitère simplement les premières instructions qui sont contenues en principe dans l'ordre n° 22058. Donc, inutile de nous attarder à la discussion des paragraphes 1, 2, 4 et 7 de M. Houssaye. Nous restons par suite en présence de cinq documents.

A 9 heures du matin, Napoléon fait porter à Ney par Flahaut l'ordre n° 22058 dont j'ai donné la copie textuelle (1) et pratiqué l'analyse. Dans cette instruction, Napoléon confie nettement à Ney les 4 divisions de d'Erlon et les 4 divisions de Reille et prescrit simplement l'envoi d'une division à Marbais (2). Cette première missive est remise par Flahaut au maréchal Ney, qui occupe Frasnes. Heure de la remise : 11 heures (3). Cet ordre est inattaquable : il est compris dans la correspondance officielle.

A 2 heures, par ordre de Napoléon, le major général Soult écrit une deuxième lettre (4) au maréchal Ney : « L'Empereur me charge de vous prévenir, écrit Soult, que l'ennemi a réuni un corps de troupes entre Sombreffe et Bry, et qu'à 2 heures et demie le maréchal Grouchy avec les 3ᵉ et 4ᵉ corps l'attaquera. L'intention de Sa Majesté est que vous attaquiez aussi ce qui est devant vous, et qu'après l'avoir rigoureusement pressé, vous rabattiez sur nous pour concourir à envelopper le corps dont je viens de vous parler. » Cette deuxième instruction est remise à Ney un peu avant 4 heures, dit le colonel Camon.

Ce deuxième ordre est inattaquable, comme le premier, attendu qu'il est porté sur le registre du major général (5).

(1) *Correspondance*, t. XXVIII, n° 22058, p. 289. V. cette étude, p. 212 et suiv.
(2) Colonel Camon, *Précis*, t. II, p. 173; *les Batailles*, p. 468; M. Houssaye, p. 138, 139.
(3) Id., *les Batailles*, p. 468.
(4) Id., *Précis*, t. II, p. 178; *les Batailles*, p. 471; M. Houssaye, *1815*, p. 162, 163.
(5) Registre de Soult. Bibliothèque nationale, manuscrits fonds français, n° 4366, p. 41.

A 3 heures et quart, rapporte le colonel Camon (1), Napoléon fait expédier à Ney un nouvel ordre plus pressant que le premier :

« De manœuvrer sur-le-champ, de manière à envelopper la droite de l'ennemi, et à tomber à bras raccourcis sur ses derrières. Cette armée est perdue, si vous agissez vigoureusement. Le sort de la France est entre vos mains. Ainsi n'hésitez pas un instant pour faire le mouvement que l'Empereur vous ordonne, et dirigez-vous sur les hauteurs de Saint-Amand et de Brye. »

Ce troisième ordre n'est que la répétition énergique du second. Porté sur le registre de Soult, il constitue un document authentique. Une seule observation : le registre du major général (2) porte comme indication de localité, de date et d'heure :

« En avant de Fleurus le 16, à 3 heures 1/4 et 3 heures 1/2. »

MM. Camon et Houssaye indiquent 3 heures et quart, ce qui est en contradiction avec le registre de Soult. L'heure du duplicata de 3 heures et demie, mentionnée par M. Houssaye au n° 7 (p. 190, note 1), est négligée par lui dans toute la discussion de la note au crayon.

Ces deux critiques nous exposent que, par un phénomène prodigieux dont la légende n'a fourni aucune explication documentaire, — ce troisième ordre authentique ne parvient à Ney qu'après le quatrième, — la fameuse note au crayon si controversée. Ils prétendent que le porteur du quatrième ordre, — ou note au crayon, — ayant pris un chemin de traverse, parvint avant son prédécesseur. Par suite celui-ci, porteur du troisième ordre, fut rendu peu d'instants après le quatrième, soit un peu après 4 heures (3), d'après M. Camon, 5 heures d'après M. Houssaye.

Mais nous arrivons au quatrième.

(1) Colonel CAMON, Précis, t. II, p. 178; les Batailles, p. 472; M. HOUSSAYE, p. 165.
(2) Bibliothèque nationale, f. fr. n° 4366, nouvelles acquisitions, p. 42.
(3) Colonel CAMON, les Batailles, p. 472; M. HOUSSAYE, p. 210; M. Houssaye indique la remise de la note au crayon à d'Erlon vers 4 heures un quart, à Ney vers 5 heures (p. 210, notes 1, 2, 3).

Le colonel Camon (1) nous expose que, vers 3 heures et quart, le général Mouton rend compte à l'Empereur que Ney a 20 000 hommes devant lui. Impossible de compter sur toutes les forces de Ney. Alors, d'après le colonel Camon (2), l'Empereur « envoie directement au comte d'Erlon l'ordre de se porter avec son corps d'armée en arrière de la droite prussienne. Le colonel de Forbin-Janson, qui porte cet ordre, doit pousser ensuite jusqu'au maréchal Ney, pour le lui communiquer ».

Telle est la version de la légende qui constitue le quatrième ordre, ou note au crayon.

Toujours d'après le colonel Camon, le porteur de l'ordre, Forbin-Janson, rejoint d'Erlon un peu après 4 heures (3). « La moitié de la colonne (la colonne des quatre divisions du 1er corps) avait dépassé la voie romaine, quand il (d'Erlon) fut rejoint par le colonel Forbin-Janson, de l'état-major impérial, venu par la traverse de Mellet (4). Cet officier lui apportait un ordre de l'Empereur de diriger le 1er corps sur les hauteurs de Saint-Amand pour fondre sur Ligny. D'Erlon fit faire aussitôt tête de colonne à droite. Mais comprenant mal l'ordre de Napoléon, il prit la direction de Saint-Amand et non celle de Bry-Ligny. Il envoya à Ney son chef d'état-major Delcambre rendre compte de son mouvement. »

Ce quatrième ordre ne figure sur aucun registre d'état-major, dans aucune archive.

---

(1) Colonel CAMON, *Précis*, t. II, p. 178, 179 ; M. HOUSSAYE (p. 166, note 1) expose que la lettre de Lobau, qui l'éclaire sur les difficultés de Ney, parvient à Napoléon entre 3 heures un quart et 3 heures et demie et le détermine à lancer immédiatement la fameuse note au crayon.

(2) ID., *Précis*, t. II, p. 178, 179. Il est bien entendu que je cite les opinions du colonel Camon seul. Il n'y a pas un mot de Napoléon dans ces récits que je discute.

(3) Id., *les Batailles*, p. 472.

(4) Nous voyons apparaître cette traverse miraculeuse, qui fait partie de la tradition légendaire. C'est grâce à cette traverse, paraît-il, que le fameux 4e ordre ou note au crayon, si discuté, parvient avant le 3e ordre, qui, lui, est authentique. Il n'existe pas l'ombre d'une preuve concernant cette traverse. Donc, nous sommes forcés de la considérer non comme de l'histoire, mais comme une pure imagination, c'est-à-dire du roman.

Enfin, le colonel Camon nous cite une cinquième missive aussi extraordinaire à tous les points de vue que la quatrième (1).

Après la charge désespérée de Kellermann arrive le commandant Baudus, de l'état-major impérial, portant les instructions suivantes de Napoléon :

« Il faut absolument que l'ordre donné au comte d'Erlon soit exécuté, quelle que soit la situation où se trouve le maréchal Ney. Je n'attache pas grande importance à ce qui se passera aujourd'hui de son côté. L'affaire est toute où je suis, car je veux en finir avec l'armée prussienne. Quant au prince de la Moskowa, il doit, s'il ne peut faire mieux, se borner à contenir l'armée anglaise. »

Ce cinquième ordre, comme le quatrième, ne figure sur aucun registre d'état-major, dans aucune archive.

Le colonel Camon cite des lignes bien curieuses de M. Houssaye : « Ney, fou de colère, la face pourpre, brandissait son épée comme un égaré... (2). »

Les récits de M. Houssaye (3) ne diffèrent de ceux du colonel Camon que par des détails minimes qui ne touchent pas au fond de la question. En rapprochant les narrations du colonel Camon et de M. Houssaye des *Mémoires* de Napoléon, on voit que ces deux auteurs nous forcent à concevoir sur son intelligence, sa force de volonté, sa sûreté de mémoire, sa loyauté et sa franchise, la plus piteuse opinion.

D'après M. Houssaye, notamment, l'Empereur a complètement perdu la tête à Ligny et il a menti à Sainte-Hélène. Quant à Ney, c'est bien simple : il est fou. On voit, dans ces conditions, combien l'histoire est facile à écrire. Avec un Napoléon débile et le maréchal Ney en état de démence, tout s'explique. Je dois toutefois reconnaître que le colonel Camon est moins net que M. Houssaye ; il n'essaye même pas

(1) Colonel Camon, *les Batailles*, p. 473.
(2) *Ibid.* L'édition que j'ai en mains (M. Houssaye, *1815*, p. 216) porte : « Éperdu, furieux, la face pourpre, il brandissait son épée comme un fou. » Cette critique est aisée. Avec un maréchal Ney en état de démence, tout s'illumine !
(3) M. Houssaye, p. 165, 166, 205 à 209.

d'expliquer pourquoi Napoléon ne s'est pas servi de d'Erlon. Il agit en cette circonstance comme il a agi pour Leipzig. Sa narration de cette bataille ne comporte pas la moindre explication détaillée du second et du troisième jour. En esquivant les difficultés, il est impossible de proposer une solution définitive. Pour nous, abordons carrément et en face la question de l'authenticité des deux derniers ordres.

DE L'AUTHENTICITÉ DES DEUX DERNIERS ORDRES. — LA NOTE AU CRAYON OU ORDRE A D'ERLON (4° ORDRE) ET LES PAROLES DE BAUDUS (5° ORDRE). — DISCUSSION APPROFONDIE DE L'ORDRE A D'ERLON.

En résumé, nous sommes en présence de cinq ordres principaux : les trois premiers indiscutables. Ce sont des textes précis, signés, inscrits sur des registres d'état-major, catalogués dans des archives. Ils sont portés, le premier dans la *Correspondance* même de l'Empereur, le second et le troisième sur le registre de Soult, et font partie des manuscrits de la Bibliothèque nationale (1). Ce sont des documents authentiques, qu'on doit admettre, sur lesquels on peut discuter pour juger les opérations de Napoléon et de Ney.

Le quatrième ordre offre-t-il ce caractère ? Il s'agit de la fameuse missive à d'Erlon. Est-il rédigé dans la forme ordinaire des ordres de l'Empereur ? Non. Il s'agit d'une dépêche griffonnée au crayon (2). Est-il signé, et par qui ? Personne n'a jamais osé rien préciser. On nous raconte : ordre de l'Empereur. Quant à la signature de Napoléon ou de Soult, il n'en est pas dit un mot. Est-il inscrit sur un registre quelconque, pour l'envoi ou la réception ? Non. Il n'est porté sur aucun. Peut-être a-t-il été rédigé par un secrétaire, et dans ce cas, en trouve-t-on trace dans les papiers personnels,

(1) Manuscrits fonds fr., n° 4366 (nouvelles acquisitions).
(2) M. Houssaye, p. 209 : « dépêche griffonnée au crayon » ; p. 210 : « ordre au crayon ».

documents de la secrétairerie d'État? Pas davantage. Cette note au crayon ne se retrouve ni sur un registre, ni sur un manuscrit, ni dans une archive, ni dans une bibliothèque. Elle a disparu aussi complètement que le nom de celui qui l'a portée. Connaît-on seulement son libellé exact? On ne dispose que d'un souvenir — et quel souvenir!

M. Houssaye rapporte (1) :

« Souvenirs précités du général de Salle, commandant l'artillerie du 1ᵉʳ corps : « Pendant que nous serrions lente-
« ment sur le 2ᵉ corps, arriva par un sous-officier de la
« garde une lettre de l'empereur ainsi conçue : « Monsieur
« le comte d'Erlon, l'ennemi tombe tête baissée dans le
« piège que je lui ai tendu. Portez-vous sur-le-champ avec
« toutes vos forces à la hauteur de Ligny et fondez sur Saint-
« Amand. Monsieur le comte d'Erlon, vous allez sauver la
« France et vous couvrir de gloire. » De Salle ajoute :
« N'ayant pas la carte de Belgique sous les yeux, il est pos-
« sible que je transpose les noms des villages. Je crois
« même que c'était Saint-Amand pour tomber sur Ligny. A
« cela près, je suis certain de ne pas me tromper. »

Examinons ce libellé : d'abord à quel piège l'Empereur fait-il allusion? Jusqu'à midi, malgré toutes les informations qu'il a reçues, l'Empereur persévère dans son idée de marcher sur Bruxelles. A midi, c'est-à-dire trois heures avant la bataille, il ne croit qu'à la présence d'un seul corps prussien du côté de Ligny (2). Cette vision d'un seul corps prussien persiste jusqu'à 2 heures (3). Le colonel Camon note que l'Empereur ne peut plus songer à Bruxelles et qu'il faut « profiter de ce qu'on surprend l'armée prussienne en flagrant délit de rassemblement pour l'écraser... ». Mais ce rassemblement a été décidé par Blücher depuis les conventions du 3 mai (4) et Napoléon n'a rien fait pour le provoquer.

(1) P. 206, note 3.
(2) Colonel Camon, *Précis*, t. II, p. 176, 177; M. Houssaye, p. 159, 160.
(3) M. Houssaye, p. 160, note 2 (deuxième paragraphe).
(4) Id., p. 116.

Donc le piège n'existe que dans l'imagination de de Salle ou dans celle du porteur de l'ordre — un sous-officier de la Garde, paraît-il ! Quant au « flagrant délit », c'est une expression banale dont M. Camon se sert pour toutes les manœuvres, et qui pour Ligny ne représente aucun fait réel.

Le général de Salle n'est pas certain que l'ordre prescrive de marcher à hauteur de Ligny pour fondre sur Saint-Amand ou bien vers Saint-Amand pour tomber sur Ligny. Il allègue qu'il a perdu la carte... de Belgique. Hélas ! il est à craindre qu'il n'ait perdu bien davantage et notamment le bon sens !

Quant à « la gloire » du comte d'Erlon et au « salut de la France », on peut en juger (1). Soit que le porteur de l'ordre oriente Drouet d'Erlon sur Villers-Perwin, soit que d'Erlon y marche de lui-même, un fait est certain : d'Erlon et le 1er corps arrivent à une lieue au plus des positions de Vandamme et de Girard (2). Que se passe-t-il pour cet homme qui va se couvrir de gloire et sauver la France ? Ses collègues auxquels il apporte aide et secours se conduisent en ingrats, frappés de démence. Vandamme le prend pour un ennemi et prévient l'Empereur que ses troupes lâchent pied. Son maître, à l'appel duquel il se précipite, Napoléon, considère son mouvement comme « inexplicable (3) ». Portant la méfiance au delà de toute limite, il charge un officier de son état-major de le renseigner sur « le sauveur de la France (4) ». Et lorsque cet aide de camp revient, vers 6 heures ou 6 heures et demie, au plus tard (5), et lui annonce que la colonne « du sauveur » est constituée par le 1er corps (d'Erlon), Napoléon continue imperturbablement ses manœuvres avec

---

(1) Je dois répéter le fait pour la clarté de la discussion.
(2) Vers 5 heures, à une lieue à vol d'oiseau de Saint-Amand, dit M. Houssaye, p. 206, note 2.
(3) *Mémoires*, t. IX, p. 85.
(4) *Ibid.* (envoi de Dejean).
(5) *Ibid.* Napoléon dit « une heure après ». Or Vandamme l'a vu à 5 heures et demie, d'après l'Empereur (*Ibid.*, t. IX, p. 84 et 85); à 5 heures, d'après M. Houssaye, p. 206, note 2.

Vandamme, Girard et la Garde, sans plus s'occuper de d'Erlon que s'il n'avait jamais existé.

Si le sous-officier de la Garde (de M. de Salle) avait été envoyé par l'Empereur, il est certain que celui-ci s'en serait souvenu, au moins pendant l'heure d'attente qu'a duré la reconnaissance de Dejean (1), et il aurait facilement compris et pardonné la soi-disant erreur de direction que M. Houssaye juge un obstacle infranchissable pour l'imagination et le génie de Napoléon (2). A supposer que d'Erlon se soit trompé de chemin, ce n'est certes pas par l'unique et insignifiant motif que 20 000 hommes arrivent sur un champ de bataille en un point plus ou moins favorable, que le général, qui les a demandés avec instance et les attend anxieusement, renonce à s'en servir et les laisse disparaître.

Le libellé de de Salle ne résiste pas une minute à la comparaison légitime et irréfutable entre le soi-disant ordre de l'Empereur et la conduite de Napoléon. Le général de Salle a-t-il rêvé? a-t-il inventé? Peu importe. Son texte n'est pas défendable. De plus, il est en contradiction absolue avec son chef, le général commandant le 1er corps d'armée, Drouet d'Erlon. Celui-ci n'a jamais parlé d'un sous-officier de la Garde. Il cite comme porteur de l'ordre au crayon le général La Bédoyère. Il expose dans une lettre au duc d'Elchingen (3) que La Bédoyère a, de lui-même, fait « changer de direction à la colonne du 1er corps. Voici la copie textuelle du passage important de cette lettre :

« Au delà de Frasnes, je m'arrêtai avec des généraux de la Garde, où je fus joint par le général La Bédoyère, qui me fit voir une note au crayon, qu'il portait au maréchal Ney et qui enjoignait à ce maréchal de diriger mon corps d'armée sur Ligny. Le général La Bédoyère me prévint qu'il avait déjà donné l'ordre pour ce mouvement en faisant changer de direction à ma colonne, et m'indiqua où je pourrais la

---

(1) Dejean ou un autre aide de camp, peu importe.
(2) M. HOUSSAYE, p. 208, 209.
(3) *Documents inédits du duc d'Elchingen*, p. 65.

rejoindre. Je pris aussitôt cette route et envoyai au maréchal mon chef d'état-major, le général Delcambre, pour le prévenir de ma nouvelle destination. »

Que devient la soi-disant erreur de marche de d'Erlon, puisqu'il n'a fait qu'obéir? Notez que M. Houssaye reconnait que « la moitié de la colonne de d'Erlon avait dépassé la voie romaine, quand d'Erlon reçut une dépêche de l'Empereur (1) ». Alors pourquoi se lamenter sur son erreur de direction? Si le 1ᵉʳ corps s'est conformé à la direction imprimée par La Bédoyère, comment expliquer le refus par lequel l'Empereur rejette sans pitié 20 000 hommes de renfort, arrivant juste à l'heure critique de la bataille, 6 heures et demie? Napoléon n'aimait guère faire donner sa Garde, et l'on prétend nous faire accroire qu'il aime mieux prodiguer la Garde que d'user de ces 20 000 hommes! Admettons que d'Erlon se soit trompé de route : comment Napoléon peut-il se montrer rigoriste au point d'écarter un apport formidable? Après vingt ans de guerre, ignore-t-il l'aléa des mouvements? Et si Napoléon a vraiment refusé d'Erlon, pourquoi s'acharner après le maréchal Ney? La légende se contredit à jet continu.

Mais j'oublie que M. Houssaye rejette le témoignage de tous les grands auteurs du drame : Napoléon, Bertrand, Gourgaud, Ney et d'Erlon.

Je dois reconnaitre que M. Houssaye, après avoir supposé Napoléon incapable de se servir du 1ᵉʳ corps qu'il a, prétend-il, appelé (2), éprouve quelque remords de sa fâcheuse opinion sur le sang-froid et la mémoire de l'Empereur, — opinion d'ailleurs insoutenable, — et insinue qu'il lança des ordres à cette colonne fantôme après le retour de l'aide de camp. « Il semble même, dit M. Houssaye, qu'il le renvoya

---

(1) M. Houssaye, p. 205.
(2) Id., p. 181 « L'aide de camp... avait rapporté à l'Empereur que cette colonne était le corps du comte d'Erlon. Napoléon aurait pu s'en douter. » Plus loin « déconcerté jusqu'au trouble... il n'avait point pensé au corps de d'Erlon, que lui-même cependant venait d'appeler sur le champ de bataille. Si sa présence d'esprit habituelle ne lui eût fait défaut... »

aussitôt avec l'ordre à d'Erlon non plus de se porter en arrière de la droite ennemie, comme il l'avait prescrit à 3 heures et demie (le temps manquait dès lors pour opérer ce mouvement) mais d'attaquer tête baissée les Prussiens vers Wagnelée (1). » Il semble…! Est-ce avec des « il semble » qu'on peut écrire l'histoire et juger des manœuvres tactiques?

Les hypothèses sont indispensables en stratégie, pour le commentaire *a priori* d'une manœuvre, mais ici nous sommes sur le terrain des textes et des faits. M. Houssaye cite les témoignages du général Brue et du capitaine Chapuis. Il nous rapporte que d'Erlon avait laissé de lui-même, sans ordre, la division Durutte en vue de Wagnelée avec la simple recommandation « d'être prudent (2) », puis que Durutte « fut rejoint, à ce qu'il semble, par un officier d'ordonnance porteur d'un ordre écrit ou verbal de l'Empereur ». Après « il semble », nous possédons à titre de document précieux et certain « à ce qu'il semble ». Un second ordre ou plutôt un duplicata est lancé, affirme à nouveau M. Houssaye, toujours avec des preuves aussi formelles. Bref, Durutte ne marche pas. Le général Brue s'indigne de la désobéissance de Durutte! S'il n'a reçu que des « il semble », on conçoit son indécision.

La vérité est que M. Houssaye se rend compte qu'il avance une assertion insoutenable au sujet de la fermeté, du sang-froid et des volontés de Napoléon. Par suite, il ne sait comment s'échapper de cette impasse. Il termine en disant : « Mais j'incline cependant à admettre la réalité de cet ordre tardif, car il n'est guère possible de croire que Napoléon, qui avait appelé à lui le 1er corps, n'ait plus voulu s'en servir quand il le sut à sa portée. »

Or, Napoléon nous dit nettement qu'il sut d'Erlon à sa

---

(1) M. Houssaye, p. 182, note 2, et p. 220, 221.

(2) Id., p. 220, 221 et notes. L'indécision de Durutte n'a d'ailleurs aucune importance pour l'énigme de d'Erlon, pas plus que le retour de d'Erlon vers les Quatre-Bras. Il est probable qu'il a été rappelé par Ney (M. Houssaye, p. 214 et notes 2, 3, 4). Mais ce qui nous importe, le nœud du problème, c'est l'authenticité de la note au crayon.

portée et qu'il ne s'en servit pas (1). Donc, la supposition gratuite d'un ordre à Durutte ne peut tirer M. Houssaye du mauvais pas où il s'est mis. L'ordre à Durutte, l'ordre « à ce qu'il semble » fait partie de la légende, la triste légende. M. Houssaye se rend d'ailleurs tellement compte de l'impuissance de son explication qu'il s'écrie à la fin de son livre : « Il reste et il restera toujours de l'obscurité sur les mouvements du comte d'Erlon le 16 juin (2). » Le lecteur jugera si de ma discussion jaillit la lumière définitive...

Continuons à scruter l'authenticité de la note au crayon. Remarquons qu'il ne s'agit pas d'un duplicata, mais d'un ordre capital. Napoléon, en contradiction avec tous les ordres précédents qui prescrivent à Ney de bousculer les Anglais avec la masse de ses troupes (y compris le 1er corps et sauf la division de Marbais), pour se rabattre derrière Blücher, — en contradiction avec l'ordre n° 22058 (3) dans lequel il affirme qu'il ne donnera d'ordres aux troupes de Ney que lorsqu'il sera présent, — envoie directement à d'Erlon l'instruction précise d'abandonner le maréchal, et de venir à lui. C'est peut-être l'ordre le plus important de la journée du 16. Et cet ordre est griffonné au crayon, ni signé, ni enregistré !

Devons-nous en conclure qu'il n'a jamais existé ? Il est aussi impossible de le nier que de l'authentifier. Deux témoins, — dont M. Houssaye ne fait aucun cas, mais que j'estime être les principaux et dont le témoignage me suffit, — deux témoins l'ont vu : le maréchal Ney (4) et le général Drouet d'Erlon (5).

Précisons : ils ont vu une note au crayon, prescrivant le mouvement de d'Erlon, note apportée par un officier de l'état-major impérial. Mais ni le maréchal, ni d'Erlon ne

---

(1) *Mémoires*, t. IX, p. 85.
(2) M. Houssaye, p. 539.
(3) *Correspondance*, t. XXVIII, p. 289 à 291, neuvième paragraphe.
(4) M. Houssaye, p. 210 (vers 5 heures). Peu d'instants après, dit M. Houssaye, arrive le porteur de l'ordre de Soult daté de 3 heures et quart, le troisième ordre authentique.
(5) Id., p. 210, note 1 (vers 4 heures et quart).

déclarent qu'ils ont vu la signature de Napoléon ou de Soult. Le porteur de l'ordre le leur a montré, mais ne l'a pas laissé entre leurs mains. Il l'a remporté. Ensuite, le papier a disparu.

Donc, nous constatons le fait suivant : une simple note apportée par un officier d'état-major, mais ne présentant aucun caractère d'authenticité, a déterminé le mouvement de d'Erlon. Le porteur de cette missive a lui-même engagé le 1er corps sur la route qu'il voulait lui faire suivre. Or, Napoléon se récuse et nie avoir lancé l'ordre. Soult ne l'a jamais inscrit sur ses registres ni le 16, ni le 17. Jamais. Il ne reste qu'une conclusion à formuler, une seule, ce n'est pas une hypothèse, un essai d'explication, c'est l'unique issue à laquelle nous puissions aboutir : l'ordre n'émane ni de Napoléon, ni de Soult.

Examinons les témoignages que cite M. Houssaye pour appuyer la légende séculaire qui veut à toute force, coûte que coûte et malgré l'Empereur, que l'ordre soit lancé par lui. M. Houssaye en cite quinze (1) :

1° Une lettre de Soult à Ney. M. Houssaye nous cite le premier témoignage sous la forme suivante : « Si le comte d'Erlon avait exécuté le mouvement sur Saint-Amand que l'Empereur a ordonné, l'armée prussienne était entièrement perdue. »

Ce passage tronqué et écourté ne représente qu'une fraction de la phrase complète de Soult. Pour qu'il n'y ait pas la moindre erreur, je reproduis textuellement la lettre complète (d'après le manuscrit de la Bibliothèque nationale) (2). Cette lettre est du 17 juin, lendemain de la bataille.

A M. le Maréchal, prince de la Moskowa.

« Fleurus, le 17 juin 1815.

« Monsieur le Maréchal, le général Flahaut, qui arrive à l'instant, fait connaître que vous êtes dans l'incertitude sur

(1) M. Houssaye, p. 205, 206, 207, 208, 209 et suiv.
(2) N° 4366 (nouvelles acquisitions).

les résultats de la journée d'hier. Je crois cependant vous avoir prévenu de la victoire que l'empereur a remportée. L'armée prussienne a été mise en déroute. Le général Pajol est à sa poursuite sur les routes de Namur et de Liège. Nous avons déjà plusieurs milliers de prisonniers et 30 pièces de canon. Nos troupes se sont bien conduites : une charge de six bataillons de la garde et des escadrons de service et de la division de cavalerie du général Delort a percé la ligne ennemie, porté le plus grand désordre dans ses rangs, et enlevé la position.

« L'empereur se rend au moulin de Bry où passe la grande route qui conduit de Namur aux Quatre-Bras; il n'est donc pas possible que l'armée anglaise puisse agir devant vous ; si cela était, l'empereur marcherait directement sur elle par la route des Quatre-Bras, tandis que vous l'attaqueriez de front avec vos divisions qui, à présent, doivent être réunies, et cette armée serait en un instant détruite. Ainsi, instruisez Sa Majesté de la position exacte des divisions, et de tout ce qui se passe devant vous.

« L'empereur a vu avec peine qu'hier vous n'avez pas réussi : les divisions ont agi isolément; ainsi, vous avez éprouvé des pertes.

« Si les corps des comtes d'Erlon et Reille avaient été ensemble, il ne réchappait pas un Anglais du corps qui est venu vous attaquer; si le comte d'Erlon avait exécuté le mouvement sur Saint-Amand que l'empereur a ordonné, l'armée prussienne aurait été totalement détruite, et nous aurions fait peut-être 30 000 prisonniers.

« Les corps des généraux Gérard, Vandamme et la garde impériale ont toujours été réunis; l'on s'expose à des revers lorsque les détachements sont compromis.

« L'empereur espère et désire que vos sept divisions d'infanterie et la cavalerie soient bien réunies et formées, et qu'ensemble elles n'occupent pas une lieue de terrain, pour les avoir bien dans votre main et les employer au besoin.

« L'intention de Sa Majesté est que vous preniez position

DE L'AUTHENTICITÉ DES DEUX DERNIERS ORDRES 265

aux Quatre-Bras, ainsi que l'ordre vous en a été donné ; mais si, par impossible, cela ne peut avoir lieu, rendez-en compte sur-le-champ avec détail, et l'empereur s'y portera ainsi que je vous l'ai dit ; si, au contraire, il n'y a qu'une arrière-garde, attaquez-la, et prenez position.

« La journée d'aujourd'hui est nécessaire pour terminer cette opération, et pour compléter les munitions, rallier les militaires isolés et faire rentrer les détachements. Donnez des ordres en conséquence, et assurez-vous que tous les blessés sont pansés et dirigés sur les derrières. L'on s'est plaint que les ambulances n'ont pas fait leur devoir.

« Le fameux partisan Lutzow, qui a été pris, disait que l'armée prussienne était perdue, et que Blücher avait exposé une seconde fois la monarchie prussienne.

« *Le maréchal d'empire, major général*
« Duc de Dalmatie. »

Nous ne discuterons cette lettre qu'au point de vue des mouvements de d'Erlon. Tout ce qui concerne Ligny et les Quatre-Bras sera élucidé quand nous aurons solutionné l'énigme de la note au crayon.

Soult ne parle nullement, comme on pourrait le croire d'après la citation de M. Houssaye (1), d'un ordre donné directement par l'Empereur à d'Erlon. Il discute en homme de guerre deux hypothèses : le quatrième paragraphe de sa lettre est très net :

1° Si Ney avait concentré Reille et d'Erlon, il anéantissait Wellington ;

2° Si d'Erlon avait exécuté le mouvement sur Saint-Amand que l'Empereur a ordonné, l'armée prussienne était détruite.

Ces deux idées ne sont même pas séparées par un point.

La conclusion est que Ney aurait parfaitement pu ne pas envoyer d'Erlon, et que, s'il avait écrasé Wellington, l'Em-

(1) Page 206, note 2. Témoignages 1 et 2.

pereur ne lui en faisait pas un crime — pas même un reproche. Il en serait trop heureux — à juste titre. Mais comme il n'a pas anéanti les Anglais, alors l'Empereur lui adresse le blâme de ne pas avoir détaché d'Erlon.

Soult établit et discute un dilemme. Il ne faut pas séparer les deux membres de la phrase, — comme l'a fait à tort M. Houssaye, — car ils sont étroitement soudés. Ce sont les deux faces du dilemme. Ney, d'après Soult, n'est arrivé à aucun résultat, ni contre les Anglais, ni contre les Prussiens. S'il en avait obtenu un, fût-ce au détriment de l'envoi de d'Erlon, l'Empereur serait satisfait.

Une preuve décisive de mon explication en ce qui concerne la lettre de Soult consiste dans le paragraphe 5.

« Les corps des généraux Gérard, Vandamme et la Garde impériale ont toujours été réunis ; l'on s'expose à des revers lorsque les détachements sont compromis... »

On voit que si Ney eût gardé ses troupes (1ᵉʳ et 2ᵉ corps) concentrées, jamais Napoléon ne lui en eût fait le moindre reproche. L'évidence est indiscutable.

Qu'on examine le sixième paragraphe, et l'on verra combien l'Empereur insiste pour la concentration des troupes. Dès qu'il s'agit d'un autre, qu'il considère comme faillible, le génie de Napoléon redevient parfait.

Maintenant, comment devons-nous entendre : « Si le comte d'Erlon avait exécuté le mouvement sur Saint-Amand que l'Empereur a ordonné » ? Il suffit, pour le comprendre, de se reporter aux ordres authentiques 2 (1) et 3 (2). Le troisième surtout est admirablement net : « Le sort de la France est entre vos mains. Ainsi n'hésitez pas un instant pour faire le mouvement que l'Empereur vous ordonne et dirigez-vous sur les hauteurs de Saint-Amand et de Bry. » — Le voilà, le mouvement que Soult reproche avec énergie de ne pas avoir été exécuté. C'est là qu'est la raison du blâme contenu dans sa lettre du 17.

---

(1) Colonel Camon, *Précis*, t. II, p. 178 ; M. Houssaye, p. 162, 163. Voir mon étude, p. **252**.

(2) *Ibid.* M. Houssaye, p. 165. Voir mon étude, p. **253**.

Pour comprendre le blâme de Soult, quel besoin avons-nous de la note au crayon? N'oublions pas que Soult est un homme de guerre fort remarquable. Il peut avoir ses défauts, mais son intelligence est hors de doute. D'ailleurs, il n'a pas écrit sa lettre du 17 sans que Napoléon le conseille. Le 17, l'Empereur et le major général savent, par les officiers et aides de camp revenus le 16 au soir des Quatre-Bras, que Ney a engagé, dans une lutte furieuse, les trois divisions de Reille qui lui restaient (1). Donc, ils ne parlent pas de Reille. Mais ils savent aussi que d'Erlon lui a été inutile, puisqu'ils l'ont vu avec stupeur se promener sur la route de Villers-Perwin. D'autre part, ils ont insisté avec acharnement pour que le maréchal détache une force active et énergique sur les derrières de Blücher. Il n'était pas besoin d'être homme de guerre pour conclure que d'Erlon aurait été beaucoup plus utile, en marchant carrément sur les Prussiens, — Bry ou Saint-Amand, peu importe, — qu'en errant entre les deux ailes de l'armée française. C'est ce que Soult veut dire, et non seulement ce qu'il veut dire, mais ce qu'il dit expressément. La note fantomatique au crayon, apportée, puis volatilisée par le mystérieux aide de camp, n'a rien à voir avec la lettre de Soult.

Examinons le second témoignage (2) :

2° Soult à Davout, Fleurus, 17 juin (Archives de la guerre). « Le comte d'Erlon a eu de fausses directions, car, s'il eût exécuté l'ordre de mouvement que l'Empereur avait prescrit, l'armée prussienne était totalement détruite. »

La phrase est encore tronquée. Le texte du registre du major général (3) porte : « Le 6° et le 1ᵉʳ corps n'ont pas donné, le comte d'Erlon a eu de fausses directions, car s'il eût exécuté l'ordre de mouvement que l'Empereur avait prescrit, l'armée prussienne était entièrement perdue. » Et

---

(1) La 4°, Girard, a été détachée dès le 15 au soir et lutte avec l'aile droite. (*Mémoires de Napoléon*, p. 78.)
(2) M. Houssaye, p. 206, note 2 « 2° Soult à Davout ».
(3) Bibl. nat., manuscrits f. fr., n° 4366, nouv. acquisition, p. 46 à 49.

plus loin Soult ajoute : « C'est le moment de nous envoyer des troupes et de faire passer la levée de 200 000 hommes. »

Pour le mouvement de d'Erlon, la question est élucidée par ma discussion précédente. Mais ce qui importe le plus, c'est le sens général, l'esprit de la lettre. Soult avoue que l'Empereur manque de troupes, il avoue que le 6ᵉ corps n'a servi à rien, il avoue le lamentable retard dans la levée de la conscription et dans la levée des gardes nationales (1).

En réalité, Napoléon n'a jamais compris l'arrivée de d'Erlon qu'il considère comme « inexplicable (2) », pas plus que Ney n'a compris le départ du 1ᵉʳ corps, qu'il suppose lui être arraché par Napoléon. Il y a certainement dans ce drame un acteur qui s'est porté de lui-même au premier plan : le porteur de la note.

Le soi-disant témoignage de Soult, dont nous avons fait justice, est le seul valable — en apparence — cité par M. Houssaye, sur les quinze dont il fait étalage.

3ᵉ témoignage (3). Ce que j'ai dit de la lettre de Soult s'applique à la citation du général Foy. De plus, Foy n'a pas vu l'ordre.

4° Lettre de Ney. C'est bien ce que j'ai affirmé et ce que tout le monde sait : Ney est convaincu que Napoléon l'a privé de d'Erlon. Pas un renseignement sur le nom du porteur de l'ordre.

5° Qu'est-ce que le colonel Simon Lorière a pu connaître des ordres donnés par Napoléon ? Il était avec Gérard.

---

(1) Voir toute ma discussion du début sur la question du nombre. Le lecteur peut juger qu'elle est très utile pour la compréhension de 1815.

(2) *Mémoires*, t. IX, p. 85.

(3) M. Houssaye, p. 206, note 2. Je fais grâce au lecteur des détails inutiles. Il s'agit tout simplement de généraux, officiers ou historiens qui répètent ce que tout le monde sait — ce sur quoi je ne discute pas — à savoir qu'un ordre a été montré à d'Erlon pour détourner son corps d'armée, ou que l'Empereur (d'après certaines opinions personnelles) a donné directement à d'Erlon l'ordre de le rejoindre. Aucun ne certifie la signature de l'ordre, ni son inscription sur un registre, ni sa valeur documentaire. D'Erlon a nommé Labédoyère. Gamot et Heymès nomment le colonel Laurent. MM. Camon et Houssaye nomment Forbin-Janson. Pas l'ombre d'une preuve authentique sur le nom ou le papier ! C'est une série de racontars par ricochet ou par ouï-dire.

6° Général Berton. La légende apparait et se précise, sans l'ombre d'un texte ou document. Berton n'a pas vu l'ordre.

7° Gamot, beau-frère de Ney. Il rapporte la conviction du maréchal, preuve que le maréchal a été induit en erreur par le porteur de l'ordre, ce que toute la France sait depuis cent ans. Le colonel Laurent est-il le porteur de l'énigmatique note au crayon? En tout cas, lui seul certifie son document ou mieux son papier.

8° Fleury de Chaboulon. Pour ce témoignage, M. Houssaye tombe mal.

Napoléon lui-même anéantit la version de Fleury de Chaboulon de manière à ce que personne ne puisse plus y revenir.

Il examine à Sainte-Hélène le livre de l'éminent maître des requêtes intitulé : *Mémoires pour servir à l'histoire de la vie privée, du retour et du règne de Napoléon en 1815,* par le baron FLEURY DE CHABOULON, ex-maitre des requêtes et secrétaire de cabinet (1).

Napoléon nous dit dès le début : « On doit regarder comme d'invention tous les discours et propos qu'on prête à Napoléon. L'auteur le fait penser et parler selon ses propres opinions et selon les discours des jeunes gens des salons de la ville. »

Je cite, d'après le récit textuel de Sainte-Hélène (2), d'abord le passage du livre de Fleury de Chaboulon, puis la réponse de l'Empereur (3).

Écrit de M. de Chaboulon (page 8) :

« On ne savait pas les causes qui déterminèrent Napoléon à se séparer à Laon de son armée; je les indique. Le général Gourgaud, dans sa relation, n'avait pu donner l'explication de la marche du comte d'Erlon, à la bataille de Ligny, de la conduite du maréchal Ney le 16, de l'inaction de Napoléon le 17 : j'éclaircis, je crois, tous ces points. »

---

(1) *Mémoires,* t. VIII, p. 260.
(2) *Ibid.,* p. 260, 261, 262, 263, 264, 265 et suiv.
(3) *Ibid.,* p. 265.

Réponse de Napoléon :

« Fort mal, comme un jeune homme qui, pour la première fois se trouve à une affaire de guerre. Comment un homme qui n'était pas à la bataille, et ne l'a vue que d'une lieue en arrière, peut-il donner des explications? L'inaction de Napoléon, qui, le 17, poursuit l'armée anglaise des Quatre-Bras à Waterloo, par une journée épouvantable! »

Après ce coup de massue, asséné par Napoléon en personne, je ne pense pas que M. Houssaye insiste sur le témoignage de Fleury de Chaboulon. L'éminent maître des requêtes n'a rien vu et rien compris.

9° Témoignage cité par M. Houssaye :

« Colonel Baudus de l'état-major de Soult (notes communiquées par son petit-fils M. de Montenon) : « Au moment où
« l'affaire était fortement engagée sur toute la ligne, l'empe-
« reur me dit : « J'ai envoyé ordre au comte d'Erlon de se
« diriger, avec tout son corps d'armée, en arrière de la
« droite de l'armée prussienne. Vous allez porter au maré-
« chal Ney le duplicata de cet ordre, qui a dû lui être com-
« muniqué. Vous lui direz que, quelle que soit la situation
« où il se trouve, il faut absolument que cet ordre soit
« exécuté... » J'arrivai près du maréchal. Il était fort
« exalté, car, lorsqu'il avait voulu faire avancer d'Erlon, ce
« général ayant reçu directement l'ordre de l'Empereur
« s'était mis en marche pour s'y conformer. »

En rapprochant ce 9° témoignage de la page où le colonel Camon (1) relate les explications de Baudus, on voit qu'il s'agit en réalité du cinquième ordre. Je l'appelle ainsi pour éclaircir le problème. Baudus est certes convaincu que la note au crayon a été dictée par l'Empereur. Quant à sa mission personnelle, nous la discuterons après l'examen complet du quatrième ordre. Les 9° — témoignages Baudus — 10° (général Durutte) — 11° (colonel Heymès) — 12° (général Brue) — 13° (capitaine Chapuis) — 14° Petiet (de l'état-major

(1) Voir *Batailles*, p. 473.

de Soult) — et 15ᵉ (colonel Lemonnier) affirment tous que le mouvement du 1ᵉʳ corps fut déterminé par la dépêche griffonnée au crayon, dépêche qui fut, d'après ces témoins, montrée à d'Erlon avant d'être présentée à Ney.

En somme, M. Houssaye livre bataille pour prouver un fait qui est généralement admis, sauf par Charras et M. Grouard (1). Ces deux auteurs nient que la note au crayon fût adressée directement à d'Erlon.

Je suis d'un avis complètement opposé au leur. La preuve que la note au crayon a existé, qu'elle fut rédigée pour Ney et d'Erlon, et qu'elle a provoqué le mouvement du 1ᵉʳ corps, me paraît acquise par les témoignages concordants des deux principaux intéressés, Ney et Drouet d'Erlon.

Les autres témoins sont inutiles.

Il m'a paru impossible d'être plus napoléonien que Napoléon (2). Il me semble également inouï d'être plus partisan du maréchal Ney que Ney en personne.

A mon avis, tous les témoins sont de bonne foi, les historiens et critiques également : Thiers, MM. Camon et H. Houssaye, aussi bien que Charras et M. Grouard. Mais tous affirment et discutent à côté de la question.

Le point capital est celui-ci : oui ou non, la note au crayon émane-t-elle de l'Empereur, ou, à son défaut, de Soult? S'il est prouvé qu'elle n'en émane pas, alors nous nous trouvons en face d'une énigme nullement compliquée. Mais, avant de lui appliquer le seul terme qui lui convienne, avant de clouer l'énigmatique porteur de l'énigmatique note au pilori de l'histoire, il convient de méditer et d'examiner encore quelques arguments essentiels.

Après les témoignages de Napoléon et de Gourgaud, il en est un qui est de premier ordre : le registre de Soult.

D'après MM. Camon (3) et Houssaye (4), la note au crayon

---

(1) M. Grouard, p. 93.
(2) Voir cette étude, p. 248.
(3) Le colonel Camon, *Batailles*, p. 472. M. Camon dit : un peu après 4 heures pour la remise à d'Erlon.
(4) M. Houssaye, p. 205. M. Houssaye dit entre 4 heures et 4 heures et

— ou quatrième ordre — fut remise à d'Erlon, puis à Ney, avant le troisième ordre, vers 4 heures et quart pour d'Erlon, 5 heures pour Ney (1). Le porteur avait, nous dit-on, pris un chemin de traverse (2). Cette histoire de chemin de traverse n'est basée sur rien. Mais admettons provisoirement ce miracle d'un porteur parti après un autre, et qui arrive une heure avant! Le fait vrai, admis et indiscutable, est que la note au crayon arrive entre 4 heures et 4 heures et quart au plus tôt. Donc, en essayant de croire à son authenticité, nous sommes forcés d'admettre que Napoléon lance ce quatrième ordre vers 3 heures et demie au plus tard. C'est l'heure que lui assignent les deux historiens précités (3). Alors pour quel motif n'est-elle pas inscrite sur le registre du major général?

Trois heures et demie, c'est le moment décisif. Le registre de Soult (4) porte à cette minute précise un ordre à Lobau, que je détaillerai tout à l'heure, daté ainsi : « En avant de Fleurus, le 16, à 3 heures et demie » et l'ordre énergique à Ney parlant du « sort de la France qui est entre ses mains », et daté : « En avant de Fleurus, le 16, à 3 heures et quart et 3 heures et demie. » Dans cet ordre authentique ou troisième ordre vrai, Napoléon prescrit à Ney de « manœuvrer sur-le-champ de manière à envelopper la droite de l'ennemi et tomber à bras raccourcis sur ses derrières ».

Et c'est juste à la même minute — à 3 heures et demie — que, d'après MM. Camon, Houssaye et tous les écrivains de la légende, il lance la note au crayon dans laquelle il se contredit d'une façon absolue, puisqu'il arrache le 1ᵉʳ corps à Ney. Comment veut-il qu'ensuite Ney manœuvre les Anglais

quart pour la remise à d'Erlon. Pour Ney, M. Houssaye dit 5 heures (p. 210).
(1) Un peu après 4 heures ou entre 4 heures et 4 heures et quart — j'ai le droit de mettre : vers 4 heures et quart, en ce qui concerne d'Erlon (colonel Camon, p. 472; M. Houssaye, p. 205). Pour Ney, v. Houssaye, p. 210.
(2) M. Houssaye, p. 206.
(3) Colonel Camon, *Précis*, t. II, p. 177, 178 (heure : vers 3 heures et quart). M. Houssaye dit : un quart d'heure après l'officier chargé du dernier ordre de Soult, soit à 3 heures et demie, p. 206, note 2, p. 165.
(4) Bibl. nat., f. fr., n° 4300, p. 41 et 42.

et se rabatte derrière les Prussiens? Il a d'autant moins de motifs pour se contredire et lui enlever un corps d'armée qu'à ce même instant — toujours d'après MM. Camon et Houssaye — il est informé par Lobau que Ney lutte contre des forces très sérieuses.

Et l'on veut nous faire accroire que, malgré la gravité de la situation de Ney — à laquelle il doit ajouter foi tout au moins à ce moment, d'après la lettre de Lobau — et malgré les termes formels du troisième ordre authentique, il arrache un corps d'armée au maréchal!

Comme je l'ai démontré, cette note au crayon constitue un ordre capital, peut-être le plus important de la journée du 16 (1). Il est extrêmement grave. Napoléon arrache un corps d'armée au maréchal Ney qu'il sait engagé en pleine bataille (2). Et l'on veut nous faire accroire que Soult ne l'aurait pas inscrit, s'il eût été authentique! Il arrive qu'en pleine bataille certains ordres verbaux ne soient pas copiés, mais à 3 heures et demie la bataille commence à peine, et nous avons le registre de Soult qui nous prouve plusieurs enregistrements à cette heure.

Prétendra-t-on aussi nous imposer la fable que Napoléon a lancé cette fameuse note au crayon en cachette de Soult? Récapitulons : l'heure du troisième ordre authentique est 3 heures et quart (3). Celle de la fameuse note au crayon : 3 heures et quart d'après le colonel Camon, 3 heures et demie d'après M. Houssaye (4). J'admets ces heures, bien que je fasse la partie trop belle aux défenseurs de la légende.

D'après M. Houssaye, le porteur de l'ordre n'aurait mis qu'une demi-heure, trois quarts d'heure au plus, de 3 heures

(1) Voir ce que dit le colonel Camon de cet ordre (p. 472 et 473, affirmation Baudus), voir ce qu'en dit M. Houssaye, p. 166 et note 2.
(2) Il a été informé par le général Mouton. Colonel Camon, *Précis*, t. II, p. 178; M. Houssaye, p. 165, dernier paragraphe.
(3) M. Houssaye, p. 165, note 2 (3 heures et quart et 3 heures et demie d'après le registre de Soult).
(4) V. Colonel Camon, *Précis*, t. II, p. 177-178; M. Houssaye, p. 206, note 1. Pour l'heure d'arrivée de la note au crayon, voir M. Houssaye, p. 205 (entre 4 heures et 4 heures et quart).

et demie à 4 heures et quart, pour se rendre de l'emplacement devant Fleurus, où se trouve l'Empereur, jusqu'au delà de la chaussée romaine, jusqu'à Frasnes. Ce prodigieux porteur est parti un quart d'heure après la troisième dépêche authentique de Soult, et il arrive une heure avant. Bizarre, bien bizarre, malgré l'histoire de la traverse de Mellet, qu'aucun document ne prouve ! Mais je veux faire la partie très belle pour la gagner plus belle encore.

Poursuivons. L'ordre à Lobau de quitter Charleroi pour rejoindre l'armée est de 3 heures et demie. C'est par une erreur complète dans ses documents que M. Houssaye indique pour l'ordre à Lobau 3 heures et quart (M. Houssaye, *1815*, p. 167, note 1 : « Soult à Lobau, en avant de Feurus, 16 juin, 3 heures et quart »). Le registre du major général porte 3 heures et demie (1).

Ainsi, ces trois ordres sont lancés en même temps. Le plus important, l'essentiel, le plus formel, le plus décisif est sans contredit l'ordre qui enlève d'Erlon au maréchal Ney et lui prescrit de rejoindre Napoléon.

Nous suppose-t-on assez naïfs pour croire que cet ordre capital est le seul qui ne soit pas inscrit sur le registre de Soult? Le major général est à côté de l'Empereur. Pour couvrir l'authenticité d'un ordre suspect et controversé, on n'hésite pas à insinuer que Soult n'en a rien connu. Alors pourquoi M. Houssaye fait-il valoir son témoignage (2)?

Bien mieux, ne voit-on pas qu'on impose à Napoléon une contradiction grotesque? Le troisième ordre authentique ne parle que du rabattement de Ney ou d'une partie de ses forces sur les hauteurs en arrière de la droite prussienne. Au contraire, la note au crayon (libellé de de Salle) (3) prescrit à d'Erlon de se porter à la hauteur de Ligny et de fondre sur Saint-Amand, ou vers Saint-Amand pour tomber sur Ligny.

---

(1) Bibl. nat., manuscrits f. fr., n° 4366 (nouvelles acquisitions). Registre de Soult, p. 41. L'ordre à Lobau est même inscrit sur ce registre avant les ordres authentiques à Ney, voir p. 41 et 42.

(2) M. Houssaye, p. 206, notes.

(3) Id., p. 206, note 3.

Ainsi, à la même minute, l'Empereur donne des ordres contradictoires. M. Houssaye, après l'avoir présenté plein de trouble et déconcerté (1), tient-il à le faire passer pour fou, comme il l'a essayé pour Ney (2)? Ne voit-on pas que cette seule argumentation suffirait à prouver que la note au crayon n'est pas authentique, qu'elle n'émane ni de Napoléon ni de Soult !

Mais il y a mieux encore. M. Houssaye nous dit que la note au crayon fut remise à d'Erlon entre 4 heures et 4 heures et quart (3), et il ne fait partir le mystérieux porteur qu'à 3 heures et demie. Même en allant par une traverse, on voit que d'Erlon n'était pas loin.

Alors, comment M. Houssaye peut-il se mettre d'accord avec le colonel Camon, qui prétend que, si Napoléon n'a pas utilisé d'Erlon arrivant par Villers-Perwin, c'est uniquement parce que le 1ᵉʳ corps était trop loin. Je n'invente rien, ne citant que ces deux auteurs : « Vers 6 heures et demie, le général Dejean, dit M. Camon, rend compte que la prétendue colonne anglaise est le corps du comte d'Erlon. A la distance où se trouve ce corps, Napoléon ne peut plus compter sur lui pour la bataille, il se résigne à lancer malgré tout son attaque principale par Ligny (4). » Ainsi le porteur de la note a mis trois quarts d'heure au plus pour aller rejoindre d'Erlon. D'Erlon obéit à son ordre qu'il ne suspecte pas, et arrive par Villers-Perwin. Fait bizarre, plus il se rapproche, et plus Napoléon le trouve éloigné !

MM. Houssaye et Camon appuient leurs discussions sur une base erronée. La solidité de leur édifice s'en ressent. Ils sont obligés de transformer les routes, les distances et de façonner un Napoléon de fantaisie. Ils nous le présentent successivement débile, contradictoire, sans mémoire, n'y voyant plus clair !

(1) M. Houssaye, p. 181, 182.
(2) Colonel Camon, *Batailles*, p. 473. Citation de M. Houssaye : « Ney, fou de colère, la face pourpre, brandissait son épée comme un égaré. » Ney fou et égaré !
(3) M. Houssaye, p. 205.
(4) Colonel Camon, *Précis*, t. II, p. 180.

En vérité, pour qui ces deux auteurs — après Thiers et les amateurs de légendes non contrôlées — prennent-ils Napoléon et Soult? D'après ces auteurs, tous deux ont menti, le 16 et le 17 à Ligny! Napoléon a menti à Sainte-Hélène jusqu'à sa mort! Ses immortels compagnons d'infortune, Bertrand et Gourgaud, ceux auxquels il a dicté ses Mémoires, ont menti aussi. Soult a menti pendant trente-sept ans. Il est mort en 1852, sans jamais avoir affirmé une seconde, par un seul mot, l'authenticité de la note au crayon! Et pourtant le problème a existé de son temps. Il a connu les faits, les polémiques et il s'est tu. Les seules explications qu'il ait jamais données se sont toujours déduites très naturellement des trois premiers ordres authentiques (1). Jamais il n'a ouvert la bouche pour en dire davantage. Son silence est donc encore un mensonge. Napoléon, Gourgaud, Bertrand, Soult : tous menteurs ou fourbes.

Un seul être loyal et dont la parole mérite créance existe dans cet affreux drame : l'inconnu qui a montré la note sans la laisser dans aucune main, et ensuite s'est empressé de la faire disparaître! Bien plus, il a disparu lui-même (2). Personne n'est sûr de son nom. S'il avait accompli un acte loyal, porté une missive authentique de l'Empereur, pourquoi ne l'a-t-il pas dit hautement? Pourquoi s'est-il caché, honteusement caché? L'officier d'état-major qui porte un ordre pareil eût dû être fier de la confiance témoignée par Napoléon. On eût compris qu'il s'en vantât. Tout au contraire, le papier s'évapore dans la fumée des derniers coups

---

(1) Voir mon explication, p. 263 et suiv.
(2) Heymès cite le colonel Laurent (*Mémoires*, t. IX, p. 258), mais sans affirmer que cet officier soutint son dire après la campagne. Gamot seul atteste que le colonel Laurent rendit témoignage qu'il avait porté l'ordre à d'Erlon (M. Houssaye, p. 207, note 7). Nous ne possédons aucune pièce du colonel Laurent lui-même. Donc le rapport unique de Gamot, rapportant un témoignage isolé, n'a aucune valeur et doit être considéré comme inexistant. Un officier ayant porté un ordre aussi capital, prouvant la confiance de l'Empereur en lui, s'en serait fait un titre d'honneur auprès de ses camarades de l'armée, si toutefois cet ordre avait été authentique! Or le nom de Laurent est démenti par d'Erlon, et Ney n'affirme rien!

de canon de Ligny. L'homme s'enfonce dans l'ombre et le mystère.

Mais, dira-t-on, pourquoi dramatiser? La bataille excuse tout. A 3 heures, les efforts de la lutte ont distrait Soult, et la non-inscription sur son registre n'est qu'un oubli. C'est ici que j'attends les passionnés de légende. Assénons sur la note au crayon le dernier coup de massue. Comme je l'ai dit, en citant l'erreur de M. Houssaye en matière de document, il existe sur le registre de Soult — page 41 — un ordre que je transcris textuellement :

En avant de Fleurus, le 16, 3 heures et demie (trois heures et demie), « ordre au comte de Lobeau (1) de se rendre à Fleurus, il laissera un bataillon à Charleroi pour conserver la place et protéger le parc ».

Donc, à 3 heures et demie, Soult a enregistré un ordre, et un ordre moins important que la soi-disant note authentique. Bien plus, l'enregistrement de cet ordre de 3 heures et demie précède sur le cahier de Soult les ordres vrais et réels à Ney.

CONCLUSION SUR LA NOTE AU CRAYON
(ORDRE A D'ERLON)

Eh bien, nous n'avons plus le droit d'hésiter. Si dure que la conclusion paraisse, il faut aboutir et prononcer le vrai mot qui brûle les lèvres et s'impose de force. Aussi bien, ce n'est pas une hypothèse, ni un subterfuge d'historien aux abois. C'est la terminaison logique des déductions rationnelles. Étant donné que Napoléon n'a pas signé ni inspiré la note au crayon, que Soult n'endosse pas davantage cette responsabilité, que, lancée entre le troisième ordre authentique enregistré et l'ordre à Lobau également enregistré et authentique, elle ne figure pas au registre de Soult, que son porteur ne

---

(1) La faute d'orthographe existe sur le registre. Bibl. nat., f. fr., n° 4366 (nouvelles acquisitions).

l'a laissée entre les mains de personne, qu'après l'avoir simplement montrée, il l'a fait disparaître, que lui-même, au lieu de s'en parer hautement comme d'une marque de confiance émanée de l'Empereur, a gardé l'anonyme, s'est tu, a disparu dans l'ombre la plus épaisse, et qu'on discute jusqu'à son nom, il ressort clairement de ces faits acquis et preuves irréfutables que nous nous trouvons en présence d'un faux.

Ce faux est tellement audacieux, cette mystification si colossale, les effets en furent si lamentables, que même après avoir conçu de force la notion d'un faussaire, on s'arrête, on hésite encore, on reculerait presque devant l'énormité de l'acte, si les documents n'étaient irrésistibles et les faits accablants. La méthode déductive d'abord, puis l'analyse patiente des écrits de Napoléon, des réflexions de Sainte-Hélène, du mutisme si naturel de Soult, l'examen rigoureux des témoignages qui tous se résument à affirmer qu'un ordre a été présenté à d'Erlon puis à Ney, mais dont aucun ne précise un libellé exact, ni une signature, toutes ces précisions accumulées me contraignent à établir le diagnostic du faux. La lecture du registre de Soult constitue la preuve écrasante par l'autopsie des textes.

Laissons de côté les grands noms dont l'éclat peut troubler notre imagination. Il est inadmissible qu'un général quelconque, luttant péniblement sur un champ de bataille, appelle à son secours une force de 20 000 hommes, puis ne s'en souvienne plus deux heures après, et la laisse disparaître sans lui donner un ordre. Il est inadmissible que ce même général, pendant les longues méditations de l'exil, compulsant ses souvenirs avec des compagnons loyaux et fidèles, s'acharne — s'il n'est soutenu par la puissance de la vérité — à récuser sans motif la responsabilité de cet ordre. Il est inadmissible qu'il pense et agisse contre son intérêt, et qu'il plaide coupable devant l'éternité des siècles.

Il est un fait qu'on oublie ou mieux qu'on méconnaît toujours. Des passionnés de légende, admirateurs trop zélés, prétendent que ce général n'a pas voulu paraître se rappeler l'ordre, pour l'unique motif qu'il eût fallu avouer sa soi-disant défaillance et son trouble anormal sur le champ de bataille (1). Erreur complète : il lui était bien facile d'expliquer la disparition de d'Erlon par le rappel de Ney. Mais il s'est refusé à proférer un mensonge pour en excuser un autre. Des prétextes si vils ont répugné à la hauteur de son génie.

Il importe que la solution de l'énigme de d'Erlon apparaisse lumineuse. Or, nous avons souvent parlé de Napoléon « tout secret et mystère (2) ». Certains lecteurs non avertis pourraient en déduire que l'affaire du 1er corps représente un mystère dont l'Empereur n'a pas voulu livrer la clef. Mais l'expression du général Bonnal ne s'applique qu'à la méthode de commandement. Napoléon garde par devers lui jusqu'à la dernière minute sa conception stratégique. Il ne la révèle qu'au fur et à mesure, sous la pression des événements. Et encore, quand il lance l'ordre définitif à son major général, il lui prescrit de le découper par tranches, et de n'en servir à chaque lieutenant que la part étroite — trop étroite — qui le concerne (3). Donc, le secret et le mystère n'existaient que pour ses subordonnés. Quant aux historiens et aux critiques, la *Correspondance* et les *Mémoires* leur dévoilent toutes les idées préconçues et jusqu'aux moindres ordres de Napoléon (4).

Il n'y aurait pas lieu non plus de tenter le moindre rapprochement entre le problème de la note au crayon et le mystère de la soirée de Wagram. Pour la note au crayon, il s'agit d'un fait militaire qui s'est produit au grand jour, et dont l'authenticité seule est en jeu. Tout au contraire, pour le

---

(1) M. Houssaye essaie cette explication, p. 208, paragraphe 7 des notes de cette page. Il écrit : « Napoléon n'a pas voulu reconnaître qu'il avait manqué de coup d'œil et de réflexion quand, déconcerté jusqu'au trouble par la fausse direction du corps de d'Erlon, que lui-même venait d'appeler, il l'avait pris pour un corps ennemi. » Napoléon manquant de coup d'œil, de réflexion et de sang-froid ! Jusqu'à quelles monstruosités la légende peut-elle pousser un historien !

(2) Général BONNAL, *Manœuvre d'Iéna*, p. 128. ID., *Vie militaire du maréchal Ney*, p. 367, 370.

(3) ID., *De Rosbach à Ulm*, p. 185 à 187. ID., *Manœuvre de Vilna*, p. 59.

(4) Voir mes discussions, p. 214 et suiv.; 233 et suiv., voir préface, p. XI.

soir de Wagram il n'existe — comme je l'ai expliqué — aucune
conception stratégique à élucider. Personne ne prétend qu'il
y ait eu le moindre ordre militaire donné après 3 heures
de l'après-midi (1). Il s'est produit un arrêt absolu dans le
commandement de l'Empereur. Sa tente est dressée par ses
ordres, et il s'y enferme. Donc aucun problème militaire,
mais une énigme dont le cadre n'appartient pas à notre étude
de guerre (2).

Envisageons la troisième objection possible. On peut me
dire que Napoléon, n'ayant jamais avoué une erreur (3), n'a
pas voulu avouer celle du 16 juin. Mais, sur ce point encore,
il faut s'entendre nettement. En raison de la prodigieuse
assurance qu'il puise dans la conscience de son génie, Napoléon
en est arrivé à croire qu'il ne peut pas se tromper.
Aussi, même lorsqu'il agit contrairement aux principes stratégiques
qu'il a formulés, il n'avoue pas son erreur. Du moment
qu'une conception est élaborée par lui, il la juge parfaite.
Mais il ne la cache nullement dans sa correspondance
ni dans ses *Mémoires* (4). En marchant sur Sombreffe, il a
contrevenu — comme je l'ai démontré — au principe capital
inscrit par lui dans l'étude des guerres de Turenne (5). A-t-il
jamais caché sa marche sur Sombreffe? Il s'en glorifie, et
les thuriféraires se sont emportés à sa suite. Le même raisonnement
s'applique à tous ses actes et ordres.

J'ai enfin prouvé qu'en niant l'ordre à d'Erlon, l'Empereur
plaidait coupable devant la postérité (6).

En conséquence il n'existe qu'une solution au point de vue

---

(1) Colonel CAMON, *Batailles*, p. 321, 322. « Dès 3 heures... l'Empereur fait dresser ses tentes et s'endort... Après 3 heures, son action n'apparait plus. »
(2) Voir mes discussions, p. 76 à 78.
(3) Général BONNAL, *Manœuvre de Landshut*, p. 242.
(4) Dans tout le cours de son immense correspondance, il est même très rare de constater une contradiction, sauf quand il répond à un adversaire qui l'irrite, quand la colère l'emporte. Les contradictions que j'ai relevées dans cette étude proviennent ou d'une impulsion d'orgueil ou d'un mouvement de colère. Voir p. 201, 292 et suiv.
(5) *Mémoires*, t. VII, p. 97. Voir mes discussions, p. 115.
(6) Voir mes discussions, p. 244, 249, 278.

des textes, des documents, des faits et des caractères : la note au crayon représente un faux.

Après la psychologie de l'Empereur, étudions celle de Soult.

Il est inadmissible que son chef d'état-major qui a survécu trente-sept ans au désastre, qui a rempli les plus hautes fonctions sous un autre gouvernement, qui par suite jouissait d'une indépendance absolue, n'ait jamais précisé que son ancien chef était le véritable auteur de l'ordre suspect, jamais expliqué l'arrivée ni la disparition des 20 000 hommes sur le champ de bataille, et qu'il se soit contenté, pendant trente-sept ans, de répéter ses conclusions tirées des trois premiers ordres antérieurs et authentiques.

Peut-être m'objectera-t-on qu'en ne réfutant pas l'erreur, en ne combattant pas le faux, Soult a également menti. Ce serait exagéré et inexact. Politique avisé et prudent, Soult n'a pas voulu se lancer dans la mêlée des discussions personnelles. Proclamer la vérité d'après des pièces authentiques représente un premier acte. Affronter la légende pour écraser un faux représente un second acte. L'ancien major général de l'armée de Waterloo a considéré comme plus sage de s'en tenir au premier. Il ne s'est jamais présenté comme historien ni critique.

Maintenant examinons le faux et le faussaire. La mentalité de l'armée de Waterloo nous explique les deux (1). L'Empereur nous cite dans ses *Mémoires* (2) des cas d'indiscipline farouche qui confinent à la folie. En pleine bataille de Ligny, un vieux soldat vient lui crier que Soult trahit. Un officier rapporte à Soult que Vandamme est passé aux Prussiens. Un dragon appelle l'Empereur et le supplie d'accourir, sous prétexte que le général d'Hénin harangue sa division pour passer à l'ennemi. Au même moment, d'Hénin est frappé d'un boulet qui lui emporte une cuisse.

---

(1) Voir ma discussion sur la valeur morale et physique de l'armée, p. 90 et suiv. Voir M. Houssaye, p. 72 à 84.

(2) *Mémoires*, t. IX, p. 162.

Pas de cohésion, pas de discipline. Une bravoure folle, exaltée, une audace sans limites. Comment s'étonner d'un coup d'audace et de folie ?

Un aide de camp est chargé d'un duplicata quelconque du deuxième ou troisième ordre authentique pour le maréchal Ney. Il est évident qu'il est porteur d'un duplicata du deuxième plutôt que du troisième, car, en fin de compte, il serait par trop naïf d'ajouter foi à la traverse miraculeuse de Mellet, que personne n'a jamais étayée par l'ombre d'une preuve. Quel texte, quel acte authentique enregistré prouve d'ailleurs l'envoi spécial d'un, deux ou trois duplicata ? Mais le détail est sans importance : poursuivons. Cet aide de camp sait que Blücher compte 80 ou 90 000 hommes ? Dans l'état-major le fait était connu, et d'ailleurs, à la guerre, les bruits se répandent comme une traînée de poudre. Il est informé par ses camarades, lancés déjà du côté des Quatre-Bras, que Napoléon attend des renforts, qu'il les demande avec instance, qu'il les désire, qu'il en a besoin coûte que coûte. Soult lui remet en main son duplicata qui ne représente qu'une demande à Ney, donc un ordre éventuel, conditionnel. Il part au galop. Sur la route, rencontre du 1er corps, d'Erlon. Le voilà, le renfort attendu. Mais d'Erlon va du côté des Quatre-Bras et non du côté de Ligny. Quel moyen employer pour le détourner vers le vrai but et servir les intentions de l'Empereur ? Deux lignes au crayon, substitution de ce papier au duplicata dont il n'espère pas un résultat immédiat, et le but est atteint. A-t-il réfléchi ? A-t-il médité ? A-t-il cru mal faire ? Peut-être. Mais qui ne risque rien n'a rien. Cet aide de camp lance des troupes — les premières qui lui tombent sous la main — au secours de l'Empereur. Est-ce plus extraordinaire que les paroles du vieux soldat, de l'officier et du dragon que Napoléon nous rapporte ?

De ce coup d'audace inouï résultent tous les malentendus, incohérences et polémiques. L'Empereur ne comprend rien à cette arrivée du 1er corps, qu'il prend pour une absurdité de Ney. Le maréchal est furieux de la disparition de son

1ᵉʳ corps, qu'il attribue à l'Empereur, puisque le porteur de la note au crayon a prononcé pour lui, comme pour d'Erlon, les paroles fatidiques : ordre de l'Empereur ! De cette prodigieuse et déplorable mystification découlent depuis un siècle des polémiques, qui dureront éternellement, si l'on ne se range aux arguments de la logique, que j'ai fait valoir de mon mieux.

Si le coup eût réussi, si l'Empereur, moins inflexible dans ses résolutions, moins absolu dans ses volontés, — contrairement à la thèse de M. Houssaye, — se fût laissé troubler par cet incident, s'il eût saisi avec empressement le secours inespéré de 20 000 hommes, l'auteur se fût-il vanté, au lendemain de la victoire écrasante ? Peut-être. Mais son audace provoqua les plus navrants effets : 20 000 hommes perdus pour Napoléon et pour Ney. Il ne pouvait plus que se taire, et mon explication est la seule qui donne la clef de son silence (1).

Le faussaire pécha par excès de zèle. Et de plus, pour essayer d'imposer une idée à l'Empereur, il fallait qu'il le connût bien mal. Quant à l'en prévenir, il aurait fallu qu'il fût complètement fou. Il risquait l'arrestation immédiate.

Qu'on réfléchisse, non seulement à la mentalité des troupes de Waterloo, mais à l'étrange discipline des armées impériales (2), et l'on ne sera pas surpris de ma discussion. La méthode de commandement de Napoléon fut certes déprimante en ce qui concerne les maréchaux et commandants de corps (3). Elle leur inspira généralement — les exceptions comme Davout furent rares — cette obéissance passive de la

---

(1) J'ai écarté le témoignage unique de Gamot. Il est le seul qui prétende que le colonel Laurent se soit vanté d'avoir été le porteur de l'ordre. Comment ne l'aurait-il pas crié à tous ses collègues de l'état-major? D'Erlon a vu Labédoyère, qui est resté muet. Le prince de la Moskowa ne prononce pas un seul nom. Et Forbin-Janson ? et le sous-officier de la Garde? Pas un n'a osé faire la preuve que c'était lui ! Pas un n'a osé dire d'une manière éclatante et irréfutable : « C'est moi qui ai porté l'ordre. »

(2) Voir les citations, p. 90, 281.

(3) Général BONNAL, *Manœuvre d'Iéna*, p. 289 « de tels procédés de commandement tuent à la longue la réflexion et l'initiative, dépriment enfin ceux qui, de simples exécutants, pourraient devenir des collaborateurs précieux ». V. p. 325, 416 « défaut... dans la méthode de commandement ».

lettre, cette servilité du mot qui causèrent de multiples catastrophes. Mais l'action absolue des ordres ne pénètre pas au delà du haut commandement. Les guerres perpétuelles, la violence des situations, l'application constante du « Débrouillez-vous (1) » provoquèrent au contraire, chez les officiers autres que les grands chefs, chez les sous-officiers et soldats une vigueur, une indépendance d'allure, une liberté de langage et d'action dont « les vieux grognards » ont fixé le type. Inertie et parfois pusillanimité chez les lieutenants immédiats de l'Empereur, indiscipline dans les rangs subalternes de la hiérarchie, telles furent les conséquences du système. Contrairement à l'aphorisme de Napoléon (2), la misère n'est pas l'école du bon soldat. La misère prolongée ruine la saine discipline. C'est un phénomène naturel, conforme aux lois humaines. Sur ce point comme sur tant d'autres, la légende a fait fausse route.

Qu'on se reporte notamment à l'épisode fantastique de la conspiration de Malet (3), on verra de quelle audace furieuse étaient capables certains hommes et de quelle adresse pour utiliser les ressorts inférieurs du commandement. Le porteur de la note au crayon fut un Malet d'une nature spéciale. Il voulait sauver l'Empereur malgré lui, non le détruire. Comme discipline, il fut au même niveau que le conspirateur.

Son nom? Ici nous quittons le terrain solide des déductions logiques pour pénétrer dans le sable mouvant des hypothèses. Quand il s'agit de combinaisons stratégiques, les hypothèses sont indispensables et très précieuses, parce qu'on dispose des principes et des exemples de l'histoire. Mais ici quel principe peut nous guider dans le dédale des témoignages?

Drouet d'Erlon a dit : La Bédoyère. Thiers, Charras et M. Grouard (4) répètent le même nom. Gamot, Heymès,

---

(1) Général BONNAL, *De Rosbach à Ulm*, p. 196, 197.
(2) *Ibid.*, p. 205. V. p. 204 à 207.
(3) THIERS, t. III, p. 206 à 209, 294 à 296.
(4) M. GROUARD, p. 85 à 89.

Brue et Chapuis disent : le colonel Laurent. Le général de Salle, commandant l'artillerie du 1ᵉʳ corps, dit : un sous-officier de la Garde (1). Le colonel Baudus, et après lui MM. Camon (2) et Houssaye (3) disent : le colonel de Forbin-Janson. Nous ne disposons, pour conclure, ni d'un principe, ni d'un fait historique, ni d'un texte, ni du moindre document. Parmi les porteurs supposés de la note, il en est dont la destinée fut atroce. Comme l'illustre maréchal Ney, La Bédoyère est mort fusillé en 1815. Quel procès pourrait-on plaider contre sa mémoire? Les autres ont gardé le silence. A défaut de base solide, que pourrait-on discuter?

Contentons-nous d'avoir élucidé l'énigme de la note au crayon et laissons reposer dans l'éternel oubli le nom de son porteur. Il s'est imaginé qu'il accomplissait une œuvre de salut, et les conséquences de sa folle indiscipline furent désastreuses. Tel est le jugement qu'un historien impartial doit prononcer. Les faits sont désormais suffisamment éclaircis. Inutile d'insister.

LE CINQUIÈME ORDRE. — LES PAROLES DE BAUDUS

En exposant toutes les pièces du procès sous les yeux du lecteur, j'ai cité le récit détaillé du colonel Baudus d'après MM. Camon et Houssaye (4). Il s'agit du cinquième ordre. Le lecteur qui a bien voulu suivre avec attention ma discussion concernant l'offensive contre Blücher et la question des Quatre-Bras connaît le problème et sa solution (5). Voici

---

(1) M. Houssaye, p. 166, 167, note 2. Heymès, Brue et Chapuis ne disent pas que Laurent se soit vanté après la bataille.
(2) Colonel Camon, les Batailles, p. 472.
(3) Citation de M. Grouard, p. 86. Dans l'édition de 1913, M. Houssaye me semble moins affirmatif (p. 209, note 1). Il nomme Laurent, Forbin-Janson et La Bédoyère.
(4) Colonel Camon, Batailles, p. 473; M. Houssaye, p. 207, note 9, p. 216. — J'ai donné les citations textuelles, p. 270.
(5) Voir mes discussions, p. 182 et suiv.

les paroles que Baudus prête à l'Empereur : « L'affaire est toute où je suis, car je veux en finir avec l'armée prussienne. Quant au prince de la Moskowa, il doit, s'il ne peut faire mieux, se borner à contenir l'armée anglaise. » — Ces paroles sont la traduction parfaite de la situation exacte, tant à Ligny qu'aux Quatre-Bras.

Le grand malheur, c'est que Napoléon ait choisi pour confident Baudus vers cinq heures du soir, au lieu de choisir Ney lui-même à six heures du matin. Si vraiment Napoléon a prononcé ces paroles, et si Baudus les a rapportées au maréchal, la réponse écrasante de celui-ci pouvait se résumer en deux mots : Trop tard.

Le matin, au lieu de lancer Ney sur le point précis des Quatre-Bras — et même en avant (1) — il eût suffi que l'Empereur l'avertît de se borner à une action secondaire sur la route de Bruxelles, à la garde du flanc gauche de l'armée contre toute attaque anglaise. Du moment qu'il le lançait sur les Quatre-Bras, il ne s'agissait plus de couverture stratégique, ni de flanc-garde. Le maréchal entrait en contact tactique avec l'ennemi. Il ne pouvait plus manœuvrer — en tant que manœuvre stratégique — devant les Anglais — encore moins derrière Blücher. C'était la bataille, avec tous ses aléas. Ney entravé par cette lutte corps à corps, qu'est-ce que Napoléon pouvait bien en attendre du côté de Ligny? Dès lors, à quoi servait sa confidence tardive à Baudus? Absolument à rien, sinon à risquer un nouveau malentendu, une nouvelle incohérence.

Cette confidence a-t-elle eu lieu? Je ne vois pas Napoléon se désavouant lui-même, s'infligeant le démenti le plus formel. Comme je l'ai démontré, toute la faute — faute psychologique, car le génie stratégique de l'Empereur n'a jamais faibli — provient de sa funeste idée préconçue sur Blücher. Pendant toute la matinée du 16, il n'a rêvé que d'une marche facile vers Bruxelles (2) pour la soirée du 16

(1) Ordre n° 22058, *Correspondance*, t. XXVIII, p. 289 à 291.
(2) Voir mes discussions, p. 214 et suiv.

ou la matinée du 17. Il ne doute ni de la fuite de Blücher, ni de celle de Wellington.

Avant Charleroi, nous avons constaté la trace d'une idée de premier choc contre les Prussiens (1), mais, depuis, l'idée préconçue a fait du chemin. Les deux manœuvres dans les deux directions — Ligny et les Quatre-Bras — constituent, dans sa pensée, des actes simultanés, dont la puissance ne rencontrera que des obstacles insignifiants. La volonté de Napoléon à cet égard est indéniable. Cette double action simultanée — je répète le terme avec intention — est précisément ce qu'admirent avec enthousiasme les historiens et critiques — y compris Jomini (2) et Charras (3) — qui n'ont compris ni le danger terrible de la manœuvre, ni la raison vraie du concept de l'Empereur. C'est précisément pour éclaircir ce point capital que j'ai accumulé les arguments dans mon étude sur le débouché par Charleroi (4).

La faute initiale produit les conséquences les plus lointaines. Elle se répercute et s'étend dans la durée et dans l'espace. Jamais Napoléon, depuis le 15, n'a laissé entrevoir qu'il ait établi une distinction entre une action essentielle sur Ligny et une secondaire sur les Quatre-Bras. Toute l'erreur est là. Il le sait mieux que personne. Mais il sait aussi que Ney est en pleine bataille et par conséquent qu'il est trop tard. Quel est le document qui peut nous prouver qu'il a choisi le colonel Baudus comme confident d'une confession inutile?

Pour le quatrième ordre — la note au crayon — cet acte inouï d'un malheureux qui a cru tout sauver et a tout perdu — on nous citait des témoignages. On nous parlait d'un morceau de papier. Ici plus rien. Il n'est question que d'une causerie. Personne ne l'a entendue. L'Empereur n'en dit pas

---

(1) N° 22050. Lettre au prince Joseph. *Correspondance*, p. 280.
(2) Jomini, chap. xxii, p. 146, 153.
(3) Charras, p. 145, 335, 336 et suiv. Charras blâme le mouvement unique sur les Quatre-Bras, mais approuve la marche simultanée sur les Quatre-Bras et Sombreffe. — Il raisonne comme Jomini (p. 336, note 1).
(4) Voir mes discussions, p. 112 et suiv.

un mot. Mais que vaut le témoignage de l'Empereur pour les passionnés de légende? Du moment qu'il s'agit de l'affirmation d'un comparse, la légende s'incline et l'adopte. La dépêche griffonnée au crayon, la traverse miraculeuse de Mellet et la conversation de Baudus sont trois objets de même fabrique. Le premier est un faux, le second une invention gratuite, et le troisième un rêve. Tout ce qui n'est pas appuyé d'un principe, d'un enseignement du passé, d'un texte ou d'une déduction logique et rationnelle n'existe pas devant l'histoire.

BATAILLE DE LIGNY

Nous avons étudié les données du problème, écarté tous les nuages de l'horizon. Il est facile de déterminer les détails et d'éclairer la solution. Du moment que la pensée de Napoléon nous est connue, que l'énigme de d'Erlon est solutionnée, les conséquences se déduisent d'elles-mêmes. Jetons d'abord un coup d'œil sur l'ennemi.

Napoléon adresse les reproches suivants à Blücher (1) :

2° « Cependant, quoique surpris, le maréchal Blücher persista dans le projet de réunir son armée sur les hauteurs de Ligny derrière Fleurus, bravant la chance d'y être attaqué avant que son armée y fût arrivée. Le 16 au matin, il n'avait encore réuni que deux corps d'armée, et déjà l'armée française était à Fleurus. Le 3ᵉ corps rejoignit dans la journée, mais le quatrième, que commandait le général Bulow, ne put arriver à la bataille. Le général Blücher eût dû, aussitôt qu'il sut les Français à Charleroi, c'est à dire, dans la soirée du 15, donner pour point de rassemblement à son armée, non Fleurus, non Ligny, qui se trouvaient déjà sous le canon de son ennemi, mais Wawre, où les Français ne pouvaient arriver que

---

(1) *Mémoires*, t. IX, 6ᵉ observation, p. 167.

le 17 : il eût eu de plus toute la journée du 16 et la nuit du 16 au 17 pour opérer le rassemblement total de son armée. »

La critique de Napoléon n'est pas fondée parce que Blücher donna à temps, dans la nuit du 14 au 15, les ordres nécessaires à la concentration de son armée. Si le 4ᵉ corps (Bulow n'arriva pas à la bataille, ce fut uniquement par suite d'erreurs et de retards dans la transmission, la réception et l'exécution des ordres (1). Mais la responsabilité personnelle de Blücher ne doit pas supporter ce reproche. La critique de Napoléon s'adresse à des sous-ordres, non au feld-maréchal. Donc, elle tombe à faux. Les flottements et les heurts dans la manœuvre ne dépendent pas toujours de la volonté du chef.

Contrairement à ce qu'affirme Napoléon, qui, entraîné par la toute-puissance de sa volonté, ne supporte pas une contradiction ni l'initiative adverse, même en pensée, Blücher conçut une inspiration très sage en opposant la résistance la plus immédiate, et la plus rapprochée possible de Charleroi (2). Il gêna le déploiement de l'armée française. En reculant jusqu'à Wawre, il eût fait la partie trop belle à l'adversaire, puisqu'il lui livrait, sans y être contraint, l'espace dont il manquait, et qui était nécessaire à l'exécution de ses manœuvres, à la réalisation de la rupture stratégique. En restant à Sombreffe, il forçait Napoléon à dévoiler ses plans et contrariait son offensive — ce qui doit être le but d'un général en position d'attente. Il risquait évidemment une défaite et l'écrasement. Mais il avait confiance dans ses troupes, et qui ne risque pas la bataille avec les atouts dont disposait Blücher n'est pas digne de commander.

Des deux généraux en chef, celui dont l'attitude mérite le plus de reproches est Napoléon, attendu qu'il avait absolument besoin d'une victoire écrasante contre les Prussiens

(1) CLAUSEWITZ, p. 48, 49, 61. Bülow retarda le 15 l'exécution d'un ordre. De plus, il annonce qu'il sera le 16 à Hannut, mais sa missive ne trouve plus Blücher, parti de Namur. Par contre, des ordres envoyés par Blücher à Hannut n'y trouvent pas Bülow et restent en souffrance.

(2) Voir ma discussion sur la rupture stratégique, p. 125 et suiv., 161 et suiv

dans le plus bref délai (1), qu'il ne concentra pas ses forces dès le 15 au soir pour attaquer le 16 au matin, et qu'il retarda le choc jusqu'à 3 heures. Il n'évalua les forces de Blücher qu'à un seul corps d'armée jusqu'à 2 heures (2). Parmi les troupes dont il disposait, comptait le 6° corps (Lobau). Or le 6° corps fut laissé à Charleroi, rappelé seulement à 3 heures et demie (3), et ne servit à rien pour la bataille de Ligny. Rappelé le matin, il eût pu remplacer la division attendue de Marbais ou n'importe quel renfort espéré de l'aile gauche. Ces fautes multiples et très graves au point de vue du choc décisif dérivent d'ailleurs de la même origine : Napoléon, après avoir parlé le 14 d'une bataille contre Blücher (4), n'y croyait plus depuis le 15 au soir. Ses ordres à Ney (5) et à Grouchy (6) l'ont amplement démontré. Une erreur initiale produit d'incalculables conséquences.

DISCUSSION DE L'ATTAQUE PAR LA DROITE ET DE L'ATTAQUE SUR LE CENTRE

Napoléon reproche à Blücher d'être placé « sa droite en l'air » (7). A quel obstacle le feld-maréchal eût-il pu l'appuyer ? S'il eût disposé du 4° corps (Bulow), il eût pu le placer en échelon. La droite prussienne était certes l'endroit le plus vulnérable, mais à condition qu'on disposât de forces permettant l'enveloppement. Or Napoléon s'était mis dans le cas fâcheux de manquer d'éléments indispensables, puisqu'il se priva lui-même et volontairement de Lobau.

---

(1) Voir ma démonstration, p. 131, 132, 161 et suiv.
(2) Ordre authentique de Soult daté de 2 heures, p. 252.
(3) *Ibid.*, cité p. 277. (Registre de Soult, Bibliothèque nationale, f. fr., n° 4366, p. 41.)
(4) N° 22050, *Correspondance*, p. 280.
(5) N° 22058. V. p. 212.
(6) N° 22059. V. p. 221.
(7) *Mémoires*, t. IX, p. 80.

Aux critiques qui ont préconisé l'attaque décisive sur la droite de Blücher comme le procédé le plus efficace pour le mettre hors jeu, il a été répondu que Ney aux Quatre-Bras se chargeait de la séparation entre les Anglais et les Prussiens. C'est une grave erreur. Pour ne pas avouer la faute, on se retranche derrière un prétexte spécieux, une apparence illusoire. La réponse à cette excuse tient dans la démonstration qui a été faite au sujet des Quatre-Bras (1). Le maréchal Ney pouvait se charger de contenir Wellington, mais nullement de séparer les deux armées alliées. La séparation qu'il obtenait à grand'peine ne pouvait être que momentanée, tandis qu'en écrasant la droite prussienne avec Lobau et la Garde, Napoléon eût rejeté Blücher vers Namur et par suite disjoint d'une manière durable les deux forces adverses.

Cette affirmation est tellement exacte que Napoléon l'avoue et la proclame par ses ordres authentiques à Ney (2), quand il insiste pour que le maréchal se rabatte derrière la droite prussienne. S'il ne le fait pas lui-même, c'est qu'il manque de troupes. Ne disposant que de la Garde seule, il ne peut la lancer sur le flanc de l'ennemi, parce qu'il ne lui resterait aucune réserve sous la main pour parer à un aléa de bataille. Disposant de Lobau, il peut conserver une fraction de la Garde et lancer tout le reste, le 6ᵉ corps et la grosse cavalerie dans le flanc et sur les derrières de Blücher, par suite broyer sa résistance et disloquer son armée. Sans l'appui du 6ᵉ corps, Napoléon n'est plus le maître d'étendre son action par un mouvement tournant. Mais la phrase « sa droite était en l'air » prouve que le génie de l'Empereur est demeuré intact, qu'il a nettement discerné le vrai point où il importait de frapper d'abord le coup décisif. C'était là, sur la droite, et non pas au centre. Cette attaque du centre ne devait être que le complément de la première. S'il l'a pratiquée seule, c'est parce que les moyens matériels lui manquaient pour encercler Blücher dans une double étreinte.

(1) Voir chap. v, p. 158 et suiv.
(2) Les ordres authentiques, p. 212, 252, 253.

A propos de cette discussion sur l'attaque par la droite ou par le centre, nous devons mentionner une réfutation de Rogniat par Napoléon, qui n'est pas plus décisive que celle exposée précédemment (1). Il arrive bien rarement que le général Rogniat voie juste. Entre autres erreurs formidables, sa critique d'Iéna ne tient pas debout (2). Mais, sur le retard des mouvements du 15 et sur Ligny, il a frappé le point sensible. Aussi, Napoléon, touché au vif, descend jusqu'à la riposte personnelle. Je cite textuellement (3) :

« La victoire de Ligny a été tellement décisive qu'elle a affaibli l'armée prussienne de 60 000 hommes ; elle avait décidé la question. Par où fallait-il attaquer les Prussiens ? En débordant leur droite par Saint-Amand, ou bien en débordant leur gauche par Sombreffe ; ou enfin en perçant leur centre, en s'emparant des hauteurs de Bry et rejetant toute leur aile du côté de Charleroi, et en arrivant avant la droite sur le chemin des Quatre-Bras ? Il n'était pas question dans cette bataille de séparer les Anglais des Prussiens ; on savait que les Anglais ne pouvaient être en mesure que le lendemain, mais il était question d'empêcher la partie du 3ᵉ corps de Blücher, qui n'était pas encore réunie à 11 heures du matin et qui venait par Namur, et le 4ᵉ corps qui arrivait à Ligny par Gembloux, de joindre sur le champ de bataille. En coupant la ligne ennemie à Ligny, toute la droite de l'ennemi à Saint-Amand fut tournée et compromise, tandis que, maître de Saint-Amand, on n'eût rien eu. Il faut donc conclure de ceci que la raison de Napoléon n'est pas la raison de l'Aristarque, et il voudra bien nous permettre de croire de préférence au coup d'œil militaire du premier. »

Les documents les plus authentiques constatent que la perte totale des Prussiens fut 15 000 hommes, dont 12 000 tués ou blessés et 3 000 prisonniers (4). Comme Napoléon

---

(1) Voir la citation et discussion, p. 201 et suiv.
(2) *Mémoires*, t. VIII, p. 124 à 135.
(3) *Ibid.*, p. 196, 197.
(4) M. Houssaye, p. 189, note 3.

lui-même évalue leur nombre supérieur à 80 000 hommes (1), il en résulte que les forces de son adversaire se maintiennent à 65 ou 70 000. Si Blücher en avait perdu 60, il ne lui resterait en main qu'une loque d'armée. Sur ce premier point, Napoléon se réfute lui-même.

Quant à l'attaque par la droite ou sur le centre, on peut juger de la persistance, de la force inouïe de sa volonté. A Sainte-Hélène, après des années de méditation, il retrouve le concept de la bataille de Ligny telle qu'il l'a rêvée le 16 juin. Seulement, l'échec de la coopération de Ney transfigure forcément cette conception. A la date du 16 juin, l'idée dominante de l'Empereur est que Ney peut bousculer les Anglais et se rabattre derrière la droite de Blücher (2). Cette attaque de la droite prussienne représente la bataille de Ligny idéale. Évidemment, si la coopération de Ney eût été pratique, l'assaut simultané du centre prussien et de la droite eût provoqué l'écrasement de Blücher et l'enveloppement, la destruction d'une moitié de son armée. D'après ce plan, l'adversaire devait être broyé entre l'enclume et le marteau. Telle fut la conception primitive de l'Empereur, qui ne fut même pas ébauchée — ou mieux tel fut son rêve. Il le reproduit à Sainte-Hélène, mais ne parle plus de Ney, qui n'a pas bougé, et cite uniquement son attaque du centre. L'enclume a bien été placée à l'endroit où il voulait la mettre — au milieu de la ligne ennemie — mais le marteau a manqué.

Il lui eût été facile de suivre la partie la plus importante de sa conception avec Lobau, de réaliser l'attaque essentielle — celle de droite. — Seulement, il a cru ne pas avoir besoin du 6ᵉ corps, l'a par suite négligé, laissé inutile. Cette inertie constitue une nouvelle erreur, mais il ne consent pas à avouer cette seconde faute plus que la première. Ni pour Ney, ni pour Lobau, il n'avoue rien. Ce n'est pas qu'il dissimule ses ordres, mais il les considère en principe comme parfaits.

(1) *Mémoires*, t. IX, p. 80 « force certainement supérieure à 80 000 hommes ».
(2) Ordres authentiques, nᵒˢ 2 et 3, p. 252 et 253.

En résumé, Napoléon a prévu d'une manière indiscutable les deux opérations : la principale sur le flanc de Blücher, et la secondaire au milieu. Mais, par mépris de l'ennemi, il a négligé de prendre les dispositions utiles et complètement manqué la première. Par suite, dans ses *Mémoires,* il ne mentionne plus que la seconde.

Pour nous, qui dès le début avons jugé le détachement de Ney contraire aux principes et fort dangereux (1), qui, par la seule analyse des ordres de l'Empereur, avons déterminé l'impossibilité pour Ney de remplir un double but — qu'il fût simultané ou successif — et qui par conséquent nous plaçons à un tout autre point de vue que Napoléon, il est naturel que nous produisions une conclusion opposée. Ney, entravé aux Quatre-Bras puisqu'il est jeté en pleine bataille pour son compte, ne peut agir à Ligny. Napoléon avec la Garde et le 6ᵉ corps — en supposant qu'il l'appelle à temps — ne peut agir à la fois avec la droite et sur le centre. Dans ces conditions, l'attaque qui promet le plus de résultats est celle de droite. D'ailleurs, les résultats l'ont prouvé. Nous parvenons à un moment de la discussion où nous devons faire valoir les résultats.

M. Houssaye constate avec raison que, « s'il y avait trouée au centre, l'ennemi conservait ses positions aux deux ailes » (2). Sauf pour le centre, la contenance de l'ennemi reste ferme et énergique, sa retraite ne s'opère qu' « à pas comptés ». Les Prussiens maintiennent pendant toute la nuit des arrière-gardes à Bry et à Sombreffe.

Donc, Napoléon, par son attaque sur le milieu de la ligne ennemie, n'a obtenu aucun résultat décisif. Contrairement à ses affirmations, la victoire de Ligny n'avait ni affaibli Blücher de 60 000 hommes, ni décidé la question.

Enfin, Napoléon met en parallèle son coup d'œil et celui de Rogniat. Il affecte un mépris aussi absolu pour « la raison de l'Aristarque » qu'il en révèle en 1815 pour Wellington

---

(1) Voir mes discussions, p. 158 et suiv.
(2) M. Houssaye, p. 187.

et Blücher. Son mépris de l'ennemi ne lui réussit guère et profita bien peu à sa gloire et au salut de l'armée. Nous avons constaté, jusqu'à cette date du 16, que l'orgueil fut la principale cause de ses erreurs (1). Pourquoi son prodigieux génie s'abaisse-t-il à une personnalité blessante à propos de critique? De deux choses l'une : ou il a raison, ou il a tort. S'il a de bonnes raisons à faire valoir, qu'il les expose, mais ne se contente pas d'affirmer qu'un demi-succès est une victoire complète, et que Blücher a perdu 60 000 hommes, alors qu'il en a perdu 15 000. Nous savons tous que Rogniat n'a pas remporté la victoire d'Austerlitz. Est-il besoin de compter Austerlitz dans son passé pour juger une opération stratégique ou tactique? Le mouvement d'orgueil de Napoléon va droit contre son but. Il indique que dans ce passage — rare, mais exact — Rogniat a frappé juste. D'ailleurs, Rogniat n'a pu se fâcher du qualificatif d' « Aristarque », qui, d'après la majorité des grammairiens, signifie « critique éclairé, juste mais sévère » (2). Napoléon s'est laissé dominer par une impulsion, sans consulter le... dictionnaire.

SUITE ET FIN DE L'ANALYSE DE LA BATAILLE

Poursuivons la discussion approfondie de la bataille et l'analyse du concept exact de Napoléon. Quand il se trompe, soit en stratégie, soit en tactique, on peut être convaincu d'avance qu'il le sait mieux que personne. Il ne se trompe que parce qu'il subit l'influence de causes extérieures : idée préconçue, ou question d'effectif. En scrutant sa pensée, on devine l'aveu qu'il ne fait jamais ouvertement, mais qui le gêne et l'obsède. L'attaque sur le centre tant admirée ne fut certes pas une faute, mais une nécessité inéluctable, conséquence de l'implacable loi du nombre. Le lecteur peut juger

(1) Voir cette étude, p. 223 et suiv.
(2) Dictionnaires de Littré, Larive et Fleury, Gazier.

de quelle importance était l'étude de cette question un peu aride du nombre pour la compréhension de 1815 (1). La lourde pierre d'achoppement annihile le génie de Napoléon dès l'après-midi du 16.

Soult a écrit que l'attaque du centre produisit « comme un effet de théâtre » (2). Oui, le mot est exact. Les effets de théâtre sont renommés pour leur éclat rapide et fugitif, mais non pour leur durée, la puissance et la persistance de leur action. Le centre de Blücher fut désorganisé, mais non détruit. Les corps d'armée se reformèrent rapidement. La victoire de Ligny fut si peu destructive de l'énergie et des effectifs prussiens que le soir de la bataille, pendant toute la nuit et jusqu'au lever du jour du 17, les villages de Brye et de Sombreffe restèrent occupés par des détachements de Blücher (3).

Je ne discuterai pas le nombre des prisonniers ni des canons arrachés à l'ennemi. Les seules énigmes importantes à élucider étaient celles-ci :

1° Napoléon a-t-il remporté une victoire décisive? Non. Ligny fut un demi-succès. La victoire décisive est celle qui détruit l'ennemi et le met hors jeu. L'armée de Blücher se reforme dès la nuit et garde sa vigueur et sa puissance d'action.

2° Pourquoi Napoléon n'a-t-il pas remporté un triomphe absolu? Par sa faute, et uniquement par sa faute. La note au crayon a été solutionnée, éliminée, et je n'y reviendrai pas. Même sans le maréchal Ney, l'Empereur disposant de Lobau était maître d'écraser Blücher. Il a laissé Lobau à Charleroi parce qu'il ne voulait pas lui imposer une marche inutile, qu'il ne prévoyait aucune résistance sérieuse des Prussiens ni des Anglais, et qu'il rêvait d'une entrée triomphale et sans obstacle dans Bruxelles. A la nuit, après « l'effet de théâtre » de Ligny, Blücher — Blücher ou Gneisenau, peu importe —

---

(1) V. chap. 1ᵉʳ.
(2) V. Bibliothèque nationale, registre de Soult, p. 46.
(3) M. Houssaye, p. 187.

rompit le combat, et l'armée prussienne se reconstitua. Tout était à recommencer.

Un détail anecdotique que je n'ai pas encore mentionné, parce qu'il n'eut aucune action sur la bataille, doit être cité à titre de renseignement. J'ai insisté sur la prodigieuse facilité de communications entre les Alliés (1). La preuve en est dans le fait suivant : Vers une heure de l'après-midi, Wellington se porta en un temps de galop sur les hauteurs de Bry pour se concerter avec Blücher (2). Wellington promit, paraît-il, de venir, s'il n'était attaqué lui-même. Il ne prit donc, dit M. Houssaye, aucun « engagement formel ». Blücher compta-t-il réellement sur lui, oui ou non? Une discussion à cet égard n'offrirait aucun intérêt. Comme nous ne discutons plus que des faits concrets et réels, cette conversation n'a pas d'importance en ce qui concerne la bataille. Blücher était décidé à tenter le sort des armes et à ne pas se sauver honteusement devant la menace d'un coup de canon. Il s'est battu parce qu'il a voulu se battre, et non parce qu'il a espéré l'arrivée de son partenaire. Mais la rencontre des deux généraux alliés présente une importance énorme à d'autres points de vue. Elle nous prouve d'abord leur entente parfaite, sur laquelle on a essayé de jeter des doutes (3), le concert réel, plus ou moins réussi, mais poursuivi depuis le 3 mai, entre leurs opérations. Il se peut que Napoléon n'ait pas connu la rencontre des deux généraux ennemis dans l'après-midi du 16. Mais il savait depuis longtemps que leurs manœuvres étaient étroitement liées et combinées depuis six semaines. Le choix des Quatre-Bras et de Sombreffe, à 12 kilomètres seulement, comme premier centre de résistance à ses projets, était parfaitement connu de lui (4). La bataille acharnée de Ligny constituait la preuve indéniable que Blücher ne s'en laisserait pas imposer par une

---

(1) Voir mes discussions, p. 97 et suiv.
(2) M. Houssaye, p. 156.
(3) *Mémoires*, t. IX, p. 52.
(4) *Ibid.*, p. 64 à 67.

démonstration ou une manœuvre. Donc, après ce demi-succès, comment pouvait-il se bercer de l'illusion qu'il avait mis Blücher hors jeu, et que le général prussien abandonnerait la partie concertée avec Wellington?

COMBAT DES QUATRE-BRAS LE 16 JUIN

La piété filiale qui inspira au duc d'Elchingen ses *Documents inédits* est certes fort honorable et touchante. Il a voulu défendre la mémoire du maréchal Ney. C'était son devoir et son droit. Mais, soit en ce qui le concerne, soit en ce qui concerne les ardents défenseurs qui prirent en main la même cause, on peut facilement constater qu'ils n'ont jamais convaincu un seul de leurs adversaires. La question est restée en l'état, sans qu'aucune solution définitive soit intervenue. La raison en est que le duc d'Elchingen et ceux qui l'ont suivi, même Charras, même M. Grouard qui pourtant approche le plus près de la lumière, tous ont envisagé le problème dans le sens le plus restreint, par les plus petits côtés, sans élargir le débat et donner à leur thèse l'ampleur qu'elle comporte. A vouloir prouver que le maréchal exécuta les instructions littérales de l'Empereur, on est forcé de rapetisser le problème, de se contraindre à des minuties de chronomètres, d'éplucher les ordres, et finalement on aboutit à une impasse, la tête contre un mur.

Le procédé d'analyse rigoureuse est efficace quand il s'agit d'éclairer la justesse ou la fausseté d'un texte, mais non dans le cas présent où des documents authentiques certifient l'intention formelle de Napoléon d'occuper les Quatre-Bras. L'ordre n° 22058 (1) que Ney reçut vers 11 heures (2) ne laisse pas le moindre doute sur la nature des ordres impériaux. M. Grouard lui-même, pour caractériser la matinée

---

(1) *Correspondance*, p. 289, 291.
(2) M. HOUSSAYE, p. 194.

du 16, use d'un euphémisme très bienveillant quand il nous dit (1) : « Il est certain que, depuis le matin, Ney n'avait pas montré toute l'activité désirable. »

Si je ne devais prévoir que chaque chapitre de ce livre risque d'être discuté en lui-même, dans ses limites particulières, je me contenterais de citer mon étude sur la position des Quatre-Bras (2) et ma solution de l'énigme de d'Erlon (3). Mais, même en admettant l'hypothèse favorable que ces passages ont transformé de solides convictions, il reste néanmoins à éclaircir la conduite de Ney dans la journée du 16 juin. Il importe de décrire, non pas les détails — car ils sont rebattus et n'intéresseraient plus personne — mais le caractère particulier du combat des Quatre-Bras. Quant aux arguments capables de convaincre les lecteurs encore réfractaires à la lumière de la vérité, je ne les puiserai que dans les écrits de Napoléon ou chez les adversaires du maréchal.

C'est un mauvais principe de guerre — l'Empereur lui-même nous l'a appris (4) — que de suivre l'adversaire sur son terrain et de subordonner sa pensée à la sienne. Mais c'est un excellent procédé de dialectique que d'emprunter à la thèse opposée tous ses arguments et de triompher grâce à ses propres armes. De cette manière l'adversaire ne peut dénier ses propos, réfuter ses principes, ni résister au choc.

L'Empereur nous dit dans sa troisième observation (5) : « La bravoure que doit montrer un général en chef est différente de celle que doit avoir un général de division, comme celle-ci ne doit pas être celle d'un capitaine de grenadiers. »

Cette doctrine est parfaite. Nous la prendrons pour base. Ce qui est vrai de la bravoure est vrai de toutes les qualités, et l'on ne saurait en excepter l'intelligence et l'appréciation des ordres (6). Quand un capitaine de grenadiers reçoit

(1) M. Grouard, p. 70.
(2) Voir mes discussions, p. 158 et suiv.
(3) *Ibid.*, p. 250 et suiv.
(4) *Mémoires*, t. VII, p. 97.
(5) *Ibid.*, t. IX, p. 161.
(6) Se reporter au chap. vi, p. 243.

l'ordre d'occuper un poste, il n'a d'autre parti à prendre que d'y marcher coûte que coûte. Il ne dispose pas des éléments nécessaires et d'un pouvoir suffisant pour apprécier ce qui se passe autour de lui et dans quelle mesure il doit obéir. Encore ne faudrait-il pas généraliser à l'excès, et s'imaginer que l'obéissance militaire en terrain de bataille n'a même pas l'absurdité pour limite. Si un escadron de cavalerie reçoit l'ordre de charger droit devant lui, et que, par une reconnaissance antérieure, le capitaine ait reconnu un ravin abrupt et impraticable, un étang, un obstacle quelconque qui transforme la charge en folie, son premier devoir est d'en rendre compte à son chef, et d'attendre un nouvel ordre. En matière d'obéissance comme dans tous les événements humains, la loi supérieure à toutes les autres est la loi du bon sens.

Aux Quatre-Bras, Ney, maréchal d'Empire, est investi du commandement en chef de 2 corps d'armée et 4 divisions de cavalerie — 45.000 hommes. Il est responsable du succès du mouvement — manœuvre ou bataille. Son premier devoir est de voir clair, de connaître et de comprendre. Napoléon lui dit dans l'ordre n° 22058 (1) : « Vous pouvez donc disposer vos troupes de la manière suivante :

« Première division, à deux lieues en avant des Quatre-Chemins, s'il n'y a pas d'inconvénient... » S'il n'y a pas d'inconvénient! Donc, Ney a l'ordre de réfléchir. Donc, s'il trouve des inconvénients, il a le droit de ne pas pousser au delà des Quatre-Bras. Mais s'il en trouve au delà, n'a-t-il pas la faculté d'en reconnaitre sur la position même ou en deçà de cette position? Les partisans de la légende prétendent-ils revenir sur la « tête baissée », exiger encore le 16, comme le 15, l'obéissance d'un aveugle ou d'un fou (2)?

La mort atroce de Ney, — sur laquelle nous ne devons pas nous arrêter afin d'écarter de cette étude toute question politique, — cette mort ne nous permet pas de formuler nettement son opinion. Personne n'a jamais été à même de

(1) *Correspondance*, p. **290**.
(2) Voir mes discussions, p. 189 et suiv.

rendre un compte authentique des pensées du maréchal. Mais sa psychologie (1) et ses actes antérieurs nous autorisent largement à conclure : si le maréchal Ney n'a pas marché d'aplomb et carrément, c'est qu'il n'a pas eu confiance dans la justesse de la manœuvre et des ordres. Les réflexions de Reille (2) y furent-elles pour quelque chose? C'est possible. Mais le terrain était bien préparé.

M. Houssaye (3) fait état d'un ordre de Ney pour établir que le maréchal partage absolument le concept de l'Empereur sur la marche sans obstacle vers Bruxelles. Son ordre ne prouve rien, sinon qu'au reçu du message de Flahaut, Ney obéit aux instructions de Napoléon. Quant à la conversation du colonel Répécaud (4), s'il fallait, pour élucider les énigmes de 1815, croire autre chose que les principes, les textes, les faits et les raisonnements logiques, s'il fallait se laisser égarer par les causeries, les on dit et les ouï-dire, on marcherait d'erreurs en contradictions, et l'on aboutirait à la controverse obscure et inextricable qui représente jusqu'à ce jour la seule conclusion trouvée.

Il arrive parfois qu'à des heures tragiques, une sorte d'instinct, de pressentiment, de raisonnement obscur et mal défini nous mettent en garde contre un danger éventuel. Les enseignements du passé, qui constituent des faits, nous représentent Ney comme un nerveux, un sensitif — mot étrange pour le brave des braves — mais que j'ai suffisamment expliqué (5). Sa psychologie nette et précise nous permet donc de lui attribuer en 1815 une sensation analogue à celles qui le troublèrent et l'entravèrent à des époques anté-

---

(1) Voir p. 85.
(2) M. Houssaye, p. 195 et 198.
(3) Id., p. 193 à 195.
(4) Id., p. 193, note 4. Le colonel Répécaud prétend avoir entendu Ney parler de l'ennemi avec un mépris absolu, vers 2 heures. C'est fort explicable. A ce moment, l'action commence. Ney, homme d'action, ne va certes pas décourager ses troupes. Il ne s'agit plus de son opinion sur une manœuvre stratégique, mais d'un cri de soldat qui va charger l'ennemi.
(5) Voir cette étude, p. 85. J'ai expliqué notamment que cette nervosité n'altère en rien sa vigueur inouïe au point de vue de l'action.

rieures, notamment en Espagne et en 1813. Si le maréchal Ney avait eu confiance dans la manœuvre, il eût marché dès le 15. Du moment qu'il hésite, attend, et n'agit que sous la pression réitérée des ordres, c'est qu'il n'a pas confiance. D'ailleurs, dès qu'il en arrive à l'acte, sa bravoure inouïe prend le dessus.

Je ne puis ajouter qu'une remarque, déduction logique de mes études antérieures (1) : Ney eut mille fois raison d'hésiter.

Il est profondément regrettable pour l'Empereur et pour la France qu'il n'ait pas résisté jusqu'au bout, et qu'il ne se soit pas arrêté à Frasnes. Le corps de d'Erlon eût été disponible. Avec ou sans ordre, avec ou sans duplicata, traverse de Mellet et note au crayon, l'Empereur eût disposé facilement de 20 000 hommes de plus pour écraser Blücher, et la partie de 1815 eût été gagnée dès le 16. Car, une fois Blücher détruit, qu'est-ce que pouvait faire Wellington? Malheureusement, Ney n'a pas désobéi jusqu'au bout. Harcelé, pressé par des ordres multiples — M. Houssaye en compte neuf — il s'est fourvoyé, comme le voulait Napoléon, dans l'impasse des Quatre-Bras, et il y a engouffré la fortune de la France.

Impasse ou coupe-gorge, les Quatre-Bras ne méritent pas d'autre nom. Puisque Wellington n'était pas prêt ni concentré (2), qu'est-ce que Ney risquait en restant à Frasnes? Rien. Il servait de flanc-garde, de couverture à l'armée de Napoléon. Il eût barré la route à tout détachement anglais. Donc, il eût été tout aussi utile qu'aux Quatre-Bras, où il n'a rien fait de plus, où il ne pouvait rien faire de mieux.

Mais l'Empereur ne prévoyait aucune résistance sérieuse et subissait la fatale attraction d'une capitale : Bruxelles. Pensée d'orgueil, mépris de l'ennemi : telles furent les causes

---

(1) Voir mes discussions, p. 186 et suiv.
(2) *Mémoires*, t. VIII, p. 193. Napoléon, dans sa réponse à Rogniat, avoue que les Anglais ne pouvaient être dangereux avant le 17. Nous savons par la discussion, p. 169, que cette hypothèse n'était pas rigoureusement exacte. Toutefois, plus Ney eût été prudent, et plus Wellington eût montré de lenteur. A tous les points de vue, la position d'attente à Frasnes s'imposait. Voir p. 182 et suiv.

réelles et profondes de l'ordre concernant les Quatre-Bras. Elles n'avaient pas encore été déterminées, mais il est impossible que la discussion de ses ordres (1) n'ouvre pas les yeux les plus fermés.

Pour amorcer les étapes sur la route de Bruxelles, il fallait occuper un point stratégique : les Quatre-Bras. Encore une fois de plus, l'Empereur a voulu moissonner avant de semer, récolter les fruits de la victoire avant d'assurer cette victoire.

M. Houssaye prête à Reille, lieutenant de Ney, commandant du 2ᵉ corps, les paroles suivantes (2) : « Ça pourrait bien être une bataille d'Espagne où les Anglais se montreront seulement quand il sera temps. Il est prudent d'attendre pour attaquer que toutes nos troupes soient massées ici. » M. Houssaye ajoute plus loin que le maréchal fut « troublé par les paroles de Reille (3) ». Je ne vois pas Ney troublé, mais je le vois réfléchissant. Quelle part d'authenticité absolue entre-t-elle dans les mots de Reille? Peu nous importe. L'idée est juste, ce qui est l'essentiel. Ney et son lieutenant étaient des vétérans des guerres d'Espagne, et connaissaient la méthode anglaise, qui n'est en somme qu'une application pratique et juste du principe de l'économie des forces.

Pour comprendre un drame, tous les effets de lumière sont utiles, et la réflexion de Reille jette un jour réel sur la manœuvre. Elle nous prépare à étudier la mentalité de Wellington. Pratiquer une guerre méthodique, raisonnée, sans fougue, mais sans imprudence ni folle hardiesse, attendre l'ennemi, le juger, et, quand l'occasion favorable se présente, foncer sur lui : telle est en résumé la manière des généraux anglais. Elle n'est certes pas méprisable. Comme le prince de la Moskova n'était pas renseigné sur la durée de la concentration des ennemis, il agit sagement. Ce n'est pas une faute que de réfléchir devant une impasse, de s'arrêter devant un coupe-gorge.

(1) Nᵒˢ 22058, 22059, voir p. 252, 253.
(2) M. Houssaye, p. 198.
(3) Id., p. 199.

Un sacrifice utile au salut de l'armée constitue un devoir strict, impérieux. L'immolation inutile est une folie, que personne n'est tenu d'admirer. Dans tous les cas, j'envisage dans cette réflexion de Ney une preuve de son bon sens, de son esprit juste et fin. Le colonel Camon n'hésite pas à stigmatiser «l'incompréhension tactique de Ney (1) ». Le lecteur, qui est maintenant au courant de la question, peut juger qui a compris le mouvement des Quatre-Bras : le maréchal Ney ou le colonel Camon?

Déjà pour Ulm, M. Camon rejette sur Ney la faute d'Albeck. Nous avons prouvé que Ney eut raison contre l'Empereur (2). A Guttsdat, se produit un fait analogue. Napoléon se trompe et le maréchal Ney sauve la situation (3). A Leipzig, M. Camon applique au prince de la Moskova sa théorie « des boucs émissaires ». Là encore Ney usa légitimement de son droit de général en chef commandant un secteur distinct.

La situation se reproduit aux Quatre-Bras. En hésitant, en retardant le mouvement autant qu'il lui est possible, c'est encore le maréchal qui voit juste. Aurait-il pu aller jusqu'au bout, adresser à l'Empereur une dépêche instante pour le supplier de retirer l'ordre des Quatre-Bras, la folie de la « tête baissée » ? Non, c'eût été inutile. Contrairement à ce qu'allègue Charras sur l'affaiblissement de Napoléon, celui-ci avait conservé l'intangible puissance de sa volonté. Après les événements du début des Cent-Jours, le maréchal ne pouvait pas se placer en opposition formelle avec les ordres répétés de l'Empereur. C'est pourquoi il obéit. Mais sa compréhension stratégique et tactique fut parfaite, et poussée jusqu'aux dernières limites raisonnables.

L'argument définitif, qui solutionne d'une manière décisive la question des Quatre-Bras, nous est fourni, je ne

---

(1) Colonel CAMON, *Batailles*, p. 474, note 2.
(2) Voir mes discussions, p. 72. Général BONNAL, *Vie militaire du maréchal Ney*, p. 185, 186.
(3) *Ibid.*, chap. XXIII, p. 450 à 469. Voir surtout p. 468 et 469.

dirai pas par Napoléon, car je ne crois pas une syllabe de la conversation de Baudus, mais par le colonel Camon et M. Houssaye qui la rapportent et mettent dans la bouche de l'Empereur les paroles suivantes (1) :

« L'affaire est toute où je suis, car je veux en finir avec l'armée prussienne. Quant au prince de la Moskova, il doit, s'il ne peut faire mieux, se borner à contenir l'armée anglaise. »

Si l'affaire était toute à Fleurus, pourquoi envoie-t-il Ney en provoquer une seconde aux Quatre-Bras?

S'il veut en finir avec l'armée prussienne, pourquoi, sachant — ou croyant — que Wellington ne sera pas prêt avant le 16 après-midi (2), s'occupe-t-il de l'armée anglaise?

S'il n'a poursuivi d'autre but que de contenir les Anglais, pourquoi risque-t-il la bataille inutile en lançant Ney jusqu'aux Quatre-Bras?

S'il veut disposer en maître d'une portion des troupes de Ney, soit du corps de d'Erlon, pourquoi ne l'a-t-il pas gardé avec lui? Pourquoi le confier à Ney, lancer celui-ci à la bataille, puis lui arracher d'Erlon juste à l'heure où Ney en a besoin?

Il eût été si facile de pratiquer l'économie des forces, de ne pas poursuivre deux buts à la fois.

A toutes ces questions, les partisans de la légende ne peuvent opposer aucune riposte, car eux-mêmes m'ont prêté leurs armes.

En ce qui me concerne, j'ai répondu à toutes (3). Donc, la question des Quatre-Bras est solutionnée.

Quelques mots seulement sur la conduite du combat. Quoi qu'en pense le colonel Camon (4), la compréhension tactique de Ney fut parfaite. Il utilise admirablement le terrain. Dans la soirée, la supériorité numérique des Anglais devient

(1) Colonel Camon, *Batailles*, p. 473; M. Houssaye, p. 216 et 217. Voir ma discussion, p. 196.
(2) *Mémoires*, t. VIII, p. 196 (réponse à Rogniat).
(3) Voir cette étude, p. 196, 277 et suiv.
(4) Colonel Camon, *Batailles*, p. 468 à 474, note 2 de la page 474.

écrasante : Wellington dispose de 40 000 hommes contre les 16 000 qui restent au maréchal (1). Ney lutte donc 1 contre 3. Toutefois, les Anglais ne peuvent l'entamer. Il joue de la manœuvre tactique en virtuose accompli. Son héroïsme indomptable triomphe des obstacles. A 9 heures du soir, Français et Anglais reprirent leurs positions du matin, les premiers à Frasnes, les autres aux Quatre-Bras.

CONCLUSION SUR LA JOURNÉE DU 16

La conclusion de cette journée du 16 est que nous assistons à un spectacle inouï. Napoléon se laisse dominer par une idée préconçue, l'occupation de Bruxelles, affirme un mépris exagéré de l'ennemi, et aboutit à deux actes contraires à tous ses principes.

D'une part, il pratique l'économie des directions, idée rétrograde chère aux stratégistes du dix-huitième siècle : il laisse Lobau et le 6ᵉ corps à Charleroi, pour lui épargner une marche qu'il juge inutile ! En réalité il veut l'acheminer sur la route de Bruxelles. Dès la veille, il a ordonné pour la plupart de ses corps une direction unique, la route de Charleroi. Quand, à 3 heures et demie, les masses prussiennes le forcent à se rendre à l'évidence qu'il a niée toute la matinée, il appelle Lobau, mais trop tard pour que celui-ci lui serve à quoi que ce soit sur le champ de bataille de Ligny.

D'autre part, il méconnait le principe supérieur de l'économie des forces. La protection du flanc gauche de l'armée n'exigeait qu'un seul corps, le 2ᵉ (Reille), mais à condition de ne pas pousser jusqu'aux Quatre-Bras, autre idée préconçue et funeste.

Le concept général manque d'unité. L'Empereur poursuit

---

(1) Thiers, t. IV, p. 532, col. 2; M. Houssaye, p. 490, 491.

deux buts à la fois. Son mépris de Wellington et de Blücher ne lui permet pas de prévoir et de juger leur résistance.

LA CONDUITE DE WELLINGTON

Occupons-nous, ne serait-ce qu'à titre historique, de la mentalité de Wellington. Après Ney, c'est peut-être lui que les historiens ont le plus accablé de reproches. Ces blâmes sont aussi fondés pour Wellington que pour Ney. Parmi les plus sévères à l'égard du général anglais, compte Clausewitz. La critique de Clausewitz est si particulière que j'en dirai quelques mots tout à l'heure (1). Mais, en dépit de sa dureté, il nous met lui-même sur la trace de la pensée vraie de Wellington. Le fait est d'autant plus intéressant que Clausewitz n'admet pas la réalité de cette pensée. Dans son étude sur la concentration de Wellington, le stratégiste prussien écrit (2) : « Il croyait plutôt à la marche en avant de Bonaparte sur la route de Mons, et regardait le combat de Charleroi comme une fausse attaque... » Comme je l'ai expliqué, Clausewitz exagère. Si Wellington avait cru à l'attaque par Mons, il n'eût pas choisi comme point de concentration les Quatre-Bras. Mais il redoute l'offensive d'une masse secondaire venant de Maubeuge (3). Toute l'explication de sa conduite tient dans ces quelques lignes. Si le lecteur veut bien se reporter à ma discussion antérieure sur Charleroi (4), il pourra juger si le général anglais avait raison ou tort. En ce qui me concerne, je ne puis que lui donner pleinement raison.

L'idée que Napoléon se jetterait entre les deux armées, ne heurterait qu'un centre géographique, mais nullement une

---

(1) Voir cette étude, p. 317.
(2) CLAUSEWITZ, *Campagne de 1815*, traduction Niessel, p. 51.
(3) Voir cette étude, p. 101.
(4) *Ibid.*, p. 97 et suiv., 108.

masse utile à détruire, qu'il viendrait de lui-même s'offrir à leurs coups sur le terrain de bataille choisi et préparé par eux depuis de longues semaines, qu'il s'exposerait bénévolement à une manœuvre gênée, sur un espace restreint, resserré entre les deux forces adverses, cette idée examinée par Wellington ne lui a certainement pas paru la meilleure. Sa conduite s'est ressentie naturellement de sa disposition d'esprit. Comment s'étonner dès lors de son calme, de son imperturbable lenteur?

M. Houssaye (1), parlant du fameux bal de la duchesse de Richmond dans la nuit du 15 au 16, nous dit que Wellington se montra « très gai », et il ajoute : « Il n'y avait pas de quoi ! » Qu'en sait-il ? Wellington n'était pas homme à se troubler d'une bataille. Il n'y croyait encore guère du côté de Charleroi, mais, à tout prendre, aucune manœuvre ne pouvait le surprendre et l'affoler. Pourquoi se serait-il inquiété de la lutte ? Il l'avait prévue, préparée. Ses troupes, ses plans, ses ordres, tout était prêt. A quel propos aurait-il pris une mine rechignée et funèbre ?

Mais, dira-t-on, il n'a pas donné ses ordres assez tôt. En vertu de quel fait précis formule-t-on cette critique ? Ici nous ne sommes plus sur le terrain des hypothèses, mais des actes. En blâmant Wellington de ses soi-disant hésitations et de ses lenteurs réelles, mais voulues, on semble toujours croire que, si Ney eût occupé les Quatre-Bras par une offensive foudroyante, l'armée anglaise eût été annihilée (2). Là, comme en bien d'autres circonstances, c'est l'influence délétère de la légende qui agit sur l'imagination des historiens. Napoléon a écrit, à propos des pertes de temps des généraux anglais, que ces retards se produisirent « dans une circonstance et contre un homme où la perte d'une seule heure était d'une grande importance ». S'il n'eût pas lui-même perdu la moitié de la journée du 16 (3), peut-être sa réflexion aurait-elle

---

(1) M. Houssaye, p. 153.
(2) Voir ma discussion à cet égard, p. 168 et suiv.
(3) Jomini, chap. XXII, p. 157.

été vérifiée par les faits. Mais, sur le terrain des actes, pouvons-nous négliger ses propres erreurs, qui permirent celles de l'adversaire. A quoi sert une critique qui ne porte pas?

M. Houssaye se répand en louanges dithyrambiques sur Bernard de Saxe-Weimar, Constant Rebecque et Perponcher, et s'écrie : « Ah! si Napoléon avait eu comme chef d'état-major un simple Constant Rebecque, et comme lieutenants seulement des Perponcher et des Bernard de Saxe-Weimar! » M. Houssaye oublie le terrible « Personne ne connaît sa pensée (1) ». Wellington permettait à ses généraux d'agir en hommes libres et responsables. Napoléon avait dressé ses maréchaux à l'obéissance passive et littérale, et brisé leur énergie et leur initiative.

Les études magistrales du général Bonnal ne laissent aucun doute à cet égard (2). Je ne suppose pas que M. Houssaye ose appliquer au général Bonnal le reproche qu'il lance à Charras d'être un mauvais professeur de stratégie (3). Il ne m'appartient pas de présenter comme absolument infaillible sur tous les points le général Bonnal (4). Mais, en ce qui concerne la méthode napoléonienne, la plupart des officiers de France doivent s'honorer de l'avoir apprise à son école, comme les officiers allemands s'honorent d'être les élèves de Clausewitz. Un élève indépendant peut ne pas toujours être de l'avis de son maître, mais sur les points essentiels, et notamment en ce qui concerne le fond de la méthode de l'Empereur et sa psychologie, l'œuvre du général Bonnal est définitive. C'est lui qui a fixé le « Personne ne connaît sa pensée ». Oserez-vous, avec un tel axiome, parler d'initiative?

Je ne me laisserai pas entraîner à des polémiques person-

---

(1) Général BONNAL, *Vie militaire du maréchal Ney*, p. 367, 370.
(2) ID., *De Rosbach à Ulm*, p. 183 à 187, 193; *Vie militaire du maréchal Ney*, p. 367, 370; *Manœuvre d'Iéna*, p. 128, 289, 325, 416; *Manœuvre de Landshut*, p. 200; *Manœuvre de Vilna*, p. 59.
(3) M. HOUSSAYE, p. 154.
(4) Je n'ai pas l'honneur de le connaître et je parle en toute indépendance.

nelles, qui sont inutilement offensantes. Toutefois il m'est impossible de ne pas faire remarquer à M. Houssaye que, s'il consentait à jeter les yeux sur le premier règlement venu du service d'avant-postes, le plus neuf ou le plus ancien, il se convaincrait facilement que ses trois idoles, Rebecque, Saxe-Weimar et Perponcher, — idoles qu'il cite en modèles aux maréchaux Soult et Ney (1), — ont simplement appliqué les principes élémentaires concernant la sécurité d'une armée. Leurs manœuvres étaient d'autant mieux indiquées qu'ils devaient protéger la concentration des forces anglaises. De plus, M. Grouard a déjà noté (2) — et la méthode déductive m'a conduit à des réflexions analogues (3) — que la situation des généraux français était absolument inverse de celle des généraux ennemis. Le rapprochement que M. Houssaye opère est donc complètement faux.

Quant au mépris non voilé avec lequel il parle de Soult et des lieutenants de Napoléon, ce mépris ne surprendra pas ceux qui connaissent les procédés invariables de la légende. Nous n'avons pas encore trouvé dans cette campagne de 1815 une seule occasion de reconnaître que le dédain injurieux de M. Houssaye soit fondé. J'ai suffisamment insisté sur les causes d'erreur pour ne pas y revenir. Mais la légende ne s'embarrasse pas de preuves pour appliquer la bienfaisante et commode théorie des « boucs émissaires ». Cette théorie est d'une simplicité angélique. Dès qu'une manœuvre échoue ou ne rend pas, il suffit de réunir tous les noms des généraux qui y sont mêlés, souvent bien à contre-cœur, malgré eux, et quoi qu'ils aient pu dire, comme nous l'avons constaté pour Ney aux Quatre-Bras. Ces infortunés sont exécutés sur-le-champ et voués aux gémonies. Fort heureusement, l'historien impartial a le droit de remettre les choses au point.

Il m'est impossible de ne pas discuter encore quelque peu

---

(1) M. HOUSSAYE, p. 154.
(2) M. GROUARD, p. 36, 37.
(3) Voir cette étude, p. 206.

sur la stratégie avec M. Houssaye. Cet historien adresse de vifs reproches à Wellington à propos d'un dispositif de concentration partielle à Nivelles (1). J'admets le récit de M. Houssaye. J'admets qu'avant le bal de la duchesse de Richmond et l'ordre donné le 16, à 6 heures du matin, de marche partielle vers les Quatre-Bras, Wellington ait prescrit une concentration à Nivelles. M. Houssaye le traite, à propos de cet ordre, avec aussi peu de ménagements qu'un simple maréchal d'empire. Il écrit : « Au bal, remarque Müffling, Wellington était très gai. Il n'y avait pas de quoi! Tout le jour il s'était obstiné à laisser ses troupes dispersées dans leurs cantonnements, à quatre, huit, dix, quinze lieues les unes des autres; et les ordres de la soirée, par lesquels il se flattait de réparer triomphalement sa lourde faute, étaient pitoyables. Son dernier dispositif ne tendait à rien moins qu'à découvrir la route de Charleroi à Bruxelles pour protéger celle de Mons, qui n'était pas menacée. Si les ordres de Wellington avaient été exécutés, une trouée large de quatre lieues eût été ouverte entre Nivelles et la haute Dyle, trouée par laquelle Ney aurait pu s'avancer jusqu'à mi-chemin de Bruxelles sans tirer un coup de fusil, ou encore, comme l'a dit Gneisenau, « se rabattre sur les derrières de l'armée prussienne et causer sa destruction complète. »

Pour une exécution complète, en voilà une bien troussée. Lourde faute, ordres pitoyables — trouée de quatre lieues — la marche de Ney sans obstacles — rien n'y manque. Y a-t-il un seul mot de vrai? Je renseigne le lecteur, afin qu'il puisse en juger.

Pour tous les actes de la campagne, les alliés Prussiens et Anglais — par un phénomène très humain — se sont plu à revendiquer, chacun de leur côté, le titre de vrais triomphateurs et naturellement à rabaisser autant que possible le mérite du partenaire. Je n'ai pas à prendre parti dans leur querelle, mais je note le fait pour expliquer l'état d'âme de

(1) M. Houssaye, p. 149, 153.

Müffling et Gneisenau. S'ils ont voulu dire que Ney aurait facilement pu se rabattre derrière la droite prussienne, ils ont eu grand tort d'aller en chercher le motif dans une concentration des Anglais à Nivelles. Il suffisait que Napoléon poste Reille à Frasnes, et dirige Ney, d'Erlon et Kellermann par la voie romaine jusque derrière les hauteurs de Bry.

S'ils ont voulu dire que Wellington, en se concentrant à Nivelles, laissait libre la route de Bruxelles et fort aisées toutes les manœuvres de l'armée française — alors ce n'est pas à Wellington qu'il convient de reprocher une « lourde faute de stratégie », mais à Müffling et Gneisenau. Il n'existe pas qu'une seule manière de barrer une route. Le général qui prend le parti de se mettre à cheval sur cette route, le dos tourné au point qu'il veut défendre et la face vers l'ennemi, prend la résolution la plus simple, mais non pas toujours la plus pratique — ni la plus efficace. Si Wellington eût été concentré avec une fraction importante de ses forces à Nivelles et que Ney se fût avancé sur la route de Bruxelles sans s'occuper de lui, sous prétexte qu'il était à une distance de deux lieues, — car il n'y a pas davantage de Nivelles à la route, — il se fût bénévolement exposé à une terrible surprise.

Marcher sur Bruxelles sans faire attention à une armée de 50 ou 60 000 hommes (1) campée à Nivelles et dans les environs, eût constitué un acte de pure folie. De plus, il ne s'agissait que de concentration partielle. Dans quelle mesure ? M. Houssaye ne nous le dit pas. Mais, quoi qu'il en soit, la « lourde faute » de Wellingt n n'existe que dans l'imagination de M. Houssaye. Les lieutenants anglais ont jugé préférable de suivre leurs instructions concernant la concentration antérieure sur les Quatre-Bras, et d'appliquer les lois ordinaires qui règlent la sécurité d'une armée. Le fait n'a pas

---

(1) Je ne discute — d'après les dires de M. Houssaye — qu'une hypothèse de concentration partielle. Nous savons par les démonstrations antérieures que Wellington pouvait facilement réunir 60 à 70 000 hommes dans la matinée du 16. Voir p. 174 et suiv.

l'importance démesurée qu'y attache M. Houssaye. Les trois admirables modèles n'ont rien inventé.

Le lecteur s'imaginerait à tort que cette idée de concentration à Nivelles, projet du 15 non exécuté, infirme en quoi que ce soit ma discussion sur le problème des Quatre-Bras, et puisse modifier la solution. De Nivelles aux Quatre-Bras ou de Nivelles à Genappe, c'est-à-dire à un point essentiel de la grande route de Bruxelles, la distance n'est que d'environ deux lieues. Or, il s'agit de la concentration d'une armée de 100 000 hommes. Ce serait un enfantillage, ce serait raisonner à la façon de Wurmser ou de Mélas que d'attacher la moindre importance à cette distance de 8 kilomètres.

J'admets que Wellington fût préoccupé de la route de Mons. En indiquant Nivelles, il conçut peut-être une arrière-pensée. Mais il défendait très nettement l'approche de Bruxelles, et comme, d'autre part, il n'ordonnait qu'une concentration partielle, la conséquence est qu'il réservait sa liberté de manœuvres dans toute autre direction.

Sa conduite du combat rappelle sa manière des guerres d'Espagne. Reille (1) avait absolument raison. A chaque attaque directe de Ney, il répond par l'envoi d'un renfort. La riposte suit le coup droit, la parade est infaillible (2). Le soir, il dispose d'une supériorité numérique écrasante (3). En face d'un adversaire moins énergique et moins bon tacticien que Ney, il eût remporté une victoire complète.

De plus, il est absolument certain, vu la méthode de Wellington, l'entrain de ses troupes et les masses dont il disposait, que si Ney l'eût provoqué plus tôt, le général anglais eût tout simplement hâté l'envoi des renforts, forcé leur chiffre, et qu'à 5 heures du soir, il eût été en mesure d'envelopper et de détruire le détachement français. Au lieu de disposer de 40 000 hommes, il en eût facilement réuni 70 000 (4).

(1) M. Houssaye, p. 198.
(2) Voir, pour l'envoi des renforts, M. Houssaye, p. 200, 217, 218.
(3) Thiers, p. 532, col. 2 (40 000 Anglais contre les 16 000 de Ney).
(4) Voir mes discussions, p. 174 et suiv.

Les 16 000 de Ney eussent-ils pu opérer leur retraite? Personne, parmi les passionnés de légende, personne parmi ceux qui admirent la conception des Quatre-Bras, y compris Jomini, ses élèves et commentateurs, n'a jamais pu répondre et ne sera jamais en mesure de répondre à cette question qui n'est qu'une pensée de logique et de fait.

CRITIQUE DE JOMINI

La bataille de Ligny, le problème des Quatre-Bras, et l'énigme de d'Erlon étant complètement élucidés, nous avons terminé l'étude de la journée du 16. Toutefois, il nous a paru intéressant — au point de vue historique et stratégique — de noter les principales critiques, sinon pour l'ensemble, du moins pour certains détails.

Jomini (1) apprécie la conduite de Napoléon pendant la matinée du 16 juin en ces termes : « On est forcé de l'avouer, l'emploi qu'il fit de cette matinée du 16 restera toujours un problème pour ceux qui le connaissent bien... » C'est vraiment à tort qu'on a surnommé Jomini « le prophète de Napoléon dieu de la guerre (2) ». Le grand critique a certainement saisi le mécanisme des mouvements, la systématisation des manœuvres. Mais quant à connaître la nature et la pensée profonde de l'Empereur, les quelques lignes citées plus haut suffisent pour démontrer qu'il n'en comprend pas le premier mot. C'est un prophète qui n'a jamais pénétré l'âme de son dieu.

En voyant Napoléon immobile, il n'a pas cherché le motif, mais s'est contenté des apparences. Il raisonne en psychologie comme en stratégie. Il comprend et note le mouvement, mais non le ressort secret. Le 16 juin, comme il ne voit pas de mouvement apparent, il ne comprend plus. L'Empereur

---

(1) Chap. XXII, p. 157.
(2) M. Grouard, p. 20, note.

est immobile pour les mêmes raisons qui ont déterminé son inertie de la veille, dans toute la soirée du 15. Il ne juge pas utile de se presser. Évidemment il eût beaucoup mieux fait de montrer dès le 15 contre Blücher une activité dévorante. C'est précisément ce que j'ai entrepris de prouver à fond dans les chapitres antérieurs, en m'appuyant sur les principes de guerre et sur des déductions rationnelles (1). Mais ici, la question n'est pas de savoir si Napoléon s'est trompé ou non. Le problème est résolu. Il importe de savoir pour quelle raison il s'est trompé. Et le 15 juin, comme en toute autre circonstance de sa carrière, ce n'est pas une erreur stratégique que nous devons rechercher. C'est une erreur psychologique qui détermine la faute.

La méditation de ses ordres du 16 (2) nous éclaire suffisamment et nous permet de ne pas rester pétrifiés d'étonnement comme Jomini. Nous remarquons donc que celui-ci a manqué de perspicacité. Bien plus, il manque de mémoire. Dans les plaines de Leipzig, peu de temps après qu'il a changé son uniforme français contre un uniforme ennemi (3), il a constaté une immobilité, une inertie complète de l'Empereur encore plus inexplicable en apparence, et plus désastreuse. Pendant toute la nuit du 16 au 17 octobre 1813 et la journée du 17, Napoléon attend, réfléchit et se tait (4). Jomini devrait se souvenir de cette bataille, puisque, emporté par sa vanité exorbitante, il se vante d'avoir inspiré l'idée tactique qui assure l'écrasement de notre armée, de ses anciens camarades auxquels il doit ses talents et sa réputation (5). Lui-même, d'ailleurs, note que Napoléon consume la journée du 17 en vaines attentes (6). Mais il ne s'en souvient plus quand il écrit sur Waterloo. Étrange prophète qui

---

(1) Voir mes discussions, p. 182 et suiv.
(2) *Ibid.*, p. 214 et suiv.
(3) Voir la plaidoirie de sa campagne de 1812 à 1814 (Appendice), p. 288 à 312.
(4) Thiers, t. III, p. 575 à 577.
(5) Jomini, *Campagne de 1812 à 1813*, t. II, p. 159 à 161.
(6) *Ibid.*, p. 186.

manque à la fois de pénétration, de sagacité et de mémoire!

Sa critique de 1815 est singulièrement terne. On voit que, malgré son orgueil et sa suffisance, il est gêné par le souvenir personnel du maréchal Ney, dans l'état-major duquel il servit si longtemps. Sa grande préoccupation est de tenir la balance égale entre les parties.

Il commence par admirer le débouché par Charleroi, sans approfondir l'attaque par Maubeuge (1), qu'il prend pour l'attaque d'une aile, et sans voir aucun des dangers qu'il ne comprendra qu'après les résultats de la bataille de Ligny. Il admire l'entrée en campagne (2). Il admire l'ordre des Quatre-Bras, adopte avec enthousiasme la marche simultanée sur Sombreffe et les Quatre-Bras (3), par suite ne discerne aucune différence entre l'action capitale et l'action secondaire (4). Il admire l'ordre authentique de Napoléon à Ney le matin du 16 (5), blâme — plus courtoisement que M. Houssaye, mais nettement — les retards de Ney dans la matinée du 16 (6), continue à déplorer ces retards et approuve les rappels énergiques de Napoléon au maréchal (7), insiste encore sur ce point (8), puis, brusquement, au moment où la bataille de Ligny s'annonce sous des auspices inquiétants, il cesse d'admirer avec entrain (9).

La vérité est qu'il n'a rien discerné du tout par raisonnement stratégique *a priori*. Il n'a pas compris que l'ordre des Quatre-Bras lançait Ney à la bataille et non à la manœuvre, que par suite Napoléon n'était plus le maître de ce détachement. Il puise ses arguments dans la conséquence des faits, ce qui constitue la plus pitoyable méthode, comme je l'ai

---

(1) Jomini, t. XXII, p. 145.
(2) Id., t. XXII, p. 146.
(3) Id., p. 153, 154.
(4) Colonel Camon, conversation de Baudus. *Batailles*, p. 473.
(5) Jomini, t. XXII, p. 159.
(6) Id., p. 160.
(7) Id., p. 163.
(8) Id., p. 166.
(9) Id., p. 180 et note 1.

exposé dans ma préface (1). La preuve en est que, même pour le 16 à une heure, sa vision n'est pas nette. Il émet l'hypothèse de laisser Kellermann seul à Frasnes, ce qui eût été fort insuffisant comme flanc-garde, puis de laisser Reille et Kellermann seuls vers Frasnes et les Quatre-Bras, ce qui eût ramené la lutte contre les Anglais (2).

Enfin, quand la bataille de Ligny est terminée, Jomini est illuminé, devient à peu près net, et n'admire plus grand'-chose. Il avoue qu'il fallait faire concourir Lobau et d'Erlon à la bataille de Ligny et ne porter qu'un corps d'infanterie et un de cavalerie aux Quatre-Bras (3). Cette idée funeste des Quatre-Bras détruit en partie la valeur de son raisonnement, car, si, comme il le propose, Reille se fût avancé sur le point indiqué à 6 heures du matin, il eût été détruit à 5 heures du soir (4). Mais l'idée de Lobau et d'Erlon restant sous la main de l'Empereur est juste. Je pourrais me glorifier de ce que Jomini donne raison au moins à la moitié de ma thèse. Mais je n'en tire aucune vanité, attendu que les prémisses de son raisonnement et son acharnement sur les Quatre-Bras ne lui permettent pas, comme déduction logique, d'émettre sa conclusion. Elle est simplement puisée dans les conséquences des faits, ce qui est commode, mais ne prouve rien.

Jomini est un dilettante de stratégie, fort intéressant et utile à étudier, mais non un prophète.

CRITIQUE DE CLAUSEWITZ

Clausewitz est un franc ennemi, ce qui vaut mieux qu'un faux ami. Son étude est des plus serrées et des plus suggestives. Quant à l'analyser, il y faudrait un volume. Elle est

(1) Voir cette étude, p. III, préface.
(2) Jomini, t. XXII, p. 166.
(3) Id., p. 180, note 1.
(4) Voir ma discussion sur la conduite de Wellington, p. 307.

infiniment plus sérieuse que celle de Jomini, mais ne peut s'exposer brièvement parce qu'elle touche à trop de côtés profonds, philosophie et théories de la guerre. Contentons-nous de certains détails. L'essentiel est d'aboutir à solutionner nos problèmes, et non de critiquer les critiques pour motif d'instruction personnelle.

Il est toutefois nécessaire de dire quelques mots sur la manière dont on doit entendre Clausewitz, car comment le comprendre si on ne l'entend pas?

Dans son étude de 1815, Clausewitz est possédé par deux idées fixes. La première est l'idée de la bataille. Il proclame son impartialité et s'efforce avec bonne foi d'y atteindre. Il essaie en maintes circonstances de se mettre vraiment aux lieu et place des généraux dont il scrute les actes. Mais l'esprit de système est le plus fort et l'emporte. Et comme son système, surtout pour 1815, consiste à viser la bataille, il en résulte que, lorsqu'il étudie une manœuvre de Napoléon, il substitue son idée fixe au concept de l'Empereur, et lui impose, de gré ou de force, la poursuite du choc violent et décisif. Ce n'est pas qu'il méconnaisse le génie du grand capitaine, ni qu'il soit incapable de l'apprécier et de le comprendre, comme l'ont affirmé à tort MM. Camon (1), Grouard (2), et bien d'autres. Non. En maintes circonstances, il l'apprécie et le juge sainement et fortement. Mais une pente invincible l'entraine à des déformations, qui sont d'ailleurs plus apparentes que réelles.

La seconde idée fixe de Clausewitz, qui confirme la première, se rapporte à l'éducation de l'armée prussienne. Ce qu'il veut par-dessus tout, c'est laisser à ses camarades de l'armée des notions justes, précises, formelles, les dresser en vue de l'offensive, du choc, de la bataille, de sa bataille

---

(1) Colonel CAMON, *Clausewitz* (Avant-propos), p. v à x et *passim*. J'ai démontré que sur des points essentiels, le colonel Camon n'a pas compris Clausewitz. Voir cette étude, p. 57.
(2) M. GROUARD, Avant-propos, p. vii, viii.

voulue et cherchée, élever leur niveau intellectuel et moral, en faire des machines de guerre aussi parfaites que possible. Aussi, quand ce but l'attire, quand cette pensée le hante, on ne doit pas s'étonner d'une partialité bizarre et irréfléchie. Pour lui, atteindre son but constitue un devoir sacré. Peu importent les moyens.

Ceci posé, examinons quelle idée il se fait du plan de Napoléon. Il écrit textuellement (1) : « Le général Sarazin raconte dans son livre « de la seconde restauration » qu'il (Napoléon) aurait haussé les épaules lorsqu'on lui avait parlé de plus de 200 000 hommes, et répondu qu'il savait fort pertinemment que les Anglais avaient 50 000 hommes, et qu'il y avait autant de Prussiens sur la Meuse sous Blücher. Quoique Bonaparte ait voulu, par de telles manifestations, donner du courage à ses soldats, on peut cependant bien croire qu'il n'aura pas jugé Wellington fort de plus de 60 à 70 000 hommes et Blücher de 80 à 90 000, et par suite tous les deux ensemble de 150 000 hommes environ, dont, comme il le prévoyait certainement, une bonne partie ne viendrait pas à la bataille. S'il donne assez exactement dans ses Mémoires la force des deux armées, cela ne doit pas nous égarer; on voit dans ces données qu'elles sont tirées de renseignements ultérieurs, et la diminution de l'effectif des adversaires est trop dans la nature de Bonaparte pour qu'elle ne soit pas aussi tout à fait vraisemblable ici. »

Telle est la conviction de Clausewitz sur les idées de Napoléon. J'ai démontré dans la question du nombre (2) qu'il ne croit pas un mot de ses chiffres. Il ne croit pas davantage à ses *Mémoires*. En somme, son incrédulité n'est guère plus grande que celle de M. Houssaye, qui traite les assertions de l'Empereur comme une quantité négligeable (3). Mon opi-

---

(1) Chap. XXII (titre. Le choc de Bonaparte est dirigé contre Blücher), p. 53, 54 à 56.
(2) V. chap. II.
(3) M. Houssaye, p. 2, note : « Les tableaux donnés dans la *Campagne de 1815*, écrite par Gourgaud, sous la dictée de l'Empereur, sont en général de purs trompe-l'œil. »

nion est diamétralement opposée, et je donne tort sur ce point aux deux auteurs précités. Napoléon était admirablement renseigné par ses « affidés » (1) et espions sur les forces, positions et projets de ses ennemis. Il se peut qu'il ait cité des documents réunis ultérieurement, mais d'autres fort certains l'ont renseigné en 1815. S'il s'est trompé, une erreur de chiffres n'y est pour rien. Il méprisait Wellington et Blücher au delà de toute expression (2).

Toute l'explication de ses fautes réside dans ce dédain inouï de l'adversaire. D'ailleurs il est bien facile d'en fournir de suite la preuve irréfutable. Clausewitz, comme M. Houssaye (3), suppose gratuitement que Napoléon dans ses *Mémoires* ment pour la postérité. On avouera que c'est une singulière façon de mentir que de plaider contre soi-même. Je l'ai démontré pour M. Houssaye (4). Il est aussi facile de réfuter Clausewitz. Si vraiment l'Empereur avait été induit en erreur par de faux renseignements ou des états inexacts, il lui suffisait de le dire pour excuser sa défectueuse préparation de la bataille de Ligny, sa malheureuse conception des Quatre-Bras, les insuccès relatifs ou réels du 15 au 16. Se figure-t-on un menteur qui plaide coupable?

Cette conclusion logique prouve la fausseté des assertions de Clausewitz en ce qui concerne les renseignements de Napoléon.

Sa discussion des emplacements de Blücher et de la bataille est très longue et ne nous intéresse en rien pour la recherche des problèmes que nous poursuivons. Mais il a parfaitement vu qu'il eût été indispensable de « tourner le flanc droit prussien qui s'offrait de lui-même... (5) ». Quant à la coopération de Ney, il n'y croyait guère (6), et c'est pourquoi il

---

(1) *Mémoires*, t. IX, p. 68.
(2) M. Houssaye, p. 319. V. *Mémoires*, t. IX, p. 68 (« habitudes de hussard du maréchal Blücher »).
(3) Id., p. 2, note citée plus haut.
(4) Voir Question du nombre et d'Erlon, p. 249.
(5) Clausewitz, p. 99 et 100.
(6) Id., p. 82.

n'a pas attaché d'importance à la discussion du plan théorique de Napoléon, comme le lui reproche à tort le colonel Camon (1). Clausewitz fait de la critique positive et ne juge pas utile de s'égarer dans les nuages d'un rêve.

Le colonel Camon le blâme également de n'avoir pas compris l'attaque débordante de la division Girard (2). Quelle action efficace pouvait produire dans la bataille une division réduite à 2 500 hommes vers 5 heures du soir (3)? Son héroïsme ne fut qu'un incident démesurément grossi par l'imagination de M. Camon. Encore une fois, Clausewitz ne se paie pas d'illusions — tout au moins pour Ligny.

En ce qui concerne le maréchal Ney, il fait valoir en sa faveur de puissantes raisons (4).

1° Ney avec 40 000 hommes n'est pas sûr de battre Wellington qui peut en réunir 50 à 60 000.

2° Les ordres qu'il a reçus sont beaucoup trop compliqués : « Engager une bataille, la terminer, puis remarcher... pour aider à en terminer une autre... » c'est « sinon impossible, du moins en aucun cas pratique ».

3° Pourquoi les 10 000 hommes de Ney (il s'agit du détachement de Marbais) auraient-ils produit une défaite complète de Blücher?

J'ai envisagé la question à un autre point de vue qui me dispense d'avoir recours à ces arguments. Mais il est certain que Clausewitz frappe juste.

Les renseignements dont il dispose ne lui permettent pas de solutionner la marche et contremarche de d'Erlon.

Sa conclusion est que « Ney a complètement rempli son but : arrêter les secours de Wellington (5) ».

Il ne réfute pas les théories de rupture stratégique et de création de zones de manœuvres, parce qu'elles n'ont pas été émises de son temps, mais on devine que sa conception posi-

---

(1) Colonel Camon, *Clausewitz*, p. 232.
(2) *Ibid.*, p. 232.
(3) M. Houssaye, p. 172 à 174.
(4) Clausewitz, p. 81.
(5) Id., p. 109.

tive et pratique ne leur accorde guère d'importance. S'il admet le plan général de Napoléon et le débouché par Charleroi, c'est uniquement parce qu'il n'ajoute pas foi au total de ses effectifs, et que, de plus, il lui suppose l'intention arrêtée de livrer bataille au plus vite (1). Quant à la manœuvre des Quatre-Bras, sans en découvrir la solution complète et entendue dans le sens le plus élevé, il voit d'un coup d'œil fort juste que « plus Ney s'avançait loin, plus il hâtait le moment où Wellington serait réuni (2) ». Donc, il a discerné le côté dangereux de cette opération.

En résumé, il n'est pas armé de chiffres et de renseignements suffisants. Mais il n'admire que le concept de la bataille — qui n'était pas d'ailleurs celui de Napoléon, tout au moins le 15 au soir — et désapprouve vivement les illusions dont l'Empereur s'est bercé au sujet des Quatre-Bras (3).

CRITIQUE DE MM. CAMON ET HOUSSAYE

Les oppositions principales qui existent entre leur thèse et la mienne ont été débattues dans les chapitres qui précèdent. Le lecteur prononcera. L'analyse de quelques détails suffira pour cet article. Comme je l'ai expliqué, mon but unique est de solutionner les problèmes capitaux. La tactique et la narration des batailles offrent — en raison des cent ans écoulés — fort peu d'intérêt, tout au moins jusqu'au 16 juin. Toutefois, les erreurs trop marquantes doivent être signalées.

Bataille de Ligny. — M. Houssaye nous raconte la première attaque de Saint-Amand, l'assaut de Vandamme. Il écrit (4) : « Sans daigner préparer l'assaut par son artillerie,

---

(1) CLAUSEWITZ, p. 4 à 14 (et surtout p. 5), p. 53 à 56 (V. surtout p. 55 et 56).
(2) ID., p. 107.
(3) ID., p. 76 à 82, p. 106 à 109.
(4) P. 167, 168.

Vandamme lance contre Saint-Amand la division Lefol. Sur l'air : *La victoire en chantant*, joué par la musique du 23e, la division s'avance... Le terrain... forme une nappe de blés... La marche y est lente et pénible, et si les épis cachent à peu près les tirailleurs, les colonnes sont parfaitement visibles. C'est sur elles que les batteries dirigent leur tir ; des boulets enlèvent des files de huit hommes. Les Prussiens, eux, sont à couvert, embusqués dans les maisons... »

M. Houssaye admire la méthode de Vandamme. Le « sans daigner préparer l'assaut par son artillerie » lui semble la merveille des merveilles. M. Houssaye trouve que Charras est mauvais professeur de stratégie (1). Je me demande avec stupeur chez quel professeur de tactique il a puisé ses principes. Vandamme n'avait donc pas d'artillerie? Les états de situation lui en accordent. Elle était donc absente du champ de bataille? Mais les troupes sont restées immobiles pendant plus d'une heure (2)! Si Vandamme n'avait pas ses batteries sous la main, pourquoi n'a-t-il pas rendu compte à l'Empereur? A défaut des pièces du 3e corps, comment se fait-il que l'Empereur n'ait pas prescrit de préparer l'assaut aux batteries de la Garde, placées sur le front des colonnes serrées de la Garde, entre Vandamme et Gérard (3)? L'assaut donné par un corps d'armée, sans préparation d'artillerie, contre un ennemi posté et muni de solides batteries, représente un acte inouï, auquel la dignité de l'historien empêche seule d'appliquer les épithètes les plus flétrissantes. La faute était aussi énorme en 1815 qu'elle le serait de nos jours.

Et M. Houssaye, après Thiers, admire !

Qu'il se reporte — entre mille autres exemples — à la bataille de Friedland, et qu'il veuille bien étudier la conduite de Sénarmont préparant le succès décisif de Ney (4).

Après, je compte qu'il jugera Vandamme... ou Napoléon.

(1) M. Houssaye, p. 133, 154, 155.
(2) Thiers, t. IV, p. 522, col. 1.
(3) *Ibid.*, t. IV, p. 522, col. 1.
(4) Colonel Camon, *les Batailles*, p. 255, 256, 257 (Masse d'artillerie de Sénarmont), p. 258, 269, 271 (rapport de Sénarmont).

Un fait est bien extraordinaire au début de cette bataille. Thiers nous décrit avec une emphase admirative « cette masse de 64 000 hommes, rangée... en bataille » qui « demeure immobile pendant plus d'une heure... (1) ». Il s'extasie sur cette exposition de l'armée. A quoi pouvait-elle servir? Qu'est-ce que devient le principe supérieur de l'économie des forces? Où sont les réserves protégées, dissimulées à la vue de l'ennemi, ne devant se révéler qu'à l'heure décisive? Pourquoi cette pompe théâtrale avant la bataille? A quoi rime-t-elle? Napoléon pense-t-il en imposer à Blücher, l'effrayer et lui faire tourner les talons? Franchement, on pourrait le croire. Dans tous les cas, les Prussiens ont le temps de compter nos colonnes et de s'embusquer solidement derrière leurs abris. Il est impossible d'imaginer une préparation de bataille plus lamentable.

Autre incident de tactique.

Bataille des Quatre-Bras (2). M. Houssaye nous raconte la charge de Kellermann.

« Les trompettes sonnent la charge. Dans une irradiation d'acier et un jaillissement de mottes de terre que font sauter les sabots des chevaux, les cuirassiers dévalent en avalanche. A chaque foulée, l'allure s'accélère. Le sol tremble et poudroie. Les hommes du premier rang, penchés sur l'encolure, tiennent la pointe tendue, les autres brandissent leurs sabres étincelants. »

Ici, au moins, nous apprenons une foule de choses. Je ne sais pas encore quel est le nom du professeur de tactique, mais l'instruction dont il nous inonde est prodigieusement variée. Nous nous imprégnons des notions tactiques suivantes :

1° Lorsque la cavalerie charge, les trompettes sonnent.

2° Si étrange que le fait paraisse, des sabres nus brillent, principalement au soleil.

3° Quand les chevaux galopent en terre labourée, leurs sabots font voler des mottes de terre.

(1) Thiers, t. IV, p. 522, col. 1.
(2) M. Houssaye, p. 213.

4° Les cavaliers vont plus vite à la fin de la charge qu'au commencement.

5° Les hommes ne tiennent pas tous leurs sabres parallèles.

Je m'arrête, bien qu'on puisse encore creuser, surtout à propos du sol. Les cinq faits nouveaux — ce flot de vérités premières dont M. Houssaye nous submerge et que personne avant lui n'avait jamais relatées dans une discussion stratégique ou tactique — sont évidemment susceptibles d'exciter la plus vive surprise, le plus noble intérêt.

Mais je me permettrai de lui faire remarquer que ce qui nous intéresserait le plus, ce serait de savoir pourquoi Kellermann a chargé et de creuser ce point, à défaut du sol.

Si Kellermann a chargé, c'est que Ney est obligé de s'en servir, à défaut d'autre réserve. Napoléon lui a enlevé la division Girard du corps de Reille, le 15 au soir (1). D'Erlon vient de lui être arraché par le fameux porteur de la note au crayon, dont M. Houssaye a tant admiré la rapidité — rappelons-nous la traverse miraculeuse de Mellet. Ney reste avec 3 divisions d'infanterie en face de Wellington, qui jette sur lui des renforts incessants, encore et toujours de nouvelles troupes. On peut juger combien j'ai eu raison de considérer l'ordre de marche sur les Quatre-Bras comme une faute initiale de la plus terrible gravité. Napoléon a lancé Ney à la bataille et non à la manœuvre (2). Par conséquent l'Empereur n'est plus le maître ni de l'heure, ni des événements, ni des hommes. Il n'a plus le droit d'emprunter à son lieutenant un soldat ni un canon (3).

Voilà ce que signifie la charge de Kellermann... et ce que M. Houssaye s'est bien gardé de dire.

(1) M. Houssaye, p. 129, note 1.
(2) Voir mes discussions, p. 182, 196.
(3) Voir toute ma discussion, p. 286, 298.

CRITIQUES DE CHARRAS ET DE M. GROUARD

Charras (1) approuve le débouché par Charleroi. Il ne voit pas qu'il s'agit d'un centre géographique et non d'un centre réel. Il donne complètement raison au plan de Napoléon (2). Comme il n'a pas approfondi la méthode de commandement ni le système de transmission des ordres dans les armées impériales, c'est à l'incurie du chef d'état-major qu'il attribue les premiers retards (3). Au sujet des Quatre-Bras, son approbation de la manœuvre persiste (4), à la seule condition que les opérations sur ce point et sur Sombreffe soient simultanées. Par suite, aucune lueur de vérité ne l'éclaire et ne lui fait distinguer le mouvement essentiel et décisif contre Blücher du mouvement secondaire contre Wellington. La seule explication qu'il trouve consiste dans l'état de santé de Napoléon (5). L'Empereur, d'après lui, manque de persévérance dans l'élaboration de la pensée, de promptitude et de fixité dans la résolution, de décision et d'activité. Les causes profondes de son concept psychologique lui échappent. C'est pourquoi la critique ne porte pas et ne peut pas porter. Charras ne s'en prend qu'à des détails, au lieu de mesurer l'ensemble, et gaspille sa dialectique en minuties.

Pour Blücher et Wellington, il ne voit pas plus clair que pour Napoléon, et ne comprend pas le premier mot de leurs intentions ni de leur plan. Il s'étonne que Blücher veuille résister à Sombreffe (6), blâme naturellement les lenteurs de Wellington. Son hypothèse que le général prussien ne se décide à recevoir la bataille qu'en raison des promesses de

---

(1) Charras, *Histoire de la campagne de 1815*, p. 122.
(2) *Ibid.*, p. 145.
(3) *Ibid.*, p. 146.
(4) *Ibid.*, p. 154.
(5) *Ibid.*, p. 119, 120, 155.
(6) P. 159.

son partenaire, nous renseigne à fond sur sa pénétration de leurs desseins (1).

En ce qui concerne l'énigme de d'Erlon, je cite son opinion textuelle (2) :

« Pour compléter et préciser notre pensée, nous ajouterons qu'il nous semble à peu près hors de doute que la véritable mission de La Bédoyère était de presser l'attaque de Ney, puis les Quatre-Bras une fois enlevés, les Anglo-Hollandais refoulés au loin, de conduire, des Quatre-Bras même, le corps de d'Erlon sur les derrières des Prussiens... »

Là encore, comme dans les problèmes antérieurs, il ne comprend ni l'ensemble ni le fond. On voit que les partisans de la légende ont beau jeu avec Charras, étant données les prémisses qu'il leur accorde. Charras leur concède en somme tout ce qu'ils veulent. Si l'ordre des Quatre-Bras est juste, Ney a eu tort de ne pas les occuper à 6 heures du matin, et de ne pas rabattre ensuite une fraction de ses troupes, soit d'Erlon et le 1ᵉʳ corps, derrière la droite prussienne. Quelles que puissent être les explications ultérieures de Charras et ses calculs d'heures et de minutes, sa partie est perdue d'avance.

Dans un problème stratégique, tout se tient : la donnée, la discussion et la conclusion. Charras, comme Jomini, part de données fausses. Quand il voit la catastrophe, il s'efforce de détourner le courant irrésistible qui l'entraîne en argumentant sur des détails. Trop tard. Sa conclusion est viciée par son principe.

Avant de m'occuper de savoir si Ney a bien ou mal agi, j'ai voulu voir clair à fond. Ce n'est qu'après m'être convaincu que l'ordre concernant les Quatre-Bras était contraire à tous les principes de guerre que j'ai donné raison à Ney (3).

L'idée préconçue de Charras fausse également son inter-

---

(1) CHARRAS, *Histoire de la campagne de 1815*, p. 183.
(2) *Ibid.*, p. 360. Charras propose comme explication un simple excès de zèle de Labédoyère. Il ne pousse pas jusqu'au fond du problème.
(3) Voir ma discussion, p. 196.

prétation. Pour lui, Napoléon a manqué de résolution, d'audace, de sagesse (1). J'ai prouvé qu'il affirme au contraire beaucoup trop de résolution et d'audace. Quant à la sagesse, si Charras entend par là que Napoléon eut tort de mépriser ses ennemis, de les considérer comme des généraux vulgaires et de traiter leurs armées en quantités négligeables, alors je suis de son avis. Mais est-ce là ce qu'il veut dire?

Il est profondément regrettable que Charras n'ait pas approfondi davantage le problème, car, contrairement à l'opinion de M. Houssaye, sa force stratégique n'est pas à dédaigner. Bien loin de là. Fait bizarre, et qui démontre la puissance de la vérité et la force invincible de la lumière en matière de science militaire — Charras, qui exècre Napoléon, admet l'opinion de l'Empereur et la véracité de ses *Mémoires* sur un point capital où Napoléon n'est pas cru par M. Houssaye — qui prétend l'admirer. Avec une justesse parfaite, Charras (2) fait ressortir la contradiction flagrante qui existe entre les 2ᵉ et 3ᵉ ordres authentiques à Ney (3) et la fameuse note au crayon. Sa justification de Ney et d'Erlon, appuyée sur l'incident inouï du 1ᵉʳ corps, qui vient sous la main de l'Empereur et dont celui-ci ne se sert pas (4), est également très remarquable. Encore une fois, il ne poursuit pas jusqu'au bout du problème, mais on sent qu'il en approche.

Il comprend parfaitement (5) ce qu'aucun partisan de la légende n'a jamais compris : Napoléon, commandant en chef, est seul à même de prendre les responsabilités décisives.

Enfin, il rend au maréchal Ney la justice qui lui est due (6). Il ne s'avise pas de lui proposer comme modèle un Perponcher ou un Rebecque.

Sauf quelques détails qui ne touchent pas au fond du débat, la critique de M. Grouard reproduit celle de Charras.

(1) Charras, p. 371.
(2) P. 258.
(3) L'ordre de 2 heures et celui de 3 heures et quart. Voir p. 252, 253.
(4) P. 263.
(5) P. 264.
(6) *Ibid.*

Je ne fatiguerai donc pas le lecteur par des répétitions inutiles, d'autant plus que, dans les chapitres antérieurs, j'ai déjà discuté les principales assertions de M. Grouard (1). Je reconnais toutefois qu'il apporte plus de méthode et de clarté que son devancier dans l'exposition des faits, une compréhension autrement nette des mouvements — mais le système est identique. Au début, tout lui paraît admirable. Il se montre aussi enthousiaste que Jomini (2). Naturellement, lorsque les demi-succès comme Ligny, ou les insuccès réels comme la manœuvre des Quatre-Bras compliquée du faux mouvement de d'Erlon se produisent, l'admiration faiblit. Mais comme M. Grouard, pas plus que Jomini et Charras, n'a discerné les fautes initiales ni le concept réel de Napoléon, il est obligé de se rabattre sur des explications de détail qui ne portent pas et ne décident rien. Pour lui encore, je ne puis en exprimer que les plus vifs regrets, car ses discussions stratégiques sont fort intéressantes. Je les juge telles en toute indépendance, même après les avoir combattues.

Une idée préconçue produit les plus fâcheuses conséquences, en critique comme en guerre. Or M. Grouard avoue nettement la sienne. Il attribue en réalité toutes les fautes de Napoléon à son état physique (3).

(1) Voir mes discussions, p. 125 et suiv.
(2) P. 10, 17 à 20 (V. ma discussion de la rupture stratégique, p. 161 et suiv.), p. 23.
(3) P. 27, 53, 54, 99, 107, 108, 203, 204, 207, 217 : « ses facultés intellectuelles avaient baissé » ; p. 218, 219 : « son esprit devenu paresseux comme son corps » ; p. 221, 225, 226 : « il est donc certain que la cause première de la défaite de 1815 réside dans l'affaiblissement des facultés de Napoléon ».
La phrase est limpide et ne prête pas à discussion.

CHAPITRE VII

LA JOURNÉE DU 17 JUIN

DÉTERMINATION DU CONCEPT DE NAPOLÉON

Quelles furent les intentions, les volontés et les opérations de l'Empereur pendant cette journée? Napoléon devait-il poursuivre Blücher ou se tourner vers Wellington, achever, exterminer l'armée prussienne et la mettre définitivement hors jeu, ou profiter de son désarroi et de sa retraite pour frapper un coup décisif sur les Anglais? Tels sont les problèmes du 17 juin.

Quand il s'est agi de dégager les inconnues concernant l'offensive générale contre les alliés, le débouché par Charleroi, la marche sur Sombreffe, celle des Quatre-Bras, j'ai usé de la seule méthode définitive en pareil cas : la méthode déductive et rationnelle. Les principes stratégiques, les faits antérieurs, l'étude attentive du terrain et des forces ennemies ont fourni les données nécessaires et déterminé la solution. Aucun jugement n'a été formulé d'après les faits ultérieurs. Aucun argument pitoyable n'a été imaginé d'après les résultats. Il est vraiment trop facile de jouer au prophète quand on connaît la conclusion, et des preuves si médiocres ne portent pas. C'est pourquoi je n'ai pas admis la discussion de Jomini (1), même quand elle me donne raison.

Mais, quand il s'est agi de solutionner l'énigme de d'Erlon, j'ai suivi une méthode toute différente : la méthode analy-

---

(1) JOMINI, chap. XXII, p. 180, note 1. Voir ma discussion, p. 314 et suiv.

tique. Il s'agissait d'un fait. Donc les commentaires *a priori* eussent été impuissants. J'ai pris corps à corps les renseignements, les actes et les témoignages.

Ici, à la date du 17 juin 1815, nous sommes encore sur le terrain des faits. Donc nous ne pouvons pas déterminer le concept de Napoléon sans être informés de toutes les circonstances et documents qui s'y rapportent. Comme à l'habitude, je laisserai de côté les anecdotes superflues et les périodes littéraires. Nous étudions une question stratégique, rien de plus.

D'abord, les renseignements de Napoléon. Que nous déclare-t-il connaître? Quelles sont les informations dont il nous fait part? Quels sont tous les écrits, ses réflexions se rapportant à cette date du 17, depuis le matin jusque dans la soirée? Je commence par l'étudier sans m'occuper en quoi que ce soit de tout ce que les commentateurs ont ajouté à ses *Mémoires*. Nous verrons, d'après les documents irréfutables des autres historiens, ce qu'il y a lieu de prendre ou de laisser.

Il nous informe (1) que « Blücher battit en retraite sur Wavres en deux colonnes, l'une par Tilly, l'autre par Gembloux, où arriva à onze heures du soir, venant de Liège, le 4ᵉ corps commandé par le général Bülow ». Il nous informe également qu' « à la pointe du jour du 17, le général Pajol, avec une division de son corps de cavalerie légère et la division d'infanterie Teste, du 6ᵉ corps, se mit à la poursuite de l'armée prussienne dans la direction de Wavres par les routes de Tilly et de Gembloux, et prit grand nombre de chariots et plusieurs parcs de caissons » (2). L'Empereur décrit les mouvements qu'il ordonne, sans les commenter. Lobau et Milhaud se portent sur les Quatre-Bras. Grouchy part avec le corps de cavalerie d'Excelmans, le 3ᵉ (Vandamme) et le 4ᵉ (Gérard), pour « appuyer le général Pajol et suivre Blücher l'épée dans les reins, afin de l'empêcher de se rallier. Il

(1) *Mémoires*, t. IX, p. 93.
(2) *Ibid.*, p. 94, 95.

avait l'ordre positif de se tenir toujours entre la chaussée de Charleroi à Bruxelles et Blücher, afin d'être constamment en communication et en mesure de se réunir sur l'armée : il était probable que le maréchal Blücher se retirerait sur Wavres ; cet ordre prescrivait qu'il y fût en même temps que lui ; si l'ennemi continuait à marcher sur Bruxelles et qu'il passât la nuit couvert par la forêt de Soigne, qu'il le fît suivre jusqu'à la lisière de la forêt ; s'il se retirait sur la Meuse pour couvrir ses communications avec l'Allemagne, qu'il le fît observer par l'avant-garde du général Pajol et occupât Wavres avec la cavalerie d'Excelmans, le 3ᵉ et le 4ᵉ corps d'infanterie, afin de se trouver en communication avec le quartier général qui marchait sur la chaussée de Charleroi à Bruxelles. La 3ᵉ division du 2ᵉ corps, qui avait beaucoup souffert à la bataille de Ligny, resta pour garder le champ de bataille et porter secours aux blessés. Ainsi l'armée française marchait en deux colonnes sur Bruxelles, l'une de 69 000 hommes et l'autre de 34 000. »

Afin que la situation soit nettement exposée, citons de suite les documents les plus importants émanés de Napoléon au sujet des opérations de Blücher et Wellington pendant la journée du 17.

Puisque nous procédons en vertu de la méthode analytique et que notre but est de déterminer le concept exact de l'Empereur, nous devons faire état de ses réflexions.

Son jugement sur Blücher est le suivant (1) :

« 3° Après avoir perdu la bataille de Ligny, le général prussien, au lieu de faire sa retraite sur Wavres, eût dû l'opérer sur l'armée du duc de Wellington, soit sur les Quatre-Bras, puisque celui-ci s'y était maintenu, soit sur Waterloo. Toute la retraite du maréchal Blücher, dans la matinée du 17, fut à contresens, puisque les deux armées, qui n'étaient qu'à 3 000 toises l'une de l'autre pendant la soirée du 16, ayant pour communication une belle chaussée,

---

(1) *Mémoires*, t. IX, 6ᵉ observation, p. 108.

ce qui les pouvait faire considérer comme réunies, se trouvèrent, le soir du 17, éloignées de plus de 10 000 toises et séparées par des défilés et des chemins impraticables. Le général prussien a violé les trois grandes règles de la guerre : 1° tenir ses cantonnements rapprochés ; 2° donner pour point de rassemblement un lieu où ils puissent tous arriver avant l'ennemi ; 3° opérer sa retraite sur les renforts. »

Il est difficile d'exprimer un jugement plus sévère et moins motivé. Le lecteur sait à quoi s'en tenir sur les soi-disant fautes de Blücher concernant ses cantonnements (1) et sa concentration (2). Quant à sa retraite par la chaussée de Namur, on ne voit pas l'armée prussienne exécutant à neuf heures du soir, le 16, ou dans la nuit, ou le matin du 17, une marche de flanc, à portée des troupes françaises, au risque de se heurter, en arrivant, au maréchal Ney, dont elle avait entendu le canon toute la soirée, et dont elle ignorait la position exacte. Blücher a pris le seul parti raisonnable qu'il pût prendre. Mais Napoléon s'était imaginé qu'il ne disposait que d'une seule route et ne conçoit pas qu'il l'ait évitée.

Quant aux défilés et chemins impraticables séparant les deux armées alliées le soir du 17, ils n'ont jamais existé que dans les rêves de l'Empereur. Nous connaissons les plaines de Belgique (3). Même par une pluie torrentielle, du moment qu'un chemin existe, la marche peut être retardée, fort lente, mais elle n'est pas impraticable. Un ruisseau guéable comme la Dyle n'a jamais représenté un insurmontable obstacle.

L'opinion de l'Empereur sur Wellington (4) n'est guère mieux motivée que pour Blücher.

« Neuvième observation. On demandera : que devait

---

(1) Voir mes discussions, p. 102.
(2) *Ibid.*, p. 112 et suiv.
(3) *Ibid.*, 98.
(4) *Mémoires*, t. IX, 9ᵉ observation, p. 175.

donc faire le général anglais après la bataille de Ligny et le combat des Quatre-Bras? La postérité n'aura pas deux opinions. Il devait traverser, la nuit du 17 au 18, la forêt de Soignes sur la chaussée de Charleroi; l'armée prussienne la devait également traverser sur la chaussée de Wavres; les deux armées devaient se réunir, à la pointe du jour, sur Bruxelles; laisser des arrière-gardes pour défendre la forêt; gagner quelques jours pour donner le temps aux Prussiens, dispersés par la bataille de Ligny, de rejoindre leur armée; se renforcer de quatorze régiments anglais qui étaient en garnison dans les places fortes de la Belgique, ou venaient de débarquer à Ostende, de retour d'Amérique, et laisser manœuvrer l'Empereur des Français, comme il l'aurait voulu. Aurait-il, avec une armée de 100 000 hommes, traversé la forêt de Soignes pour attaquer, au débouché, les deux armées réunies, fortes de plus de 200 000 hommes et en position? C'était certainement tout ce qui pouvait arriver de plus avantageux aux alliés. Se serait-il contenté de prendre lui-même position? Son inaction ne pouvait pas être longue, puisque 300 000 Russes, Autrichiens, Bavarois, etc..., étaient arrivés sur le Rhin; ils seraient dans peu de semaines sur la Marne, ce qui l'obligerait à courir au secours de sa capitale. C'est alors que l'armée anglo-prussienne devait marcher et se joindre aux alliés sous Paris; elle n'aurait couru aucune chance, n'aurait éprouvé aucune perte, aurait agi conformément aux intérêts de la nation anglaise, au plan général de guerre adopté par les alliés et aux règles de l'art de la guerre. Du 15 au 18, le duc de Wellington a constamment manœuvré comme l'a désiré son ennemi; il n'a rien fait de ce que celui-ci craignait qu'il ne fît. »

Il résulte de ces réflexions que, d'après Napoléon, Wellington n'avait qu'un parti à prendre : disparaître du théâtre de la guerre jusqu'à ce que le Rhin fût franchi par les Alliés russes, autrichiens, bavarois. Le général anglais a trouvé qu'il devait, avec une armée de 100 000 hommes, remplir un rôle plus utile que celui qui consistait à tourner les talons et à servir de but de promenade à l'armée française. Quant au reproche d'« avoir constamment manœuvré comme l'a désiré son ennemi », c'est exactement le contraire de la vérité pratique et irréfutable. Napoléon n'avait pas prévu sa résistance aux Quatre-Bras (1). De plus, l'Empereur a subordonné sa pensée à celle de Wellington en se laissant attirer sur les deux champs de bataille choisis par lui, contrairement au principe formel qu'il avait posé lui-même (2).

Nous ne sommes pas encore très renseignés sur la pensée exacte de l'Empereur. Mais ce que nous apercevons dès maintenant, c'est la persistance de l'orgueil et du mépris de l'ennemi. Napoléon traite l'opinion de la postérité comme il traitait l'opinion publique de son temps : un ordre, un décret, et l'univers devait courber la tête. A quoi rime ce dédain superbe pour la pensée, la volonté et l'énergie des autres ? Ses jugements sur les généraux alliés, pour cette journée entière du 17, semblent des remontrances adressées à des enfants. Imagine-t-on Blücher assez imprudent pour s'exposer à être pris en écharpe par l'armée de Napoléon et celle de Ney ?

Napoléon se contredit d'ailleurs de la façon la plus formelle, comme il lui arrive parfois, lorsque son orgueil dépasse toutes limites. Après nous avoir dit que Blücher aurait dû filer sur les Quatre-Bras par la route de Namur (3), il nous expose que le général prussien était forcé par la logique et les principes de guerre d'utiliser la chaussée de Wavres pendant la nuit du 17 au 18 pour traverser la forêt de Soignes, et se retirer sur Bruxelles (4). Alors pourquoi Napoléon veut-il que Blücher fasse le grand tour par les Quatre-Bras, en exécutant une fantastique marche de flanc ? Puisque Blücher doit aller — d'après lui — de Wavres à

(1) Il n'avait prévu ni la résistance de Wellington ni celle de Blücher. Voir ma discussion des ordres du 16 à Ney et Grouchy (p. 214 et suiv.). Voir M. Houssaye (p. 136 et 137, 138, note 3 de la page 137).
(2) *Mémoires*, t. VII, p. 97.
(3) *Ibid.*, t. IX, p. 168.
(4) *Ibid.*, p. 175.

Bruxelles, il est bien plus naturel qu'il prenne le plus court et marche de suite sur Wavres. C'est d'ailleurs ce que fait Blücher. Ainsi Napoléon, après lui avoir donné tort (1), lui donne finalement raison (2).

Nous constaterons rarement une telle contradiction dans les affirmations de l'Empereur, et si nous pouvons en noter quelques-unes au sujet de Blücher ou de tout autre général, nous n'en remarquerons guère en ce qui le concerne personnellement. Ses principes sont parfois obscurcis par les nuages d'une idée préconçue, — ou de l'orgueil, — mais le jugement qu'il porte sur un de ses actes reste intangible.

Il est d'ailleurs fort naturel qu'il finisse par approuver Blücher, puisque celui-ci s'est conformé aux principes stratégiques en effectuant sa retraite sur Wavres. Seulement il n'a pas jugé utile de pousser aussi loin que Napoléon l'indique (3). Pourquoi Blücher se fût-il sauvé jusqu'à Bruxelles ? Il avait échappé à l'étreinte de l'Empereur et maintenu ses communications avec son allié. Son but était par suite atteint.

Quant à Wellington, il aurait fallu qu'il ait également perdu le bon sens pour disparaître au delà de la forêt de Soignes. Il avait, au combat des Quatre-Bras, maintenu nettement sa position et forcé Ney à reculer sur Frasnes. Donc, il était victorieux. Par suite, il ne pouvait se retirer que devant une autre offensive plus puissante, et encore pouvait-on être certain, vu son caractère et les forces dont il disposait, qu'il ne reculerait que jusqu'à la limite qui lui paraîtrait convenable.

Pour l'historien qui réfléchit à toutes les illusions de 1800 et des campagnes discutables, il semble que ce soit un besoin pour Napoléon de considérer qu'après la première manœuvre l'ennemi est surpris — son expression favorite est : surpris

(1) *Mémoires*, t. IX, p. 168.
(2) *Ibid.*, p. 175.
(3) *Ibid.*, p. 175.

en flagrant délit (1) — qu'il est démoralisé, frappé de terreur, et qu'il ne lui reste pas d'autre parti à prendre que de se sauver à toutes jambes. Ce n'est pas ainsi que Napoléon a raisonné en 1796 ni en 1805, et les autres campagnes triomphales. Mais, à partir de 1809, le concept de 1800 se reproduit d'une manière invariable.

Nous sommes en mesure de constater, le 17, que ce penchant à l'illusion, visible dès le 15 (2), s'accentue. Les rêves d'orgueil, l'absolutisme de la pensée — en un mot les défauts ordinaires de l'Empereur — l'égarent et faussent son jugement.

Peut-être m'objectera-t-on que je me sers des documents de Sainte-Hélène pour élucider la pensée impériale du 17 juin, et que, par suite, mes conclusions ne portent pas. Cette objection, si elle était produite, se retournerait facilement contre ses auteurs. D'abord, les historiens qui ont étudié à fond la psychologie de Napoléon savent que le jugement porté sur ses actions personnelles persiste invariable, à travers les circonstances et les époques (3). Le temps et l'espace n'atteignent pas la puissance de son concept. La fixité de ses volontés constitue une de ses caractéristiques les plus saisissantes.

Cependant, comme il ne s'agit pas seulement de lui, mais de Blücher et de Wellington, que de plus nous avons constaté pour le premier une contradiction à sept pages d'intervalle, j'admets que cette preuve ne puisse être fournie, et que nous devions abandonner l'axiome qui concerne sa permanence d'opinion. On m'accordera toutefois que les arguments produits à Sainte-Hélène sont les plus puissants que Napoléon ait pu formuler. En ce qui me concerne, je considère que les dictées de l'exil représentent l'expression vraie de sa pensée et qu'il la jette, brûlante et impétueuse, comme il la

(1) Lettre de Soult à Ney (registre du major général. Bibl. nat., f. fr., n° 4366, nouvelles acquisitions, p. 42).
(2) Voir mes discussions, p. 196.
(3) Général BONNAL, *Manœuvre de Landshut*, p. 242. « Napoléon n'a jamais avoué une erreur commise par lui. »

jetait à la veille des batailles ou sur le terrain. Mais il ne manque pas d'historiens qui considèrent les *Mémoires* comme une plaidoirie arrangée pour les besoins de la cause. C'est le grand cheval de bataille de M. Houssaye (1), par suite d'une foule de partisans de la légende, et aussi de Charras (2), par conséquent d'adversaires.

J'admets que Napoléon plaide. A moins que M. Houssaye ne consente à nier son génie, comme il a nié sa puissance de volonté, de sang-froid et sa maitrise de lui-même (3), on m'accordera — de gré ou de force — que ses réflexions sur la journée du 17, produites dans les *Mémoires,* c'est-à-dire dans sa plaidoirie, sont les plus claires, les plus énergiques, les plus fortes et les plus valables qu'il ait pu imaginer. Donc, si, malgré la puissance de ses raisons, je démontre que son concept est erroné, j'aurai atteint le résultat le plus complet qu'un historien puisse obtenir. Qui prouve le plus prouve le moins. C'est précisément ce que j'ai fait en ce qui concerne Blücher et Wellington.

Napoléon invoque le jugement de la postérité. La postérité sera d'un avis contraire au sien. Après avoir réfléchi pendant de longs mois — peut-être une ou deux années — l'Empereur imagine pour les généraux alliés des manœuvres contraires au bon sens et aux principes. Le devoir d'un historien est de faire ressortir son erreur. Quant à en déduire l'origine, elle éclate aux yeux des plus myopes. Lorsqu'un grand capitaine, d'un prodigieux génie, se trompe aussi complètement, il n'existe qu'un motif : l'orgueil de soi-même, qui se double du mépris des autres.

Plaçons-nous à n'importe quel point de vue, au point de vue de M. Houssaye, ou de Charras, ou de tout autre, nous aboutissons toujours à la même conclusion : Si le concept du 17 juin avait été supérieur à celui de Sainte-Hélène,

---

(1) Page 2, note.
(2) Charras ne croit pas à la sincérité de Napoléon en aucune circonstance des Cent-Jours. Voir p. 36, 37, 48, 51, 53, 73 « équivoques... perfidies... ».
(3) M. Houssaye, p. 181, 182.

Napoléon l'aurait mis en pleine lumière. Donc, il est égal ou pire. Quant à être différent, nous jugerons d'après les documents des autres historiens et d'après les faits, si un texte authentique et un acte quelconque m'infligent un démenti.

Le document le plus précieux pour éclaircir la pensée de Napoléon nous est fourni par la huitième observation (1), dont nous ne citons naturellement que ce qui n'a pas rapport au 18 juin. Jugeant avec une sévérité inouïe la conduite de Wellington, l'Empereur parle des Prussiens « battus à Ligny, ayant perdu 25 à 30 000 hommes sur le champ de bataille, en ayant eu 20 000 d'éparpillés, poursuivis par 35 à 40 000 Français victorieux... ».

Pour connaître ce que Napoléon pense et ce qu'il a pensé dès le 16 au soir, nous n'avons guère besoin d'aller plus loin. Le concept apparaît d'une clarté éblouissante. Ce n'est pas une invention de Sainte-Hélène, pour employer le langage de ses admirateurs trop zélés ou de ses ennemis. Il nous livre le fond de son âme.

L'Empereur est convaincu que Blücher a laissé 25 000 hommes sur le champ de bataille et qu'un nombre égal a disparu. Donc, il lui reste 30 à 40 000 hommes au plus. Il est vrai qu'il est rejoint par Bülow, mais quelle force Napoléon suppose-t-il à Bülow? Un corps d'armée ordinaire — 15 à 20 000 hommes. Par suite — aux yeux de l'Empereur — le feld-maréchal prussien dispose au maximum de 60 000 vaincus contre 40 000 victorieux. Il est hors jeu, absolument hors jeu. Inutile de s'en troubler davantage — et c'est ce qu'il fait. Dans l'esprit et à la lettre, il ne s'occupe pas plus de Blücher que s'il n'avait jamais existé. Il est invinciblement persuadé que si Grouchy s'arrange pour lui envoyer quelques boulets, ou même simplement pour lui montrer les dragons d'Exelmans et les voltigeurs de Vandamme, Blücher se sauvera à toutes jambes.

1) Huitième observation, p. 172, 173.

Certes, la puissance de la volonté, la fixité de la résolution, l'énergie qui ne se laisse pas égarer par des renseignements divers, ni abattre par le pessimisme, constituent de superbes qualités pour un généralissime. Napoléon en est largement pourvu — trop largement.

La plupart des historiens ont voulu discuter et juger Napoléon à quarante-six ans, à partir du 15 juin 1815, sans réfléchir à sa psychologie, sans rappeler ses campagnes antérieures, ses concepts fantastiques du 27 mai 1800 (1), de 1809, Landshut (2) et soir de Wagram (3), d'Espagne, de Russie, de 1812 et 1813 (4), sans mentionner l'étrange méthode de commandement et la transmission des ordres (5), sans scruter les motifs profonds qui déterminèrent l'inertie des lieutenants et leur manque d'initiative (6), l'indiscipline des troupes (7). Il est certain que, dans ces conditions, il est impossible de comprendre un mot de la campagne de 1815. Jamais un écrivain qui ne connaît pas à fond la mentalité antérieure de l'Empereur ne pourra s'imaginer son insouciance absolue du 17 juin. A quoi bon épiloguer sur des fatigues, des sommeils (8) ou des renseignements tardifs donnés par Pajol, Exelmans ou Grouchy (9). Pourquoi ne pas croire ce que dit Napoléon lui-même?

Cette illusion formidable du 17 est tellement dans sa nature! Nous l'avons constatée dès le 15 au soir (10). Le 16 à 2 heures de l'après-midi, il ne croyait même pas à une bataille sérieuse contre Blücher (11). Depuis son débouché de

---

(1) Général BONNAL, *De Rosbach à Ulm*, p. 141 à 148.
(2) ID., *Manœuvre de Landshut*, p. 185, 193 à 196.
(3) « Dès 3 heures l'Empereur fait dresser ses tentes et s'endort » ; colonel CAMON, *Batailles*, p. 321.
(4) Général BONNAL, *Manœuvre de Vilna*, p. 47 à 49. Je ne puis citer toute l'épopée.
(5) Voir les citations déjà indiquées, notamment p. 83.
(6) *Ibid.*, 69, 70.
(7) *Ibid.* 91 et suiv.
(8) M. GROUARD, p. 111 à 117.
(9) Colonel CAMON, *Batailles*, p. 475 à 478.
(10) Voir cette étude, p. 195, 196.
(11) M. HOUSSAYE, p. 136, 137, 138, et notes p. 159, 160.

Charleroi, il n'a jamais songé que Wellington résisterait aux Quatre-Bras (1).

Son concept nous est donc connu, et il est complètement inutile de rechercher les bases de cet illusionnisme : elles résident dans sa nature même. Elles sont aussi les conséquences de l'exagération de sa puissance, des excès d'absolutisme, de son mépris profond de l'humanité. Les faits extérieurs et la pensée des autres ne l'effleurent pas. Son génie est trop entier.

Toutefois, même en admettant son concept et ses rêves, nous avons en face de nous ses raisons qui sont fort discutables. L'inflexibilité des principes stratégiques est encore plus puissante que l'imagination de l'Empereur, et nous permettra de remettre au point les motifs spécieux qu'il fait valoir.

Napoléon, dans la journée du 16, n'a pas su profiter des magnifiques faveurs que lui prodigua la fortune, comme au plus beau temps de ses triomphes. Elle lui a livré Blücher isolé, privé d'un de ses corps d'armée, sans aide de Wellington. Mais comme l'Empereur a manqué au principe essentiel de l'économie des forces, comme il ne s'est aperçu qu'après 3 heures et demie du soir (2) — encore ce fait n'est nullement authentique — que l'action principale était toute à Sombreffe, et l'action très secondaire aux Quatre-Bras, comme il s'est privé en pure perte d'un tiers de son armée, il en résulte qu'il n'a pas écrasé Blücher.

Par conséquent, quelle que soit son opinion exagérée et fausse sur les effectifs qui restent dans la main du feld-maréchal, il sait parfaitement que Ligny n'est pas la répétition d'Iéna. Sa puissance d'imagination et d'orgueil peut faire disparaître l'armée prussienne du champ de sa vision, mais cependant le détachement de Grouchy doit être expliqué.

---

(1) M. Houssaye, voir surtout p. 138, paragraphe 3. Voir cette étude, p. 214 à 221.

(2) Les paroles de Baudus (colonel Camon, *Batailles*, p. 473.) Voir mes discussions, p. 182 à 186, 285 à 288.

Si Napoléon se prive à nouveau du tiers de son armée, ce n'est évidemment pas pour l'unique plaisir d'accompagner un débris d'armée, d'escorter une loque. Il lance Grouchy à sa suite, parce qu'il estime que Blücher en vaut la peine. Donc, il n'est pas détruit. Que Napoléon l'avoue ou ne l'avoue pas, un fait patent existe, un fait de sa volonté. Or, sur le champ de bataille de Ligny, il a disposé des deux tiers de son armée, soit de 64 000 hommes au début, sans Lobau (1), et de 75 000 dans la soirée, avec le 6ᵉ corps.

Ainsi 64 000 hommes, commandés par lui, n'ont pas réussi à déterminer l'anéantissement des Prussiens, puisqu'il en consacre 40 000 à les suivre.

Dans ces conditions, et ce point acquis, pour quel nouveau motif d'illusion et d'orgueil affirme-t-il qu'avec 69 000 il est en mesure de marcher sur Bruxelles (2)? Il parle de deux colonnes de route, l'une de 69 000, l'autre de 34 000. Pense-t-il que Wellington, victorieux le 16, et disposant de près de 100 000 hommes, va s'évanouir dans l'espace? Il ne peut pas imaginer cinquante hypothèses au sujet des Anglais. Il n'en existe que deux : ou Wellington lui laissera le chemin libre, ou bien il lui barrera la route.

Dès maintenant, l'horizon s'assombrit singulièrement. Napoléon, ne disposant que des deux tiers de ses forces, se trouve en face de Wellington victorieux, et n'ayant subi que des pertes peu importantes, vu la masse de son armée. Pour que l'Empereur parle aussi nettement de la marche sur Bruxelles (3), il faut qu'il soit convaincu que la route sera libre. Mais comment? L'hypothèse de Wellington disparaissant est invraisemblable. Donc, il résistera, sur un point ou sur un autre.

Si Wellington résiste, l'Empereur se croit-il en mesure de

---

(1) C'est le chiffre que donne Thiers, fort consciencieux en matière de chiffres, t. IV, p. 522.
(2) *Mémoires*, t. IX, p. 95.
(3) Ordre n° 22058. *Correspondance*, p. 289 à 291. Voir cette étude, p. 212.

l'anéantir? Nous sommes forcés d'y croire. La netteté des *Mémoires* nous y contraint. Cependant, les résultats de la bataille de Ligny infligent un démenti formel à ce rêve de victoire facile. Nous reprendrons plus tard à fond sa critique de Wellington quand les événements nous le commanderont. Mais dès maintenant nous devons faire état de son opinion à cet égard. Non seulement il rêve que Grouchy suffira pour terroriser l'armée de Blücher et l'entraver dans tout essai d'action commune avec son alliée, mais encore il est convaincu que les 69 000 hommes qui lui restent extermineront l'armée anglaise.

Je pourrais discuter ce chiffre de 69 000, mais je ne veux pas m'encombrer de détails insignifiants, et je l'admets. Seulement, ce qu'il est impossible d'admettre, c'est la formule d'une victoire décisive et écrasante proclamée sans l'ombre d'une preuve. Rien, absolument rien ne lui permet d'affirmer qu'il détruira Wellington plus qu'il n'a détruit Blücher. En admettant qu'il le batte, — je me place toujours à son point de vue exclusif, — si la défaite des Anglais ressemble à celle des Prussiens, les deux généraux alliés se retrouveront sous Bruxelles ou au delà avec des forces au moins égales aux siennes. Est-ce là une solution définitive? Est-ce là le résultat qu'il doit poursuivre?

Autre argument : Quel motif peut lui faire croire que Wellington l'attendra de pied ferme, s'il juge la situation défavorable? Quel mépris a-t-il conçu du général anglais pour qu'il le croie capable d'accepter la bataille sur un terrain mal choisi et dans de fâcheuses conditions? L'a-t-il fixé? Ney le tient-il à la gorge? Ne peut-il se dérober? Napoléon est-il seulement à même de gêner sa retraite? Nullement. Wellington est parfaitement libre de ses mouvements dans tous les sens. Donc il peut se retirer où il lui plait.

Nous voyons qu'ici se vérifie la critique que j'ai formulée dès le début de la manœuvre de Charleroi. Un des plus puissants motifs qui m'aient déterminé à blâmer l'admiration générale qu'inspira l'entrée en campagne, c'est que Napoléon méconnaissait son grand principe de manœuvre (1) : « Ne faites pas ce que veut l'ennemi, par la seule raison qu'il le désire ; évitez le champ de bataille qu'il a reconnu, étudié, et encore avec plus de soin celui qu'il a fortifié et où il s'est retranché. » En débouchant par Charleroi, il se contraignait d'avance, malgré tous les efforts de son génie, à subordonner sa pensée à celle de l'adversaire pour le choix du terrain de bataille.

Fait-il autre chose le 17 juin ? De même qu'il a fourvoyé Ney aux Quatre-Bras, il fourvoie Grouchy à la suite de Blücher, et lui-même se condamne à l'action médiocre et dangereuse de suivre Wellington. Sait-il seulement où Wellington peut et veut l'entraîner (2) ? Si le général anglais refuse la bataille, le suivra-t-il au delà de Bruxelles ?

En résumé, par le seul examen de ses *Mémoires*, en admettant ses ordres, ses renseignements et ses chiffres, nous constatons que le 17, comme le 15 et le 16, il accumule et répète les mêmes fautes, fautes initiales de la plus terrible gravité.

L'ennemi est divisé : au lieu de profiter de cette division pour discerner entre l'action principale et l'action secondaire, et n'accorder à celle-ci que le strict minimum, lui-même se divise, et confie de nouveau à un lieutenant le tiers de son armée si réduite. Il dédaigne le principe de l'économie des forces.

L'ennemi se retire dans la direction qui lui plaît, sur les terrains choisis et repérés à l'avance. Il le suit, sans l'avoir fixé, et sans tenter l'ombre d'une manœuvre. Il le suit sur la grande route, en une seule et interminable colonne. Il pratique le principe rétrograde et stérile de l'économie des directions.

---

(1) *Mémoires*, t. VII; *Précis des guerres de Turenne*, p. 97.
(2) Voir 9ᵉ observation. *Mémoires*, t. IX, p. 175 à 177. Voir ma discussion sur la conduite de Wellington, p. 307, 342.

Sur les deux ennemis, l'un, Blücher, disparaît, échappe au contact (1). Il ne s'en occupe même pas.

On avouera qu'il est impossible de commettre plus de fautes, et de plus graves.

Ces erreurs sont d'une telle importance que nous devons réfléchir et approfondir la discussion avant d'affirmer que nous possédons la pensée entière de Napoléon. Certes, nous ne nous sommes pas trompés sur son illusion formidable au sujet de Blücher (2). Mais en ce qui concerne Wellington, devons-nous croire à la lettre ses calculs d'effectifs et son affirmation de triomphe assuré (3)? Le 17 juin, sa pensée concernant Wellington consiste-t-elle dans la prévision d'une bataille?

Cette « marche en deux colonnes sur Bruxelles, l'une de 69 000 hommes et l'autre de 34 000, » détermine notre conviction qu'il ne rêve qu'une marche — en deux colonnes de route — sans obstacles! Il ne songe pas à une bataille, il ne songe même pas à une manœuvre. L'idée de Bruxelles le hante, l'absorbe. Il lui sacrifie tout. En résumé, nous constatons la persistance du concept révélé par l'examen des premiers ordres du 16 (4). La bataille de Ligny n'a été qu'une surprise, et cette surprise ne l'éclaire en rien sur la volonté formelle de ses ennemis. Il les croit incapables de lui tenir tête. L'aveuglement est absolu. On voit à quelle distance prodigieuse nous nous trouvons du premier concept de 1815 (5). Depuis le 15 au soir, il considère le choc sérieux comme improbable.

(1) M. Houssaye, p. 239 à 243.
(2) Voir *Mémoires*, t. IX, p. 172 et 173. (Les Prussiens battus à Ligny — 25 à 30 000 hommes sur le champ de bataille — 20 000 d'éparpillés.)
(3) *Ibid.*, t. IX, p. 95 (la marche « en deux colonnes sur Bruxelles »).
(4) Nos 22058 et 22059, analysés p. 214 à 225.
(5) *Correspondance*, p. 280. Lettre n° 22050 au prince Joseph (prévision d'une bataille).

LA MATINÉE DU 17 PERDUE

Examinons les différents problèmes de la journée. Quels ordres Napoléon donne-t-il à Grouchy? M. Houssaye (1) nous informe qu'entre 7 et 8 heures, Grouchy vient prendre ses ordres, mais que l'Empereur ne se juge pas assez bien renseigné sur les Prussiens et les Anglais. Il lui prescrit simplement de l'attendre, pour passer la revue des troupes. M. Houssaye rapporte ensuite une fraction de la lettre de Soult dont nous avons donné la copie textuelle et intégrale (2), et ajoute (3) : « Les projets de l'Empereur se bornent donc, pour la journée du 17, à l'occupation des Quatre-Bras par Ney et au ravitaillement de l'armée. » C'est prendre l'histoire par les petits côtés.

Comme, au lieu de nous perdre dans des détails complètement inutiles et qui ne représentent qu'une narration romantique, au lieu de rechercher à quelle heure l'Empereur descendit de sa « lourde berline (4) » qui « cheminait à travers les sillons trop lentement et avec de rudes cahots », nous avons puisé à la source vive de ses *Mémoires* pour en faire jaillir la lumière, nous sommes infiniment mieux renseignés que M. Houssaye sur le concept réel de Napoléon. Nous avons hâte d'aborder le grand problème du 17, dont tout dépend : valait-il mieux suivre Blücher ou se tourner vers Wellington? Tout le reste importe peu.

D'après M. Houssaye, l'Empereur fait un discours « sur l'enfer » à un paysan belge (5), puis met pied à terre, et

---

(1) Pages **225, 226**.
(2) Voir cette étude, p. 263 à 265.
(3) M. Houssaye, p. **227**.
(4) Id., p. **228**.
(5) Id., p. **229**.

passe la revue des troupes. Il reproche au colonel du 22ᵉ de ligne d'avoir permis à ses soldats de « faire des jambons » avec les fusils prussiens (1). Il l'informe que « l'artillerie est chargée de compter aux soldats qui en font la remise trois francs pour chaque arme ». Toutefois, malgré la gravité de cette question, M. Houssaye ne nous dit pas qu'il ait menacé le colonel « de l'enfer » comme un simple paysan belge. Il y a progrès évident dans les occupations de l'Empereur. Notons que M. Houssaye admire très sérieusement. Il nous dit en effet (2) : « La conversation sur les fusils, rapportée par Fantin des Odoards, témoigne que l'Empereur n'en avait pas moins l'esprit très attentif aux affaires militaires jusque dans les plus petits détails. » Fantin des Odoards est le nom du colonel « aux jambons ».

Il eût mille fois mieux valu que Napoléon, pour sa gloire, celle de l'armée et la grandeur de la France, méprisât ces détails infimes, le problème des fusils à trois francs, qu'il ne se contentât pas d'une impulsion d'orgueil ou de mépris pour écarter les préoccupations concernant l'ennemi, et qu'il s'imposât la peine de creuser à fond le problème capital du 17 juin.

L'éducation des paysans belges, la collection des fusils et la revue pouvaient attendre. Ce qui ne souffrait pas une minute de retard, c'était l'action décisive ou contre Blücher ou contre Wellington.

La revue achevée, suit une conversation sur le corps législatif, Fouché et les Jacobins. Grouchy n'ose même pas demander des ordres. « Déjà (3), nous dit M. Houssaye, au départ de Fleurus, il lui avait demandé des ordres, et Napoléon avait répondu avec humeur : « Je vous les donnerai « quand je le jugerai convenable. »

Il ne m'est pas possible de souhaiter une confirmation plus formelle du concept de Napoléon tel que je l'ai établi.

(1) M. Houssaye, p. 230.
(2) Id., p. 230, note 2.
(3) Id., p. 230.

L'ennemi n'existe plus. Il s'est évanoui... dans sa pensée seulement, hélas !

M. Houssaye nous affirme (1) qu'il ne l'oublie pas... vers 10 ou 11 heures. Arrive une lettre de Ney, puis une dépêche de Pajol, qui est en avant de Mazy, sur la route de Namur, c'est-à-dire qui tourne le dos aux Prussiens. Pajol annonce qu'il a pris des voitures et huit pièces. Pour certifier la retraite de 90 000 hommes, c'est maigre. Exelmans est plus précis. Il marche sur Gembloux « où l'ennemi s'est massé (2) ».

C'est alors à 11 heures que Napoléon lance Lobau par Marbais pour déborder « le flanc gauche des Anglais », dit M. Houssaye (3). C'est une erreur stratégique complète. En filant par Marbais et la chaussée de Namur, Lobau aboutit aux Quatre-Bras et ne débordera rien du tout. Pour obtenir l'effet que suppose gratuitement M. Houssaye, il eût fallu manœuvrer, que Lobau suivit une direction le portant vers Genappe, de manière à couper la retraite aux Anglais des Quatre-Bras.

Drouot et toute la Garde doivent suivre Lobau. Du moment que la Garde marche, nous savons à quoi nous en tenir. Napoléon se dirige vers les Anglais.

Grouchy reçoit ordre de se mettre à la poursuite des Prussiens, avec Vandamme, Gérard, Teste, Pajol, Exelmans et Milhaud. L'ordre définitif est donné. Il est 11 heures du matin. Comme le jour commence à 4, nous constatons sept heures de perdues.

Maintenant, abordons le problème, ou mieux tous les problèmes qui se rattachent à l'action contre les Prussiens et à celle contre les Anglais.

(1) M. Houssaye, p. 231.
(2) Id., p. 232.
(3) Id.

LE 17, NAPOLÉON DEVAIT-IL POURSUIVRE BLÜCHER
OU MARCHER SUR WELLINGTON?

Jomini (1), examinant les trois partis qui s'offraient à Blücher : « se replier sur Liège, gagner Maëstricht, ou chercher enfin à se joindre à Wellington », juge que pour le dernier, il fallait renoncer à sa ligne de retraite sur le Rhin, et que, de plus, Blücher ayant pris le chemin de Wavre, « ne pouvait guère effectuer cette jonction que derrière la forêt de Soignes; car, pour marcher devant cette forêt, il fallait la longer dans toute son étendue, en prêtant le flanc aux Français. Napoléon devait croire que l'ennemi n'oserait point exécuter un mouvement aussi hasardé en présence de Grouchy qui le talonnait; il devait donc supposer que si Blücher ne cherchait pas à gagner Maëstricht ou Liège, il marcherait de Wavre sur Bruxelles, mouvement qui forcerait Wellington à se replier aussi sur cette capitale, ou à combattre seul vers Waterloo. »

Le grand danger de la stratégie, débitée en axiomes géométriques à la façon de Jomini, c'est qu'on perd de vue les vérités du bon sens et la logique des faits. Napoléon n'était pas placé le long de la Dyle, et Blücher, marchant de Wavre sur un point de la route de Bruxelles en arrière de Genappe, ne prêtait aucun flanc à son attaque. La forêt de Soignes ne consistait pas dans un mur infranchissable. Elle était coupée, sillonnée de nombreux chemins. De plus, Grouchy ne talonnait pas Blücher, puisque Napoléon ne le lance qu'à onze heures du matin (2). A cette heure, Zieten et Pirch étaient près de Wavre (3), le premier sur la rive gauche de la Dyle, le second sur la rive droite. Thielmann était à Gembloux,

(1) Chap. XXII, p. 189.
(2) M. HOUSSAYE, p. 232.
(3) ID., p. 242.

Bülow en marche vers Wavre (1). Le plus rapproché, Thielmann, était à l'abri, car en cas de poursuite rapide, rien ne l'empêchait de forcer la marche (2).

La critique de Jomini ne porte pas. Elle est vague et inexacte. Blücher était absolument libre de marcher où il voulait.

M. Houssaye (3) admire fort peu la marche de l'armée prussienne de Sombreffe sur Wavre. Avec son goût des détails, il nous représente Blücher « tout meurtri de sa chute et à demi évanoui dans une chaumière de Mellery », son état-major sans nouvelles de lui, les généraux prussiens consternés, les regards « anxieux ». Il faut croire qu'à défaut de Blücher, Gneisenau ne prit pas des heures pour se décider, car M. Houssaye nous rapporte : « à la clarté de la lune, il consultait malaisément sa carte. Après un court examen, il dit : En retraite sur Tilly et Wavre. »

Je ne sais pas si la lune inspira Gneisenau ou Blücher, — que ce soit l'un ou l'autre, peu importe, — cet insignifiant détail n'a aucune importance pour le mouvement stratégique. Mais il était impossible de prendre un meilleur parti. Ce qui inspira l'auteur de l'ordre, ce fut uniquement la logique, l'enchaînement des raisonnements et des faits. La marche sur Wavre était la conséquence naturelle des conventions du 3 mai et de l'entente entre les alliés (4).

En mentionnant une phrase admirative de Wellington et l'exaltation des historiens militaires allemands, M. Houssaye nous dit : « Il faut en rabattre (5). » Pourquoi? Ce « Il faut en rabattre » vaut le « Il n'y avait pas de quoi » appliqué à Wellington (6). Napoléon et la France ont perdu la terrible

---

(1) M. Houssaye, p. 243.
(2) Thielmann trouve, paraît-il, « ses troupes très fatiguées » (M. Houssaye, p. 242). Il avait beaucoup moins souffert de la bataille que Zieten et Pirch, surtout Zieten qui se battait depuis le 15 au matin et était rendu le 17 à 11 heures sur la rive gauche de la Dyle, à Wavre.
(3) *1815*, p. 239 et 240.
(4) M. Houssaye, p. 116 et 117; *Méthodes de guerre* du général Pierron, t. III, première partie, p. 81 à 89.
(5) Id., p. 240.
(6) Id., p. 153.

partie de Waterloo. A quoi bon puiser des consolations suspectes dans de minuscules détails, ou s'efforcer de rabaisser les pensées justes de nos ennemis? Il est à la fois plus loyal et plus adroit de les étudier à fond et de nous les approprier, pour en profiter le cas échéant, et les retourner contre eux. M. Houssaye nous assure que Gneisenau n'a pas prévu les conséquences de son acte. Quelle preuve en donne-t-il? Aucune.

Quoi qu'il en soit, le mouvement est juste et fort dangereux pour l'armée française. Jusqu'à présent nous ne voyons pas, en raison de l'heure tardive de la décision prise par l'Empereur, ce qu'il eût pu faire d'utile en se mettant à la suite de Blücher. Autant j'ai été convaincu que le feld-maréchal prussien était résolu à tenir à Sombreffe, — et j'en ai fourni toutes les preuves (1), — autant nous pouvons être assurés que si l'Empereur en personne s'était porté au galop sur Thielmann vers Gembloux, ou sur Mont-Saint-Guibert par Gentinnes, les Prussiens auraient refusé la bataille, et lui auraient fourni tout juste l'occasion d'un combat d'arrière-garde.

Fallait-il engager toute l'armée sur les routes de Tilly, Mont-Saint-Guibert, Gembloux, foncer sur Wavre, engager une masse secondaire par Moustier, sur la rive gauche, avec l'espoir de couper la retraite à Blücher? L'espoir eût été déçu et l'activité de la marche dépensée en pure perte. Blücher eût rompu le combat. A Ligny, il avait forcé Napoléon à dévoiler ses projets, affirmé sa volonté, le courage de ses troupes, tenté la fortune. Mais il avait trop de bon sens pour jouer deux fois de suite le même jeu. Puisqu'il avait partie liée avec les Anglais, il se rabattait sur son partenaire. En avant de Bruxelles ou derrière? Les circonstances devaient en décider. Mais son intention, révélée par la marche sur Wavre, est trop évidente pour qu'on puisse la nier. Blücher n'eût pas tenu. Donc, il ne servait à rien de rêver un second Ligny, plus décisif que le premier.

(1) M. Houssaye, t. I, p. 144, 145 et notes. Voir mes discussions, p. 102, 116, 125 à 132, 143 à 146, notes, 182 à 185.

Mais, dira-t-on, que se fût-il passé si Napoléon avait donné l'ordre de marche à 4 heures du matin? Dans ce cas, nous nous trouvons en présence d'une situation totalement différente, et infiniment plus avantageuse, en ce qui concerne l'action contre les Prussiens. Lobau n'avait pas donné le 16 (1). La division Durutte (2) du 1er corps était également intacte. Le reste du 1er corps était fatigué par la marche et la contremarche. Mais la bataille ne l'avait pas éprouvé. Arrivé à 9 heures du soir le 16 vers Frasnes (3), il pouvait se reposer jusqu'au 17, 4 heures du matin. Lobau et Durutte, lancés à 3 heures sur Zieten et Pirch, les eussent fixés et, suivant le terme admis, vigoureusement accrochés. Le reste du 1er corps, lancé à 4 heures, eût servi de soutien. La Garde avait peu souffert (4). Elle pouvait accrocher Thielmann. Ainsi, du côté de Gentinnes, attaque furieuse des 1er et 6e corps, vers Gembloux débouché de la Garde. Pour relier ces attaques et couper la retraite aux Prussiens, les corps de cavalerie de Pajol et Exelmans (5) étaient disponibles. Tout le reste, cavalerie héroïque, eût suivi. Seulement, il importait de ne pas perdre une minute, et surtout de ne pas se tromper de direction.

Or, j'admets, pour discuter le plan de l'Empereur, tout ce qu'il nous dit dans ses *Mémoires*. Qui prouve le plus prouve le moins. Mais il est bien certain que j'aurais encore plus beau jeu pour affirmer ses erreurs, si j'en croyais ses admirateurs les plus zélés. M. Houssaye, qui nous donne une foule de détails sur la berline, l'enfer et les fusils en jambons, s'occupe fort peu de déterminer le concept de Napoléon. Le colonel Camon nous dit, après avoir relaté les renseignements de Pajol : « Napoléon ne peut asseoir de résolution sur ces

---

(1) M. Houssaye, p. 188.
(2) Id., p. 220, 221, 222.
(3) Id., p. 220.
(4) *Mémoires de Napoléon*, t. IX, p. 86, 87.
(5) L'Empereur dit : la perte « fut considérable » aux corps d'Exelmans et Pajol (*Mémoires*, t. IX, p. 86), mais toutefois ils n'étaient pas épuisés, puisqu'on les voit lancés le 17 au matin (t. IX, p. 94).

maigres renseignements (1). » Depuis quand un généralissime ne peut-il plus résoudre un problème stratégique sans que ses lieutenants lui servent la solution toute prête? D'ailleurs, M. Camon s'inflige à lui-même un formel démenti. Il écrit dans son livre des *Batailles* (2), relatant les renseignements de Pajol qui croit l'ennemi vers Liège et Namur : « Cette direction de retraite dut sembler suspecte à Napoléon, car il donna ordre au général Monthion, chef de l'état-major général, d'envoyer des reconnaissances sur la route de Wavre par Mont-Saint-Guibert. » Si l'indication de Pajol semble suspecte à l'Empereur, c'est donc qu'il a réfléchi sur le problème et que la solution de Pajol lui semble fausse. Donc le colonel Camon des *Batailles* contredit le colonel Camon du *Précis*.

Malheureusement, Napoléon s'est trop occupé de détails, comme nous l'expose avec admiration M. Houssaye. Sa réflexion a manqué de profondeur, parce que le mépris de l'ennemi l'emporte dans ses illusions et ses rêves.

En résumé, c'était à lui seul, général en chef, de deviner, de résoudre et d'ordonner. Les faits antérieurs lui permettaient de conclure. Il sait parfaitement que Ligny ne reproduit pas Iéna. Donc, c'est à lui de décider, après les méditations de la nuit, s'il convient de réaliser Iéna par une nouvelle offensive brutale et décisive, aux premières lueurs du jour. Du moment qu'il n'a rien décidé ni ordonné avant 11 heures du matin (3), pourquoi s'en prendre aux autres?

Les remarques d'un des partisans les plus fermes de la légende appellent une discussion qui n'est nullement hors de propos à l'heure critique de 1815, le matin du 17 juin, attendu qu'elle éclairera d'une lueur éclatante le concept de Napoléon et celui de ses lieutenants.

Le colonel Camon, après avoir déploré l'absence de Davout « le Davout d'Auerstædt et de Tengen », écrit ces

(1) Colonel CAMON, *Précis*, t. II, p. 182.
(2) ID., *Batailles*, p. 476.
(3) M. HOUSSAYE, p. 232.

lignes (1) : « Tantôt on a reproché à Napoléon de ne pas avoir laissé assez d'initiative à ses subordonnés, tantôt, quand les événements ont été malheureux, on lui a reproché de ne pas leur avoir donné assez d'ordres. De la longue étude de ses campagnes et de ses batailles, j'ai acquis cette conviction qu'il s'en rapportait trop souvent à l'intelligence, à l'expérience, au bon sens de ses subordonnés et que c'est là la cause de ses malheurs. Mais vraiment, dans cette campagne, Napoléon pouvait-il soupçonner toutes les bévues, toutes les fautes, sinon toutes les désobéissances qu'allaient commettre ses généraux ? »

M. Camon ne se rend pas compte des admirables démonstrations que le général Bonnal a accumulées sur la méthode de commandement de Napoléon (2). Il n'est pas besoin d'être grand philosophe ni profond psychologue pour savoir que, lorsque l'initiative d'un homme ou de plusieurs hommes est brisée par une main de fer, c'est en pure perte que cette autorité despotique essaiera dans la suite de réveiller les énergies mortes. Les Davout qui résistent sont rares, et ceux-là, Napoléon les brise ou les écarte. Il n'en veut pas à côté de lui. C'est pourquoi Davout, dont M. Camon déplore l'absence, a été relégué dans les bureaux de la guerre. L'unique raison est que l'Empereur, proclamé infaillible par M. Camon, et se jugeant lui-même comme tel, n'endure plus à ses côtés une parole libre ni un cerveau qui raisonne. Si le motif tiré des initiatives abolies et des énergies déprimées ne paraît pas suffisant à M. Camon, alors il ne nous reste plus qu'à proclamer, comme lui, que tous les généraux français furent inintelligents, sans expérience et d'esprit faux. « C'est là, nous

(1) Colonel CAMON, *les Batailles*, p. 482.
(2) *De Rosbach à Ulm*, p. 183 à 187, 190, 193, 194 : « Nous ne saurions partager les illusions de quelques modernes qui voient dans Napoléon un modèle à copier en tout et pour tout », p. 195 à 198; *Manœuvre d'Iéna*, p. 289 : « Procédés de commandement qui tuent à la longue la réflexion et l'initiative, dépriment... », p. 325, 416; *Manœuvre de Landshut*, p. 315, 316, 321; *Manœuvre de Vilna*, p. 59 : « Plans... découpés par tranches » ; *Vie militaire du maréchal Ney*, p. 367, 370 : « Personne ne connaît sa pensée (de l'Empereur), et votre devoir est d'obéir. »

dit-il, la cause de ses malheurs (1). » M. Camon oublie de parler de la France. Ce fut certes un immense malheur que de compter dans les rangs de l'armée française d'aussi piteux chefs de corps. Voilà pourtant à quelle aberration peut conduire une idée préconçue (2).

Quant aux bévues, aux fautes et aux désobéissances, il serait fort désirable qu'au lieu de lamentations ou d'affirmations tranchantes, M. Camon nous serve des preuves. Il serait aussi fort désirable qu'il se mette d'accord avec lui-même, avant d'essayer de nous mettre d'accord avec sa thèse. Par le seul fait qu'un général en chef se trouve dans le fâcheux état de « position centrale (3) », il est forcé, paraît-il, d'attendre tous les rapports. Pourquoi, — en admettant que ce soit vrai et que Napoléon ne puisse trouver un motif de décision dans ses méditations personnelles, — pourquoi s'est-il placé dans cette fâcheuse position ? Leipzig ne l'a donc pas averti ? M. Camon s'est extasié sur le débouché de Charleroi. Ne l'admire-t-il plus ? Pour moi, je reste logique avec ma synthèse. J'ai trouvé contraire à tous les principes la fameuse entrée en campagne (4). M. Camon se contredit-il encore ? S'il persiste dans son admiration concernant le pont unique de Charleroi, est-il seulement d'accord avec lui-même au sujet des Quatre-Bras ? Nullement.

Il nous dit : « Vers 7 heures du matin, Flahaut revenait de Frasnes et faisait à l'Empereur le récit du combat des Quatre-Bras (5) », et dans la même page : « A 11 heures, apprenant que les Anglais tiennent aux Quatre-Bras, il (Napoléon) se décide alors à agir contre eux avec le gros de ses forces, tandis que Grouchy poursuivra les Prussiens. » Le récit de

---

(1) Colonel Camon, *Batailles*, p. 482.
(2) V. l'admirable réfutation de cette théorie par Thiers à propos de Leipzig, t. III, p. 574, note 1.
Le colonel Camon n'a jamais expliqué les deux dernières journées de Leipzig.
(3) Colonel Camon, *Batailles*, p. 475.
(4) Voir mes discussions appuyées sur les principes de guerre de Napoléon, p. 112 à 118.
(5) Colonel Camon, *Batailles*, p. 476.

Flahaut ne lui a donc pas suffi, d'après M. Camon, pour comprendre ce qui s'est passé aux Quatre-Bras? Lui fallait-il quatre heures de réflexion? Fallait-il que Ney lui prépare un plan de campagne (1)? M. Houssaye nous dit : « Entre 7 et 8 heures au plus tard, l'Empereur était renseigné sur les Prussiens comme sur les Anglais. ».

Alors comment les partisans de la légende expliquent-ils l'inaction de toute la matinée? C'est bien simple : ils ne l'expliquent pas. Au moins, Charras et M. Grouard ont trouvé le motif de santé. Il est inexact, mais représente une explication. La vérité, c'est que le colonel Camon et M. Houssaye sont fort embarrassés du concept de l'Empereur. Ils n'en ont pas pénétré un mot. Le premier se venge sur les lieutenants, le second se rabat sur les détails. Quant à la solution du problème, ils n'en aperçoivent pas l'ombre.

Autre question à M. Camon : Grouchy, d'après M. Houssaye, — car je ne m'aventure dans la légende qu'en fort bonne compagnie, — demande des ordres depuis le matin. L'Empereur lui en a refusé dès le départ de Fleurus (2).

Je demande à M. Camon : Grouchy a-t-il commis « une bévue, une désobéissance »? Qu'est-ce qu'il pouvait faire de plus? Mais j'oublie que M. Camon a posé de lui-même, sans texte, un principe étrange dans le système de guerre de l'Empereur. A Davout — celui dont il finit par déplorer l'absence — il reproche vivement, sur le champ de bataille de Wagram, de ne pas engager sans ordre la poursuite contre l'archiduc (3). Napoléon est présent, mais il s'est renfermé dans sa tente. Donc Davout est coupable. Par suite, nous voici fixés. Le coupable, tout le matin du 17, c'est Grouchy qui n'a pas poursuivi Blücher. Cependant, M. Hous-

---

(1) Je me place au point de vue du colonel Camon. V. p. 475. (Exploitation de la victoire « conséquence inéluctable de sa position centrale ».)

(2) M. Houssaye, p. 230.

(3) Colonel Camon, *Batailles*, p. 322, 324. M. Camon trouve très naturel que Napoléon fasse dresser sa tente à 3 heures et s'endorme (p. 321), et il reproche à Davout de s'être arrêté à 3 h. 30 (p. 324) !!! Napoléon s'est-il transformé en Xerxès?

saye m'arrête sur cette pente. L'Empereur a rembarré Grouchy « avec humeur » : « Je vous les donnerai (les ordres) quand je le jugerai convenable. » Alors, à quel principe nous vouer ?

Ne nous perdons pas dans des enfantillages. Que le lecteur veuille bien se reporter à ma démonstration (1). Napoléon considère que Blücher est hors jeu. C'est pourquoi il ne s'en occupe pas, et pourquoi les ordres sont si tardifs, donnés comme à regret, à la dernière minute. La mentalité des lieutenants de l'Empereur, éclaircie par la discussion des remarques du colonel Camon, nous permettra de solutionner le problème jusqu'au bout.

Résumons ce que nous en avons résolu jusqu'à présent. La poursuite de Blücher, commencée à 3 heures du matin sur deux routes (2), avec Lobau, Durutte, le 1er corps, la Garde, puis les 3e et 4e corps, appuyée d'abord par Pajol et Exelmans, ensuite par le reste de la cavalerie — cette poursuite débutant par une attaque violente, acharnée de Lobau et de Durutte, troupes fraîches et n'ayant pas souffert la veille, eût assuré la destruction de Zieten, de Pirch et peut-être de Thielmann. C'était le complément de Ligny, un second Iéna.

Mais le résultat, vrai à 3 heures, compromis à 8, était absolument perdu, irréalisable à 11 heures.

Ici, je me heurte à l'opinion de Clausewitz (3). Comme c'est lui qui inspira toutes les controverses à ce sujet, j'épuiserai, en le discutant, les formes diverses du problème. La conclusion s'ensuivra.

Les arguments par lesquels Clausewitz débute sont parfaits en théorie : « Bonaparte, dit-il, n'aurait-il pas mieux fait de suivre le 17 Blücher avec sa masse principale, soit pour le mettre, par le seul effet d'une poursuite très éner-

---

(1) Voir cette étude, p. 330 à 348.
(2) Voir mes discussions, p. 349 à 357.
(3) CLAUSEWITZ, traduction Niessel, p. 175 et 181.
(4) ID., chap. LI (une deuxième bataille contre Blücher), p. 175.

gique, dans une sorte de déroute et de désorganisation, et le repousser ainsi au delà de la Meuse, soit au cas où Blücher aurait voulu, le 17 ou le 18, risquer une seconde bataille, lui infliger dans celle-ci un véritable désastre?

« C'est certainement un des principes les plus importants et les plus efficaces de la stratégie que de mettre séance tenante à profit un succès, de quelque manière qu'on l'ait conquis, autant que les circonstances le permettent... »

Il ajoute : « Il est donc d'une mauvaise économie des forces de laisser perdre une situation qui nous est favorable. » Clausewitz, convaincu qu'il a saisi la vérité sur le vif, ne nous laisse pas respirer. Je tiens, pour éclairer le lecteur, à citer textuellement les passages essentiels.

« De plus (1); il existe une manière de voir capitale en stratégie. Dans le cas d'une grande décision, la grande affaire est l'anéantissement des troupes ennemies; on doit toujours d'autant plus regarder cet anéantissement comme le facteur unique, que le combat est plus décisif. Plus ce cas se présente, plus le lieu où cet anéantissement se produit devient indifférent; c'est au point où il peut être le plus grand qu'il est le plus efficace. »

C'est parfaitement vrai, mais le principe qu'il nous cite exige l'accomplissement préalable d'un autre qu'il oublie totalement. Je le ferai valoir en temps et lieu. Continuons, pour être bien certains de la pensée de Clausewitz (2).

« Nous croyons donc que, si Bonaparte était en état de se procurer par une deuxième bataille contre Blücher plus de probabilité d'une deuxième victoire, et des résultats plus considérables de celle-ci que par une bataille contre Wellington, il devait sans hésitation préférer le premier procédé, car il ne perdait pas alors, en cherchant une deuxième victoire, une partie des fruits auxquels la dernière lui donnait droit de prétendre. La poursuite et la recherche de la deuxième bataille n'étaient qu'une seule et même action. La première

(1) Clausewitz, p. 175, 176.
(2) Id., p. 176.

et la seconde victoire ne formaient qu'un seul tout, et elles auraient eu un résultat bien plus considérable que deux victoires isolées, remportées sur deux adversaires différents ; de même deux flammes qui se joignent donnent une chaleur bien plus grande. Mais était-il sûr de forcer Blücher à cette seconde bataille ? Oui, tout aussi sûr et même bien plus sûr que d'y forcer Wellington. Car une armée qui n'a pas encore perdu l'équilibre peut reculer sans désavantage et ainsi gagner du temps. Mais une armée battue ne le peut pas. »

Emporté par la vision théorique, son système favori de la bataille poursuivie à fond, Clausewitz oublie que nous sommes le 17 à 11 heures du matin, que deux corps prussiens sont déjà complètement à l'abri (1), que Thielmann n'est nullement épuisé ni désorganisé et peut forcer la marche (2), et que Bülow est très éloigné de l'armée française (3).

Les arguments que Clausewitz accumule semblent tous excellents ; mais quand on les approfondit, leur éclat s'atténue, leur puissance décroît peu à peu. C'est qu'il oublie de mettre en relief le premier de tous. Il méconnaît le principe capital de toute manœuvre. En somme, ce qu'il nous propose, c'est une manœuvre contre Blücher poursuivie jusqu'à l'anéantissement de l'armée prussienne. Mais comment manœuvrer un ennemi avant de l'avoir préalablement fixé (4) ? Toute la question est là, et Clausewitz ne s'en doute pas. Dans sa longue discussion sur cette hypothèse de la destruction des Prussiens, il ne consacre pas une ligne à la manière de fixer Zieten ou Pirch, ou Thielmann ou Bülow. Bien plus, il ne s'occupe même pas des considérations primordiales de temps et d'espace.

Sa critique concerne successivement l'offensive contre les

---

(1) M. Houssaye, p. 242 (1ᵉʳ et 2ᵉ corps).
(2) Clausewitz reconnait lui-même que le 3ᵉ corps n'a presque pas lutté ni souffert à Ligny, p. 89 à 92 ; donc il ne pouvait être fatigué.
(3) M. Houssaye, p. 243.
(4) Général Bonnal, *De Rosbach à Ulm*, p. 130, 141, 148, 153 ; *Manœuvre de Landshut*, p. 225 à 242, 348 à 351 ; *Manœuvre de Vilna*, p. 45.

Prussiens, puis les éventualités d'action de Wellington. Traitons d'abord la première partie.

Il nous dit très nettement qu'il admet que Napoléon ne livrera bataille à son adversaire que le 18 (1). Comme il ne nous a rien dit sur l'immobilisation forcée de l'armée prussienne le 17, il en résulte que Clausewitz suppose Blücher assez naïf ou imprudent ou inepte pour attendre l'assaut de l'Empereur. Ainsi le 18 au matin, voyant Napoléon avec sa masse principale concentrée et bien en main sur la rive droite de la Dyle, le feld-maréchal prussien restera paisiblement sur la rive gauche pour subir le choc !

Je suis vraiment surpris que le critique allemand, qui a rendu amplement justice (2), soit à Blücher, soit à Gneisenau, à propos de leur marche sur Wavre, si judicieuse et si féconde en résultats, abandonne brusquement la bonne opinion qu'il a conçue d'eux, et les traite comme des Mélas ou des Mack ! Il faut pourtant être logique. Puisque Clausewitz ne traite même pas la question de fixer un corps prussien ni de l'accrocher le 17, c'est que la question du temps lui est indifférente. Puisqu'il sait que Napoléon ne peut pas partir avant 11 heures, et qu'il suppose Blücher assez faible d'esprit pour l'attendre jusqu'au 18, c'est qu'il néglige, non seulement le temps, mais le terrain et la distance. Ainsi, durée, espace, fixation de l'ennemi, rien n'existe, et dans ces conditions Clausewitz veut nous faire croire que Napoléon était absolument sûr de forcer l'armée prussienne à la bataille (3). Il ne reste, pour adopter sa théorie, qu'à conclure à l'incapacité absolue de Blücher et de Gneisenau.

Clausewitz, dans cette étude du 17, s'est trompé sur tous les points. Il est induit en erreur par ses deux idées préconçues (4) : comme il ne pense qu'à la bataille, il veut établir coûte que coûte la nécessité de ce choc. D'autre part, l'esprit

---

(1) CLAUSEWITZ, p. 179, paragraphe 3.
(2) ID., p. 114.
(3) ID., p. 177.
(4) Voir mes discussions, p. 317 à 322.

de système, le penchant au professorat lui inspirent un beau raisonnement didactique. Mais quand on le pousse au pied du mur, et que derrière les mots on creuse les réalités pratiques, l'édifice brillant de sa dialectique s'écroule comme un château de cartes.

Le 17 juin 1815, à partir de 11 heures, — après sept heures de perdues, — la situation était devenue la plus tragique de la campagne. De quelque côté que Napoléon se tournât, quelque violent effort qu'il entreprît, — à moins d'une faute inouïe de ses adversaires ou d'un prodigieux hasard des batailles, — il se trouvait dans la situation la plus dangereuse et la plus fausse.

Tout ce qu'il pouvait obtenir, par une poursuite acharnée et rapide des Prussiens, c'était un misérable combat d'arrière-garde avec Thielmann. Admettons la manœuvre la plus énergique : une colonne filant par Tilly sur Moustier, une seconde par Gentinnes sur Mont-Saint-Guibert, une troisième par Gembloux sur Valhain et Nil-Saint-Vincent, à quelle heure ces colonnes fussent-elles arrivées vers Wavre?

Pouvons-nous négliger le terrible orage qui entrava toutes les marches et la poursuite dirigée par Napoléon en personne (1) sur la route de Bruxelles? M. Houssaye nous dit : « Passé Genappe, la marche se ralentit extrêmement... Sous l'action continue de cette grande pluie, le terrain devenait de plus en plus difficile. » Il nous explique, à propos d'une poursuite de cavalerie, que la pluie tombait si dru, « qu'à cinq ou six pas on ne pouvait distinguer la couleur des uniformes (2) ». Thiers, fort consciencieux dans ses renseignements, nous informe que l'orage et la pluie torrentielle commencèrent à 3 heures (3).

Comme nous ne discutons pas des marches théoriques, mais des faits de stratégie pratique, nous sommes forcés de convenir que, dans l'hypothèse la plus favorable, après la

(1) M. Houssaye, p. 270, 271.
(2) Id., p. 269.
(3) Thiers, t. IV, p. 542, col. 1.

manœuvre la plus foudroyante d'énergie et de vitesse, aucune action de guerre n'était praticable dans la soirée du 17. Alors, nous sommes forcés de la remettre au matin du 18 ! Blücher eût facilement évité l'étreinte de Napoléon. Si nous forçons la note, si nous admettons le lancement d'une masse secondaire par Moustier sur le flanc droit de Blücher, nous accumulons les motifs pour qu'il décampe au plus vite. De son côté, à partir de 11 heures du matin, la partie doit être considérée comme définitivement perdue.

Examinons la discussion de Clausewitz en ce qui concerne Wellington. Il suppose Napoléon parti à la suite de Blücher et écrit (1) : « Qu'aurait pu faire Wellington pendant ce temps? Nous croyons qu'il aurait plutôt reculé qu'avancé. Mais admettons le cas le plus avantageux, celui où il aurait infligé au maréchal Ney une défaite totale et l'aurait chassé derrière la Sambre. Nous pouvons pourtant affirmer que l'on ne peut obtenir contre 40 000 hommes les avantages que l'on obtient contre 115 000 ; chaque trophée que Wellington eût conquis, Blücher l'aurait peut-être payé triple. A vrai dire, la victoire de Wellington sur Ney ne pouvait être douteuse, et celle de Bonaparte sur Blücher l'était peut-être encore. Mais Bonaparte était dans une situation, s'il avait le choix entre une plus grande vraisemblance du succès et un succès plus décisif, à devoir toujours choisir la dernière éventualité. »

Clausewitz pousse ses illusions théoriques aux dernières limites, et envisage la situation de Wellington arrivé sur la Sambre, comme si jamais ce général eût pu songer à une pareille incartade.

« Par exemple, dit-il (2), si Wellington rejette le maréchal Ney au delà de Charleroi, il se trouve derrière Bonaparte et coupe ses lignes de communications. Cela serait efficace si Bonaparte voulait, ou devait rester dans cette situation, et si Charleroi était Paris. Mais qu'importe à un général en chef,

(1) CLAUSEWITZ, p. 177.
(2) ID., p. 178.

dans la plus riche plénitude de la victoire, qu'il ait perdu pour huit jours ses communications? Qui empêche Bonaparte de s'en établir de nouvelles pour ce moment par Huy et Dinant, pour avoir une retraite en cas de malheur? Et si Bonaparte se tourne alors soit contre Wellington, soit contre Bruxelles, ce général se rendra immanquablement en toute hâte dans cette ville. »

Il est assez curieux, au point de vue philosophique, de constater la puissance d'une idée préconçue et l'absorption d'un homme par un système. Clausewitz tombe dans une erreur analogue à celle où tombe Napoléon. Il ne fait plus aucune attention aux conditions pratiques de la guerre, à l'entente entre les alliés, ni au terrain. Subjugué par son idée dominante, il poursuit sa route sans accorder aucune attention aux données réelles et positives. Certes, un critique doit avoir son système, tout comme un général. Mais encore faut-il garder, par-dessus tout, la logique du bon sens, et ne pas abuser des abstractions systématiques.

Clausewitz semble croire que la poursuite de Blücher par Napoléon va couper court à toute communication entre les alliés. Les deux généraux alliés seront-ils tellement affolés par cette poursuite, qui peut tout au plus amener le 18 au matin l'armée française autour de Wavre, qu'ils ne songeront ni pendant cette journée du 17, ni durant la nuit du 17 au 18, ni le 18 au matin, à correspondre et à s'entendre pour une action commune?

En réalité, la discussion de Clausewitz est tellement contredite par les faits (1), qu'il n'est guère besoin d'insister pour la détruire. Dès le 17 au matin, à.7 heures et demie, Wellington savait que l'armée prussienne battait en retraite sur Wavre (2).

Les observations que Müffling lui présente de suite nous démontrent nettement que l'action concordante des deux

---

(1) Nous ne discutons plus uniquement sur une conception *a priori*, mais, les événements ayant commencé à se dérouler, nous sommes forcés d'en tenir compte.
(2) M. HOUSSAYE, p. 259.

alliés ne subira pas la plus légère atteinte. Voici les paroles de Müffling rapportées par M. Houssaye (1) : « L'armée prussienne ayant marché sur Wavre, vous pouvez facilement vous remettre en rapport d'opérations avec elle. Repliez-vous sur quelque point parallèle à Wavre ; vous aurez là des nouvelles du feld-maréchal, des renseignements sur l'état de ses troupes, et vous prendrez un parti selon les circonstances. » C'est alors que Wellington se détermine à la retraite vers Mont-Saint-Jean, position « reconnue l'année précédente », nous dit M. Houssaye (2).

Dans quels nuages d'abstraction Clausewitz a-t-il rêvé la marche sur la Sambre ? Il connaît certainement les propos de Müffling et la décision de Wellington. Pourquoi se livrer à des hypothèses qui n'ont aucun fondement et aucun sens ? A 7 heures et demie du matin, Napoléon n'a pas encore mis un corps d'armée en route. Il n'a pris qu'une résolution, celle de refuser des ordres à Grouchy (3).

Qu'est-ce que les deux alliés pouvaient craindre ? Blücher n'a pas réussi en faisant front, c'est évident. Wellington n'a pas obtenu un succès foudroyant sur Ney — c'est hors de doute. Mais, en fin de compte, Blücher est sain et sauf avec la moitié de son armée à 11 heures, avant la marche d'un seul corps français. Son grand parc, qui va lui permettre de ravitailler toutes ses troupes, arrive à 5 heures à Wavre (4). Peut-être Thielmann, avec le IIIe corps, risque-t-il une échauffourée pour couvrir le parc, en supposant la marche des corps français très rapide. Mais n'oublions pas l'orage : « à cinq ou six pas, on ne pouvait distinguer la couleur des uniformes (5) ». Les circonstances ne se prêtent pas à une action de guerre. Qu'est-ce que risque Bülow ? De se détourner quelque peu, et de faire un crochet par le nord.

L'accord avec les Anglais est complet. Après le renseigne-

(1) M. Houssaye, p. 260.
(2) Id., p. 260, note 4.
(3) Id., p. 226, 230.
(4) Id., p. 281.
(5) Id., p. 269.

ment de 7 heures et demie, déjà fort précieux, Wellington en a reçu un plus précieux encore à 9 heures (1). M. Houssaye nous informe que le lieutenant de Massow, envoyé par Gneisenau, lui demande ce qu'il compte faire. Wellington répond qu'il a l'intention de s'établir à Mont-Saint-Jean et qu'il livrera bataille à Napoléon, s'il a « l'espérance d'être soutenu même par un seul corps prussien ». Le lieutenant de Massow repart de suite pour mettre Blücher au courant des projets de son partenaire. Où Clausewitz voit-il un motif d'inquiétude, d'affolement, ou l'indice d'une promenade excentrique vers la Sambre?

Notre armée eût bénéficié d'un immense avantage si les relations avaient été aussi bien établies entre Napoléon, Ney et Grouchy, qu'elles le furent entre les alliés.

Quoi qu'il en soit, la discussion de Clausewitz ne résiste ni au jeu des principes dominants de la stratégie, — fixation de l'ennemi avant la manœuvre, — ni au simple exposé des faits.

Admettons un instant que Napoléon ait exécuté la manœuvre qu'il indique, et terminons à fond ce que nous avons seulement amorcé. Le mouvement menaçant des colonnes françaises eût certainement donné l'éveil au commandement prussien. La poursuite acharnée eût déterminé Thielmann à forcer sa marche. Si favorable que soit l'hypothèse de Clausewitz pour notre armée, nous n'avons pas le droit de supposer que les adversaires deviennent subitement pétrifiés et paralytiques. La marche de Napoléon débute à 11 heures au plus tôt. Nous ne pouvons la faire commencer avant qu'il n'ait pris sa décision (2). Le terrible orage, qui entrave toute opération de guerre, s'abat à 3 heures sur les plaines de Belgique (3). Donc, la seule conséquence qu'il soit naturelle-

(1) M. Houssaye, p. 261.
(2) Id., p. 232.
(3) Thiers, t. IV, p. 542, col. 1 : « Se fût-on mis en route trois heures plus tôt (donc à midi), un tel débordement du ciel aurait également interrompu les opérations militaires... ». Thiers parle du défilé des troupes aux Quatre-Bras. Mais ce qui est vrai du côté des Anglais l'est aussi du côté des Prussiens. Toute manœuvre de guerre était impossible l'après-midi du 17. A peine pouvait-on

ment possible d'envisager est l'arrivée des colonnes françaises dans la soirée, vers 6 ou 7 heures, autour de Wavre. Quelles réflexions avons-nous le droit de supposer à Blücher ou Gneisenau? Une seule. Ils n'ont pas deux partis à prendre, ils n'en ont qu'un : se replier sur Wellington.

Le lieutenant de Massow, qui a reçu du général anglais, le 17 à 9 heures du matin, l'assurance formelle qu'il tiendrait à Mont-Saint-Jean avec l'appui d'un seul corps prussien, est reparti de suite rendre compte à Blücher (1). Dans la nuit du 17 au 18, à 11 heures du soir (2), le feld-maréchal reçoit de Müffling une nouvelle confirmant que les Anglais prennent « éventuellement à Mont-Saint-Jean des positions de combat (3) ». Blücher et Gneisenau se mettent d'accord. M. Houssaye attache une grande importance à des détails de discussion dont la fin était facile à prévoir. Le commandant en chef de l'armée prussienne prévient immédiatement Müffling — donc Wellington — de sa marche vers Mont-Saint-Jean, à la pointe du jour. « L'épuisement des troupes dont une partie n'est pas encore arrivée, ne me permet pas de commencer mon mouvement plus tôt (4). »

Ainsi, à minuit, dans la nuit du 17 au 18, le parti de Blücher était pris — et l'accord formel avec les Anglais — sans attaque de Napoléon, et sans qu'une seule colonne française eût paru devant Wavre. En supposant attaque et apparition, quel qu'eût été l'épuisement des troupes, coûte que coûte, les décisions de Blücher et de Gneisenau ne se fussent pas fait attendre jusqu'à minuit. Les troupes les plus fatiguées étaient

---

réaliser une marche lente sur route. Mon raisonnement est par suite irréfutable. La manœuvre, juste à 4 heures du matin, possible à 8, avec moins de certitude, était irréparablement compromise à 11 heures.

(1) M. Houssaye, p. 261.
(2) Id., p. 281.
(3) Id., p. 281.
(4) Id., p. 282 et notes. (Le 1er et le 2e corps sont à Wavre depuis 11 heures du matin (p. 242). Le grand parc arrive à 5 heures du soir, le 3e corps à 8 heures (p. 281). Bülow (4e corps) est à Dion-le-Mont, à une lieue et demie de Wavre, à 10 heures du soir (p. 281). Le 1er, le 2e et le 3e corps auraient pu partir avant le petit jour.

celles de Bülow, par suite de malentendus et de retard dans l'exécution des ordres. Il n'existait aucun motif pour que Thielmann fût plus épuisé que Zieten et Pirch, installés à Wavre depuis 11 heures du matin. Bien au contraire, le III° corps avait été beaucoup moins éprouvé que le I⁰ʳ et le II° par la bataille de Ligny. Donc, en le supposant talonné par un corps français depuis Gembloux, et arrivé à 5 heures au lieu de 8 (1), il pouvait marcher à minuit. Il est des circonstances de guerre où les marches sont forcées et doivent s'exécuter coûte que coûte. Dans toutes les périodes de l'épopée, on trouverait facilement des exemples de marches bien plus considérables (2). Une opération de guerre sérieuse et suivie est rendue impraticable par un orage ou pluie torrentielle, parce qu'il faut voir clair dans les mouvements. Mais une marche sur route peut s'exécuter en aveugle. Le corps français débouchant par Moustier — j'ai admis l'hypothèse de la manœuvre la plus énergique (3) — n'aurait pu s'aventurer bien loin. Son audace était forcément maîtrisée par l'inconnu, sa position hasardée entre les masses prussienne et anglaise — Blücher pouvait masquer sa marche vers Mont-Saint-Jean avec le corps de Zieten, et diriger de suite, en pleine nuit, les II° et III° corps pour se joindre aux Anglais. Bülow eût suivi au petit jour.

Quand, en 1814, l'artillerie française se tira des terrains fangeux entre Sézanne et le Petit-Morin, grâce au dévouement des troupes et des paysans champenois (4), elle affronta des difficultés plus grandes qu'eussent pu en offrir les chemins détrempés de Belgique.

La marche était possible. Quand l'heure décisive sonne, tout ce qui est possible doit être fait.

(1) M. Houssaye, p. 281.
(2) M. Houssaye cite des exemples multiples, p. 508, note 1 (après Talavera, la division anglaise Crawford fit 100 kilomètres en vingt-six heures). Je ne cite avec intention qu'un exemple pris dans les troupes étrangères. On peut y adjoindre les Wurtembergeois de Vandamme qui en 1809, après avoir fait 8 lieues dans la journée, firent la nuit 26 kilomètres en six heures (M. Houssaye).
(3) Voir mes discussions, p. 361.
(4) Thiers, t. III, p. 686, col. 1.

Quant à envisager l'hypothèse de Blücher s'enfuyant le matin vers Bruxelles, sans faire attention à Wellington, ou le forçant à quitter Mont-Saint-Jean par le refus d'un secours, c'est tellement invraisemblable que je n'insiste pas. Comment Blücher eût-il renié son passé, aboli son énergie et sa vigueur ? Comment eût-il travaillé à détruire le moral de son armée, à exalter celui de l'armée française, et risqué dans une honteuse marche rétrograde l'accrochage violent qui eût transformé sa retraite en déroute ? A tous les points de vue, il était contraint de se replier sur Wellington. C'était le seul parti sage, raisonnable, logique et pratique.

Si Napoléon eût été massé devant Wavre le 17 au soir, on ne peut supposer Blücher attendant jusqu'au 18 au matin pour effectuer la retraite de toute son armée. C'eût été trop tard. Au petit jour, le corps débouchant de Moustier eût foncé sur son flanc droit. L'armée prussienne était fixée, immobilisée, et la balance de la bataille n'eût certes pas penché en sa faveur. Si c'est là ce que Clausewitz veut dire, il a raison. Mais, comme il n'imagine aucune manœuvre, ne prononce pas les mots de Moustier, Mont-Saint-Guibert, Nil-Saint-Vincent, ne calcule pas une seule heure, attribue au partenaire de Blücher un rôle absurde auquel il n'a jamais pensé, ne nomme même pas Gneisenau et ne scrute pas ses intentions, je conclus naturellement que Clausewitz poursuit une vague hypothèse de professeur dans une chaire d'académie. Dans tous les cas, j'estime ne pas avoir le droit de supposer Blücher inerte ou inepte. Je juge beaucoup plus utile de reconnaître loyalement à un ennemi les qualités qui lui appartiennent et d'en faire notre profit, que de présenter aux générations futures des consolations fausses, dangereuses et malsaines provenant d'hypothèses invraisemblables.

On m'objectera les dangers d'une marche de flanc le long de la forêt de Soignes. C'est encore un des axiomes de la légende que de représenter cette forêt traversée par une seule route et métamorphosée en défilé. Il suffit de jeter un coup d'œil sur les cartes pour voir que les chemins abondaient dans cette mystérieuse et non impénétrable forêt (1). Quant à la marche de flanc, il faut à la guerre choisir entre l'essentiel et le secondaire, le danger le plus affreux et le moins grave. Entre l'écrasement par Napoléon et l'ennui d'une marche de flanc, Blücher n'aurait pas longtemps suspendu son choix. Il eût marché à n'importe quelle heure et sur n'importe quelle route vers Mont-Saint-Jean.

Examinons, en suivant l'hypothèse de Clausevitz jusqu'au bout, la fâcheuse situation dans laquelle se serait trouvé Napoléon s'il se fût décidé à marcher sur Wavre, le 17, à 11 heures du matin (2). Wellington et Blücher concentrés à Waterloo le matin du 18, tous les plans de l'Empereur s'écroulaient. Après trois jours de manœuvre, une grande bataille, un combat sanglant et la perte de 20 000 hommes tombés à Ligny et aux Quatre-Bras, il aboutissait à une nouvelle bataille amorcée dans des conditions désastreuses. Cent mille hommes contre 200 000, l'ennemi prévenu et solide sur son terrain choisi depuis un an (3). Comment déboucher de Wavre et de Moustier ? Si les routes eussent été déplorables pour Blücher le soir du 17 ou pendant la nuit, que seraient-elles devenues après le passage de son artillerie ? L'Empereur eût-il été forcé de retarder le choc jusqu'au 19 ? C'était permettre à Wellington le rappel de nouveaux renforts. De plus, comment se lier à Ney, resté sur la route de Bruxelles ? Que de difficultés pour faire concorder les attaques ? Quant à marcher sur Bruxelles en négligeant une concentration de 200 000 hommes, c'eût été bien autre chose que la marche du 27 mai 1800 (4) exécutée sur Milan sans s'occuper des Autrichiens. C'eût été un pur et simple acte de folie. La partie n'était plus dangereuse comme le 15 juin, ni

---

(1) *Précis de la campagne de 1815.* Dans les Pays-Bas, p. 207. Voir cartes de Craan (M. Houssaye) de Jomini.
(2) Il est bien entendu que je fais état de la matinée perdue. Si Napoléon eût lancé ses corps d'armée sur Blücher le 17 à 4 heures du matin, il était certain de l'anéantir par un second Iéna. (Voir ma discussion, p. 352.)
(3) M. Houssaye, p. 260.
(4) Général Bonnal, *De Rosbach à Ulm*, p. 141 à 155.

compromise comme le 16 au soir. Elle devenait injouable.

En vérité, je me demande si la discussion de Clausewitz n'est pas une forme d'enseignement théorique, un trompe-l'œil auquel tout le monde s'est laissé prendre. Pour dresser ses camarades prussiens à l'offensive coûte que coûte, à la poursuite acharnée de l'ennemi, pour en faire de véritables chasseurs d'hommes, enragés de bataille, il invente, imagine, entasse hypothèses sur hypothèses. Mais, au fond, il n'est pas admissible qu'il ait douté un instant des seules solutions pratiques et énergiques que pouvaient prendre Blücher et Wellington.

En discutant la marche de Napoléon, j'ai par avance discuté celle de Grouchy, et répondu à toutes les critiques, diatribes, violences et injures prodiguées depuis cent ans à l'infortuné maréchal. Si quelqu'un a le droit de revendiquer le titre de « bouc émissaire », c'est bien Grouchy. Mais avant d'en parler, comme je soupçonne fort les critiques de s'être inspirés de Clausewitz, je cite d'abord textuellement son opinion à cet égard : « Si Blücher a réussi à rassembler ses corps le 17, et à les remettre assez fermement sur pied le 18, pour pouvoir accepter une bataille près de Wavre, la cause en est dans les erreurs, les fautes, les retards, la prudence et les forces restreintes de Grouchy qui le poursuivait ; si Bonaparte l'avait suivi avec son armée principale, il pouvait facilement offrir la bataille à son adversaire le 18 au matin près de Wavre. La question est surtout de savoir si Blücher aurait été en état de l'accepter à ce moment et sur ce terrain, mais il est encore bien plus douteux que Wellington eût pu accourir en temps opportun (1). »

Nous savons maintenant à quoi nous en tenir sur la bataille rêvée. Napoléon eût pu l'offrir. Mais Blücher eût décliné l'offre. Quant à Wellington, au lieu d'accourir, il serait resté ferme comme un roc à Mont-Saint-Jean, et aurait recueilli son partenaire.

(1) CLAUSEWITZ, *Campagne de 1815*, chap. LI, une deuxième bataille contre Blücher, p. 179.

LES ORDRES DU 17 A GROUCHY. — DISCUSSION

Discutons Grouchy.

Un courrier de Pajol rend compte à l'Empereur le 17, vers 7 heures du matin, qu'il suivait l'ennemi « en pleine retraite vers Liège et Namur (1) ». Pajol fut-il lancé par Napoléon ou par Grouchy? Peu importe. Le fait initial n'a aucune importance. Napoléon est général en chef; c'est à lui seul de juger les reconnaissances et de décider. Pajol lui rend compte. Même s'il a été envoyé par Grouchy, il appartient à l'Empereur de discerner et d'apprécier ses actes et ses renseignements.

Napoléon ne fait aucune remarque, accueille les renseignements de Pajol. S'il avait jugé la direction de la cavalerie fausse et exigeant une rectification, il avait certes non seulement le pouvoir, mais l'occasion de le dire. Grouchy vient aux ordres. Il lui en refuse (2). Grouchy insiste pour obtenir des instructions, qu'avec un bon sens évident il juge nécessaires. Napoléon lui répond : « Je vous les donnerai quand je le jugerai convenable (3). » Après une telle réponse, aucun partisan de la légende, ni le colonel Camon (4), ni personne n'est fondé à insinuer que la responsabilité des fausses directions de Pajol incombe à Grouchy.

Si j'insiste sur ce point, c'est afin que la manière dont Napoléon donne ses ordres soit établie et connue. Le colonel Camon nous affirme que tous ses malheurs viennent d'un excès de confiance dans l'intelligence, l'expérience et le bon sens de ses lieutenants (5). Comme depuis 1808 (Espagne, Russie, 1813) les malheurs ne lui ont pas manqué,

(1) M. Houssaye, p. 225.
(2) Id., p. 226.
(3) Id., p. 230.
(4) Colonel Camon, *Batailles*, p. 475.
(5) Id., *Batailles*, p. 482.

il est vraiment bizarre que Napoléon s'acharne à des excès de confiance ! Sommes-nous certains que le colonel Camon a creusé sa méthode de commandement si nettement définie par le général Bonnal (1)? L'opinion que le génie de l'Empereur nous inspire est plus respectueuse que celle de M. Camon, bien qu'il se considère comme un des plus fermes soutiens de la tradition. Si les lieutenants sont inintelligents, Napoléon a eu le temps de s'en apercevoir, depuis 1808. S'il s'en est aperçu, pourquoi persiste-t-il à se fier à leur intelligence absente, et même à abuser d'une faculté si appauvrie, en leur donnant des ordres imprécis (2), contradictoires (3), ou plus simplement à leur refuser tout éclaircissement? Car, enfin, si Pajol a été lancé par Grouchy, ce ne peut être que par autorisation de l'Empereur? Et si Pajol s'est trompé de route, pourquoi Napoléon ne le dit-il pas à Grouchy quand celui-ci lui demande des ordres?

Nous nous refusons à croire, d'abord que tous les lieutenants de l'Empereur fussent aussi dénués des plus élémentaires qualités que l'affirme M. Camon, de plus que Napoléon, grâce à son génie, ne s'en soit pas aperçu, enfin qu'il n'y ait pas remédié, soit en les destituant, soit en leur donnant des ordres plus clairs. La vérité, c'est qu'il fut, dans le cours de vingt ans, le seul confident de sa pensée réelle, qu'il ne la livra qu'à regret à ses exécutants, et qu'on ne peut l'arracher à son mystère que par l'étude approfondie de sa correspondance détaillée, de ses *Mémoires* et de ses actes (4).

Le colonel Camon (5) nous expose que la direction de Pajol dut sembler suspecte à l'Empereur, et qu'il donna ordre au général Monthion de reconnaître la route de Mont-Saint-

---

(1) Général BONNAL. Voir les citations multiples des pages 69 à 84.
(2) Ordre à Ney du 15 juin. Voir ma discussion, p. 186 à 188. Voir général BONNAL, *Manœuvre d'Iéna*, p. 416, « ordres imprécis lancés aux 3ᵉ, 1ᵉʳ et 5ᵉ corps », p. 417 : « Le maréchal Augereau se lamentait sans cesse de ne rien savoir sur ce qu'il devait faire. »
(3) Ordre n° 22058. Voir la discussion, p. 214 à 225.
(4) Général BONNAL, *Manœuvre d'Iéna*, p. 128 (l'Empereur « tout secret et mystère »).
(5) *Batailles*, p. 476.

Guibert. Quelle preuve nous donne-t-il à l'appui ? Aucune. Quel texte authentique ? Néant. Quel résultat rapporte le général Monthion ? Mystère. Personne n'a jamais vu de cavalerie sur cette route. Personne n'a jamais rapporté l'ombre d'un renseignement. Nous sommes forcés de ranger l'ordre à Monthion dans la catégorie déjà trop riche de « la note au crayon (1) », de « la traverse de Mellet (2) » et de « la conversation de Baudus (3) ». C'est le trésor de la légende.

Si la direction de Pajol lui semble suspecte, pourquoi ne s'en ouvre-t-il pas à Grouchy qui est à côté de lui et lui demande des ordres ? L'insistance de Grouchy provoque même, nous dit M. Houssaye, un mouvement « d'humeur (4) ». Il eût été préférable qu'elle provoquât un mouvement de lumière.

Entre 10 heures et 11 heures, arrivent une nouvelle dépêche de Pajol, toujours sur la route de Namur, et une d'Exelmans annonçant qu'il marche sur Gembloux où « l'ennemi s'est massé (5) ».

L'Empereur se décide (6) : « Pendant que je vais marcher aux Anglais, dit-il à Grouchy, vous allez vous mettre à la poursuite des Prussiens. Vous aurez sous vos ordres les corps de Vandamme et de Gérard, la division Teste, les corps de cavalerie de Pajol, d'Exelmans et de Milhaud. »

Aucun document. Il s'agit d'un ordre verbal. Comme personne ne peut nier que Grouchy soit parti en exécution des instructions de l'Empereur, je l'admets, dans les termes où M. Houssaye nous le donne. Mais ce que j'admets aussi, c'est l'heure. J'ai démontré que Napoléon en personne, donnant, vers ce moment, à la masse principale de son armée, les ordres de marcher sur Wavre, n'eût obtenu le 17 aucun résultat efficace. L'orage de 3 heures, tel qu'il nous est décrit

(1) Voir mes discussions, p. 256 à 288.
(2) *Ibid.*
(3) *Ibid.*
(4) M. Houssaye, p. 230.
(5) Id., p. 231, 232.
(6) Id., p. 232.

par les contemporains, rapporté par Thiers (1) et M. Houssaye (2), permettait à la rigueur une marche pénible sur route, mais eût entravé d'une manière absolue toute manœuvre de guerre. Dans ces conditions, quel résultat pouvait obtenir Grouchy, partant avec les deux corps (3ᵉ et 4ᵉ) les plus épuisés par la bataille de Ligny ?

L'ordre complet à Grouchy (3), dicté entre 11 heures et demie et 12 heures, est le suivant, dont je ne discute pas une ligne au point de vue de l'authenticité :

« Rendez-vous à Gembloux avec les corps de cavalerie des généraux Pajol et Exelmans, la cavalerie légère du 4ᵉ corps, la division Teste et les 3ᵉ et 4ᵉ corps d'infanterie. Vous vous ferez éclairer dans la direction de Namur et de Maëstricht et vous poursuivrez l'ennemi. Éclairez sa marche, et instruisez-moi de ses mouvements, de manière que je puisse pénétrer ce qu'il veut faire. Je porte mon quartier général aux Quatre-Chemins où ce matin étaient encore les Anglais. Notre communication sera donc directe par la route pavée de Namur. Si l'ennemi a évacué Namur, écrivez au général commandant la 2ᵉ division militaire à Charlemont de faire occuper cette ville par quelques bataillons de garde nationale. Il est important de pénétrer ce que veulent faire Blücher et Wellington, et s'ils se proposent de réunir leurs armées, pour couvrir Bruxelles et Liège, en tentant le sort d'une bataille. Dans tous les cas, tenez constamment vos deux corps d'infanterie réunis dans une lieue de terrain ayant plusieurs débouchés de retraite ; placez des détachements de cavalerie intermédiaires pour communiquer avec le quartier général. »

Cet ordre de Napoléon prescrit nettement à Grouchy la route de Gembloux, c'est-à-dire la plus longue et celle qui s'écartait le plus de l'action directe, de l'offensive utile contre Blücher. Le mot de Namur est répété trois fois. On voit que l'idée préconçue se maintient. L'Empereur est convaincu que

---

(1) Thiers, p. 542.
(2) M. Houssaye, p. 252, 253, 270, 271.
(3) Colonel Camon, *Batailles*, p. 477 ; M. Houssaye, p. 236, 237 et notes.

Blücher s'est retiré sur sa ligne de communications par la Meuse, et malgré les exemples de 1813, malgré les effroyables leçons de Leipzig, il le considère comme incapable de changer sa ligne de communications. M. Houssaye nous expose que « les rapports de Pajol et d'Exelmans semblaient, en effet, confirmer la présomption que, selon les principes élémentaires de la stratégie, les Prussiens se repliaient sur leur base d'opérations (1) ».

Il convient de ne pas confondre les principes élémentaires et les principes supérieurs, pas plus qu'il ne faut confondre l'alphabet et la syntaxe avec l'éloquence. Féliciter un écrivain de la taille de Chateaubriand sous le prétexte qu'il connait l'orthographe serait lui adresser un piteux compliment. Blücher savait plus que l'alphabet de la guerre. Le changement de ligne de communications fait partie des grandes opérations, et le feld-maréchal avait prouvé qu'il s'y entendait.

Napoléon l'en a cru incapable. Son mépris de l'ennemi l'a induit en erreur, et il y a formellement induit Grouchy. M. Houssaye avoue qu'il l'a très probablement orienté vers la Meuse (2). Quant à l'idée de pénétrer « ce que veulent faire Blücher et Wellington », cette phrase se rapporte à un monologue intérieur de l'Empereur. Qu'est-ce que Grouchy, marchant sur Gembloux, pouvait lui apprendre à cet égard?

Si l'idée de réunion des deux alliés avait vraiment préoccupé l'Empereur, s'il avait entrevu, le matin du 17 juin, le terrible danger qui, depuis le débouché de Charleroi (3), était suspendu sur sa tête comme une épée de Damoclès, s'il avait tenu sérieusement à se renseigner sur les projets ultérieurs de Wellington et de Blücher, il lui appartenait, à lui, général en chef, de prendre des mesures toutes différentes.

Au lieu de fourvoyer une colonne de deux corps d'armée à la file sur la route unique de Gembloux, il fallait, dès

(1) M. Houssaye, p. 235.
(2) Id., p. 235.
(3) Voir ma discussion, p. 97 à 118.

11 heures, lancer Pajol, et la division Teste comme appui, sur la direction intermédiaire entre les Quatre-Bras et Wavre, c'est-à-dire sur Tilly et Moustier. Il n'existait pas deux moyens de savoir à quoi s'en tenir sur les communications entre les masses prussienne et anglaise. Il n'en existait qu'un seul : projeter un rayon de lumière entre ces deux masses. Pajol à Moustier, dirigeant ses reconnaissances d'officiers sur la rive gauche de la Dyle, l'eût informé en quelques heures de la concentration de Wavre. Qu'importait la marche sur Gembloux, la capture de quelques chariots, voitures et canons? La poursuite littérale et terre à terre derrière l'ennemi, après sept heures perdues, ne menait à rien. Il fallait, ou manœuvrer sur ses flancs, ou jeter une reconnaissance entre les deux points inconnus, les deux nuages lourds d'orage.

Cette idée n'est que la déduction logique de la phrase de Napoléon : « Il est important de pénétrer ce que veulent faire Blücher et Wellington et s'ils se proposent de réunir leurs armées pour couvrir Bruxelles et Liège en tentant le sort d'une bataille. » En admettant que Napoléon n'ait pas songé du tout à Wavre, il est bien certain, d'après son ordre, qu'il songeait à Wellington. Pour être assuré que celui-ci ne tendait pas la main à Blücher, il importait de jeter au plus vite un réseau d'éclaireurs sur le flanc gauche de l'armée anglaise. Il ne pouvait y avoir de réunion et d'entente que par ce côté, nulle part ailleurs. Donc, qu'on raisonne pour Blücher ou pour Wellington, la direction de Gembloux ordonnée par Napoléon était inutile et fausse. Le colonel Camon nous indique une intention, une visée sur Mont-Saint-Guibert (1). Malheureusement ce ne fut qu'un rêve passager. Il n'en subsiste pas la moindre trace d'exécution.

Ce qui importe avant tout, dans une manœuvre, c'est de voir clair. Lorsque les principes et les déductions rationnelles semblent insuffisantes, il ne reste plus qu'à user de la

---

(1) Colonel CAMON, *Batailles*, p. 476.

cavalerie. Napoléon n'en manquait pas. Seulement il a jugé inutile de s'en servir.

L'ordre donné à un chef de détachement d'éclairer « sur toutes les routes » est un ordre fort commode à donner, mais inutile en raison du vague de la formule (1). C'est un ordre inexistant. Au général en chef, et à lui seul, incombe la responsabilité d'orienter la poursuite. Lui seul dispose de toutes les données du problème. Donc, il lui appartient d'en indiquer la solution.

Suivre Grouchy pas à pas constituerait une répétition fastidieuse des détails connus de tous, et qui se trouvent déjà réédités par maints historiens et critiques. Si parfaite qu'eût été l'exécution littérale des ordres de l'Empereur, le maréchal ne pouvait obtenir d'autres résultats que d'arriver le 17 au soir en vue de Wavre. Le lecteur qui a suivi ma discussion contre Clausewitz est renseigné sur la conclusion finale (2). Grouchy ne disposant que de 34 000 hommes, son immobilisation par un seul corps prussien ne fait pas l'ombre d'un doute pour toute la journée du 18.

Si paradoxale que l'affirmation semble à première vue, la lenteur de Grouchy n'est absolument pour rien dans la perte des heures si précieuses du 17. S'il avait marché à toute vitesse, il eût gaspillé son temps à contempler Wavre, au lieu de l'éparpiller sur la route. Mais comme aucune manœuvre de guerre n'était possible à partir de l'après-midi (3), vu l'orage de 3 heures dont j'ai suffisamment parlé, la perspective de Wavre n'aurait pas racheté l'erreur de sa direction sur Gembloux, erreur imputable à l'ordre formel de l'Empereur.

---

(1) Général BONNAL, Manœuvre de Landshut, p. 315, 316 : « Il ne suffit pas de prescrire à un chef de cavalerie d'éclairer toutes les routes ; il faut lui dire de quel côté doit se porter son gros. Cette indication découle du plan... qu'a dû élaborer le commandant en chef, et lui seul, non seulement est à même de donner à ce sujet un ordre ferme, mais encore, a le devoir strict de le formuler avec précision. »
(2) Voir mes discussions, p. 357 à 370.
(3) Ibid., p. 361 à 366.

Maintenant, examinons si Grouchy aurait pu rectifier ses instructions imprécises et erronées, deviner ou inventer une manœuvre quelconque. A cette question posée pour la journée du 17, il est impossible de répondre autrement que par une négation. Un général qui entend le canon doit hésiter entre un ordre littéral, une exécution passive, et l'initiative hardie et violente de la marche à l'ennemi. Mais aucun problème de ce genre ne se posa pour Grouchy le 17. Dès 6 heures du soir, nous dit M. Houssaye (1), il savait que les Prussiens « se dirigeaient sur Wavre pour rejoindre Wellington vers Bruxelles ». M. Houssaye en conclut d'abord que Grouchy eût dû se diriger sur Wavre. En effet, la nature de ses instructions le lui indiquait (2), bien que le mot de Namur fût beaucoup trop répété. Mais, ensuite, M. Houssaye indique une manœuvre du 4° corps qui n'était nullement dans le programme. Il imagine que Gérard aurait dû faire « tête de colonne à gauche pour prendre le chemin de Cortil ou celui de Gentinnes (3) », et que par suite « le 4° corps se serait trouvé tout placé pour gagner rapidement Mont-Saint-Guibert et les ponts de Mousty (4) et d'Ottignies ».

C'eût été parfait, admirable, mais M. Houssaye oublie de nous indiquer les raisons qui devaient pousser Grouchy à cette manœuvre. Pourquoi aurait-il songé à Mousty (Mousty ou Moustier, suivant la carte de Jomini), puisque Napoléon lui-même n'y songe pas (5). L'Empereur, général en chef, ayant à s'occuper des Anglais autant que des Prussiens, aurait dû penser à Moustier, s'il n'eût été induit en erreur par l'idée préconçue que nous avons définie (6). Mais Grouchy n'avait rien à démêler avec les Anglais. Ses ordres lui pres-

---

(1) M. Houssaye, p. 253, 254.
(2) Id., p. 236, 237. Voir mes discussions, p. 371 à 375.
(3) Id., p. 255.
(4) Mousty ou Moustier, suivant la carte de Jomini, pl. XXVII et XXVIII.
(5) Non seulement Napoléon n'y songe pas, mais il blâme cette direction et insiste sur Wavre. (V. *Mémoires*, t. VIII, p. 200.) Voir cette étude, p. 385 à 387 (citation de Napoléon).
(6) Voir mes discussions, p. 339 à 345.

crivaient de poursuivre les Prussiens et lui parlaient de Gembloux, Namur et Maestricht. Qu'est-ce qu'il aurait été faire du côté de Gentinnes et de Moustier?

M. Houssaye tombe dans la même erreur que le colonel Camon. Comme il connait le résultat, il s'appuie sur les conséquences du fait au lieu d'analyser les origines, et veut que les lieutenants se substituent au général en chef et rectifient ses oublis, qu'ils établissent un plan d'ensemble, une manœuvre totale d'armée, alors que tous les renseignements leur manquent, et que, de plus, une telle imagination est absolument contraire à leur rôle.

Un seul homme, dans toute l'armée de 1815, avait le droit et le devoir de songer à Gentinnes, Mont-Saint-Guibert et Moustier : c'était Napoléon. Aussi le colonel Camon, qui discerne le point faible, essaye-t-il de nous exposer un plan de reconnaissance de Mont-Saint-Guibert (1). Nous avons fait justice de cette invention qui ne repose sur aucun texte, aucun document. Le général Monthion n'a jamais été envoyé à Mont-Saint-Guibert, et n'a pas fourni l'ombre d'un renseignement.

Donc, Grouchy ne pouvait guère obtenir plus de résultats qu'il n'en a obtenu. J'admets qu'il ait été fort lent, mais j'ai démontré que la vitesse ne lui eût servi de rien (2). J'admets qu'il n'ait fait preuve d'aucune initiative. Mais depuis vingt ans que Napoléon le connaissait, il devait savoir à quoi s'en tenir sur son compte. Pas un officier, pas un soldat de l'armée ne s'y fût trompé. Pourquoi l'a-t-il choisi? La légende nous affirme à tout propos que Napoléon s'y connaissait admirablement en hommes. Elle oublie, comme je l'ai indiqué (3), qu'il n'admettait plus aucune observation, pas même un avis, et qu'il ne supportait comme lieutenants que ceux qui obéissaient à la lettre, strictement à la lettre (4). S'il a écarté

(1) *Batailles*, p. 476.
(2) Voir mes discussions, p. 357 à 370.
(3) *Ibid.*, p. 21 à 23, 35, 69 à 85, 87 à 89.
(4) « Personne ne connait sa pensée. » (Général Bonnal, *Vie militaire du maréchal Ney*, p. 370.) Voir mon étude, p. 69 à 85, 87 à 89, 421 à 423.

Davout, Suchet, Clauzel, Lecourbe, et s'il ne lui restait que Grouchy, à qui la faute?

Je suis contraint d'exprimer la même opinion sur le détachement de Grouchy que sur celui de Ney, de raisonner pour Gembloux comme pour les Quatre-Bras (1). Il est fort malheureux que Grouchy ait marché, et qu'il ait fait un seul pas dans la direction de Wavre. Je ne discute pas l'hypothèse de la présence de Davout déjà souvent mentionnée (2). Mais si Napoléon avait eu affaire à un subordonné dans le genre de Gouvion-Saint-Cyr, fort peu endurant, mais d'une intelligence hors ligne, il eût été merveilleusement utile pour l'Empereur que le lieutenant lancé à 11 heures du matin le 17 à la poursuite des Prussiens, n'en ait pas poursuivi un seul, et qu'il se fût rabattu sur le gros de l'armée. Seulement, pour exécuter des coups semblables, il faut des hommes de premier ordre, et Grouchy n'en était pas.

M. Houssaye (3) rapporte des paroles prononcées par Soult, vers 11 heures et demie, paroles fort intéressantes, si elles sont authentiques. Je les cite non comme témoignage, mais comme indice d'opinion. Soult aurait dit : « C'est une faute de distraire une force aussi considérable de l'armée qui va marcher contre les Anglais. Dans l'état où leur défaite a mis les Prussiens, un faible corps d'infanterie, avec la cavalerie d'Exelmans et de Pajol, suffirait pour les suivre et les observer. » M. Houssaye remarque que Soult blâme la force du détachement, mais non la direction. M. Houssaye a raison. Soult se trompe pour la direction. Il se trompe aussi sur l'état de l'armée prussienne.

Mais l'indice d'opinion qui nous frappe, qui nous paraît du

(1) Voir mon étude, p. 182 à 186, 196 à 198.
(2) Colonel CAMON, *Batailles*, p. 482. Fait bizarre et curieux, M. Camon déplore l'absence de Davout, « le Davout d'Auerstædt et de Tengen » (*Batailles*, p. 482). Or, pour Auerstædt, il reporte le principe de la victoire à Napoléon (*Précis*, t. I, p. 183), il n'admire que l' « exactitude » de Davout. Pour Tengen, il trouve que les rapports de Davout « exagèrent un peu » et il le blâme très vivement pour Ratisbonne (*Précis*, t. I, p. 248 et 253). Comparer avec le général BONNAL, *Manœuvre de Landshut*, p. 238 à 242, 259, 260, 332.
(3) M. HOUSSAYE, p. 247, 248.

plus haut intérêt, c'est le blâme adressé aux gros détachements qui entrent d'une façon constante, depuis 1813 surtout, dans la méthode de l'Empereur. On les a déjà vus en 1800. L'idée inouïe (1) du détachement de Desaix en est une preuve des plus écrasantes. La veille d'une bataille, quand l'ennemi n'est fixé nulle part, le fait de distraire une portion importante de ses forces constitue une des erreurs les plus fantastiques qu'un général en chef puisse commettre. Wellington avait refoulé Ney, donc il était parfaitement libre de tous ses mouvements, et Napoléon le savait. En conséquence, comment peut-il, après avoir adressé de si justes observations au prince de la Moskowa sur la réunion d'une armée (2), contrevenir lui-même à ses principes et écarter Grouchy? L'erreur est énorme. Pour la comprendre, nous sommes forcés de revenir à l'erreur psychologique : l'idée préconçue, la confiance exagérée en soi-même, et surtout le mépris encore plus exagéré de l'ennemi.

Clausewitz (3), dans son chapitre que j'ai analysé et contredit, à la fin d'un raisonnement inexact dont j'ai expliqué l'origine, aboutit à une conclusion qui, dans l'ensemble, est juste. Il expose que Napoléon « laissa trop tôt Blücher tranquille, par mépris et par présomption, ce qui lui est souvent arrivé ; il était aussi trop attiré par l'idée d'occuper rapidement Bruxelles ». En ce qui concerne la « tranquillité » de Blücher, j'ai démontré que la poursuite, juste et décisive à 4 heures du matin, au plus tard à 7, était complètement impossible à 11, et je n'y reviendrai pas (4).

Clausewitz (5) cite la faute analogue après Dresde en 1813. Il a raison, et son exemple porte. Mais il rappelle 1814 et les combats sur la Marne. L'analogie est fausse (6),

---

(1) Général BONNAL, *De Rosbach à Ulm*, p. 153.
(2) (Lettre du 17 au matin), voir p. 263 à 265.
(3) CLAUSEWITZ, p. 180.
(4) Voir mon étude, p. 357 à 370.
(5) CLAUSEWITZ, p. 180.
(6) Elle n'est pas fausse en principe, mais uniquement au point de vue pratique : en raison de la matinée du 17 juin perdue. A Dresde, comme après

attendu qu'en 1814 l'armée de Blücher, après Champaubert, Montmirail, Vauchamps et Etoges, était coupée en tronçons et réduite à l'état de loque. La poursuite de cette troupe informe s'imposait à n'importe quelle heure, quelle que fût la position de Schwarzenberg. Mais en 1815, la situation est tout autre. Les corps prussiens ne sont ni séparés ni broyés. Le rapprochement ne porte pas. Là, Clausewitz se trompe, toujours pour le même motif (1). Mais il se retrouve et frappe juste en mentionnant que Napoléon, « qui était habitué à voir fuir longtemps le vaincu devant lui ou hésiter, sans décision, comme Beaulieu après la bataille de Montenotte, n'a pas cru à un arrêt et à un demi-tour si prompt du vaincu. La cause en est donc à son mépris de son adversaire. Cela est plutôt une erreur qu'une faute ». Le mot est précis, juste, profond : erreur plutôt que faute.

LES ÉVÉNEMENTS DU 17 AUX QUATRE-BRAS

Reproduire les événements du côté des Quatre-Bras et de Genappe dans la journée du 17 constituerait un hors-d'œuvre aussi fastidieux et inutile que le détail des opérations de Grouchy. Il n'est pas un manuel d'histoire qui ne satisfasse le lecteur sur ce point. Mes discussions précédentes (2) le renseignent à fond sur le problème essentiel : la conduite de Wellington.

Le maréchal Ney reste immobile toute la matinée. Les épithètes de « négligent », « inactif » et « apathique » lui sont prodiguées par M. Houssaye. Le maréchal aurait-il pu, par une action vigoureuse, dès le matin, fixer Wellington? Les renseignements que nous fournit M. Houssaye lui-même sur

---

Ligny, il fallait que la poursuite fût immédiate. En 1814, Napoléon n'en était pas à quelques heures près, après Vauchamps et Etoges.
(1) Il ne voit que la bataille. Voir p. 363 à 370.
(2) Voir cette étude, p. 307 à 314.

les communications entre Anglais et Prussiens infligent le plus formel démenti à ses épithètes (1) et contredisent la justesse des reproches de Napoléon (2). Dès 7 heures et demie, le parti de Wellington est pris (3). La retraite décidée pour 10 heures (4). Vers 9 heures, Wellington se confirme dans son opinion (5). A 10 heures la retraite commence.

Or, M. Houssaye nous apprend que l'ordre de marche de Ney fut envoyé par Soult vers 8 heures (6). Admettons que le maréchal l'ait reçu à 9, qu'il prenne au galop ses dispositions et se précipite sur l'ennemi. Plus il attaquera avec fureur, plus Wellington concevra de justes motifs pour rompre le commencement de combat et filer sur Bruxelles. Ce n'est pas au moment où il vient de faire prévenir Blücher de son intention de retraite vers Mont-Saint-Jean (7) qu'il se laissera attarder et entraver aux Quatre-Bras.

L'immense erreur de la légende, c'est de ne tenir aucun compte de l'ennemi. Les adeptes de la tradition raisonnent avec Ney comme si Wellington eût été un enfant, ou un Mack à demi paralytique. Le 17 au matin, Wellington voulait battre en retraite. Le prince de la Moskowa ne disposait pas de forces suffisantes pour maîtriser sa volonté et l'en empêcher. Tout ce qu'il pouvait exécuter, c'était une attaque directe. Wellington eût masqué sa retraite avec Perponcher ou une division quelconque et la cavalerie de lord Uxbridge.

Encore une fois — et j'y reviens, parce que le nœud du problème est là — il appartenait au général en chef de prendre un parti très net dans la nuit, ou dès 4 heures du matin, et de se décider à cette heure matinale, soit pour une deuxième bataille contre Blücher, soit pour l'écrasement des

(1) M. Houssaye, p. 267.
(2) Id., p. 267.
(3) Id., p. 259 et 260.
(4) Id., p 261.
(5) Id., p. 261.
(6) Id., p. 226 et 227.
(7) Id., p. 261.

Anglais. Il eût mieux valu à 4 heures foncer sur Blücher. Mais, à défaut de lui, il fallait saisir les Anglais, et non pas seulement en courant à eux par la grande route, face à face, sur la simple et visible chaussée de Namur, mais en les gagnant de vitesse par une attaque de flanc, c'est-à-dire en leur coupant la route de Bruxelles. Évidemment, il n'y avait pas lieu de négliger la route pavée de Sombreffe aux Quatre-Bras. La Garde et les masses d'artillerie pouvaient y être dirigées. Mais ce qui importait, c'était de barrer la route de Bruxelles vers Genappe. Napoléon savait parfaitement que Wellington se retirerait sur Bruxelles (1). Il n'y avait donc pas le plus léger doute à concevoir sur le parti à prendre, si l'Empereur n'avait pas cru l'ennemi inerte et inepte! La carte de Jomini (2) indique une foule de chemins à droite de la route pavée, et la Thy ou début de la Dyle ne constitue pas un obstacle infranchissable. Toute la cavalerie disponible pouvait être lancée entre Genappe et Bousseval pour se rabattre vers Genappe. Comme appui, Napoléon disposait du 6ᵉ corps intact et non fatigué. De plus, ce n'était pas à 8 heures qu'il fallait lancer l'ordre à Ney, mais à 4 heures — ordre d'attaque net et absolu.

Ney fonçant à 4 heures avec Reille et d'Erlon, soutenu à 7 heures par la Garde, il résultait de cette double et formidable attaque dès le matin, que Wellington était fixé. Une fois l'ennemi fixé, Pajol, Exelmans, Milhaud et Lobau le manœuvraient derrière la Dyle en se dirigeant vers Genappe. L'aléa des batailles ne nous permet pas de poursuivre plus loin l'hypothèse, mais il est évident que cette attaque au petit jour était la seule qui pût aboutir.

En raison des retards inouïs, ordre à Ney lancé vers huit heures et départ de l'Empereur à midi, tout était perdu d'avance (3).

---

(1) Il considère qu'il n'avait pas d'autre parti à prendre. (*Mémoires*, t. IX, p. 175.)

(2) Jomini, t. XXII, planches XXVII et XXVIII.

(3) M. Houssaye, p. 226 (ordre à Ney pour prendre position aux Quatre-Bras), p. 239 (heure à laquelle l'Empereur remonte à cheval).

Le récit du combat de Genappe, par M. Houssaye (1), est fort imagé. D'après un auteur anglais, il lui donne « l'allure d'une chasse au renard ». Napoléon avait autre chose à faire que de s'amuser à « chasser au renard ». Comme résultat pratique, nous constatons 238 Anglais tués, blessés ou prisonniers (2). Voilà l'unique et piteux trophée de la journée du 17 juin, gâchée comme à plaisir par l'Empereur.

M. Houssaye constate les effets de la tempête qu'il place entre 2 et 3 heures (3). « Passé Genappe, dit-il, la marche se ralentit extrêmement (4)... Sur la route... l'eau roulait comme un torrent; dans les terres, les chevaux enfonçaient jusqu'au jarret. »

On voit, comme je l'ai exposé pour Grouchy, que toute manœuvre de guerre eût été impossible dans l'après-midi, à partir de 3 heures. On ne pouvait obtenir qu'une pénible marche sur route. Donc il fallait que l'Empereur donne ses ordres à 4 heures du matin, et non pas à 11. Lui seul disposait des données essentielles du problème, et était à même de prendre, au petit jour, un parti énergique.

OPINION DE NAPOLÉON

Dans une page de ses *Mémoires* (5), l'Empereur émet l'opinion suivante, qui mérite, comme toutes ses pensées, un examen sérieux :

« Le détachement des 35 000 hommes du maréchal Grouchy sur Wavre était conforme aux vrais principes de la guerre ;

(1) M. Houssaye, p. 269, 272.
(2) Id., p. 270, note 1.
(3) Id., p. 265.
(4) Id., p. 271.
(5) T. VIII, p. 200. Voir la discussion complète, p. 531 à 544. Je mentionne cette opinion de Napoléon pour rectifier de suite par les *Mémoires* de l'Empereur les projets stratégiques de M. Houssaye (p. 254 et 255). Mais la controverse entière sur Grouchy appartient à la journée du 18, Waterloo.

car s'il se fût rapproché à une lieue de l'armée en passant la Dyle, il n'eût pas marché à la suite de l'armée prussienne qui venait d'être jointe depuis sa défaite de Ligny par les 30 000 hommes du général Bülow, et qui, si elle n'eût pas été suivie, pouvait, après cette jonction, se reporter de Gembloux aux Quatre-Bras, sur les derrières de l'armée française. Ce n'était pas trop que de destiner 35 000 hommes à poursuivre et empêcher de se rallier une armée qui, la veille, avait été de 120 000 hommes et qui était encore de 70 000, dont 30 000 de troupes fraîches. »

On voit que Napoléon n'était pas partisan de la marche sur Moustier. Les critiques qui reprochent à Grouchy de n'avoir pas adopté cette direction, en prétendant qu'il n'a pas compris les intentions de l'Empereur, sont dans l'erreur la plus complète. Après avoir commenté l'ordre de marche sur Gembloux, qui est fort net, nous concevons la pensée de Napoléon. Il ne peut se mettre en contradiction aussi formelle avec lui-même. Il ne peut, d'une part, ordonner à Grouchy de suivre les talons de Blücher en passant par Gembloux, et de l'autre admettre une direction divergente, beaucoup plus utile et profitable, mais contraire à ses instructions.

Quant à l'hypothèse que, Grouchy se rapprochant de l'armée, Blücher en eût profité pour retourner sur Gembloux et les Quatre-Bras, c'est vraiment affirmer un mépris exagéré de l'ennemi et supposer au feld-maréchal prussien une mentalité enfantine. Le conçoit-on, après avoir rallié à grand'peine ses quatre corps le 17 au soir, capable d'abandonner la partie liée avec Wellington, et de reprendre la route de Gembloux pour regagner ensuite la chaussée de Namur ? Il y eût perdu au moins la journée du 18. Cette promenade intempestive eût largement permis à Napoléon de prendre toutes ses aises pour écraser les Anglais (1).

Mais Napoléon ne veut pas avouer qu'il a méconnu le plan

---

(1) Je discuterai à fond cette hypothèse en mentionnant la réponse de Napoléon à Rogniat. (Voir mon étude, p. 540 à 544.) Le problème complet appartient à la journée du 18, Waterloo.

naturel, fait de bon sens et de logique, des deux généraux alliés, le plan d'union et d'appui mutuel. Comme il ne l'a pas admis en 1815, nous sommes certains qu'il ne l'admettra jamais dans aucun passage de ses *Mémoires*.

Continuons l'analyse de ses pensées diverses jusque dans notre conclusion sur la journée du 17.

CONCLUSION SUR LA JOURNÉE DU 17

Ma conclusion sera déduite, comme mes commentaires, de l'exposé textuel des pensées de Napoléon. C'est à cette source vive que je veux remonter en toute circonstance. Nous devons demander à celui qui fut le maître de l'heure son opinion personnelle et authentique, ses aperçus sur la situation, son jugement sur les faits. Ensuite nous aurons le droit de discuter. L'Empereur nous dit (1) :

« Cinquième observation. — Dans la journée du 17, l'armée française se trouva partagée en trois parties : 69 000 hommes, sous les ordres de l'Empereur marchèrent sur Bruxelles, par la chaussée de Charleroi ; 34 000, sous les ordres du maréchal Grouchy se dirigèrent sur cette capitale par la chaussée de Wavres à la suite des Prussiens ; 7 à 8 000 hommes restèrent sur le champ de bataille de Ligny, savoir : 3 000 de la division Girard, pour porter secours aux blessés et former dans tous les cas imprévus une réserve aux Quatre-Bras ; 4 ou 5 000 hommes formant les parcs de réserve, restèrent à Fleurus et Charleroi. Les 34 000 hommes du maréchal Grouchy, ayant 108 pièces de canon, étaient suffisants pour culbuter l'arrière-garde prussienne, dans toutes les positions qu'elle prendrait, presser la retraite de l'armée vaincue et la contenir. C'était un beau résultat de la victoire de Ligny, de pouvoir ainsi opposer 34 000 hom-

---

(1) *Mémoires*, t. IX, p. 163.

mes à une armée qui avait été de 120 000 hommes. Les 69 000 hommes sous les ordres de l'Empereur étaient suffisants pour battre l'armée anglo-hollandaise de 90 000 hommes. »

L'impression de contentement est visible. Napoléon se déclare aussi satisfait du 17 juin que du 15 et du 16. Ce serait le cas de placer le mot de M. Houssaye à propos de Wellington : « Il n'y avait pas de quoi (1). » Quant aux résultats obtenus, on peut juger par sa dictée de Sainte-Hélène à quelle limite extrême se trouvait porté son invraisemblable optimisme. Il reconnaît que son armée, si peu nombreuse, est coupée en trois tronçons : 69 000, 34 000 et 8 000. Pourquoi ces 8 000 hommes à Ligny et Charleroi? Un bataillon ne suffisait-il pas sur un point et sur l'autre? Encore 8 000 hommes distraits de la masse active. L'ennemi est divisé. L'Empereur avoue qu'il l'est tout autant, ce qui est une faute de principe.

Laissons de côté toute ma discussion antérieure sur Grouchy (2) et ne nous attachons qu'à la pensée de l'Empereur. Grouchy est certes suffisant pour attaquer l'arrière-garde prussienne. Mais entre attaquer et culbuter, il existe une certaine marge. Si 30 000 hommes sous Thielmann ou Bülow lui barrent la route, de quel droit Napoléon décide-t-il *a priori* que Grouchy les culbutera? En tout cas, cette attaque ou culbute demandera un certain temps. Douze heures, vingt-quatre, qui peut en répondre? Alors, pourquoi proclamer que la retraite de Blücher sera compromise, et que son armée sera immobilisée par un simple combat d'arrière-garde? Le mépris de l'ennemi dépasse toute mesure.

Mêmes illusions par rapport aux Anglais. Wellington dispose de 95 000 hommes. Pourquoi Napoléon affirme-t-il *a priori* qu'avec 69 000 il est certain de les battre? Il fut autrement modeste dans son admirable manœuvre d'Iéna (3). Et

(1) M. Houssaye, p. 153.
(2) Voir cette étude, p. 371 à 382.
(3) Général Bonnal, *Manœuvre d'Iéna*. Voir la prévoyance de l'Empereur,

pourtant en 1806, il disposait, sinon d'une supériorité considérable, tout au moins d'un effectif largement égal à toutes les forces prussiennes (1). De plus, en 1806, il se donne la peine de réfléchir et d'exécuter les manœuvres les plus parfaites que la stratégie puisse citer dans le cours des siècles. En 1815, au contraire, il dédaigne la manœuvre.

De même que le 15 juin il accumule la masse principale de ses forces sur le défilé de Charleroi (2), de même le 17 il suit l'ennemi sur ses talons, et forme avec 69 000 hommes une interminable colonne le long d'une route unique (3). Il n'est pas une heure de la journée où il songe à lui barrer la retraite par une attaque de flanc (4), ni le matin où il ne se décide pas, ni vers 11 heures, quand il a enfin pris son parti.

En 1806, il coupe aux Prussiens toutes les directions de retraite que le terrain et les circonstances lui permettent d'atteindre, et leur impose la bataille sur un terrain où ils ne l'attendent pas. En 1815, il se laisse guider par Wellington et conduire sur un champ de bataille que celui-ci étudie depuis un an (5). En 1806, sa volonté surpasse et affole celle de l'ennemi. Avant le choc décisif, il est le maître, le dominateur. En 1815, il subordonne sa pensée et ses directions à celles de l'adversaire! Et nous sommes au 17 juin!

p. 328, 329. Sa prudence (p. 351) « il ne veut rien hasarder — et entend ne combattre l'ennemi qu'avec des forces doubles ».
(1) Colonel CAMON, *Précis*, t. Iᵉʳ, p. 163, 164.
(2) M. HOUSSAYE, p. 119, 124, 125. Voir mon étude, p. 139 à 157.
(3) Colonel CAMON, *Batailles*, p. 486.
(4) Voir ma discussion, p. 348, 361, 382 à 385.
(5) M. HOUSSAYE, p. 260. A méditer la grande maxime de guerre. *Mémoires*, t. VII, p. 97 : « Évitez le champ de bataille que l'ennemi a reconnu, étudié... »

LIVRE III

WATERLOO. — ORDRES A GROUCHY ET A NEY
CONCLUSION GÉNÉRALE. — LE MOT DE L'ÉNIGME DE 1815
LA LEÇON DU PASSÉ

CHAPITRE VIII

WATERLOO

MÉTHODE CONCERNANT CE CHAPITRE

Soit pour Ligny, soit pour les Quatre-Bras, j'ai épargné au lecteur des répétitions de détail fastidieuses. Les récits de ces deux batailles ne nous auraient rien appris de neuf. L'essentiel, aux dates des 15, 16 et 17 juin, consistait dans la détermination de la véritable pensée de l'Empereur, et la discussion des principes de manœuvres stratégiques. C'est précisément ce que j'ai élucidé à fond. Pour Waterloo, j'emploierai une méthode différente, attendu que toutes les questions de stratégie ont été approfondies, et que l'œuvre tactique capitale de la campagne commence au seuil du plateau de Mont-Saint-Jean. Je pratiquerai donc l'analyse, la dissection du choc décisif. Toutefois, que le lecteur ne s'attende pas à une narration romantique. Elle a été trop de fois exposée et ressassée. Ce qu'il faut, dans un choc comme dans une manœuvre, c'est voir clair. La bataille de Waterloo ne ressemble à aucune des luttes normales et classiques livrées par l'Empereur ou même par d'autres généraux dans les temps modernes. La conduite du dernier acte de l'épopée fut la plus étrange et la plus anormale qu'on puisse voir.

Comme nous l'indique Napoléon lui-même (1), les trois armes — infanterie, cavalerie et artillerie — ne peuvent se passer l'une de l'autre. Un choc bien conduit consiste dans l'appui mutuel que se prêtent les trois armes, dans le jeu alternatif ou successif ou — suivant les circonstances — simultané des trois armes. A Friedland, par exemple, si nous nous reportons au récit du colonel Camon (2), lorsque le 6ᵉ corps (Ney) plie un moment sous l'attaque furieuse de la Garde russe, l'infanterie de Dupont et de Barrois se porte à son secours, une fraction d'artillerie l'accompagne et tire à mitraille, et la cavalerie de Latour-Maubourg charge sur la gauche. Ensuite, les masses d'artillerie de Sénarmont préparent, permettent, rendent possible l'assaut décisif de Ney (3).

Telle est, autant qu'on peut la résumer en quelques lignes, la vision d'une bataille classique. Nous verrons si Waterloo en rappelle l'image. Il est bien entendu que, décidés à opérer la dissection de la bataille, nous ne nous appesantirons pas sur ce que Napoléon a rêvé, d'après le colonel Camon (4). L'admiration de Jomini lui-même ne peut forcer un critique de bon sens, qui examine et juge un fait, à agir pour ce fait réel et indiscutable comme pour un plan théorique de manœuvre. Il ne s'agit plus de l'intention, mais de l'acte.

CARACTÉRISTIQUES DU CHAMP DE BATAILLE

Comme à Ligny, et suivant ce que nous avons exposé dans une rapide étude des plaines de Belgique (5), la position du défenseur est plus avantageuse que celle de l'assaillant (6).

---

(1) *Notes et mélanges*, t. VIII, p. 198 à 208.
(2) Colonel CAMON, *Batailles*, p. 256.
(3) *Ibid.*, p. 257, 258.
(4) *Ibid.*, p. 492, 493, 494.
(5) Voir mes discussions, p. 97 à 99.
(6) Voir description de la position. THIERS, p. 549; M. HOUSSAYE, p. 306 à 310.

Napoléon reproche à Wellington d'avoir mal choisi son terrain : « S'il était vrai (1), dit-il, que le général anglais eût étudié son champ de bataille de Mont-Saint-Jean, il n'aurait pas donné preuve de talent dans cette occasion. Ce champ de bataille était mauvais, son armée était perdue sans l'arrivée des 60 000 hommes de Blücher. » Nous discuterons plus tard la question de savoir si l'armée anglaise eût été anéantie sans Blücher. Mais ce n'est certes pas au feld-maréchal prussien qu'on peut attribuer la création et le choix des glacis et vallons qui protégeaient les abords du plateau occupé par l'armée anglaise. Or ces pentes ou glacis forçaient un assaut d'infanterie à rester exposé aux feux plongeants du défenseur, dans le cas d'une attaque de face ou attaque du centre, et ne permettaient pas à une fraction quelconque de la cavalerie chargeant dans les mêmes conditions, de front et en face, d'agir par surprise, ni même de se porter par un galop soutenu et prolongé sur les positions anglaises. M. Houssaye nous affirme qu'un cavalier peut monter au galop la grande route de Bruxelles. Un ou quelques cavaliers, soit. Mais une masse de cavalerie ne charge pas en colonne par quatre sur une route. Or, M. Houssaye avoue qu'à droite et à gauche de la route le sol est « très inégal », qu'il « s'escarpe en maint endroit ». C'est, nous dit-il, « une succession infinie de mamelons et de creux, de plis et de rideaux, de sillons et de renflements (2) ». On voit ce que pouvait donner une charge sur ce terrain. L'élan était rompu d'avance.

Le premier effet qu'on attend généralement de la cavalerie est un effet de surprise. Il ne fallait pas y compter à Waterloo. Étant donnés le terrain et la position des Anglais, l'ennemi voyait venir nos cavaliers comme à une revue de parade. Le second effet, la vraie puissance d'une action de troupes à cheval, consiste dans la multiplication de la masse par la vitesse. La masse existait, car notre cavalerie était fort nombreuse et superbe d'allure, d'entrain et d'énergie. Mais en ce

(1) *Mémoires, notes et mélanges*, t. VIII, p. 197.
(2) M. Houssaye, p. 307.

qui concerne la vitesse, il est certain, avant que nous ayons étudié le moindre texte (1), que ces côtes inégales et bossuées ne permettaient que la montée au trot. Impossible de prendre le galop de charge avant d'avoir atteint la crête du plateau. Reste à savoir si la distance entre la crête et l'ennemi permettra à la charge de produire son rendement utile.

Toutes ces questions doivent être étudiées par un général en chef à titre de considérations tactiques de premier ordre. Elles font partie de l'étude du terrain, qui constitue un des éléments essentiels du problème. Si, au mépris de l'ennemi, s'ajoute le dédain absolu pour toutes les données tactiques, l'action se présente *a priori* dans les plus fâcheuses conditions. Il est évident, avant même de savoir comment Wellington placera ses troupes, que nous devons envisager l'attaque de front comme déplorable, à moins d'y consacrer des masses d'hommes et de mépriser le principe d'économie des forces, autant que le terrain et l'ennemi.

La première conclusion, si l'on se place au point de vue de la résistance aux assauts lancés de face, est que Wellington choisit admirablement son terrain. Tout ce qui était désavantage pour les Français se transformait en avantage marqué pour lui. Les ondulations du sol lui permettaient de dissimuler et d'abriter ses réserves. Ainsi le terrain lui offrait une protection réelle pour ses troupes. Il en résulte que, s'il savait appliquer à propos le principe, aussi vrai en tactique qu'en stratégie, de l'économie des forces, il devait en retirer les plus sérieux profits dans la conduite de la bataille.

J'oublie un axiome de la légende, « le goulot de la forêt de Soignes (2) ». C'est l'expression textuelle du colonel Camon, qui écrit, dans la préparation de la bataille : « Une fois ce goulot bouché, il ne restera plus qu'à écraser les Anglais sous la mitraille de notre artillerie et à les détruire par les charges de notre cavalerie. »

(1) Tous les textes me donnent d'ailleurs raison. V. THIERS, p. 559; M. HOUSSAYE, p. 371.
(2) Colonel CAMON, *Batailles*, p. 493.

L'analyse nous démontrera si l'opération était aussi simple et comment elle fut exécutée. Nous en sommes au terrain. Wellington était-il, oui ou non, acculé à un défilé ?

Napoléon écrit (1) : « Le général ennemi ne pouvait rien faire de plus contraire aux intérêts de son parti et de sa nation, à l'esprit général de cette campagne, et même aux règles les plus simples de la guerre, que de rester dans la position qu'il occupait ; il avait derrière lui les défilés de la forêt de Soignes ; s'il était battu, toute retraite lui était impossible. » Notons d'abord que l'Empereur parle « des défilés » et non d'un défilé. Donc, M. Camon devait parler des goulots et non « du goulot ». Avec plusieurs défilés, Wellington avait de la ressource. Nous devons même constater que, par le seul aveu qu'il y en a plusieurs, on détruit l'importance du mot « défilé ». En réalité, la forêt de Soignes offrait plusieurs chemins. Les cartes l'indiquent (2). Elle était praticable aux trois armes, dans presque toutes les directions (3). Donc Wellington n'était pas embarrassé pour battre en retraite, s'il y était contraint. La grande route de Bruxelles lui offrait un débouché facile pour l'artillerie et les charrois ; il en existait deux autres aussi belles, celles d'Alsemberg et de la Hulpe. De plus, la forêt de Soignes ne peut être considérée comme un obstacle, attendu qu'elle consistait en hautes futaies (4). Jamais des troupes d'infanterie n'ont été gênées pour circuler sous une futaie. La cavalerie eût utilisé les chemins moins bons que la route de Bruxelles. Que devient l'histoire du défilé, et « le goulot » du colonel Camon ?

Autre motif pour ne pas attacher la moindre importance à ce soi-disant défilé. Napoléon n'a jamais voulu comprendre la résistance de Wellington. Il nous dit nettement qu'en

---

(1) *Mémoires*, t. IX, p. 107.
(2) Voir notamment les cartes de Jomini, pl. XXVII, XXVIII, XXIX et XXX. La carte de M. Houssaye lui-même indique deux grandes routes (carte générale).
(3) M. Ch. Malo, *Précis de la campagne de 1815*, p. 206, 207, note 1.
(4) *Ibid.*, p. 206, 207 et note 1 : « Parfaite viabilité de la forêt de Soignes. »

livrant la bataille de Waterloo, le général anglais « violait toutes les règles de la guerre (1) ». Pour lui, Wellington n'avait qu'un parti à prendre : disparaître, s'évanouir dans l'espace jusqu'à ce que les autres masses alliées eussent franchi le Rhin (2). J'ai discuté cette mentalité étrange (3). Mais puisque Wellington se décide, à tort ou à bon droit, à livrer la bataille, pour quelle nouvelle raison inouïe, émanée de sa seule imagination, Napoléon lui impose-t-il comme unique ligne de retraite la forêt de Soignes et la route de Bruxelles? Wellington est-il attaché à cette capitale par une chaîne de fer? Quel est donc le principe stratégique qui l'empêche de se replier par Braine-l'Alleud sur Hal?

Avant d'abandonner la question de la forêt de Soignes, il convient de dire quelques mots sur l'opinion de Jomini (4). Ce critique est d'avis contraire à Napoléon. Il estime que la forêt de Soignes, à laquelle était adossée l'armée anglaise, représentait pour cette armée un avantage, et nullement un danger. Qui a raison? Napoléon, ou Jomini? Un des côtés curieux et fort intéressants du génie de l'Empereur est que, même lorsqu'il se trompe, il effleure, par l'étendue et la puissance de son imagination, les questions les plus complexes. Il retourne un problème de telle sorte qu'il trouve toujours quelque endroit par lequel il s'affirme et s'impose. En fait, sur le cas précis de Waterloo, il a tort. Wellington dispose de plusieurs chemins — (Jomini dit : une chaussée étroite et deux traverses) (5) — et de plus est parfaitement maître de se retirer sur Hal, pour occuper une position de flanc. Mais, en thèse générale, Napoléon a raison contre Jomini. Il est évident qu'un général en chef qui aurait le choix, qui ne serait pas contraint de résister, coûte que coûte, à la volonté de l'adversaire, préférerait de multiples

(1) *Mémoires*, t. IX, p. 171.
(2) *Ibid.*, t. IX, p. 171.
(3) Voir mes discussions, p. 333 à 345.
(4) T. XXII, p. 195, 196.
(5) T. XXII, p. 195.

routes, l'aisance des coudes et l'espace libre aux mystères et aux surprises d'une forêt.

Poursuivons l'étude du terrain (1). Wellington avait installé sa position comme une place forte. Entre la route de Nivelle et celle de Bruxelles, Hougoumont, — sur la route même, la ferme de la Haye-Sainte, — de l'autre côté, vers le ruisseau d'Ohain, Papelotte, la Haye, Smohain. Cinq obstacles protégeaient les abords. Les deux premiers, Hougoumont surtout, étaient admirablement fortifiés.

Ce n'est pas tout. Entre le plateau — ou mieux les plateaux occupés par l'armée française — et Mont-Saint-Jean, existaient deux fortes dépressions : le vallon de Smohain et celui de Braine-l'Alleud. Pour marcher des positions françaises sur les Anglais, il fallait donc descendre dans des creux, puis remonter des pentes.

Ce n'est pas tout encore. Une fois la crête atteinte, au moment d'aborder le chemin d'Ohain à Braine-l'Alleud, l'assaillant rencontrait des obstacles naturels qui n'étaient pas à dédaigner.

« A l'est de la grande route, nous dit M. Houssaye (2), le chemin (d'Ohain) est au ras du sol ; mais une double bordure de haies vives, hautes et drues, le rend infranchissable à la cavalerie. » Du côté de l'ouest, il est question de talus de 2 à 3 mètres (5 à 7 pieds) de « tranchée-abri » et de « haies éparses ». M. Houssaye avoue que « cette disposition » est très favorable « à la défense ».

Soutiendra-t-on que Wellington avait mal choisi son terrain ?

Soutiendra-t-on qu'une charge de cavalerie pouvait arriver au galop sur le plateau de Mont-Saint-Jean ?

La position occupée par l'armée française est beaucoup moins intéressante, puisqu'elle ne représente qu'un emplacement d'attente, occupé simplement pendant la préparation de l'attaque. Toutefois elle offre les mêmes carac-

(1) Thiers, t. IV, p. 549 ; M. Houssaye, p. 306, 310.
(2) M. Houssaye, p. 308.

tères généraux. Les réserves pouvaient être abritées et dissimulées à l'ennemi. Napoléon était maitre, s'il le jugeait à propos, d'appliquer le principe de l'économie des forces.

Il n'apparait pas, dans aucun texte ni par aucune réflexion des *Mémoires*, que Napoléon se soit rendu compte des difficultés de l'assaut. Pourtant c'est bien à lui que ce soin incombait. Comme il ne donne ses ordres d'attaque qu'à 11 heures (1), et qu'une fois l'ordre impérial lancé, il eût été absurde de présenter la moindre observation, les commandants de corps d'armée ne pouvaient être tenus de reconnaître le terrain. Ney, Reille, d'Erlon, Lobau ne connaissaient pas le premier mot du plan de l'Empereur. Attaquerait-il la droite, ou le centre, ou la gauche? Ils l'ignoraient. Un seul homme par conséquent était à même de s'occuper du terrain : l'Empereur. Il lui appartenait de prescrire les reconnaissances d'officiers ou d'éclaireurs indispensables, vers la droite et la gauche, à moins qu'il ne voulût pas manœuvrer et qu'il ne fût résolu dès le début à employer le coup de force le plus simpliste et le plus dur : front contre front. Nous en savons assez long sur le terrain pour apprécier ce genre d'attaque. Quant à se renseigner sur les obstacles du front, une longue-vue suffisait amplement, ou l'action, si habituelle autrefois, quand l'Empereur daignait encore manœuvrer, d'une ligne de tirailleurs. Rien, absolument rien, ne fut essayé. La reconnaissance faite par Napoléon pendant la nuit du 17 au 18, vers une heure (2), avait pour principal but de le fixer sur les projets définitifs de Wellington, sa résistance ou sa retraite. Dans la soirée du 17, il supposait — d'après son idée préconçue — que le général anglais ne tiendrait

---

(1) M. Houssaye parle d'ordres lancés le 17 à 10 heures du soir, mais aucun texte n'en subsiste. Il cite un ordre de Soult du 18 au matin, sans heure, prescrivant des positions de bataille, avec emplacement d'artilleries et d'ambulances. S'agit-il de bataille ou de revue? L'ordre d'attaque authentique est du 18, 11 heures. (*Correspondance de Napoléon*, n° 22060, p. 292.) V. la citation complète, p. 418 à 419, et les discussions, p. 419 à 424.

(2) M. Houssaye, p. 283, 284.

pas (1). Pendant la nuit, peut-être changea-t-il d'avis, — je dis peut-être, — car sa revue du matin, que j'analyserai, provoque des réflexions en sens inverse.

Quoi qu'il en soit, il ne s'occupa nullement des obstacles que pouvait rencontrer une masse d'infanterie ou une charge. Généraux et soldats ennemis, durée, espace, renseignements, opinion de ses lieutenants, terrain, — et même le bien-être le plus élémentaire de ses troupes — il enveloppe tout dans un universel mépris. Il ne tient plus compte que de sa pensée personnelle. C'est l'aveuglement le plus absolu, l'aveuglement irréparable.

ÉTAT MORAL ET PHYSIQUE DES DEUX ARMÉES
ARMÉE FRANÇAISE

J'ai promis au lecteur de le renseigner sur la façon dont l'armée fut reposée, soignée et nourrie (2), et jusqu'à présent je n'en ai pas dit un mot. C'est que sur ce point, comme sur tous les autres, je ne veux me servir que des renseignements fournis par les partisans de la légende, dont les principaux sont Thiers, MM. Camon et Houssaye. Comme la méditation des principes et l'examen scrupuleux des faits m'ont conduit à des conclusions absolument contraires aux leurs, je persiste à me servir uniquement des armes qu'ils me livrent, afin de les mettre dans l'impossibilité d'une riposte.

J'étudierai à fond dans les conclusions la question d'entretien et de soins que nécessite la machine humaine. Ici, je ne traite que le cas particulier de 1815.

Après la description de la revue, que nous traiterons plus tard, et la constatation de l'enthousiasme d'une armée « ivre

---

(1) M. Houssaye, p. 279. Napoléon ne croyait ni à la résistance des Anglais, ni à la possibilité de l'arrivée des Prussiens.
(2) Voir cette étude, p. 94.

de joie et d'espérance », Thiers nous renseigne sur son état physique par les expressions suivantes : « affreuse nuit passée dans la boue, sans feu, presque sans vivres, tandis que l'armée anglaise, arrivée à ses bivouacs plusieurs heures avant nous, et y ayant trouvé des aliments abondants, avait très peu souffert (1) ».

M. Camon s'occupe fort peu de la manière dont l'armée se ravitaille, en n'importe quelle circonstance, et pour n'importe quelle campagne. Il est probablement, en fait de légende, imbu de l'aphorisme de Napoléon (2) : « La misère est l'école du bon soldat. » De plus, quand une question embarrassante se présente, il s'est décidé une fois pour toutes à l'adoption d'un parti bien simple : il n'en ouvre pas la bouche (3).

M. Houssaye (4) nous renseigne. D'abord, l'arrivée sur le plateau de la Belle-Alliance s'effectue dans des conditions déplorables. En ce qui concerne l'Empereur, « lui-même, nous dit-il, indiqua aux troupes les emplacements pour les bivouacs ». Comme c'était lui qui avait réglé l'ordre de marche, toute une armée s'encombrant sur une seule route (5), il est impossible d'adresser le moindre reproche à Soult. Impossible également, pour un général en chef, de se tromper d'une façon plus complète. On croirait à une promenade fort mal combinée, mais non à une veille de bataille. D'Erlon n'est rejoint par Durutte que le 18 au matin (6). Toutefois, trois divisions du 1er corps, sa division de cavalerie (Jacquinot), le 4e corps de cavalerie (Milhaud), la division de cavalerie du 3e corps (Domon), la 5e division appartenant au 1er corps de cavalerie (Subervie) et la cavalerie de la Garde

---

(1) Thiers, t. IV, p. 550, col. 2.
(2) Général Bonnal, *De Rosbach à Ulm*, p. 205.
(3) Voir *1813, bataille de Leipzig*. Colonel Camon, *Batailles*, p. 60 à 103. Dans le *Précis*, t. II, les journées des 17 et 18 sont résumées en une courte page (100). M. Camon s'en prend aux Saxons et à un malentendu entre l'état-major et le génie !
(4) P. 273, 276.
(5) Colonel Camon, *Batailles*, p. 486 (deuxième paragraphe).
(6) M. Houssaye, p. 273.

parviennent le 17 au soir sur les positions vers Plancenoit et Rossomme.

Le 2ᵉ corps (Reille), le 6ᵉ (Lobau) et le 3ᵉ corps de cavalerie (Kellermann) restent en arrière vers Genappe.

La grande route étant encombrée par l'artillerie et le train (1), tels sont les précieux avantages de l'économie des directions à laquelle Napoléon s'est rallié en 1815, la Garde à pied « quitta la grande route... et chercha à gagner par des traverses le quartier impérial ». Deux ou trois régiments arrivent. Les autres s'égarent, les hommes se débandent. « Ils ne rejoignirent leurs drapeaux que le lendemain matin, nous dit M. Houssaye. » Quelle discipline! L'Empereur lui-même a réglé la marche, l'emplacement des bivouacs, et il s'agit de la Garde impériale !

M. Houssaye se contente d'appliquer à cette nuit l'épithète de « vilaine ». Il nous dit « vilaine nuit de bivouac » ! Les troupes errent dans la nuit, épuisées, « ruisselantes d'eau ». Pour les vivres, néant. Il ne reste plus de pain (2). Pas l'ombre d'une distribution à l'arrivée. Quant au sommeil, M. Houssaye s'efforce de nous expliquer des façons de dormir telles que, si je ne citais textuellement, on ne me croirait pas : « Des soldats se pelotonnaient dix ou douze et sommeillaient debout, étroitement serrés les uns contre les autres... Il y a des heures à la guerre où l'on dormirait sur des baïonnettes. »

Il arrive qu'on dorme en marchant, bercé par le mouvement de la route, mais, arrêtés dans la boue et sous la pluie, dormir accotés les uns contre les autres !

En tout cas, admettons qu'une effroyable misère ait pu provoquer un tel phénomène. Que pense M. Houssaye du général en chef qui impose inutilement de telles souffrances à ceux dont il attend la victoire? Il n'est pas question de sensiblerie humanitaire. Tant que des peuples divers de races et d'intérêts cohabiteront sur terre, il y aura guerre et bataille.

---

(1) M. Houssaye, p. 273.
(2) Id., p. 274 à 275 : « On souffrait de la faim », dit M. Houssaye.

Tant pis pour qui n'est pas le plus adroit et le plus fort. Mais je ne parle ici que de l'intérêt du chef, qui, pour un général soucieux de triompher, se confond avec l'intérêt de ses troupes. Napoléon ne pouvait-il se donner en 1815 la peine qu'il se donnait en 1806 (1), quand il mesurait si exactement les étapes et les distances? Son projet sur Bruxelles était conçu depuis le 17 au matin. Ne voit-on pas l'énorme faute qu'il a commise en s'occupant de détails infimes, la revue, les fusils « en jambons » et les discussions politiques sur le corps législatif, les jacobins et l'opinion de Paris (2)? Comment a-t-il pu retarder la marche de ses troupes? Comment a-t-il admis de les diriger sur une route unique?

Il n'est pas question d'une seule distribution régulière depuis le 15 juin. Les chariots de vivres et de bagages étaient restés depuis cette date à Charleroi, « encombrant les places et les avenues », dit M. Houssaye (3). Les soldats avaient été chargés de quatre jours de pain. Mais pense-t-on qu'en des journées de marche et de bataille un homme mesure et économise sa ration? Alors de quoi ont vécu nos soldats pendant ces quatre jours? De « maraude effrénée (4) », c'est-à-dire de pillage et de vol.

Wellington s'intéresse fort à ce que son armée mange (5). Blücher s'en occupe activement, même le 17, après la défaite de Ligny (6). Napoléon n'y attache aucune importance, ni aucun soin. « La misère est l'école du bon soldat (7). »

Cet aphorisme est-il seulement vrai au point de vue brutal de la lutte? Il n'en existe pas de plus faux, de plus contraire au bon sens et à la vérité de l'histoire. Thiers nous parle d'une armée « ivre de joie et d'espérance ». De colère, oui,

---

(1) Général BONNAL, *Manœuvre d'Iéna*. V. notamment, p. 316 à 318, 321 à 324, 328, 329, 346, 351, 352. (Prévoyance et prudence.)
(2) M. HOUSSAYE, p. 226 à 230. V. cette étude, p. 346 à 348.
(3) ID., p. 442.
(4) ID., p. 274, 275 : « Maraude effrénée dont furent victimes les paysans belges. »
(5) ID., p. 276.
(6) ID., p. 281.
(7) ID.; général BONNAL, *De Rosbach à Ulm*, p. 205.

de haine contre l'ennemi, oui, d'espérance dans la victoire, oui encore. Mais de joie!... M. Houssaye nous dit que « dans la Garde, comme dans la ligne, il n'y avait ni démoralisation, ni même découragement ». Certes, ce fut l'honneur de cette armée héroïque que d'avoir, jusqu'à son dernier souffle, gardé la furie des batailles et la haine de l'ennemi. Mais croit-on qu'elle n'aurait pas trouvé des forces plus actives et plus inépuisables pour la lutte à outrance, si au matin du 18 juin, à l'aurore d'une des plus rudes batailles de tous les siècles, elle n'avait pas souffert de la faim? Après une nuit sans sommeil et sans repos, la hideuse souffrance de la faim, qui, en dépit du plus splendide héroïsme, use les ressorts de la résistance et prépare, en guise de retraite, la déroute!

Plusieurs historiens s'étonnent de l'inertie, de l'apathie étrange du 2ᵉ corps (Reille) et même du 1ᵉʳ (d'Erlon) après les sanglants échecs du début de la bataille. Le colonel Camon parle « d'aberration inexplicable (1) ». L'épuisement de la faim n'explique-t-il pas cette soi-disant « aberration »?

Napoléon n'a jamais compris la dissolution de son armée (2). Il l'attribua à une panique. Comment ne s'est-il pas rendu compte qu'un être humain ne peut être impunément transformé en une machine d'acier articulée, qui n'a besoin ni de manger, ni de dormir?

Malgré que M. Houssaye écarte les spectres de « démoralisation et de découragement », il est contraint par la vérité de reconnaître le « mécontentement des soldats (3) ». La Garde, dit-il, « était comme furieuse ». Il avoue nettement « murmures, jurons... imprécations contre les généraux ». Les soldats accusent leurs chefs de les avoir « entraînés, égarés volontairement dans ces chemins inconnus ». Les vieux soldats disent « ça sent la trahison ». M. Houssaye considère-t-il ces propos violents comme des indices d'un

(1) Colonel CAMON, *Batailles*, p. 510, 518.
(2) *Mémoires*, t. IX, p. 142. V. p. 140 à 146. Napoléon représente Waterloo comme une victoire jusqu'à la dernière minute, jusqu'au « sauve qui peut » de la division Durutte.
(3) M. HOUSSAYE, p. 275.

état moral solide et comme un élément de courage et de force ?

La misère inutile et poussée au paroxysme ne risque-t-elle pas de déchaîner la bête humaine ? Et dans une bataille, n'est-il pas besoin surtout, pour résister au choc de l'ennemi, à tous les aléas, aux surprises, de soldats en pleine possession de leur sang-froid et d'une discipline imperturbable ? Les légions d'Iéna et d'Auerstædt, les 26 000 hommes des trois divisions immortelles, Morand, Friant, Gudin, qui, sous Davout, broyèrent la moitié des armées prussiennes, étaient-elles composées de braves impassibles ou de hordes enragées ?

Il n'est pas question de refuser, en des circonstances capitales, l'effort suprême de l'âme et du corps. Ainsi les discussions précédentes nous ont amené à prévoir, pour l'armée prussienne, une éventualité très grave comme fatigue et comme marche (1). Pour citer un exemple, qui fait partie des problèmes de 1815, si Napoléon eût poursuivi Blücher le 17 à partir de 11 heures, et qu'il fût arrivé le soir avec la masse de ses forces devant la position de Wavre, Blücher était contraint, coûte que coûte, de marcher, de suite ou la nuit, ou tout au moins avant le grand jour, pour se replier sur Wellington. Son armée aurait donc livré la bataille du 16, exécuté la route du 17, marché la nuit du 17 au 18, et finalement aurait dû se battre le 18, si toutefois l'armée française eût été en mesure de franchir la Dyle et de déboucher ce jour-là devant Mont-Saint-Jean. Il est telles circonstances où, sans « dormir sur des baïonnettes », suivant l'expression de M. Houssaye, il est nécessaire de demander aux hommes l'effort poussé jusqu'aux dernières limites.

La marche de la division Friant (corps de Davout) accourant à la bataille d'Austerlitz (2) en constitue le modèle idéal : 36 lieues en deux jours, et le troisième, bataille toute la journée.

Mais, encore une fois, ces efforts représentent des cas de

---

(1) Voir cette étude, p. 359 à 370.
(2) Thiers, t. 1ᵉʳ, p. 214, col. 1 et 2.

force majeure. Aucun autre parti ne pouvait être pris en 1805. La justesse de l'effort, expliquée ou comprise d'instinct, stimule et inspire une résistance inouïe. Il n'en est plus de même quand la logique est faussée. De plus, dans l'exemple que j'ai cité pour Friant, les hommes ne mouraient pas de faim.

Ce qui semble avoir le plus exaspéré les soldats la veille de Waterloo, c'est l'inconnu. Puisque Napoléon donna lui-même les ordres de marche et de bivouacs, puisqu'il assuma la responsabilité de chef d'état-major et de directeur d'étapes (1), pourquoi ne prescrit-il pas à ses officiers d'état-major et aides de camp — qui ne manquaient certes pas « dans le groupe doré (2) » — de se placer à tel ou tel point, sur la grande route, au débouché des traverses, pour servir de guides aux différents groupes, divisions, brigades et régiments. On n'aurait pas vu de régiments « égarés (3) », d'hommes débandés et errant dans la nuit.

M. Houssaye nous parle de distributions (4) qui « ne furent faites qu'au milieu de la nuit et même dans la matinée ». Avec quoi? Les parcs étaient restés à Charleroi. Probablement un morceau de pain et un verre d'eau-de-vie, la ration ordinaire de 1813 dans la terrible campagne d'automne, où les conscrits épuisés fondaient comme neige au soleil (5).

« Les Anglais, dit M. Houssaye (6), n'étaient pas beaucoup mieux sur le plateau de Mont-Saint-Jean. » Après cette phrase qui nous console, il nous expose que l'infanterie anglaise « avait atteint de jour ses positions », que « les divisions de tête étaient même arrivées avant l'orage », que « les soldats

---

(1) M. Houssaye, p. 273 : « Lui-même indiqua aux troupes les emplacements pour les bivouacs. »
(2) Expression de M. Houssaye, p. 230.
(3) M. Houssaye, p. 274.
(4) Id., p. 275.
(5) V. Thiers, les Comparaisons d'effectifs, t. III, liv. XXIX, XXX, XXXI, XXXII. Voir les résultats à la fin de la campagne, p. 589 à 592, 595 à 596, 602.
(6) M. Houssaye, p. 275, 276.

trouvèrent un terrain encore sec », qu'ils « se firent de confortables lits de paille », qu'ils « allumèrent des feux », que « le service des vivres étant bien assuré, ils purent tranquillement préparer leurs repas ».

Ainsi, sauf que les Anglais furent au sec et mangèrent bien, leur situation fut la même que celle de notre armée. De qui M. Houssaye se moque-t-il?

Seule la cavalerie de lord Uxbridge souffrit de la pluie, mais non de la faim.

POSITION DE L'ARMÉE ANGLAISE

Avant d'exposer les détails de Waterloo, jetons un coup d'œil d'ensemble sur l'armée anglaise. Wellington dispose de 85 000 hommes et n'en concentre que 68 000 (1).

Thiers (2), qui inaugure les récits de la légende, nous dit : « Wellington avait envoyé à Hal un gros détachement qui n'était pas moins de 15 000 hommes, dans la crainte d'être tourné par sa droite, c'est-à-dire vers la mer, crainte qui n'avait pas cessé de préoccuper son esprit, et qui, dans le moment, n'était pas digne de son discernement militaire. »

Nous sommes évidemment réduits aux hypothèses, puisque Wellington ne s'est pas expliqué nettement. Rendons-nous compte de sa conception depuis le 15. Nous y avons déjà fait quelques allusions (3). Pour l'élucider, nous disposons d'une base précise : le général anglais n'a pas cru que l'attaque par Charleroi représentât l'unique action offensive de Napoléon. « Il croyait plutôt, écrit Clausewitz (4), à la marche en avant de Bonaparte sur la route de Mons, et regardait le combat de Charleroi comme une fausse attaque ; il se contenta donc de

---

(1) M. Houssaye, p. 314, 315.
(2) Thiers, t. IV, p. 549.
(3) Voir cette étude, p. 101 à 102, 172 à 174, 307 à 314.
(4) Clausewitz, p. 30, 31, 51.

commander aux troupes de se tenir prêtes. » Voilà l'explication partielle de toute la conduite de Wellington dès le 15, conduite qui fut si mal comprise. Les blâmes qu'on lui adresse n'ont aucun fondement (1).

J'estime que Clausewitz n'est pas entièrement dans le vrai. Il en approche, mais son explication n'est pas parfaite. Si Wellington eût considéré d'une manière définitive la véritable attaque, celle qui devait être conduite par Napoléon en personne, comme devant venir par Mons, il n'eût pas choisi comme terrains de concentration, et de bataille probable, les Quatre-Bras et Waterloo. Comme je l'ai indiqué dans la discussion générale sur le débouché par Charleroi, le choix de Sombreffe par Blücher et des Quatre-Bras par Wellington, à 12 kilomètres de distance, indiquait une prévision très judicieuse du plan de l'Empereur. Seulement le général anglais n'a pas cru que cette attaque par Charleroi fût unique. Il a conjecturé l'envoi d'une masse secondaire par Maubeuge et Mons. L'exemple d'Iéna l'a fait songer à Auerstædt.

Pour quel motif exige-t-on que Wellington se soit transformé le 17 au soir ou le matin du 18? Clausewitz, qui pourtant a vu clair en partie, nous affirme que Wellington, n'ayant encore jamais lutté contre Napoléon, ne s'est pas rendu compte de son concept stratégique : offensive sur un point unique (2). Faut-il en revenir à la manœuvre par une seule route et sur un seul point? Cette opération rétrécie représente-t-elle le concept de 1806? Quelle est donc la distance de Mont-Saint-Jean à Hal? A peu près celle de Wavre à Mont-Saint-Jean. A croire Thiers (3) et M. Houssaye (4), on prendrait Hal pour Ostende. Si Napoléon n'avait pas tellement dédaigné ses adversaires, qu'il ait cru inutile d'emmener 50 000 hommes de plus (5), cette distance de 4 lieues était-elle donc démesurée pour l'action d'une masse secondaire

(1) Voir les discussions, p. 101 à 102, 172 à 174, 307 à 314.
(2) CLAUSEWITZ, p. 32, 33.
(3) THIERS, t. IV, p. 549.
(4) M. HOUSSAYE, p. 315.
(5) Voir mon étude, p. 36 à 52, 53 à 64.

destinée à se rabattre derrière les Anglais? Comment! les adeptes de la tradition admirent le plan des Quatre-Bras, qui consistait à lancer Ney à 3 lieues de Sombreffe pour qu'il se rejette derrière la droite prussienne, et, pour 4 kilomètres de plus, ils n'admettent pas la manœuvre d'une masse marchant par Braine-le-Comte vers Hal. De Hal, cette colonne eût pris comme direction Waterloo. De ce côté, la forêt de Soignes n'offrait qu'un obstacle de 500 mètres de futaie.

Quand Napoléon marche sur Iéna, ne lance-t-il pas des masses secondaires : Bernadotte sur Dornburg, et Davout sur Kösen, à 28 kilomètres d'Iéna (1).

Hal n'est qu'à 16 kilomètres de Waterloo. Pour quel motif Napoléon n'eût-il pas — si ses forces le lui avaient permis — agi sur les flancs de l'armée anglaise : Grouchy par Moustier, et de l'autre côté 50 000 hommes — qui lui manquaient par sa seule faute — vers Hal?

Clausewitz, qui nous parle toujours de l'offensive sur un point unique, n'a-t-il pas étudié 1806? Thiers et M. Houssaye l'ont-ils oublié? Il est étrange que sur la foi de Jomini, cet étrange « prophète » qui n'a jamais compris un mot de la psychologie de Napoléon (2), tous les historiens se soient emportés contre Wellington sans se donner la peine de réfléchir et de creuser le problème! La démonstration que j'ai faite au sujet de l'attaque sur Lens, Soignies, Braine-le-Comte répond à toutes les critiques (3).

On m'objectera que Napoléon n'effectua aucune manœuvre dans la direction de Hal, et que par suite la résolution de Wellington ne fut pas motivée. Je n'ai jamais dit qu'elle fût nécessitée par un fait réel. Mais doit-on reprocher à un général en chef d'envisager toutes les hypothèses plausibles, et de prendre ses mesures en conséquence? Wellington n'a pu se résoudre à croire que le génie créateur de Napoléon se bornerait à une attaque directe, face à face, telle que l'as-

---

(1) Colonel CAMON, *Précis*, t. I, p. 181.
(2) Voir cette étude, p. 130 à 131, 314 à 317.
(3) *Ibid.*, p. 101 à 112.

saillant le plus vulgaire l'aurait conçue. Alors que Napoléon méprisait ses ennemis, le général anglais a exalté le génie de son adversaire, et lui a prêté des intentions dignes de lui. Devons-nous lui en faire un crime ? Si Napoléon avait disposé de Davout et de 50 000 hommes, est-il permis à qui que ce soit de prévoir son offensive ? Qu'est-ce que Wellington connaissait de ses effectifs ? Il était certes moins bien renseigné sur les forces dont disposait l'Empereur que celui-ci sur les alliés. Donc, il n'y a pas lieu de blâmer, mais d'approuver Wellington.

Les 68 000 hommes restant à Wellington furent répartis, installés, dissimulés à l'attaque et soigneusement postés à l'abri des feux, d'après les principes de bon sens qui défient toute critique. Sur les crêtes, chaînes de tirailleurs et pièces en batterie pour briser l'union et l'élan des assaillants (1). Ce front de bataille n'était pas commode à atteindre ni à forcer. « On avait, dit M. Houssaye, pratiqué des embrasures pour les pièces dans les berges et dans les haies. » En arrière des crêtes si bien défendues, lignes d'infanterie successives, qui ne doivent se démasquer, tirer et charger qu'à la dernière minute, au moment précis, quand leur action sera utile, mais pas avant. Lignes d'infanterie et réserves sont abritées et masquées.

A quelle distance des crêtes se trouvait la première rangée de fantassins anglais ? Ce point est du plus haut intérêt, puisqu'en étudiant le terrain (2) nous avons constaté que les masses de cavalerie ne pouvaient prendre le galop avant d'atteindre le bord du plateau. M. Houssaye nous certifie (3), ce qui est d'ailleurs naturel, que la première ligne était postée « à 20 mètres, à 60 mètres, à 100 mètres derrière le chemin d'Ohain (4) ». Or le chemin d'Ohain suit presque toujours la crête ou s'en écarte fort peu. Il en résulte

---

(1) M. Houssaye, p. 310 à 316.
(2) Voir cette étude, p. 392 à 399.
(3) M. Houssaye, p. 313.
(4) Id., p. 313.

que, lorsque la cavalerie sera en mesure de prendre le galop, elle ne disposera plus de l'espace nécessaire pour produire son action. Il est impossible, en raison des circonstances et de la faible distance (20, 60 ou 100 mètres), que n'importe quelle masse de cavalerie charge autrement qu'au trot ou bien au galop de début, mais non à l'allure foudroyante qu'on appelle le galop de charge.

La plupart des critiques, M. Camon lui-même, s'accordent à parler, en étudiant les positions anglaises, de droite, de centre et de gauche. C'est beaucoup plus clair et rigoureusement conforme à la vérité. Le colonel Camon (1) parle de droite, vers Merbe-Braine, la route de Nivelles et Hougoumont, le centre, en travers de la route de Bruxelles, ayant comme poste avancé la Haye-Sainte, et la gauche vers Papelotte et la Haye. « La réserve, dit-il, est à Mont-Saint-Jean. La cavalerie garnit les derrières de la ligne de bataille ; elle flanque la droite jusqu'à Braine-l'Alleud et échelonne des détachements à la gauche jusqu'à Ohain. » Si l'on étudie la carte de M. Houssaye, on voit que cette description est exacte.

En dépit de sa carte, M. Houssaye (2) a voulu changer ces termes naturels et justes. Il emploie, nous dit-il, les expressions mêmes de Wellington, et parle de centre droit, centre gauche (ces deux centres séparés par la route de Bruxelles) et de deux ailes. Comme la grande discussion importante concernant le plan de l'Empereur consiste à savoir s'il devait attaquer la droite, le centre ou la gauche, il est impossible, avec les dénominations de M. Houssaye, d'aboutir à une conclusion précise. Par suite, nous continuerons à employer les expressions ordinaires. Les mots n'ont pas grande valeur par eux-mêmes. Ce qu'il importe de creuser, c'est l'idée ou le principe qu'ils représentent.

---

(1) Colonel CAMON, *Batailles*, p. 491. La droite vraie était constituée par Braine-l'Alleud et Merbe-Braine. Le grand carré d'Hougoumont appartient autant au centre qu'à la droite. Il est deux fois plus éloigné de Braine-l'Alleud que de la chaussée de Bruxelles.

(2) M. HOUSSAYE, p. 311 et note 1. V. carte de Craan.

La droite était fort allongée vers Braine-l'Alleud. Il apparait nettement que Wellington craignait une attaque de ce côté. Le centre était formidable. En avant, la Haye-Sainte, derrière, une ligne d'infanterie : Kielmansegge, Ompteda, Kempt, Pack, Best; derrière, une ligne de cavalerie : Somerset et Ponsonby; sur les flancs, trois corps d'infanterie : Kruse, Brunswick et Lambert; en arrière encore, les corps de cavalerie d'Areuschild, Merlen, Tripp et Ghigny. C'était certainement le point le mieux armé, la vraie force qui barrait la grande route.

A gauche, les effectifs étaient beaucoup plus restreints, surtout ceux d'infanterie. Évidemment, en regardant la carte et les emplacements de l'armée anglaise, on constate que le point faible était à gauche, non au centre gauche, mais à gauche de toute l'armée, vers Papelotte, la Haye et Smohain.

LA REVUE

Il paraîtra extraordinaire au lecteur qu'un récit de bataille débute par une revue. Mais je ne me livre pas aux imaginations d'un récit romantique, ni à une discussion systématique destinée à fausser le jugement du lecteur. J'effectue la dissection de la bataille. Comme avant de donner l'ordre d'attaque (1), Napoléon a passé la revue, je cite et j'analyse la revue.

Thiers (2) commence par expliquer le plan de Napoléon, sans aucun document, et le résume en une attaque sur l'aile gauche des Anglais, et le refoulement de cette aile sur leur centre. Puis il nous dit qu' « une fois fixé sur ce qu'il avait à faire, Napoléon donna des ordres pour que ses troupes

---

(1) THIERS (La revue est fixée à 10 heures, p. 551, col. 1). L'ordre d'attaque est de 11. M. HOUSSAYE, p. 326 à 330 (la revue). L'ordre à 11 heures, p. 332. Je discuterai d'ailleurs à fond, dans le paragraphe suivant, le plan de l'Empereur.
(2) ID., t. IV, p. 550.

vinssent se placer conformément au rôle qu'elles devaient remplir dans la journée ». Après cette phrase sibylline, et qui n'est pas appuyée du moindre texte, Thiers nous expose les emplacements de la revue et une distribution des troupes totalement différente de celle qu'exigeait le but à atteindre.

Toute l'armée est massée pour la revue face au centre réel de l'armée anglaise, immédiatement à droite et à gauche de la grande route de Bruxelles. Pas un régiment, pas un bataillon d'infanterie n'est détaché vers Papelotte ou la Haye.

Je discuterai à fond le plan supposé dans un chapitre particulier. Occupons-nous de cette revue extraordinaire.

Ce n'est pas l'habitude qu'un général en chef pratique une exposition théâtrale de son armée. Le principe de l'économie des forces repose, comme tous les principes, sur des bases solides. La surprise, l'inconnu, le mystère d'une attaque entrent pour une grande part dans son effet moral. Au cours d'une étude fort curieuse sur le combat de Saalfeld, le général Bonnal (1) nous expose les dispositions parfaites du maréchal Lannes. Il note la stupéfaction des Prussiens qui n'aperçoivent au début que de faibles chaînes de tirailleurs, à peu près invisibles, puis, quand le combat est suffisamment amorcé et l'attaque préparée à fond, sont assaillis par des colonnes qui tombent « comme une avalanche » et « coupés en trois tronçons » avant d'avoir compris un mot de la tactique française.

C'était la tactique de 1806, aussi admirable, aussi suggestive et intéressante que la manœuvre stratégique. Depuis, nos armées ont fait du chemin... en sens inverse.

Il n'y a certes pas lieu d'assimiler la tactique d'un seul corps avec celle d'une armée. Mais de là à préconiser l'exposition théâtrale pendant deux ou trois heures...

Cette revue, nous l'avons déjà notée à Ligny (2). Nous avons remarqué que jusqu'à 2 heures — une heure avant la

(1) *De Rosbach à Ulm*, p. 39.
(2) Voir mon étude, p. 324.

bataille — Napoléon ne croyait pas à une lutte sérieuse (1). La revue constitua, dans sa pensée, un épouvantail grandiose qui devait terrifier Blücher. Ainsi, le stratégiste de 1796, d'Iéna et de Friedland, en est venu à se servir des procédés les plus puérils! Le général Bonnal a sévèrement jugé ces moyens dans la campagne de 1812 (2). — 1815 les reproduit.

Clausewitz (3) ne s'y est pas trompé. Napoléon n'a cru à la bataille qu'à la dernière minute, et il ne la souhaitait pas.

Le colonel Camon (4) cite Clausewitz et formule presque un aveu dans le même sens au sujet de la revue — effet moral. Toutefois il reste convaincu que Napoléon croyait à la bataille, la voulait et établit un plan réel.

Je ne donne aucune description de la revue. Thiers et M. Houssaye — ce dernier surtout — ont satisfait les imaginations les plus insatiables. Ma thèse vise par-dessus tout la solution des problèmes, qui n'a rien à voir avec des détails anecdotiques fort connus. Ce qui nous intéresse dans la revue, c'est la pensée de l'Empereur. Elle ne fut pas à hauteur de ses conceptions de 1806. La puérilité du moyen rabaissait la stratégie au niveau d'un épouvantail.

Un seul détail : l'emplacement de l'artillerie. Celle de d'Erlon était placée entre les brigades — pour Reille en avant du front, pour Lobau sur le flanc gauche, et l'artillerie de la Garde « tout à fait en arrière (5) ». Cette seule indication nous permet de décider ce que représentaient ces soi-disant positions de bataille. Elles ne constituaient — sauf pour Reille — que des emplacements de revue. Si le terrain était encore trop détrempé pour permettre des mouvements dans les vallons et les creux (6), on pouvait toutefois faire avancer

---

(1) M. Houssaye, p. 279.
(2) Général Bonnal, *Manœuvre de Vilna*, p. 45, 47 à 49, 51, « optimisme passionnel », p. 73 « démonstrations purement platoniques ».
(3) P. 120 à 148.
(4) Colonel Camon, *Batailles*, p. 495.
(5) M. Houssaye, p. 330.
(6) Je commence par citer la légende, la fausse, celle qu'il importe de détruire. Napoléon lui-même s'en est chargé (*Mémoires*, t. IX, p. 110), mais il convient d'appuyer et d'insister.

les pièces sur les plateaux, de front, à portée de la Haye-Sainte, à gauche tout près d'Hougoumont. Si Napoléon avait voulu la bataille, si le plan qu'on lui prête avait existé en fait, n'eût-il pas mieux valu pratiquer une intense et formidable préparation d'artillerie, que de perdre une heure à un défilé de parade et une heure ensuite à attendre?

M. Houssaye ne nous donne pas de détails sur le sommeil de l'Empereur. Thiers (1) prétend qu'il a dormi après la revue, de 10 heures à 11. Est-ce vrai? S'il eût donné ses ordres avant, surtout pour une préparation d'artillerie, je n'y attacherais aucune importance. Si le fait est exact, je répéterai ce que j'ai dit pour son sommeil de Charleroi, noté avec détails par M. Houssaye (2). Puisque Napoléon pouvait dormir à volonté, il a bien mal choisi son moment (3)!

LE PLAN DE L'EMPEREUR

Admettons qu'il n'y ait pas eu de revue, ou que les emplacements des troupes aient été différents, ou qu'un mouvement quelconque se soit produit dans la nuit du 17 au 18, même dans la matinée du 18, vers Papelotte, la Haye (4) et Smohain; dans cette hypothèse, nous serions fondés à croire que le plan dont parlent Jomini, le colonel Camon et M. Houssaye, exista réellement. Mais il n'est pas un indice qui nous permette de croire à autre chose qu'à un rêve fugitif. Prenons la légende corps à corps, afin d'examiner ce fameux plan qu'on essaie d'imposer à notre admiration.

Je cite textuellement le passage des *Mémoires* (5) qui s'y rapporte :

« Dix divisions d'artillerie, parmi lesquelles trois divisions

---

(1) T. IV, p. 551, col. 1, p. 552.
(2) M. Houssaye, p. 120 et 121.
(3) Voir cette étude, p. 148 à 151.
(4) Ne pas confondre la ferme de la Haye (vers le ruisseau d'Ohain, gauche anglaise) avec la Haye-Sainte — position avancée du centre de Wellington, sur la grande route de Bruxelles).
(5) *Mémoires*, t. IX, p. 118.

de 12, se réunirent, la gauche appuyée à la chaussée de Charleroi sur les monticules au delà de la Belle-Alliance et en avant de la division de gauche du 1er corps. Elles étaient destinées à soutenir l'attaque de la Haie-Sainte que devaient faire deux divisions du 1er corps et les deux divisions du 6e, dans le temps que les deux autres divisions du 1er corps se porteraient sur la Haye. Par ce moyen, toute la gauche de l'ennemi serait tournée. La division de cavalerie légère du 6e corps, en colonne serrée, et celle du 1er corps qui était sur ses ailes, devaient participer à cette attaque, que les 2e et 3e lignes de cavalerie soutiendraient, ainsi que toute la Garde à pied et à cheval. L'armée française, maîtresse de la Haye et de Mont-Saint-Jean, couperait la chaussée de Bruxelles à toute la droite de l'armée anglaise, où étaient ses principales forces. L'Empereur avait préféré tourner la gauche de l'ennemi plutôt que sa droite : 1° afin de le couper d'avec les Prussiens qui étaient à Wavres, et de s'opposer à leur réunion s'ils l'avaient préméditée; et quand même ils ne l'eussent pas préméditée, si l'attaque se fût faite par la droite, l'armée anglaise repoussée, se serait repliée sur l'armée prussienne; au lieu que faite sur la gauche, elle en était séparée et jetée dans la direction de la mer; 2° parce que la gauche parut beaucoup plus faible; 3° enfin, que l'Empereur attendait à chaque instant l'arrivée d'un détachement du maréchal Grouchy par sa droite, et ne voulait pas courir les chances de s'en trouver séparé. »

Il est fort malheureux qu'en matière de tactique et devant un champ de bataille, l'historien impartial soit forcé de compter les rêves pour néant, surtout quand ils n'ont duré que le temps de les concevoir. Au point de vue théorique et idéal, le plan que mentionne Napoléon est parfait. Clausewitz (1) s'est complètement trompé en jugeant l'attaque sur la gauche « impossible », sous prétexte que Blücher devait arriver de ce côté. Napoléon, ne croyant pas à l'attaque prus-

(1) CLAUSEWITZ, p. 163.

sienne, n'avait pas à tenir compte de cette éventualité dans son offensive contre les Anglais. Pour le juger, nous devons nous placer à son point de vue exact.

Je ne discute pas la question de savoir si Napoléon entrevit à Waterloo le 18 juin, ou seulement à Sainte-Hélène, cette attaque par la gauche qui était la seule pratique, attendu que le centre anglais, défendu d'une façon formidable, présentait des difficultés trop longues et trop rudes (1). Le génie de l'Empereur lui permettait de concevoir toutes les hypothèses. Mais nous sommes sur le terrain des faits. Il ne s'agit plus de préparation de manœuvres stratégiques. Il s'agit de mouvements devant l'ennemi. Donc, nous ne pouvons pas faire état d'un songe plus ou moins juste, d'un rêve plus ou moins parfait. Quelle preuve nous donne-t-on de la réalité de ce plan?

L'Empereur (2) dit textuellement, dans sa relation de Sainte-Hélène : « Pendant la nuit, l'Empereur donna tous les ordres nécessaires pour la bataille du lendemain, quoique tout lui indiquât qu'elle n'aurait pas lieu. » Quelques lignes plus loin, il nous expose avec précision son idée préconçue, celle qui le dominait : « il était probable (3) que le duc de Wellington et le maréchal Blücher profiteraient de cette même nuit pour traverser la forêt de Soignes, et se réunir devant Bruxelles ». Telle était sa véritable pensée, complètement étrangère à un plan de bataille.

Toutefois un événement qu'il n'a pas prévu, événement de la plus haute importance, doit provoquer ses réflexions. Les circonstances démentent son idée préconçue. Pendant sa promenade de la nuit, et surtout au grand jour, il constate que les Anglais n'ont pas fait un pas en arrière. Donc, s'il avait donné des ordres réels pour la bataille, suivant le plan précité d'attaque (4), il est inadmissible qu'il ait modifié ses dis-

---

(1) Je reviendrai sur cette attaque du centre. V. p. 435 à 463. Mais actuellement nous ne pouvons discuter que les faits précis, non les hypothèses diverses de la bataille.
(2) *Mémoires*, t. IX, p. 104.
(3) *Ibid.*, p. 105.
(4) *Ibid.*, p. 104.

positions en prescrivant les étranges emplacements de la revue. Comment peut-on croire qu'il ait préparé un choc violent et décisif en reléguant les batteries de la Garde « tout à fait en arrière, entre Rossomme et la maison du Roi » (1). Quant au corps de d'Erlon, il est massé sur la portion du plateau qui se trouve à l'est de la grande route de Bruxelles. M. Houssaye affirme que sa droite est en face de Papelotte. Il suffit de regarder sa place pour voir que la division Durutte seule s'en rapproche quelque peu. La cavalerie de Jacquinot est en face de Papelotte. Pour la Haye et Smohain, il n'en est pas question.

S'il est une arme pour laquelle Napoléon professait une prédilection particulière, c'est bien l'artillerie (2). S'il avait préparé la bataille, eût-il choisi des emplacements comme ceux que nous constatons? Au moment d'attaquer une position formidable, n'eût-il pas songé à une préparation intense par le canon? Les batteries de sa Garde, ne les eût-il pas jetées sur le front, à droite et à gauche de la chaussée de Bruxelles, à portée de la Haye-Sainte et du chemin d'Ohain? Les bâtiments d'Hougoumont, et surtout les jardins et les taillis étaient commandés par un autre plateau, dont l'accès était possible par le chemin de Braine-l'Alleud à Genappe. En tirant à partir de 9 heures, les batteries de Reille pouvaient anéantir la défense. Ont-elles tiré un coup de canon avant 11 heures et demie (3)? Non. Alors, que devient la préparation de la bataille?

M. Houssaye (4) nous parle d'abord d'un ordre de bataille dicté dans la nuit du 17 au 18. Personne ne l'a jamais vu, et personne n'en peut citer une ligne. Puis il rapporte (5)

---

(1) M. Houssaye, p. 330.
(2) L'examen de toutes ses autres batailles suffit à le démontrer. Voir notamment les proportions d'artillerie en 1813 et 1814. — Colonel Camon, *Précis*, t. II, p. 111 : « Il veut constituer à Vitry... une armée de 80 000 hommes, dont 50 000 à 60 000 hommes d'infanterie, 12 000 à 14 000 de cavalerie, avec le chiffre énorme de 300 bouches à feu. »
(3) Colonel Camon, *Batailles*, p. 497.
(4) P. 283.
(5) P. 286.

l'ordre suivant, auquel il assigne, de sa propre autorité, l'heure de 4 à 5 heures du matin, mais qui, en réalité, n'en porte aucune : « L'Empereur ordonne que l'armée soit prête à attaquer à 9 heures du matin. MM. les commandants de corps d'armée rallieront leurs troupes, feront mettre les armes en état et permettront que les soldats fassent la soupe. Ils feront aussi manger les soldats afin qu'à 9 heures précises chacun soit prêt et puisse être en bataille, avec son artillerie et ses ambulances, à la position de bataille que l'Empereur a indiquée par son ordre d'hier soir. »

Or, après la revue, M. Houssaye (1) nous dit : « Il était près de 11 heures, et il s'en fallait que les troupes fussent toutes arrivées sur leurs positions. »

Comment pouvons-nous prendre pour un véritable ordre de bataille la rédaction de « entre 4 et 5 heures » où il est question de rallier les troupes, de nettoyer les armes, de faire la soupe — et qui est suivie d'une revue à laquelle une fraction de l'armée n'assiste pas?

D'ailleurs, nous possédons l'ordre formel d'attaque, qui va solutionner le problème. Le voici textuellement.

22060. — ORDRE (2)
A CHAQUE COMMANDANT DE CORPS D'ARMÉE

« 18 juin 1815, 11 heures du matin.

« Une fois que toute l'armée sera rangée en bataille, à peu près à une heure après midi, au moment où l'Empereur en donnera l'ordre au maréchal Ney, l'attaque commencera pour s'emparer du village de Mont-Saint-Jean, où est l'intersection des routes. A cet effet, la batterie de 12 du 2ᵉ corps et celle du 6ᵉ se réuniront à celle du 1ᵉʳ corps. Ces 24 bouches à feu tireront sur les troupes de Mont-Saint-Jean, et le comte

---

(1) P. 332.
(2) *Correspondance de Napoléon,* t. XXVIII, p. 292.

d'Erlon commencera l'attaque, en portant en avant sa division de gauche et la soutenant, suivant les circonstances, par les divisions du 1ᵉʳ corps.

« Le 2ᵉ corps s'avancera à mesure pour garder la hauteur du comte d'Erlon.

« Les compagnies de sapeurs du 1ᵉʳ corps seront prêtes pour se barricader sur-le-champ à Mont-Saint-Jean. »

D'après la copie. Dépôt de la guerre.

Impossible d'être plus net. Toute la bataille se résume dans une attaque directe, sans l'ombre de manœuvre par la gauche. Il n'est pas plus question de Papelotte, la Haye et Smohain que si ces villages n'eussent jamais existé. D'ailleurs M. Houssaye (1) avoue que « cet ordre ne laisse aucun doute sur la pensée de l'Empereur ». Et il ajoute : « Il (l'Empereur) dédaigne de manœuvrer. »

Voilà un mot terrible qui renferme la condamnation la plus absolue, la plus implacable de Napoléon pour toute la journée de Waterloo. C'est la formule exacte qui explique le désastre. La puissance de la vérité arrache cet aveu à l'un des plus fermes partisans de la tradition.

Je dois reconnaître, pour être exact, que M. Houssaye (2) ne se rend pas compte du jugement inexorable qu'il vient de prononcer. Il approuve, il est vrai, une attaque par la gauche, la juge très praticable, conforme aux intérêts tactiques de l'Empereur. Seulement, au moment de conclure, il s'écrie : « Mais le beau résultat pour Napoléon que d'infliger une demi-défaite aux Anglais et de les rejeter sur Hal ou Bruxelles ! Il veut la bataille décisive !... Comme à Ligny, il cherche à percer l'armée ennemie au centre pour la disloquer et l'exterminer. »

Nous avons vu ce qu'a rapporté l'attaque du centre pratiquée seule à Ligny (3). M. Houssaye ne s'est pas aperçu que

(1) P. 333.
(2) P. 333 et 334, note 2 de la page 333.
(3) Voir cette étude, p. 290 à 298.

les deux attaques se complétaient et que leur concert était indispensable pour produire la ruine de l'armée anglaise. En prenant le taureau par les cornes sans lui infliger la moindre blessure au flanc, Napoléon risquait l'entreprise la plus téméraire et la plus aléatoire.

Que devient l'admiration de Jomini (1)? Le « prophète » nous expose longuement la résolution « d'assaillir la gauche en même temps qu'il enfoncerait le centre ». Il nous indique que « c'est un des meilleurs systèmes de bataille que l'on puisse adopter ». Il insiste (2) : « Tel fut le plan que plusieurs incidents vinrent déranger, et que Napoléon peut livrer sans crainte à l'examen des maîtres de l'art. » Malheureusement pour l'Empereur et pour la France, ce plan n'a jamais existé. Il a pu le concevoir, c'est possible, et je crois à ce souvenir de Sainte-Hélène, mais comme il ne l'a jamais formulé sur le terrain de Waterloo, et ne l'a revêtu d'aucune forme réelle et palpable, nous devons le rejeter dans les rêves légendaires. M. Houssaye a raison. Napoléon « dédaigna de manœuvrer ». L'admiration de Jomini, n'ayant aucune base, n'a par conséquent aucun sens et aucune valeur.

Jomini se trompe d'autant plus qu'il lance gratuitement une affirmation fausse. Il nous expose que ce plan fut dérangé par plusieurs incidents (3). Lesquels? Puisque Napoléon, d'après lui, d'après la tradition légendaire (4), le conçut pendant la nuit, il ne fut gêné que par le terrain, — et encore pour les manœuvres d'artillerie à travers les vallons, — mais non par l'arrivée de Blücher. Napoléon n'a jamais dit que Blücher l'ait empêché de réaliser son plan dès le matin. Il ne fut question de colonnes prussiennes que vers une heure de l'après-midi (5). Admettons — comme d'ailleurs le fait est exact — qu'une manœuvre d'artillerie ait été impossible au

(1) T. XXII, p. 197.
(2) *Ibid.*, p. 198.
(3) Jomini, t. XXII, p. 198.
(4) Id., p. 193 à 198; colonel Camon, *Batailles*, p. 487; M. Houssaye, p. 283.
(5) M. Houssaye, p. 343.

petit jour. Vers 9 heures, d'après une citation de Drouot, rapportée par M. Houssaye (1), « le temps se leva, le vent sécha un peu la campagne ». Admettons encore l'impossibilité d'un mouvement dans les creux de terrain, en raison de la difficulté pour remonter les pentes. Restaient les routes, les plateaux. Quel incident a donc empêché l'Empereur d'imprimer à son concept tactique une forme réelle et palpable?

D'ailleurs, Jomini avoue que « rien n'eût empêché de donner le coup de collier vers 9 heures du matin (2) ». Alors, que signifient ces « incidents » ? Que signifie son admiration pour un rêve qui ne fut même pas ébauché? Dans ce passage, comme dans presque toute la critique de 1815, Jomini se contredit à jet continu. Étrange prophète !

Les avertissements n'ont pas manqué à Napoléon. S'il eût été malade, comme le prétendent Charras et M. Grouard (3), affaibli de volonté, moins entier et moins ferme dans son imagination et sa pensée, il eût écouté au moins ceux dont il sollicita les avis. Il n'écouta personne et ne tint compte de rien.

Soult montra un grand bon sens, comme au 17 juin (4). Je ne prétends pas qu'il fût parfait et vît tout à fait clair pour Blücher. Mais il était inquiet (5). Son opinion sur la poursuite de Gembloux fut juste. Il estimait qu'un modeste détachement eût suffi. La critique que fit Soult aurait dû porter, si Napoléon n'eût été égaré par l'orgueil. Grouchy était trop faible pour battre Blücher, et trop fort pour une simple reconnaissance. Le 17 au soir, d'après M. Houssaye, le major général sollicite l'Empereur de rappeler une partie des troupes de Grouchy. Il y revient le 18 au matin. « Napoléon, impatienté, rapporte M. Houssaye (6), lui répliqua brutalement. »

(1) P. 317, note 3. V. *Mémoires*, t. IX, p. 110.
(2) Jomini, chap. xxii, p. 199, note 1.
(3) Charras, t. II, chap. xiii, p. 125, 126; M. Grouard, p. 225 et 226.
(4) Voir cette étude, p. 380 à 381.
(5) M. Houssaye, p. 318, 319.
(6) Id., p. 319.

L'Empereur lui jeta à la face, paraît-il, ses insuccès de la guerre d'Espagne et prétendit que Wellington était « un mauvais général », les Anglais « de mauvaises troupes », et que « ce serait l'affaire d'un déjeuner ». M. Houssaye a raison d'employer le mot « brutalement ». Si ce propos est authentique, il est impossible d'imaginer rien de plus insolent et de plus brutal que la réponse de Napoléon à Soult. Je pense que ce propos a été médité par le colonel Camon, qui ne s'explique pas la conduite des maréchaux en maintes circonstances. On conçoit que, pour ne pas s'attirer des rebuffades aussi grossières, la plupart aient pris le parti de s'en tenir à la lettre de leurs instructions, sans même se donner la peine d'éclairer un chef absolu, qui considérait l'avis le plus sage et le plus consciencieux comme un crime de lèse-majesté.

En ce qui concerne Reille, nous ne savons pas exactement ce qui s'est passé. M. Houssaye (1) nous expose d'abord que Napoléon demanda à Reille son avis sur l'armée anglaise. Reille le donna nettement, désapprouvant l'attaque directe — au moins comme attaque unique — en raison de la solidité de l'infanterie ennemie, et conseilla de manœuvrer. Napoléon fut « irrité » et rompit l'entretien. Mais, dans une note (2), M. Houssaye cite une anecdote que l'on peut résumer ainsi : d'Erlon ayant pressé Reille d'avertir l'Empereur au sujet des graves dangers que présentait l'attaque directe, celui-ci aurait répondu : « A quoi bon? Il ne nous écouterait pas. » Que l'une ou l'autre version soit exacte, la conclusion est la même : jamais Napoléon n'a songé à manœuvrer les Anglais, jamais il n'a pensé à autre chose qu'à foncer droit sur eux. Alors que devient ce plan miraculeux, ce plan fantôme qu'on essaie de nous imposer comme vrai et réel?

Un fait bien autrement grave, et qui aurait dû lui faire hâter la bataille dès 9 heures — attaque directe ou non, mais bataille à fond et coûte que coûte — lui fut communiqué

(1) P. 319, 320.
(2) P. 320, note 1.

dès le matin par son frère, le prince Jérôme (1). L'Empereur fut prévenu — peu importe la source du renseignement — de la réunion concertée entre Wellington et Blücher, et de la marche des Prussiens par Wavre. Il n'en crut pas un mot. Ici nous devons insister, parce que l'affaire est de la plus haute gravité. Nous sommes en présence d'une erreur stratégique de Napoléon. Certes, nous connaissons d'avance son origine : orgueil, mépris de l'ennemi, conviction que Blücher est hors jeu. Mais, toutefois, la faute est telle que nous devons la faire ressortir.

Dans ses *Mémoires* (2), l'Empereur se glorifie de sa marche sur Bruxelles en deux colonnes. Il juge le résultat de la journée du 17, et précise que « le soir, toute l'armée française devait se trouver réunie sur une ligne de cinq petites lieues de Mont-Saint-Jean à Wavre ». Que Grouchy ait perdu son temps ou non, la question n'est pas là. Si les deux colonnes françaises ne sont distantes que de « cinq petites lieues », la conséquence évidente est que les alliés ne sont pas plus éloignés. Or, comme leur intérêt le plus clair, le plus naturel, est de se réunir, comment Napoléon n'a-t-il pas songé une seconde à cette réunion? Admettons tout ce qu'on voudra : Blücher n'a plus qu'une loque d'armée entre les mains, Grouchy est de taille à l'écraser, c'est entendu. Mais ce soi-disant débris d'armée, en vertu de quel raisonnement Napoléon le considère-t-il comme incapable de se sauver à toutes jambes, pendant la nuit ou dès le matin, et de se replier sur Wellington? Il attirera Grouchy à sa suite, je l'admets encore. Mais comment l'Empereur n'a-t-il pas envisagé cette retraite si juste et si conforme aux intérêts essentiels de l'ennemi? Il est évident que le résultat pompeux et exagéré de la bataille de Ligny n'est pas le seul motif qui l'égare.

Depuis le début de la campagne, depuis l'entrée à Charleroi, il a raisonné faux sur Wellington et Blücher. Toutes

(1) M. Houssaye, p. 323, note 2.
(2) *Mémoires*, t. IX, p. 164, 165.

ses réflexions de Sainte-Hélène, au sujet de leurs manœuvres, supposent à ses ennemis une mentalité d'enfants pusillanimes (1). Après la confidence du prince Jérôme, son aveuglement devient fantastique : c'est la cécité complète de l'orgueil absolu.

Nous sommes fixés sur le plan et le concept en ce qui concerne les Anglais. Il reste à examiner le plan réel dans toutes ses parties, c'est-à-dire les ordres à Grouchy.

LES ORDRES DU 18 A GROUCHY

Ici se produit un dissentiment entre les affirmations de l'Empereur et la critique de M. Houssaye (2). Napoléon (3) prétend avoir, le 17 au soir, à 10 heures, lancé l'ordre à Grouchy « de détacher avant le jour de son camp de Wavre une division de 7 000 hommes de toutes armes et 16 pièces de canon sur Saint-Lambert, pour se joindre à la droite de la grande armée et opérer avec elle ; qu'aussitôt qu'il serait assuré que le maréchal Blücher aurait évacué Wavre, soit pour continuer sa retraite sur Bruxelles, soit pour se porter dans toute autre direction, il devait marcher avec la majorité de ses troupes pour appuyer le détachement qu'il aurait fait sur Saint-Lambert ».

M. Houssaye nie formellement cette assertion. Il admet seulement comme vraisemblable, mais non certain, que l'Empereur ait prescrit à Grouchy de marcher sur Wavre.

J'admets l'ordre de l'Empereur. Qu'est-ce que 7 000 hommes auraient pu faire à Saint-Lambert? C'est le pendant de la division de Marbais (4). Toujours le système invariable qui consiste à lancer un lieutenant avec un double but, et des

---

(1) Voir cette étude, p. 170 à 171, 198 à 203, 220 à 221, 223 à 225, 332 à 341, 385 à 387.
(2) M. Houssaye, p. 277, 278, note 1. Pour la suite des contradictions entre les *Mémoires* et M. Houssaye, voir p. 284, 285 et notes.
(3) *Mémoires*, t. IX, p. 102.
(4) Voir mon étude, p. 215 à 218.

troupes dont la disposition ne lui est accordée qu'éventuellement! La matinée du 16 octobre à Leipzig, les Quatre-Bras, Ligny témoignent des résultats implacables de la méthode (1). Grouchy a l'ordre de poursuivre les Prussiens, de marcher derrière leurs talons par Gembloux (2). L'Empereur le sait à Gembloux et il lui envoie l'ordre de détacher 7 000 hommes à Saint-Lambert (3)! Mais si le fait est vrai, pourquoi donc a-t-il rembarré Soult « brutalement », — d'après M. Houssaye, — puisqu'en somme il a suivi son conseil (4)?

Autre réflexion : Grouchy a l'ordre formel de ne marcher sur Saint-Lambert qu'après s'être assuré que « Blücher aurait évacué Wavre (5) ». Donc, le malentendu capital persiste par la faute de l'Empereur, qui l'avoue et le certifie. Pour se rendre compte que Blücher a évacué Wavre, il faut que Grouchy y marche, donc matinée du 18 perdue, et qu'il attaque, donc toute la journée compromise.

M. Houssaye se donne une peine inutile en discutant l'assertion de Napoléon, car celui-ci se condamne lui-même.

Ce qui a tout perdu, c'est précisément l'ordre de ne pas lâcher les talons de Blücher, et l'Empereur renouvelle cet ordre formel. Comment veut-on que Grouchy aie l'idée de marcher ailleurs que sur Wavre, qu'il songe à désobéir à l'Empereur?

Reprenons la suite des ordres à Grouchy, d'après les *Mémoires*.

Une lettre écrite le 17, à 5 heures du soir, par Grouchy installé à Gembloux, parvient à Napoléon à 11 heures du soir (6). Cette lettre est remise à la ferme du Caillou. D'après

(1) Voir mon étude, p. 214 à 221, 225 à 233.
(2) M. Houssaye, p. 236.
(3) Cet ordre de marche sur Saint-Lambert est d'autant plus étrange que Napoléon, dans ses *Mémoires*, réponse à Rogniat (t. VIII, p. 200), indique formellement que Grouchy ne devait pas franchir la Dyle. Or Saint-Lambert est au delà de la Dyle (V. cartes. Jomini, M. Houssaye).
(4) M. Houssaye, p. 319.
(5) Id., p. 278, note 1. Citations de Napoléon et de Gourgaud.
(6) *Mémoires*, t. IX, p. 102. Donc le 17, à 11 heures du soir, Napoléon savait

M. Houssaye, Napoléon ne la trouve qu'en rentrant de sa promenade nocturne (1). Le maréchal lui annonce que les Prussiens semblent avoir adopté deux directions : Liège et Wavre. Où se dirige la masse principale? Grouchy ne sera fixé que dans la nuit du 17 au 18, et promet, dans le cas où il sera certain de la retraite principale sur Wavre, de suivre les Prussiens « afin de les séparer de Wellington (2) ».

Nouveau dissentiment entre les *Mémoires* et M. Houssaye (3). Celui-ci prétend que Napoléon ne répondit pas à la dépêche de Grouchy, sous prétexte qu'il eut confiance « dans la parole de son lieutenant ». Quelle parole? Il fallait se bercer d'une illusion formidable pour croire que Grouchy, marchant par ordre derrière Blücher, pouvait l'empêcher de choisir la direction qui lui plairait. On gêne une troupe quand on lui barre la route ou qu'on la fixe par la bataille. Grouchy serrait-il Blücher à la gorge? Tenait-il seulement son arrière-garde?

Les assertions de Napoléon et de Gourgaud contredisent celles de M. Houssaye. Napoléon, parait-il, envoya un duplicata de l'ordre de 10 heures du soir, mentionné plus haut (4). Nous savons que ce duplicata ne pouvait que jeter Grouchy dans un trouble complet et une erreur absolue (5).

De plus, l'envoi de l'ordre présumé du 17 au soir et du duplicata de la nuit prouve une nouvelle erreur stratégique. C'est déjà une grande faute, comme nous l'avons

---

que Grouchy n'était qu'à Gembloux. Et Napoléon réitère l'ordre de « Saint-Lambert » et de « Wavre » à 4 heures du matin, le 18 (*Mémoires*, t. IX, p. 103). Il reparle de Wavre, recommence l'ordre écrit le 17 à 10 heures du soir. Qu'est-ce que Grouchy pouvait y comprendre? M. Houssaye, p. 284.

Je prends les heures de Napoléon, bien que celles de M. Houssaye soient plus favorables à ma thèse.

(1) M. Houssaye, p. 284 : « L'Empereur rentra au Caillou comme le jour pointait. »

(2) Id., p. 256, 285.

(3) Id., p. 285, note 2. Il nie l'envoi du duplicata comme l'envoi de l'ordre.

(4) *Mémoires*, t. IX, p. 102, 103.

(5) Napoléon parlant de Wavre et donnant l'ordre de s'assurer que Blücher n'y était plus, il fallait que Grouchy y marche.

démontré (1), que d'avoir séparé l'armée en trois tronçons. Nous constatons maintenant que Napoléon la découpe en quatre. Il oublie ses blâmes et recommandations à Ney dans la lettre du 17 au matin (2). Pourquoi ce détachement sur Saint-Lambert? Ou Grouchy est inutile, et il faut le rappeler, ou sa poursuite derrière Blücher est indispensable, et son affaiblissement est dangereux. Dans tous les cas, si Napoléon a besoin coûte que coûte d'une partie de ses forces, pourquoi ne l'appelle-t-il pas carrément à Waterloo? Pense-t-il que 7 000 hommes placés à Saint-Lambert barreront la route à Blücher? Le but capital est d'écraser les Anglais avant l'arrivée de leur partenaire. Donc il importe de faire refluer les forces nécessaires sur le champ de bataille, et non de les disperser aux quatre coins de l'horizon.

Pour comprendre nettement le plan de l'Empereur, continuons les ordres à Grouchy.

Il est bien entendu que nous ne discutons pas les mouvements de Grouchy, mais notons ses lettres et les ordres de l'Empereur, afin de voir clair dans le plan de la bataille et dans les événements de la journée.

M. Houssaye (3) avoue que, pendant la matinée du 18, l'Empereur a pleine confiance dans Grouchy (4), qu' « il est aveuglé comme Grouchy l'était lui-même », qu'il s'imagine « que les Prussiens allaient s'arrêter à Wavre, ou que, en tout cas, ils se porteraient sur Bruxelles et non sur Mont-Saint-Jean ». J'ai fait ressortir la cécité complète de Napoléon (5), d'après les documents de M. Houssaye.

A 10 heures du matin, Soult écrit à Grouchy (6) : « L'Empereur a reçu votre dernier rapport daté de Gembloux. Vous

---

(1) Voir mes discussions, p. 387 à 389.
Il ne faut pas oublier les 8 000 hommes laissés à Ligny et Charleroi (*Mémoires*, t. IX, p. 95, 163).
(2) Voir cette étude, p. 263 à 265.
(3) M. Houssaye, p. 324.
(4) Id., p. 285, 324.
(5) Voir cette étude, p. 421 à 424.
(6) M. Houssaye, p. 324, note 2.

ne parlez à Sa Majesté que de deux colonnes prussiennes qui ont passé à Sauvenière et Sart-à-Walhain. Cependant les rapports disent qu'une troisième colonne, qui était assez forte, a passé par Géry et Gentinnes, se dirigeant sur Wavre.

« L'Empereur me charge de vous prévenir qu'en ce moment Sa Majesté va faire attaquer l'armée anglaise qui a pris position à Waterloo, près de la forêt de Soignes. Ainsi Sa Majesté désire que vous dirigiez vos mouvements sur Wavre, afin de vous rapprocher de nous, vous mettre en rapport d'opération et lier les communications, poussant devant vous les corps de l'armée prussienne qui ont pris cette direction et qui auraient pu s'arrêter à Wavre où vous devez arriver le plus tôt possible.

« Vous ferez suivre les colonnes ennemies qui ont pris sur votre droite par quelques corps légers, afin d'observer leurs mouvements et de ramasser leurs traînards.

« Instruisez-moi immédiatement de vos dispositions et de votre marche, ainsi que des nouvelles que vous avez sur les ennemis, et ne négligez pas de lier vos communications avec nous; l'Empereur désire avoir très souvent de vos nouvelles. »

Comme le fait observer avec raison M. Houssaye (1), il ne faut voir dans cet ordre que ce qui y est contenu. L'Empereur ne prescrit nullement au maréchal de manœuvrer par sa gauche. M. Houssaye critique fort justement les fausses interprétations données aux expressions de cette lettre. Il conclut en affirmant que « l'Empereur, à 10 heures du matin, n'appelait pas Grouchy sur son champ de bataille et ne comptait pas l'y voir arriver ».

J'ajouterai que les mots « Sa Majesté désire que vous dirigiez vos mouvements sur Wavre » continuent la direction néfaste imprimée par Napoléon à Grouchy, comme je l'ai démontré (2). Le Wavre du 17 et du 18 vaut les Quatre-Bras du 16. C'est l'ordre de la « tête baissée » sur les Quatre-Bras

---

(1) P. 325.
(2) Voir cette étude, p. 349 à 382, 385 à 389.

qui a fait manquer Ligny et l'écrasement des Prussiens (1).
Il était impossible d'attendre un meilleur résultat pour
Wavre.

Il y a lieu de remarquer que dans cet ordre authentique du
18 (10 heures du matin) il n'est pas dit un mot du fameux
détachement de Saint-Lambert, demandé, parait-il, par des
ordres nocturnes, le 17 à 10 heures du soir et le 18 à 4 heures
du matin. Il est donc évident que Napoléon n'y attache
aucune importance. Wavre seul le préoccupe (2).

Peu de temps après que cette dépêche de Soult est partie (3),
passé 10 heures, parvient au quartier général une lettre de
Grouchy. Le maréchal l'envoie de Gembloux à 6 heures du
matin : « Sire, écrit-il, tous mes rapports et renseignements
confirment que l'ennemi se retire sur Bruxelles pour s'y concentrer ou livrer bataille après s'être réuni à Wellington. Le
premier et le second corps de l'armée de Blücher paraissent
se diriger le premier sur Corbais, et le deuxième sur Chaumont. Ils doivent être partis hier soir, à 8 heures et demie,
de Tourinnes et avoir marché toute la nuit; heureusement
qu'elle a été si mauvaise qu'ils n'auront pu faire beaucoup
de chemin. Je pars à l'instant pour Sart-à-Walhain, d'où je
me porterai à Corbais et à Wavre. »

L'Empereur ne répond à cette missive de Grouchy qu'à
une heure de l'après-midi, « quelques instants, dit M. Houssaye (4), avant d'apercevoir les masses prussiennes sur les
hauteurs de Chapelle-Saint-Lambert... ».

Pour suivre la pensée impériale et déterminer le plan total,
il est nécessaire d'anticiper sur les événements, — mais
comme nous ne jugeons aucun mouvement, sauf naturellement l'idée stratégique résultant du plan de Napoléon, et
que d'autre part il importe d'élucider à fond la question des

---

(1) Voir cette étude, p. 182 à 186, 288 à 298, 306 à 307.
(2) V. *Mémoires*, t. IX, p. 102, 103. Voir cette étude, p. 371 à 382. Nous
devons en conséquence considérer l'ordre de Saint-Lambert comme inexistant, puisqu'une lettre authentique du 18, 10 heures du matin, n'en fait aucune mention.
(3) M. Houssaye, p. 342, note 1.
(4) Id., p. 343.

lettres et ordres, nous poursuivons l'étude de la correspondance entre Napoléon et Grouchy.

L'Empereur lui fait donc écrire à une heure : « Vous avez écrit à l'Empereur ce matin à 6 heures que vous marchiez sur Sart-à-Walhain. Donc votre projet était de vous porter à Corbais et à Wavre. Le mouvement est conforme aux dispositions de Sa Majesté qui vous ont été communiquées. Cependant l'Empereur m'ordonne de vous dire que vous devez toujours manœuvrer dans notre direction et chercher à vous rapprocher de l'armée afin que vous puissiez nous joindre avant qu'aucun corps puisse se mettre entre nous. Je ne vous indique pas de direction. C'est à vous à voir le point où nous sommes pour vous régler en conséquence et pour lier nos communications, ainsi que pour être toujours en mesure de tomber sur quelques troupes ennemies qui chercheraient à inquiéter notre droite et les écraser.

« En ce moment la bataille est engagée sur la ligne de Waterloo. »

Au moment où cette lettre se termine, apparaissent « les colonnes prussiennes » (1). L'Empereur fit ajouter ce post-scriptum :

« Une lettre qui vient d'être interceptée porte que le général Bülow doit attaquer notre flanc droit. Nous croyons apercevoir ce corps sur les hauteurs de Saint-Lambert. Ainsi ne perdez pas un instant pour vous rapprocher de nous, et nous joindre, et pour écraser Bülow que vous prendrez en flagrant délit. »

Et Soult, probablement fort inquiet, ajoute encore, après le nom de Waterloo : « En avant de la forêt de Soignes, le centre de l'ennemi est à Mont-Saint-Jean. Ainsi manœuvrez pour joindre notre droite. »

Remarquons qu'il est question de Saint-Lambert pour Bülow, mais qu'il n'existe pas l'ombre d'une allusion au soi-disant détachement de 7 000 hommes prescrit par les soi-

(1) M. HOUSSAYE, p. 344.

disant ordres nocturnes du 17, 10 heures du soir, et 18, 4 heures du matin. Donc ces ordres doivent être considérés comme inexistants. Napoléon a pu y penser, mais il n'a pas réalisé son intention. Il en est du détachement de Saint-Lambert comme du plan ébauché, mais non prescrit. Ce fut un rêve (1). Cette question est élucidée. L'intérêt est ailleurs.

Pour que tout marchât à souhait, il eût fallu déchirer la lettre et ne laisser que le post-scriptum et les deux lignes de Soult.

S'il n'était pas encore question du nom damné de Wavre, « vous porter à Corbais et à Wavre », si l'Empereur, en raison de sa volonté trop entière, ne s'acharnait pas à approuver le « mouvement [sur Wavre] conforme aux dispositions de Sa Majesté (2) », l'ordre d'une heure était parfait et pouvait peut-être réparer une partie du mal. Mais malheureusement, là encore, nous constatons le défaut énorme de la méthode de commandement de Napoléon. Il ne laisse pas du tout Grouchy complètement libre. Il maintient la direction de Wavre, en sorte que l'infortuné maréchal doit, d'une part, se diriger sur ce village fatal et, d'autre part, manœuvrer de façon à rejoindre la droite de l'armée à Mont-Saint-Jean! C'est un problème insoluble, non seulement à l'heure où l'ordre lui parviendra, mais à n'importe quel moment de la journée.

C'est absolument la même situation que le 16 pour les Quatre-Bras (3).

A Wavre, Grouchy trouvera l'ennemi. Donc il devra se battre. Donc, il ne sera plus disponible pour manœuvrer et joindre la droite de l'armée à Mont-Saint-Jean! Nous retrouvons également la situation de Ney et de Marmont au 16 octobre 1813. Toujours le double but, la multiplicité inextricable des préoccupations et des efforts!

Faites partir Grouchy de Gembloux à 3 heures du

---

(1) V. *Mémoires*, t. IX, p. 102, 103; V. M. Houssaye, p. 277, 278, 284, 285 et notes. Voir cette étude, p. 414 à 424.
(2) Voir cette étude, p. 349 à 370.
(3) Voir cette étude, p. 182 à 186, 298 à 306.

matin, comme l'exposent tous les partisans de la tradition. Il arrive à 7 heures à Wavre. En face de lui, il trouvera des baïonnettes et des canons — Thielmann ou un autre, n'importe. Qu'arrivera-t-il ensuite? La bataille, l'aléa, peut-être la victoire, mais sûrement l'arrêt absolu et l'impossibilité de rejoindre l'Empereur. Quand Thielmann aurait dû se faire hacher jusqu'au dernier homme (1), il n'eût pas cédé. Alors quel moyen restait-il pour barrer la route à Bülow, à Pirch et à Zieten? Les 7 000 hommes demandés à Saint-Lambert? Une barrière de roseau devant une avalanche (2).

Ah! si Napoléon avait écrit à Grouchy : « Je révoque tous mes ordres antérieurs et vous enjoins de marcher de suite, où que vous soyez, droit sur Mont-Saint-Jean », alors, la légende aurait pleinement raison. Mais du moment que l'Empereur maintient le nom de Wavre, tout est perdu d'avance. Si même, au lieu de donner un ordre absolu, — un véritable ordre de bataille suprême, — Napoléon avait écrit : « Je vous laisse libre » de toute direction, mais je compte sur votre arrivée à la bataille, — sans reparler de Wavre, — nous serions en droit d'écraser Grouchy comme un être inepte, mais qui donc nous le permet? N'oublions pas « le mouvement (sur Wavre) est conforme aux dispositions de Sa Majesté ». Grouchy pouvait-il discuter et interpréter librement? N'oublions pas, quand il s'agit d'un ordre impérial, le « Personne ne connaît sa pensée (3) ». Prétendra-t-on qu'elle est claire? Soutiendra-t-on que l'Empereur laisse Grouchy libre? Pour l'affirmer, il faudrait torturer les textes et rayer le nom de Wavre. La répétition, l'obsession de ce nom égara et démoralisa Grouchy.

L'habitude du mystère (4) et de l'impénétrable réserve

---

(1) Parole de Gneisenau rapportée par M. Houssaye, p. 381 : « Il n'importe qu'il (Thielmann) soit écrasé à Wavre si nous avons la victoire ici. »

(2) J'admets l'hypothèse invraisemblable que l'ordre inexistant ait été donné et soit parvenu. (V. les citations et discussions des pages 424 à 427.)

(3) Général Bonnal, *Vie du maréchal Ney*, p. 367, 370. (Ordres formels de Berthier, lancés par ordre de l'Empereur.)

(4) Id., *Manœuvre d'Iéna*, p. 128.

imprime aux concepts de Napoléon je ne sais quoi d'obscur qui causa sa perte — et l'effroyable désastre. Il eût fallu dans ces heures tragiques qu'une volonté puissante se dressât en face de lui, quitte à ne lui obéir que pour le bien du service, c'est-à-dire à négliger le côté faux de ses ordres. Mais qui donc eût été de taille ? Faut-il encore rappeler ceux qu'il écarta des plaines de Belgique ?

Nous avons vu Grouchy renseigner l'Empereur par une première missive le 17 à 11 heures du soir (1), et une deuxième le 18 à 5 heures du matin (2). Il lui en adresse une troisième.

A 11 heures du matin, Grouchy (3) écrit de Sart-à-Walhain à Napoléon : « Ce soir (soir de ce 18), je vais être massé à Wavre et me trouver ainsi entre Wellington, que je présume en retraite devant Votre Majesté, et l'armée prussienne. J'ai besoin d'instructions ultérieures sur ce que Votre Majesté désire que je fasse..... »

Inutile de nous appesantir sur les illusions de Grouchy. Serviteur trop docile, il ne pense qu'à Wavre, où son maître l'a dirigé, où son maître approuve qu'il marche (4).

Récapitulons les ordres de Napoléon : Il lance au maréchal un premier ordre le 17 à 10 heures du soir (5) — j'admets toutes les allégations de la légende ; — un deuxième (duplicata du premier) le 18 à 4 heures du matin (6); un troisième à 10 heures du matin (7); un quatrième à 1 heure de l'après-midi (8).

Admettons, contrairement à toutes les preuves accumu-

---

(1) *Mémoires*, t. IX, p. 102; M. Houssaye, p. 284 (Dissentiment entre les *Mémoires* et M. Houssaye). Voir cette étude, p. 424 à 427.
(2) *Ibid.*, t. IX, p. 103; M. Houssaye, p. 293 et note. (Le dissentiment persiste.) Voir cette étude, p. 424 à 427.
(3) M. Houssaye, p. 299, note 1.
(4) Ordre cité intégralement dans cette étude, p. 427 à 428. (V. M. Houssaye, p. 343, 344.)
(5) *Mémoires*, t. IX, p. 102.
(6) *Ibid.*, p. 103; M. Houssaye, p. 284, note 2; p. 285, notes 1 et 2. Voir cette étude, p. 426.
(7) M. Houssaye, p. 324, note 2. Voir cette étude, p. 428.
(8) Id., p. 343, 344. Voir cette étude, p. 429 à 431.

lées (1), que le premier et le deuxième ordre aient été réalisés. Nous ne connaissons pas les heures de remise entre les mains de Grouchy de ce premier ordre (2) et du duplicata (3), niés par M. Houssaye. Cet historien affirme qu'en supposant que le premier ordre ait été envoyé réellement, il est certain qu'il ne parvint jamais à destination; même discussion pour le duplicata. Voilà deux ordres qui n'ont guère renseigné le maréchal.

Quant au troisième, il le reçut entre 3 heures et demie et 4 heures de l'après-midi, en rejoignant la route de Wavre, après une reconnaissance sur Limelette (4). Les termes dans lesquels cette missive de l'Empereur était conçue (5) ne manquèrent pas leur effet. Grouchy se félicita « d'avoir si bien rempli les instructions de l'Empereur en marchant sur Wavre, au lieu d'écouter les conseils du général Gérard (6) ».

Au moment de l'attaque de Wavre, lui parvint le quatrième ordre, vers 5 heures du soir (7). Cette fois, il était question de joindre la droite de l'armée et d'écraser Bülow en marche. Grouchy le comprit, mais, comme il était encore question de l'éternel et infernal village de Wavre, il ne voulut pas le lâcher. L'impulsion de l'Empereur, qui lui prescrivait deux buts et non un seul, produisit encore ses lamentables conséquences. Grouchy divise ses forces et presse simplement la marche de Pajol vers Limale. D'ailleurs il était 5 heures du soir.

Restons sur le terrain des ordres — sur l'examen du plan. Nous avons voulu solutionner le concept total de Napoléon dans la journée du 18. Notre tâche est terminée pour ce chapitre.

Vis-à-vis des Anglais, l'Empereur, malgré tous les rensei-

---

(1) Voir mes discussions, p. 424 à 427.
(2) M. Houssaye, p. 277, 278, note 1.
(3) Id., p. 284, note 2; 285, notes 1 et 2.
(4) Id., p. 460, 461.
(5) Voir ma discussion, p. 427 à 429.
(6) M. Houssaye, p. 462, 463.
(7) Id., p. 405, 406.

gnements et conseils, — même ceux qu'il sollicite — dédaigne de manœuvrer (1). Il veut le coup de force direct, front contre front, sans l'ombre d'une attaque enveloppante, par la droite ou par la gauche, sans préparation. Il joue la difficulté comme à plaisir.

Vis-à-vis des Prussiens, il réitère dans tous ses ordres la prescription ininterrompue et obsédante concernant la direction de Wavre et la marche sur ce point précis. Par suite, il annihile lui-même toutes les lueurs d'intelligence et velléités d'énergie qu'un lieutenant trop obéissant pouvait concevoir.

Pour sauver l'Empereur, l'armée et la France, il eût fallu commencer par lui désobéir dès le 17 (2), ne pas suivre les talons de Blücher comme les ordres formels de Napoléon le prescrivaient (3), ne pas marcher sur Wavre, comme il l'a répété à satiété le 17 et le 18. Le lieutenant qui eût rallié l'armée sans remplir sa mission risquait le jugement en conseil de guerre. Celui qui eût marché sur Moustier et Ottignies eût révélé une capacité stratégique que les circonstances ne permettent guère de concevoir, attendu que, pour résoudre le problème, il ne disposait que de la moitié des données nécessaires. Il eût fallu l'intuition du génie. Mais les hommes capables d'intuition sont rares, et Napoléon ne les supportait plus auprès de lui (4).

LA BATAILLE DE WATERLOO. — COUP D'ŒIL D'ENSEMBLE
LE TERRAIN ET L'ARTILLERIE

Thiers, le colonel Camon et M. Houssaye, tous trois partisans de la tradition, nous renseigneront sur les phases et incidents de la bataille. Il nous appartiendra d'en établir la

(1) M. HOUSSAYE, p. 333.
(2) Voir mes discussions, p. 371 à 382.
(3) M. HOUSSAYE, p. 236, 237, 343, 344; *Mémoires*, t. IX, p. 101, 102, 103 (répétition du nom de Wavre). Voir cette étude, p. 349 à 382, 385 à 389.
(4) Voir *Psychologie de Napoléon*, chap. III, p. 75 à 84.

critique raisonnée. Je cite Thiers le premier, non seulement en raison des dates, mais parce qu'en définitive son œuvre persiste dans celles des deux autres historiens. Ses connaissances personnelles au point de vue tactique sont fort discutables, mais il a connu plusieurs, et non des moindres acteurs du drame, et son récit garde un reflet de leurs impressions. De son temps, il n'était pas de mode de citer les sources, mais il a puisé aux meilleures.

Contre un ennemi posté dans des conditions aussi sérieuses que l'armée anglaise, la première action nécessaire est celle de l'artillerie. Après l'exposition théâtrale de la revue, l'Empereur ne pouvait compter sur une manœuvre de surprise (1). D'ailleurs il n'en tente aucune (2). Donc, nous sommes ramenés au coup de force (3). Suivant l'expression admise et légendaire (4), Napoléon prend le taureau par les cornes. Quelle préparation d'artillerie a-t-il effectuée?

« A 11 heures et demie, dit Thiers (5), Napoléon donne le signal, et de notre côté 120 bouches à feu y répondirent. » Thiers nous explique que Napoléon avait accumulé 80 pièces sur la droite, les batteries de 12 de d'Erlon, celles de Reille, celles de Lobau et un certain nombre de pièces de la Garde. « Beaucoup de nos boulets, dit-il, prenant d'écharpe la grande chaussée de Bruxelles, tombaient au centre de l'armée britannique. »

Si l'on regarde la carte (6), l'affirmation de Thiers paraît pour le moins singulière. A l'en croire, l'armée anglaise aurait dû être détruite après deux heures de préparation. Elle fut à peine atteinte.

Le colonel Camon (7), beaucoup plus compétent que Thiers sur ce point spécial, remet les choses au point : il

---

(1) Voir les discussions, p. 411 à 414.
(2) M. Houssaye, p. 333.
(3) Colonel Camon, *Batailles*, p. 497.
(4) M. Grouard, p. 152.
(5) Thiers, p. 552.
(6) Voir la carte de Thiers, celle de Craan (M. Houssaye), celle de Jomini.
(7) *Batailles*, p. 501, 502.

nous informe d'abord que le tir ne commença qu'à une heure et demie, et qu'il ne dura qu'une demi-heure. La grande batterie de 80 pièces était « à 1 500 mètres environ de la ligne anglaise... La portée du 12 était de 1 800 mètres, celle du 8,1 500. Le 12, qui constituait la majeure partie de la batterie, pouvait à la rigueur battre la ligne anglaise sur une profondeur de 300 mètres ».

Il faut en rabattre des imaginations de Thiers. Wellington retire son artillerie (1), ce qui nous apprend que cette arme pouvait très bien manœuvrer sur les plateaux, l'infanterie anglaise est abritée dans le chemin creux. Au total, le tir de la grande batterie aboutit à « peu d'effet ». M. Camon nous dit « beaucoup de fracas » et « peu d'effet (2) ».

Ainsi, préparation insuffisante comme durée, inefficace comme distance. Le colonel Camon nous dit qu'on ne put « la porter en avant pour améliorer son tir, car quelques batteries, qui tentèrent de franchir le vallon, s'y embourbèrent et furent sabrées par la cavalerie (3) ».

Si elles furent sabrées par la cavalerie anglaise, la faute en retombe sur le commandement français. Nous constatons ici le premier indice de la conduite lamentable de la bataille : désaccord complet entre les trois armes. Un bond en avant de l'artillerie doit être protégé soit par l'infanterie, soit par la cavalerie, et, s'il est possible, par les deux.

Examinons le terrain d'après le plan dressé par Craan (carte de M. Houssaye).

Avant même de solutionner à fond la question des manœuvres d'artillerie sur l'ensemble du champ de bataille, déterminons les résultats qui, d'après la carte et les données authentiques, eussent pu être obtenus par un effet prolongé de la grande batterie sur un second emplacement.

Cette grande batterie était placée sur le plateau qui s'étend de la Belle-Alliance dans la direction de Smohain. M. Hous-

---

(1) *Batailles*, p. 501, 502.
(2) Colonel CAMON, *Batailles*, p. 502.
(3) *Ibid*.

saye (1) dit : « en avant et à droite de la Belle-Alliance ». Ce plateau est en effet à 1500 mètres du centre anglais (2). Il est jalonné par la ligne droite des quatre divisions de d'Erlon (3).

Continuons à examiner la carte de Craan en faisant abstraction de toute autre donnée. En avant de ce plateau, environ à moitié chemin entre la Belle-Alliance et la Haye-Sainte, — un peu plus près de cette seconde ferme que de la première, — s'allonge des deux côtés de la route un second plateau parallèle au premier, et qui domine la Haye-Sainte à droite et à gauche de la grande chaussée de Bruxelles. Il est plus rapproché que le premier du centre de Wellington d'environ 500 mètres.

La grande batterie, installée en cet endroit, eût broyé la défense. Elle aurait disposé de 800 mètres de profondeur pour battre le centre anglais, au lieu de 300, comme l'indique le colonel Camon, pour le premier plateau. Les boulets auraient porté jusqu'à Mont-Saint-Jean. La place ne manquait pas : plus de 1000 mètres d'étendue. Les batteries eussent démoli la Haye-Sainte, les obstacles du chemin d'Ohain et rendu intenable la position de Wellington. Était-il donc impossible d'y arriver?

On ne pouvait songer à descendre dans les vallons (4), en dehors des plateaux et des routes, admettons ce fait légendaire. Mais on pouvait manœuvrer sur les plateaux, donc défiler par la grande chaussée de Bruxelles. Cette chaussée court depuis la Belle-Alliance jusqu'au second plateau. C'est à peine si les plans et cartes indiquent quelques points encaissés, mais la

---

(1) M. Houssaye, p. 340.
(2) Colonel Camon, *Batailles*, p. 502.
(3) Le colonel Camon nous dit que la grande batterie suspendit son feu pour laisser passer l'infanterie dans les intervalles des pièces (p. 501 et 502). Les pièces étaient placées sur la crête et les divisions alignées le long de la route.
(4) J'admets ce point, bien que fort discutable. Voir mes discussions, p. 413 à 417. V. l'affirmation que l'artillerie pouvait manœuvrer, produite par Napoléon lui-même. *Mémoires*, t. IX, p. 110. Voir M. Houssaye, p. 320, note 3, citations de Napoléon, Gourgaud et Siborne : « Le terrain, à midi, était devenu praticable à l'artillerie. »

route étant bonne, les pentes étaient faciles à remonter, les pièces n'étaient pas exposées à sombrer dans un creux. Par suite, en profitant du retrait des canons de Wellington, la grande batterie, ou une seconde masse d'artillerie, protégée par son feu, eût pu se déployer sur le second plateau, à droite et à gauche de la route. Il y avait certes danger. La lutte d'artillerie eût été vive, mais le déploiement de Sénarmont à Friedland (1), celui d'Aboville, de Boulard, de Pommereul et de Drouot (2) à Wagram n'en offraient-ils pas d'aussi graves? Et pourtant ils ont pleinement réussi.

En résumé, il s'agissait d'un bond en avant de 500 mètres. Pourquoi ne fut-il pas tenté?

Comment Napoléon n'a-t-il pas songé à gagner la bataille avec son artillerie, admirable de vigueur, de précision, d'héroïsme? En était-il venu à tout dédaigner, la préparation comme la manœuvre?

En évitant l'exposition théâtrale, en lançant une nuée de tirailleurs sur ce second plateau, en disposant à droite et à gauche ses divisions de cavalerie, le bond en avant d'une masse d'artillerie n'eût rencontré que l'obstacle normal d'une lutte contre les batteries anglaises.

Napoléon disposait de 266 pièces (3). Wellington n'en avait que 174 (4). L'artillerie française était la première du monde. Si 80 pièces ne suffisaient pas à la grande batterie, il n'y avait qu'à en jeter le double, la moitié en position sur la hauteur de la Belle-Alliance, l'autre s'avançant sur la hauteur qui domine la Haye-Sainte, à droite et à gauche de la route.

Donc, Napoléon pouvait écraser l'ennemi. Il a dépendu de lui de commencer la préparation par le canon à 10 heures au plus tard. Lui-même nous dit qu'après son déjeuner de 8 heures, — immédiatement après, — soit vers 9 heures, « des officiers d'artillerie, qui avaient parcouru la plaine,

(1) Colonel Camon, *Batailles*, p. 257, 271, 272.
(2) *Ibid.*, p. 297.
(3) M. Houssaye, p. 330.
(4) Id., p. 314, note 5.

annoncèrent que l'artillerie pouvait manœuvrer, quoique avec quelques difficultés qui, dans une heure, seraient bien diminuées (1) ». Avec son témoignage, nous pouvons à la rigueur négliger tous les romans de la légende concernant le terrain. Toutefois, poursuivons et insistons.

Admettons l'entrée en jeu du canon à 10 heures. A 1 heure de l'après-midi, après trois heures d'un feu infernal, — comme à Friedland et à Wagram, — avant que Bülow eût avancé un seul homme vers Saint-Lambert, l'armée anglaise eût été épuisée. D'Erlon, Lobau et la Garde, montant les rampes du plateau de Mont-Saint-Jean, l'eussent disloquée dans l'élan d'une charge.

Mais Napoléon, grand capitaine, génie prodigieux, ne s'est même plus souvenu de ses débuts comme général d'artillerie. Il a méprisé l'action du canon autant que la manœuvre. Il n'a pas gardé la mémoire de ses paroles à La Riboisière sur le champ de bataille de Wagram : « A Eylau, votre artillerie m'a puissamment soutenu, aujourd'hui elle gagnera la bataille (2). » Ce n'est pas que sa mémoire ait faibli, mais l'orgueil a tout submergé. Qu'a-t-il besoin d'artillerie, ou de manœuvres! Lui seul, sa pensée, son rêve, son illusion! En dehors de son concept personnel, rien ne le touche.

On m'objectera que Wellington avait abrité ses lignes d'infanterie, y compris les réserves, dans les chemins creux et vallons, que de plus, en indiquant ce bond en avant sur le second plateau rapproché de la Haye-Sainte, je néglige les premiers et fort sérieux obstacles que le général anglais avait accumulés sur son front, notamment Hougoumont. Admettons que je n'aie présenté qu'une esquisse de la manœuvre d'artillerie, et discutons à fond.

Si l'on examine la direction de Rossomme à Braine-l'Alleud (3), on voit qu'un long plateau oblique s'étend depuis la

(1) *Mémoires*, t. IX, p. 109, 110.
(2) Colonel CAMON, *Batailles*, p. 297.
(3) Je ne me sers encore que de la carte de Craan. Toutefois le lecteur peut consulter utilement la carte au 1/20 000 de Saint-Julien, très exacte et très intéressante. J'en ai vérifié la précision sur le terrain en mars 1914.

grande chaussée de Bruxelles jusqu'à l'extrême droite anglaise (Braine-l'Alleud). Le chemin de Genappe y court en droite ligne. Ce plateau était facilement abordable. On ne voit pas que les batteries de Reille (batteries divisionnaires) et les batteries à cheval de Kellermann (1) aient éprouvé la moindre difficulté de manœuvre. Or la crête commande Hougoumont (château et ferme) et plonge sur les taillis à 300 mètres environ. De plus, les batteries françaises placées en arrière de cette crête, et étendues au delà de la bifurcation de la route de Nivelles à Mont-Saint-Jean, eussent pris d'enfilade une partie du chemin d'Ohain et des vallons, creux et replis de terrain où Wellington abrita ses réserves. Les pièces de 12, tirant à 1 800 mètres, pouvaient les foudroyer jusque près de la route de Bruxelles.

La manœuvre complète de l'artillerie découle de la position de ce plateau, que j'appellerai le plateau du chemin de Genappe, et de celles que j'ai examinées plus haut : 1° hauteur en avant et à droite de la Belle-Alliance ; 2° hauteur avant d'arriver à la Haye-Sainte (2).

Puisqu'on ne pouvait manœuvrer que sur les hauteurs, au moins fallait-il s'en servir. L'artillerie pouvait être divisée en trois masses : la première placée comme elle le fut, sur la hauteur de la Belle-Alliance. Son utilité était de déterminer la retraite de l'artillerie de Wellington. La seconde masse eût profité de ce retrait pour effectuer le bond en avant d'environ 500 mètres sur le second plateau, en avant de la Haye-Sainte ; au même moment, la troisième eût écrasé de ses boulets Hougoumont, réduit au silence l'artillerie de la droite anglaise. Ces deux groupes de batteries dominant Hougoumont et la Haye-Sainte auraient pris d'enfilade tous les vallons et creux, lignes d'infanterie et de cavalerie de Wellington, broyé et disloqué son armée en trois heures de feu. Chaque masse pouvait être portée à 80 ou 90 pièces.

Quant à l'infanterie française, au lieu de la ranger en

(1) M. Houssaye, p. 336, 337.
(2) Voir la carte de Craan (M. Houssaye). Voir cette étude, p. 413 à 417, 437 à 439.

masses compactes et lourdes, à la manière d'une phalange macédonienne, il fallait la découper en lignes de tirailleurs jetées sur les crêtes des plateaux, en colonnes alertes dans l'intervalle ou sur les flancs des batteries. Les corps de cavalerie eussent complété la défense des masses d'artillerie.

A quel parti eût dû se résoudre Wellington? 174 pièces contre 266 supérieurement servies, sa défaite était certaine. Pour ne pas s'avouer vaincu sans bataille, pour gagner au moins le temps et l'espace de la retraite, il fallait tenter une attaque, sortir de ses lignes, descendre dans les vallons et remonter les pentes à l'assaut de l'armée française. C'était la bataille renversée, et le plan des Anglais détruit. Devant ce retour offensif, l'artillerie de Napoléon eût tiré à mitraille. L'offensive de Wellington eût aussi mal réussi que sa défensive.

Comme dernière entrée de jeu et pour achever le coup de massue, d'Erlon, Lobau et la Garde eussent décidé la victoire par un choc suprême, longuement préparé.

Mais, pour obtenir un tel résultat, il fallait manœuvrer, se donner la peine d'étudier le terrain et de mettre en jeu les éléments de victoire. Napoléon l'a jugé inutile.

Il est nécessaire que le lecteur y voie absolument clair, que tout le monde sache définitivement à quoi s'en tenir sur les positions de Waterloo. Or il subsiste encore dans la légende des termes équivoques. Éclaircissons ces détails.

En cette circonstance, je ne puis que citer et approuver les expressions fort claires du colonel Camon. La grande batterie, dit-il, « se trouvait à 1 500 mètres environ de la ligne anglaise (1) ». Donc, il ne peut exister le moindre doute. Elle était placée sur le plateau de la Belle-Alliance.

Mais Thiers (2) nous expose que cette grande batterie, « tirant par-dessus le petit vallon situé entre les deux armées, envoyait ses boulets jusque sur le revers du pla-

---

(1) Colonel Camon, *Batailles*, p. 502.
(2) Thiers, t. IV, p. 552, col. 2.

teau... » et que « nos boulets... tombaient au centre de l'armée britannique ».

Il est évident que Thiers n'a pas compris les *Mémoires*, qu'il n'a pas étudié les cartes — même la sienne — et qu'il n'a jamais pris la peine d'aller voir le champ de bataille.

Napoléon (1), dans ses *Mémoires*, parle des 10 divisions d'artillerie placées « la gauche appuyée à la chaussée de Charleroi, sur les monticules au delà de la Belle-Alliance et en avant de la division de gauche du 1er corps ». Cette explication s'accorde fort bien avec celles du colonel Camon et de M. Houssaye (2). La crête dominante du plateau de la Belle-Alliance — que j'appelle le premier plateau — est au delà de la ferme et en avant du chemin de Papelotte que jalonnaient les 4 divisions du 1er corps.

Mais alors, qu'est-ce que Thiers nous expose avec le « petit vallon situé entre les deux armées » ? Expliquons cet imbroglio nettement et à fond.

A lire son récit et d'autres récits légendaires, que le nombre des années a solidifiés, incrustés dans la mémoire des foules, entourés d'une fausse auréole, on s'imaginerait que les troupes françaises, partant du premier plateau (celui de la Belle-Alliance) pour aborder les crêtes du chemin d'Ohain (positions anglaises), devaient descendre dans un vallon et remonter une seule pente. C'est une erreur complète. Entre le plateau de la Belle-Alliance et le chemin d'Ohain, le terrain affecte la même forme que dans toute la plaine de Waterloo : ondulations et vagues successives. Les troupes de d'Erlon, les divisions de Foy et de Bachelu, et toute la cavalerie ont d'abord descendu dans un creux puis remonté sur un plateau — celui que j'appelle le deuxième — puis enfin descendu dans le ravin qui se trouve au pied des pentes du chemin d'Ohain (3).

(1) *Mémoires,* t. IX, p. 118.
(2) M. Houssaye, p. 340, « en avant et à la droite de la Belle-Alliance ». Colonel Camon, *Batailles,* p. 502.
(3) Pour éviter de remonter les pentes du deuxième plateau, il aurait fallu que les troupes se dirigent par le creux qui touche à Papelotte. Les cuirassiers de

Ce deuxième plateau est orienté comme le premier, celui de la Belle-Alliance. Il est surtout accentué à gauche de la grande chaussée de Bruxelles et s'arrondit en forme de demi-cercle. De là, il se prolonge vers Hougoumont. Le demi-cercle domine nettement la Haye-Sainte, qui se trouve à environ 1 000 mètres de la Belle-Alliance.

La situation est donc très nette, soit à droite, soit à gauche (1) de la chaussée de Charleroi à Bruxelles.

Partant de la Belle-Alliance, les troupes françaises devaient parcourir environ 500 mètres pour se trouver sur la crête du deuxième plateau, 1 000 mètres pour heurter la Haye-Sainte, et 1 500 mètres pour aborder la crête du chemin d'Ohain, défendu par les Anglais. La situation est moins simple et moins naïve que ne la présente Thiers, mais elle a le mérite d'être claire et de faire comprendre la bataille. Car, si les deux positions n'avaient été séparées que par le « petit vallon » de Thiers, on ne s'explique pas qu'après le feu de la grande batterie, — les pièces de 12 portant à 1 800 mètres, — un seul soldat anglais soit resté debout, depuis le chemin d'Ohain jusqu'à Mont-Saint-Jean.

Après le terrain, examinons la possibilité des manœuvres d'artillerie.

Trois objections peuvent être faites à ma thèse : 1° La légende s'est accréditée que des bouleversements ont transformé le champ de bataille. En ce qui concerne le chemin creux d'Ohain situé entre les chaussées de Charleroi et de Nivelles, le fait est vrai dans une certaine mesure. La construction du monument du Lion a exigé 32 000 mètres cubes de terre, mais ces terres ont été prises du côté anglais. Les travaux ont fait disparaître les haies, la sablonnière (2). Mais il n'a pas été enlevé une motte de terre du côté où

Milhaud ont peut-être exécuté ce mouvement (M. Houssaye, p. 369) à 4 heures et quart, mais ce fut tout. Et encore il n'est nullement prouvé que Milhaud exécuta un pareil détour.

(1) La droite et la gauche s'entendent pour un spectateur placé comme les troupes françaises, le dos à Charleroi et la face vers Waterloo et Bruxelles.

(2) Voir M. Houssaye, p. 308, 309, note.

s'étalent les plateaux dont je parle : le deuxième à 4 ou 500 mètres avant la Haye-Sainte et le troisième à gauche d'Hougoumont (1).

2° Peut-être m'objectera-t-on que le relief des second et troisième plateaux est moins accentué que celui du premier (la Belle-Alliance) où se trouvait placée la grande batterie. Par suite ils se trouvaient aussi en contre-bas de quelques mètres relativement aux batteries anglaises du chemin d'Ohain. Je l'admets (2). Mais si, pour attaquer une position, il fallait toujours disposer de hauteurs qui écrasent l'adversaire et ne rien risquer, toute attaque deviendrait impossible. Sénarmont en avait risqué bien d'autres à Friedland (3).

L'avantage énorme des deuxième et troisième plateaux, c'est qu'ils étaient plus rapprochés des réserves anglaises que celui de la Belle-Alliance d'environ un demi-kilomètre. Donc, les batteries postées sur ces emplacements ne se seraient pas bornées à un inutile « fracas (4) » ; elles auraient broyé l'ennemi.

(1) La carte de Craan dressée en 1816, et que produit M. Houssaye, peut présenter certains défauts, comme toute œuvre humaine, mais elle est rigoureusement conforme à l'aspect général et indique admirablement les ondulations, les vagues du sol. En contrôlant *de visu*, on est frappé de son exactitude. Il est bien évident d'autre part que, si on avait enlevé des terres aux deuxième et troisième plateaux, on aurait diminué leur relief. Donc, au 18 juin 1815, ils eussent été encore plus accentués, et par suite plus commodes pour assurer la vue dominante sur l'ennemi et l'efficacité du tir. Donc, ma démonstration n'en serait que plus péremptoire.

(2) Il ne faut d'ailleurs rien exagérer. Si l'on considère le plateau de la Belle-Alliance, le deuxième plateau et la partie du chemin d'Ohain qui fut abordée par les troupes françaises, il ne s'agit que, de différences de 4, 5, au plus, en de rares endroits, de 10 mètres. Sur les cartes cotées, on constate même que des points du deuxième plateau portent des cotes aussi hautes que le premier. (V. notamment la carte de l'Institut cartographique militaire, publiée par M. Saint-Julien dans une notice de 20 pages sur Waterloo.) Le relief de la carte de Jomini (pl. XXIX) indique les ondulations, mais moins clairement que la carte de Craan. Je cite surtout cette dernière, parce que, pour combattre la légende, je ne veux m'appuyer que sur des renseignements authentiques. Or la carte de Craan est juste, conforme aux vues que l'on retrouve sur le terrain, *de visu*, authentique, produite par M. Houssaye, et elle donne raison à ma thèse.

(3) Voir les citations et discussions, p. 392 notes 2 et 3, 439 note 1, 465 note 1.

(4) Colonel Camon, *Batailles*, p. 502.

3° Pour l'installation des pièces sur le deuxième plateau, on peut objecter qu'aucun chemin n'existait, et que toute manœuvre eût été impraticable. Toutefois, pour y arriver, on disposait de la grande chaussée de Bruxelles. Il ne s'agissait par suite que d'un effort de 2 à 300 mètres pour la pièce la plus éloignée de cette route — et sur un plateau, non pas dans un creux. Or, Wellington a fait manœuvrer ses batteries sur le plateau anglais (1), Blücher a fait avancer ses canons dans les fondrières du ruisseau de Lasne (2). Bien plus, M. Houssaye nous parle de deux batteries qui accompagnent le 1er corps (3). Ces batteries furent sabrées par les cavaliers anglais, qui coupèrent les traits et les attelages et culbutèrent les pièces dans le ravin, mais il n'est nullement prouvé qu'elles furent entravées par le terrain.

Nous disposons de renseignements authentiques plus formels encore. M. Houssaye nous parle d'une batterie installée par le maréchal Ney sur un monticule près de la Haye-Sainte (4). Enfin 2 pièces de 8 s'avancent avec les carrés de la vieille Garde (5).

Donc un bond en avant de 500 mètres était possible pour une masse d'artillerie. En se servant de la grande route de Bruxelles et, d'autre part, du chemin d'Hougoumont, Napoléon eût pu mettre à profit la supériorité numérique de son artillerie (266 pièces (6) contre 174) (7). Mais pour l'artillerie comme pour l'infanterie et la cavalerie, il importait de ne pas dédaigner la manœuvre (8).

Après cet exposé, le lecteur verra clair dans la bataille, qui, sans un jet puissant de lumière dès l'origine, représente

---

(1) Colonel Camon, p. 502 : « Wellington mit hors d'atteinte son artillerie. » M. Houssaye, p. 407 : « l'artillerie anglaise disposée en arc de cercle ».
(2) M. Houssaye, p. 378. V. aussi p. 399.
(3) Id., p. 357 : « Les Scots-Greys rencontrent à mi-côte deux batteries divisionnaires. »
(4) Id., p. 390.
(5) Id., p. 405.
(6) Id., p. 331 et note 1.
(7) Id., p. 314, note 5.
(8) Id., p. 333.

la plus incohérente, la plus décousue, la plus lamentable des luttes modernes.

ATTAQUE D'HOUGOUMONT

Thiers (1), le colonel Camon (2) et M. Houssaye (3) nous exposent d'abord l'attaque d'Hougoumont. Le colonel Camon présente cette attaque comme un combat d'immobilisation et d'usure. Le 2ᵉ corps français (Reille) fut en effet immobilisé et usé par ce combat stérile, et sans aboutir à aucun résultat, car jamais Hougoumont ne fut pris. Wellington n'y avait placé que 1 800 hommes (4). Il n'envoya comme renfort que 3 compagnies de gardes anglaises et 2 bataillons (5). Donc, il ne fut ni entravé, ni épuisé par cette lutte partielle. De notre côté, la division du prince Jérôme s'y abîma ; quant à Foy et Bachelu, on ne les voit reparaître dans l'action générale que vers 6 heures du soir (6).

Il est donc impossible de présenter le combat d'Hougoumont sous la forme que lui prête M. Camon.

M. Houssaye essaye une autre explication (7). Il imagine que l'Empereur « pense à préparer l'assaut de Mont-Saint-Jean par une démontration du côté de Hougoumont. En donnant de la jalousie à Wellington pour sa droite, on pourrait l'amener à dégarnir un peu son centre ». Qu'est-ce que « la jalousie » vient faire là dedans? La droite vraie et authentique de l'armée anglaise, c'est Braine-l'Alleud et Merbe-Braine (8). L'attaque sur Hougoumont, ce n'est pas une

(1) T. IV, p. 552, 553.
(2) P. 497, 498.
(3) P. 336, 339.
(4) THIERS, p. 549.
(5) M. HOUSSAYE, p. 359.
(6) ID., p. 389.
(7) ID., p. 335.
(8) Le centre du grand carré d'Hougoumont est à plus de 2 000 mètres de Braine-l'Alleud, à 1 800 mètres de Merbe-Braine et seulement à 1 000 mètres de la Belle-Alliance. Voir carte de Craan, justifiée par l'examen *de visu*.

fausse attaque, plus ou moins poussée, destinée à donner le change, mais une part de l'attaque du centre anglais. L'action de Reille ne représente pas le choc d'une masse secondaire qui fixe l'ennemi sur un point, afin que le chef puisse la manœuvrer sur un autre. C'est tout simplement le heurt vulgaire et banal d'une troupe qui marche droit devant elle... sans s'occuper de reconnaître et de briser l'obstacle par le moyen le plus expéditif : le canon.

Quelle fut l'action de l'artillerie sur Hougoumont? Thiers (1) nous dit que Reille fit tirer ses batteries divisionnaires et celles de Piré « sur le bois et le château de Goumont ». Napoléon y joint l'artillerie à cheval de Kellermann. Au total quarante bouches à feu, qui, affirme Thiers, « couvraient de leurs projectiles la droite du duc de Wellington. Beaucoup de boulets étaient perdus, mais d'autres portaient la mort au plus épais des masses ennemies et y produisaient des trouées profondes, malgré le soin qu'on avait eu de les tenir sur le revers du plateau ».

Voilà bien la beauté naïve de la légende qui ne s'embarrasse pas des contradictions les plus monstrueuses. Si les quarante bouches à feu tirent sur le bois et le château (où 1 800 Anglais sont embusqués et à l'abri), comment peuvent-elles « porter la mort au plus épais des masses ennemies » ?

Le colonel Camon (2), mieux documenté, parle d'une seule batterie tirant sur le bois, de trois batteries anglaises qui ripostent, puis de l'artillerie de Reille et de Kellerman entrant en jeu. La préparation dure peu de temps, car l'infanterie a besoin d'une heure de lutte pour occuper le bois. La brigade Bauduin (division Jérôme) arrive devant le mur du parc.

Non seulement notre artillerie ne sert à rien pour préparer l'attaque, mais encore personne n'a l'idée de pratiquer une brèche dans le mur du parc ou dans les bâtiments. Ni Reille,

(1) Thiers, t. IV, p. 552, col. 2.
(2) Colonel Camon, *Batailles*, p. 497, 498; M. Houssaye, p. 336, 339.

ni Jérôme, ni Bauduin, ni un seul commandant de batterie ne donnent un ordre, n'émettent un avis à cet égard. La mentalité des armées impériales en fait de tactique, après vingt ans de guerre, recule au delà du dix-septième siècle (1) !

Les Anglais sont installés confortablement dans les bâtiments, derrière des meurtrières. Bauduin, sur l'ordre du prince Jérôme, essaie de défoncer les murs et les portes avec des crosses de fusil ! Le chef d'état-major de Jérôme s'efforce de le rappeler au bon sens, Reille le rappelle. Le prince Jérôme « s'obstine (2) ». La destruction de sa première brigade ne lui suffit pas. Il y joint la seconde (Soye) et la promène sous le feu des batteries anglaises qui la déciment. C'est en vain qu'à la suite d'un coup d'héroïsme, une fraction des troupes brise la porte et pénètre dans la cour d'Hougoumont (3). Les Anglais abrités les fusillent. M. Houssaye parle de « la masse des Anglais » ! Ils étaient 1 800. A la guerre, l'essentiel n'est pas toujours d'être le plus nombreux, mais le plus adroit, et de savoir mettre en valeur les moyens utiles.

Le nombre de Reille dépassait quatre fois celui des défenseurs d'Hougoumont, y compris les renforts envoyés par Wellington, mais les ordres furent mal conçus, et je ne parle pas seulement des ordres de Reille, mais de ceux de l'Empereur.

Après nous avoir parlé d'une démonstration sur Hougoumont pour forcer Wellington à dégarnir son centre, après avoir fait valoir un mouvement de « jalousie (4) », M. Houssaye revient sur son explication et nous affirme que Napoléon « ne tenait point à s'emparer de Hougoumont, dont la possession lui importait fort peu pour l'attaque qu'il avait ordonnée sur le centre gauche anglais ». Et il ajoute plus

---

(1) V. Vandamme attaquant Ligny sans préparation d'artillerie. M. Houssaye, p. 167 : « Sans daigner préparer l'attaque par son artillerie ». Voir mon étude, p. 322 à 323.
(2) Colonel Camon, p. 498 ; M. Houssaye, p. 338.
(3) M. Houssaye, p. 339.
(4) Id., p. 335.

loin : « On remarquera encore que, les Français une fois maîtres du plateau de Mont-Saint-Jean, les défenseurs de Hougoumont eussent été contraints d'abandonner eux-mêmes cette position (1). »

Cette explication n'a été inventée que pour pallier l'incohérence de la bataille sur ce point. Quand Reille attaqua, l'Empereur n'avait encore conçu aucune préoccupation relative aux Prussiens. La canonnade et la fusillade d'Hougoumont datent de midi (2). Or les Prussiens ne sont aperçus qu'à une heure. La grande attaque ne commence qu'à deux. Donc, si Napoléon n'avait pas voulu le choc sur Hougoumont, il disposait d'une heure pour s'en apercevoir et le contremander. Il l'a certainement voulu et prescrit (3).

M. Houssaye revient sur le « centre gauche anglais », mais, sept lignes plus loin, il parle du plateau de Mont-Saint-Jean, qui est le plein centre anglais : ni droite ni gauche. Le terme « centre gauche » n'est encore qu'une invention pour masquer le défaut complet de manœuvre.

Quant à prendre Mont-Saint-Jean sans s'occuper d'Hougoumont, voilà ce qui peut s'appeler jouir des fruits de la victoire avant de l'assurer.

Si le lecteur veut bien se reporter à ma discussion sur les emplacements de l'artillerie (4), il verra que la condition nécessaire pour exécuter un bond en avant de 500 mètres était précisément de broyer la résistance d'Hougoumont. Pour occuper le second plateau, celui qui domine la Haye-Sainte, il ne fallait pas être exposé à recevoir une fusillade dans le dos.

L'Empereur n'aurait pu négliger Hougoumont que s'il

---

(1) M. Houssaye, p. 336, note 1.
(2) Colonel Camon, *Batailles*, p. 497.
(3) Pour celui qui a vu le champ de bataille, les explications légendaires ne tiennent pas debout. De la Belle-Alliance, de la maison Decoster, l'Empereur voyait admirablement tout le champ de bataille à gauche, depuis Hougoumont jusqu'à la chaussée de Bruxelles. Quant à la droite, il lui suffisait de quelques instants de galop pour être renseigné.
(4) Voir cette étude, p. 436 à 446.

eût attaqué carrément la vraie gauche anglaise, Papelotte, la Haye et Smohain, et non le soi-disant centre gauche. Encore eût-il été fort maladroit de laisser un point d'appui aux Anglais en première ligne.

Il était absolument nécessaire de s'emparer d'Hougoumont, soit pour les emplacements ultérieurs de l'artillerie, soit pour l'attaque du plateau de Mont-Saint-Jean. Malheureusement, l'Empereur ne donna que des ordres verbaux, probablement très vagues, puisque personne n'a jamais pu les reproduire avec certitude.

Cette grave faute initiale produisit de navrantes conséquences, tant pour l'attaque d'artillerie, que pour celle d'infanterie.

Ainsi, nous constatons (1) que l'artillerie anglaise, inférieure en nombre à la nôtre, prend une part active à la lutte, brise nos colonnes d'attaque, et la nôtre est incapable de pratiquer une brèche dans un mur.

La division Jérôme, décimée, échoue dans l'attaque.

Enfin, d'après le colonel Camon (2), une batterie d'obusiers, sur l'ordre de l'Empereur, incendie les bâtiments. Devant les flammes, les gardes anglaises reculent. Mais nulle part, dans aucun récit authentique, on ne constate l'occupation du terrain par nos troupes et l'évacuation absolue par l'ennemi (3).

Ainsi, une bicoque, défendue au total avec les renforts par cinq bataillons anglais, tient en échec pendant six heures le 2ᵉ corps (Reille), soit presque le tiers de l'armée.

En raison de la supériorité énorme de l'artillerie française, — nos pièces étaient dans le rapport de 3 à 2, — il convenait d'abord de ne pas enlever à Reille ses batteries de 12 (4), de ne pas lui mesurer les ressources en artillerie, et de partager les forces de cette arme qu'on lui confiait en deux parts : la

(1) Colonel CAMON, *Batailles*, p. 498 ; M. HOUSSAYE, p. 339.
(2) *Ibid.*, p. 498.
(3) Il est même certain que les Anglais ont tenu jusqu'au soir. (M. HOUSSAYE, p. 360.)
(4) Ordre n° 22060. *Correspondance*, p. 292.

première aurait eu pour mission de contrebattre l'artillerie anglaise et de la mettre dans l'impossibilité d'agir sur nos troupes. La seconde eût défoncé et incendié Hougoumont. Les gardes anglais chassés d'Hougoumont, c'était l'affaire d'une volée de mitraille pour les détruire. Il n'était pas besoin d'y risquer la poitrine d'un voltigeur. L'attaque d'Hougoumont rappelle les fantaisies du vieux Lefebvre parlant de prendre Dantzig « avec la poitrine de ses grenadiers (1) ». Seulement à Hougoumont, les travaux d'approche étaient inutiles. L'artillerie suffisait. Encore fallait-il la concentrer, lui donner les ordres essentiels et lui laisser le temps d'agir.

Reille avait 46 pièces, Kellerman 12 (2). Si ce nombre était insuffisant pour la double action sur les canons anglais et les murs du château, il était possible de recourir à l'artillerie de la Garde, de lui emprunter 12 pièces sur 126 (3).

Pour la grande ou les deux grandes batteries (4), l'artillerie disponible aurait pu comprendre :

La Garde	114
D'Erlon	46
Mouton	32
Milhaud	12
	204

Soit 204 pièces d'après M. Ch. Malo et 196 d'après M. Houssaye.

Mais, au lieu de constituer les groupes de batteries d'une manière normale et logique, d'emprunter aux réserves (à la Garde) les éléments constitutifs de la grande batterie, Napoléon prescrit d'enlever à Reille ses batteries de 12 (5) (douze pièces de 12).

(1) Thiers, t. I*er*, p. 434, col. 2, p. 435, col. 1.
(2) Ch. Malo, *Campagne de 1815*, p. 291, 292, 294.
(3) *Ibid.*, p. 290 à 295.
(4) Voir les discussions, p. 436 à 446.
(5) Ordre n° 22060. *Correspondance*, t. XXVIII, p. 292 ; colonel Camon, *Batailles*, p. 499.

Ainsi, l'Empereur ordonne au 2ᵉ corps de s'emparer d'Hougoumont, et d'autre part lui arrache ses plus puissants moyens d'attaque! Sa prescription concernant la batterie d'obusiers (1) est beaucoup trop tardive. Le 2ᵉ corps était à bout.

L'artillerie ne manquait pas, ni comme nombre, ni comme valeur. Ce qui a manqué, ce sont les ordres.

L'attaque d'Hougoumont, mal conçue et mal conduite, a épuisé le 2ᵉ corps, l'a annihilé jusque vers 6 heures du soir (2) et finalement a complètement échoué.

L'ATTAQUE SUR LE CENTRE. — L'INFANTERIE
LE MARÉCHAL NEY ET D'ERLON

Suivant l'habitude légendaire, Thiers (3) nous parle de l'attaque contre « la gauche des Anglais » et, cinq lignes plus loin, expose que « cette importante opération devait commencer par un coup de vigueur au centre, contre la ferme de la Haye-Sainte, située sur la grande chaussée de Bruxelles ».

Il s'agit de la grande attaque conduite par le maréchal Ney, « vers une heure et demie (4) ». Pour cette attaque, il n'est pas question du corps de Reille. Elle est exécutée par les quatre divisions du 1ᵉʳ corps (d'Erlon).

Nous avons vu la préparation de cette attaque (5) en étudiant les manœuvres utiles d'artillerie, les seules qui eussent préparé la victoire, et dont la première a été simplement ébauchée. Comme l'avoue le colonel Camon, la grande batterie « après beaucoup de fracas... ne dut produire

---

(1) Colonel Camon, *Batailles*, p. 498.
(2) *Ibid.*, p. 510 ; M. Houssaye, p. 367. En ce qui concerne les divisions Foy et Bachelu, tous deux prétendent que Ney les oublia. Voir mes discussions, p. 475 à 479. Ce qui est certain, d'après l'examen du champ de bataille et de la place que M. Houssaye leur assigne (carte de Craan), c'est que Foy et Bachelu étaient sous les yeux de l'Empereur (maison Decoster).
(3) Thiers, t. IV, p. 554, col. 2.
(4) Id., p. 555, col. 1.
(5) Voir cette étude, p. 436 à 447.
(6) Colonel Camon, *Batailles*, p. 502.

que peu d'effet. » En réalité, elle n'en a produit aucun. L'artillerie de Wellington a été mise « hors d'atteinte (1) ». Son infanterie est abritée dans les creux, à une distance de 60, 80 ou 100 mètres au plus (2) de la crête du plateau de Mont-Saint-Jean, toute prête au tir et à la charge. Sa cavalerie guette les occasions de surprise.

Nous pouvons juger de suite dans quelles conditions défavorables se présente l'assaut du 1er corps.

La 1re brigade de la 1re division, brigade Quiot (division Allix), « disposée, nous dit Thiers (3), en colonne d'attaque sur la grande route, et appuyée par une brigade des cuirassiers de Milhaud, avait ordre d'emporter la ferme de la Haye-Sainte ». La brigade de cuirassiers dont parle Thiers est la brigade Travers. M. Houssaye (4) nous conte son odyssée — nous la verrons plus loin.

Quant à la Haye-Sainte, c'était, comme Hougoumont, mais avec moins d'ampleur et de relief, une construction massive, bâtiments de ferme solides, murs épais, percés de meurtrières, entourés d'un verger et d'une haie vive. Rien de plus facile à démolir à coups de canon, car, encore plus qu'Hougoumont, la Haye-Sainte est commandée par un plateau que l'artillerie française pouvait aisément couronner. Quelques batteries de 12 et d'obusiers l'eussent convertie au bout d'une heure en un monceau de cendres. Pour Hougoumont, nous avons pu suspecter l'initiative de Reille. Ici, il est impossible de s'en prendre à un autre qu'à Napoléon. C'est lui qui avait déterminé l'emplacement de la grande batterie (5). C'est lui qui prescrit l'attaque de Ney (6). Or, pour marcher aux Anglais, l'infanterie de d'Erlon doit passer à travers les intervalles des pièces (7). L'artillerie « suspend

---

(1) Colonel Camon, *Batailles*, p. 502.
(2) M. Houssaye, p. 313.
(3) Thiers, p. 554, col. 2.
(4) M. Houssaye, p. 354 et 355.
(5) Colonel Camon, *Batailles*, p. 498 et 501.
(6) *Ibid.*, p. 501.
(7) *Ibid.*, p. 502.

son feu », « le reprend quand cette infanterie est dans le vallon (1) ». Elle l'interrompt définitivement quand le 1ᵉʳ corps gravit les rampes du plateau. « A ce moment, avoue M. Camon (2), notre infanterie se trouve donc exposée, sans appui, aux coups réunis de l'artillerie et de l'infanterie ennemies. » Le colonel Camon oublie la cavalerie anglaise, qui ne fut pas la moins terrible. Chez nos ennemis, les trois armes se renforçaient mutuellement.

Pourquoi notre infanterie est-elle exposée « sans appui » ? Par la seule raison que l'Empereur ne donne aucun ordre pour l'appuyer. La période de préparation était manquée: Inutile d'y revenir. Mais l'action efficace de l'artillerie devait être suivie dans la bataille. Qu'est-ce qu'une bataille où les trois armes ne se soutiennent pas? Puisque la grande batterie était sous ses ordres directs, comprenant des pièces du 2ᵉ corps et de la Garde (3), il n'était pas au pouvoir du maréchal Ney de la mouvoir. Napoléon seul était maître de lui prescrire un bond en avant, à la suite de la brigade Quiot. Cette brigade l'eût protégée en avant, les cuirassiers de Travers à gauche, et on eût mieux fait d'y joindre tout le corps de Milhaud. Les trois autres divisions de d'Erlon eussent servi de rempart à droite.

Encore une fois, il n'est pas question de descendre dans le vallon, à la suite de l'infanterie, puisqu'il est admis que le terrain y était impraticable, que les canons se fussent embourbés (4). Mais, derrière Quiot, les batteries pouvaient défiler sur la grande route, et se former sur le plateau à droite et à gauche, dominant la Haye-Sainte à 500 mètres environ. Elles eussent été particulièrement bien placées à gauche de la chaussée de Bruxelles. Le relief y est plus accentué.

L'artillerie française pouvait donc balayer les positions

(1) Colonel CAMON, *Batailles*, p. 498, 501 et 502.
(2) *Ibid.*, p. 502.
(3) *Ibid.*, p. 498, 499.
(4) Je pourrais faire état des arguments que me fournissent les *Mémoires* (voir t. IX, p. 110), mais je veux faire la partie belle à la légende pour l'anéantir plus sûrement.

ennemies sous un ouragan de boulets, d'abord en ce qui concerne le chemin d'Ohain, puis la première ligne d'infanterie, enfin les réserves jusqu'à Mont-Saint-Jean. Si cette action eût été appuyée par une ligne de batteries postées au-dessus d'Hougoumont, le troisième plateau, on voit la transformation de la bataille (1).

Ce que nous voyons par la carte (2), Napoléon le pouvait juger avec ses yeux, ou par une reconnaissance d'officiers. On ne peut prétendre que son esprit était absorbé par d'autres préoccupations. Au moment où le maréchal Ney et d'Erlon montent à l'assaut, il a fini de donner tous ses ordres pour Bülow et Grouchy (3). Comme j'ai examiné la question essentielle de Grouchy à fond (4), je ne reprendrai l'action contre les Prussiens qu'après avoir terminé avec les Anglais. Si nous nous laissons distraire par le décousu inouï de la bataille, le lecteur n'y verra jamais clair.

Pourquoi Napoléon a-t-il lancé son infanterie sans la soutenir par le canon, contrairement à ce qu'il avait fait dans tant de batailles? Pourquoi l'a-t-il laissée s'épuiser seule contre la masse formidable du centre anglais? Pourquoi l'a-t-il laissée marcher à l'ennemi dans une formation massive?

Dans quel ordre le 1er corps marche-t-il à l'attaque? Écoutons Thiers (5) : « Ney et d'Erlon avaient déployé les huit bataillons de chaque division, en les rangeant les uns derrière les autres à distance de cinq pas, de manière qu'entre chaque bataillon déployé il y avait à peine place pour les officiers, et qu'il leur était impossible de se former en carré sur leurs flancs pour résister à la cavalerie. Ces quatre divisions, formant ainsi quatre colonnes épaisses et profondes, s'avançaient à la même hauteur, laissant de l'une à l'autre

---

(1) Voir mes discussions, p. 436 à 453.
(2) Tout le monde peut s'en assurer facilement *de visu*. L'examen du champ de bataille confirme la carte de Craan.
(3) Colonel CAMON, p. 500, 501, 502.
(4) Voir mes discussions, p. 424 à 435.
(5) THIERS, t. IV, p. 555, col. 1.

un intervalle de trois cents pas. » Le colonel Camon (1) nous indique : « Le front de chaque colonne est de 150 à 200 mètres, sa profondeur de douze à vingt-quatre rangs. » M. Houssaye (2) prononce le nom exact : « Les divisions Allix, Donzelot, Marcognet et Durutte présentaient ainsi quatre phalanges compactes, d'un front de cent soixante à deux cents files sur une profondeur de vingt-quatre hommes. »

Le terme est rigoureusement précis et juste : il s'agit de la phalange macédonienne : vingt-quatre hommes de profondeur ! La tactique française à la fin des guerres de l'Empire revient à l'an 197 (3) avant notre ère. Elle recule de deux mille ans. Les boulets ennemis peuvent labourer à leur aise, l'infanterie, charger à la baïonnette, le premier rang seul peut se défendre. Quant à la cavalerie, elle a beau jeu. Abordant le flanc de la colonne, elle ne rencontrera que vingt-quatre serre-files !

D'où vient cette aberration ? Le colonel Camon s'en prend à Ney et d'Erlon (4), M. Houssaye accuse Ney, ou plutôt d'Erlon (5). Il met l'Empereur hors de cause en affirmant que, sur le champ de bataille, il laisse, « avec raison, toute initiative à ses lieutenants pour les détails d'exécution ». Ce jugement n'est pas exact. Le droit d'initiative ne peut aller jusqu'à l'absurde.

Mais l'affirmation de M. Houssaye est-elle véridique ? N'avons-nous jamais rencontré de formations analogues dans les guerres de l'Empire ? En nous racontant la bataille de Wagram, Thiers (6) s'extasie sur la formation d'une colonne de Macdonald qui ressemble fort à celle de d'Erlon : « Il (Macdonald) déploie sur une seule ligne une partie de la

---

(1) *Batailles*, p. 502.
(2) M. Houssaye, *1815*, p. 347.
(3) Batailles de Cynocéphales. V. Duruy, *Histoire romaine*, p. 129, 130.
(4) *Batailles*, p. 503.
(5) M. Houssaye, p. 347. Il cite Jomini (chap. xxii, p. 229) qui ne se prononce pas nettement, et cite au contraire une prescription pratique de 1813.
(6) Thiers, t. II, p. 234, col. 2; colonel Camon, *Batailles*, p. 301, 304, 321, 326, 330 (formation de Macdonald trop compacte).

division Broussier, et une brigade de la division Seras. Il range en colonne serrée sur les ailes de cette ligne, à gauche le reste de la division Broussier, à droite la division Lamarque, et présente ainsi à l'ennemi un carré long, qu'il ferme avec les vingt-quatre escadrons des cuirassiers Nansouty. Napoléon voulant lui donner un appui, place sur ses derrières, sous le général Reille, les fusiliers et les tirailleurs de la Garde impériale, au nombre de huit bataillons. »

Voilà un énorme « carré long » auquel l'Empereur lui-même donne son approbation complète.

Macdonald s'avance, « laissant à chaque pas le terrain couvert de ses morts et de ses blessés, serrant ses rangs sans s'ébranler »... « Napoléon l'admire, » répète Thiers.

Cette formation amorce « la phalange ». Toutefois les colonnes placées sur les flancs peuvent user du tir. Mais l'idée a fait du chemin depuis 1809. En somme, nous constatons l'oubli complet, en tactique, du principe de l'économie des forces, admirablement appliqué sous la Révolution et au début de l'Empire. La formation théâtrale, écrasante et massive, remplace les lignes de tirailleurs et les souples colonnes d'attaque.

La bataille de la Moskowa nous présente des attaques de divisions entières et de masses de cavalerie qui sont fort discutables au point de vue tactique (1). Il ne semble pas notamment que, pour l'attaque de la grande redoute, les trois divisions du vice-roi aient été formées en colonnes d'attaque (2). Toutefois les trois armes se sont prêtées un mutuel appui (3).

En 1813, les manœuvres par divisions groupées furent incessantes, mais l'exemple de divisions entières massées en un carré ne peut être cité d'une manière authentique. A Bautzen il est question de la division Morand formée « en carré (4) »,

---

(1) Thiers, t. III, p. 146, 156; colonel Camon, *Batailles*, p. 347, 365.
(2) Colonel Camon, p. 358; Thiers, p. 150, col. 2, et p. 154, col. 2.
(3) Id., p. 361.
(4) Thiers, t. III, p. 411, col. 2.

mais il s'agit de repousser la cavalerie prussienne. Après la charge, Morand se forme en colonne d'attaque.

La conclusion qui est permise d'après tous les récits et mémoires de ces guerres est la suivante : soit que les troupes fussent composées en majeure partie de conscrits, soit que le maniement continuel des masses y prédisposât les chefs, — et Napoléon tout le premier, — il y a tendance évidente à ne plus fractionner les éléments du choc, à ne plus les économiser sagement, suivant les nécessités successives, mais à les réunir dès le début en groupes compacts. Ces formations imposantes, qui frappent les yeux et l'imagination, deviennent une habitude. Il est évident que cette habitude plaît à l'Empereur.

Personne ne peut prétendre que Napoléon ait donné l'ordre de masser le 1er corps (d'Erlon) en quatre phalanges, mais il l'a vu (1) et n'a formulé aucune observation.

Cette formation, dans le cas particulier de Waterloo, vu le terrain et l'ennemi qu'on attaquait, était d'ailleurs la plus absurde qu'on pût concevoir. Les résultats ne s'en font pas attendre.

La brigade Quiot ne réussit pas plus à démolir la Haye-Sainte avec ses fusils que Jérôme n'a réussi à Hougoumont. Elle est décimée et échoue (2). L'artillerie anglaise s'est remise en position et mitraille nos colonnes (3). L'infanterie y joint son feu. Quand la division Donzelot essaie de se déployer en parvenant sur la crête du plateau, elle est saluée « d'un feu de file à quarante pas (4) », c'est-à-dire d'une décharge foudroyante. Les fantassins anglais de Picton profitent de la surprise et d'un mouvement naturel de recul pour se ruer « baïonnette en avant ». La division Marcognet, qui n'essaie même pas de se déployer, subit « à

(1) Pour quiconque a jeté un coup d'œil sur le terrain de Waterloo, il est impossible de prétendre qu'un mouvement quelconque de troupes ait échappé à Napoléon, surtout pour le 1er corps (d'Erlon), placé tout près de la Belle-Alliance.
(2) M. Houssaye, p. 348 et 356.
(3) Id., p. 349. Donc, l'artillerie pouvait manœuvrer sur le plateau.
(4) Id., p. 352.

moins de vingt mètres » le feu des Écossais de Pack (1).

Au même instant, la cavalerie anglaise charge. L'unique brigade de cuirassiers qui accompagne sur la gauche nos quatre infortunées « phalanges » est impuissante. Au moment où les cuirassiers allaient aborder le plateau, ils aperçoivent l'avalanche des gardes à cheval de Somerset, et comme ils ont contre eux l'infériorité du nombre et de la position, ils sont contraints de se défiler par le chemin creux qu'on appelle le chemin d'Ohain. Suivant la formule très juste de M. Houssaye, que nous retenons, car elle s'applique à toutes les manœuvres de la cavalerie française dans la journée de Waterloo — « temps et espace leur manquaient pour fournir une charge ». Nos cuirassiers furent bousculés par les gardes de Somerset et quelques-uns culbutés « dans l'excavation de la Sablonnière (2) ».

Cet incident, démesurément grossi par l'imagination lyrique de Victor Hugo, a donné naissance — comme l'a indiqué M. Houssaye (3) — à l'une des légendes les plus fantaisistes incrustées dans les flancs de l'histoire (4). D'après Victor Hugo, — et malheureusement pour la vérité, une foule de braves gens l'ont cru jusqu'à ce jour, — les deux divisions de cuirassiers Wathier et Delort (26 escadrons ou tout le corps de Milhaud) furent engloutis dans le ravin. M. Houssaye a remis les choses au point. Espérons que le grand public cherchera, au-dessus de la légende exagérée et fausse, la vérité. Je ne prétends pas que cette vérité console toujours, mais elle enseigne, instruit et prépare les réparations de l'avenir.

L'événement qui fut beaucoup plus grave que la bousculade des cuirassiers de Travers, consiste dans l'échec com-

---

(1) M. Houssaye, p. 353.
(2) Id., p. 354.
(3) Id., p. 355, note 1.
(4) *Les Misérables*, p. 182. Je ne cite cette œuvre lyrique — au cours de graves discussions d'histoire et de stratégie — que pour montrer l'influence délétère de la légende. La fausse légende énerve et démoralise un peuple. La vérité seule le vivifie. J'ai vu avec stupeur sur le champ de bataille un modeste monument de deux ou trois mètres de haut en l'honneur de la Grande Armée — et une interminable colonne à la gloire de Victor Hugo. — Quel contraste !

plet, démoralisant et épuisant, des quatre colonnes massives du 1ᵉʳ corps. En raison de leur formation, elles ne pouvaient ni se mouvoir, ni résister. La puissance du choc et celle du feu leur échappaient. Démolies par l'artillerie, foudroyées par l'infanterie, sabrées par la cavalerie, elles ne pouvaient que tourbillonner en désordre, puis s'émietter en groupes de fuyards et s'effondrer dans une déroute navrante. Il est impossible de nier qu'elles furent enfoncées et sabrées. M. Houssaye parle des cavaliers anglais qui « percent et taillent joyeusement dans le tas (1) ». La seule division qui résista jusqu'au bout fut celle de droite (Durutte) qui avait été lancée vers Papelotte (2).

Les récits de Thiers (3) et du colonel Camon (4) confirment absolument ces faits.

Notre artillerie assiste impuissante à ce désastre. On voit que si des batteries avaient été postées à gauche de la grande route, dominant la Haye-Sainte, elles eussent arrêté par une volée de mitraille en plein flanc tout retour offensif des Anglais. Inutile d'ailleurs d'insister sur ce point, car, si elles avaient tiré depuis 10 heures du matin, les gardes de Somerset auraient eu mieux à faire qu'à se promener sur les pentes du plateau.

Un détail très important à retenir : M. Houssaye note que les cavaliers anglais rencontrèrent à « mi-côte deux batteries divisionnaires (5) ». Ils les culbutent et sabrent les canonniers. Mais on voit que deux batteries ont pu descendre une pente, franchir le vallon et qu'elles remontaient l'autre pente. Donc, les canons pouvaient manœuvrer! Comment Napoléon a-t-il négligé sa magnifique artillerie?

Bien mieux, les exemples de l'artillerie française recevant par une volée de mitraille une charge de cavalerie ou d'infanterie, ou broyant l'artillerie adverse, abondent dans les

---

(1) M. Houssaye, p. 356.
(2) Id., p. 350.
(3) Thiers, t. IV, p. 555 et 556.
(4) *Batailles*, p. 505.
(5) M. Houssaye, p. 357.

batailles de l'Empire. Je ne puis les citer toutes, mais il suffit d'ouvrir le premier précis venu pour s'en convaincre. Citons simplement Sénarmont à Friedland qui « pousse ses deux masses réunies jusqu'à soixante toises du front des Russes et ne tire plus qu'à mitraille (1) ». Que fait notre grande batterie à Waterloo? Est-elle submergée par les fuyards de Donzelot et de Marcognet? Drouot n'est-il plus lui-même? Napoléon refuse-t-il des ordres?

Un fait est certain. La cavalerie anglaise assaille la grande batterie (2). Et ce sont nos lanciers et nos cuirassiers qui la dégagent et sabrent Somerset et Ponsonby (3). Il n'est même pas question, quand nos divisions rompues se reforment en arrière, d'une action quelconque de la grande batterie. Elle est impuissante et muette.

Ainsi la première attaque de Ney, la grande attaque d'infanterie, est effectuée sans préparation d'artillerie. Elle n'est soutenue que par une brigade de cavalerie, c'est-à-dire par une force tout à fait insuffisante. Cette attaque est repoussée, rompue et brisée, parce qu'elle s'adresse à des troupes fraîches et nullement entamées. Elle n'est pas plus soutenue dans sa retraite — ou plutôt dans sa déroute — que dans l'assaut. La cavalerie française ne charge que lorsqu'il n'y a plus moyen d'attendre, lorsque la grande batterie, elle-même, est menacée par l'ennemi (4).

Donc, nous constatons le décousu le plus complet, l'incohérence la plus navrante en plein centre du champ de bataille, sous les yeux de l'Empereur.

Alors que les trois armes anglaises se prêtent un mutuel appui, les nôtres agissent avec une lenteur inouïe, en adoptant des formations antiques, mal adaptées au terrain, sans aucun ensemble, sans l'ombre d'accord. Qui commande en

---

(1) Colonel Camon, *Batailles*, p. 258.
(2) M. Houssaye, p. 358 : « L'Empereur, apercevant les Écossais Gris prêts à aborder la grande batterie. »
(3) Id., p. 357, 358.
(4) Thiers, t. IV, p. 556; colonel Camon, p. 505, 506; M. Houssaye, p. 357, 358.

chef? Qui doit assurer la protection réciproque et l'action combinée des trois armes? Napoléon. C'est à lui seul qu'en incombe la responsabilité.

Thiers (1) nous raconte qu'en voyant la grande batterie menacée, Napoléon se jette sur un cheval, « il traverse le champ de bataille au galop, court à la grosse cavalerie de Milhaud et la lance sur les dragons écossais... ». Ainsi, l'Empereur lui-même fait métier d'aide de camp! A quoi bon? Est-ce l'affaire du généralissime? La grande affaire était de prévoir et non de réparer le mal à la façon « d'un capitaine de grenadiers » pour employer son expression (2).

Il lui appartenait de ne pas pousser la seule force d'infanterie dont il disposait — à l'exception des ressources suprêmes de la Garde — à l'assaut d'une position formidable et intacte, sans préparation. Il avait disposé de trois heures pour assurer le triomphe de l'attaque — de 10 heures à 1 heure — et ces trois heures avaient été gaspillées en pure perte.

Le 2ᵉ corps est immobilisé et usé à Hougoumont. Le 1ᵉʳ vient d'être dispersé, démoralisé. Il est 3 heures de l'après-midi (3). Lobau a été envoyé contre Blücher (4). Il ne reste donc plus à Napoléon, pour agir contre Wellington, que la Garde... et la cavalerie!

LES ATTAQUES DE LA CAVALERIE. — L'ORDRE D'ATTAQUE A NEY. — MÉTHODE DE COMMANDEMENT DE NAPOLÉON. — CONCLUSION SUR LES ORDRES.

Vers 3 heures et demie, d'Erlon a rallié quelques bataillons (5). On voit que nous n'avons rien exagéré en notant le terrible échec de l'attaque d'infanterie.

---

(1) THIERS, t. IV, p. 556, col. 1. Les cuirassiers de Milhaud étaient postés derrière le plateau de la Belle-Alliance, à 4 ou 500 mètres à droite. Quel besoin de traverser tout le champ de bataille? (V. carte de M. Houssaye.)
(2) *Mémoires*, t. IX, p. 161.
(3) M. HOUSSAYE, p. 359, 360.
(4) ID., p. 346.
(5) ID., p. 363.

La rude leçon de cet échec a-t-elle servi? Nullement. Napoléon, nous dit M. Houssaye (1), ordonna à Ney d'attaquer de nouveau la Haye-Sainte. Mais comment ordonne-t-il l'attaque? Comment prescrit-il de la préparer? On pourrait croire, puisque l'artillerie n'a obtenu aucun résultat, qu'il va modifier ses emplacements, ordonner à la grande batterie un bond en avant, prescrire aux batteries de Reille de s'avancer au galop, sous la protection de Piré, au delà de la route de Nivelles, pour prendre d'enfilade le chemin d'Ohain et le flanc des réserves, que la grande batterie démolira de front. Rien de semblable n'est prescrit. La grande batterie reste à sa place et recommence son inutile « fracas (2) ». La seule conséquence est que « quelques bataillons de la première ligne anglaise rétrogradèrent d'une centaine de pas (3) ». Les pièces de Reille sont également immobiles... et impuissantes. M. Houssaye, pour faire valoir l'effet produit par nos attaques sur les Anglais, nous cite des « groupes de blessés », des « caissons vides et des fuyards » qui filent vers la forêt de Soignes.

Je ne prétends pas qu'aucun boulet de la grande batterie et de Reille n'ait atteint un soldat anglais, et que les 68 000 hommes de Wellington se soient maintenus intacts et fermes à leur poste. Mais il ne convient pas non plus de nous faire prendre des enfantillages pour des événements, et de recommencer la légende d'Ohain à la façon lyrique de Victor Hugo. Que nous importent des « convois de blessés », des caissons vides et des fuyards! Il y a toujours des poltrons, même dans l'armée la plus brave. M. Houssaye voudrait-il faire croire que Wellington est ébranlé? Lui-même nous dira tout à l'heure exactement le contraire. Il avouera que l'infanterie anglaise est « encore non ébranlée » et qu'elle « avait peu souffert de la canonnade (4) ».

(1) M. Houssaye, p. 363, 364.
(2) Colonel Camon, *Batailles*, p. 502; M. Houssaye, p. 320, note 3. Citations de Napoléon, Gourgaud et Siborne. « Le terrain, à midi, était devenu praticable pour l'artillerie. »
(3) M. Houssaye, p. 365.
(4) M. Houssaye cite le rapport de Kennedy, p. 370.

Pour bien faire comprendre les faits, je reviens à une comparaison sur laquelle j'ai déjà appuyé avec une juste intention : Friedland (1). On appelle résultat authentique et indéniable d'une action d'artillerie celui que Sénarmont obtient quand il brise d'abord l'artillerie russe, écrase leurs batteries placées sur l'autre rive de l'Alle, concentre ensuite ses feux sur leurs troupes entassées en avant de Friedland, prend d'écharpe leur centre, et finalement s'approche de l'infanterie ennemie à soixante toises (ou 120 mètres) et l'anéantit sous des volées de mitraille. Il démolit successivement artillerie et infanterie, et, quand la cavalerie charge, il la broie.

Voilà ce qu'on appelle une action d'artillerie utile, efficace, supérieurement conduite. Y eut-il rien de semblable à Waterloo, à aucune minute de la journée ?

Cet ordre que Napoléon donne à 3 heures et demie, à quoi sert-il ? Ney ramène Quiot contre la Haye-Sainte. Une brigade de Donzelot essaie de gravir la rampe du chemin d'Ohain (2). Les deux attaques sont décimées et échouent.

L'artillerie n'a rien préparé. Elle a été impuissante. Nous sommes obligés de constater à nouveau cette lamentable inertie, puisque Napoléon s'acharne à poursuivre toujours le même but irréalisable : enlever une position formidable par un coup de force, une attaque de front et sans préparation suffisante. Ce fut là l'immense erreur de sa bataille. Donc, nous devons la noter. On peut juger ici, sur le terrain — je pourrais presque dire *de visu* — la persistance inouïe de son idée préconçue, la violence acharnée d'une idée fausse sur laquelle rien n'a prise, que les faits n'effleurent pas.

Il n'a cru, ni Soult, qu'il a rembarré « brutalement (3) », ni Reille (4), ni Jérôme (5). Il est convaincu que Wellington est « un mauvais général », que « les Anglais sont de mau-

---

(1) Colonel Camon, *Batailles*, p. 257 et 258.
(2) M. Houssaye, p. 364.
(3) Id., p. 319.
(4) Id., p. 319, 320 et note 1.
(5) Id., p. 323.

vaises troupes » et que « ce sera l'affaire d'un déjeuner (1) ». Cette conviction ne s'effacera jamais, pas même après les dures méditations de Sainte-Hélène. Il ne se rendra jamais compte, malgré son principe capital établi par lui (2), qu'il attaque mal, à faux, et que son coup de force ne peut aboutir à rien.

Comme, coûte que coûte, le public, l'histoire et la conscience universelle exigent un responsable, l'Empereur leur jettera Ney, d'Erlon ou Grouchy — au besoin les trois ensemble. Mais l'heure est venue de proclamer nettement que pas un de ces trois « boucs émissaires » ne l'a empêché d'organiser autrement sa bataille avec les forces qui lui restaient — 74 000 hommes et 266 canons (3). Pas un ne pouvait se substituer à lui pour la formation des masses d'artillerie, la préparation des attaques, en un mot pour les manœuvres tactiques essentielles.

Appartenait-il à un autre qu'à lui de grouper dès 10 heures du matin trois masses d'artillerie qui eussent été encore plus formidables que celles de Sénarmont à Friedland, et de broyer Wellington pendant trois heures sous un ouragan de fer et de mitraille?

Appartenait-il à un autre que lui de ne pas épuiser le 2ᵉ corps à Hougoumont et le 1ᵉʳ sur les rampes de Mont-Saint-Jean?

A 3 heures, avec des dispositions normales et logiques, la bataille pouvait être largement gagnée.

Bien au contraire, à 3 heures et demie, après ce nouvel échec de Ney, Quiot et Donzelot, la partie devient extrêmement délicate à jouer. Elle n'est pas irréparablement perdue, mais à condition que les fautes déjà accumulées ne

---

(1) M. Houssaye, p. 319.
(2) *Mémoires*, t. VII, p. 97 : « 1° N'attaquez pas de front les positions que vous pouvez obtenir en les tournant; 2° ne faites pas ce que veut l'ennemi, par la seule raison qu'il le désire; évitez le champ de bataille qu'il a reconnu, étudié, et encore avec plus de soin celui qu'il a fortifié et où il s'est retranché. » (Examen des guerres de Turenne.)
(3) M. Houssaye, p. 330.

se reproduisent pas. Wellington est ferme, prêt à la lutte, avec des masses de réserves fraîches (1). Il ne reste à Napoléon que la Garde et la cavalerie, en tant que réserves intactes.

De quelle illusion peut-il se bercer pour Lobau, qui sans la division Teste ne compte que 7 000 hommes (2) contre les 30 000 de Bülow (3)?

Donc à 3 heures et demie la situation s'assombrit. Comment Napoléon essaie-t-il d'en sortir?

Par une attaque de cavalerie. Ici se dressent devant nous deux problèmes historiques, qui sont les derniers à solutionner pour 1815.

1° Qui donna l'ordre de la grande charge de cavalerie, Napoléon ou Ney? 2° Quelle action précise cette charge eut-elle?

M. Houssaye nous dit : « Vers trois heures et demie l'Empereur ordonna à Ney d'attaquer de nouveau la Haye-Sainte (4). » Thiers (5) nous a déjà informés que Napoléon « recommanda donc à Ney d'enlever la Haye-Sainte coûte que coûte, de s'y établir, puis d'attendre le signal qu'il lui donnerait pour une tentative générale et définitive contre l'armée britannique ». Thiers ne fixe pas d'heure, mais note cet ordre en même temps que l'envoi de « quelques obusiers » à Reille, pour incendier la bicoque qui entrave le 2ᵉ corps « Hougoumont ». Or, par M. Houssaye (6), nous savons que cet envoi eut lieu à 3 heures, après l'échec des quatre « phalanges » de d'Erlon.

Le colonel Camon affirme nettement que pour la deuxième attaque, à 3 heures et demie, « Napoléon met sous les ordres de Ney, outre le corps de d'Erlon, celui de Reille que la prise imminente d'Hougoumont va rendre disponible, le

---

(1) M. Houssaye, p. 370.
(2) M. Ch. Malo, *Précis de la campagne de 1815*, p. 293 (7 111).
(3) *Précis* de Ch. Malo, p. 302 (30 328).
(4) M. Houssaye, p. 363.
(5) Thiers, p. 557.
(6) M. Houssaye, p. 360.

corps de cuirassiers de Milhaud (8 régiments) et les divisions à cheval de la Garde » (1).

Que devons-nous entendre par « divisions à cheval de la Garde », sinon les divisions de cavalerie de Lefebvre-Desnouettes et de Guyot? Il n'est pas possible qu'il s'agisse seulement des cinq batteries à cheval, car on ne voit pas que Ney ait jamais disposé d'une masse d'artillerie à Waterloo. Évidemment, le colonel Camon nous affirme que l'Empereur confie au prince de la Moskova toute la cavalerie de la Garde.

Toutefois, par une contradiction que je ne me charge pas d'expliquer, attendu qu'elle appartient au colonel Camon, celui-ci nous dit à la page suivante (2) : « Ney donne l'ordre à Milhaud de charger avec tout son corps. Milhaud ébranle ses deux divisions que rejoint, on n'a jamais su par quel ordre, la division légère de la Garde. Ney forme en hâte toute cette cavalerie... » Si Napoléon lui a donné, comme nous l'affirme M. Camon, les divisions à cheval de la Garde, en vue de la deuxième attaque, on ne voit pas pourquoi le prince de la Moskowa n'avait pas le droit de s'en servir. S'agissait-il encore d'un ordre conditionnel?

M. Camon semble l'insinuer, car entre le premier renseignement qu'il nous donne (3) et le second (4), c'est-à-dire entre les deux affirmations contradictoires, il en produit un troisième (5). Il nous assure que « vers 3 heures et demie, dès que d'Erlon a rallié quelques bataillons », Napoléon ordonne à Ney d'enlever la Haye-Sainte. Il ajoute dans une note que, « d'après Gourgaud, Ney avait l'ordre, après avoir enlevé la Haye-Sainte, de la créneler et d'y établir plusieurs bataillons, mais de ne faire aucun mouvement ».

On ne voit pas le prince de la Moskowa transformé en adjoint du génie, et, après avoir remporté un succès signalé

(1) Colonel Camon, *Batailles*, p. 506.
(2) *Ibid.*, p. 507.
(3) *Ibid.*, p. 506 (dernier paragraphe).
(4) *Ibid.*, p. 507 (7e et 8e paragraphes).
(5) *Ibid.*, p. 507 (2e paragraphe et note 1).

LES ATTAQUES DE LA CAVALERIE

sur les Anglais à la Haye-Sainte, s'occuper de la fabrication de créneaux et marquer le pas sans bouger. Ney immobile après un triomphe, en pleine bataille ! En fait de triomphe, hélas ! c'est uniquement celui de l'incohérence la plus fantastique ! On croirait, à lire les partisans de la légende, que la Haye-Sainte est à dix lieues du champ de bataille ! Et Napoléon, de la Belle-Alliance, pouvait tout voir et tout diriger?

Dans sa relation, l'Empereur (1) parle de son ordre personnel à Milhaud de charger la cavalerie anglaise. (Il s'agit de la protection du 1ᵉʳ corps et de la grande batterie.) Il mentionne la prise de la Haye-Sainte « après trois heures de combat », mais sans indication horaire précise. Plus loin (2), il expose la grande charge de cavalerie « la cavalerie légère du 1ᵉʳ corps poursuivant l'infanterie ennemie »... « ramenée par une cavalerie supérieure en nombre »... Milhaud gravissant « alors la hauteur avec ses cuirassiers, » et faisant prévenir « le général Lefebvre-Desnouettes qui se mit aussitôt au trot pour le soutenir ». L'Empereur indique nettement « 5 heures ». Il s'agit donc de la grande charge de cavalerie. Mais pas un mot sur Ney. Le nom du maréchal n'est même pas prononcé.

Dans sa cinquième observation (3), Napoléon déplore le mouvement de la cavalerie sur le plateau, « pendant que l'attaque du général Bülow n'était pas encore repoussée ». Il affirme que « l'intention du chef était d'ordonner ce mouvement, mais une heure plus tard, et de le faire soutenir par les 16 bataillons d'infanterie de la Garde et 100 pièces de canon (4) ».

---

(1) *Mémoires*, t. IX, p. 127.
(2) *Ibid.*, p. 131.
(3) *Ibid.*, p. 165.
(4) Il apparaît donc que Napoléon voulait attendre d'être attaqué par les Prussiens et de les repousser avant de décider sa grande attaque contre les Anglais. M. Houssaye, avec un grand bon sens, fait justice de cette conception (p. 367 et 368, note 3). M. Houssaye affirme que l'Empereur voulait « culbuter les Anglais avant l'arrivée des Prussiens ». Son assertion est contraire à la cinquième observation (paragraphe 2, p. 165, t. IX), mais nous sommes ici sur le

Il ajoute : « Les grenadiers à cheval et les dragons de la Garde, que commandait le général Guyot, s'engagèrent sans ordre. Ainsi à 5 heures après midi, l'armée se trouva sans avoir une réserve de cavalerie. »

Napoléon blâme le mouvement, mais encore sans parler de Ney.

Pourquoi ne parle-t-il pas du maréchal, s'il est coupable? Si Ney a failli à ses ordres formels, pourquoi ne pas le dire nettement, comme il l'affirme pour Grouchy? Nous ne discutons ni stratégie ni tactique, mais simplement cette question précise :

Oui ou non, l'Empereur a-t-il donné à Ney l'ordre de conduire sur les Anglais une deuxième attaque?

Mais, dira-t-on, il a précisé la nature de cette attaque : il s'agit simplement de s'emparer de la Haye-Sainte et de s'y arrêter.

Une telle affirmation ne tient pas debout. D'abord, le principal intéressé, Napoléon, n'en dit pas un mot. S'il eût donné à Ney un ordre formel concernant la Haye-Sainte, comme il en a donné un à Grouchy concernant Wavre, on peut être assuré que jamais il ne l'eût oublié, et qu'il ne lui ferait pas grâce d'un reproche. Or il ne prononce pas son nom, même au milieu de ses regrets de Sainte-Hélène. Qu'il l'ait blâmé sur le champ de bataille (1), c'est une tout autre affaire. Il s'agissait alors de l'opportunité de la charge, que nous ne discutons pas encore. Le silence de Napoléon, la mention formelle de l'ordre d'attaque rapportée par tous les historiens vers 3 heures et demie ne permettent pas le moindre doute.

---

terrain de la logique, et nous sommes forcés de prononcer pour le bon sens contre le génie. M. Houssaye a raison. Comme il le dit, « à 3 heures et demie, l'approche de Bülow n'était même pas signalée », son avant-garde « arrivait à peine dans le bois de Paris ». Il était donc impossible que l'Empereur voulût « différer sa grande attaque jusqu'à l'issue d'une manœuvre qui n'avait pas commencé ». Le raisonnement de M. Houssaye sur ce point est d'une clarté et d'une force irréfutables.

(1) M. HOUSSAYE, p. 375; colonel CAMON, *Batailles*, p. 508, 509.

A 3 heures et demie, Napoléon confie à Ney, pour conduire une seconde attaque contre les Anglais, toutes les troupes qu'énumère le colonel Camon (1) : d'Erlon, Reille, Milhaud et les divisions à cheval de la Garde.

Il est bien entendu que je n'affirme pas que Ney eût dû les engager de suite. Nous discutons et nous précisons l'ordre initial, rien de plus.

La discussion de Thiers (2) à cet égard est fort intéressante. Il est convaincu que Napoléon n'a pas donné l'ordre de la grande charge de cavalerie (Milhaud, Lefebvre-Desnouettes et toute la cavalerie de la Garde). Les deux principales raisons qu'il donne sont les suivantes : Sur le terrain, Napoléon fut stupéfait et furieux de cette charge et s'écria : « C'est trop tôt d'une heure (3). » Soult insiste dans le même sens. De plus, — seconde raison, — en rédigeant le bulletin de Laon, l'Empereur aurait dit : « Je pourrais mettre sur le compte de Ney la principale faute de la journée, je ne le ferai pas. » Thiers ajoute : « Il n'aurait pas, devant Drouot, devant tant de témoins oculaires, assuré une telle chose s'il eût ordonné lui-même la charge dont il s'agit. »

Le lecteur a peut-être été surpris que, dans le cours de cet ouvrage, j'aie tant insisté sur la méthode de commandement de Napoléon, en fait de manœuvres stratégiques comme pour la tactique du terrain (4). J'ai été contraint d'insister parce que toute l'explication de 1815, de Waterloo — comme celle des désastres de l'Empire — découle de deux procédés ordinaires de l'Empereur : d'abord l'erreur psychologique, qui est la faute capitale et essentielle et qui consiste dans le mépris absolu de l'ennemi, des renseignements, du terrain, des contingences, quelles qu'elles soient, et ensuite le procédé de commandement et la manière dont il donne ses ordres.

(1) Colonel CAMON, *Batailles*, p. 506.
(2) THIERS, t. IV, p. 558 à 562 et note 1, p. 562 et 563.
(3) ID., p. 560, note, p. 562 et 563 ; M. HOUSSAYE, p. 375.
(4) Voir les citations et discussions, p. 69 à 84, 139 à 142, 153 à 155, 186 à 187, 214 à 220, 226 à 233, 352 à 355, 371 à 375.

Ici, pour la grande charge de cavalerie, nous nous trouvons en présence d'une erreur double, participant de ces deux origines. D'abord, comme je l'ai amplement démontré (1), il s'acharne au coup de force direct (2). Personne ne peut nier qu'il dédaigne la manœuvre et la préparation efficace d'artillerie (3). D'autre part, les historiens reconnaissent qu'il donne ordre à Ney d'enlever la Haye-Sainte coûte que coûte (4). Or qu'est-ce que la Haye-Sainte toute seule? Vraiment c'est rabaisser une discussion grandiose au niveau d'une puérilité enfantine que de soutenir la vision suivante : Ney, après des efforts surhumains, maître de la Haye-Sainte, restant inerte sous les feux du plateau, attendant l'ordre de gravir les pentes d'où on le canonne, d'où l'on fusille ses troupes, d'où surgissent les charges qui hachent son infanterie! D'ailleurs, notons qu'il commence par obéir à la lettre, qu'il marche avec Quiot et Donzelot, qu'il est repoussé et qu'il échoue (5).

Or il a reçu l'ordre formel, reconnu par tous les historiens, de prendre la Haye-Sainte. Napoléon l'a jeté à la bataille par un ordre absolu, et de plus il lui a donné le droit de manier des troupes : d'Erlon, Reille, Milhaud, la cavalerie de la Garde (6).

Essayons de nous substituer à Ney pour le juger. D'Erlon ramasse ses bataillons épars (7), essaie avec des loques de refaire un corps d'armée. Reille est désemparé, inerte, autour d'Hougoumont (8), Lobau est dirigé contre Bülow et d'ailleurs Napoléon n'a pu lui donner Lobau. L'infanterie de la Garde est intangible. Alors, qu'est-ce qui reste à Ney pour

---

(1) Voir cette étude, p. 414 à 424, 435 à 447.
(2) Colonel Camon, *Batailles*, p. 497.
(3) Voir cette étude, p. 448 à 453, 455 à 463. Pour le dédain de la manœuvre, voir M. Houssaye, p. 333.
(4) Thiers, t. IV, p. 557; colonel Camon, *Batailles*, p. 506; M. Houssaye, p. 363, 364.
(5) M. Houssaye, p. 363, 364.
(6) Colonel Camon, *Batailles*, p. 506.
(7) M. Houssaye, p. 363.
(8) Thiers, t. IV, p. 559, col. 1.

agir? La cavalerie : pas autre chose. Ney prend la cavalerie et la jette sur les Anglais.

Aurait-on pu lui demander de rester muet et immobile? Alors, pourquoi Napoléon l'a-t-il relancé à la bataille, pourquoi l'a-t-il rejeté sur l'ennemi?

Le rôle du général en chef est de mesurer ses paroles et de peser ses ordres. Si Napoléon avait voulu, comme il l'a prétendu, attendre pour la grande attaque sur le centre anglais que Bülow fût repoussé (1), pourquoi ne l'a-t-il pas dit nettement? Pourquoi n'a-t-il pas donné à Ney l'ordre absolu du repos?

Il serait vraiment trop commode pour un généralissime de pouvoir s'abandonner impunément — sans responsabilité — à toutes les fantaisies que suggère l'action, quitte à rejeter sur ses lieutenants le blâme de n'avoir pas rectifié ses ordres!

A quoi lui servait la Haye-Sainte, si on ne poursuivait l'attaque sur le plateau? Se berçait-il de l'illusion que Wellington l'en aurait laissé tranquille possesseur? La Haye-Sainte gênait notre armée, certes. C'était le moment de prescrire à une batterie d'obusiers de réduire cette ferme en cendres, sans y risquer un seul fantassin. Mais Napoléon seul pouvait lancer cet ordre. Il n'a pas donné d'artillerie à Ney.

En somme, nous revenons à un principe déjà discuté et établi : quand un généralissime lance un lieutenant en contact tactique à la bataille, il n'est plus le maître de l'heure ni des conséquences (2).

Voilà ce que Napoléon n'a jamais voulu admettre, et ce qui est pourtant dans la nature logique des événements. Les choses sont plus fortes que la volonté du génie. Mais il se croyait supérieur à tout, même à la nature, même au bon sens!

Le maréchal Ney, lancé à la bataille, n'a plus voulu reculer. Il a ramassé les troupes qui lui sont tombées sous la main. La discussion de Thiers est fort intéressante, mais ne

---

(1) *Mémoires*, t. IX, p. 165.
(2) Général BONNAL, *Manœuvre d'Iéna*, p. 431; voir mes discussions, p. 214 à 221, 225 à 233.

décide rien. Si l'Empereur avait fixé la Haye-Sainte comme limite à l'action de Ney, il n'eût pas hésité à le dire, pas plus qu'il n'a hésité à jeter le nom de Wavre à la face de Grouchy (1). Mais il n'a pas limité son ordre, parce que c'était impossible.

L'Empereur a lancé un ordre d'attaque général et imprécis. Ney, homme d'action, n'ayant pas à peser les raisons d'un généralissime, la mesure des réserves, a puisé dans le tas et tout jeté dans la fournaise.

Admettons que Thiers ait raison, que Napoléon n'ait pas lancé lui-même sa cavalerie sur le plateau à 4 heures. Il n'en subsiste pas moins qu'il a manqué de mesure et commis une grave faute de commandement en donnant à Ney l'ordre d'attaquer, et en lui confiant toutes les troupes, sauf l'infanterie de la Garde.

L'ordre à Ney est de 3 heures et demie, et Napoléon ne s'aperçoit, paraît-il, de l'attaque de la cavalerie (Milhaud et Lefebvre-Desnouettes) que vers 5 heures? En effet, c'est au moment où il s'aperçoit de cette charge qu'il dit à Soult et à son état-major : « C'est trop tôt d'une heure, mais il faut soutenir ce qui est fait (2). » Il « réfléchit un instant », nous dit M. Houssaye, puis envoie Flahaut porter l'ordre de charger à Kellermann (3). Or M. Camon fixe le départ de Kellermann à 5 heures (4).

Le regard jeté sur le champ de bataille (5), réflexion « d'un instant » et le galop de Flahaut vers Kellermann n'ont pris certainement que quelques minutes.

Alors, peut-on nous expliquer la direction de la bataille par l'Empereur de 3 heures et demie à 5 heures? Il a vu Ney,

---

(1) *Mémoires*, t. IX, p. 164 et 165 (1ᵉʳ paragraphe de la page 165).
(2) M. Houssaye, p. 375.
(3) Id., p. 375; colonel Camon, *Batailles*, p. 508-509; Thiers, p. 560, col. 1.
(4) Colonel Camon, *Batailles*, p. 509 (3ᵉ paragraphe, à « 5 heures Kellermann mit en mouvement sa cavalerie ».
(5) M. Houssaye, p. 375. M. Houssaye dit : « Le long regard jeté sur le champ de bataille... » Il est impossible de discuter sur la durée d'un regard. En pleine tourmente de bataille, il importe que les décisions soient rapides.

Quiot et Donzelot rejetés de la Haye-Sainte et du plateau. Personne n'a jamais prétendu qu'il ait été frappé de cécité pendant une heure et demie. Sa mémoire, dont nous avons parlé (1), est prodigieuse. Il sait qu'il a donné à Ney l'ordre d'attaquer à 3 heures et demie. Et l'idée ne lui vient pas que Ney va ramasser ses forces en quelque endroit qu'elles se trouvent. Pour la charge de Milhaud et de Lefebvre-Desnouettes, la grande batterie a cessé son feu (2). Au contraire, les canons anglais déversent sur les cuirassiers une rafale de fer (3). Quand nos cavaliers parviennent sur le plateau, les canons anglais sont abandonnés (4). Les charges font trembler la terre. Il s'est donc produit des alternatives de feux et de marche qui, sur un champ de bataille restreint, ont frappé jusqu'au moindre acteur. Et Napoléon seul ne se doute de rien, ne voit rien, ou ne s'en aperçoit que lorsque tout est fini (5). Quel homme de bon sens peut être satisfait d'une explication si faible ?

Le principe, le sens et la raison des charges de cavalerie commandées par Ney ont été complètement méconnus par M. Houssaye, qui d'ailleurs entasse à ce sujet les détails les plus contradictoires. Il nous expose d'abord (6) que les

(1) Voir mes citations, p. 246 à 250.
(2) M. Houssaye, p. 371.
(3) Id.
(4) Id., p. 372.
(5) Thiers (t. IV, p. 558, col. 2) ne fixe qu'à 5 heures la charge de Milhaud, mais le colonel Camon indique à ce moment le départ de Kellermann, qui lui est postérieur (colonel Camon, *Batailles*, p. 509), et M. Houssaye présente une narration plus détaillée, mais analogue à celle du colonel Camon. Il indique comme heure de la descente de Kellermann dans le vallon et fin de la charge de Milhaud seul entre 5 heures et 5 heures et demie (p. 382). Le colonel Camon (p. 508) et M. Houssaye (p. 368, 369) prétendent que Napoléon ne pouvait de la maison Decoster voir les préparatifs de la charge de Milhaud. Or Thiers (p. 559, col. 1) affirme que Milhaud traversa la chaussée de Bruxelles et prit position entre la Haye-Sainte et le bois d'Hougoumont. Comment le mouvement d'une pareille masse a-t-il pu échapper à l'Empereur? Restait-il donc immobile auprès de la maison indiquée? Thiers (p. 559) affirme qu'il s'est porté à droite vers les Prussiens, mais il fixe le mouvement de Milhaud à 5 heures, ce qui est faux. A 4 heures, ou mieux de 3 heures et demie à 4 heures et demie, il était certainement près de la Belle-Alliance. Il lui suffisait de quelques foulées de galop pour tout voir.
(6) M. Houssaye, p. 365, note 2.

défenseurs du maréchal, Heymès et Gamot, se trompent en insinuant « que Ney ne réclama de la cavalerie que parce qu'il n'avait pas d'infanterie à sa disposition ». Là-dessus, M. Houssaye énumère tout le 1ᵉʳ et le 2ᵉ corps disponibles. Mais dans quel état se trouvaient ces troupes, soi-disant disponibles? De plus, que devient Napoléon, généralissime, et nullement occupé contre Bülow, comme l'avoue M. Houssaye lui-même (1)? La charge de Milhaud est fixée par lui entre 4 heures et 4 heures et quart, et Bulow ne se démasque qu'à 4 heures et demie. M. Houssaye constate qu'à ce moment Napoléon était présent. D'après ses études (2), il se trouvait sur « la hauteur de la maison Decoster », d'où l'on jouit « d'une vue étendue sur le champ de bataille ». Évidemment on ne voyait pas le creux du second vallon, au pied du chemin d'Ohain, mais d'Erlon n'était pas dans un creux, Reille non plus.

Vers 3 heures et demie, M. Houssaye représente d'Erlon ralliant « quelques-uns de ses bataillons (3) ». Le maréchal Ney s'en sert, puisqu'il mène à l'assaut de la Haye-Sainte la brigade Quiot et une brigade de Donzelot. Toutes deux sont repoussées et décimées (4). Qu'est-ce qui reste à Ney du corps de d'Erlon pompeusement énuméré par M. Houssaye? Il est évident que d'Erlon reforme les débris de son corps d'armée en arrière de la grande batterie, donc sous les yeux de l'Empereur. Si d'Erlon pouvait agir, pourquoi Napoléon n'en a-t-il pas donné l'ordre? Il n'est plus question du 1ᵉʳ corps qu'à 6 heures pour un régiment de Donzelot (5), — suprême attaque contre la Haye-Sainte, — les autres débris de Donzelot, Allix et Marcognet pour l'assaut du chemin d'Ohain (6), et enfin Durutte sur Pape-

---

(1) M. Houssaye, p. 369, note 1.
(2) Id., p. 323, note 1.
(3) Id., p. 363.
(4) Id., p. 364.
(5) Id., p. 389.
(6) Id., p. 391.

lotte (1). Il ressort de ces documents établis par M. Houssaye qu'entre 4 heures et 4 heures et quart Ney ne disposait pas d'un seul homme du 1ᵉʳ corps.

Examinons la question pour le 2ᵉ corps (Reille). Le colonel Camon nous dit qu'à 3 heures et demie Napoléon met sous les ordres du maréchal Ney le corps de Reille « que la prise imminente d'Hougoumont va rendre disponible (2) ». Mais Hougoumont n'a jamais été pris. Même après l'incendie du château, — incendie déterminé par une batterie d'obusiers envoyée par l'Empereur, — M. Houssaye constate que les Anglais « se rembûchent dans la chapelle, les granges, la maison du jardinier, le chemin creux adjacent, et y recommencent leur fusillade (3) ». A quelle heure Reille fut-il vraiment sous la main de Ney? M. Houssaye nous dit que la division Bachelu et une brigade de Foy restèrent « intactes et disponibles à la gauche de la Belle-Alliance ». Donc, Napoléon les voyait de la maison Decoster. Alors que signifie la phrase de M. Houssaye que « Ney les oublia (4) », phrase répétée par le colonel Camon (5).

Quel reproche peut-on faire à Ney, puisque Napoléon, général en chef, ne pense plus lui-même à son infanterie? Et Reille, commandant le 2ᵉ corps, où est-il? Pourquoi s'en prendre à Ney, puisque l'Empereur ne donne aucun ordre, et que le commandant du 2ᵉ corps ne s'est pas mis à la disposition du maréchal? Mais Napoléon a-t-il seulement songé à prévenir Reille?

Admettons que l'Empereur n'ait pas vu les mouvements préparatoires de la charge de Milhaud (6). Mais de 3 heures et demie à 4 heures ou 4 heures et quart, il a eu cent

(1) M. Houssaye, p. 391.
(2) Colonel Camon, *Batailles*, p. 506.
(3) M. Houssaye, p. 360.
(4) Id., p. 388.
(5) Colonel Camon, *Batailles*, p. 510.
(6) *Ibid.*, p. 508; M. Houssaye, p. 369, note 1. Voir la discussion précédente, p. 469 à 476. S'il ne l'a pas vu, c'est qu'il ne suivait pas la bataille. Pas un mouvement ne lui échappait entre Hougoumont et la chaussée de Bruxelles, et pour voir tout à fond, il suffisait de s'avancer par un temps de galop sur le second plateau.

fois le temps de contempler les régiments de Foy et de
Bachelu « à gauche de la Belle-Alliance », d'après M. Houssaye! Y étaient-ils? Voilà la question. Reille et ses divisions n'ont-ils pas tourbillonné autour d'Hougoumont beaucoup plus tard qu'on ne le croit? Dans tous les cas, même
s'ils sont restés autour d'Hougoumont, l'Empereur les voyait
de la maison Decoster. Quant à apercevoir le vallon au
pied du chemin d'Ohain, il lui suffisait de s'avancer sur le
deuxième plateau. Ce qui est certain, c'est que, si l'on
accepte tous les renseignements et les heures des adeptes de
la tradition, la responsabilité de Napoléon s'accroit de la
manière la plus lourde.

Le colonel Camon (1) essaie bien de nous affirmer, en
parlant de « l'aberration inexplicable » de l'infanterie de
Reille et de d'Erlon, qui assiste inerte aux charges de cavalerie, que Napoléon était « préoccupé de l'entrée en ligne
des Prussiens ». D'après lui, ce fut la raison pour laquelle il
« ne songeait pas à la porter en avant ». Mais M. Houssaye
dément cette assertion en écrivant que « à 4 heures,
Napoléon n'était pas occupé à repousser Bülow, dont l'approche ne lui avait même pas encore été signalée (2) ». Donc,
il devait songer à son infanterie.

Quant à l'assertion que Napoléon voulait repousser les
Prussiens avant d'exécuter la grande attaque contre les
Anglais, M. Houssaye en fait justice (3). « Il voulait, dit-il,
culbuter les Anglais avant l'arrivée des Prussiens », et non
pas « attendre d'être attaqué par les Prussiens pour attaquer
les Anglais ». M. Houssaye expose là une raison de logique
absolue et irréfutable.

Mais alors, pourquoi l'Empereur n'a-t-il pas songé à l'infanterie des 1er et 2e corps, si vraiment elle était disponible,
et pourquoi a-t-il laissé s'effectuer toute seule la charge de
la cavalerie?

---

(1) Colonel CAMON, *Batailles*, p. 510.
(2) M. HOUSSAYE, p. 369, note 1.
(3) ID., p. 367, note 3, p. 368. Voir la discussion, p. 469 et note 4.

M. Camon nous expose que « tout ce combat a été conduit par Ney; Napoléon, contre son habitude, n'est pas intervenu (1) ». Puisque nous avons démontré que son attention n'a pas été détournée par l'arrivée des Prussiens (2), que d'autre part, d'après les renseignements de M. Houssaye, il voyait les corps d'infanterie devant lui ou tout près de lui, devons-nous en conclure qu'il avait résigné son commandement en chef entre les mains de Ney? Faut-il nous inspirer des reproches sanglants de Murat et de Ney surtout sur le champ de bataille de la Moskowa (3). Assistait-il aux luttes épiques de son armée comme Xerxès aux batailles de la guerre médique?

M. Houssaye (4) avoue que « la grande charge de cavalerie entrait dans le plan de l'Empereur ». Il est donc seulement question de mouvement « prématuré », de charge « faite un peu trop tôt ». N'était-ce pas à lui de fixer l'heure? Si Ney a marché, nous sommes forcés d'en conclure que l'Empereur lui donna un ordre général et vague, sans préciser le moment.

Une lueur de vérité apparaît dans les notes de M. Houssaye (5). Il suppose — ce qu'aucun document ne permet à personne d'affirmer — que « Napoléon avait ordonné à Ney de ne rien brusquer ». Et il en conclut que c'était « pour donner le temps à l'artillerie d'exercer ses ravages, à l'infanterie de d'Erlon de se rallier complètement, à l'infanterie de Reille d'occuper Hougoumont, à la Garde à pied d'avancer »...

Voilà de formidables aveux à l'appui de ma thèse, et dont M. Houssaye ne semble pas se douter. Oui, l'artillerie n'avait

---

(1) Colonel Camon, *Batailles*, p. 518.
(2) M. Houssaye, p. 367, note 3, p. 368. Voir cette étude, p. 469 et note 4.
(3) Général de Ségur, *Histoire de Napoléon, 1812*, t. Ier (p. 368). Paroles prêtées à Ney : « Puisqu'il ne fait plus la guerre par lui-même, qu'il n'est plus général, qu'il veut partout faire l'Empereur, qu'il retourne aux Tuileries et nous laisse être généraux pour lui. » Je cite sans affirmer, à titre de renseignement.
(4) M. Houssaye, p. 367, note 3.
(5) Id., p. 368 (les cinq dernières lignes de la note).

servi à peu près de rien, mais puisque Napoléon ne s'est pas donné la peine de modifier l'emplacement de la grande batterie, que pouvait-il en attendre de plus après 3 heures et demie qu'auparavant? Nous voyons — ce que j'ai répété — que d'Erlon n'était pas rallié, que par suite le prince de la Moskowa ne pouvait s'en servir — et qu'en fin de compte, il ne l'a pas oublié. Nous voyons aussi qu'Hougoumont n'était pas pris, et qu'en conséquence Reille restait indisponible. Et enfin, pourquoi Napoléon a-t-il, dans ces conditions lamentables, lancé Ney sur la Haye-Sainte avec un ordre d'attaque?

La Haye-Sainte représentait une simple ferme, poste avancé de l'ennemi, en contre-bas du plateau (1), dominée par les feux plongeants des Anglais.

Quelle idée étrange Napoléon eut-il en y lançant Ney, soi-disant pour y pratiquer des créneaux (2), et soi-disant avec ordre d'y stationner (3)? Une batterie d'obusiers eût mieux rempli le but que l'héroïsme du maréchal. La Haye-Sainte incendiée, l'assaut devenait libre. Quant à l'heure précise de cet assaut, pour quel motif Napoléon ne l'a-t-il indiquée à Ney, en prescrivant d'attendre d'Erlon, Reille et la Garde? Mais, encore une fois, a-t-il seulement prévenu Reille qu'il était sous les ordres de Ney? Aucun texte ne nous le prouve. Quand on voit les difficultés qu'éprouve Ney pour se faire obéir des cuirassiers de Milhaud (4), on se demande à bon droit s'il aurait osé donner un ordre à Reille, qu'il savait occupé contre Hougoumont par la volonté de l'Empereur.

Résumons et concluons d'après la logique et les renseignements que je viens d'énumérer. Napoléon a donné l'ordre à Ney daté de 3 heures et demie, — ordre verbal — comme il donné tous les ordres de 1815 (5), comme il a donné tous

---

(1) V. la carte de Craan et toutes les cartes. La Haye-Sainte n'avait ni l'importance ni le relief d'Hougoumont.
(2) Colonel Camon, *Batailles*, p. 507, note 1.
(3) *Ibid.*
(4) M. Houssaye, p. 365 (refus d'obéissance de Delort).
(5) Voir les discussions, p. 139 à 146, 152 à 155, 214 à 221, 346 à 357, 371 à 377.

ceux de 1813 (1), dans l'imprécision et dans le vague. S'il a limité l'ordre à la Haye-Sainte, c'était impraticable, attendu qu'il sacrifiait inutilement la bravoure de Ney et de ses troupes en les lançant dans une impasse ou un coupe-gorge (2). S'il a prescrit simplement d'attaquer, alors tout s'éclaire, sans que la responsabilité du chef suprême devienne plus légère. Il ne s'est occupé ni de préparation par l'artillerie, ni de coopération des trois armes que lui seul, généralissime, était maître d'assurer. En définitive, il a lancé Ney avec un ordre vague, comptant sur son indomptable énergie pour triompher des obstacles.

Parlons encore plus franchement. Si Ney avait réussi, il n'y aurait pas eu assez de lauriers pour couronner sa tête. Mais il a échoué : on lui jette l'anathème. En style de soldat, voilà la vérité crue.

Napoléon n'a pas donné ses ordres comme au temps d'Iéna et de Friedland. Il les a donnés à la mode des époques troubles comme en 1812 et 1813. L'ordre d'attaque à Ney rappelle l'ordre de Kulm pour Vandamme. Il lui a jeté l'ordre général : attaquer. Rien ne prouve qu'il ait précisé ou non la cavalerie. Mais puisque le maréchal n'a plus d'infanterie sous la main, avec quoi voulait-il qu'il attaque?

Un détail va nous faire saisir au vif sa manière de donner des ordres. Flahaut, après avoir porté l'ordre de charger à Kellermann, « porta, nous dit le colonel Camon (3), le même ordre au général Guyot, commandant la grosse cavalerie de la Garde ».

M. Camon ajoute ce passage typique qui résume et éclaire tout : « A Sainte-Hélène, Napoléon ne pouvait croire qu'il eût fait donner cet ordre à Guyot, se privant ainsi de sa dernière réserve de cavalerie. Étant donnée sa manière habituelle, il y a lieu de croire que Flahaut a mal compris un ordre trop brièvement donné. »

(1) Voir cette étude, p. 78 à 81, 220, 225 à 233.
(2) C'était l'artillerie seule qu'il fallait faire agir; batterie d'obusiers, voir p. 453 à 456.
(3) Colonel Camon, *Batailles*, p. 509.

Analysons. M. Camon ne prétend pas que Flahaut n'ait pas transmis un ordre réel. Flahaut était un des serviteurs les plus dévoués, les plus loyaux et les plus enthousiastes de l'Empereur. Personne au monde ne le croirait capable d'avoir dénaturé ou inventé un ordre de celui qu'il vénère et qu'il adore. Seulement, comme l'ordre a déterminé les plus fâcheuses conséquences, puisqu'il a privé Napoléon de sa dernière réserve, il faut une victime. Tant pis pour Flahaut. Il a « mal compris un ordre trop brièvement donné ». M. Camon pourrait-il nous restituer l'ordre exact, afin que nous jugions? Il ne le peut, et personne ne le pourra jamais dans l'éternité des siècles.

Conclusion : Napoléon donne ses ordres de telle sorte — même un ordre de bataille et d'attaque — que les plus dévoués et les plus fidèles ne sont pas capables de les comprendre. S'il s'agissait d'une conception stratégique, nous admettrions la difficulté de saisir le concept, mais il s'agit d'un ordre d'attaque! Ou Guyot doit charger, ou il ne doit pas charger! Si Flahaut lui a dit de charger, c'est que Napoléon l'avait dit à Flahaut. En quels termes? Voilà la question.

On avouera qu'un ordre de guerre, surtout devant l'ennemi et sur le terrain, n'a rien à voir avec des arguties nuageuses de philosophie, ou des oracles de sibylle! Un abstracteur de quintessence peut s'amuser dans le silence du cabinet à couper des cheveux en quatre, mais non un général sur le champ de bataille, quand il joue son empire et la fortune de la France. Le bon sens — qui est la première qualité du monde — se refuse à admettre qu'un homme de guerre donne un ordre... sans le donner... tout en le donnant! Nous saisissons sur le vif les défectuosités de la méthode. Or toute la manœuvre et le succès d'une bataille tiennent dans un ordre.

Pour qu'aucun doute ne subsiste sur aucun point dans l'esprit du lecteur, je tiens à bien préciser qu'il n'existe pas d'analogie entre la discussion des ordres à Ney et Guyot sur le champ de bataille de Waterloo et celui qui a fait l'objet de notre discussion du 16 (la fameuse note au crayon) (1). Le 18, il s'agit de prescriptions verbales, dont le principe n'a jamais été nié par Napoléon. Il est admis que Ney reçut un ordre d'attaquer à 3 h. 30, que Flahaut fut chargé d'un autre ordre à 5 heures concernant une fraction de la cavalerie. Le seul point en litige, c'est l'étendue de ces commandements, leur limitation, leur précision.

Pour le 16, au contraire, il s'agissait d'un ordre soi-disant écrit, appel très net limité au seul 1ᵉʳ corps, arrêté et formel : Napoléon s'est toujours refusé à s'en reconnaître l'auteur, en tout et pour tout, sur le fond et pour la forme, en entier et en partie. L'appel à d'Erlon constituait purement et simplement un faux.

Ici, le 18, nous sommes en présence de missions imprécises, de commandements mal conçus et mal définis, donc uniquement en face d'une question de méthode. Il n'y a pas de rapprochement possible entre les discussions.

DE L'EXÉCUTION DES CHARGES DE CAVALERIE
LE COMMANDEMENT EN CHEF
LA SITUATION APRÈS LES CHARGES

Examinons si toutes les charges de cavalerie conduites par Ney pouvaient réussir. Les détails, même les plus admirables et les plus héroïques, ne nous apprendraient rien de plus que ce que nous savons déjà. Inutile de les répéter. Ce que nous voulons, c'est voir clair dans le fond du problème.

Que le lecteur se remémore nettement le terrain et la position de l'ennemi à droite et à gauche de la grande chaussée de Bruxelles — un sol inégal et escarpé (2) — pour descendre de notre position vers celle des Anglais, après avoir dépassé le deuxième plateau (3), d'abord un vallon détrempé

---

(1) Voir les discussions, p. 256 à 285.
(2) M. Houssaye, p. 307.
(3) Voir cette étude, p. 442 à 444.

par les pluies (1), terre lourde et grasse (2), puis une pente abrupte (3), — à la crête du plateau, des haies (4), des embrasures pour les canons ennemis (5) — une ligne d'artillerie — ensuite, à 60, 80 ou 100 pas au plus, des lignes d'infanterie (6) solides, abritées, agissant par un feu bien ajusté, puis se formant en carrés inébranlables pour résister à un choc de cavalerie — enfin, en arrière, deux lignes de réserves.

Une charge agit par surprise et par choc (la masse multipliée par la vitesse). L'effet moral est énorme dans l'action de la cavalerie. A Waterloo, cet effet moral n'existait pas, puisque les Anglais voyaient venir nos charges (7). Les plus terribles sont les surprises de flanc. Ici la charge montait comme une vague, de face, en plein front.

La masse existait, notre cavalerie était superbe. Il se peut, comme l'indique M. Houssaye, que les chevaux ne fussent pas tous aussi bien soignés et en forme que les montures choisies des gardes anglaises (8), mais ce n'est qu'un détail d'hippologie. En vrai terrain de charge, et les lattes en main, nos cuirassiers n'avaient pas de rivaux.

Quant à la vitesse, qu'était-il possible d'obtenir ? Au point de vue des difficultés de la marche, étudions ce que nous disent Thiers, le colonel Camon et M. Houssaye. Notant l'assaut de l'infanterie de d'Erlon, Thiers (9) écrit : « Cheminant dans des terres grasses et détrempées, son infanterie franchit lentement l'espace qui la sépare de l'ennemi. » Un cheval

---

(1) M. Houssaye, p. 308.
(2) Id., p. 349, 350, 371 ; Thiers, t. IV, p. 555, col. 2.
(3) Id., p. 308.
(4) Id.
(5) Id., p. 312 et 313.
(6) Id., p. 312, 313, 370, 371. Voir colonel Camon, *Batailles*, p. 508.
(7) Colonel Camon, *Batailles*, p. 508 (2ᵉ paragraphe). L'attaque de la cavalerie les surprit si peu qu'ils en furent plutôt satisfaits. Ils craignaient une manœuvre inédite de Napoléon, une surprise tactique, et jugèrent la charge comme devant être inefficace dès le début (M. Houssaye, p. 370). M. Houssaye emploie l'expression de « surprise » dans le sens d'étonnement plutôt agréable, mais non dans le sens de l'effet moral du choc.
(8) M. Houssaye, p. 355.
(9) T. IV, p. 555, col. 2.

chargé, avec son cavalier, risquera certes d'être plus embourbé qu'un fantassin. Quand Ney lance Delort et Wathier (4ᵉ corps de cavalerie ou cuirassiers Milhaud), « il partit au trot, nous expose Thiers, malgré le mauvais état du sol (1) ». Quand la cavalerie de la Garde, Guyot, vient soutenir Milhaud et Kellermann, il est encore question de gravir le plateau « au milieu d'une terre boueuse et détrempée (2) ».

Le colonel Camon est fort clair (3) : « Nos cavaliers montent lentement au trot dans les terres détrempées, accueillis par les décharges de l'artillerie anglaise », et plus loin... « prise de la crête, la charge n'a pas assez d'élan... ».

Je l'ai expliqué dans l'étude du terrain, et c'était de toute évidence (4). Il ne pouvait y avoir ni vitesse, ni espace nécessaire à l'élan de la charge.

La phrase de tous les historiens rapportant les charges se répète : « nos cavaliers gravissent les pentes de la position anglaise... » (5) — et encore : « nos hommes s'acharnent sur les carrés, mais l'espace est trop resserré, nos escadrons se gênent, les carrés tiennent bon (6) ». Il s'agit de la charge des cuirassiers de Lhéritier (3ᵉ corps Kellermann).

Quelle vitesse peuvent posséder des escadrons de grosse cavalerie gravissant des pentes boueuses et détrempées, et n'ayant pas de terrain de charge ?

M. Houssaye est encore plus net, s'il est possible. La précision de ses détails est écrasante. Dès la première action de cavalerie (brigade Travers), il note que « temps et espace leur manquaient pour fournir une charge (7) ». Il nous expose que, « dès que les cuirassiers commencèrent à déboucher des fonds où ils s'étaient formés,... les batteries anglaises accélérèrent leur feu... boulet et paquet de mitraille... une

---

(1) T. IV, p. 559, col. 2.
(2) *Ibid.*, p. 561, col. 1.
(3) Colonel Camon, *Batailles*, p. 508.
(4) Voir cette étude, p. 392 à 394.
(5) Colonel Camon, *Batailles*, p. 510 (5ᵉ paragraphe).
(6) *Ibid.* (6ᵉ paragraphe).
(7) M. Houssaye, p. 354.

rafale de fer (1) ». Donc il n'y eut aucune surprise sur les carrés d'infanterie (2). « Les chevaux, raconte M. Houssaye, montaient au trot, assez lentement, sur ces pentes roides, dans ces terres grasses et détrempées (3). »

La vitesse était bien faible, car les batteries anglaises « purent faire plusieurs décharges ». L'effet sur les escadrons de tête fut si terrible que « les survivants s'arrêtèrent quelques secondes, paraissant hésiter ».

Voilà qui ne ressemble guère à la charge foudroyante de Kellermann à Marengo (4), à celle de Murat à Eylau (5), aux chocs multiples de Nansouty et de Grouchy le matin de Friedland (6).

Continuons l'examen de la vitesse et des effets utiles de la cavalerie. M. Houssaye nous montre les rangs de nos cavaliers « déjà rompus par le feu, par la montée, par le passage même de cette haie de canons (7)... ». Il insiste sur le champ qui « fait défaut » entre le « bord du plateau » et « la première ligne d'infanterie ». Il résume : « la charge manque d'élan et par conséquent d'action (8) ».

Il a fallu que nos cavaliers fussent les premiers du monde — régiments de héros conduits par des hommes de guerre rompus à la manœuvre et au feu — doués d'une énergie infernale — pour que des charges conduites sur un pareil terrain aient produit un effet quelconque.

Or, elles en ont produit, et certes si l'artillerie avait préparé les charges, comme elle le pouvait en manœuvrant sur les plateaux (9), si l'infanterie n'avait été épuisée et usée dès

(1) M. Houssaye, p. 371.
(2) Voir p. 370.
(3) *Ibid.*, p. 371, 372.
(4) De Cugnac, *la Campagne de 1800* (publiée sous la direction de la section historique de l'état-major), p. 369, 403 à 408 et notes. Voir p. 409 et 410.
(5) Colonel Camon, *Batailles*, p. 216, 217.
(6) *Ibid.*, p. 249.
(7) M. Houssaye, p. 372.
(8) Id., p. 373.
(9) Voir mes discussions, p. 417, 436 à 446. Pour l'artillerie, il n'était pas question de vitesse, comme cela était nécessaire pour la cavalerie. Il suffisait de l'amener par les routes et les plateaux.

le début de la bataille, Napoléon aurait obtenu, sinon un éclatant triomphe — vu la résistance acharnée des Anglais et l'heure tardive à laquelle le choc décisif fut engagé — du moins un succès réel, indéniable. Les résultats pratiques eussent dépendu de l'attaque et de la solidité des Prussiens (1).

Le défaut capital dans la conduite de la bataille provient du manque absolu de concert entre les trois armes. L'entente dépendait du général en chef. Napoléon n'y a pas veillé.

En face d'autres adversaires, peut-être une cavalerie nombreuse et héroïque eût-elle eu quelques chances d'aboutir? Mais malheureusement les Anglais, Hanovriens et Hollando-Belges n'étaient pas plus de « mauvaises troupes (2) » que Wellington n'était un « mauvais général ». Leur manœuvre fut parfaite, et je la résume une fois pour toutes, sans mentionner les détails. A l'aspect des vagues de cavalerie qui se déployaient, l'artillerie placée sur le bord du plateau prenait ses dispositions. Les attelages étaient mis à l'abri, les canonniers avaient ordre de tirer jusqu'à la dernière minute, puis « de se réfugier dans les carrés (3). » A mesure que la charge montait, les « rafales de fer » accomplissaient l'œuvre de mort jusqu'à « quarante pas » de distance. L'effet était terrible. La moitié des « escadrons de tête » y restait. Une cavalerie moins admirable eût tourné bride et redescendu la pente ventre à terre. Les cavaliers de Waterloo ont tenu jusqu'au dernier. Mais, après l'artillerie, c'était la fusillade à bout portant, 20, 60, 100 mètres au plus (4), les Anglais « en carrés sur trois rangs », des « murs d'hommes (5), » les carrés se flanquant les uns les autres et broyant les escadrons

---

(1) Le problème de Waterloo, si l'on envisage la bataille telle que Napoléon l'a livrée, sans manœuvres et sans action d'artillerie, ne peut être résolu que par l'insuccès. V. p. 436 à 446, 450 à 456, 461 à 466, 493 à 494, 515, 525 à 529. Si, au contraire, on examine l'hypothèse de la manœuvre aidée par 266 canons, on aboutit tout au moins à un résultat honorable. Voir mes discussions à cet égard, p. 436 à 446, 490 à 493, 502 à 505, 549 à 551.
(2) M. HOUSSAYE, *Napoléon à Soult*, p. 319.
(3) ID., p. 370, 371 et suiv., p. 382, 383 et suiv.
(4) ID., p. 313.
(5) P. 373.

restés debout sous « les feux croisés ». Comment fournir une charge? Quel splendide héroïsme, inutile et sacrifié !

Les cuirassiers de Milhaud se sont engouffrés dans cette fournaise, puis les lanciers et les chasseurs de Lefebvre-Desnouette — après, les cuirassiers de Kellerman, les grenadiers à cheval de Guyot, les dragons de la Garde impériale. Ces vagues successives sont refoulées, se replient, se reforment et chargent jusqu'à épuisement, jusque vers 6 heures (1).

Quels résultats ont-ils obtenus? « La plupart des carrés restent inforçables, » nous dit M. Houssaye (2). Il nous cite bien quelques anecdotes, des mots de mémoires (3). Mais, en fin de compte, il aboutit à nous parler « d'épouvantail (4) ». Quelle est la valeur d'un épouvantail en face de troupes solides? M. Houssaye avoue qu'à force de repousser des charges, les Anglais avaient pris « l'assurance de leur invincibilité ». Quelle plus terrible condamnation du sacrifice inutile!

D'ailleurs, notre infanterie aboutit-elle à un meilleur résultat? Les restes de Reille, brigade de Foy et la division Bachelu, ces restes « intacts et disponibles (5) », il est un moment où Ney les lance (6). Ces 6 000 hommes d'infanterie sont désorganisés « en quelques instants (7) » — 1 500 hommes tués ou blessés — et « les colonnes tronçonnées par les boulets se mirent en retraite ».

M. Houssaye affirme que, si Ney avait utilisé plus tôt Foy et Bachelu, ces divisions d'infanterie n'eussent rencontré aucun obstacle, et que les carrés anglais se seraient effondrés sous leurs coups (8). Pour établir ce raisonnement théo-

---

(1) M. Houssaye, p. 389.
(2) Id., p. 383.
(3) Id., p. 374 (Paroles du colonel anglais Gould à Mercer). — Que prouve un mot?
(4) Id., p. 386... « la tempête des chevaux n'est qu'un épouvantail ».
(5) Id., p. 365, note 2.
(6) Id., p. 387.
(7) Id., p. 388.
(8) Id., p. 387.

DE L'EXÉCUTION DES CHARGES DE CAVALERIE 489

rique, il s'appuie sur le fait que les grandes charges de cavalerie avaient forcé les artilleurs anglais à l'abandon de leurs pièces (1). M. Houssaye méconnait tous les principes de tactique, pour lesquels il nous a donné cependant de précieuses indications. En effet, il a noté avec justesse l'étonnement des officiers anglais voyant déboucher sur le plateau 8 ou 9 000 cavaliers, alors que le front ne permettait tout au plus que le déploiement d'un millier (2). Dans ce tourbillonnement, où voit-il la place, la possibilité pratique, réelle du déploiement de Foy et de Bachelu? M. Houssaye oublie la faute capitale de l'Empereur, l'erreur immense du choc front contre front, de cette attaque directe, étroite, resserrée, entravée, où la manœuvre est impossible. Il oublie aussi que notre artillerie, qui ne manœuvre pas, qui reste figée sur le plateau de la Belle-Alliance, au lieu d'exécuter le moindre bond en avant ou de détacher la moindre batterie à gauche de la chaussée de Bruxelles, est masquée par cette direction néfaste de l'assaut (3). Il oublie enfin que Wellington dispose d'autre artillerie que celle du plateau, et que la sienne manœuvre (4), alors que la nôtre reste immobile par ordre de l'Empereur. Si, par un prodige d'habileté manœuvrière, les 8 ou 9 000 cavaliers entassés sur le plateau se fussent écartés, et que Foy et Bachelu aient gravi les pentes, une heure plus tôt qu'ils ne l'ont fait, ils auraient été salués, comme leurs devanciers du 1ᵉʳ corps et la cavalerie, par les feux de file « à quarante pas (5) ». De plus, comme Wellington n'était nullement fixé à sa droite, rien ne l'empêchait de faire accourir au galop les batteries postées « à l'est de la route de Nivelle (6) ».

(1) M. Houssaye, p. 387.
(2) Id., p. 382.
(3) Colonel Camon, *Batailles*, p. 502, 508; M. Houssaye, p. 347, 357, 371. Voir mes discussions sur les emplacements de l'artillerie. Une masse postée sur le deuxième plateau, une autre au delà d'Hougoumont eussent continué le tir sur les réserves anglaises. Voir p. 436 à 446, 491 à 494.
(4) M. Houssaye, p. 404 et 407.
(5) Id., p. 352.
(6) Id., p. 336.

En réalité, M. Houssaye ne se rend pas compte des actions successives de Ney, et des procédés tout différents que le généralissime — dans la circonstance présente l'Empereur — eût dû employer pour tirer du concert des trois armes l'effet utile maximum.

A 4 heures, n'ayant plus d'infanterie sous la main, Quiot et Donzelot décimés (1), le maréchal Ney lance la cavalerie en quatre charges formidables, héroïques et inutiles, de 4 heures (2) à 5 heures et demie environ (3). Après cet effort démesuré, toute la cavalerie épuisée, hors d'haleine, il ramasse les troupes d'infanterie qui se trouvent debout sur le champ de bataille, les plus proches de lui, Foy et Bachelu, et les jette à leur tour (4). Celles-là aussi sont brisées et repoussées (5). Pouvait-il faire plus?

N'examinons pas encore le mouvement de 6 heures, quand d'Erlon a repris haleine et peut remarcher en avant. Restons-en au jugement des actions de Ney de 3 heures et demie à 5 heures et demie. Il ne pouvait faire plus, parce qu'il ne disposait ni de toutes les données du problème, ni de toutes les troupes, artillerie, infanterie et cavalerie, et qu'il n'appartient pas à un lieutenant de commander en chef sur un champ de bataille où le généralissime est présent.

Tout autre eût été l'action efficace de Napoléon, s'il s'était donné la peine de commander, comme aux heures glorieuses de l'épopée, à Rivoli, Austerlitz, Iéna et Friedland. Lui seul savait où puiser à pleines mains et à coup sûr. Lui seul tenait en main les fils de la destinée. Lui seul pouvait donner à d'Erlon, Reille, à l'artillerie, à Milhaud, Kellermann, Lefebvre-Desnouettes et Guyot, à l'infanterie de la Garde les ordres utiles, indispensables pour une coopération absolue et décisive des trois armes.

(1) M. Houssaye, p. 364.
(2) Colonel Camon, *Batailles*, p. 507, 508; M. Houssaye, p. 369, note 1.
(3) *Ibid.*, p. 509 à 511; M. Houssaye, p. 388, 389. Il fixe l'attaque de Foy et Bachelu à 6 heures « après l'échec de la quatrième charge ».
(4) M. Houssaye, p. 387 à 389. « Vers 6 heures. »
(5) Id., p. 388.

A 3 heures et demie, il n'avait pas encore les Prussiens dans son flanc droit. Bülow ne s'est démasqué qu'à 4 heures et demie (1). Zieten vers 7 heures (2). La bataille pouvait-elle être regagnée ? Oui. Mais le chef suprême pouvait seul jouer cette partie terrible. Il est étrange qu'on parle toujours de Ney, comme si Napoléon eût été absent, hors de portée du champ de bataille.

J'admets tous les raisonnements de M. Houssaye. D'Erlon n'est pas reformé (3). Jérôme use encore ses forces contre Hougoumont (4). Mais Napoléon n'est pas contraint, comme un simple maréchal d'Empire, de s'arrêter aux détails et de compter avec les hésitations d'un divisionnaire (5). Avant tout et par-dessus tout, l'artillerie. L'heure décisive était venue de lui prescrire un bond en avant de 500 mètres, et de la porter sur le deuxième plateau, à droite et à gauche de la grande route de Bruxelles, surtout à gauche, où le relief est plus accentué, la position plus commode, attendu que le tir n'eût jamais été interrompu par les attaques françaises (6). Les obusiers eussent transformé la Haye-Sainte en un monceau de cendres, les batteries de 8 anéanti les brigades anglaises le long du chemin d'Ohain, les pièces de 12 broyé les réserves accumulées entre les chaussées de Nivelles et de Bruxelles, jusqu'à Mont-Saint-Jean. C'était le moment de rendre aux Anglais, avec usure, la monnaie de leurs « rafales de fer (7) ». L'artillerie, ainsi postée, n'aurait pas eu besoin d'arrêter son tir. Elle n'eût pas été gênée par la progression de nos colonnes d'attaque.

Quant à d'Erlon reformé ou non, il importait de le jeter au plus vite, car les minutes même étaient précieuses, sur Papelotte, la Haye et Smohain. Les « phalanges » n'étaient plus de mode. Mieux eût valu mille fois revenir à la tactique

1) M. Houssaye, p. 379.
(2) Id., p. 400.
(3) Id., p. 367, 368 et notes.
(4) Id. (V. surtout les cinq dernières lignes de la note de la page 368.)
(5) Ney et Delort (M. Houssaye, p. 365).
(6) Voir mes discussions, p. 455 à 456, 461 à 462, 466, 549 à 551.
(7) M. Houssaye, p. 371.

suivie de 1796 à 1807, des lignes de tirailleurs, suivies de colonnes souples et alertes, encadrées à droite par les cuirassiers de Milhaud, à gauche par ceux de Kellermann. Les bataillons de d'Erlon se seraient reformés en marchant. L'intelligence et l'héroïsme du soldat eussent suppléé à la rigidité des formes. De Papelotte, les colonnes eussent pris comme direction Mont-Saint-Jean.

Reille eût marché dans l'espace compris entre la droite de la seconde masse d'artillerie postée sur le deuxième plateau et Kellermann. Jérôme n'avait écouté ni son chef d'état-major, ni Reille. Il eût obéi à l'Empereur. Bachelu, Foy et Jérôme représentaient encore une force respectable. D'ailleurs, que pouvaient les retours offensifs de Wellington — infanterie ou cavalerie — sous le coup de batteries supérieures en nombre et qualité qui les auraient pris d'enfilade? Lefebvre-Desnouettes et Guyot eussent protégé la gauche de nos batteries.

Enfin restait la Garde. A 3 heures et demie, — heure de notre hypothèse, — Bülow n'était pas démasqué (1). Donc, à droite, Lobau suffisait. Après les tirailleurs de d'Erlon, les feux et les baïonnettes de ses colonnes d'attaque, l'infanterie de Reille, la charge des grenadiers de la Garde eût déterminé la retraite des Anglais. L'avantage immense de la position de l'artillerie à gauche de la grande route, c'est que jamais son feu n'eût été interrompu. Comme Sénarmont à Friedland (2), elle eût modifié la direction de son tir sur les lignes d'infanterie, la cavalerie ou les réserves, tantôt à mitraille, tantôt à boulets, mais sans arrêter une minute « la rafale de fer » et l'action destructive.

La retraite des Anglais coupée sur Bruxelles, Wellington pouvait se retirer sur Hal. C'était alors l'affaire des charges de cavalerie de transformer sa manœuvre en déroute. De 3 heures et demie à 7 heures, heure où Zieten débouche (3), la bataille pouvait être regagnée.

(1) Bülow ne s'est démasqué qu'à 4 h. 30. (M. Houssaye, p. 379.)
(2) Colonel Camon, *Batailles*, p. 257, 258.
(3) M. Houssaye, p. 400. « La tête de colonne de Zieten débouchait de

LE COMMANDEMENT EN CHEF 493

Mais l'Empereur seul disposait des données du problème et des moyens pratiques. Seul, il pouvait imposer l'obéissance absolue et immédiate qui était la condition nécessaire du succès. Le lieutenant le plus intelligent, le plus brave, était contraint — comme le fut Ney — à des actions successives et décousues.

Pourquoi Napoléon, au lieu de remplir la mission du chef, de concentrer et de concerter l'ensemble de ses forces, a-t-il passé son temps à parcourir la ligne de bataille « sous une pluie d'obus et de boulets (1) »? C'était l'affaire d'un aide de camp ou d'un « capitaine de grenadiers (2) ». Ce n'était ni la place ni le rôle de l'Empereur.

Nous sommes arrivés à 6 heures du soir (3). Napoléon réitère à Ney l'ordre de s'emparer de la Haye-Sainte. Par un effort héroïque, le maréchal finit pas réussir (4).

Ici se place un incident qui a été fort peu remarqué, mais qui donne pleinement raison à ma thèse sur les manœuvres d'artillerie. M. Houssaye nous apprend que Ney installe « une batterie à cheval sur un monticule près de la Haye-Sainte » (5). Cette batterie atteint le centre de la ligne ennemie « à moins de 300 mètres », et permet l'assaut des divisions de d'Erlon, Allix, Donzelot et Marcognet. A droite, Durutte s'empare de Papelotte.

Ainsi une seule batterie à cheval permet de réussir où 20 000 hommes d'infanterie ont échoué à 2 heures. Supposez 80 ou 90 pièces installées dès 10 heures du matin non pas sur « un monticule », mais sur toute la longueur du

Smohain quand la Garde descendait vers la Haye-Sainte » (7 heures, d'après le colonel Camon, p. 512 et 513).

(1) M. Houssaye, p. 389.
(2) *Mémoires,* t. IX, p. 161. (Jugement de Napoléon sur Ney.)
(3) M. Houssaye, p. 389.
(4) V. p. 390.
(5) Ce monticule ne fait pas partie du deuxième plateau. Étant donnée la distance qu'indique M. Houssaye, c'est impossible, car le deuxième plateau est à environ 1 000 mètres du chemin d'Ohain. Il s'agit d'un mouvement de terrain qui a peut-être disparu dans la construction de la butte du Lion. Quoi qu'il en soit, mon raisonnement subsiste intégralement. Des batteries de 12 sur le deuxième plateau eussent obtenu le même effet, et à 10 heures du matin!

deuxième plateau en avant de la Haye-Sainte (1). On m'objectera qu'il est 6 heures du soir et que le terrain a eu le temps de sécher. Mais, encore une fois, je ne suppose pas la descente dans les vallons, mais l'arrivée des batteries par la route de Bruxelles et le déploiement successif à droite et à gauche de la route, protégé par la grande batterie, tirant du premier plateau, et par les pièces placées près d'Hougoumont sur le chemin de Genappe à Braine-l'Alleud. Quant « au monticule », où se trouve-t-il exactement? La carte de Craan donnée par M. Houssaye, et surtout celle de M. Saint-Julien (2) indiquent des mouvements de terrain assez compliqués, mais la forme générale du second plateau et son orientation apparaissent clairement. La cote 132 près de la grande route de Bruxelles domine nettement la Haye-Sainte (cote 122) et se trouve de niveau avec le plateau anglais qui s'abaisse depuis les cotes 135 et 130 (chemin d'Ohain) jusqu'à 120 (près de Mont-Saint-Jean).

Ney a eu l'idée d'un bond en avant d'artillerie, malheureusement trop tard et sous une forme trop restreinte. Napoléon seul pouvait donner l'ordre d'agir par masses, c'est-à-dire d'une manière efficace.

Thiers (3) et après lui la plupart des historiens, y compris M. Houssaye (4), semblent croire que si Napoléon eût fait donner sa Garde à 6 heures, — après l'attaque désespérée de Ney, la prise de la Haye-Sainte et la montée du 1er corps (d'Erlon) sur le plateau, — le centre anglais eût pu être enfoncé. Thiers (5) nous cite 10 000 Anglais tués ou blessés, « une multitude de fuyards », Wellington qui « regarde sa montre, invoque la nuit ou Blücher ». Mais, en

---

(1) Voir mes discussions, p. 436 à 446.
(2) Waterloo par M. Saint-Julien, carte cotée avec courbes. Je ne parle que de la fraction du chemin d'Ohain, à droite et à gauche de la grande chaussée de Bruxelles, qui fut attaquée par nos troupes (carte de l'Institut cartographique militaire). Voir la note de la page précédente (note 5, p. 493).
(3) T. IV, p. 562, col. 2.
(4) *1815*, p. 387, 388, 389, 392, 393, 394; Colonel Camon, *Batailles*, p. 518.
(5) T. IV, p. 562, col. 1.

même temps, le consciencieux historien avoue qu' « il lui reste 36 000 hommes » et qu' « il ne désespère pas encore ». M. Houssaye (1) nous apprend que « le régiment des hussards Cumberland tout entier tourne bride, colonel en tête », nous parle aussi des blessés, du « centre de la ligne ouvert », et répète l'assertion de Thiers, Wellington qui murmure : « Il faut que la nuit ou les Prussiens arrivent. » Tous les régiments ne se composent pas de héros, ce n'est pas impunément pour les cerveaux et les cœurs débiles que la fusillade et le canon font rage pendant six heures. Quant à Wellington, il avait le devoir d'être « anxieux ». Mais de là à lâcher pied, il y a un abîme, et cet abîme, personne ne l'a comblé.

A 6 heures, la victoire ne pouvait être ressaisie, parce que Bülow était complètement démasqué (2), que Zieten et Pirch approchaient (3), et que Wellington, assuré de l'arrivée des Prussiens, gardant encore 36 ou plutôt 40 000 hommes valides (4) pour lutter, ne pouvait plus être mis en déroute par une attaque de la Garde.

Admettons qu'il ait reculé sur Mont-Saint-Jean, car rien, dans l'hypothèse de l'attaque directe, ne le contraignait à un changement de front. Comme l'artillerie française n'agissait pas par masses efficaces (5), que la cavalerie était épuisée et hors d'haleine (6), qu'il ne restait à d'Erlon et à Reille que des débris de divisions (7), la retraite des Anglais se fût effectuée pas à pas. C'était pour Wellington un insuccès,

---

(1) P. 392.
(2) M. Houssaye, p. 379.
(3) Id., p. 399.
(4) M. Houssaye parle de 40 000 Anglais valides après l'échec de la Garde (p. 413).
Comme la perte totale des Anglais, tués, blessés et disparus, ne s'est élevée au maximum qu'à 16 000 hommes (V. M. Houssaye, p. 428, note 4), il en résulte que Wellington a gardé en main 52 000 hommes. Mais j'admets néanmoins le chiffre de 40 000.
(5) Colonel Camon, *Batailles*, p. 502, 517, 518 : « L'artillerie, figée sur son emplacement, ne prête qu'un vague concours. » Voir mes discussions, p. 450, 454 et suiv.
(6) M. Houssaye, p. 387.
(7) Id., p. 339, 356, 364, 388, 391.

mais non un désastre. Pour Napoléon, ce n'eût été qu'un effort stérile qui eût anéanti sa dernière réserve à 6 heures du soir.

J'ai examiné toutes les hypothèses au fur et à mesure que le temps déroule son œuvre. Une heure vient où l'irréparable est consommé. Vers 6 heures, tout ce que Napoléon pouvait espérer, c'était une retraite, mais non une victoire.

Pour que les événements fussent absolument clairs aux yeux du lecteur, je n'ai parlé que des Anglais, mais nous ne pouvons plus négliger l'attaque des Prussiens. Vers 6 heures du soir, les boulets de Bülow « labouraient le terrain près de la Belle-Alliance (1) ». Non seulement les Prussiens attaquent en flanc, mais ils menacent la ligne de retraite, et, cette fois, il était impossible d'en changer. Une seule issue restait à l'armée française.

« Onze bataillons de la Garde » sont formés « en autant de carrés » depuis « la Belle-Alliance jusqu'à Rossomme (2) ». Un bataillon est « maintenu au Caillou ». Morand, à la tête de deux bataillons, est lancé sur Plancenoit pour reprendre ce point vital à Bülow.

Les plus optimistes peuvent-ils nous dire ce qui restait à Napoléon pour foncer sur le centre de Wellington ? Houssaye nous cite l'opinion du colonel Kennedy affirmant qu'avec sept bataillons de la vieille Garde (3) le centre anglais eût été enfoncé. Qu'entend-il par enfoncé ? J'admets qu'il eût plié, et que Wellington se fût mis en retraite. Après ? Tous les débris de notre armée — y compris la moitié de la Garde — eussent été engouffrés sur le plateau dans une lutte suprême contre Wellington, entre la Haye-Sainte et Mont-Saint-Jean. Pendant ce temps, que seraient devenus Lobau, qui pliait devant Bülow (4), la jeune Garde chassée de Plan-

---

(1) M. Houssaye, p. 394.
(2) Id., p. 394.
(3) Id., p. 393 (la moitié « de 8 bataillons de la vieille Garde et de 6 de la moyenne », soit 7 bataillons).
(4) Id., p. 394.

cenoit (1), et sept bataillons de la vieille Garde (2)? N'oublions pas que Blücher comptait 80 000 hommes (3) (50 000 hommes de Zieten et Pirch derrière les 30 000 de Bülow).

M. Houssaye ne parle que de détails épisodiques, palpitants, mais non décisifs. Thiers cite un chiffre qui à lui seul est plus éloquent que toutes les anecdotes. Un général qui n'est pas abusé par une formidable illusion ne joue plus son va-tout, quand il a 80 000 hommes dans le flanc et en arrière! Peut-être ce jugement semblera-t-il anticipé. Mais la logique foudroyante des faits qui se précipitent et s'accélèrent nous y force. L'optimisme de Napoléon devient invraisemblable. C'est ici qu'on juge la fausseté absolue de la thèse de la désespérance (4). La volonté et l'illusion restent chez lui intangibles. A 7 heures du soir il croit encore au triomphe!

LA BATAILLE CONTRE LES PRUSSIENS
FALLAIT-IL LANCER LOBAU A UNE HEURE?

Après les Anglais, les Prussiens. C'est ainsi que la bataille eût dû être livrée, c'est ainsi que nous l'étudierons, nous attachant toujours aux controverses utiles, et laissant de côté les innombrables détails déjà maintes fois exposés et qui ne projettent aucune lumière sur le fond des problèmes.

Depuis une heure de l'après-midi, moment où les masses prussiennes commencent à s'estomper vers la Chapelle-Saint-Lambert (5), la marche de Blücher se poursuit avec prudence, parfois avec des ralentissements, des hésitations, mais sans que le but poursuivi soit un seul instant abandonné ou mé-

---

(1) M. Houssaye, p. 394.
(2) Id., p. 393. 7 restant de 14 (citation de Kennedy).
(3) Thiers, p. 562, col. 1.
(4) M. Ch. Malo, *Champs de bataille de l'armée française*, p. 38, 39 et note 1.
(5) M. Houssaye, p. 340.

connu. Napoléon est tout de suite renseigné par la capture d'un sous-officier de hussards prussiens (1). Il apprend qu'il s'agit du IVe corps (Bülow). C'était le cas de déchirer le nom de Wavre dans les ordres à Grouchy, et de lui imposer la réunion immédiate, coûte que coûte, par Mousty sur Plancenoit. Nous savons par toute ma discussion sur les ordres à Grouchy que Napoléon n'en fait rien (2), et qu'il maintient avec acharnement l'erreur initiale et la fatale expression « mouvement (sur Wavre) conforme aux dispositions de Sa Majesté (3) ».

Quand M. Houssaye nous dit que « le renfort survenu à Wellington ne consistait après tout qu'en un seul corps prussien, car le prisonnier n'avait point dit que toute l'armée suivit Bülow (4) », il prête à Napoléon une faculté d'intuition vraiment trop au-dessous de la moyenne. Un généralissime interprète les discours d'un prisonnier, mais n'est pas contraint de les accepter servilement. Il suffisait de rapprocher le renseignement du hussard de celui donné par le prince Jérôme (5) pour ne plus concevoir l'ombre d'un doute. L'armée de Blücher fonçait sur notre flanc droit.

Napoléon prescrit aux divisions de cavalerie de Domon et Subervie d'éclairer et de protéger la partie du champ de bataille menacée. Lobau reçoit l'ordre de soutenir la cavalerie et de choisir « une bonne position intermédiaire où il pût, avec 10 000 hommes, en arrêter 30 000, si cela devenait nécessaire (6) ».

M. Houssaye fait grand état des « défilés de la Lasne (7) », comme s'il s'agissait des Thermopyles. Ces « défilés » étaient si faciles à tourner, soit par Ohain, soit par Couture, qu'on est forcé de ne pas leur appliquer un nom aussi grandiose.

---

(1) M. Houssaye, p. 341.
(2) Voir cette étude, p. 424 à 435.
(3) M. Houssaye, p. 343. (Ordre d'une heure à Grouchy.)
(4) Id., p. 345.
(5) Id., p. 323.
(6) *Mémoires*, t. IX, p. 123; M. Houssaye, p. 346.
(7) M. Houssaye, p. 377.

Un détail bien plus intéressant, c'est que l'artillerie prussienne les a franchis (1). Or il s'agit d'un mauvais chemin, dans un fond, près d'un ruisseau. On voit que les batteries pouvaient manœuvrer. Puisque les canons prussiens passaient dans les marécages de Lasnes — il est question de « pièce embourbée » — les canons français auraient pu défiler sur la grande chaussée de Bruxelles et sur le chemin de Genappe.

A 4 heures, les têtes de colonnes de Bülow et de Blücher atteignent le bois de Paris.

Ici, se présente un des problèmes de la bataille. On a très souvent reproché à Domon, Subervie et Lobau (2) de ne pas avoir poussé beaucoup plus loin que Frichermont, pour forcer l'ennemi à se démasquer et retarder son entrée en ligne dans la grande bataille.

Domon (3ᵉ division de cavalerie) comptait 1 017 cavaliers.
Subervie (5ᵉ division). . . . . 1 208   —
    Soit en cavalerie. . . . . . 2 225   —

Lobau, sans la division Teste, comptait 7 111 (3), d'après M. Ch. Malo, et 7 861 (4), d'après M. Houssaye.

En tout, la droite française comptait environ 7 500 baïonnettes et 2 200 chevaux.

Dans ses *Mémoires* (5), l'Empereur déclare qu'il donna l'ordre à Daumont *(sic)* et Subervie de communiquer promptement avec « les troupes qui arrivaient sur Saint-Lambert, opérer la réunion si elles appartenaient au maréchal Grouchy, les contenir si elles étaient ennemies ». Quant à Lobau, il devait choisir « une bonne position intermédiaire » et attaquer les Prussiens « aussitôt qu'il entendrait les premiers coups de canon des troupes que le maréchal Grouchy avait détachées derrière eux ».

Il n'est nullement question pour Lobau de se porter « im-

---
(1) M. Houssaye, p. 378.
(2) Id., p. 378; colonel Camon, p. 499, note 1.
(3) *Précis de la campagne de 1815*, p. 292, 293, 294.
(4) M. Houssaye, p. 330, 331, note 2.
(5) *Mémoires*, t. IX, p. 121, 122, 123, 124.

médiatement... vers Saint-Lambert », comme l'indique le colonel Camon (1). L'ordre de l'Empereur prescrit une position d'attente jusqu'à ce que Lobau entende le canon de Grouchy. Or, comme Grouchy n'a jamais envoyé de troupes à la poursuite de Bülow, comme, quelle que soit l'heure à laquelle on entendit son feu (2), ce bruit était trop lointain pour donner prétexte à la moindre illusion, on comprend que Lobau s'arrête à Frichermont. La faiblesse numérique de son corps d'armée ne lui permet pas une opération à grande distance. Il se fût exposé à être tourné et enveloppé.

En ce qui concerne la cavalerie, Napoléon lui-même (3) nous dit « qu'un quart d'heure » après qu'il eût donné l'ordre cité plus haut à Domon et Subervie, on connut, par la capture d'un hussard prussien, que la colonne aperçue à Saint-Lambert était l'avant-garde de Bülow (IV⁰ corps) arrivant « avec 30 000 hommes ». Dans ces conditions, que pouvaient 2 000 sabres contre 30 000 hommes? Et si Lobau eût été assez imprudent, assez aveugle pour marcher derrière Domon et Subervie, et s'avancer vers la Chapelle-Saint-Lambert, cette folle imprudence n'eût pas retardé d'une minute le désastre suprême.

Au cours des controverses concernant les opérations de 1815, et même à propos des campagnes de l'Empire, il est rare que les partisans de la tradition ne raisonnent pas d'une manière abstraite, sans tenir compte des forces en présence, des effectifs et de l'intelligence des ennemis.

Que représentent sur un champ de bataille 2 000 cavaliers et un minuscule corps d'armée de 7 500 baïonnettes? Leur enveloppement et leur destruction eussent vite terminé l'aventure.

Lobau était un chef de grand bon sens, ferme, solide et juste. Il comprit qu'il ne pouvait, sans danger, s'éloigner de

---

(1) Colonel Camon, *Batailles*, p. 499.
(2) Le canon de Grouchy ne fut entendu qu'à 7 h. 30 (M. Houssaye, p. 396, note 1). Citation de Gourgaud.
(3) *Mémoires*, t. IX, p. 121, 122.

l'armée. Sa position de Frichermont représente une opération de sage tactique. Les reproches qui lui sont faits sont d'ailleurs contradictoires. M. Houssaye (1) parle des défilés de la Lasne. M. Camon les note également (2). Pour s'avancer vers la Chapelle-Saint-Lambert, il aurait fallu que Lobau s'engageât dans ces défilés. Conçoit-on le 6ᵉ corps dans un bas-fond et embourbé dans des chemins ravinés, alors que les Prussiens disposent au nord et au sud, sur les deux côtés, des hauteurs d'Ohain et de celles de Couture (3).

Je dois reconnaître que M. Houssaye préconise pour Lobau l'occupation des crêtes (4). Il calcule que Lobau pouvait — un quart d'heure avant Bülow — occuper les crêtes qui commandent le pont de Lasne. Et quand même il les eût occupées, avec son minuscule corps d'armée? M. Houssaye raisonne-t-il encore comme pour Wellington et les Quatre-Bras? Pense-t-il que Bülow l'en eût laissé tranquille possesseur? Que fait-il du chemin d'Ohain et de celui de Couture? Occupé sur son front par une division prussienne, tourné vers Ohain par Zieten, vers Couture par une portion de Bülow, Lobau eût été enveloppé et détruit en deux heures. Quant à l'occupation du bois de Paris, le raisonnement est analogue. Le premier élément à considérer dans une bataille, c'est l'élément du chiffre. La question du nombre est capitale. On peut y remédier par du talent, mais non quand on s'expose à être tourné sur les deux flancs.

Domon et Subervie pouvaient-ils occuper les avenues du bois de Paris, comme l'indique M. Houssaye (5)? Cette occupation était bien plutôt l'affaire des tirailleurs d'infanterie, et nous en revenons à la faiblesse numérique du 6ᵉ corps.

Avant de juger en souverain arbitre et de blâmer, il convient de peser les éléments, les données du problème. La modicité des ressources en fantassins et cavaliers dont dispo-

(1) M. Houssaye, p. 377, note 1.
(2) Colonel Camon, *Batailles*, p. 509.
(3) Carte de Jomini, pl. XXIX. Carte de M. Houssaye (non numérotée).
(4) M. Houssaye, p. 557.
(5) Id., p. 378.

sait Lobau, le clouait contre le flanc droit de l'armée. Il est certain que s'il eût disposé de 30 000 hommes, comme Bülow, le raisonnement serait tout différent.

Encore aurions-nous le devoir de discuter son lancement dans la direction où l'ordre de Napoléon l'immobilise pendant quatre heures. C'est à partir d'une heure (1) que l'Empereur se prive du 6ᵉ corps et de deux divisions de cavalerie. Or les Prussiens ne se démasquent qu'à 4 heures et demie (2). La distance à laquelle il les avait aperçus vers une heure lui permettait de juger la rapidité maxima de leur marche et l'heure éventuelle de leur arrivée dans le flanc droit.

Ici, nous touchons à un des problèmes capitaux de Waterloo. Quand les situations s'assombrissent et se compliquent, quand les éclairs de l'orage sillonnent le ciel, c'est à ce moment que le chef suprême doit peser en quelques minutes les ordres décisifs, et sacrifier tout ce qui est accessoire à l'essentiel. Qu'importaient la parade de 7 000 hommes immobiles à Frichermont et la promenade de 2 000 cavaliers sur notre flanc droit, alors qu'en face de l'armée l'obstacle terrible se dressait intact? Qu'importait la considération ultérieure d'une lutte éventuelle contre les Prussiens, puisque sur le plateau de Mont-Saint-Jean, à 1 000 mètres du front, Wellington gardait sa puissance d'action? C'était sur l'armée anglaise qu'il fallait frapper le coup immédiat.

Un tacticien modeste et prudent eût peut-être rompu le combat dès une heure de l'après-midi. Mais, pour être vraiment impartial, l'historien ne peut évidemment raisonner avec un capitaine de génie, possédant l'envergure de Napoléon, comme avec un général moins confiant dans sa force et ses ressources. Donc, nous admettons la bataille, même après l'apparition de Bülow. Mais encore fallait-il choisir, et ne plus rêver deux buts, deux ennemis et deux chocs. En face, à portée de canon, était Wellington. A droite, hors de portée, sans danger immédiat, s'annonçait Blücher. La con-

---

(1) M. Houssaye, p. 343, 346; colonel Camon, *Batailles*, p. 499.
(2) Id., p. 379; colonel Camon, p. 509.

clusion logique et impérieuse était l'assaut de l'armée anglaise. Nous ne reviendrons pas sur la question des manœuvres, approfondie et élucidée dans les discussions antérieures (1). Notre devoir est de présenter au lecteur de la manière la plus saisissante la vérité qui s'affirme.

Bon sens, logique, tactique, principes, tous les éléments d'un ordre tombaient d'accord. Foncer sur Wellington pour l'anéantir, avant que Blücher ne fût à portée, constituait l'opération la plus naturelle et la plus sûre. Si un autre que Napoléon eût commis la faute dans laquelle il s'est effondré, nous pouvons être assurés que ses *Mémoires* renfermeraient une impitoyable diatribe contre le chef assez aventureux pour jouer deux parties en même temps, assez aveuglé par l'orgueil pour ne pas discerner entre l'action principale et l'accessoire. Mais il s'agit de lui. Dès lors, les principes fléchissent ou — pour dire vrai — sa préoccupation personnelle les domine. Sa pensée reste invariable et intangible. Telle il l'a conçue à Waterloo, telle il la maintient à Sainte-Hélène. Les Anglais sont de « mauvaises troupes (2) ». Il est sûr de les battre. Quant aux Prussiens, il cède encore une fois à cet étrange mouvement réflexe qui l'a déterminé si souvent à des ordres regrettables (3). Il voit deux ennemis. Par une impulsion invincible, lui-même se divise. C'était plus que jamais le moment de garder ses forces indissolublement unies. Quelle puissance d'attaque n'eût-il pas possédée avec d'Erlon, Lobau et la Garde !

Une foule d'historiens ont prétendu voir le malheur et la malchance — la fatalité, suivant le mot de Thiers — dans la campagne de 1815. Je ferai justice de cette théorie trop commode dans ma conclusion générale (4). Mais encore à cette minute suprême de Waterloo, à une heure de l'après-midi, nous pouvons juger que la fortune accorde à Napoléon

---

(1) Voir les discussions pour l'artillerie, p. 436 à 446. Voir les discussions pour les trois armes, p. 392, 400 à 493.
(2) M. Houssaye, p. 319.
(3) Voir les citations et discussions, p. 67 à 80, 342 à 343, 424 à 427.
(4) Voir cette étude, p. 551 à 565.

une dernière faveur. Il a le temps de détruire une armée avant que l'autre ne soit en ligne. Sous ses coups, à portée de la mitraille de ses trois cents canons (1), il tient l'armée anglaise. Pour l'assaillir, il dispose de 62 000 fantassins (2) et, dans cette infanterie, la Garde; sur les flancs, la plus superbe cavalerie. Hélas! il écarte le 6ᵉ corps, deux divisions de cavalerie — et il attendra, pour se servir de la Garde, qu'elle soit seule vivante sur le champ de bataille, éparse, désunie et impuissante!

Peut-être trouvera-t-on paradoxal que j'indique, comme moment de chance insigne, la minute précise où Bülow apparaît. Mais étant donné que depuis quatre jours Napoléon manœuvre entre deux masses ennemies — distantes de quatre à cinq lieues — ce redoutable aléa de leur réunion peut sembler une échéance normale, qui devait entrer dans les prévisions de l'Empereur. La conjonction des deux masses aurait pu se produire hors de sa portée, sans qu'il fût en mesure de l'entraver en quoi que ce soit, par exemple derrière la forêt de Soignes. En résumé, depuis quatre jours, l'épée de Damoclès était suspendue au-dessus de sa tête. Nous sommes donc fondés à considérer, comme un fait avantageux, qu'un répit de quelques heures lui fût accordé pour esquiver cette chute. Il ne dépendait que de lui de l'éviter. S'il ne se fût pas divisé mal à propos (3) — pour la seconde fois en cette courte campagne — ou si, même après cette division, il n'avait différé la bataille et perdu, depuis 9 heures du matin, un temps si précieux surtout en ce qui concernait la préparation par l'artillerie (4), si même à une heure il s'était résolu à une action combinée des trois armes (5), à un choc violent et décisif contre les Anglais,

---

(1) Exactement 266 contre 174, d'après M. Houssaye, p. 314, 315, 330, 331 et notes.
(2) D'Erlon, 20731. Reille, 21074. Lobau moins Teste, 7861. Garde (infanterie, 13026), d'après M. Houssaye (p. 330, 331 et notes) et M. Ch. Malo, p. 290.
(3) Détachement de Grouchy. Voir toutes mes discussions, p. 424 à 435.
(4) Voir mes discussions, p. 436 à 446.
(5) *Ibid.*, p. 490 à 493.

les Prussiens se seraient trouvés en présence d'une armée victorieuse. Étant donnée l'énergie de Blücher, nous devons admettre qu'il n'eût pas reculé, mais le triomphe de l'armée impériale contre les Anglais eût déterminé la retraite plus ou moins rapide et heureuse de leurs alliés.

Malheureusement, les fautes continuent à s'accumuler, s'enchaînant les unes aux autres. Quand Bülow se démasque (1), il n'est arrêté que bien peu de temps par les faibles forces que Napoléon lui oppose. La cavalerie de Domon et Subervie est impuissante contre les feux d'artillerie et d'infanterie. Quant à Lobau, sa résistance est vite brisée par un mouvement tournant. On juge quel eût été son triste sort dès 3 heures, s'il eût été placé dans le ravin de Lasnes, ou même sur les crêtes. Les boulets de Bülow arrivent jusqu'à la chaussée de Bruxelles, « au milieu des bataillons de la Garde ». Les Prussiens emportent Plancenoit. Pour les en chasser, Napoléon doit faire donner la jeune Garde, Duhesme et huit bataillons.

Bülow ne reste pas isolé en avant-garde. Vers 6 heures, Zieten apparaît vers Ohain (2). Du côté de Plancenoit, Lobau et Duhesme plient. Le village est reperdu. Napoléon se décide à faire donner la vieille Garde, la suprême ressource. Deux bataillons sous Morand reprennent Plancenoit. Notre unique ligne de retraite est sauve. Mais il est plus de 6 heures.

COUP D'ŒIL D'ENSEMBLE AVANT L'ATTAQUE DE LA GARDE

Jetons un coup d'œil d'ensemble. Du côté d'Hougoumont, échec complet (3). Le 2ᵉ corps, Reille, est usé et disloqué. Jérôme est à bout (4). Foy et Bachelu, utilisés pour une

(1) M. Houssaye, p. 378, 382, 394, 395; colonel Camon, p. 509, 510, 511, 512, 513.
(2) Id., p. 399 (vers 6 heures) et p. 393.
(3) Id., p. 339, 359, 360.
(4) Id., p. 337 à 339.

attaque du centre, ont été repoussés et décimés (1). Sur le front, il ne reste que des tronçons de corps d'armée. On parle encore, dans les narrations de la bataille, des divisions Allix, Donzelot, Marcognet et Durutte. Mais, pour les trois premières, M. Houssaye lui-même ne parle que de « débris » (2). En réalité, que subsiste-t-il du 1er corps? Ces divisions sont-elles des formations solides, disciplinées, bien tenues dans la main de leurs chefs, capables d'un effort soutenu? Ne sont-ce pas plutôt des loques éparses? La fin de la bataille nous renseignera sûrement (3). Quant à la cavalerie, la splendide cavalerie dont les historiens nous font un récit superbe dans la revue, elle n'existe plus (4). M. Houssaye avoue qu'elle est non seulement épuisée, mais découragée, démoralisée, désespérée (5). Il n'est même plus question de l'artillerie. Waterloo est la seule bataille de l'Empire, la seule des temps modernes où une artillerie supérieure en nombre et qualité n'ait produit aucun effet utile (6).

A droite, du côté des Prussiens, Lobau, Domon, Subervie sont exténués. La jeune Garde a connu l'échec (7), deux bataillons de la vieille Garde ont donné (8).

Que reste-t-il à l'Empereur? Douze bataillons de la vieille et moyenne Garde (9). Voilà la seule troupe intacte et capable d'un effort à 7 heures du soir. Sur ces douze, il en place un à demeure au poste du Caillou. Donc, il ne peut agir qu'avec onze bataillons.

Quelle pensée autre que la retraite eût pu le hanter sans le démon d'orgueil? Que pouvait-il espérer avec onze bataillons?

(1) M. Houssaye, p. 387, 388.
(2) Id., p. 391.
(3) Voir Id., p. 402, 406, 412, 414. Il n'est pas question du moindre résultat obtenu par ces « débris ». Ils accompagnent les 5 bataillons de la Garde, mais s'effondrent dès qu'ils reculent.
(4) Id., p. 385, 387.
(5) Id., p. 386, 387.
(6) Colonel Camon, *Batailles*, p. 518 ; M. Houssaye, p. 516 et 517 et note 1. Voir toutes mes discussions, p. 436 à 446, 450 à 456, 461 à 466.
(7) M. Houssaye, p. 394.
(8) Id., p. 394, 395.
(9) Id., p. 393, 394.

AVANT L'ATTAQUE DE LA GARDE

Ne négligeons pas l'ennemi. Thiers reconnait qu'il restait à Wellington 36 000 hommes de troupes intactes (1). M. Houssaye est plus large, il parle de 40 000 (2). Acceptons ce chiffre. Wellington n'a pas perdu 28 000 hommes, mais admettons qu'il n'en ait conservé que 40 000 sous la main. La perte maximum des Prussiens pendant toute la bataille fut de 7 000 (3). Donc à lui seul, Bülow en compte 23 (4), Zieten et Pirch arrivent avec un total de 50 (5). Récapitulons. En face, sur le plateau de Mont-Saint-Jean, pourvus d'artillerie, qui manœuvre, qui tire et qui tue, — ce que ne fait pas l'artillerie française, — largement munis de cavalerie alors que la nôtre est détruite, tiennent, fermes et solides, 40 000 Anglais. Dans le flanc droit, et menaçant notre unique ligne de retraite, marche Blücher à la tête de 75 000 hommes.

Il est 7 heures du soir. Napoléon n'a plus en main, prêts à la charge, que onze bataillons. Et il n'ordonne pas la retraite !

En raison de la puissance morale de son génie, dont on ne peut faire abstraction à aucun moment de la journée, en raison de la réputation légendaire de la Garde, de l'effet produit par le seul aspect de ses lignes, en raison de la fatigue des Anglais (6), de ce que Bülow avait été rudement accueilli, de ce que Zieten et Pirch n'étaient pas encore tout à fait à sa hauteur, la retraite restait possible à 7 heures, bien juste et au prix de terribles sacrifices ! Mais enfin c'eût été la retraite, c'est-à-dire une opération militaire de bon sens, sage, normale, logique. La nuit approchant, Napoléon gardait une armée en main, peut-être 35 ou 40 000 hommes (7).

(1) Thiers, t. IV, p. 562, col. 1.
(2) M. Houssaye, p. 413.
(3) Id., p. 428, 429, note 4 p. 428.
(4) Bülow comptait 30 328. (M. Ch. Malo, *Précis*, p. 302.)
(5) Zieten, 30 821. Pirch, 31 785. (M. Ch. Malo, p. 300, 301.) En déduisant les pertes de Ligny, on ne peut évaluer ces deux corps à moins de 50 000.
(6) J'admets, sans aller jusqu'à l'exagération, que je discute (voir p. 521) les allégations de M. Houssaye, p. 391. Tout en constatant que le centre gauche « tient ferme », il note un certain ébranlement. L'expression exacte se trouve à la page 397 : « La ligne ennemie paraît ébranlée. » Une bataille ne se livre pas sans secousses ni fatigues. Mais il ne faut pas confondre l'apparence et la réalité.
(7) Il est bien difficile de fixer un chiffre, en matière d'hypothèse. M. Hous-

A 7 heures, l'artillerie pouvait encore être attelée et défiler sur la chaussée de Charleroi, sous la protection de quelques batteries de 12 et de la Garde. L'armée eût pu se rallier dans la marche de nuit.

Mais, pour ordonner la retraite, il fallait que l'Empereur brisât son orgueil. Le passé, hélas! indiquait d'avance sa résolution. En 1812, il avait perdu son armée en s'acharnant à perdre un mois stérile à Moscou (1). En 1813, il avait perdu son armée dans les hésitations du 17 octobre, parce qu'il ne voulait pas reculer devant un Schwarzenberg et un Bernadotte (2). En 1815 il a définitivement perdu la partie suprême, l'armée, son trône et la France, parce qu'il n'a pas voulu donner à temps l'ordre de la retraite.

Qu'eût été le lendemain? En prévenant Grouchy par un ordre net, l'Empereur était à même de se replier derrière la Sambre avec 75 ou 80 000 hommes. Les renforts ne lui eussent pas manqué de toutes parts, de Maubeuge, Valenciennes, Lille, d'autres directions encore.

L'issue finale reste douteuse, tant qu'une force peut agir, tant qu'un grand capitaine garde une certaine puissance d'action. Dans tous les cas, la solution la plus modeste est préférable à l'effondrement, au néant, à la destruction totale d'une armée.

La retraite manquée à 7 heures, il ne restait plus que l'agonie.

LA FIN DE LA BATAILLE
ATTAQUE SUPRÊME DE LA GARDE

Le spectacle d'une agonie a quelque chose d'atroce — et la fin de la bataille de Waterloo représente l'agonie d'une

---

saye évalue le torrent des fuyards à 30 ou 40 000 hommes (p. 437). S'il ne se fût pas produit de dissolution, — je discute une retraite normale, — le chiffre des survivants eût été au minimum de 40 000.

(1) Thiers, t. III, p. 184 à 192.
(2) Id., p. 575 à 577.

armée — armée de braves, de héros — où le moindre soldat devine et comprend d'instinct, et qui descend lentement dans la tombe, s'enfonce dans l'ombre de la nuit et de la mort, usée jusqu'à la dernière minute par des ordres incohérents, contraires au bon sens, à la nature. Certes, l'historien doit être impartial. Jusqu'au dernier moment, il faut que la lumière de la vérité la plus consciencieuse soit projetée sur tous les problèmes qu'évoque cette lutte suprême — autant pour anéantir les fausses légendes que pour servir aux enseignements de l'avenir. Car il en est de multiples que j'exposerai dans la conclusion (1).

Mais impartialité ne signifie pas impassibilité. En contemplant la destruction systématique de l'armée de Waterloo, conséquence de l'erreur initiale, répétition inlassable de toutes les fautes de tactique accumulées dans la journée, il est impossible — à moins d'étouffer les battements du cœur — de ne pas ressentir un mouvement d'indignation et de douleur. Ce mouvement sera contenu par la froide analyse des énigmes qui nous restent à solutionner, mais je ne pouvais pas le taire.

Gourgaud (2) dit : « A 7 heures et demie, on entendit enfin la canonnade du maréchal Grouchy, à deux lieues et demie sur notre droite. L'Empereur pensa que le moment était venu de faire une attaque décisive. » Le premier ordre d'attaque est de 11 heures (3). Et l'Empereur attend à 7 heures et demie du soir pour lui donner une suite! Huit heures et demie de soi-disant combat d'immobilisation et d'usure, d'attente et d'impuissance! Jamais il n'a si longtemps tardé pour le coup de foudre. Mais nous sentons dans ces quelques lignes une fausse légende qu'il importe de détruire. M. Houssaye la développe. D'après lui (4), Napoléon s'imagine que Grouchy a atteint l'armée prussienne et

---

(1) Et surtout dans la *Leçon du passé*, chap. ix.
(2) M. Houssaye, p. 396, note 1.
(3) Id., p. 332, note 2.
(4) Id., p. 396 et 397.

va l'immobiliser. On « suppose », toujours d'après M. Houssaye, que Blücher n'a détaché que « le seul corps de Bülow (IV° corps) ».

L'histoire est-elle écrite pour des hommes ou pour des enfants? Comment! M. Houssaye (1) vient de nous dire lui-même que Zieten (Ier corps) paraît vers Ohain, que Wellington lui a dépêché des aides de camp, et Napoléon seul n'a rien vu! Bien plus, M. Houssaye est contraint d'insister sur cette arrivée des renforts prussiens. Il nous explique que la cavalerie de l'aile gauche anglaise (Vandeleur et Vivian) devient disponible par l'effet de ces renforts, et qu'à 6 heures Zieten occupe Ohain (2). Sa tête de colonne « débouchait de Smohain quand la Garde descendait vers la Haye-Sainte (3) ». La carte de Jomini (4) indique l'arrivée des masses prussiennes par la route qui suit la hauteur entre Ohain et Ransbeck. Napoléon fut-il frappé de cécité physique et morale? Cette explication même n'aurait aucun sens, car M. Houssaye avoue que l'approche du Ier corps prussien (Zieten) « n'eut d'autre effet sur l'Empereur que de lui faire précipiter son attaque (5) ». Donc, il l'a vu.

Raisonnons serré. Gourgaud et M. Houssaye veulent nous faire accroire d'abord que Napoléon choisit comme moment précis de son attaque l'heure où il entend le canon de Grouchy, parce que, disent-ils, il suppose Blücher immobilisé! Mais M. Houssaye est forcé d'avouer l'arrivée de Zieten (Ier corps prussien) et dans des conditions telles que Napoléon le voit et le sait. M. Houssaye appuie sur ce fait en nous affirmant que l'arrivée de Zieten déclanche l'ordre de Napoléon. Mais du moment que Zieten arrive, que le Ier corps prussien se joint aux Anglais, c'est la preuve évidente que Blücher n'est pas immobilisé. Donc M. Houssaye s'est trompé en nous disant tout à l'heure qu'on le supposait tel, et que

(1) M. Houssaye, p. 393.
(2) Id., p. 399.
(3) Id., p. 400.
(4) Pl. XXIX.
(5) M. Houssaye, p. 401.

ATTAQUE SUPRÊME DE LA GARDE 511

l'on imaginait un seul corps prussien détaché par Blücher (1). Napoléon, tous les généraux et toute l'armée voient les masses du IV° corps près de Plancenoit et celles du Ier vers Smohain. M. Houssaye se trompe également en affirmant, après Gourgaud, que le canon de Grouchy détermina l'ordre d'attaque, puisqu'il reconnaît que Napoléon précipite cette attaque en raison de l'arrivée de Zieten. Donc Grouchy n'y est pour rien.

La légende se contredit à jet continu, parce que la base de son raisonnement est fausse, contraire au bon sens et à la vérité.

Napoléon lance l'ordre d'attaque à 7 heures et demie du soir, parce que l'illusion tenace de l'orgueil l'égare depuis le matin, nous pouvons maintenant dire depuis le début de la campagne. Il persiste dans son erreur parce qu'une idée préconçue est chez lui indestructible (2). Jamais il ne le reconnaîtra, jamais il ne l'avouera, pas même à Sainte-Hélène. Sa conception du 18 juin restera intangible jusqu'à sa mort. Il ne conserve pas l'ombre d'un espoir dans l'arrivée de Grouchy. A 7 heures, il sait que Grouchy ne viendra pas. Il ne se fait pas la moindre illusion sur l'immobilisation de Blücher. Il voit à sa droite le 4° corps et devant lui le Ier. Pour tout ce qui concerne les autres, il a conservé l'admirable lucidité du coup d'œil et la perfection du génie. Mais il s'acharne dans son rêve personnel. Il raisonne avec sa Garde comme si elle comptait trente bataillons de 1 000 hommes. C'est tout juste s'il en reste onze de 600 (3), et sur ces onze il n'en engage que cinq (4). Lui en resterait-il deux — un seul — qu'il persisterait dans son invraisemblable rêve. Il est convaincu qu'en voyant la Garde monter sur le plateau, les Anglais ne tiendront pas une minute. Il raisonne d'après ses

---
(1) M. Houssaye, p. 396, 397.
(2) Voir mes discussions, p. 150, 220 à 233, 283, 382 à 387, 415 à 424.
(3) Je mets 600 en comptant largement. L'infanterie de la Garde comptait 23 bataillons et 13 020 hommes. (Ch. Malo, *Précis de la campagne de 1815*, p. 290.)
(4) M. Houssaye, p. 401.

victoires d'autrefois, quand l'attaque de la Garde était préparée, ses divisions intactes — quand l'artillerie de Drouot l'accompagnait aux grandes allures, quand elle était escortée des escadrons de Murat. Lui et Ney en tête, c'est la victoire en une demi-heure (1). Nous assistons à une exagération de l'effet moral fantastique.

La raison de l'ordre d'attaque est une raison psychologique — comme toutes les erreurs de Napoléon. « Erreur et non pas faute », dit Clausewitz (2). Mais une erreur comme celle du 18 juin aboutit aux fautes tactiques les plus effroyables.

Examinons l'attaque (3). A gauche, du côté d'Hougoumont, une brigade de Jérôme et les lanciers de Piré « dépassent la route de Nivelles ». Cette action de guerre n'offre rien de remarquable ni d'utile. C'est à 9 heures du matin qu'il fallait avancer les lanciers de Piré et les tirailleurs de Jérôme, pour protéger le flanc gauche d'une masse d'artillerie (4). A 7 heures du soir, la diversion était puérile. Wellington ne s'en occupe même pas. Il a rappelé Chassé (5) de Braine-l'Alleud.

Au centre, on nous parle des divisions du 1er corps Allix, Donzelot et Marcognet qui « pressent vivement les Anglais le long du chemin d'Ohain (6) ». C'est dire que nos troupes en sont restées à la lisière de la position. En arrière, dans les creux, on rallie Foy, Bachelu et « les débris de la cavalerie ». Après cet exposé, M. Houssaye prononce le verdict que « la ligne ennemie parait ébranlée ». Elle « parait », mais jusqu'à quel point l'est-elle réellement? Quelle preuve nous donne-t-il de la réalité? Aucune. Il ajoute que « c'est l'heure où la victoire indécise se donne au plus acharné ». Son erreur est complète. La démonstration que je viens de faire (7), d'après

---

(1) M. Houssaye, p. 398, 401, 402.
(2) Clausewitz (traduction Niessel), p. 180.
(3) M. Houssaye, p. 397.
(4) Voir mes discussions, p. 417, 440 à 453.
(5) M. Houssaye, p. 398.
(6) Id., p. 397.
(7) Voir les citations et discussions, p. 496 à 511.

ses citations et l'exposé des forces en présence, ne permet pas le moindre doute. Il reste à Napoléon des débris qu'on rallie, et onze bataillons de la Garde (1) en face de 115 à 120 000 hommes (2). Le rêve d'une victoire est du domaine de l'utopie. Quand bien même l'Empereur eût surpassé les heures les plus glorieuses de sa carrière par un éclair foudroyant de génie, l'intuition la plus heureuse et l'audace la plus inouïe, le seul résultat susceptible d'être atteint consistait dans une retraite immédiate (3).

Tout au contraire, Napoléon lance la Garde. Mais comment la lance-t-il et dans quelle formation? Sur quatorze bataillons de vieille et moyenne Garde, il en laisse deux à Plancenoit et trois sur le plateau « comme dernière réserve (4) ». Il ne devait tout d'abord en laisser qu'un au Caillou (5). Trois sont distraits de l'assaut. Il part donc avec neuf bataillons. Et lui-même donne l'ordre à Drouot de les « faire avancer dans la formation en carrés (6) ».

Quand nous avons discuté les quatre phalanges de d'Erlon, j'ai prouvé que cette formation avait certainement reçu l'agrément de l'Empereur, que dans tous les cas il l'avait vue et acceptée (7). On peut juger, par cette attaque « en carrés », que son goût pour les formations massives se maintient. Cependant Morand ne s'était pas formé « en carrés » pour reprendre Plancenoit (8).

Dix lignes après nous avoir affirmé que « c'est l'heure où la victoire indécise se donne au plus acharné », M. Houssaye conclut que « le moment est passé (9) ». Voilà certes un moment qui mérite l'épithète de fugitif. En réalité, il n'a jamais existé que dans les rêves des passionnés de légende.

(1) M. Houssaye, p. 393, 394, 398.
(2) Voir citations et discussions, p. 507 et suiv.
(3) *Ibid.*
(4) M. Houssaye, p. 398.
(5) Id., p. 394.
(6) Id., p. 397.
(7) Voir citations et discussions, p. 456 à 461.
(8) M. Houssaye, p. 394.
(9) Id., p. 397, 398.

Quant au soi-disant témoignage de l'ennemi que « cette attaque aurait pu être décisive une demi-heure auparavant », j'y attacherais de l'importance, si elle était appuyée d'une ligne de Wellington. Mais M. Houssaye ne dispose que de mémoires, d'on dit, de récits émanant de témoins oculaires que je considère comme de bonne foi, mais qui, sous le coup d'une vive émotion, ont été fort enclins à exagérer. Un seul est de premier ordre : Müffling. Mais n'oublions pas que c'est un général prussien. Donc, il est convaincu que le véritable vainqueur est Blücher, et que, sans Blücher, l'armée anglaise était anéantie (1). Cette conviction *a priori* et indéracinable enlève toute autorité à son témoignage. Ce n'est pas en une demi-heure, sans qu'il se soit produit aucun phénomène dans l'intervalle, qu'une situation tactique aussi grave se transforme. Si l'armée anglaise avait été perdue à 6 heures et demie, elle l'aurait été à 7 heures. Mais elle ne fut pas en danger un seul instant de la journée, en raison de l'inefficacité de l'artillerie française et du manque d'accord entre les trois armes.

Il en est du « témoignage de l'ennemi » comme de la trahison d'un « capitaine de carabiniers » racontée par M. Houssaye (2). Cette trahison — que je ne m'occupe même pas de nier, d'établir ou de discuter, car elle ne représente qu'un des incidents insignifiants d'une bataille — se produisit au moment où le Ier corps prussien (Zieten) débouchait d'Ohain (3), au moment où l'Empereur pensait triompher de 40 000 hommes valides avec cinq bataillons (4). M. Houssaye n'est pas certain que Wellington ait été aveuglé par « la fumée qui s'épaississait (5) ». Il se peut qu'il ait vu

---

(1) Les controverses entre Anglais et Prussiens ont été fort vives et n'ont jamais cessé. Les affirmations de Müffling surtout sont tranchantes et fort discutables. Voir citations et discussions, p. 307 à 314.
(2) M. Houssaye, p. 403.
(3) Id., p. 401, 402.
(4) Id. Sur les 9 bataillons que l'Empereur a choisis (p. 397, 398), 6 seulement arrivent dans les fonds de la Haye-Sainte, et Napoléon en laisse encore un en réserve (p. 401).
(5) Id., p. 403.

l'attaque. Mais, en tout cas, il paraît que le capitaine de carabiniers « l'avertit ». Qu'était-ce pour 40 000 hommes que l'assaut de cinq malheureux bataillons, à peine soutenus par les débris de d'Erlon et de Reille? Wellington avait-il été prévenu par un autre « carabinier » quand Ney l'attaque avec le 1ᵉʳ corps intact, soit avec 20 000 hommes, puis avec les masses de cavalerie? Le « carabinier » et le « témoignage de l'ennemi » rentrent dans les moyens puérils par lesquels la légende prétend agir sur l'imagination. A quoi bon se bercer de pareils contes? Encore une fois, l'histoire ne s'écrit pas pour des enfants, mais pour des hommes — qui ont soif de vérité. Les chiffres et les faits sont plus intéressants et plus utiles que n'importe quelle anecdote. Prévenu ou non, Wellington était prêt.

Reprenons le récit de l'attaque. Les « fantassins de Donzelot, d'Allix et de Marcognet » ne devaient pas être nombreux, car, dès le premier choc, ils sont rejetés au bas des rampes (1). D'ailleurs, là encore, aucune préparation par l'artillerie.

Fait inouï que je ne cite qu'en m'abritant derrière le texte des adeptes de la tradition, car il comporte à lui seul la plus terrible condamnation du commandement français : les batteries anglaises « éteignent le feu des pièces établies à la Haye-Sainte (2) ». Ainsi, Wellington, avec 174 pièces, obtient pendant toute la journée, et sur tous les points du champ de bataille, des effets supérieurs — infiniment supérieurs — à ceux qu'obtient Napoléon avec 266 canons (3) ! Ni manœuvre, ni tactique, ni puissance d'artillerie, ni coopération des trois armes ! Comment s'étonner de la défaite écrasante?

Des neuf bataillons de la Garde formés « en carrés », six arrivent « dans les fonds de la Haye-Sainte (4) ». L'Empereur les trouve-t-il encore trop nombreux? Toujours est-il

(1) M. Houssaye, p. 398.
(2) Id.
(3) Id., p. 314, note 5, et 331, note 1 (pour les effectifs). Quant aux faits, voir citations et discussions, p. 436 à 446, 450 à 456, 461 à 466.
(4) Id., p. 401.

qu'il en distrait un de l'assaut (1). Finalement il n'en reste plus que cinq (2).

L'Empereur ordonne à Ney de conduire ces cinq bataillons « pour donner l'assaut au centre droit anglais (3) ». Que vient faire ce « centre droit »? Il s'agit du plein centre de l'armée anglaise. Puis « il fit tenir l'ordre aux batteries d'accélérer leur feu ». De quelles batteries s'agit-il? M. Houssaye vient de nous dire que celles de la Haye-Sainte furent réduites au silence par les canons anglais (4). Or c'étaient les seules en mesure de produire une action efficace. Est-il donc question de la grande batterie et de son inutile « fracas (5) »? Nous sommes forcés de conclure que les canons français ne servirent encore à rien, attendu que Wellington prescrit à ses canonniers de ne plus s'en occuper et de tirer seulement sur les colonnes d'assaut (6). Naturellement, M. Houssaye mentionne des ordres à d'Erlon, Reille et « aux commandants des corps de cavalerie ». Ce sont les rappels invariables, réitérés depuis une heure de l'après-midi.

Recherchons avec précision ce que firent toutes les troupes autres que les cinq bataillons de la Garde. Il nous est impossible de trouver dans les textes le signe d'une action réelle. Il paraît qu'à l'est d'Hougoumont, la division de Jérôme fit un effort (7). Or, on nous l'a représentée comme à peu près détruite depuis une heure de l'après-midi (8). Foy et Reille avouent que « leur infanterie marcha lentement et mollement (9) ». Ne voit-on pas la preuve de ce que j'ai affirmé, à savoir que le 2ᵉ corps fut exténué par l'attaque stérile d'Hougoumont, et qu'à l'exception d'une attaque manquée sur le

(1) M. Houssaye, p. 401.
(2) Id., p. 402.
(3) Id., p. 402.
(4) Id., p. 398.
(5) Colonel Camon, Batailles, p. 502.
(6) M. Houssaye, p. 404.
(7) Id., p. 406, note 1.
(8) Id., p. 337, 339.
(9) Id., p. 406, note 1.

centre (1), il ne servit plus de rien pendant la bataille (2)? Ne comprend-on pas la raison profonde de cette lenteur et de cette mollesse constatées sur des troupes héroïques? Peut-on pousser à la bataille par chocs répétés et ininterrompus pendant tout un jour des troupes dont l'assaut n'est ni préparé, ni soutenu par des réserves fraîches, et qui de plus meurent de faim (3)? Il est question de d'Erlon, on reparle de Donzelot, Allix et Marcognet gravissant le plateau. Mais cette fois encore, comme toutes les autres, ces divisions affaiblies et exténuées n'y prennent pas pied. Elles atteignent les crêtes, mais, dès que la Garde plie, elles cèdent et redescendent les pentes (4). Juge-t-on dans cette attaque la conduite de troupes vigoureuses, ou le suprême effort de soldats qui sont à bout? Quant à la division Durutte, c'est elle qui donne le signal de la déroute (5).

Constate-t-on une action réelle de la cavalerie? De tous ces escadrons superbes qui ont chargé vingt fois les carrés anglais, il ne reste plus qu' « un détachement de cuirassiers qui s'empara d'une batterie ennemie... et qui fut repoussé par le 23e dragons (anglais) » (6).

L'artillerie muette et inutile, l'infanterie exténuée, la cavalerie broyée et disparue, en quoi se résume la fin de la bataille?

Dans l'agonie de la Garde.

Tous les problèmes de Waterloo sont résolus, toutes les énigmes dévoilées. Résumons donc brièvement le tableau de la suprême erreur : Napoléon sacrifiant inutilement sa dernière ressource.

Les cinq bataillons sont formés « en carrés ». Ils s'avancent « par échelons ». Entre le deuxième et le troisième,

(1) M. Houssaye, p. 387, 388.
(2) Voir citations et discussions, p. 447 à 453, 477 à 479.
(3) M. Houssaye, p. 275. La nuit du 17 au 18 juin « on souffrait de la faim ». Voir mes citations et discussions, p. 399 à 406.
(4) Id., p. 411.
(5) Id., p. 412.
(6) Id., p. 406, note 1.

marche une batterie de 8 (1). Cette batterie unique représente l'effort de l'artillerie française. Naturellement la ligne de marche oblique se déforme. Les cinq échelons se réduisent à quatre. L'artillerie anglaise est disposée « en arc de cercle (2) ». On voit, par cette formation, que la Garde se dirige en plein centre de l'ennemi, et non sur le soi-disant centre droit. La conséquence est qu'un feu terrible de face et de flanc l'accueille dès qu'elle paraît, la disloque et la broie.

Le premier échelon (celui de droite) fait reculer une ligne d'infanterie, mais, après cet effort désespéré, son agonie est courte. Une batterie le couvre de mitraille, une brigade entière charge à la baïonnette ce bataillon isolé. Il est anéanti (3).

Grâce à la mitraille de deux pièces de la batterie unique, le second échelon résiste plus longtemps (4). Mais il est entraîné dans la déroute du troisième (5).

Ce troisième est numériquement le plus fort — deux bataillons. Mais il vient heurter les « gardes de Maitland (6) ». Ici nous pouvons juger la discipline parfaite des troupes anglaises. Immobiles, couchés dans les blés, les gardes veillent comme des chasseurs à l'affût. Quand les deux bataillons français arrivent à vingt pas, ils se relèvent et leur première décharge abat « près de la moitié des deux bataillons déjà décimés par l'artillerie ». Comme l'indique un adjudant-major (7), la disposition normale d'une charge eût consisté d'abord dans le lancement d'une chaîne de tirailleurs. Cet officier ne parle pas des colonnes d'attaque qui eussent dû les suivre — colonnes souples, alertes, manœuvrières. Mais on le devine facilement, puisqu'il parle de marcher avec rapidité. Tout au contraire, après la rafale des fantassins de

---

(1) M. Houssaye, p. 405.
(2) Id., p. 407.
(3) Id., p. 407, 408.
(4) Id., p. 408, 409.
(5) Id., p. 410.
(6) Id., p. 409, 410.
(7) Id., p. 409, note 2.

Maitland, les officiers s'occupent de reformer les rangs — parade rigide et stérile. Les Anglais chargent. C'est la déroute.

Au secours de ce troisième échelon et du second, accourt le quatrième « échelon de gauche (1) ». C'est un des rares moments de la bataille où l'on voie une troupe française en soutenir une autre. Mais, hélas! il ne s'agit plus que de débris. Que peuvent un bataillon à peu près intact et deux à moitié détruits? Ils sont anéantis par la fusillade qui converge sur eux de toutes parts.

Tout est fini. « La Garde recule (2). » Il n'est plus question de la batterie unique qui marchait entre le deuxième et le troisième échelon. Comme les récits (3) sont unanimes à constater que l'artillerie anglaise a commencé par foudroyer la Garde avant que l'infanterie ne l'achève, il est certain que la malheureuse batterie n'a tenu que quelques minutes.

Un bataillon de la Garde, soit de la division Friant, soit de Morand, comptait environ 600 hommes (4).

C'est donc avec 3 000 hommes que Napoléon a rêvé d'en enfoncer 40 000! La disproportion énorme des chiffres en présence dispense de tout commentaire. L'attaque de la Garde fut la dernière minute d'illusion aveugle — totalement aveugle — de l'Empereur.

Après l'échec de la Garde, les débris de d'Erlon, Reille descendent les pentes du plateau anglais, sur lequel jamais — sauf dans les charges folles de la cavalerie — l'armée impériale n'a pu tenir ferme. Les colonnes prussiennes du Ier corps (Zieten) poussent comme un troupeau les soldats de Durutte. Les cris de « Sauve qui peut » et de trahison achèvent la démoralisation absolue. M. Houssaye avoue « la plus lamentable confusion (5) ».

(1) M. Houssaye, p. 410.
(2) Id., p. 411.
(3) Thiers, t. IV, p. 565, col. 2; colonel Camon, *Batailles*, p. 514; M. Houssaye, p. 407.
(4) Ch. Malo, *Précis de la campagne de 1815*, p. 290.
(5) M. Houssaye, p. 412.

Que reste-t-il à dire d'utile pour les enseignements de l'avenir? A quoi bon noter les soubresauts de l'agonie? Nous avons résolu impartialement, aussi froidement que possible, les problèmes de manœuvre, de stratégie et de tactique. J'ai donc tenu ma promesse au lecteur. Mais, quant à parfaire le tableau d'une armée de braves qui meurt, j'avoue que j'abandonne cette peinture aux écrivains romantiques.

Quelques rares points à noter. D'abord, la discipline, la force de cohésion de l'armée anglaise. Il a suffi, parait-il, que Wellington « se découvre et agite son chapeau en l'air (1) » pour lancer 40 000 hommes à la curée.

Du côté des Prussiens, Pirch (2ᵉ corps) a rejoint Bülow (4ᵉ). Lobau, Domon, Subervie, tout plie (2). Plancenoit même, après une défense héroïque, est abandonné par la jeune Garde et les deux bataillons de Pelet (3).

Il est question d'une batterie de 12 que Napoléon ordonne d'établir sur le prolongement des derniers carrés de la vieille Garde (4). Encore une batterie unique! Ainsi les 266 pièces dont dispose l'Empereur n'ont préparé aucune attaque, soutenu ni infanterie, ni cavalerie, exécuté aucun bond d'ensemble en avant, et n'ont même pas été capables d'écraser sous la mitraille la contre-attaque finale de Wellington et les assauts furieux de Zieten, 'de Pirch et de Bülow. Bien plus, cette batterie unique — une batterie de la Garde — « n'a plus qu'un coup par pièce (5) ». Après, il ne reste plus aux canonniers « désarmés » qu'à se faire tuer. Est-ce le rôle d'une artillerie bien commandée? Et qui donc commandait en chef? Qui devait veiller aux approvisionnements, à l'arrivée des parcs de munitions? Qui donc a prescrit les emplacements de l'artillerie? Un seul responsable : Napoléon.

(1) M. Houssaye, p. 413.
(2) Id., p. 419.
(3) Id., p. 422, 423.
(4) Id., p. 421.
(5) Id., p. 421.

RÉFLEXIONS SUR LA BATAILLE
L'ARMÉE ANGLAISE A-T-ELLE JAMAIS ÉTÉ EN DANGER?
PRINCIPE DE NAPOLÉON CONTRAIRE A WATERLOO

Une question grave de Waterloo — que d'ailleurs j'ai déjà amorcée au fur et à mesure du récit (1) — est la suivante : l'armée anglaise a-t-elle jamais été en danger ?

Le caractère spécial de la légende consiste à embrouiller les aperçus les plus clairs, à créer une série de malentendus que le poids des années grossit et multiplie. Un officier — je ne parle pas des généraux en chef, mais d'aides de camp ou d'officiers commandant des unités modestes, — le combattant actif qui assiste à une bataille est le plus souvent porté à exagérer. S'il écrit à un camarade ou à quelque personne de sa famille, le moindre incident qui l'a frappé dans un jour mémorable risque de prendre des proportions démesurées. Baser un récit de bataille sur des lettres, c'est construire un gigantesque édifice sur des sables mouvants. La plupart des détails cités par M. Houssaye reposent sur ces données fragiles et discutables. De plus, il a confondu deux points de vue très différents. Wellington et son état-major avaient le droit de s'attendre à une manœuvre de Napoléon. Ils ont donc pu, à de certaines heures, marquer un mouvement d'anxiété, même d'angoisse, dans l'attente de cette manœuvre imprévue, qui d'ailleurs ne s'est pas produite. Mais il convient de ne pas confondre un sentiment aussi naturel avec la terreur d'un demi-vaincu qui sent venir le coup de grâce.

La première fois où M. Houssaye (2) note les soi-disant craintes de l'état-major anglais, c'est après l'échec de d'Erlon. Le moment est vraiment mal choisi. Le 1ᵉʳ corps français vient d'être repoussé — les quatre « phalanges » rompues, tronçonnées, éparpillées. Je cite les expressions

(1) Voir citations et discussions, p. 447 à 463, 483 à 497, 505 à 520.
(2) M. Houssaye, p. 361.

textuelles de M. Houssaye (1). D'après lui — et ce fut malheureusement vrai — les Anglais ont traversé « ces belles divisions comme de misérables troupeaux ». Par quelle contradiction inouïe, M. Houssaye peut-il nous dire que, « dans l'état-major anglais, on craignait de ne pouvoir résister à un second assaut (2) ». Il cite une lettre d'un aide de camp de Wellington et une remarque de Müffling. L'aide de camp devait posséder une imagination pessimiste. Quant à Müffling, général prussien, il continue à jouer son jeu : Wellington a été écrasé et Blücher est le sauveur de tout le monde (3). Si le second assaut devait ressembler au premier, les Anglais n'avaient qu'à se réjouir.

Second moment d'anxiété dans l'état-major anglais — toujours d'après M. Houssaye (4) — avant la grande charge de cavalerie. C'est tout simplement parce qu'on ignore « quel mouvement préparait Napoléon ». Aussi l'historien dont nous réfutons la thèse avoue-t-il qu'en voyant la cavalerie, « la surprise fut extrême et beaucoup de craintes se dissipèrent (5) ». Une charge sur un pareil terrain, sans préparation par le canon, et « contre une infanterie encore non ébranlée », était vouée d'avance à l'échec le plus lamentable. Nous devons compter cette seconde « anxiété » pour rien comme la première.

Après la première grande charge, — Milhaud et Lefebvre-Desnouettes, — après que M. Houssaye a noté que les Français « plient », qu'ils « échappent aux sabres pour tomber sous les balles », qu'ils « abandonnent le plateau », mais qu'emportés par une ardeur héroïque, ils recommencent leur chevauchée, nous apprenons avec stupeur (6) que « plus d'un Anglais croyait la partie perdue ». Comment? Le premier élan de la cavalerie française a été rompu, brisé et vaincu.

(1) M. Houssaye, p. 356.
(2) Id., p. 361.
(3) Comme je l'ai déjà expliqué, les controverses entre Anglais et Prussiens furent interminables. Voir p. 307 à 314, 514.
(4) M. Houssaye, p. 370.
(5) Id., p. 370.
(6) Id., p. 374.

La seconde tentative, refaite sans préparation, sans appui d'artillerie, ni d'infanterie, est reproduite dans des conditions identiques à la première, c'est-à-dire vouée au même sort, et des batteries anglaises se préparent, paraît-il, « pour battre en retraite au premier ordre » ! Quelle preuve en avons-nous? Une conversation d'un colonel à un capitaine. Et comme garant? Müffling. Nous sommes fixés (1).

A la fin des grandes charges, — qui se succèdent jusqu'à ce que Ney ne trouve plus un escadron à rallier pour le jeter sur l'ennemi, — M. Houssaye (2) note qu'aucun effet moral n'est produit sur « les fantassins (anglais) qui venaient d'apprendre que... la tempête de chevaux n'est qu'un épouvantail ». Il note la démoralisation complète de la cavalerie française. Au cours des charges, il nous apprend que « la plupart des carrés restent inforçables (3) ». L'offensive de Foy et de Bachelù est brisée « en quelques instants (4) ». Puis, dans un sursaut héroïque de Ney, c'est la prise de la Haye-Sainte. Les « débris (5) » du 1ᵉʳ corps remontent jusqu'au chemin d'Ohain. Mais s'installent-ils, fermes et tenaces, sur le plateau anglais? Nullement. L'artillerie française se décide-t-elle à agir? Une seule batterie à cheval a été postée par Ney. Est-ce cette batterie unique qui peut faire échec à l'artillerie anglaise? Qui donc soutiendra une telle erreur tactique? Alors, d'où vient que M. Houssaye nous parle du « centre de la ligne (anglaise) ouvert » et d' « issue... douteuse (6) ». Cette citation n'est pas textuellement de lui, mais il rapporte une lettre d'un aide de camp du général Alten. Ce que M. Houssaye nous affirme lui-même, c'est que « Wellington devenait anxieux ». Quant à la parole qu'il lui prête « Il faut que la nuit ou les Prussiens arrivent », Thiers nous en avait déjà infor-

---

(1) M. Houssaye, p. 374. C'est toujours Müffling, général prussien, qui insiste pour représenter Wellington comme anéanti.
(2) Id., p. 386.
(3) Id., p. 383.
(4) Id., p. 388.
(5) Id., p. 391.
(6) Id., p. 392.

més (1). N'oublions pas, pour juger de sang-froid, que Zieten et le Ier corps prussien débouchent dans Ohain (2), qu'il est 6 heures du soir (3) et qu'il ne reste plus à Napoléon, comme réserve intacte, que la vieille Garde — 14 bataillons, soit 8 000 hommes.

Admettons que Napoléon se mette à la tête de ces quatorze bataillons et charge Wellington. Devons-nous en conclure, comme M. Houssaye, d'après l'historien anglais « le mieux informé et le plus judicieux (4) », que la victoire eût été fixée par l'Empereur? Cet historien « informé et judicieux » affirme qu'avec la moitié Napoléon eût enfoncé le centre ennemi. Au lieu de sept, donnons-lui-en quatorze. Négligeons le recul de Lobau et de la jeune Garde devant les assauts de Bülow. Il est un élément du problème que nous n'avons pas le droit de négliger, c'est que Wellington est vivant, et qu'il lui reste 40 000 hommes (5).

Les quatorze bataillons de la Garde représentent environ 8 000 hommes. En fait d'artillerie, tout ce que Napoléon trouvera pour joindre à l'effort suprême, c'est une batterie à cheval, une batterie de 8 (6). En fait de cavalerie, il lui reste « un détachement de cuirassiers (7) ».

Alors, nous sommes forcés d'admettre qu'avec 8 000 hommes, une batterie unique et un escadron, Napoléon eût enfoncé Wellington appuyé sur 40 000 hommes, plus de 100 pièces de canon, postées et chargées à mitraille (8), la cavalerie de lord Uxbridge, Vivian, Vandeleur, et parmi eux 2 600 chevaux frais (9). C'est tellement invraisemblable

---

(1) Thiers, t. IV, p. 562, col. 1.
(2) M. Houssaye, p. 393, 399.
(3) Id., p. 389.
(4) Id., p. 393.
(5) Id., p. 413. Les Anglais n'eurent au total que 16 000 hommes tués, blessés, disparus, au plus (M. Houssaye, p. 428, note 4). Donc, il restait plus de 40 000 hommes valides à Wellington.
(6) Id., p. 405.
(7) Id., p. 406, note 1.
(8) Wellington en avait au total 174. M. Houssaye représente son artillerie postée en demi-cercle (p. 407).
(9) M. Houssaye, p. 399.

que je ne crois pas utile d'insister. La bataille eût d'ailleurs été de toute manière complètement perdue, car, après Wellington, il restait à détruire Blücher et 80 000 Prussiens. Mais l'hypothèse de 8 000 hommes (1) sans cavalerie et sans artillerie en écrasant 40 000 postés, soutenus et renforcés, est insoutenable. La légende ne tient pas debout.

Notons de plus que M. Houssaye nous parle de 40 000 Anglais valides. Or, l'armée de Wellington — à la fin de la bataille — ne comptait au total, comme tués, blessés et disparus, que 16 000 hommes. Donc, Wellington en gardait au moins 52 000 et non 40 000. Mais admettons ce dernier chiffre.

En raison de ce qu'il « dédaigne de manœuvrer (2) », Napoléon n'a même pas vaincu l'armée anglaise.

Supposons que Blücher n'ait pas paru de la journée. Wellington eût-il été anéanti? Je sais que la réponse ne ferait pas l'ombre d'un doute pour tout partisan de la légende. Mais actuellement, après les discussions de cette étude, nous savons à quoi nous en tenir sur la valeur de leurs arguments.

L'ordre d'attaque de 11 heures (3), qui est le seul document authentique que l'on ait jamais pu produire, prescrit d'une manière indiscutable l'attaque de front, face à face. Dans tout le cours de la journée, aucune manœuvre, aucune tactique d'artillerie d'une certaine envergure et d'un sérieux effet utile, n'a été ordonnée par l'Empereur (4). La grande batterie n'a produit, de l'aveu même du colonel Camon, que « beaucoup de fracas », mais « peu d'effet (5) ». La formation massive de d'Erlon (6) ne dépendait pas de l'arrivée ou de la non-arrivée de Bülow (7). Nous sommes obligés de

---

(1) Voir les chiffres de M. MALO, p. 290, *Précis de la campagne de 1815*.
(2) M. HOUSSAYE, p. 333.
(3) Colonel CAMON, *Batailles*, p. 496, 497. Voir citations et discussions, p. 418.
(4) Voir citations et discussions, p. 436 à 446, 450 à 456, 461 à 466.
(5) Colonel CAMON, *Batailles*, p. 502.
(6) M. HOUSSAYE, p. 347; Colonel CAMON, p. 502, 503.
(7) L'attaque de d'Erlon se produit à 2 heures (colonel CAMON, p. 502). Bülow ne se démasque qu'après 4 heures (colonel CAMON, p. 509; M. HOUSSAYE, p. 379, dit à 4 heures et demie).

faire état de cette énorme erreur tactique en dehors de tout autre événement ou incident. Donc, le résultat de cet assaut étrange et monstrueux en forme de phalange macédonienne — l'expression de « phalange » se rencontre sous la plume de M. Houssaye (1) — eût été identique à celui qui s'est produit. Le 1ᵉʳ corps était décimé, rompu et disloqué pour la journée entière. Après son échec, il n'est plus question que de ses « débris (2) ». Même raisonnement pour le 2ᵉ corps (Reille) à propos d'Hougoumont (3). Il est inutile de répéter à satiété les démonstrations qui concernent ces deux corps. En conséquence, il ne restait à Napoléon que Lobau (7 500 hommes), la cavalerie et la Garde.

Nous n'avons pas le droit de supposer *a priori* qu'il se fût décidé à manœuvrer. Toutefois, pour faire la partie belle à nos contradicteurs, nous l'admettrons tout à l'heure. Mais, en ce moment, poursuivons l'hypothèse de la bataille telle qu'il l'a livrée — de 11 heures et demie du matin à 7 heures du soir, avec une imperturbable monotonie. Si, après l'échec de d'Erlon, Napoléon eût lancé la cavalerie, c'était — au début tout au moins — la simple répétition du Waterloo que nous venons d'étudier. Les Anglais, après l'échec des troupes à cheval, eussent éprouvé une exaltation de moral aussi vive que la démoralisation de leurs adversaires. M. Houssaye le constate (4). Lobau et la Garde survenant ensuite eussent-ils enfoncé le centre soi-disant « ouvert (5) ». Admettons-le, toujours pour faire la partie superbe à la légende. Comme il ne serait pas resté de cavalerie pour la poursuite, il ne s'agissait donc pour Wellington que d'une retraite normale sur Bruxelles, à travers les hautes futaies de la forêt de Soignes et les nombreux chemins qui la sil-

---

(1) M. Houssaye, p. 347.
(2) Id., p. 391. Voir citations et discussions, p. 454 à 465, 490, 512 à 519.
(3) Id., p. 337 à 339, 359, 360, 387, 388, 406, note 1. Voir citations et discussions, p. 477 à 479, 505 à 506, 512 à 519.
(4) Id., p. 386.
(5) Id., p. 392.

lonnaient dès 1815 (1). De quel droit le supposerait-on anéanti, l'artillerie française n'ayant servi à rien, et la cavalerie détruite?

Supposons que — toujours sans manœuvrer — Napoléon fasse donner Lobau et la Garde immédiatement après l'échec de d'Erlon. Wellington eût évidemment répété son invariable manœuvre, basée avec une logique parfaite sur le principe de l'économie des forces (2). D'abord, action à courte distance de l'artillerie, puis boulets ou mitraille, puis retraite des canonniers qui se réfugient dans les carrés, feux de file à quarante pas, à bout portant, d'un foudroyant effet, et finalement, quand les bataillons français sont décimés, choc par surprise de la cavalerie. Pour quelle raison Lobau et la Garde se fussent-ils mieux tirés d'une attaque directe — sorte d'impasse sanglante — que le 1ᵉʳ corps et le 2ᵉ? La situation était encore plus terrible qu'à Eylau, où Davout manœuvrait et menaçait la gauche des Russes (3) — et tout le monde sait qu'à Eylau Napoléon songea à la retraite vers 3 heures de l'après-midi (4), que la victoire, chèrement achetée, n'aboutit à d'autres résultats qu'à la possession du champ de bataille (5). Si Napoléon n'avait pas manœuvré, — même avec Lobau et la Garde chargeant à 3 heures, — il n'y a pas lieu de prévoir autre chose qu'une bataille indécise. Or, avec une bataille indécise, la partie de 1815 était perdue.

Admettons enfin que l'Empereur se décide à manœuvrer, qu'au lieu de lancer la modeste division Durutte (3 860 hommes) (6) sur Papelotte, il dirige sur la gauche anglaise Lobau, puis la Garde — en même temps que d'Erlon au centre. Admettons de plus que Lobau soit encadré par

(1) M. Ch. Malo, *Précis de la campagne de 1815*, p. 206, 207. Voir citations et discussions, p. 394 à 397.
(2) M. Houssaye, p. 382, 383.
(3) Colonel Camon, *Batailles*, p. 213, 214, 219 à 222.
(4) *Ibid.*, p. 225.
(5) Thiers, t. Iᵉʳ, p. 399; colonel Camon, *Batailles*, p. 233.
(6) M. Ch. Malo, *Précis de la campagne de 1815*, p. 291.

des masses de cavalerie. Nous nous rapprochons de la bataille normale telle que je l'ai exposée (1). Le seul événement que nous n'ayons pas le droit d'admettre, c'est la manœuvre de l'artillerie française. Comme ni Wellington, ni Blücher n'ont gêné l'Empereur sur ce point et que pas un instant il n'a imaginé une action sérieuse et décisive de ses 266 canons (2), cet élément de force doit être complètement rejeté hors de toutes les hypothèses. Par suite, nous sommes forcés d'admettre, comme cela s'est produit à toutes les attaques, qu'une fois d'Erlon, Lobau et la Garde parvenus sur le plateau anglais, la grande batterie française cesse son feu (3). Par suite également, les pièces de Wellington eussent tiré à boulets et à mitraille. La solide infanterie anglaise (4) n'eut certes pas lâché pied sans faire essuyer aux colonnes d'attaque ses terribles décharges à bout portant. Quelle eût été la résistance de Lobau — si faible numériquement — et de la Garde? Napoléon eût-il jamais consenti à lancer sa Garde avant 6 ou 7 heures du soir? Quoi qu'il en soit, en accumulant les hypothèses les plus favorables, en admettant que Napoléon ait jeté le 6ᵉ corps, Friant et Morand par Papelotte et la Haye sur le flanc gauche de l'ennemi, en même temps que d'Erlon attaquait le centre, nous ne sommes pas en droit de conclure — vu la non-coopération certaine de l'artillerie et la résistance acharnée de Wellington — à un résultat plus brillant qu'à Eylau.

Le général anglais eût effectué un changement de front et dirigé sa retraite sur Hal. Possession du champ de bataille, victoire indécise, ou demi-succès, tels eussent été les seuls

(1) Voir citations et discussions, p. 490 à 493.
(2) *Ibid.*, p. 436 à 446, 450 à 456, 461 à 466.
(3) Elle n'était pas placée comme l'eût été une deuxième masse sur le deuxième plateau, à gauche de la route (V. ma discussion, p. 491) pour continuer son tir sur les réserves anglaises. Figée par ordre de l'Empereur sur le plateau de la Belle-Alliance (voir colonel CAMON, *Batailles*, p. 518), elle eût dû interrompre son feu dès que nos troupes seraient arrivées sur le plateau (Colonel CAMON, *Batailles*, p. 502).
(4) M. HOUSSAYE, p. 337, 338, 348, 349, 350 à 353, 364, 372, 373, 382 à 386, 388 à 393, 398 à 411.

résultats. Pour multiplier les hypothèses les plus heureuses, malgré leur invraisemblance, admettons l'arrivée trop tardive de Blücher. Le feld-maréchal prussien se fût abrité de son côté derrière la forêt de Soignes. La réunion des deux alliés pouvait s'effectuer, dans le délai de quarante-huit heures, en avant de Bruxelles, où les dernières réserves anglaises se fussent dirigées (1). Napoléon, même rejoint par Grouchy, se retrouvait avec 100 000 hommes — j'atténue ses pertes au delà de toute mesure — en face de 200 000. Toute la partie était à recommencer.

L'immense erreur de la légende, c'est de faire abstraction de l'ennemi, de lui supposer une pusillanimité, une conception puérile de la manœuvre et du choc, une facilité à tourner les talons qui dépassent toute vraisemblance. On conçoit que Napoléon fût égaré par un incommensurable orgueil, et que l'habitude des méditations personnelles — secrètes jusqu'au mystère (2) — l'ait absorbé à tel point qu'il en soit arrivé au mépris absolu de tout ce qui ne cadrait pas avec son rêve. Mais on ne conçoit guère que cet orgueil et cette persistante illusion soient échus en héritage aux adeptes de la tradition, aux historiens qui s'efforcent encore de rééditer la légende.

Je cite textuellement l'opinion de l'Empereur (3) sur Waterloo parce qu'elle résume celles qui ont été émises depuis dans le même sens.

« Le maréchal Grouchy, avec 34 000 hommes et 108 pièces de canon, a trouvé le secret qui paraissait introuvable, de n'être, dans la journée du 18, ni sur le champ de bataille de Mont-Saint-Jean, ni sur Wavres. Mais le général anglais avait-il l'assurance de ce maréchal qu'il se fourvoierait d'une si étrange manière? La conduite du maréchal Grouchy était aussi imprévoyable que si sur sa route son armée eût

---

(1) Il restait à Wellington de grandes ressources (*Mémoires de Napoléon*, t. IX, p. 175).
(2) Général BONNAL, *Manœuvre d'Iéna*, p. 128 (L'Empereur « tout secret et mystère »).
(3) *Mémoires*, t. IX, p. 173, 174, 175.

éprouvé un tremblement de terre, qui l'eût engloutie.

« Récapitulation. Si le maréchal Grouchy eût été sur le champ de bataille de Mont-Saint-Jean, comme l'ont cru le général anglais et le général prussien pendant toute la nuit du 17 au 18, et toute la matinée du 18, et que le temps eût permis à l'armée française de se ranger en bataille à 4 heures du matin, avant 7 heures l'armée anglo-hollandaise eût été écharpée, éparpillée ; elle eût tout perdu. Et si le temps n'eût permis à l'armée française de prendre son ordre de bataille qu'à 10 heures, à une heure après-midi l'armée anglo-hollandaise eût fini ses destins ; les débris en eussent été rejetés au delà de la forêt ou dans la direction de Hal, l'on eût eu tout le temps, dans la soirée, d'aller à la rencontre du maréchal Blücher, et de lui faire éprouver un pareil sort. Si le maréchal Grouchy eût campé devant Wavres la nuit du 17 au 18, l'armée prussienne n'eût fait aucun détachement pour sauver l'armée anglaise, et celle-ci eût été complètement battue par les 69 000 Français qui lui étaient opposés. »

Napoléon ajoute « que la position de Mont-Saint-Jean était mal choisie », que « le général anglais ne sut pas tirer parti de sa nombreuse cavalerie », et termine par ces lignes : « Malgré la diversion opérée en sa faveur par les 30 000 Prussiens du général Bülow, il eût deux fois opéré sa retraite, dans la journée, si cela lui eût été possible. Ainsi, par le fait, ô étrange bizarrerie des événements humains ! le mauvais choix de son champ de bataille, qui rendait toute retraite impossible, a été la cause de son succès !!! »

L'invraisemblable illusion, l'égarement de l'orgueil, le mépris de l'ennemi, la cécité complète sur tous les points, ne peuvent être poussés au delà.

Si Napoléon avait dédaigné de manœuvrer (1), s'il ne s'était servi de son artillerie que pour aboutir à un inutile « fracas (2) », il n'eût jamais, même avec l'aide de Grouchy pré-

---

(1) M. Houssaye, *1815*, p. 333.
(2) Colonel Camon, *Batailles*, p. 502.

sent à la bataille le 18 juin, « écharpé » et « éparpillé » l'armée de Wellington en trois heures (1). A Eylau, il n'a pas « écharpé » Benningsen (2). A la Moskowa, il n'a pas « éparpillé » Kutusoff (3). Et dans ces deux batailles, il s'est servi de l'artillerie. Dans ces deux chocs, il a manœuvré. Le 18 juin 1815, sans l'aide d'aucune tactique et sans action de boulets et de mitraille, il eût obtenu à grand'peine le médiocre résultat de la Moskowa ou d'Eylau. Encore y aurait-il sacrifié la moitié de son armée. Emporté par sa fougueuse imagination, il oublie son principe éternellement juste, — juste même contre lui, inscrit dans le précis des guerres de Turenne (4) : « Turenne fut fidèle aux deux maximes : 1° N'attaquez pas de front les positions que vous pouvez obtenir en les tournant; 2° Ne faites pas ce que veut l'ennemi, par la seule raison qu'il le désire ; évitez le champ de bataille qu'il a reconnu, étudié, et encore avec plus de soin celui qu'il a fortifié et où il s'est retranché. »

Napoléon rend hommage à Turenne, mais, convaincu de son infaillibilité personnelle et unique, il inscrit ce principe éternel dans ses *Mémoires,* sans même se douter qu'il l'a méconnu.

Le lecteur qui a suivi la bataille, nos démonstrations et discussions, sait à quoi s'en tenir sur l'exactitude des rêves de l'Empereur.

DISCUSSIONS DES MOUVEMENTS DE GROUCHY LE 18 JUIN

Si Grouchy s'est trompé, à qui la faute? La nomenclature des ordres, réponses et lettres (5), suffit à éclaircir la ques-

---

(1) *Mémoires,* t. IX, p. 174.
(2) Colonel CAMON, *Batailles,* p. 233. « La campagne n'est pas décidée. Nos pertes sont énormes. »
(3) Napoléon avoue lui-même que la Moskowa fut la bataille où l'on a « obtenu le moins de résultats ». Colonel CAMON, *Batailles,* p. 361.
(4) T. VII, *Mémoires,* p. 97.
(5) V. citations et discussions, p. 349 à 382, 385 à 389, 424 à 435.

tion. L'exposé que j'ai fait de la psychologie de l'Empereur (1), d'après les études si documentées et précises du général Bonnal (2), ne laisse aucun doute. Que ceux qui jettent la dernière pierre — car la première fut jetée il y a cent ans — à Grouchy, méditent la phrase terrible : « Personne ne connaît sa pensée (3). » Pourquoi reprocher à Grouchy de ne pas l'avoir devinée ? Il ne s'agit plus, comme semble le croire le colonel Camon (4), de ne laisser aucune initiative aux lieutenants, ou, au contraire, de la prodiguer avec excès. Il s'agit d'ordres nets, clairs, renseignant un subordonné sur le but essentiel à poursuivre. Dans sa dernière dépêche au maréchal, Napoléon répète la prescription monotone et obsédante « mouvement (sur Corbais et Wavres) conforme aux dispositions de Sa Majesté ». C'est l'ordre écrit à une heure (5) et que Grouchy reçoit à 5 (6). A cette dépêche était joint un post-scriptum, net, clair, parfait (7), mais malheureusement la lettre n'avait pas été rayée (8). Dans l'esprit de Grouchy, elle balança le post-scriptum. A qui la faute ? Pourquoi Napoléon n'a-t-il pas rayé le nom de Wavres ? Il en était le seul maître.

Dans son étude des derniers mouvements de Grouchy, M. Houssaye (9) ne cite que le post-scriptum : « Ne perdez pas un instant pour vous rapprocher de nous et nous joindre. » Ce n'est pas là un procédé d'histoire impartiale. Napoléon a reparlé de Wavres et par là même, a tout fait manquer. Dans le doute Grouchy hésita, prit des demi-mesures.

La vérité est qu'en cette circonstance, comme en tant

---

(1) V. citations et discussions, p. 69 à 84.
(2) *De Rosbach à Ulm; Manœuvre d'Iéna; Manœuvre de Landshut; Manœuvre de Vilna*, citations multiples reproduites p. 69, 150, 220, 381, 503.
(3) Général BONNAL, *Vie militaire du maréchal Ney*, p. 367, 370.
(4) Colonel CAMON, *Batailles*, p. 482.
(5) M. HOUSSAYE, p. 343, 344.
(6) ID., p. 465.
(7) ID., p. 344. V. citations et discussions, p. 430.
(8) V. citations et discussions, p. 431 à 435.
(9) M. HOUSSAYE, p. 465.

d'autres, Napoléon a poursuivi deux buts à la fois (1). Si l'on s'en tient à 1815, Wavre est la réplique des Quatre-Bras (2). L'Empereur s'était attaché à Wavre, et quand une idée avait pris possession de son cerveau, elle était indestructible (3). Il se berçait de l'illusion que Grouchy pouvait contre-balancer l'influence et la masse de Blücher (4). Cette erreur primordiale entraînait les conséquences logiques. Au lieu de se concentrer et de jouer la partie décisive sur un point, il persiste à la jouer sur deux (5). A Ligny, ce fut le demi-succès. A Waterloo, ce fut le désastre.

La discussion de l'attaque front contre front sur le champ de bataille de Waterloo m'a contraint à étudier les manœuvres tactiques qui devaient être tentées (6). Je ne l'ai fait qu'en raison d'une nécessité évidente pour la solution du problème. Mais en ce qui concerne Grouchy, le problème est tout différent. Il consiste purement et simplement à déterminer si l'on doit imputer la fausse manœuvre à Napoléon ou à son lieutenant. J'ai résolu l'énigme par la démonstration que le général en chef est responsable d'un ordre vague, imprécis en ce qui concerne le but capital à atteindre, trop affirmatif sur la direction de Gembloux et celle de Wavre (7), et que, dans l'espèce, l'Empereur se trompe du tout au tout sur la mentalité, l'énergie et la puissance d'action de Blücher (8). Le détachement de Grouchy était à la merci d'un

---

(1) Général BONNAL, *Manœuvre de Landshut*, p. 129. « Nous allons voir Napoléon renoncer... aux avantages immédiats que lui procurait la réunion de ces forces... pour courir deux lièvres à la fois... »
(2) V. citations et discussions, p. 298 à 307, 435.
(3) *Ibid.*, p. 69, 150, 220, 283, 381, 503.
(4) *Mémoires de Napoléon*, t. IX, p. 164, 174. V. citations et discussions, p. 361.
(5) V. citations et discussions, p. 388, 427. Je ne puis dans les chapitres de la fin recommencer les multiples citations que j'ai produites pour mes démonstrations. Ce serait fastidieux. Je les signale au lecteur pour qu'il puisse s'y reporter.
(6) *Ibid.*, p. 490 à 493.
(7) *Ibid.*, p. 424 à 435.
(8) *Ibid.*, p. 375. Ce fut la même erreur qu'à Eylau pour le moral des Russes (Colonel CAMON, *Batailles*, p. 238), à Landshut sur l'archiduc Charles (Général BONNAL, *Manœuvre de Landshut*, p. 226 à 239), la même erreur que vis-à-vis des Autrichiens (p. 163, 171). Le général Bonnal écrit : « Un tel mépris de l'adversaire confine à la démence... » en 1809 !

corps d'armée d'arrière-garde (1). De quelque côté qu'on envisage la question, l'Empereur doit être considéré comme responsable de la fausse manœuvre et de la non-arrivée de Grouchy. Mais en ce qui concerne les procédés que Grouchy eût pu employer pour marcher sur Mont-Saint-Jean, je ne suivrai pas les commentateurs sur ce terrain, attendu qu'il ne s'agit plus d'un problème à solutionner, mais d'un exercice théorique, sans aucun intérêt, et qui ne présente pas la moindre difficulté.

Comme Grouchy, entravé par ses ordres, ne s'est jamais décidé, à aucune heure de la journée, à la marche vers Mont-Saint-Jean, il en résulte que les discussions sur une rencontre précise avec Bülow, Zieten ou Pirch ne reposent sur aucune base. Pour nous en tenir à la stratégie positive, nous n'avons le droit d'envisager que trois hypothèses : ou Grouchy, illuminé par une intuition subite, arrive avant Bülow, ou bien son arrivée coïncide avec celle du IVe corps prussien, ou enfin il ne parvient vers Ayviers et Maransart qu'après le débouché de la première colonne prussienne.

Première hypothèse : Le maréchal engage les 3e et 4e corps dès 4 heures du matin sur les routes qui conduisent de Gembloux vers Mousty et Ottignies. Supposons sa marche extrêmement rapide : il atteint la Dyle vers 8 heures, et vient prolonger la droite française, se ranger sous les ordres de Napoléon, à midi. C'est le maximum de vitesse que l'on puisse imaginer. Nous sommes ramenés à l'examen de la situation que j'ai envisagée tout à l'heure (2). J'ai évoqué le souvenir de la Moskowa. C'est qu'en effet dans cette bataille Napoléon dispose de la supériorité numérique (3), d'une armée excellente, valant largement celle de Waterloo, et qu'il n'a obtenu d'autre résultat que la conquête du champ

---

(1) V. citations et discussions, p. 357 à 370.
(2) *Ibid.*, p. 529 à 531.
(3) 127 000 hommes d'après le colonel Camon, *Batailles*, p. 342, 360. Quant aux Russes, il évalue leurs pertes à 60 000 tués et blessés, et affirme qu'après la bataille, ils n'auraient pu mettre en ligne 50 000 hommes. Donc leur nombre était au plus de 110 000.

de bataille (1), après des pertes énormes. Il eut le grand tort de dédaigner en partie la manœuvre, malgré l'insistance de Davout (2), et lui-même l'avoue (3). Toutefois, il s'y servit de l'artillerie. Donc, comme à Waterloo, les deux défauts essentiels consistèrent, comme je l'ai déjà répété (4), dans le manque de manœuvre et l'inertie du canon, nous sommes fondés à prévoir que l'arrivée de Grouchy n'eût permis qu'un demi-succès. Il resterait de plus à prouver aux adeptes de la tradition que l'attaque furieuse des 80 000 Prussiens de Blücher n'eût pas transformé ce demi-succès en pénible retraite.

Seconde hypothèse : Grouchy débouche en même temps que Bülow vers 4 heures et demie. Mettons les choses au mieux : sa force lui permet d'accrocher et d'immobiliser le 4ᵉ corps prussien. Mais restent Zieten (Iᵉʳ corps), Pirch (IIᵉ corps) et Thielmann (IIIᵉ corps). Si ce dernier n'est pas attaqué à Wavre, il redevient mobile, et Blücher s'en servira certainement. Donc la bataille est ramenée d'une part à une lutte de Grouchy contre Bülow, et de l'autre au grand choc de Napoléon contre Wellington soutenu par trois corps prussiens. Que Thielmann fonce sur Grouchy ou suive Zieten et Pirch, peu importe. L'arrivée des 3ᵉ et 4ᵉ corps français rend évidemment disponibles Lobau et la jeune Garde. Mais que pouvaient ces faibles effectifs contre Zieten et Pirch? Il est un fait qui domine toute la bataille de Waterloo et qui réduit à l'état de légendes fantaisistes les plus favorables conjectures : le dédain de la manœuvre doublée de l'inaction de l'artillerie.

M. Houssaye émet à diverses reprises une opinion défavorable sur l'énergie des généraux prussiens. Il insiste sur la circonspection de Gneisenau (5) et de Zieten (6), et insinue que, si Napoléon eût triomphé un moment des Anglais, leurs

(1) *Aveu de Napoléon*, p. 361 (Colonel CAMON, *Batailles*).
(2) Colonel CAMON, *Batailles*, p. 343, note 1.
(3) *Ibid.*, p. 341, notes 1, 2.
(4) V. citations et discussions, p. 436 à 446, 450 à 456, 461 à 466.
(5) M. HOUSSAYE, p. 281, 282.
(6) ID., p. 399, 400.

alliés auraient prudemment battu en retraite (1). Admettons tout ce qu'il nous dit sur ces deux hommes de guerre. Quoique ce soit peu vraisemblable, en raison de leur conduite du 15, du 16 et du 17, inclinons-nous devant les prémisses fantaisistes de la légende. Mais il est un chef auquel M. Houssaye ne pense pas et dont il parle peu : c'est Blücher (2). Quelle preuve, même la plus légère, possède-t-il pour imaginer que le vieux feld-maréchal eût lâché la partie, et fui honteusement, en laissant écraser les Anglais? Quel compte M. Houssaye tient-il également de l'acharnement de Müffling et de son action auprès de ses camarades (3)? Est-ce que Blücher s'est sauvé à Lützen, à Leipzig et à Ligny? Il a rompu le combat quand les circonstances l'exigèrent, mais après une lutte acharnée, à la dernière minute. L'hypothèse de sa fuite sans bataille dans la journée du 18 juin est invraisemblable. Blücher fut un rude ennemi de la France, mais nous ne pouvons lui imputer, même en imagination, une lâcheté doublée d'une ineptie.

Troisième hypothèse : Grouchy n'arrive qu'après Bülow, vers 6 ou 7 heures du soir. Supposons qu'à cette heure tardive, après une démonstration dans la direction de Wavre, et en admettant que le maréchal ait laissé une division devant Thielmann pour l'inquiéter et le fixer, le 3ᵉ corps prussien ne soit plus en mesure de prendre part à la bataille. Examinons la situation. A ce moment Bülow, Zieten et Pirch se liaient à Wellington. Il ne restait à Napoléon, comme troupe capable d'offensive, que 14 bataillons de la Garde ou 8 000 hommes (4). Les munitions d'artillerie étaient consommées (5), les autres corps réduits à l'état de « débris (6) ».

(1) M. Houssaye, p. 504, 505, 506 à 510.
(2) M. Houssaye dit même que Gneisenau « avait de fait toute l'autorité » (p. 505).
C'est faire trop bon marché de Blücher. Ce raisonnement, inspiré des opinions méprisantes de Napoléon, est vraiment trop commode.
(3) M. Houssaye, p. 399 à 400.
(4) M. Ch. Malo, *Précis de la campagne de 1815*, p. 290.
(5) M. Houssaye, p. 421.
(6) Id., p. 391.

Par suite, à 7 heures du soir, l'Empereur n'aurait disposé que de 42 000 hommes de troupes fraîches contre 120 000 (40 000 Anglais et 80 000 Prussiens) (1). Grouchy eût-il été englobé dans le désastre ? L'Empereur eût-il pu assurer la retraite ? Nous sommes certains d'un fait : c'est qu'à 7 heures, il eût encore jeté la Garde sur le plateau. Donc, elle eût été détruite. Grouchy occupé contre Bülow et Pirch, l'Empereur était forcé d'agir contre les Anglais, et pour agir, de lancer la Garde, à moins de donner l'ordre de retraite, qui eût déclanché la terrible contre-attaque de Wellington (2), soutenue par Zieten (Ier corps prussien). Étant donné l'état de complet épuisement de la cavalerie (3), le manque de munitions qui rendait l'artillerie inerte (4), la démoralisation des troupes de d'Erlon et de Reille (5), il n'existe pas une raison sérieuse qui puisse nous faire conclure à une retraite honorable. Dans tous les cas, la partie de 1815 était perdue.

Mais qu'est-il besoin d'accumuler les controverses ? Le problème de la responsabilité de Grouchy se ramène forcément à sa décision, et forcément par suite aux ordres qu'il a reçus. Il n'existe pas vingt, dix ou deux problèmes, mais un seul : Grouchy a-t-il eu raison ou tort de continuer à marcher sur Wavre ? Si les lois de la guerre permettent d'exiger de tout lieutenant une certaine dose d'intuition, et pour trancher le vrai mot, — de génie, — Grouchy a eu tort, parce que sa place était à Waterloo et non sur la route de Wavre (6). Mais il appartenait au général en chef de le lui dire clairement. C'est là qu'était le but capital à indiquer, comme devant être poursuivi coûte que coûte. Or bien au contraire le dernier ordre, — celui qui parvient à 5 heures (7) — prescrit encore à l'infortuné maréchal un double but : d'une

---

(1) V. citations et discussions, p. 495 à 497.
(2) M. Houssaye, p. 413.
(3) Id., p. 406, note 1 (deuxième paragraphe).
(4) Id., p. 421.
(5) Id., p. 406, note 1 ; p. 411, 412.
(6) V. citations et discussions, p. 357 à 382, 424 à 435.
(7) M. Houssaye, p. 465.

part, la promenade inutile sur Wavre, et de l'autre l'action de prolonger la droite de l'armée. Grouchy, ne se reconnaissant pas le don d'ubiquité, est resté où il était. Il n'envoie sur Limale qu'une fraction de ses forces (1). D'ailleurs, nous avons amplement démontré par la discussion de toutes les hypothèses (2) que le résultat le plus favorable susceptible d'être atteint le 18 juin — en raison de la manière dont la bataille fut conduite (3) — consistait dans une retraite honorable. Après toutes les fautes accumulées à partir de 9 heures du matin, Napoléon pouvait éviter la dissolution de son armée, mais non réussir la campagne.

Il nous reste à envisager une question à la fois historique et morale : Grouchy, dira-t-on, aurait dû marcher au canon. Qu'avait-il besoin d'épiloguer et d'hésiter? La canonnade de Waterloo qui éclaire Gérard (4) eût dû le jeter hors de sa route inutile, et le déterminer à courir sur Mousty. Chez beaucoup d'historiens, cette réflexion jaillit d'elle-même, comme une impulsion naturelle. Chez d'autres, elle ne représente qu'un artifice de la légende. Comme le Protée de la fable ou l'hydre aux têtes renaissantes, la légende se transforme et se multiplie. Faut-il, pour la réfuter, rééditer mes longues discussions (5), dérivées des études sur la méthode de commandement de Napoléon (6), ou l'analyse psychologique concernant la mentalité de cette époque (7)? Ce serait superflu et fastidieux. Le lecteur sait maintenant à quoi s'en tenir.

La marche au canon est le privilège des armées jeunes, bien équilibrées, normales, où règne entre le chef et les subordonnés une confiance mutuelle et réciproque. Mais

---

(1) M. Houssaye, p. 466, 467, 468.
(2) V. citations et discussions, p. 505 à 508.
(3) Sans manœuvre et sans action d'artillerie (V. citations et discussions, p. 436 à 446, 450 à 456, 461 à 466).
(4) M. Houssaye, p. 300 à 305.
(5) V. cette étude, p. 69 à 84, 139, 153, 186, 214, 353, 371.
(6) V. citations, idem.
(7) Ibid., idem.

quand le chef suprême enveloppe sa pensée de mystère, comment exiger qu'un subordonné ordinaire la devine?

M. Houssaye (1) l'avoue lui-même, « Grouchy agit en aveugle, mais Napoléon ne fit rien pour l'éclairer ». Si Gérard a compris, c'est qu'il était un homme supérieur.

Puisque Napoléon, d'après la légende, se connaissait infailliblement en hommes, pourquoi a-t-il confié le commandement à Grouchy et non à Gérard? Il paraît qu'à Sainte-Hélène, il regrettait de n'avoir pas emmené Suchet (2). Oui, Davout, Suchet, Clauzel et Lecourbe, en résumé tous ceux qu'il a laissés en France, où ils n'ont servi de rien (3).

Grouchy n'a jamais fait valoir qu'une excuse, qui emporte et domine tout, les quatre mots fatidiques : ordre de l'Empereur (4). La légende s'insurgerait-elle contre la doctrine sacro-sainte? « Les instructions que j'avais reçues de l'Empereur ne me laissaient pas la liberté de manœuvrer sur un autre point que sur Wavre. » Voilà son excuse, et le fond de la vérité. Pour remplir dignement sa terrible mission, double et imprécise, il eût fallu un homme de premier ordre. Et cet homme eût dû commencer par désobéir à l'Empereur, par ne pas s'occuper de Gembloux et de Wavre depuis le 17, à 11 heures, pas plus que si ces villages n'avaient jamais existé.

Fait curieux : M. Houssaye (5) rend hommage à Grouchy pour la conduite de sa retraite. Il cite, sans toutefois l'approuver entièrement, quelques lignes d'un auteur anglais, la considérant « comme une des plus étonnantes retraites de l'histoire moderne ». Lui-même nous dit qu'elle fait « grand honneur à Grouchy ». Qu'en déduire, sinon que Grouchy n'était ni l'être inepte qu'on a essayé de choisir comme bouc émissaire, ni le traître que Vandamme invective (6).

(1) M. Houssaye, p. 510, 511.
(2) Id., p. 511.
(3) V. cette étude, p. 82 à 90.
(4) M. Houssaye, p. 461, 462, 474.
(5) Id., p. 473 à 483.
(6) Id., p. 474, note 1.

OPINION DE NAPOLÉON. — DISCUSSION

Les réflexions qu'a suggérées le détachement de Grouchy sont innombrables. Pour être absolument impartial, nous devons mentionner la réponse que Napoléon fit aux critiques du général Rogniat (1). « Le détachement de 35 000 hommes du maréchal Grouchy sur Wavres était conforme aux vrais principes de la guerre ; car, s'il se fût rapproché à une lieue de l'armée en passant la Dyle, il n'eût pas marché à la suite de l'armée prussienne, qui venait d'être jointe, depuis sa défaite de Ligny, par les 30 000 hommes du général Bülow, et qui, si elle n'eût pas été suivie, pouvait, après cette jonction, se reporter de Gembloux aux Quatre-Bras, sur les derrières de l'armée française. Ce n'était pas trop que de destiner 35 000 hommes à poursuivre et empêcher de se rallier une armée, qui la veille, avait été de 120 000 hommes et qui était encore de 70 000, dont 30 000 de troupes fraîches. Si le maréchal Grouchy eût exécuté ses ordres, qu'il fût arrivé à Wavres le 17 au soir, la bataille de Mont-Saint-Jean eût été gagnée par Napoléon le 18 avant 3 heures après midi ; si même le 18, il fût arrivé devant Wavres à 8 heures du matin, la victoire était encore à nous ; l'armée anglaise eût été détruite, repoussée en désordre sur Bruxelles ; elle ne pouvait pas soutenir le choc de 68 000 Français pendant quatre heures ; elle ne le pouvait pas davantage après que l'attaque du général Bülow sur notre droite fut épuisée ; alors encore la victoire était à nous... »

On voit que nous avons raisonné juste en insistant sur le fait que Grouchy devait suivre les talons de Blücher, d'après l'ordre formel de l'Empereur (2), et que rien ne l'incitait à

(1) *Mémoires*, t. VIII, p. 200, 201.
(2) En plus des ordres textuels cités, p. 424 et suiv., on peut constater l'affirmation de Napoléon lui-même. (*Mémoires*, t. VIII, p. 200.)

franchir la Dyle vers Mousty — ni ses ordres, ni l'intention de Napoléon (1).

Quant à l'affirmation que la bataille de Waterloo eût été gagnée à 3 heures de l'après-midi, si Grouchy avait été posté devant Wavre le 17 au soir ou le 18 au matin, elle est absolument contraire à la vérité. A 3 heures de l'après-midi, aucun Prussien n'avait tiré un seul coup de fusil contre notre droite. Il a dépendu de Napoléon seul de lancer Lobau et la jeune Garde à une heure sur Papelotte et Smohain, au lieu de les immobiliser à Frichermont (2). Même en supposant Grouchy capable d'attaquer Blücher avec furie le 18, — 35 000 hommes contre 100 000, — jamais il n'eût immobilisé 4 corps prussiens, mais 2 au plus (3). Donc Zieten se fût toujours joint à Wellington, et de toute manière, la bataille — telle que Napoléon l'a livrée (4) — était perdue.

Serrons encore le raisonnement, d'après les chiffres de l'Empereur. L'erreur d'effectifs a été relevée (5). Inutile d'y revenir. Mais l'erreur stratégique persiste. Si vraiment Napoléon croit que Blücher possède encore 70 000 hommes dont 30 000 de troupes fraîches, il faut qu'il persévère dans un mépris complet de l'ennemi pour s'imaginer que les Prussiens seront immobilisés par Grouchy et 35 000 ! Quelle est exactement sa conception de leur valeur morale ? Quel objectif réel et pratique leur suppose-t-il ? Dans le tome IX de ses *Mémoires* (6), il nous montre les Prussiens « ayant

(1) « Car s'il se fût rapproché à une lieue de l'armée en passant la Dyle, il n'eût pas marché à la suite de l'armée prussienne » (*Mémoires*, t. VIII, p. 200). Napoléon ne veut pas admettre l'idée que Grouchy franchisse la Dyle. Il donne tort à tous les commentaires de la fausse légende et notamment aux démonstrations stratégiques de M. Houssaye (p. 292 à 295, 301 à 305, 504). M. Houssaye affirme que Grouchy eut grand tort de s'attacher « servilement » aux traces de Blücher, et qu'il eût dû manœuvrer par la rive gauche de la Dyle (p. 294).
Or Napoléon nous informe de la manière la plus nette que Grouchy ne devait pas franchir la Dyle, et qu'il devait marcher sur Wavre, donc sur les talons de Blücher.
(2) V. citations et discussions, p. 497 à 505.
(3) *Ibid.*, p. 531 à 539.
(4) Sans action d'artillerie et sans manœuvre. V. cette étude, p. 521 à 531.
(5) V. cette étude, p. 339 à 341, 385 à 387.
(6) T. IX, p. 172, 173.

perdu 25 à 30 000 hommes » à Ligny, « en ayant eu 20 000 d'éparpillés, poursuivis par 35 à 40 000 Français victorieux ». Il se glorifie de pouvoir « opposer 34 000 hommes à une armée qui avait été de 120 000 (1) ». Comme objectif, il ne leur en suppose pas d'autre que de se réunir à Wellington, ce qui était naturel. Mais il les juge si affaiblis moralement et physiquement que leur immobilisation par Grouchy ne lui paraît pas faire l'ombre d'un doute (2).

Dans le tome VIII, il maintient ces principales idées, mais deux nouvelles se font jour. D'une part, il s'élève avec force contre le choix d'une position intermédiaire par Grouchy. Il ne veut pas entendre parler de franchir la Dyle (3) et l'on voit nettement qu'en marchant de Gembloux sur Wavre, Grouchy s'est conformé à ses intentions manifestes. Mais d'autre part, Napoléon suppose Blücher capable, s'il n'eût été suivi pas à pas, de se retourner vers les Quatre-Bras. Alors nous devons en conclure que Blücher est considéré par l'Empereur comme n'étant détruit ni moralement ni physiquement.

Il y a contradiction évidente entre son opinion du tome IX et celle du tome VIII. La tentative stratégique qu'il lui prête est incohérente, car on ne voit pas comment le feld-maréchal prussien eût pu lier ses opérations à celles de Wellington. Elle n'est pas conforme aux conventions du 3 mai (4) ni à la nature, ni au bon sens qui le poussaient à la réunion des forces alliées. Mais, si extraordinaire qu'elle paraisse, elle dénote une force de volonté peu commune et une réelle puissance d'action. Il en résulte que, si Napoléon l'en croit capable, on ne voit pas pourquoi il lance Grouchy sur ses talons, attendu que Blücher, supposé téméraire et énergique, et disposant de 70 000 hommes, est de taille à l'écraser. Devant un adversaire aussi résolu, il serait infiniment plus

---

(1) *Mémoires*, t. IX, p. 164.
(2) *Ibid.*, t. IX, p. 174.
(3) *Ibid.*, t. VIII, p. 200. V. citations et discussions, p. 540 à 541.
(4) M. Houssaye, p. 116, 117, 118.

prudent que Grouchy adopte la position intermédiaire sur la Dyle — dont Napoléon ne veut pas.

La vérité est que l'Empereur ne consent jamais à avouer la faute énorme du gros détachement, lancé hors de son rayon d'action la veille d'une bataille, et que par la puissance de son imagination, il découvre des motifs et des excuses où personne autre que lui n'en chercherait. Mais la force des choses le domine, et il aboutit à des contradictions aveuglantes, à une impasse.

De deux choses l'une : ou Blücher n'est plus qu'un débris, une loque, — ce qui résulte des termes du tome IX, — et dans ce cas Grouchy est inutile sur Gembloux comme sur Wavre, ou bien, au contraire, Blücher est capable encore d'un vigoureux effort comme l'indique le tome VIII, et Grouchy par suite est incapable de le fixer.

Dans les deux cas, le détachement de Grouchy constitue une des fautes capitales de la campagne de 1815. A ne considérer que les effectifs avoués par l'Empereur (1), il était bien certain que la mission de Grouchy pouvait être facilement entravée par une action d'arrière-garde, que lui-même pouvait être immobilisé et fixé par un corps d'armée prussien, et qu'en conséquence Blücher restait absolument libre de ses mouvements avec 40 ou 50 000 hommes, au minimum.

En matière d'effectifs, Napoléon n'avoue pas plus son erreur que pour le principe du détachement. Mais ce qu'il nous a dit déjà (2) nous permet de juger qu'il se trompait sciemment, par une force énorme d'illusion personnelle, d'environ 30 000 hommes.

Le fait d'une contradiction saisie dans les *Mémoires* est fort rare. Ici, la véritable raison est que Napoléon, lorsqu'il discute contre Rogniat, se laisse emporter par la colère, ce qui est toujours désavantageux.

(1) *Mémoires*, t. VIII, p. 200; t. IX, p. 164.
(2) V. cette étude, p. 339 à 341, 385 à 387.
Il avoue 120 000 hommes à Blücher (t. IX, p. 164), il ne lui en reconnaît que 70 000 (après Ligny), t. VIII, p. 200. Il sait que Ligny n'a pas coûté 50 000 hommes aux Prussiens.

M. Houssaye (1) défend le plan de l'Empereur en alléguant que la division de l'armée en deux masses représente « la stratégie coutumière à Napoléon ». Il cite d'abord Marengo. Le nom est mal choisi (2). Fort heureusement en ce jour mémorable, le rôle de Grouchy fut tenu par Desaix, homme de guerre de premier ordre. Autrement, la destinée militaire du Premier Consul aurait sombré le 14 juin 1800! Ensuite M. Houssaye cite Iéna et Friedland. L'erreur de l'historien est telle que je ne puis mieux faire que de le prier de se reporter aux études du général Bonnal (3). Au cours de la manœuvre d'Iéna, il s'agissait de saisir tous les débouchés de la Saale, dans les conditions les plus favorables pour déterminer un choc décisif, mais il était impossible de prévoir à coup sûr la bataille sur un point précis, étroitement limité, à un jour fixe. Donc il n'y avait pas lieu de procéder à une concentration absolue. De plus les effectifs de Napoléon et ceux de l'ennemi ne contraignaient pas l'Empereur à former une seule masse. La situation de Friedland, sans être identique, était analogue à celle d'Iéna. Un général n'est forcé à une concentration rigoureuse que lorsque la bataille est imminente, et que sa faiblesse numérique le commande. Ce n'était pas le cas pour Iéna ni pour Friedland. C'était par contre, d'une manière absolue, le cas de 1800 et de 1815. Aussi le détachement de Desaix fut-il une faute énorme, et celui de Grouchy également.

Le cadre de 1815 ne nous permet pas de discuter le système de guerre de Napoléon. Il y faudrait un second volume, tout au moins. Je n'esquisse donc que les grandes lignes d'une réfutation.

(1) M. Houssaye, p. 501.
(2) Général Bonnal, *De Rosbach à Ulm*, p. 153.
En ce qui concerne le lancement de Desaix sur Novi, le général Bonnal écrit : « Une semblable manœuvre frise la démence. » Le mot est trop sévère. Il ne s'agit que du mépris de l'ennemi.
(3) *Manœuvre d'Iéna, Vie militaire du maréchal Ney*; colonel Camon, *Guerres napoléoniennes*.

NEY, D'ERLON, REILLE, LOBAU. — DISCUSSION
NAPOLÉON ET SES LIEUTENANTS

Après Grouchy, les autres boucs émissaires naturellement désignés pour Waterloo sont Ney (1), Reille (2) et d'Erlon (3). Je ne recommencerai pas la discussion approfondie de la bataille. Mais ici, comme dans le cours de cette étude, je détruirai la légende par la légende même. Celui qui ne marche pas avec la vérité se contredit forcément. L'une des plus étonnantes contradictions de M. Houssaye me suffit pour faire justice. Résumons brièvement ses griefs (4). Ney, qui commandait « toute la première ligne », d'Erlon et Reille, n'a pas su avec « 34 000 baïonnettes » prendre la Haye-Sainte « défendue par cinq compagnies ». Il eût dû l'éventrer à coups de boulets. Il a risqué, « avant l'heure, sans ordres, sans préparation, sans soutien, le grand mouvement de cavalerie projeté par l'Empereur ». Pendant les charges, il oublie « la moitié du corps de Reille ». M. Houssaye s'appuie sur la remarque de Napoléon que Ney oubliait « les troupes qu'il n'avait pas sous les yeux ». Ney dispose très mal les cinq bataillons de la moyenne Garde, en échelons. Bref — tout le long de la bataille, il agit à contresens et se trompe sur tous les points.

Reille (5) n'est pas mieux traité. Il « manque de vigilance et de fermeté », n'obéit pas à l'ordre d'attaque générale et ne sait pas utiliser Bachelu et Foy. D'Erlon (6) forme ses quatre divisions d'une manière absurde. Il est cause « de la déroute lamentable ». Domon et Subervie (7) ne sont pas épargnés.

(1) M. Houssaye, p. 348, 365, 367, 375, 387, 388, 514, 515; colonel Camon, Batailles, p. 502, 503, 507, 508, 510, 519.
(2) Id., p. 348, 387, 513; colonel Camon, Batailles, p. 510, 519.
(3) Id., p. 347, 348, 351; ibid., p. 502, 503, 510, 519.
(4) Id., p. 513 à 516.
(5) Id., p. 513, 514.
(6) Id., p. 513.
(7) Id., p. 515.

La défense de Lobau (1) est « mal conçue et mal préparée ».

Le colonel Camon (2) y va plus carrément encore : « Il semble, dit-il, que dans cette bataille, tous nos généraux aient perdu la tête. »

Je ne rééditerai pas un mot des solutions que j'ai déterminées pour ces problèmes. Je ne veux m'appuyer que sur M. Houssaye. Ses renseignements me suffisent pour anéantir sa thèse.

Je lui demanderai uniquement quel rôle il assigne au général en chef dans la bataille. Est-ce lui qui commande ou sont-ce les lieutenants? Le général en chef est-il à l'abri de tout reproche quand il indique une vague direction d'attaque, sans en préciser ni l'heure, ni les moyens, ni le but (3), et qu'ensuite il se désintéresse des données essentielles de la lutte, pour se consacrer à des détails et à des fonctions d'aide de camp, de « capitaine de grenadiers » ou de « sergent de bataille » (4). Napoléon étant présent à Waterloo (5), Ney conservait-il cependant, dès le début de la bataille, le commandement en chef des 1er et 2e corps, ou, conformément à la logique et aux habitudes constantes de la guerre, son commandement éventuel des 15 et 16 juin ne disparaissait-il pas? Je sais bien que M. Camon (6) nous dit qu'à 3 h. 30 Napoléon « met sous les ordres de Ney, outre le corps de d'Erlon, celui de Reille, que la prise imminente d'Hougoumont va rendre disponible, le corps de cuirassiers de Milhaud (8 régiments) et les divisions à cheval de la Garde ».

Alors, qu'est-ce que Napoléon commandait? Avait-il résigné son commandement en chef?

---

(1) M. Houssaye, p. 513.
(2) Colonel Camon, *Batailles*, p. 519.
(3) V. citations et discussions, p. 463 à 483.
(4) M. Houssaye, p. 520.
(5) A propos notamment de Bachelu et de Foy, je recommande à tout visiteur du champ de bataille d'emporter la carte de Craan, et de juger *de visu* qu'ils étaient sous les yeux, à portée de la main de Napoléon. Qui donc les oublia? Ney ou Napoléon? L'Empereur voyait tous les détails du terrain d'Hougoumont à la Belle-Alliance.
(6) Colonel Camon, *Batailles*, p. 506.

Lorsqu'au temps des guerres médiques, Xerxès, assis sur un trône, contemplait ses masses lancées par Mardonius, il était évidemment fondé à s'en prendre à celui-ci de tout échec. Ce procédé facile ne réparait d'ailleurs pas le désastre. Mais le Napoléon de Rivoli, d'Austerlitz et de Friedland s'est-il transformé en Xerxès?

Il faudrait pourtant que les historiens légendaires s'occupent un peu d'être logiques. Toutes les fois qu'un succès se produit, même sur un champ de bataille éloigné de sept lieues de l'endroit où se trouve l'Empereur (1), sans qu'il donne un seul ordre tactique (2), sans qu'il ait prévu le choc (3), sans même qu'il y croie (4), c'est pourtant à Napoléon que la légende en reporte l'honneur (5). Je parle d'Auerstædt. Les partisans de la tradition ne se sont jamais occupés que de rabaisser la gloire de Davout (6). Je ne discute pas. J'admets. Mais par contre, on est forcé de m'accorder que si les lauriers du triomphe appartiennent à l'Empereur — en son absence — il s'ensuit logiquement, par une conséquence irréfutable, que toutes les responsabilités lui incombent, lorsqu'il est présent.

Il était présent à Waterloo. Donc, à moins d'établir en principe qu'il a complètement manqué à ses devoirs de général en chef, nous sommes forcés de conclure qu'il a tout vu, tout prescrit, tout ordonné (7). Il est par suite le seul res-

(1) Colonel CAMON, *Précis*, t. Ier, p. 181.
(2) A sept lieues de distance, et ne connaissant pas la rencontre, c'eût été difficile.
(3) Davout reçut des ordres analogues à ceux de Bernadotte qui ne bougea pas. (Citation de Napoléon par le colonel CAMON, *Précis*, t. Ier, p. 177, 178. — V. même un blâme pour Davout, les deux dernières lignes de la page 183.)
(4) THIERS, t. Ier, p. 330, col. 2; Ch. MALO, p. 138.
(5) Colonel CAMON, *Batailles*, p. 182, 183. Le colonel Camon dit : « Il est juste d'en reporter le principe à Napoléon. »
(6) ID., t. Ier, p. 183 : « N'est-ce pas lui (Napoléon) qui a exalté le moral des Français et déprimé celui des Prussiens au point de rendre possible une telle action de guerre? » Ch. MALO, *Champ de bataille de l'armée française*, p. 138. Il écrit textuellement :
« Le mérite de Davout fut « tout d'exécution » !!!
(7) Il suffit de se transporter sur le champ de bataille pour être éclairé par les preuves matérielles. Il a tout vu. De la maison Decoster, sur la hauteur de

ponsable. Qu'on cesse de considérer Ney, Reille, d'Erlon ou Lobau comme chargés de rectifier le vague de ses directions, l'imprécision de ses ordres, l'erreur fondamentale de sa tactique qui consiste dans le dédain de la manœuvre.

Sur un champ de bataille où le chef suprême assiste et commande, les lieutenants sont faits pour obéir et non pour se substituer à leur chef, le prévenir et le guider. Napoléon n'étant ni Xerxès ni la Sibylle de Cumes, il lui appartenait de donner des ordres clairs, nets et formels, de vrais ordres de bataille, et non de lancer quelques oracles auxquels ses plus fidèles admirateurs n'ont rien compris (1) et sur lesquels on discute depuis cent ans. La profondeur des conceptions s'allie fort bien à la clarté. Le génie français est composé de lumière et de force. Un ordre conditionnel, éventuel, problématique, est aussi néfaste en tactique qu'en stratégie. Ce fut le cas à Waterloo.

La seule objection que l'on puisse me faire est que la santé de l'Empereur ne lui permit pas de commander. M. Houssaye (2) s'est chargé de faire justice de cette fausse hypothèse. Il réfute du même coup Charras, York, Wolseley, Baudus, Canrobert, du Barrail et — dans les circonstances présentes — M. Grouard. Les détails qu'il nous donne comme preuves de l'activité de Napoléon sont fort intéressants et décisifs. A supposer que Napoléon fût souffrant, aucune de ses maladies n'était de nature à agir sur son cer-

---

la Belle-Alliance, sans longue-vue, il voyait depuis Hougoumont jusqu'à la route. En quelques foulées de galop, il pouvait s'avancer de face sur le second plateau et voir le fameux ravin, la Haye-Sainte et le chemin d'Ohain, ou vers la droite pour examiner Papelotte et Plancenoit.

Donc, puisqu'il a tout vu, ou pouvait tout voir, il est responsable de tous les ordres, à moins qu'il n'ait « dédaigné de manœuvrer » au delà même de l'expression de M. Houssaye, p. 333.

(1) V. l'ordre à Flahaut, colonel CAMON, *Batailles*, p. 509. V. citations de cette étude, p. 480 à 483.

M. Camon dit : « Étant donnée sa manière habituelle, il y a lieu de croire que Flahaut a mal compris un ordre trop brièvement donné » ! ! !

On voit combien sont justes et profondes les irréfutables critiques du général Bonnal. (V. citations et discussions, p. 67 à 84.)

(2) M. HOUSSAYE, p. 518, 519.

veau, sa volonté, son génie. M. Houssaye a raison de dire
— et il en fournit toutes les preuves — que Napoléon « eut
dans sa dernière campagne l'activité d'un général de trente
ans (1) ».

J'avais donc raison de m'appuyer sur M. Houssaye pour
détruire la légende. Du moment que l'Empereur a gardé sa
puissance de concept et d'action, il est le vrai responsable.
Mais ceci posé et définitif, je suis obligé de me séparer à
nouveau de M. Houssaye. En effet, il admire encore l'ingérence dans les détails multiples (2). Or ce fut précisément
une des causes du désastre. Un général en chef qui s'occupe
de ce qui ne le regarde pas ne peut plus s'occuper de ce qui
le regarde. S'il fait la besogne des autres, il ne peut compter
sur personne pour faire la sienne.

Mais, nous dit M. Houssaye (3), il a dû s'employer « tout
entier à parer aux méprises, aux oublis, aux fautes de ses
lieutenants ». S'il avait dès le début utilisé ses deux cent
soixante-six canons et formé ses trois masses d'artillerie (4)
— dont lui seul pouvait disposer — de manière à transformer la Haye-Sainte et Hougoumont en monceaux de cendres,
et à broyer les réserves anglaises sous un ouragan de boulets
avant 11 heures (5) ; s'il avait remplacé la revue par l'application raisonnée du principe de l'économie des forces ;
s'il ne s'était depuis longtemps laissé séduire par l'aspect
théâtral des formations massives (6) ; si, sacrifiant l'accessoire à l'essentiel, il eût négligé la lointaine arrivée de Bülow
pour diriger d'Erlon et Lobau en formations ordinaires sur
Papelotte, la Haye et Smohain, les protégeant sur leurs
flancs par des masses de cavalerie (7) ; si, pendant cette

---

(1) M. Houssaye, p. 497, 498, 499, 539.
(2) Id., p. 520. Napoléon ne fut pas obligé « au rôle de sergent de bataille»
Ce ne fut son rôle ni à Rivoli, ni à Austerlitz, ni à Iéna, ni à Friedland. V. citations et discussions, p. 490 à 505.
(3) Id., p. 520.
(4) V. citations et discussions, p. 436 à 446.
(5) *Ibid.*, p. 448 à 456.
(6) *Ibid.*, p. 457 à 459.
(7) *Ibid.*, p. 490 à 492.

attaque, il eût continué le feu destructeur de ses canons, comme l'emplacement du second plateau le lui permettait(1); en un mot, s'il s'était donné la peine de manœuvrer, il n'aurait pas eu besoin de quitter son poste de général en chef, de remplir les fonctions de « sergent de bataille (2) » et de « parer aux méprises, aux oublis, aux fautes de ses lieutenants ».

La faute capitale fut l'inertie de l'artillerie; elle ne peut être imputée qu'à l'Empereur. M. Houssaye (3) avoue qu'il ne peut retrouver trace des batteries de Domon et de Subervie, de celles de Milhaud et de cinq batteries de la Garde — soit au total cinquante-quatre pièces. Et dans celles dont on connaît l'usage, quel enchevêtrement, quel désordre! Dès la première minute, alors que Reille aurait besoin de ses pièces de 12 pour défoncer Hougoumont, Napoléon les lui enlève pour former la grande batterie, soit douze pièces de 12 (4). Toute l'artillerie de d'Erlon est employée, puisqu'il est question de quinze pièces de 12 et « des batteries de 8 du 1er corps ». L'Empereur n'emprunte à la Garde que trois batteries (5). A quoi servent les autres dans la période capitale de préparation? Les pièces qui ont été arrachées à Reille lui sont rendues sous une autre forme à 4 heures du soir. L'artillerie du 2e corps a été absorbée par la grande batterie. Par contre, vingt-quatre pièces de 12 de la Garde viennent le renforcer cinq heures après (6). Comment s'étonner de l'inertie en raison de l'incohérence? Ce mélange d'unités, cet échange incessant de batteries ont désorganisé et brisé la puissance d'action. Pour ajouter au désastre, à 8 heures, les munitions manquent. Les caissons sont vides (7).

(1) V. citations et discussions, p. 491.
(2) M. Houssaye, p. 520.
(3) Id., p. 516, note 2, et 517, note 1.
(4) Colonel Camon, p. 499.
(5) Id., p. 499.
(6) M. Houssaye, p. 517, note 1.
(7) Id., p. 421.

Qui donc a donné l'ordre de laisser les grands parcs à Charleroi, sinon l'Empereur (1)? Et comment se ravitailler sans les parcs?

L'infanterie rompue et décimée, la cavalerie épuisée, désespérée, l'artillerie sans munitions, comment s'étonner qu'il n'y ait pas eu de retraite, mais dissolution totale de l'armée (2).

LE MOT DE L'ÉNIGME DE 1815. — CONCLUSION GÉNÉRALE

Depuis le moment où Napoléon quitta les Tuileries, le 12 juin 1815, pour monter en voiture et se rendre à l'armée du Nord, jusqu'à la dernière minute de son existence, dans le lugubre exil de Sainte-Hélène, son opinion sur les événements de la campagne, sa conception stratégique et ses jugements sur les hommes et les choses, sont restés immuables. Il est mort sans avoir compris sa défaite.

Le colonel Camon (3) l'avoue nettement : « A Sainte-Hélène encore, Napoléon ne pouvait concevoir ce qui était arrivé. » Il ajoute, d'après le *Mémorial* : « Jamais aucune de

(1) M. Houssaye, p. 442 : « Depuis le 15, les voitures de munitions, les équipages de pont, les chariots de vivres et de bagages encombraient les places et les avenues. » V. p. 443 à 445.
(2) Id., p. 441. M. Houssaye cite l'Empereur demandant à Baudus « s'il n'avait pas rencontré quelque corps qui ne fût pas entièrement désorganisé ». V. p. 445, 446, « armée en dissolution et n'obéissant plus qu'à la peur ».
M. Houssaye cite « 30 à 40 000 Français » fuyant « devant 4 000 Prussiens », p. 437.
Les pertes furent : 27 000 tués et blessés, 8 ou 10 000 prisonniers, 6 ou 8 000 déserteurs.
Comment expliquer cette dissolution totale sans approfondir les conditions physiques et morales, la répétition démoralisante d'efforts stériles, de chocs front contre front, sans résultats, le défaut absolu de manœuvre — et aussi l'épuisement matériel — les forces humaines exaltées au delà de la limite normale et s'effondrant dans la déroute? J'ai voulu pénétrer jusqu'au fond du triste problème, pour les enseignements de l'avenir. V. La leçon du passé, chap. ix.
N. B. — Dans la conclusion générale, je ne puis recommencer les citations multiples, j'indique les passages de cette étude.
(3) Colonel Camon, *Batailles*, p. 519, 520 (citation du *Mémorial* de Las Cases).

ses batailles n'avait présenté moins de doute à ses yeux, disait-il. » Suivent les reproches ordinaires, l'anathème rebattu à ses lieutenants, puis l'affirmation ultra-optimiste — toujours d'après le *Mémorial* — que « si le soir (le soir du 18) il eût connu la position de Grouchy et qu'il eût pu s'y jeter, il lui eût été possible au jour, avec cette magnifique réserve, de rétablir les affaires et peut-être même de détruire les alliés par un de ces prodiges, de ces retours de fortune qui lui étaient familiers et n'eussent surpris personne ». Notons qu'il avoue la dissolution totale de son armée. « ... C'était un torrent hors de son lit, elle entraînait tout. » Malgré la défaite, l'anéantissement de sa Garde, la décomposition des éléments de choc et de résistance, il rêve avec 34 000 hommes d'en « détruire » 200 000 ! On voit qu'en affirmant dans l'étude de Waterloo à 7 heures du soir, que, s'il ne lui fût resté qu'un seul bataillon de la Garde, il l'eût jeté sur le plateau anglais (1), je n'ai rien exagéré.

Cet invincible optimisme prouve la solidité inouïe de sa volonté et de sa résistance intellectuelle et morale, que certains (2) ont prétendue affaiblie. On voit aussi que, pour celui qui n'a pas approfondi sa psychologie, l'énigme de ses prodigieuses illusions reste insoluble.

C'est que l'explication ne s'en trouve ni dans la vague fatalité de Thiers (3), ni dans les innombrables détails de M. Houssaye (4), ni dans les maladies évoquées par Charras (5) et M. Grouard (6), ni dans la désespérance fataliste imaginée par M. Ch. Malo (7) — désespérance que ce passage

---

(1) V. citation et discussion, p. 510 à 520.
(2) Charras, p. 119, 121 ; M. Grouard, p. 226 ; M. Ch. Malo, p. 38.
(3) Ni dans sa philosophie nuageuse (V. t. IV, p. 79). Quoi que pense Thiers sur « un thème bon à discuter devant quelques élèves d'une école militaire », un fait humain doit s'expliquer d'après les moyens humains. Faire intervenir une leçon divine constitue un procédé trop commode à l'usage des plus modestes OEdipes. Thiers ferait mieux d'avouer qu'il n'a pas compris Waterloo.
(4) V. citations et discussions. V. notamment, p. 346 à 348.
(5) *Ibid.*, p. 326 à 328.
(6) *Ibid.*, p. 328 à 329.
(7) *Ibid.* Préface, p. v à vii.

d'autres, Napoléon a poursuivi deux buts à la fois (1). Si l'on s'en tient à 1815, Wavre est la réplique des Quatre-Bras (2). L'Empereur s'était attaché à Wavre, et quand une idée avait pris possession de son cerveau, elle était indestructible (3). Il se berçait de l'illusion que Grouchy pouvait contre-balancer l'influence et la masse de Blücher (4). Cette erreur primordiale entrainait les conséquences logiques. Au lieu de se concentrer et de jouer la partie décisive sur un point, il persiste à la jouer sur deux (5). A Ligny, ce fut le demi-succès. A Waterloo, ce fut le désastre.

La discussion de l'attaque front contre front sur le champ de bataille de Waterloo m'a contraint à étudier les manœuvres tactiques qui devaient être tentées (6). Je ne l'ai fait qu'en raison d'une nécessité évidente pour la solution du problème. Mais en ce qui concerne Grouchy, le problème est tout différent. Il consiste purement et simplement à déterminer si l'on doit imputer la fausse manœuvre à Napoléon ou à son lieutenant. J'ai résolu l'énigme par la démonstration que le général en chef est responsable d'un ordre vague, imprécis en ce qui concerne le but capital à atteindre, trop affirmatif sur la direction de Gembloux et celle de Wavre (7), et que, dans l'espèce, l'Empereur se trompe du tout au tout sur la mentalité, l'énergie et la puissance d'action de Blücher (8). Le détachement de Grouchy était à la merci d'un

---

(1) Général BONNAL, *Manœuvre de Landshut*, p. 129. « Nous allons voir Napoléon renoncer... aux avantages immédiats que lui procurait la réunion de ces forces... pour courir deux lièvres à la fois... »
(2) V. citations et discussions, p. 298 à 307, 435.
(3) *Ibid.*, p. 69, 150, 220, 283, 381, 503.
(4) *Mémoires de Napoléon*, t. IX, p. 164, 174. V. citations et discussions, p. 361.
(5) V. citations et discussions, p. 388, 427. Je ne puis dans les chapitres de la fin recommencer les multiples citations que j'ai produites pour mes démonstrations. Ce serait fastidieux. Je les signale au lecteur pour qu'il puisse s'y reporter.
(6) *Ibid.*, p. 490 à 493.
(7) *Ibid.*, p. 424 à 435.
(8) *Ibid.*, p. 375. Ce fut la même erreur qu'à Eylau pour le moral des Russes (Colonel CAMON, *Batailles*, p. 238), à Landshut sur l'archiduc Charles (Général BONNAL, *Manœuvre de Landshut*, p. 226 à 239), la même erreur que vis-à-vis des Autrichiens (p. 163, 171). Le général Bonnal écrit : « Un tel mépris de l'adversaire confine à la démence... » en 1809 !

fait d'orgueil et d'illusion, rien appris et rien oublié. Certains faits ont pu nous faire croire à une transformation, à un renouvellement (1). Il n'en est rien. Le succès fantastique du retour — l'aigle impérial volant de clocher en clocher — l'a rejeté dans ses rêves. Quand il se retrouve aux Tuileries, et qu'il sent plus de 100 000 hommes sous ses ordres, il se croit certain du triomphe et l'escompte par avance (2).

Tous les malheurs de 1815 sont venus de cet optimisme. Des hauteurs démesurées où l'ont reporté son génie et les circonstances, il perd à nouveau la notion réelle et pratique des faits. Hommes et choses lui apparaissent si petits ! A quoi bon lever la conscription de 1815? En 1814, avec 50 000 hommes, il a failli écraser l'Europe. En 1815, avec plus de 100 000, n'est-il pas sûr de la mater? S'occupe-t-il une seconde de peser les talents de premier ordre de Wellington (3), l'énergie implacable de Blücher (4), la valeur morale de leurs armées (5)?

Depuis vingt ans, il est convaincu que ses adversaires sont ineptes et que leurs troupes ne représentent que « de la canaille (6) ». S'occupe-t-il seulement de peser ses généraux? Davout ou Grouchy, qu'importe (7)! Il peut concentrer 180 000 hommes (8), mais il juge que 125 000 suffiront. 125 000 et lui ne valent-ils pas 200 000 (9)?

En face de qui nous trouvons-nous le 12 juin 1815? Nous ne reconnaissons plus le merveilleux général de l'armée d'Italie, celui qui scrutait jusqu'aux moindres données du problème (10), le manœuvrier d'Austerlitz (11), l'impeccable

(1) V. citations et discussions, p. 82.
(2) *Ibid.*, p. 49 à 57.
(3) *Ibid.*, p. 170, 171 et suiv.
(4) *Ibid.*, p. 198 à 199 et suiv.
(5) *Ibid.*, p. 220 à 225.
(6) Général BONNAL, *Manœuvre de Landshut*, p. 163, 171. « Un tel mépris de l'adversaire confine à la démence. »
(7) V. citations et discussions, p. 87 à 90.
(8) *Ibid.*, p. 36 à 50.
(9) *Ibid.*, p. 51 à 64.
(10) *Ibid.*, p. 66, 67.
(11) *Ibid.*, p. 69.

stratégiste d'Iéna, encore modeste la veille d'un éclatant triomphe (1), le tacticien parfait de Friedland. Le Napoléon que nous avons devant nous est celui de 1813. Sans Leipzig, on ne comprendrait pas Waterloo.

Foncer sur les armées de Belgique, et briser les deux forces principales de la coalition, représentait une conception géniale. Jusque-là, l'Empereur est parfait. Mais quand on en vient au procédé d'exécution, tout s'effondre dès le début. On a essayé d'identifier 1796 et 1815. Ma discussion antérieure fait justice de cette erreur (2). Autant le Bonaparte de 1796 s'est donné la peine de raisonner et d'inventer, pour faire tomber l'ennemi dans un piège, le fixer avant de le manœuvrer, détruire l'un avant d'attaquer l'autre, autant le Napoléon de 1815 s'est peu soucié de la manœuvre la plus rapide et la plus efficace. Le fond de la vérité, c'est qu'il n'a pas cru à la résistance (3). Aussi, dès le second jour, en présence d'un ennemi acharné, il se fie à des procédés d'intimidation (4) qui relèvent du système « d'épouvantail » puéril, constaté en 1812 (5), mais non de la stratégie positive.

Par la seule raison qu'il avait affaire à deux ennemis, il convenait de se porter avec l'armée concentrée, bien tenue en main, en plein centre du plus rapproché, de l'adversaire le plus commode à atteindre, Wellington, et de le disloquer avant que son partenaire n'accourût (6). Le rapprochement des deux masses adverses, la faible distance des deux points de concentration choisis depuis six semaines (7), et que l'Empereur connaissait, — un écartement de douze kilomètres

(1) V. citations et discussions, p. 220, 387 à 389.
(2) *Ibid.*, p. 121 à 125.
N. B. — Il est évident que — sauf quelques exceptions hors ligne — je ne puis rééditer mes multiples citations. Je prie donc le lecteur de se reporter aux diverses pages.
(3) V. citations et discussions, p. 214 à 225.
(4) *Ibid.*, p. 324.
(5) *Ibid.*, p. 411 à 414.
(6) *Ibid.*, p. 108 à 112.
(7) *Ibid.*, p. 113 à 132, 161 à 169.

à peine, — rendaient impraticables toute rupture stratégique, toute création de zones de manœuvres. Lui-même, dans son immortelle campagne de 1805, avait fixé les conditions nécessaires de temps et d'espace (1). Se plaçant entre l'enclume et le marteau, il s'exposait à tous les risques de la position centrale, sans aucun de ses avantages. De plus, il contrevenait à son principe éternellement juste, inscrit dans le précis des guerres de Turenne (2) : « Ne faites pas ce que veut l'ennemi, par la seule raison qu'il le désire... évitez le champ de bataille qu'il a reconnu, étudié... »

Napoléon sait que, depuis plus d'un mois, Wellington et Blücher ont reconnu, étudié, l'un Sombreffe, l'autre les Quatre-Bras et Mont-Saint-Jean (3). En dédaignant de fixer le centre anglais par une offensive de Maubeuge sur Braine-le-Comte, en choisissant le débouché de Charleroi, si faussement admiré, l'Empereur inflige un démenti à tous ses principes, subordonne sa pensée à celle de l'ennemi, se résigne à le suivre sur ses champs de bataille. Mais qu'importent les principes, puisqu'il est passé infaillible ! Ce qui est faute pour les autres devient perfection sous sa main.

L'erreur pouvait être à demi réparée, si le débouché sur la Sambre eût rappelé en quelque manière le prestigieux débouché sur la Saale de 1806. Mais à force de se fier à sa puissance irrésistible, à l'effet moral de sa présence, à force de dédaigner la manœuvre, le vainqueur d'Iéna en est revenu aux procédés en honneur du temps de Rosbach : l'économie des directions. Hors le 1ᵉʳ et le 2ᵉ corps, il engouffre toute son armée sur un débouché unique, Charleroi, l'encombre et la paralyse. La manœuvre avorte dès le premier jour.

Contrairement aux assertions de la fausse légende, la fortune, malgré ces fautes initiales, sourit à Napoléon jusqu'à

---

(1) V. citations et discussions, p. 163 à 166.
(2) *Mémoires de Napoléon*, t. VII, p. 97. L'autorité de deux hommes de génie, Turenne et Napoléon, donne à ce principe une autorité capitale.
(3) V. cette étude, p. 99 à 169.

la dernière minute. Elle lui prodigue ses faveurs. Wellington ne croit pas à l'attaque unique par Charleroi (1) et se réserve. Par une réflexion inverse, — affaire de tempérament et d'habitude, — Blücher, résolu depuis longtemps à tenter le sort des armes (2), tient ferme à Sombreffe (3). Il s'offre de lui-même aux coups de l'assaillant.

C'est Napoléon qui ne croit plus à la bataille et la diffère outre mesure (4). Certes, il y a pensé. Un moment a jailli dans son cerveau la lueur de Rivoli et d'Iéna (5). Mais l'orgueil l'étouffe. Comment Blücher oserait-il résister à l'Empereur en personne? La soirée du 15 est perdue (6) et la matinée du 16 (7). De plus, le stratégiste d'Austerlitz et de Friedland — qui fut un des maîtres de la guerre, qui blâme si vivement chez les autres toute dispersion inutile des forces (8), s'acharne à poursuivre deux buts à la fois, et — ne mesurant pas ses effectifs — prodigue un tiers de son armée sur un but secondaire (9). Bien plus, pratiquant à nouveau l'économie des directions (10), comme un Soubise, il se prive d'un corps d'armée (11). Bref, il n'aboutit qu'à un demi-succès sans lendemain contre l'armée prussienne (12).

Égaré par le mépris de l'ennemi, il ne croit pas plus à la résistance de Wellington qu'à celle de Blücher (13). Il est convaincu qu'en lançant Ney sur les Quatre-Bras, il lui prescrit une manœuvre facile — refouler les avant-postes anglais

(1) V. cette étude, p. 101, 102, 172 à 174, 307 à 314.
(2) *Ibid.*, p. 102 à 105, 129.
(3) *Ibid.*, p. 139 à 157.
(4) *Ibid.*, p. 288 à 298.
(5) *Ibid.*, p. 1, 140 note 1, 157 note 3.
(6) *Ibid.*, p. 151 à 161.
(7) *Ibid.*, p. 211 à 225, 233 à 235.
(8) *Ibid.*, p. 263 à 265.
(9) *Ibid.*, p. 159 à 196.
(10) *Ibid.*, p. 306, 307.
(11) *Ibid.*, p. 290 à 295.
N. B. — Je résume des chapitres entiers. Donc, je ne puis rappeler cent ou deux cents citations.
(12) V. cette étude, p. 296 à 298.
(13) *Ibid.*, p. 182 à 186, 211 à 221.

— et qu'après cette opération de tout repos, le maréchal sera libre de se rabattre derrière Blücher (1). Après s'être imposé à lui-même un double but, il recommence la même faute pour son lieutenant. Comment n'a-t-il pas deviné la méthode de Wellington? Comment n'a-t-il pas pressenti qu'en lançant Ney sur les Quatre-Bras il le jetait en pleine bataille, et que par suite, il n'en serait plus maître (2). Ne se souvenait-il plus de Leipzig — du 16 octobre 1813 (3)?

Si Napoléon n'a pas deviné les procédés du général anglais, c'est que jamais il n'a voulu croire une ligne des rapports de ses généraux dans les guerres d'Espagne. Il n'a pas cru Masséna lui-même, le rude et superbe lutteur de Torres-Vedras et de Fuentes d'Onoro?

Wellington pratiquait l'économie des forces, peut-être même avec un dilettantisme trop accentué. Il ne montrait ses troupes que lorsqu'il était temps (4). Tout le monde s'y est trompé, sauf ceux qui connaissaient les guerres d'Espagne (5), et parmi les historiens, tous les thuriféraires et passionnés de légende ont lapidé Ney, lui ont infligé les plus sanglants reproches, sans comprendre un mot ni de sa conduite, ni de la situation.

Les discussions que j'ai accumulées sur ce point sont trop approfondies pour qu'il soit utile d'y revenir (6). Même raisonnement pour l'énigme de d'Erlon que j'ai solutionnée en respectant le génie de l'Empereur, alors que la légende nous offre un Napoléon de fantaisie qui n'a jamais existé, un Napoléon « déconcerté jusqu'au trouble » et qui perd « sa présence d'esprit (7) » !

Dans la journée du 17, l'Empereur commence par gas-

(1) V. cette étude, p. 214 à 221.
(2) Ibid., p. 168 à 186.
(3) Ibid., p. 225 à 233.
(4) Ibid., p. 307 à 314.
(5) Ibid., p. 168 à 174, 184, 185, 298 à 303.
(6) V. cette étude, p. 158 à 204.
(7) M. Houssaye, p. 181, 182.

piller la matinée entière à travers des détails que M. Houssaye admire (1) et qui ruinèrent la campagne (2).

Par un coup de bonheur inouï, Wellington ne s'était pas trouvé en mesure de secourir Blücher le 16 (3). Par une nouvelle faveur de la fortune, les deux alliés sont séparés le 17, et si l'Empereur s'était décidé le matin, à 4 heures, — n'oublions pas que nous sommes dans les plus longs jours de l'année — l'un ou l'autre pouvait être anéanti (4). A l'heure où Napoléon prend son parti, la journée est perdue. Sa poursuite de Wellington n'aboutit à rien (5). Quant à la prière de Josué que M. Houssaye (6) rapporte dans sa bouche, elle était tardive et injuste. Josué avait employé le matin à se battre.

Nous avons tellement discuté le cas de Grouchy qu'il est superflu d'y ajouter un seul mot. Pour réfuter les arguments que Napoléon a produits, il suffit de relire sa lettre à Ney datée du 17 juin, le matin (7) et prescrivant à un général l'union étroite, la concentration de ses forces au moment d'une bataille. Il savait qu'il marchait sur Mont-Saint-Jean, qu'il allait jouer la partie suprême, et volontairement il écarte le tiers de son armée : 34 000 hommes.

Une seule explication est plausible, qui respecte le génie de l'Empereur : malgré Ligny, malgré les Quatre-Bras, il ne croit pas que Wellington tienne en sa présence (8). L'exposition théâtrale de son armée n'avait pas d'autre but que de servir d'épouvantail (9). L'analyse détaillée de la bataille (10) me dispense d'y revenir. De même, en ce qui concerne Grouchy, j'ai discuté toutes les hypothèses utiles, examiné

(1) V. citations et discussions, p. 346 à 348.
(2) *Ibid.*, p. 351 à 353, 357.
(3) *Ibid.*, p. 297 à 307, 341.
(4) *Ibid.*, p. 330 à 353, 355 à 370.
(5) V. cette étude, p. 382 à 385.
(6) M. Houssaye, p. 495.
(7) V. citations et discussions, p. 265 à 267.
(8) *Ibid.*, p. 415 à 417, 421 à 424.
(9) *Ibid.*, p. 411 à 414.
(10) *Ibid.*, p. 447 à 551.

tous les cas qui relèvent de la stratégie positive (1).

Quelques mots seulement sur deux historiens que je n'ai pas encore mentionnés dans ma conclusion générale : Jomini et Clausewitz. Je les ai d'ailleurs discutés à fond au cours de mon étude (2).

L'avant-dernière page de Jomini (3) indique nettement qu'il n'a pas approfondi l'attaque sur Braine-le-Comte, mais on devine un remords dans ce retour. Toutefois il reparle d'Ath, ce qui est un tort, car Ath est, comme je l'ai démontré (4), trop à l'ouest. En terminant, Jomini maintient son admiration pour Charleroi. Il n'a pas creusé le problème, autrement il n'eût pas adopté la pitoyable méthode qui consiste à puiser des arguments dans les conséquences des faits (5).

Clausewitz se montre beaucoup plus profond. Il a très bien deviné le « mépris de l'adversaire » et solutionné « erreur » plutôt que « faute (6) ». Comme j'ai examiné ses principales hypothèses au fur et à mesure (7), je ne mentionne que quelques lignes de ses conclusions. Il emploie pour caractériser la dernière résolution de l'Empereur — l'attaque de la Garde — une expression typique : il considère cet acte comme celui « d'un joueur désespéré devenu indifférent à tout calcul (8) ». En ce qui concerne la préparation de la bataille, il parle de « nonchalance » et de « négligence (9) ». Quant à sa thèse préconisant l'attaque de la droite anglaise, sur Braine-l'Alleud, elle est absolument contraire à la logique et aux conditions du terrain (10). En résumé, il a émis un grand nombre de réflexions fort justes et serré de

---

(1) V. citations et discussions, p. 349 à 382, 424 à 435, 531 à 544.
(2) V. cette étude, p. 57 à 60, 314 à 322, 349 à 371.
(3) Chap. XXII, p. 260.
(4) V. cette étude, p. 108 à 112.
(5) *Ibid*. Préface, p. II à III, 316 à 317.
(6) CLAUSEWITZ, p. 180.
(7) V. cette étude, p. 57 et suiv., 317 à 322, 357 à 370.
(8) CLAUSEWITZ, p. 132.
(9) ID., p. 155.
(10) ID., p. 103, 104.

près le problème, mais il n'a pas maintenu avec assez de fermeté sa conception psychologique du « mépris de l'adversaire ». Napoléon n'a agi ni avec « nonchalance », ni « en joueur désespéré ».

J'ai mentionné à plusieurs reprises (1) la thèse de M. Ch. Malo, mais pour que le lecteur soit à même de juger sur pièces, il convient de l'exposer avec plus de détails.

M. Ch. Malo (2) estime que l'Empereur n'est pas « vieilli et affaibli physiquement au point qu'on l'a prétendu », qu'il n'a pas « complètement perdu » son « activité » et son « énergie », mais qu'il ne possède plus « cette confiance en soi-même et cette foi dans le succès qui permettent de triompher de tous les obstacles ». M. Ch. Malo considère que, dès son retour de l'île d'Elbe et sa rentrée aux Tuileries, l'Empereur perd toutes ses illusions sur la paix possible ou momentanée avec l'Europe, et sur le dévouement, l'appui loyal de la France. « A partir de ce moment, dit-il, Napoléon s'était senti irrémédiablement perdu à plus ou moins brève échéance. De là l'insuffisance et la mollesse relatives de ses préparatifs de guerre, alors qu'il sait pertinemment que, de toutes parts, des armées ennemies se rassemblent pour tomber sur lui au plus tôt; de là encore, après une entrée en campagne aussi rapide et aussi brillante qu'aucune de celles qui ont porté si haut sa renommée, des hésitations, des retards, des arrêts, que rien ne justifierait, ni n'expliquerait même, si l'on ne devait admettre qu'il est convaincu de l'inanité de ses plus belles combinaisons et de leur impuissance à le tirer d'embarras inextricables. »

L'historien dont nous examinons les assertions, avoue que sa thèse, développée dans le Précis de la Campagne de 1815 dans les Pays-Bas (3), n'a « pas été généralement admise », que M. Houssaye ne l'a acceptée « qu'en partie », mais qu'elle est la seule qui « éclaire complètement tous les événe-

---

(1) V. Préface, p. v à vii, 552 à 554.
(2) M. Ch. Malo, *Champs de bataille de l'armée française*, p. 38, 39, note 1.
(3) *Ibid.*, p. 38, 39, note 1.

ments de la campagne, dont beaucoup restent sans cela à peu près incompréhensibles ».

J'ai démontré par cette étude qu'il n'est pas besoin de la thèse de désespérance imaginée par M. Ch. Malo pour expliquer 1815, et que son affirmation est contraire aux documents et aux faits (1). Mais il importe d'insister et de traiter à fond cette question que j'ai simplement amorcée dans ma préface (2).

Un court passage de M. Houssaye (3) donne l'impression d'une adhésion réelle aux réflexions de M. Ch. Malo. M. Houssaye suppose que l'Empereur ayant « l'instinct d'une issue malheureuse » se transforme de « joueur audacieux » en « joueur timide ».

Il est impossible d'inventer une explication plus désastreuse pour le génie et la valeur morale de Napoléon. Fait très curieux, je l'ai déjà noté plusieurs fois (4) : entraînés par la passion des légendes, les adeptes de la tradition se manifestent comme les plus dangereux ennemis de l'Empereur. Comment ! Napoléon est certain de la défaite, il sait à n'en pas douter — d'après MM. Ch. Malo et Houssaye (5) — que l'Europe est acharnée à sa perte et liguée contre lui, que la France, lasse et indifférente, ne le soutient pas, et malgré ces tristes et décisifs présages, sa conscience ne lui suggère pas une issue plus honorable que d'entraîner dans le gouffre béant une armée de 125 000 hommes, l'honneur du drapeau et la fortune de la patrie. S'il n'eût risqué que sa réputation, sa conduite serait peut-être excusable. Mais je n'ai pas besoin d'évoquer l'histoire pour apprendre aux lecteurs que la France a perdu sur le champ de bataille de Waterloo encore plus que 30 000 hommes, deux aigles et cent cinquante canons.

(1) V. citations et discussions, p. 69 à 84, 170, 198, 221, 341, 552.
(2) *Ibid.* Préface, p. v à vii.
(3) M. Houssaye, p. 499, 500.
(4) V. cette étude. V. notamment, p. 247 à 288.
(5) M. Houssaye se contredit d'ailleurs de la façon la plus formelle. (V. son passage sur Napoléon au Caillou, p. 319 à 323, optimisme inouï de l'Empereur et confiance absolue dans la victoire.) V. cette étude, p. 421 à 424.

Elle y a perdu son rang dans le monde. Est-il besoin de rappeler encore l'humiliation sanglante et atroce de la seconde invasion? Et MM. Malo et Houssaye voudraient nous faire croire que froidement, délibérément, après une réflexion de trois mois, connaissant l'effroyable dénouement par avance, Napoléon a déchaîné sur la France ces monstrueuses catastrophes !

Si la thèse des deux historiens contenait un mot de vérité, l'Empereur n'avait qu'un parti à prendre, dire loyalement à la face du monde : « J'ai cru de mon devoir de revenir de l'île d'Elbe — mais la haine de l'Europe et l'inertie indifférente de la France m'éclairent. Pour ne pas attirer sur ma patrie les pires malheurs, je résigne mon commandement et mes pouvoirs, j'abdique. » C'eût été de la stricte honnêteté.

Je ne m'attarderai pas à discuter l'énorme contradiction qui existe entre le début (1) du livre de M. Houssaye et la fin (2). Ce défaut ne regarde que lui seul.

Persévérons dans la poursuite de la vérité. Napoléon a cru fermement à la victoire. Il s'est trompé par orgueil, comme pour l'Espagne, pour la Russie et pour 1813. Mais son honneur est sauf. Je me refuse à lui imposer le rôle odieux, l'immoralité honteuse devant laquelle MM. Malo et Houssaye n'ont pas reculé. Les termes que j'emploie n'ont rien d'excessif, car, même en laissant de côté le spectre de l'invasion, de la patrie ensanglantée, même en nous renfermant strictement dans le rôle militaire, un général certain de la défaite, et qui y jette froidement, après avoir réfléchi trois mois, une armée pleine de confiance en lui, enthousiaste comme le fut celle de Waterloo, ce général sceptique, las, désespéré, mériterait l'éternelle flétrissure, le mépris de tous les gens d'honneur.

MM. Malo et Houssaye ne semblent pas avoir compris la portée de leur théorie. La faiblesse de leur thèse consiste en

---

(1) V. p. 319, 323 (optimisme et confiance dans la victoire).
(2) V. p. 499, 500.

ce qu'ils n'ont pas découvert la vérité (1), et qu'ils se sont rattachés aux plus fantastiques hypothèses. Les plus désespérés dans l'affaire, ce sont eux.

Non seulement Napoléon a cru à la victoire jusqu'au soir du 18 juin, jusqu'à 8 heures (2), mais il était fermement convaincu qu'il pouvait rejouer la partie, même après Waterloo. Ses *Mémoires* en font foi (3).

Il ne nous reste plus qu'à exterminer une légende : celle du général Zurlinden (4). M. Houssaye rapporte sa conclusion que « l'issue fatale de la campagne est due en grande partie à la perfection des états-majors ennemis et à l'insuffisance de l'état-major français ». Comme Napoléon n'a même pas demandé l'avis de son major général pour déboucher par Charleroi, s'arrêter le 15 au soir (5), perdre toute la matinée du 16, lancer Ney sur les Quatre-Bras, abandonner Lobau à Charleroi, reperdre une matinée capitale, celle du 17, jeter Grouchy sur les talons de Blücher, passer une revue de parade le 18 et de ne pas se servir de l'artillerie, comme, en définitive, il n'a jamais consulté Soult ni aucun officier de son état-major pour les fautes capitales de la campagne et qui l'ont ruinée, comme tout au contraire il a rembarré « brutalement (6) » Soult pour ses sages réflexions, tant au sujet de Grouchy (7) qu'au sujet de Wellington (8), il en résulte que le choix de l'état-major comme « bouc émissaire » ne tient pas debout. D'ailleurs Napoléon fut toujours lui-même son chef d'état-major et son directeur d'étapes. Il suffit de lire les études du général Bonnal (9) pour s'en con-

---

(1) M. Houssaye avoue (p. 539) : « il reste et il restera toujours dans l'obscurité sur les mouvements du comte d'Erlon le 16 juin ». J'ai dissipé complètement cette obscurité. V. chap. vi.
(2) M. Houssaye, p. 319, 323, pour l'optimisme du matin.
(3) *Mémoires*, t. IX, p. 144, 151, 153 à 155; Colonel Camon, *Batailles*, p. 519 à 520, persistance inouïe de l'optimisme.
(4) M. Houssaye, p. 524, 525.
(5) V. cette étude, p. 99 à 118.
(6) V. cette étude, p. 422 (terme textuel de M. Houssaye, p. 319).
(7) *Ibid.*, p. 380.
(8) *Ibid.*, p. 421 à 424.
(9) *Ibid.* V. les citations multiples et notamment le chapitre iii.

vaincre. En conséquence, il se peut que la conclusion du général Zurlinden représente une des « plus neuves ». Mais, au lieu de représenter « une des plus justes », elle constitue certainement la plus fausse de toutes les idées émises sur Waterloo.

Napoléon a perdu la partie parce qu'il s'est cru trop sûr de la gagner. Il ne s'est donné la peine ni de réfléchir, ni de manœuvrer. Il a dédaigné l'ennemi — généraux et troupes — au delà de toute mesure.

Le mot de l'énigme est : Orgueil.

CHAPITRE IX

LA LEÇON DU PASSÉ

Depuis Napoléon, la centralisation bureaucratique, anonyme et irresponsable, n'a fait que croître et embellir. La France doit être considérée comme un organisme anormal — dans lequel le cerveau et le cœur sont démesurés, surchargés de sang, alourdis de pléthore — tandis que les extrémités lointaines, anémiées et exsangues, se trouvent menacées de paralysie. Il est évident que, soit pour résister à un choc ennemi, se manifestant sous la forme d'une agression imprévue, brutale, foudroyante, soit pour déterminer une offensive alerte et décisive, la constitution d'un pays trop fortement centralisé représente un élément de faiblesse et non de force. Je ne veux pas mêler à cette étude l'ombre d'une question politique — j'en ai évité jusqu'aux plus légères allusions — mais, nous tenant strictement sur le terrain militaire, nous ne pouvons éviter la question de l'impulsion gouvernementale. La leçon du passé prépare l'enseignement de l'avenir.

En 1815, le chef suprême réunissait aux dons les plus brillants du génie la puissance impériale. Nous avons vu par l'examen approfondi de sa correspondance (1), des faits et résultats (2), qu'il se heurta à de terribles obstacles se résumant en une formule : multiplicité inouïe des organes de transmission (3). Où Napoléon échoua, pense-t-on qu'un

N. B. — Rééditer toutes mes citations constituerait un procédé fastidieux. Je prie le lecteur de se reporter aux pages de cette étude.
(1) V. citations et discussions, p. 11 à 52.
(2) *Ibid.*, p. 53 à 64.
(3) *Ibid.*, p. 46 à 49.

chef moderne, qui ne comptera pas derrière lui un passé éblouissant de vingt ans de gloire, peut réussir? Nous avons constaté que ce qui a le plus manqué à l'Empereur, ce sont des lieutenants responsables, libres d'allure, placés à la tête d'organisations régionales autonomes (1). Pour envisager la situation actuelle, ne nous payons pas d'illusions ni de mots, ne nous laissons pas bercer par l'optimisme obligatoire des rapports officiels et hiérarchiques, et — comme nous l'avons fait dans le cours de cette étude — regardons froidement la vérité en face.

Désirant ne servir à nos lecteurs que des arguments sérieux, ne parlant ni pour les pacifistes aveugles, ni pour les internationalistes destructeurs de patrie, creusons à fond le problème. La guerre à prévoir, — qu'on annonce bruyamment, sans l'ombre d'un ménagement, avec cartes et plans à l'appui, de l'autre côté du Rhin (2), — la guerre logique, inéluctable, est la guerre avec l'Allemagne. En raison des effectifs énormes dont ils disposent, contingents de 455 000 hommes, armée active de 900 000, cadres bondés de rengagés, les Allemands se vantent de pouvoir jeter sur le front en quinze jours une masse de vingt-cinq corps d'armée. Comme l'agression viendra d'eux, elle sera, comme je l'ai dit, imprévue et brutale. Il est certain que nos procédés actuels de centralisation, la disposition défectueuse de nos voies ferrées, la faiblesse de nos troupes de couverture dans lesquelles on maintient encore des conscrits, l'infériorité numérique de notre cavalerie et de notre artillerie — surtout de l'artillerie lourde — en un mot les données essentielles du problème au début des hostilités, autorisent les craintes les plus graves, l'anxiété la plus naturelle. La méfiance raisonnée de l'optimisme officiel constitue pour un peuple le commencement de la sagesse.

(1) V. cette étude, p. 31 à 36.
(2) Nous avons vu étalée une carte détaillée du démembrement de la France, non pas à la devanture d'un libraire unique, mais aux quatre coins du pays, dans toutes les villes. Cette carte s'affichait comme couverture d'un livre allemand.

Citons un exemple entre cent. Pendant un moment, trop court, hélas! une lueur d'espérance avait jailli devant nos yeux émerveillés, réjoui le cœur de tous les bons Français. Pour éclairer nos armées, guider leurs manœuvres, déjouer celles de l'ennemi, nous comptions tous sur l'aviation. C'était un joli rêve, fier, hardi, puissant. Qu'est-il devenu? Je ne parle même pas des dirigeables, pour lesquels l'Allemagne dispose d'une formidable avance. Et il ne servirait à rien de la railler, car étant donné qu'elle choisira son heure, il est certain qu'elle ne choisira pas une époque de tempête. Donc, si l'aéroplane vole, le dirigeable en fera autant. La nuit, ses projecteurs électriques accompliront leur œuvre, tandis que l'aéroplane est aveugle. Que dire de la puissance en artillerie? Mais n'entrons pas dans les détails. Tenons-nous-en aux grandes lignes. Sait-on quelles étranges surprises produirait un inventaire loyal de notre flotte aérienne? Les perpétuels désastres dont elle est frappée ne proviennent-ils pas d'une cause plus profonde et plus dangereuse que les aléas de la lutte contre l'air? Là encore, la centralisation, l'irresponsabilité et l'anonymat bureaucratique ont fait de l'aviation ce qu'elles font de tout : une loque, une demi-ruine. Qu'on médite pour notre relèvement celui de la Prusse en 1807 : elle commença par décentraliser (1).

Après l'organisation, la manœuvre. L'effondrement de 1815 est dû en grande partie, comme je l'ai démontré (2), au dédain de la manœuvre, manœuvre stratégique et manœuvre tactique. J'ai expliqué la raison psychologique de l'erreur pour Napoléon (3). Mais il semble que son indifférence superbe pour les principes essentiels de la guerre a gagné la plupart de ses généraux, et qu'après vingt ans de guerre, qui eussent dû les amener à la perfection, ils reculent au delà du seizième siècle. M. Houssaye admire Van-

---

(1) Clausewitz, *Campagne de 1813* (traduction Thomann), p. 8; *Clausewitz*, par le colonel Camon, p. 182. « Pour activer l'organisation (des milices) on recourut à une décentralisation administrative. »
(2) V. cette étude, p. 436 à 466, 493 à 494, 525 à 529.
(3) *Ibid.*, p. 411 à 424.

damme qui lance une division contre Saint-Amand « sans daigner préparer l'assaut par son artillerie » (1). Il cite une attaque identique du même général pour Wavre (2). M. Houssaye parle d'attaque « à la française ». L'expression est inexacte. Turenne, Catinat et bien d'autres eussent préparé l'attaque autrement.

Il importe d'insister sur ce point : la théorie paradoxale concernant l'inutilité de la manœuvre a déjà fait trop de prosélytes. A croire les sceptiques, — ou les ignorants, — nos immenses armées modernes seraient contraintes d'en revenir aux procédés naïfs des Cimbres, des Teutons ou des hordes d'Attila. L'extrême civilisation aboutirait à ressusciter la barbarie la plus rétrograde. L'immense erreur provient de ce qu'on envisage les masses d'armées s'avançant coude à coude. Mais ces masses se décomposeront en armées souples et largement articulées, qui ne dépasseront guère comme effectif l'armée napoléonienne. On conçoit à la rigueur — sans toutefois l'excuser — l'orgueil du vainqueur d'Austerlitz méprisant les principes qu'il établit lui-même et auxquels il dut ses triomphes. Mais il serait fâcheux que les généraux modernes ne l'imitent que dans ses défauts (3). Une armée est par essence une force qui agit, marche et manœuvre. La pousser en avant front contre front, sans qu'une conception supérieure inspire les éléments tactiques, marcher tête baissée, à l'aveugle, c'est risquer — pour ne pas dire assurer — le plus complet désastre. Que la leçon de Waterloo hante les mémoires !

Tant que des peuples divers de races et d'intérêts cohabiteront sur terre, il y aura guerre et bataille. La loi de la con-

---

(1) M. Houssaye, p. 167.
(2) Id., p. 463.
(3) Général Bonnal, *De Rosbach à Ulm*, p. 194, 198. « Nous ne saurions partager, dit le général Bonnal, les illusions de quelques modernes qui voient dans Napoléon un modèle à copier en tout et pour tout. » (*Ibid.*, p. 194.)
Parlant de sa méthode de commandement, il ajoute : « Ses procédés se sont transmis jusqu'à nos jours, et en 1870, ils ont eu les conséquences les plus funestes. » (*Ibid.*, p. 197.)

currence vitale, loi féroce, implacable, mais logique, naturelle et par suite inéluctable, sévit pour les nations, comme pour les individus. Malheur aux aveugles, aux naïfs, aux niais, aux lâches! Donc, nous devons examiner les questions de guerre et par suite de manœuvres. Les Allemands — tant officiers que critiques — ne se gênent guère pour traiter ouvertement les questions les plus brûlantes de luttes nationales, sur tous les terrains. Par quelle aberration les Français adopteraient-ils une attitude humble et résignée, s'endormiraient-ils sur la foi des illusions et de l'optimisme officiels? Les rêves, la confiance exagérée et le silence ont coûté trop cher à la génération de 1870 et à la patrie mutilée, pour que nous consentions à persévérer dans une aussi piteuse indifférence.

Envisageons une armée constituée, ravitaillée, pourvue de ses organes, de ses mécanismes, de son outillage complet. Est-il un homme de bon sens qui songe à la maintenir immobile, attendant placidement que l'ennemi choisisse l'heure et le point d'attaque? Les souvenirs de Sadowa et des batailles sous Metz, la mémoire des chefs incapables qui ont subi passivement la loi de l'ennemi, et toléré l'écrasement sans qu'un ressort d'énergie les galvanise, les dates de 1866 et 1870, suffisent à faire justice de cette théorie néfaste.

Nous consolerons-nous par l'attente stratégique, la défensive-offensive? Attendrons-nous que l'ennemi dessine ses projets, dévoile ses intentions pour l'accrocher, le fixer, puis le manœuvrer. Cette seconde hypothèse est infiniment préférable à la première, mais elle présente encore le grave inconvénient de s'exposer à recevoir les premiers coups sans les rendre avec usure. En somme, dans le second cas comme dans le premier, la volonté de l'adversaire est prépondérante.

La seule forme vraie et pratique de la guerre, c'est l'offensive, et l'offensive dès le début des opérations. C'est pourquoi nous avons tant admiré la première pensée de Napoléon en

1815 (1). Mais encore faut-il qu'une conception approfondie dirige l'armée sur le point essentiel. Surtout, pas d'objectif géographique. La détermination de la masse principale des forces adverses, de la direction la plus certaine, la plus efficace, pour les atteindre et les broyer, constitue le nœud du problème à résoudre. Il importe donc de se méfier de la marche facile dans le vide, et d'étudier les conditions de temps, d'espace et d'effectifs, qui permettent les ruptures stratégiques et création de zones de manœuvres.

En résumé, pour habituer les organes de commandement, chefs et états-majors, à la solution rapide des difficultés stratégiques, de telle sorte que l'appropriation aux circonstances les plus diverses, aux problèmes les plus imprévus, s'effectue naturellement, que le fonctionnement des réflexes s'opère d'une manière instinctive, il convient de méditer à outrance les manœuvres napoléoniennes, soit dans l'époque triomphale, — là se trouve l'impeccable modèle, — soit dans les périodes d'infortune. Les écueils, les dangers résultant de l'oubli des principes s'y révèlent avec une netteté saisissante. Mais dans les revers comme dans les succès, dans les marches comme dans les batailles, ce qui apparaît par-dessus tout, ce qui domine tout, c'est la nécessité absolue de la manœuvre, du concept réfléchi et sûr guidant l'effort, le mouvement, le choc.

La méthode de commandement de Napoléon n'est pas à imiter en tout et pour tout (2). Il faut qu'une confiance mutuelle et réciproque existe entre le généralissime et ses lieutenants, commandants de groupes d'armées et d'armée ; que cette union étroite des intelligences et des cœurs se répercute dans la mesure relative des initiatives et responsabilités, à tous les degrés de la hiérarchie. Il importe que les chefs qui seront associés à une manœuvre de grande enver-

(1) V. cette étude, p. 1, 140, note 1, 157, note 3.
(2) V. citations et discussions, p. 69 à 84, 139, 153, 186, 226, 353, 371.
Je parle de la méthode de Napoléon « tout secret et mystère ». (Général BONNAL, *Manœuvre d'Iéna*, p. 128.) V. Général BONNAL, *De Rosbach à Ulm*, p. 194, 198 (citation textuelle faite à l'une des pages précédentes du chapitre IX).

gure connaissent le but capital à poursuivre, de manière que, si un obstacle se rencontre, ils soient à même d'opter entre les directions secondaires et l'essentielle (1). Que les directives soient brèves, claires et précises. La guerre n'est pas une affaire de roman, ni de rêves, — monologues ou dialogues, — mais de vues profondes et lumineuses. Les ordres lancés la veille d'Iéna ne ressemblent guère à ceux de la veille de Waterloo.

Quelques lignes seulement sur l'artillerie. Nous avons vu les résultats lamentables produits par l'inertie de cette arme à Waterloo (2). Dans les guerres modernes, le désavantage en nombre, qualité et calibre de pièces constituerait une erreur intolérable. Ne nous laissons pas abuser par la perfection déjà ancienne du matériel de campagne. Munissons largement nos corps d'armée d'artillerie lourde. Si dès le matin du 18 juin, Napoléon eût fait agir ses batteries de 12, il eût remporté la victoire avant l'arrivée d'un seul corps prussien (3).

Après tout ce que j'ai dit sur la misère « école du bon soldat (4) », est-il utile d'insister sur le ravitaillement des armées ? Appuyons uniquement sur le côté philosophique.

Trois catégories de personnes traitent légèrement cette question de nourriture et de bien-être relatif, qui se résume dans l'entretien de la machine humaine. D'abord, une certaine fraction des hommes de métier. Ceux-ci, bien que fort renseignés par eux-mêmes et par l'expérience, ont, en raison de circonstances particulières très favorables, par chance individuelle, ou par constitution ultra-robuste, supporté des privations et des fatigues sous lesquelles la masse a succombé. Ces tempéraments exceptionnels, sur lesquels on ne peut tabler en matière de marche, de fatigue et de soins élémentaires, négligent la question. Leur motif étant fort

---

(1) V. pour les Quatre-Bras et pour Grouchy, citations et discussions, p. 158 à 198, 330 à 387, 424 à 435, 531 à 545.
(2) V. cette étude, p. 436 à 446, 448 à 456, 464 à 466, 490 à 494.
(3) *Ibid.*, p. 411 à 424, 436 à 466.
(4) Aphorisme de Napoléon (V. citations et discussions, p. 92 à 94, 399 à 406). Général BONNAL, *De Rosbach à Ulm*, p. 205.

honorable et tout à fait extraordinaire, je n'insiste pas sur leur cas. Il est en dehors de la masse, pour laquelle nous jugeons utile de plaider.

Une seconde catégorie est celle des foudres de guerre... qui n'y ont jamais été. Il ne manque pas, dans les armées de toute époque, de soi-disant braves à dix chevrons, ayant paisiblement servi dans les extrêmes arrière-gardes, à la façon du mulet du maréchal de Saxe, et qui, de retour dans leurs foyers, inventent les prouesses les plus hétéroclites, les plus grotesques. Ce sont ceux-là qui dorment « sur des baïonnettes (1) » et restent quatre jours sans manger (2). Inutile de leur répondre.

Enfin, nous rencontrons les littérateurs d'imagination romantique, excellentes gens, de parfaite bonne foi, mais qui, après un confortable déjeuner et les pieds sur les chenets, sont enclins à trouver très facile de supporter les petites misères de l'existence. Hélas! que n'ont-ils raison? Que la guerre serait facile s'il était possible de raisonner avec l'être humain vêtu en soldat comme avec un mécanisme de Vaucanson, en bois ultra-solide ou acier articulé, n'ayant besoin ni de manger ni de dormir!

Les armées impériales, même au temps de la splendeur des triomphes, n'ont vécu que de misère, de maraude et de pillage effréné (3). L'effroyable consommation en hommes constatée pendant les guerres du premier Empire n'a pas été seulement une cause de désastre, — le jour où les hommes ont manqué, — mais, de plus, les conséquences de ce gaspillage inouï du capital humain, sur la race, sa vigueur, son énergie, sa vitalité, sa puissance d'expansion, furent incalculables. Or, il est indéniable que les batailles ont coûté beaucoup moins cher que les marches et contremarches stériles, les attentes, les lamentables retraites. Donc, le capital humain aurait pu être préservé par une stricte économie. Le parallèle que j'ai établi entre les procédés de

---

(1) V. citations et discussions, p. 401 et suiv.
(2) *Ibid.*, p. 402 et suiv.
(3) V. cette étude, p. 92 à 94.

Wellington (1) et ceux de Napoléon fait ressortir cette vérité.

La manœuvre approfondie, soit en stratégie, soit en tactique, déterminant le choc décisif dans les conditions les plus favorables, évite les sacrifices inutiles. Quant aux luttes front contre front, ce sont les plus désastreuses au point de vue de l'effet utile et de la mortalité. Il suffit de se reporter aux époques historiques où ce genre de combat fut en honneur. La bataille de Waterloo représente un écho de ces procédés rétrogrades. La leçon du passé — en ce qui concerne l'économie des forces vitales — prescrit donc impérieusement l'utilité et l'usage constant de la manœuvre.

Parmi les théories — ou mieux les habitudes néfastes avec lesquelles nous devons rompre — une des plus déplorables est la théorie du « débrouillez-vous ». Le général Bonnal l'a stigmatisée avec vigueur (2). Elle consiste par essence — car les définitions scientifiques font défaut — à imposer une mission plus ou moins précise à un subordonné, sans lui fournir aucun des renseignements utiles pour atteindre son but, aucun des moyens nécessaires au parfait accomplissement de sa tâche (3). Ce procédé est extrêmement commode pour le chef. Dans les circonstances heureuses, quand tout concourt au triomphe, l'armée n'en souffre pas trop — c'est l'organe de transmission qui porte seul le poids du système. Mais quand les heurts et les frottements de la machine alourdissent la manœuvre, quand les énergies faiblissent, quand un héroïsme exceptionnel — qu'on n'a pas le droit d'exiger d'une masse d'hommes sans outrepasser les lois naturelles — ne répare pas les erreurs du commandement, alors s'ensuivent les désastres. C'est avec la théorie du « débrouillez-vous » que fonctionna le service de correspondance pendant

---

(1) V. p. 95, 399 à 406.
(2) Général Bonnal, *De Rosbach à Ulm*, p. 197. Le général Bonnal, parlant des procédés de commandement de Napoléon, écrit : « Ceux-ci se sont transmis jusqu'à nos jours, et en 1870, ils ont eu les conséquences les plus funestes. »
(3) Général Bonnal, *De Rosbach à Ulm*, p. 193 à 198. V. citations et discussions, p. 140 à 157.

les plus brillantes phases de l'épopée (1) — puis on s'y fia peu à peu pour des missions plus importantes, voire pour des manœuvres capitales (2).

Comme la notion vraie, utile, élevée, des manœuvres du premier Empire se perdit pendant de longues années, et ne fut remise complètement en honneur que de nos jours (3), comme, pendant un long espace de temps, les calculs concernant les stationnements, la marche, la sûreté et l'échelonnement des colonnes tombèrent en oubli, les défauts seuls du système subsistèrent. Il s'ensuivit que la commode et fantaisiste théorie du « débrouillez-vous » continua à opérer ses merveilles, soit dans les guerres d'Afrique, soit dans les guerres européennes, et notamment la campagne d'Italie de 1859. C'est elle encore qui présida à l'organisation de nos armées de 1870, à leur mobilisation, à leur concentration. Les plus écrasantes et humiliantes défaites — et finalement la perte de l'Alsace et de la Lorraine — en furent la rançon.

Sommes-nous guéris de ces procédés navrants ? Il est difficile de l'affirmer. Les grandes manœuvres de parade, avec cinéma, reporters et rapports officiels dithyrambiques, ne persuadent pas tous les Français, qui savent et étudient. Trop de faits étouffés à grand'peine éclatent et éclairent.

Écartons ces théories néfastes, et reprenons dans le passé les consolants et admirables principes qui établirent la puissance de nos armes. Bien que la perfection ne soit pas de ce monde, n'oublions pas que nos aïeux y ont touché.

La merveilleuse armée du camp de Boulogne était composée de régiments si solides que, malgré toutes les fautes d'organisation, misère, maraude et pillage, malgré toutes les erreurs de détail, l'indiscipline des campements et des routes se réparait à la veille des batailles. C'est que tous les cœurs y battaient à l'unisson. Les chefs comptaient à juste titre sur la bravoure, le sang-froid, la fermeté invincible de leurs

---

(1) *Ibid.*
(2) V. cette étude. V. notamment, p. 186 à 196.
(3) Général Bonnal, *les Grandes Marches d'armée*, p. 1 à 8.

hommes, et ceux-ci se fiaient sans réserve à l'intelligence et à l'audace de leurs officiers. Depuis le maréchal d'Empire, duc et prince, jusqu'au dernier voltigeur, tous n'avaient qu'une pensée commune : la bataille, l'écrasement de l'ennemi.

Si la partie de Waterloo avait été jouée avec les légionnaires d'Austerlitz, les vétérans impassibles d'Iéna et d'Auerstœdt, avec ces troupes incomparables de vigueur, de cohésion et de discipline sous le feu, jamais, — quelles qu'eussent été les fautes du commandement, — l'affreuse dissolution de l'armée ne se serait produite. Jamais on n'eût contemplé les scènes de la nuit du 18 au 19 juin. Tant il est vrai que la parole du maréchal Gouvion-Saint-Cyr, inscrite autrefois au fronton de nos vieilles théories, reste éternellement vraie : « La discipline faisant la force principale des armées… »

Il faut entendre par discipline, non pas l'apparence rigide des formations de parade, ni l'obéissance des lèvres, rechignée et maussade, ni l'exécution servile de la lettre, mais la compréhension intuitive de l'esprit, la discipline des volontés et des cœurs. Formons à cette école la jeunesse française et nos régiments.

Enfin, je termine cette étude par la méditation du principe de Napoléon (1) : « 1° N'attaquez pas de front les positions que vous pouvez obtenir en les tournant ; 2° Ne faites pas ce que veut l'ennemi, par la seule raison qu'il le désire ; évitez le champ de bataille qu'il a reconnu, étudié, et encore avec plus de soin celui qu'il a fortifié et où il s'est retranché. » Cette grande parole de l'Empereur lui fut inspirée par l'étude d'un des plus grands capitaines de tous les siècles : notre admirable Turenne. Devant ces deux génies, Turenne et Napoléon, nous devons méditer, nous incliner et obéir. Si nous étions tentés de discuter et d'oublier, 1815, Ligny et Waterloo forceraient nos volontés rebelles.

---

(1) *Mémoires de Napoléon*, t. VII, p. 97. Napoléon admire et cite Turenne, qui, dit-il, « fut fidèle aux deux maximes ». Dès qu'il s'agit d'un autre que de lui, son génie redevient parfait.

C'est pourquoi la fin de ma conclusion générale résume les discussions. Le mot de l'énigme est *orgueil* (V. cette étude, p. 565).

Si donc nous jetons un rapide regard vers nos frontières de l'Est — pour discuter il y faudrait un lourd volume — rappelons-nous qu'il importe par-dessus tout d'éviter le piège que les Allemands préparent depuis plus de quarante ans. La tentation est grande de s'avancer au plus près, par les routes les plus courtes et faciles, vers les pays ouverts, plateaux ou vallées qui s'offrent à nous. Ce serait pratiquer la forme d'offensive la plus décevante. Beaucoup d'excellents esprits, de critiques éclairés, ont été si vivement frappés des dangers graves de cette manœuvre, qu'ils ont conclu à l'attente stratégique. Disposer la couverture sur une position de flanc, les groupes d'armée ou de corps d'armée dans une situation en retrait, voir venir l'ennemi, l'accrocher et le fixer sur le point favorable, et déterminer le choc décisif dans des conditions et directions qu'il lui soit impossible de prévoir, ces diverses manœuvres leur paraissent infiniment préférables à une offensive tête baissée, aboutissant à une bataille attendue et escomptée par les Allemands, c'est-à-dire à un piège désastreux.

Le malheur de cette seconde hypothèse, c'est que nous risquons de subir — tout au moins au début — la volonté et la loi de l'ennemi. L'effet moral serait incalculable. Si l'on évite le choc sanglant, un Forbach ou un Reichshoffen, on n'évitera pas le choc moral, l'effet de stupeur, de démoralisation, de paralysie produit par l'invasion — car il faut bien lâcher le mot. Voyez-vous l'effet produit sur les armées et les peuples par la dépêche annonçant que les Allemands s'installent à Nancy ! Et vous ne pouvez sortir de ce dilemme : ou risquer le choc sanglant ou subir la défaite morale.

De cette discussion ressort une solution unique, — unique tout ou moins dans sa conception générale, car les formes d'exécution restent variées. Les troupes de couverture doivent être constituées si solidement — en ne les encombrant d'aucune recrue — et renforcées de telle sorte que leur résistance soit assurée sur les fronts étroits d'attaque. Quels que soient les chiffres énormes des effectifs allemands, il faut compter avec la condition primordiale de l'espace. Au besoin, renforcer le système de forteresses. Dans tous les cas, n'abandonner aucune latitude, aucune zone à l'invasion. Le système d'attente stratégique est trop aléatoire pour qu'on s'y confie, et de plus il énerverait le désir d'action et la furie de bataille qui sont des leviers précieux au début d'une guerre. Le territoire national étant placé à l'abri de l'agression la plus imprévue, c'est alors que doit apparaître la manœuvre, l'offensive — ou les offensives nettes et décisives. Dans quelles directions? La discussion des différentes hypothèses exigerait un nouveau volume, et nous sortirions du cadre imposé par l'étude de 1815.

Il est évident, par nos méditations antérieures, que la marche, la manœuvre et le choc ne doivent pas se produire où les Allemands les rêvent, les attendent et les escomptent. Les directions utiles ne manquent pas.

Qu'il nous suffise de constater que les controverses les plus approfondies, aussi bien que les aperçus les plus succincts, les leçons du passé et les réflexions concernant les circonstances actuelles, en un mot toutes les données des problèmes du dernier siècle et de l'avenir, nous conduisent au même but, à un concept identique : l'offensive.

J'ai promis au lecteur de solutionner les énigmes de Waterloo, mais non tous les problèmes futurs. A lui de juger si j'ai tenu ma parole pour 1815.

E. Lenient

Beauregard, Véretz (Indre-et-Loire), 18 avril 1914.

FIN

TABLE DES MATIÈRES

	Pages.
Préface	I
Liste des sources auxquelles l'auteur a puisé	xv

LIVRE PREMIER

ORGANISATION DES ARMÉES. — LEUR RÉPARTITION
PSYCHOLOGIE DE NAPOLÉON. — LES GÉNÉRAUX
MANŒUVRE DE CHARLEROI

CHAPITRE PREMIER
LA QUESTION DU NOMBRE

La question du nombre	1
Organisation des armées. — Étude de la Correspondance	11
Dangers de la centralisation excessive	17
Suite de l'organisation de l'armée de seconde ligne	19
Premiers retards dans l'organisation	20
Ordres pressants concernant la garde nationale	23
Réflexions sur les ordres définitifs	27
La conscription de 1815. — Diverses causes du retard. — La pensée de Napoléon	28
Causes profondes des retards	30
Répartition des forces. — Discussion	36
Conclusion sur l'organisation des armées et la répartition des forces	45

CHAPITRE II
HISTORIQUE DE LA QUESTION DU NOMBRE

Opinion de Napoléon	53
Critique de Jomini	57
Critique de Clausewitz	57
Critique de Thiers	60

TABLE DES MATIÈRES

	Pages
Critique de Charras	61
Critique de M. Grouard	63

CHAPITRE III
PSYCHOLOGIE DE NAPOLÉON, DES MARÉCHAUX ET GÉNÉRAUX FRANÇAIS ET ENNEMIS. — VALEUR MORALE ET PHYSIQUE DES ARMÉES

Psychologie de Napoléon	65
Le grand quartier général. — Soult	82
Les lieutenants de Napoléon	85
Ney	85
Des hommes de guerre écartés par Napoléon	87
Le maréchal Davout	88
Suchet, Clauzel, Lecourbe	89
Valeur morale et physique de l'armée française. — Sa discipline	90
Wellington. — Blücher. — Les armées alliées	94
Blücher	96

CHAPITRE IV
LA MANŒUVRE DE CHARLEROI. — PASSAGE DE LA SAMBRE OFFENSIVE CONTRE L'ARMÉE PRUSSIENNE PENDANT LA JOURNÉE DU 15

Réflexions sur le terrain. — Facilité des communications	97
Cantonnements de Wellington et de Blücher. — Discussion	99
Offensive contre les armées anglaise et prussienne. — Discussion des différentes hypothèses et directions d'attaque	105
Attaque par Maubeuge sur Braine-le-Comte	108
Le débouché par Charleroi. — Examen d'une maxime capitale de Napoléon faisant prévoir ses graves dangers	112
De l'effet de surprise produit par la manœuvre de Charleroi	118
L'assimilation entre le début de 1815 et celui de 1796 est erronée à tous les points de vue	121
Aucun rapport avec 1796	122
Théorie de la rupture stratégique. — Discussion de son efficacité pratique dans les circonstances de 1815. — La zone de manœuvres stratégiques	125
Conclusion du commentaire de la manœuvre de Charleroi	131
L'ordre de mouvement du 14. — Sa discussion	133
Discussion de l'ordre du 14	139
L'exécution de la manœuvre	146
Suite de la journée du 15. — Offensive contre les Prussiens	151

CHAPITRE V
LA QUESTION DES QUATRE-BRAS. — COMMENTAIRE GÉNÉRAL

Commentaire général sur les Quatre-Bras	158
Le temps et l'espace. — Rupture stratégique et zone de manœuvres	161
Point de vue inexact auquel se place la critique légendaire	168
De l'immobilisation des Anglais. — Le problème des distances	169

TABLE DES MATIÈRES

Pages

Détermination de l'offensive principale contre Blücher. — Le principe de l'économie des forces. — Dangers de l'offensive violente contre les Anglais... 182
Exécution de la manœuvre des Quatre-Bras dans la journée du 15........ 186
Conclusion sur l'opération des Quatre-Bras dans la journée du 15 196
Historique de la question des Quatre-Bras le 15. — Opinions de Napoléon et de divers historiens... 198
Critique du colonel Camon.. 204
Critique de M. Houssaye... 205
Critiques de M. Grouard... 206

LIVRE II

PREMIERS ORDRES A NEY ET A GROUCHY POUR LA JOURNÉE DU 16. — LIGNY RELATION OFFICIELLE DE LA BATAILLE L'ÉNIGME CAPITALE DE D'ERLON DISCUSSION ET CONCLUSION. — LES QUATRE-BRAS LA JOURNÉE DU 17

CHAPITRE VI

LES ORDRES DE NAPOLÉON
DÉTERMINATION DE SON CONCEPT GÉNÉRAL. — BATAILLE DE LIGNY
COMBAT DES QUATRE-BRAS. — L'ÉNIGME DE D'ERLON

Le premier ordre à Ney. — Discussion............................... 212
L'ordre à Grouchy. — Discussion................................... 221
1813 explique 1815.. 225
La journée du 16. — Les problèmes................................ 233
Relation de Napoléon — Bataille de Ligny. — Combat des Quatre-Bras. — Le problème de d'Erlon.. 235
Combat des Quatre-Bras.. 240
Extrait de la troisième observation de Napoléon................... 243
Commentaire général de la relation du 16 juin par Napoléon. — L'énigme capitale de d'Erlon.. 244
Nomenclature des ordres, lettres et dépêches lancés le 16 juin au détachement de Ney... 250
De l'authenticité des deux derniers ordres. — La note au crayon ou ordre à d'Erlon (4ᵉ ordre) et les paroles de Baudus (5ᵉ ordre). — Discussion approfondie de l'ordre à d'Erlon...................................... 256
Conclusion sur la note au crayon (ordre à d'Erlon).................. 277
Le cinquième ordre. — Les paroles de Baudus....................... 285
Bataille de Ligny.. 288

TABLE DES MATIÈRES

Pages.

Discussion de l'attaque par la droite et de l'attaque sur le centre......... 290
Suite et fin de l'analyse de la bataille............................. 295
Combat des Quatre-Bras le 16 juin............................... 298
Conclusion sur la journée du 16................................. 306
La conduite de Wellington....................................... 307
Critique de Jomini.. 314
Critique de Clausewitz.. 317
Critique de MM. Camon et Houssaye.............................. 322
Critiques de Charras et de M. Grouard............................ 326

CHAPITRE VII
LA JOURNÉE DU 17 JUIN

Détermination du concept de Napoléon............................ 330
La matinée du 17 perdue.. 346
Le 17, Napoléon devait-il poursuivre Blücher ou marcher sur Wellington? 349
Les ordres du 17 à Grouchy. — Discussion........................ 371
Les événements du 17 aux Quatre-Bras........................... 382
Opinion de Napoléon.. 385
Conclusion sur la journée du 17................................. 387

LIVRE III

WATERLOO. — ORDRES A GROUCHY ET A NEY. — CONCLUSION GÉNÉRALE. — LE MOT DE L'ÉNIGME DE 1815. — LA LEÇON DU PASSÉ.

CHAPITRE VIII
WATERLOO

Méthode concernant ce chapitre.................................. 391
Caractéristiques du champ de bataille............................. 392
État moral et physique des deux armées : armée française............. 399
Position de l'armée anglaise..................................... 406
La revue... 411
Le plan de l'Empereur... 414
Les ordres du 18 à Grouchy..................................... 424
La bataille de Waterloo. — Coup d'œil d'ensemble. — Le terrain et l'artillerie.. 435
Attaque d'Hougoumont.. 447
L'attaque sur le centre. — L'infanterie. — Le maréchal Ney et d'Erlon... 453
Les attaques de la cavalerie. — L'ordre d'attaque à Ney. — Méthode de commandement de Napoléon. — Conclusion sur les ordres......... 463
De l'exécution des charges de cavalerie. — Le commandement en chef. — La situation après les charges.................................. 483

	Pages.
La bataille contre les Prussiens. — Fallait-il lancer Lobau à une heure?..	497
Coup d'œil d'ensemble avant l'attaque de la Garde	505
La fin de la bataille. — Attaque suprême de la Garde	508
Réflexions sur la bataille. — L'armée anglaise a-t-elle jamais été en danger? — Principe de Napoléon contraire à Waterloo	521
Discussion des mouvements de Grouchy le 18 juin	531
Opinion de Napoléon. — Discussion	540
Ney, d'Erlon, Reille, Lobau. — Discussion. — Napoléon et ses lieutenants.	545
Le mot de l'énigme de 1815. — Conclusion générale	551

CHAPITRE IX

LA LEÇON DU PASSÉ

La leçon du passé	566
TABLE DES MATIÈRES	579

PARIS. — TYP. PLON-NOURRIT ET Cⁱᵉ, 8, RUE GARANCIÈRE. — 21184.

www.ingramcontent.com/pod-product-compliance
Lightning Source LLC
Chambersburg PA
CBHW052052300426
44117CB00013B/2097